AF497687

dbl = Otol. A 63

AA 7835

BCU - Lausanne

1094906226

August Berthold
Sahli.

DIE LEHRE

VON DEN

TONEMPFINDUNGEN,

ALS

PHYSIOLOGISCHE GRUNDLAGE

FÜR DIE

THEORIE DER MUSIK.

Holzstiche
aus dem xylographischen Atelier
von Friedrich Vieweg und Sohn
in Braunschweig.

Papier
aus der mechanischen Papier-Fabrik
der Gebrüder Vieweg zu Wendhausen
bei Braunschweig.

DIE LEHRE

VON DEN

TONEMPFINDUNGEN,

ALS

PHYSIOLOGISCHE GRUNDLAGE

FÜR DIE

THEORIE DER MUSIK.

VON

H. HELMHOLTZ,

Professor der Physiologie an der Universität zu Heidelberg.

———

MIT IN DEN TEXT EINGEDRUCKTEN HOLZSTICHEN.

———

DRITTE UMGEARBEITETE AUSGABE.

———

BRAUNSCHWEIG,

DRUCK UND VERLAG VON FRIEDRICH VIEWEG UND SOHN.

1870.

GEBRÜDER HUG
Musikal. u. Instrumentenhdlg.
Leihanstalt
Pianofortes Harmoniums
BASEL ZÜRICH
STRASSBURG ST. GALLEN

23720.

Die Herausgabe einer Uebersetzung in französischer und englischer Sprache,
sowie in anderen modernen Sprachen wird vorbehalten.

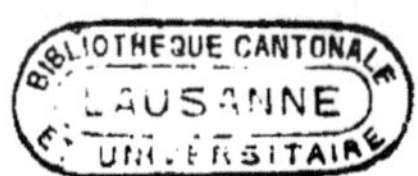

VORREDE.

———

Indem ich die Früchte achtjähriger Arbeit der Oeffentlichkeit übergebe, habe ich voraus noch eine Pflicht der Dankbarkeit zu erfüllen. Die vorliegenden Untersuchungen erforderten zu ihrer Vollendung die Beschaffung von neuen Instrumenten, welche nicht wohl für das Inventarium eines physiologischen Instituts passten, und deren Kosten die gewöhnlichen Hilfsmittel eines deutschen Gelehrten überstiegen. Mir sind die Geldmittel dazu durch aussergewöhnliche Bewilligungen zugeflossen. Den auf Seite 184 bis 196 beschriebenen Apparat zur künstlichen Zusammensetzung der Vocalklänge ausführen zu lassen, machte mir die Munificenz Sr. Majestät des Königs Maximilian von Bayern möglich, welchem die deutsche Wissenschaft schon in so vielen ihrer Felder die bereitwilligste Theilnahme und Förderung verdankt. Für die Erbauung des Harmonium in natürlicher reiner Stimmung, welches Seite 485 beschrieben ist, diente mir der Soem-

mering'sche Preis, den mir die Senckenbergische
naturforschende Gesellschaft zu Frankfurt a. M. be-
willigte. Indem ich hier öffentlich den Ausdruck meines
Dankes für solche Unterstützung meiner Untersuchungen
wiederhole, hoffe ich, dass noch besser als Dankesworte
der Verlauf der vorliegenden Untersuchungen zeigen möge,
wie ich ernstlich bemüht gewesen bin, die mir gewährten
Hilfsmittel fruchtbar zu verwerthen.

Heidelberg, im October 1862.

H. Helmholtz.

VORWORT ZUR DRITTEN AUSGABE.

Die vorliegende dritte Ausgabe hat einige stärkere Veränderungen erfahren, als die frühere. Namentlich konnte ich im sechsten Abschnitte die neueren Arbeiten über Physiologie und Anatomie des Ohres benutzen, wonach einmal die Beurtheilung der Leistungen der Corti'schen Bögen eine Abänderung erfahren musste, und zweitens die eigenthümliche Gelenkverbindung zwischen Hammer und Amboss als Ursache erscheint, dass im Ohre selbst zu stärkeren einfachen Tönen leicht harmonische Obertöne entstehen, wodurch diese besondere Reihe der Obertöne, auf deren Existenz die hier gegebene Theorie der Musik wesentlich gegründet ist, noch eine von den äusseren Abänderungen der Klangfarbe unabhängige subjective Wichtigkeit erhält. Zur Erläuterung der anatomischen Verhältnisse ist auch eine Reihe neuer Holzschnitte eingefügt, meistens dem Handbuch der Anatomie von Henle entnommen mit Bewilligung des Autors, wofür ich diesem hier noch öffentlich meinen Dank wiederhole.

Ferner habe ich die Abschnitte über Geschichte der Musik stark umgearbeitet, und, wie ich hoffe, in besseren Zusammenhang gebracht. Ich bitte übrigens diesen Abschnitt nur als eine Compilation aus secundären Quellen zu betrachten; zu Originalstudien in diesem überaus schwierigen Felde hätte ich weder die Zeit noch die Vorkenntnisse gehabt. Die ältere Geschichte der Musik bis auf die Anfänge des Discantus ist fast nur ein ungeordnetes Haufwerk von Nebendingen, während wir über die Hauptsachen nur Hypothesen aufstellen können. Indessen muss natürlich jede Theorie der Musik versuchen, Zusammenhang in dieses Chaos zu bringen, und immerhin finden sich eine Anzahl wichtiger Thatsachen darin vor.

In der Bezeichnung der Tonhöhen nach natürlicher Stimmung habe ich die ursprünglich von Hauptmann vorgeschlagene Methode verlassen, die für verwickeltere Verhältnisse nicht übersichtlich genug blieb, und dafür mich dem System von Herrn A. v. Oettingen angeschlossen, wie es auch schon in der französischen Uebersetzung dieses Buchs von Herrn G. Guéroult geschehen war.

Um dem Leser früherer Ausgaben das Auffinden der neuen Zusätze zu erleichtern, gebe ich hier ein Verzeichniss der Stellen, wo dergleichen gemacht sind: Seite 92, 125, 175 Anmerkung, 194 bis 195, 200 bis 219, 225 bis 230, 248 bis 249, 259, 261 Anm., 279 Anm., 374 Anm., 377 Anm., 384, 386 406 bis 440, 448, 451 bis 453, 473, 482 Anm., 509, 544 bis 545, 562 bis 568, 573.

Beilagen I, II, XI, XII, XIV, XVIII. Register.

Darf ich mir schliesslich noch einige Bemerkungen

erlauben über die Aufnahme, welche die in diesem Buche vorgetragene Theorie der Musik gefunden hat, so haben sich die in dieser Beziehung veröffentlichten Gegenbemerkungen fast ausschliesslich an die Theorie der Consonanz geheftet, als wenn diese der wesentliche Kern der Sache wäre. Die einen, welche mechanische Erklärungen bevorzugen, haben ihr Bedauern ausgesprochen, dass ich überhaupt in diesem Gebiete der künstlerischen Erfindung und den ästhetischen Neigungen des menschlichen Geistes noch einen Spielraum gelassen habe, und haben auch wohl versucht, durch neue Zahlenspeculationen mein System zu ergänzen. Andere Kritiker von mehr metaphysischen Neigungen haben meine Theorie der Consonanz und damit, wie sie glaubten, meine ganze Theorie der Musik als zu grob mechanisch verworfen.

Meine Kritiker mögen mir verzeihen, wenn ich aus dem Widerstreit ihrer Vorwürfe schliesse, dass ich ungefähr den richtigen Weg gegangen bin. Für meine Theorie der Consonanz muss ich in Anspruch nehmen, dass sie, abgesehen von der übrigens ganz entbehrlichen Hypothese über die Leistungen der Schnecke im Ohre, bloss eine Zusammenfassung beobachtbarer Thatsachen ist. Aber ich halte es für einen Fehler, wenn man die Theorie der Consonanz zur wesentlichen Grundlage der Theorie der Musik macht, und ich war der Meinung dies deutlich genug in diesem Buche ausgesprochen zu haben. Die wesentliche Basis der Musik ist die Melodie. Die Harmonie ist in der westeuropäischen Musik der letzten drei Jahrhunderte ein wesentliches und unserem Geschmack unentbehrliches Verstärkungsmittel der melodischen Verwandtschaften geworden, aber es hat Jahrtausende lang fein ausgebildete Musik ohne Harmonie gegeben, und giebt noch jetzt solche bei den aussereuropäischen Völkern. Und ich muss meinen metaphysisch-ästhetischen Gegnern antworten, dass ich nicht glaube in der Theorie der melodischen Bildungen die künstlerischen Triebe des menschlichen Geistes zu gering angeschlagen zu haben, wenn ich auch versucht habe, die physiologischen Thatsachen nachzuweisen, welche dem ästhetischen Gefühl einen Angriffspunkt gewähren. Denjenigen aber, denen ich nicht weit genug in meinen naturwissenschaftlichen Erklärungen gegangen zu sein scheine, erwiedere ich, dass erstens überhaupt der Naturforscher sich nicht verpflichtet fühlt, vollständige Systeme über alles, was er weiss und was er nicht weiss, aufzustellen; und zweitens, dass ich eine Theorie, welche sämmtliche Gesetze des modernen Generalbasses als Naturnothwendigkeiten nachgewiesen zu haben glaubte, schon für gerichtet halten würde, weil sie zu viel erwiesen hätte.

Bei Musikern hat meine Charakterisirung des Mollgeschlechts am meisten Anstoss erregt. Ich muss mich ihnen gegenüber auf die leicht zugänglichen Actenstücke, die Compositionen, welche in die Entwicklungszeit des modernen Moll von 1500 bis 1750 fallen, berufen. Da kann man sich überzeugen, wie langsam und schwankend es sich entwickelt hat, und wie die letzten Spuren seiner Unfertigkeit sich noch bei Sebastian Bach und Händel finden.

Heidelberg, im Mai 1870.

H. Helmholtz.

INHALTSVERZEICHNISS.

Zweite Abtheilung.

Die Störungen des Zusammenklanges.

Combinationstöne und Schwebungen. Consonanz und · Dissonanz.

Inhaltsverzeichniss.

EINLEITUNG.

Das vorliegende Buch sucht die Grenzgebiete von Wissenschaften zu vereinigen, welche, obgleich durch viele natürliche Beziehungen auf einander hingewiesen, bisher doch ziemlich getrennt neben einander gestanden haben, die Grenzgebiete nämlich einerseits der physikalischen und physiologischen Akustik, andererseits der Musikwissenschaft und Aesthetik. Dasselbe wendet sich also an einen Kreis von Lesern, welche einen sehr verschiedenartigen Bildungsgang durchgemacht haben und sehr abweichende Interessen verfolgen; es wird deshalb nicht unnöthig sein, wenn der Verfasser gleich von vornherein sich darüber ausspricht, in welchem Sinne er diese Arbeit unternommen, und welches Ziel er dadurch zu erreichen gesucht hat. Der naturwissenschaftliche, der philosophische, der künstlerische Gesichtskreis sind in neuerer Zeit mehr, als billig ist, auseinandergerückt worden, und es besteht deshalb in jedem dieser Kreise für die Sprache, die Methoden und die Zwecke des andern eine gewisse Schwierigkeit des Verständnisses, welche auch bei der hier zu verfolgenden Aufgabe hauptsächlich verhindert haben mag, dass sie nicht schon längst eingehender bearbeitet und ihrer Lösung entgegengeführt worden ist.

Zwar bedient sich die Akustik überall der aus der Harmonielehre entnommenen Begriffe und Namen, sie spricht von der Tonleiter, den Intervallen, Consonanzen u. s. w.; zwar beginnen die Lehrbücher über Generalbass gewöhnlich mit einem physikalischen Capitel, welches von den Schwingungszahlen der Töne redet, und die Verhältnisse derselben für die verschiedenen Intervalle festsetzt, aber bisher ist diese Verbindung der Akustik mit der Musikwissenschaft eine rein äusserliche geblieben, eigentlich mehr ein Zeichen, dass man das Bedürfniss einer Verbindung der genannten Wissenschaften fühlte und anerkannte, als dass man eine solche thatsächlich herzustellen gewusst hätte. Denn die physikalischen Kenntnisse konnten zwar für den Erbauer musikalischer Instrumente von Nutzen sein, für die weitere Entwickelung und Begründung der Harmonielehre dagegen ist bisher die physikalische Einleitung noch ganz unfruchtbar geblieben. Und doch sind die wesentlichsten Thatsachen dieses Gebiets, um deren Erklärung und Ausbeutung es sich zunächst handelte, seit uralter Zeit bekannt. Schon Pythagoras wusste, dass wenn Saiten von gleicher Beschaffenheit, gleicher Spannung, aber ungleicher Länge die vollkommenen Consonanzen der Octave, Quinte oder Quarte geben sollen, ihre Längen beziehlich im Verhältnisse von 1 zu 2, von 2 zu 3 oder 3 zu 4 stehen müssen, und wenn er, wie zu vermuthen ist, seine Kenntnisse zum Theil von den ägyptischen Priestern erhalten hat, so lässt sich gar nicht absehen, bis in wie unvordenkliche Zeiten die Kenntniss dieses Gesetzes zurückreicht. Die neuere Physik hat das Gesetz des Pythagoras erweitert, indem sie von den Saitenlängen zu den Schwingungszahlen überging, wodurch es auf Töne aller musikalischen Instrumente anwendbar wurde; man hat ferner für die weniger vollkommenen Consonanzen der Terzen die Zahlenverhältnisse 4 zu 5 und 5 zu 6 den oben genannten hinzugefügt, aber es ist mir nicht bekannt, dass wirklich ein Fortschritt gemacht wäre, um die Frage zu beantworten, was haben die musikalischen Consonanzen mit den Verhältnissen der ersten sechs ganzen Zahlen zu thun? Sowohl Musiker wie Philosophen und Physiker haben sich meist bei der Antwort beruhigt, dass die menschliche Seele auf irgend eine uns unbekannte Art die Zahlenverhältnisse der Tonschwingungen ermitteln könne, und dass sie ein besonderes Vergnügen daran habe, einfache und leicht überschauliche Verhältnisse vor sich zu haben.

Inzwischen hat die Aesthetik der Musik in denjenigen Fragen, deren Entscheidung mehr auf psychologischen als auf sinnlichen Momenten beruht, unverkennbare Fortschritte gemacht, namentlich dadurch, dass man den Begriff der Bewegung bei der Untersuchung der musikalischen Kunstwerke betont hat. E. Hanslick hat in seinem Buche „über das Musikalisch Schöne" mit schlagender Kritik den falschen Standpunkt überschwänglicher Sentimentalität, von dem aus man über Musik zu theoretisiren liebte, angegriffen, und zurückgewiesen auf die einfachen Elemente der melodischen Bewegung. In breiterer Ausführung finden wir

die ästhetischen Beziehungen für die Architektonik musikalischer
Compositionen, und die charakteristischen Unterschiede der einzelnen Compositionsformen auseinandergesetzt in Vischer's
Aesthetik. Wie in der unorganischen Welt durch die Art der
Bewegung die Art der sie treibenden Kräfte offenbart wird, und
sogar in letzter Instanz die elementaren Kräfte der Natur durch
nichts anderes erkannt und gemessen werden können, als durch die
unter ihrer Einwirkung zu Stande kommenden Bewegungen, so ist
es auch mit den Bewegungen, sei es des Körpers, sei es der Stimme,
welche unter dem Einflusse menschlicher Gemüthsstimmungen vor
sich gehen. Welche Eigenthümlichkeiten der Tonbewegung daher
den Charakter des Zierlichen, Tändelnden oder des Schwerfälligen,
Angestrengten, des Matten oder des Kräftigen, des Ruhigen oder
Aufgeregten u. s. w. geben, hängt offenbar hauptsächlich von psychologischen Motiven ab. Ebenso die Beantwortung derjenigen
Fragen, welche das Gleichgewicht der einzelnen Theile einer Composition, ihre Entwickelung auseinander, ihre Verbindung zu einem
klar überschaulichen Ganzen betreffen, die sich den ähnlichen Fragen
in der Theorie der Baukunst ganz eng anschliessen. Aber alle diese
Untersuchungen, wenn sie auch mancherlei Früchte zu Tage för-
dern, müssen lückenhaft und unsicher bleiben, so lange ihnen ihr
eigentlicher Anfang und ihre Grundlage fehlt, nämlich die wissenschaftliche Begründung der elementaren Regeln für die Construction der Tonleiter, der Accorde, der Tonarten, überhaupt alles dessen,
was in dem sogenannten Generalbass zusammengestellt zu werden
pflegt. In diesem elementaren Gebiete haben wir es nicht allein
mit freien künstlerischen Erfindungen, sondern auch mit der unmittelbaren Naturgewalt der sinnlichen Empfindung zu thun. Die
Musik steht in einem viel näheren Verhältniss zu den reinen Sinnesempfindungen, als sämmtliche übrigen Künste, welche es vielmehr
mit den Sinneswahrnehmungen, das heisst mit den Vorstellungen
von äusseren Objecten zu thun haben, die wir erst mittelst psy-
chischer Processe aus den Sinnesempfindungen gewinnen. Die
Dichtkunst geht am entschiedensten allein darauf aus, Vorstellungen anzuregen, indem sie sich an Phantasie und Gedächtniss
wendet, und nur mit untergeordneten Hilfsmitteln mehr musikalischer Art, z. B. dem Rhythmus, der Tonmalerei, wendet sie sich
zuweilen an die unmittelbare sinnliche Empfindung des Ohrs. Ihre
Wirkungen beruhen deshalb fast ausschliesslich auf psychischen
Thätigkeiten. Die bildenden Künste benutzen zwar die sinn-

1*

lichen Empfindungen des Auges, aber doch in nicht viel anderer
Absicht, als die Dichtkunst sich an das Ohr wendet. Hauptsächlich wollen sie in uns nur die Vorstellung eines äusseren Objects
von bestimmter Form und Farbe hervorbringen. Wir sollen uns
wesentlich nur für den dargestellten Gegenstand interessiren und
an seiner Schönheit uns erfreuen, nicht an den Mitteln der Darstellung. Wenigstens ist die Freude des Kunstkenners an dem
Virtuosenthum der Technik einer Statue oder eines Gemäldes nicht
wesentlicher Bestandtheil des Kunstgenusses.

Nur in der Malerei findet sich die Farbe als ein Element,
welches unmittelbar von der sinnlichen Empfindung aufgenommen
wird, ohne dass sich Acte des Verständnisses einzuschieben brauchen. In der Musik dagegen sind es wirklich geradezu die Tonempfindungen, welche das Material der Kunst bilden; wir bilden aus
diesen Empfindungen, wenigstens so weit sie in der Musik zur Geltung kommen, nicht die Vorstellungen äusserlicher Gegenstände
und Vorgänge. Oder wenn uns auch bei den Tönen eines Concerts
einfällt, dass dieser von einer Violine, jener von einer Clarinette
gebildet sei, so beruht doch das künstlerische Wohlgefallen nicht
auf der Vorstellung der Violine und Clarinette, sondern nur auf der
Empfindung ihrer Töne, während umgekehrt das künstlerische
Wohlgefallen an einer Marmorstatue nicht auf der Empfindung des
weissen Lichts beruht, welches sie in das Auge sendet, sondern auf
der Vorstellung des schön geformten menschlichen Körpers, den sie
darstellt. In diesem Sinne ist es klar, dass die Musik eine unmittel-
barere Verbindung mit der sinnlichen Empfindung hat, als irgend
eine der anderen Künste; und daraus folgt denn, dass die Lehre
von den Gehörempfindungen berufen sein wird, in der musikalischen
Aesthetik eine viel wesentlichere Rolle zu spielen, als etwa die
Lehre von der Beleuchtung oder der Perspective in der Malerei.
Diese letzteren sind allerdings dem Künstler nützlich, um eine möglichst vollendete Naturwahrheit zu erreichen, haben aber mit der
künstlerischen Wirkung des Werkes nichts zu thun. In der Musik
dagegen wird gar keine Naturwahrheit erstrebt, die Töne und Tonempfindungen sind ganz allein ihrer selbst wegen da und wirken
ganz unabhängig von ihrer Beziehung zu irgend einem äusseren
Gegenstande.

Diese Lehre von den Gehörempfindungen fällt nun in das Gebiet der Naturwissenschaften, und zwar zunächst der physiologischen Akustik. Bisher ist von der Lehre vom Schall

fast nur der physikalische Theil ausführlich behandelt worden, d. h. man hat die Bewegungen untersucht, welche tönende feste, flüssige oder luftförmige Körper ausführten, wenn sie einen dem Ohre vernehmbaren Schall hervorbrachten. Diese physikalische Akustik ist ihrem Wesen nach nichts als ein Theil der Lehre von den Bewegungen der elastischen Körper. Ob man die Schwingungen, welche gespannte Saiten ausführen, an einer Spirale aus Messingdraht beobachtet, deren Bewegungen so langsam geschehen, dass man ihnen mit dem Auge bequem folgen kann, die aber eben deshalb keine Schallempfindung erregen, oder ob man eine Violinsaite schwingen lässt, deren Schwingungen das Auge kaum wahrnimmt, während das Ohr sie hört, ist in physikalischer Beziehung ganz gleichgültig. Die Gesetze der schwingenden Bewegungen sind in beiden Fällen ganz die nämlichen, und ob sie schnell oder langsam geschehen, ist ein Umstand, der in diesen Gesetzen nichts ändert, wohl aber den beobachtenden Physiker zwingt, verschiedene Methoden der Beobachtung anzuwenden, bald das Auge, bald das Ohr zu benutzen. In der physikalischen Akustik wird also auf die Erscheinungen des Gehörs nur deshalb Rücksicht genommen, weil das Ohr das bequemste und nächstliegende Hülfsmittel zur Beobachtung der schnelleren elastischen Schwingungen ist, und der Physiker die Eigenthümlichkeiten dieses zur Beobachtung verwendeten natürlichen Instruments kennen muss, um richtige Schlüsse aus seinen Aussagen ziehen zu können. Daher hat die bisherige physikalische Akustik wohl mancherlei Kenntnisse und Beobachtungen gesammelt, welche der Lehre von den Thätigkeiten des Ohrs, also der physiologischen Akustik, angehören, aber sie sind nicht als Hauptzweck ihrer Untersuchungen ausgemittelt worden, sondern nur nebenbei und stückweise. Dass überhaupt in der Physik ein besonderes Capitel über Akustik von der Lehre über die Bewegungen der elastischen Körper abgetrennt zu werden pflegt, zu welcher es dem Wesen der Sache nach gehören sollte, ist eben nur dadurch gerechtfertigt, dass durch die Anwendung des Ohrs eigenthümliche Arten von Versuchen und Beobachtungsmethoden herbeigeführt wurden.

Neben der physikalischen besteht eine physiologische Akustik, welche die Vorgänge im Ohre selbst zu untersuchen hat. Von dieser Wissenschaft hat derjenige Theil, welcher die Leitung der Schallbewegung vom Eingang des Ohres bis zu den Nervenausbreitungen im Labyrinth des inneren Ohres behandelt,

mannigfache Bearbeitung erfahren, in Deutschland namentlich, seit
Johannes Müller den Anfang darin gemacht hatte. Freilich
müssen wir zugleich sagen, dass noch nicht viel sichergestellte Ergebnisse hierin gewonnen sind. Mit diesen Bestrebungen war aber
erst ein Theil der Aufgabe angegriffen, ein anderer Theil ganz
liegen geblieben. Die Untersuchung der Vorgänge in jedem unserer Sinnesorgane hat im Allgemeinen drei verschiedene Theile.
Zunächst ist zu untersuchen, wie das Agens, welches die Empfindung erregt, also im Auge das Licht, im Ohre der Schall, bis zu
den empfindenden Nerven hingeleitet wird. Wir können diesen
ersten Theil den physikalischen Theil der entsprechenden physiologischen Untersuchung nennen. Zweitens sind die verschiedenen
Erregungen der Nerven selbst zu untersuchen, welche verschiedenen
Empfindungen entsprechen, und endlich die Gesetze, nach welchen aus solchen Empfindungen Vorstellungen bestimmter äusserer
Objecte, d. h. Wahrnehmungen, zu Stande kommen. Das giebt
also noch zweitens einen vorzugsweise physiologischen Theil der
Untersuchung, der die Empfindungen, und drittens einen psychologischen, der die Wahrnehmungen behandelt. Während nun
für die Lehre vom Gehör der physikalische Theil schon vielfältig in
Angriff genommen worden ist, haben wir bisher aus dem physiologischen und psychologischen Theile nur unvollständige und
zufällige Einzelheiten in der Wissenschaft aufzuweisen, und gerade
der vorzugsweise physiologische Theil, die Lehre von den Gehörempfindungen, ist es, dessen Resultate die Theorie der Musik von
der Naturwissenschaft entnehmen muss.

In dem vorliegenden Buche habe ich mich nun bemüht, zunächst das Material für die Lehre von den Gehörempfindungen
zusammenzubringen, soweit es bisher fertig vorlag oder von mir
durch eigene Untersuchungen ergänzt werden konnte. Natürlich
muss ein solcher erster Versuch ziemlich lückenhaft bleiben, und
sich auf die Grundzüge und die interessantesten Theile des betreffenden Gebiets beschränken. In diesem Sinne bitte ich die hier
vorliegenden Studien aufzunehmen. Wenn auch in den zusammengestellten Sätzen nur weniges vorkommt von vollkommen neuen
Entdeckungen, vielmehr das, was von neuen Thatsachen und Betrachtungen etwa darin enthalten ist, sich meist unmittelbar daraus ergab, dass ich die schon bekannten Theorien und Versuchs-
methoden vollständiger in ihre Consequenzen verfolgte und aus-
zubeuten suchte, als dies bisher geschehen war, so gewinnen doch,

wie ich meine, die Thatsachen vielfältig eine neue Wichtigkeit und eine neue Beleuchtung, wenn man sie aus einem anderen Standpunkte und in einem anderen Zusammenhange, als bisher, betrachtet.

Die erste Abtheilung der nachfolgenden Untersuchung ist wesentlich physikalischen und physiologischen Inhalts; es wird darin das Phänomen der harmonischen Obertöne untersucht; es wird die Natur dieses Phänomens festgestellt, seine Beziehung zu den Unterschieden der Klangfarbe nachgewiesen, und es werden eine Reihe von Klangfarben in Beziehung auf ihre Obertöne analysirt, wobei sich denn zeigt, dass die Obertöne nicht etwa, wie man bisher wohl meist glaubte, eine vereinzelt vorkommende Erscheinung von geringer Intensität seien, dass sie vielmehr mit sehr wenigen Ausnahmen den Klängen fast aller Toninstrumente zukommen, und gerade in den zu musikalischen Zwecken brauchbarsten Klangfarben eine erhebliche Stärke erreichen. Die Frage, wie die Wahrnehmung der Obertöne durch das Ohr zu Stande kommen könne, führt dann zu einer Hypothese über die Erregungsweise des Hörnerven, welche geeignet ist, sämmtliche in das hier vorliegende Gebiet gehörige Thatsachen und Gesetze auf eine verhältnissmässig einfache mechanische Vorstellung zurückzuführen.

Die zweite Abtheilung behandelt die Störungen des gleichzeitigen Erklingens zweier Töne, nämlich die Combinationstöne und die Schwebungen. Die physiologisch-physikalische Untersuchung ergiebt, dass zwei Töne nur dann im Ohre gleichzeitig empfunden werden können ohne sich gegenseitig in ihrem Abflusse zu stören, wenn sie in ganz bestimmten Intervallverhältnissen zu einander stehen, den bekannten Intervallen der musikalischen Consonanzen. So werden wir hier unmittelbar in das musikalische Gebiet hinübergeführt, und es wird der physiologische Grund für das räthselhafte von Pythagoras verkündete Gesetz der Zahlenverhältnisse aufgedeckt. Die Grösse der consonanten Intervalle ist unabhängig von der Klangfarbe, aber der Grad des Wohlklanges der Consonanzen, die Schärfe ihres Unterschieds von den Dissonanzen ergiebt sich als abhängig von der Klangfarbe. Die Folgerungen der physiologischen Theorie stimmen in diesem Gebiete mit den Regeln der musikalischen Accordlehre durchaus zusammen; sie gehen selbst noch mehr in das Specielle als diese es kann, und haben, wie ich glaube, die Autorität der besten Componisten für sich.

In diesen beiden ersten Abtheilungen des Buches kommen ästhetische Rücksichten gar nicht in Betracht, es handelt sich durch-

aus um Naturphänomene, die mit blinder Nothwendigkeit eintreten.
Die ·dritte Abtheilung behandelt die Construction der Tonleitern
und Tonarten. Hier befinden wir uns auf ästhetischem Gebiete,
die Differenzen des nationalen und individuellen Geschmacks beginnen. Die moderne Musik hat hauptsächlich das Princip der
Tonalität streng und consequent entwickelt, wonach alle Töne eines
Tonstückes durch ihre Verwandtschaft mit einem Hauptton, der
Tonica, zusammengeschlossen werden. Sobald wir dieses Princip
als gegeben annehmen, leitet sich aus den Resultaten der vorausgegangenen Untersuchungen die Construction unserer modernen
Tonleitern und Tonarten auf einem alle Willkürlichkeit ausschlies-
senden Wege ab.

Ich habe die physiologische Untersuchung von den musikalischen Folgerungen nicht trennen mögen, denn dem Physiologen
muss die Richtigkeit dieser Folgerungen als eine Unterstützung für
die Richtigkeit der vorgetragenen physikalischen und physiologischen Ansichten gelten, und dem Leser, welcher im musikalischen
Interesse das Buch vornimmt, kann der Sinn und die Tragweite
der Folgerungen nicht ganz klar werden, wenn er nicht die naturwissenschaftlichen Grundlagen wenigstens ihrem Sinne nach zu verstehen gesucht hat. Uebrigens habe ich, um das Verständniss des
Buches auch Lesern zugänglich zu erhalten, denen eine eingehende
Kenntniss der Physik und Mathematik fehlt, sowohl die specielleren
Anweisungen für die Ausführung complicirterer Versuche, als auch
alle mathematischen Erörterungen in den Anhang am Schluss des
Buches verwiesen. Dieser Anhang ist also besonders für den Physiker bestimmt, und enthält die Beweisstücke für meine Behauptungen. Ich hoffe auf diese Weise den Interesssen der verschiedenen Leser gerecht zu werden.

Das rechte Verständniss freilich wird sich nur demjenigen
Leser eröffnen können, der sich die Mühe nimmt, durch eigene
Beobachtung wenigstens die Fundamentalphänomene, von denen
in der folgenden Untersuchung die Rede ist, kennen zu lernen.
Glücklicherweise ist es nicht sehr schwer, mit Hilfe der gewöhnlichsten musikalischen Instrumente Obertöne, Combinationstöne,
Schwebungen u. s. w. kennen zu lernen. Eigene Wahrnehmung
ist mehr werth als die genaueste Beschreibung, besonders wo es
sich, wie hier, um eine Analyse von Sinnesempfindungen handelt,
die sich schlecht genug Jemandem beschreiben lassen, der sie nicht
selbst erlebt hat.

Ich hoffe, bei diesem meinem etwas ungewöhnlichen Versuche, von Seiten der Naturwissenschaft in die Theorie der Künste einzugreifen, gebührend auseinander gehalten zu haben, was der Physiologie und was der Aesthetik angehört, doch kann ich mir kaum verhehlen, dass meine Erörterungen, obgleich sie sich nur auf das niederste Gebiet der musikalischen Grammatik beziehen, solchen Kunsttheoretikern vielleicht als zu mechanisch und der Würde der Kunst widersprechend erscheinen werden, welche gewohnt sind, die enthusiastischen Seelenzustände, wie sie durch die höchsten Leistungen der Kunst hervorgerufen werden, auch zur wissenschaftlichen Untersuchung ihrer Grundlagen mitzubringen. Diesen gegenüber will ich nur noch bemerken, dass es sich bei der nachfolgenden Untersuchung wesentlich nur um die Analyse thatsächlich bestehender sinnlicher Empfindungen handelt, dass die physikalischen Beobachtungsmethoden, welche herbeigezogen werden, fast nur dazu dienen sollen, das Geschäft dieser Analyse zu erleichtern, zu sichern, und ihre Vollständigkeit zu controliren, und dass diese Analyse der Sinnesempfindungen genügen würde, die Endergebnisse für die musikalische Theorie zu liefern, selbst ohne Bezug auf die physiologische Hypothese über den Mechanismus des Hörens, die ich schon erwähnt habe, welche ich jedoch nicht weglassen wollte, weil sie einen ausserordentlich einfachen Zusammenhang in die sehr mannigfachen und sehr verwickelten Phänomene dieses Gebiets zu bringen geeignet ist.

DIE

ZUSAMMENSETZUNG

DER

SCHWINGUNGEN.

OBERTÖNE UND KLANGFARBEN.

Von der Schallempfindung im Allgemeinen.

Sinnliche Empfindungen kommen zu Stande, indem äussere Reizmittel auf die empfindlichen Nervenapparate unseres Körpers einwirken, und diese in Erregungszustand versetzen. Die Art der Empfindung ist verschieden, theils nach dem Sinnesorgane, welches in Anspruch genommen worden ist, theils nach der ·Art des einwirkenden Reizes. Jedes Sinnesorgan vermittelt eigenthümliche Empfindungen, welche durch kein anderes erregt werden können, das Auge Lichtempfindungen, das Ohr Schallempfindungen, die Haut Tastempfindungen. Selbst wenn dieselben Sonnenstrahlen, welche dem Auge die Empfindung des Lichts erregen, die Haut treffen und deren Nerven erregen, so werden sie hier doch nur als Wärme, nicht als Licht empfunden, und ebenso können die Erschütterungen elastischer Körper, welche das Ohr hört, auch von der Haut empfunden werden, aber nicht als Schall, sondern als Schwirren. Schallempfindung ist also die dem Ohre eigenthümliche Reactionsweise gegen äussere Reizmittel, sie kann in keinem anderen Organe des Körpers hervorgebracht werden, und unterscheidet sich durchaus von allen Empfindungen aller übrigen Sinne.

Da wir uns hier die Aufgabe gestellt haben, die Gesetze der Gehörempfindungen zu studiren, so wird es unsere erste Aufgabe sein, zu untersuchen, wie viel verschiedene Arten von Empfindungen unser Ohr erzeugen kann, und welche Unterschiede des äusseren

Erregungsmittels, nämlich des Schalls, diesen Unterschieden der Empfindung entsprechen.

Der erste und Hauptunterschied verschiedenen Schalls, den unser Ohr auffindet, ist der Unterschied zwischen Geräuschen und musikalischen Klängen. Das Sausen, Heulen und Zischen des Windes, das Plätschern des Wassers, das Rollen und Rasseln eines Wagens sind Beispiele der ersten Art, die Klänge sämmtlicher musikalischen Instrumente Beispiele der zweiten Art des Schalls. Zwar können Geräusche und Klänge in mannigfach wechselnden Verhältnissen sich vermischen und durch Zwischenstufen in einander übergehen, ihre Extreme sind aber weit von einander getrennt.

Um das Wesen des Unterschieds zwischen Klängen und Geräuschen zu ermitteln, genügt in den meisten Fällen schon eine aufmerksame Beobachtung des Ohres allein, ohne dass es durch künstliche Hilfsmittel unterstützt zu werden braucht. Es zeigt sich nämlich im Allgemeinen, dass im Verlaufe eines Geräusches ein schneller Wechsel verschiedenartiger Schallempfindungen eintritt. Man denke an das Rasseln eines Wagens auf Steinpflaster, das Plätschern und Brausen eines Wasserfalls oder der Meereswogen, das Rauschen der Blätter im Walde. Hier haben wir überall einen raschen und unregelmässigen, aber deutlich erkennbaren Wechsel stossweise aufblitzender verschiedenartiger Laute. Beim Heulen des Windes ist der Wechsel langsam, der Schall zieht sich langsam und allmälig in die Höhe, und sinkt dann wieder. Mehr oder weniger gut gelingt die Trennung verschiedenartiger unruhig wechselnder Laute auch bei den meisten anderen Geräuschen; wir werden später ein Hilfsmittel kennen lernen, die Resonatoren, mittels dessen diese Unterscheidung dem Ohre beträchtlich erleichtert wird. Ein musikalischer Klang dagegen erscheint dem Ohre als ein Schall, der vollkommen ruhig, gleichmässig und unveränderlich dauert, so lange er eben besteht, in ihm ist kein Wechsel verschiedenartiger Bestandtheile zu unterscheiden. Ihm entspricht also eine einfache und regelmässige Art der Empfindung, während in einem Geräusche viele verschiedenartige Klangempfindungen unregelmässig gemischt und durch einander geworfen sind. In der That kann man Geräusche aus musikalischen Klängen zusammensetzen, wenn man z. B. sämmtliche Tasten eines Claviers innerhalb der Breite von einer oder zwei Octaven gleichzeitig anschlägt. Hiernach ist es klar, dass die musikalischen Klänge die einfacheren und regelmässigeren Elemente der Gehörempfindungen sind, und dass wir an ihnen zunächst die Gesetze und Eigenthümlichkeiten dieser Empfindungen zu studiren haben.

Wir gelangen jetzt zu der weiteren Frage: welcher Unterschied in dem äusseren Erregungsmittel der Gehörempfindungen bedingt den Unterschied von Geräusch und Klang? Das normale und gewöhnliche Erregungsmittel für das menschliche Ohr sind Erschütterungen der umgebenden Luftmasse. Die unregelmässig wechselnde Empfindung des Ohrs bei den Geräuschen lässt uns schliessen, dass bei diesen auch die Erschütterung der Luft eine unregelmässig sich verändernde Art der Bewegung sein müsse, dass den musikalischen Klängen dagegen eine regelmässige in gleichmässiger Weise andauernde Bewegung der Luft zu Grunde liege, welche wiederum erregt sein muss durch eine ebenso regelmässige Bewegung des ursprünglich tönenden Körpers, dessen Stösse die Luft dem Ohre zuleitet.

Die Art solcher regelmässiger Bewegungen, welche einen musikalischen Klang hervorbringen, haben nun die physikalischen Untersuchungen genau kennen gelehrt. Es sind dies Schwingungen, d. h. hin- und hergehende Bewegungen der tönenden Körper, und diese Schwingungen müssen regelmässig periodisch sein. Unter einer periodischen Bewegung verstehen wir eine solche, welche nach genau gleichen Zeitabschnitten immer in genau derselben Weise wiederkehrt. Die Länge der gleichen Zeitabschnitte, welche zwischen einer und der nächsten Wiederholung der gleichen Bewegung verfliessen, nennen wir die Schwingungsdauer oder die Periode der Bewegung. Welcher Art die Bewegung des bewegten Körpers während der Dauer einer Periode ist, ist dabei ganz gleichgültig. Um den Begriff der periodischen Bewegung an bekannten Beispielen zu erläutern, führe ich an die Bewegung des Pendels einer Uhr, die Bewegung eines Steins, der an einem Faden befestigt mit gleichbleibender Geschwindigkeit im Kreise herumgeschwungen wird, die Bewegung eines Hammers, der von dem Räderwerk einer Wassermühle nach regelmässigen Zwischenzeiten gehoben wird und wieder fällt. Alle diese Bewegungen, so verschieden sie sich übrigens auch gestalten mögen, sind periodisch in dem angeführten Sinne. Die Dauer ihrer Periode, welche in diesen Fällen meist eine oder mehrere Secunden beträgt, ist aber verhältnissmässig lang, verglichen mit den viel kürzeren Perioden der tönenden Schwingungen, von denen bei den tiefsten Tönen mindestens 30 auf eine Secunde kommen, und deren Anzahl bis auf viele Tausende in der Secunde steigen kann.

Unserer Definition der periodischen Bewegung gemäss können wir nun die gestellte Frage so beantworten: Die Empfindung eines Klanges wird durch schnelle periodische Bewegungen der tönenden Körper hervorgebracht, die eines Geräusches durch nicht periodische Bewegungen.

Die tönenden Schwingungen fester Körper können wir sehr häufig mit dem Auge erkennen. Wenn auch die Schwingungen zu schnell vor sich gehen, als dass wir jeder einzelnen mit dem Auge folgen könnten, so erkennen wir doch leicht an einer tönenden Saite, oder Stimmgabel, oder an der Zunge einer Zungenpfeife, dass dieselben in lebhafter hin- und hergehender Bewegung zwischen zwei festen Grenzlagen begriffen sind, und das regelmässige und scheinbar ruhig fortbestehende Bild, welches ein solcher schwingender Körper trotz seiner Bewegung dem Auge darbietet, lässt auf die Regelmässigkeit seiner Hin- und Hergänge schliessen. In anderen Fällen können wir die schwingende Bewegung der tönenden festen Körper fühlen. So fühlt der Blasende die Schwingungen der Zunge am Mundstück der Clarinette, Oboe, des Fagotts, oder die Schwingungen seiner eigenen Lippen im Mundstück der Trompete und Posaune.

Unserem Ohre werden nun die Erschütterungen, welche von den tönenden Körpern ausgehen, in der Regel erst durch Vermittelung der Luft zugetragen. Auch die Lufttheilchen müssen periodisch sich wiederholende Schwingungen ausführen, um in unserem Ohre die Empfindung eines musikalischen Klanges hervorzubringen. Dies ist auch in der That der Fall, obgleich in der alltäglichen Erfahrung der Schall zunächst als ein Agens erscheint, welches fortdauernd im Luftraume vorwärts schreitet und sich immer weiter und weiter ausbreitet. Wir müssen aber hier unterscheiden zwischen der Bewegung der einzelnen Lufttheilchen selbst — diese ist periodisch hin- und hergehend innerhalb enger Grenzen — und der Ausbreitung der Erschütterung des Schalls; diese letztere ist es, welche fortdauernd vorwärts schreitet, indem immer neue und neue Lufttheilchen in den Kreis der Erschütterung gezogen werden.

Es ist dies eine Eigenthümlichkeit aller sogenannten Wellenbewegungen. Man denke sich in eine eben ruhige Wasserfläche einen Stein geworfen. Um den getroffenen Punkt der Fläche bildet sich sogleich ein kleiner Wellenring, welcher nach allen Richtungen hin gleichmässig fortschreitend sich zu einem immer grösser werdenden Kreise ausdehnt. Diesem Wellenringe entsprechend geht in der Luft von einem erschütterten Punkte der Schall aus, und schreitet nach allen Richtungen fort, so weit die Grenzen der Luftmasse es erlauben. Der Vorgang in der Luft ist im Wesentlichen ganz derselbe wie auf der Wasserfläche, der Hauptunterschied ist nur, dass der Schall in dem räumlich ausgedehnten Luftmeere nach allen Seiten kugelförmig fortschreitend sich ausbreitet, während die Wellen an der Oberfläche des Wassers nur ringförmig fortschreiten können. Den Wellenbergen der Wasserwellen entsprechen in den Schallwellen Schichten, in denen die Luft verdichtet ist, den Wellenthälern verdünnte Schichten. An der freien Wasseroberfläche kann die Masse nach oben ausweichen, wo sie sich zusammendrängt, und so die Berge bilden. Im Inneren des Luftmeeres muss sie sich verdichten, weil sie nicht ausweichen kann.

Die Wasserwellen also schreiten beständig vorwärts ohne umzukehren; aber man muss nicht glauben, dass die Wassertheilchen, aus denen die Wellen zusammengesetzt sind, eine ähnliche fortschreitende Bewegung haben wie die Wellen selbst. Die Bewegungen der Wassertheilchen längs der Oberfläche des. Wassers können wir leicht sichtbar machen, indem wir ein Hölzchen auf dem Wasser schwimmen lassen. Ein solches macht die Bewegungen der benachbarten Wassertheilchen vollständig mit. Nun wird ein solches Hölzchen von. den Wellenringen nicht mitgenommen, sondern nur auf und ab geschaukelt, und bleibt schliesslich an der Stelle ruhen, an der es sich zuerst befand. Wie das Hölzchen, so auch die benachbarten Wassertheilchen. Wenn der Wellenring bei ihnen ankommt, werden sie in Schwankungen versetzt, wenn er vorübergezogen ist, sind sie wieder an ihrer alten Stelle und bleiben nun in Ruhe, während der Wellenring zu immer neuen Stellen der Wasserfläche fortschreitet und diese in Bewegung setzt. Es werden also die Wellen, welche über die Wasseroberfläche hinziehen, fort und fort aus neuen Wassertheilchen aufgebaut, so dass dasjenige, was als Welle fortrückt, nur die Erschütterung, die veränderte Form der Oberfläche ist, während die einzelnen Wassertheilchen in vorübergehenden Schwankungen hin- und hergehen, sich aber nie weit von ihrem ersten Platze entfernen.

Noch deutlicher zeigt sich dasselbe Verhältniss bei den Wellen eines Seils oder einer Kette. Man nehme einen biegsamen Faden von einigen Fuss Länge oder ein dünnes Metallkettchen, halte es an einem Ende und lasse das andere herabhängen, so dass der Faden nur durch seine Schwere gespannt ist. Nun bewege man die Hand, die es hält, schnell ein wenig nach einer Seite und wieder zurück. Es wird die Ausbiegung, die wir am oberen Ende des Fadens durch die Bewegung der Hand hervorgebracht haben, als eine Art Welle an ihm herablaufen, so dass immer tiefere und tiefere Theile des Fadens sich seitwärts ausbiegen, während die oberen wieder in die gestreckte Ruhelage übergehen, und doch ist es deutlich, dass, während die Welle nach unten hin abläuft, jeder einzelne Theil des Fadens nur horizontal hin- und herschwanken kann, und keineswegs die abwärts schreitende Bewegung der Welle theilt.

Noch vollkommener gelingt ein solcher Versuch an einem langen elastischen, schwach gespannten Faden, z. B. einer dicken Kautschukschnur, oder einer Messingspiralfeder von 8 bis 12 Fuss Länge, deren eines Ende befestigt ist, während man das andere in der Hand hält. Die Hand kann hier leicht Wellen erregen, welche in sehr regelmässiger Weise nach dem anderen Ende des Fadens ablaufen, dort reflectirt werden und wieder zurückkommen. Auch hier ist es deutlich, dass es kein Theil der Schnur selbst sein kann, welcher hin- und herläuft, sondern dass immer andere und andere Theile der Schnur die fortschreitende Welle zusammensetzen. An diesen Beispielen wird der Leser sich eine Vorstellung bilden können von einer solchen Art der Bewegung, wie die des Schalls eine ist, wo die materiellen Theilchen des bewegten Körpers nur periodische Schwingungen ausführen, während doch die Erschütterung selbst fortdauernd vorwärts schreitet.

Kehren wir zu der Wasserfläche zurück. Wir haben vorausgesetzt, dass ein Punkt derselben von einem Steine getroffen und erschüttert worden sei. Die Erschütterung hat sich in Form eines Wellenringes über die Wasserfläche ausgebreitet, ist zu dem schwimmenden Hölzchen gekommen, und hat dieses in Schwankungen versetzt. So ist also mittels der Wellen die Erschütterung, welche der Stein an einem Punkte der Wasserfläche erregt hatte, dem Hölzchen, welches an einem anderen Punkte derselben Fläche sich befand, mitgetheilt worden. Von ganz ähnlicher Art ist der Vorgang in dem uns umgebenden Luftmeere. Statt des Steines

setze man einen tönenden Körper, der die Luft erschüttert, statt
des Hölzchens das menschliche Ohr, an welches die Erschütterungs-
wellen der Luft anschlagen und dessen bewegliche Theile sie dabei
in Bewegung setzen. Die Luftwellen, welche von einem tönenden
Körper ausgehen, übertragen die Erschütterung auf das menschliche
Ohr gerade ebenso, wie das Wasser sie von dem Stein auf den
schwimmenden Körper überträgt.

Hiernach wird es leicht ersichtlich sein, wie ein in periodischer
Schwingung begriffener Körper auch die Lufttheilchen in eine periodische Bewegung setzen muss. Ein fallender Stein giebt der
Wasserfläche nur einen einzelnen Stoss. Nun denke man sich aber
statt des einen Steines etwa eine regelmässige Reihe von Tropfen
aus einem Gefässe mit enger Mündung in das Wasser fallend. Jeder Tropfen wird eine Ringwelle erregen, jede Ringwelle wird
über die Wasserfläche ganz ebenso wie ihre Vorgängerin hinlaufen,
und wie sie dieser folgte, werden ihr ihre Nachfolgerinnen folgen.
So wird auf der Wasserfläche eine regelmässige Reihe concentri-
scher Ringe entstehen und sich ausbreiten. So viel Tropfen in
der Secunde in das Wasser fallen, so viel Wellen werden auch
in der Secunde unser schwimmendes Hölzchen treffen, und so viel
Male wird dieses auf und ab geschaukelt werden, also eine periodische Bewegung ausführen, deren Periode gleich ist den Zeitabschnitten, in denen die Tropfen fallen. In derselben Weise bringt
in der Luft ein periodisch bewegter tönender Körper eine ähnliche
periodische Bewegung zunächst der Luftmasse, dann des Trommelfells in unserem Ohre hervor, deren Schwingungsdauer der des tönenden Körpers gleich sein muss.

Nachdem wir die erste Haupteintheilung des Schalls in Geräusche und Klänge besprochen, und die den Klängen zukommende
Luftbewegung im Allgemeinen beschrieben haben, wenden wir uns
zu den besonderen Eigenthümlichkeiten, durch welche wiederum
die Klänge sich von einander unterscheiden. Wir kennen drei Unterschiede der Klänge, wenn wir zunächst nur an solche Klänge
denken, wie sie einzeln von unseren gewöhnlichen musikalischen
Instrumenten hervorgebracht werden, und Zusammenklänge verschiedener Instrumente ausschliessen. Klänge können sich nämlich
unterscheiden:

1. durch ihre Stärke,
2. durch ihre Tonhöhe,
3. durch ihre Klangfarbe.

Was wir unter Stärke des Tons und unter Tonhöhe verstehen, brauche ich nicht zu erklären. Unter Klangfarbe verstehen wir diejenige Eigenthümlichkeit, wodurch sich der Klang einer Violine von dem einer Flöte, oder Clarinette, oder menschlichen Stimme unterscheidet, wenn alle dieselbe Note in derselben Tonhöhe hervorbringen.

Wir haben jetzt für diese drei Hauptunterschiede des Klanges auseinanderzusetzen, welche besonderen Eigenthümlichkeiten der Schallbewegung ihnen entsprechen.

Was zunächst die Stärke der Klänge betrifft, so ist es leicht zu erkennen, dass diese mit der Breite (Amplitude) der Schwingungen des tönenden Körpers wächst und abnimmt. Wenn wir eine Saite anschlagen, sind ihre Schwingungen anfangs ausgiebig genug, dass wir sie sehen können; dem entsprechend ist ihr Ton anfangs am stärksten. Dann werden die sichtbaren Schwingungen immer kleiner und kleiner; in demselben Maasse nimmt die Stärke des Tons ab. Dieselbe Beobachtung können wir an gestrichenen Saiten, den Zungen der Zungenpfeifen und vielen anderen tönenden Körpern machen. Die gleiche Folgerung müssen wir aus der Thatsache ziehen, dass die Stärke des Klanges abnimmt, wenn wir uns im Freien von dem tönenden Körper entfernen, während sich weder Tonhöhe noch Klangfarbe verändern. In der Entfernung ändert sich aber an den Luftwellen nur die Schwingungsamplitude der einzelnen Lufttheilchen. Von dieser muss also die Stärke des Schalls abhängen, aber keine seiner anderen Eigenschaften *).

Der zweite wesentliche Unterschied verschiedener Klänge beruht in ihrer Tonhöhe. Wir wissen schon aus der täglichen Erfahrung, dass Töne gleicher Tonhöhe von den allerverschiedensten Instrumenten mittels der verschiedensten mechanischen Vorgänge und in der verschiedensten Stärke erzeugt werden können. Die Luftbewegungen, welche hierbei entstehen, müssen alle periodisch sein, sonst erregen sie nicht die Empfindung eines musikalischen Klanges im Ohre. Innerhalb jeder einzelnen Periode kann die Bewegung sein, von welcher Art sie will, wenn nur die Dauer der

---

*) Mechanisch ist die Stärke der Schwingungen für Töne verschiedener Höhe durch ihre lebendige Kraft, d. h. durch das Quadrat der grössten Geschwindigkeit zu messen, welche die schwingenden Theilchen erreichen. Aber das Ohr hat verschiedene Empfindlichkeit für Töne verschiedener Höhe, so dass ein für verschiedene Tonhöhen gültiges Maass der Intensität der Empfindung hierdurch nicht gewonnen werden kann.

Periode zweier Klänge gleich gross ist, so haben sie gleiche Tonhöhe. Also: Die Tonhöhe hängt nur ab von der Schwingungsdauer oder, was gleichbedeutend ist, von der Schwingungszahl. Wir pflegen die Secunde als Zeiteinheit zu benutzen, und verstehen deshalb unter Schwingungszahl die Anzahl der Schwingungen, welche der tönende Körper in einer Zeitsecunde ausführt. Es ist selbstverständlich, dass wir die Schwingungsdauer finden, wenn wir die Secunde durch die Schwingungszahl dividiren.

Die Klänge sind desto höher, je grösser ihre Schwingungszahl oder je kleiner ihre Schwingungsdauer ist.

Die Zahl der Schwingungen solcher elastischen Körper, welche hörbare Töne hervorbringen, genau zu bestimmen, ist ziemlich schwierig, und die Physiker mussten deshalb vielerlei verhältnissmässig verwickelte Verfahrungsweisen einschlagen, um diese Aufgabe in jedem einzelnen Falle lösen zu können. Die mathematische Theorie. und mannigfaltige Versuche mussten sich zu dem Ende gegenseitig zu Hilfe kommen. Zur Darlegung der Grundthatsachen in diesem Gebiete ist es deshalb sehr bequem, ein besonderes Toninstrument anwenden zu können, die sogenannte Sirene, welches durch seine Construction es möglich macht, die Zahl der Luftschwingungen, die den Ton hervorgebracht haben, direct zu bestimmen. Die einfachste Form der Sirene ist in Fig. 1 nach Seebeck in ihren Haupttheilen dargestellt.

A ist eine dünne Scheibe aus Pappe oder Blech, welche um ihre mittlere Axe *b* mittels der um ein grösseres Rad laufenden

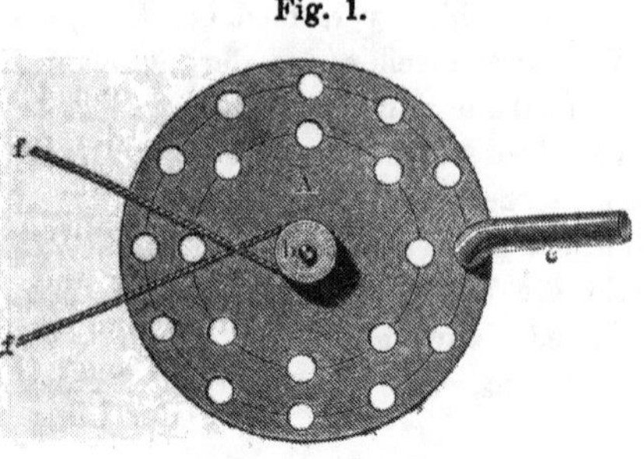

Fig. 1.

Schnur *ff* schnell gedreht werden kann. Längs des Randes der Scheibe ist eine Reihe von Löchern in gleichen Abständen von einander angebracht, in der Zeichnung 12; eine oder mehrere andere Reihen gleichabstehender Löcher befinden sich auf anderen concentrischen Kreislinien (in Fig. 1 eine solche von acht Löchern), *c* ist ein Röhrchen, welches gegen eines der Löcher gerichtet wird. Lässt man nun die Scheibe geschwind umlaufen, und bläst durch das Röhrchen c, so tritt die Luft frei aus, so oft eines der Löcher der Scheibe an der Mündung des Röhrchens vorbeigeht, während der Austritt der Luft gehindert ist, so oft ein undurchbohrter Theil der Scheibe vor der Mündung des Röhrchens steht. Jedes einzelne Loch der Scheibe daher, welches vor der Mündung der Röhre vorübergeht, lässt einen einzelnen Luftstoss austreten. Wird die Scheibe einmal umgedreht, und ist das Röhrchen gegen den äusseren Kreis gerichtet, so erhalten wir den 12 Löchern entsprechend 12 Luftstösse; ist das Röhrchen dagegen gegen den inneren Kreis gerichtet, nur 8 Luftstösse. Lassen wir die Scheibe in der Secunde 10 mal umlaufen, so giebt uns der äussere Kreis angeblasen 120 Luftstösse in der Secunde, welche als ein schwacher tiefer Ton erscheinen, und der innere Kreis 80 Luftstösse. Ueberhaupt, wenn wir die Anzahl der Umläufe der Scheibe während einer Secunde, und die Anzahl der Löcher der angeblasenen Reihe kennen, giebt uns offenbar das Product beider Zahlen die Zahl der Luftstösse. Diese Zahl ist also viel leichter genau zu ermitteln, als bei irgend einem anderen Tonwerkzeuge, und die Sirenen sind deshalb ausserordentlich geeignet, alle Veränderungen des Tons zu studiren, welche von den Veränderungen und den Verhältnissen der Schwingungszahlen abhängen.

Die hier beschriebene Form der Sirene giebt nur einen schwachen Ton; ich habe sie nur vorangestellt, weil die Art ihrer Wirkung am leichtesten zu verstehen ist, auch kann sie leicht, indem man die Scheibe wechselt, sehr verschiedenartigen Versuchen angepasst werden. Einen kräftigeren Ton giebt die in Fig. 2, 3 und 4 dargestellte Sirene nach Cagniard la Tour. SS ist die rotirende Scheibe, in Fig. 3 von oben gesehen, in Fig. 2 und 4 von der Seite. Sie befindet sich über einem Windkasten A, der durch das Rohr B mit einem Blasebalg verbunden werden kann. Der Deckel des Windkastens A, der unmittelbar unter der rotirenden Scheibe liegt, hat ebenso viel Durchbohrungen wie diese, und die Richtung der Durchbohrungen im Deckel des Kastens und in der Scheibe ist so schräg gegen einander gestellt, wie Fig. 4 zeigt (Fig. 4 ist ein Durchschnitt des Instruments in Richtung der Linie nn Fig. 3). Diese Stellung der Löcher bewirkt, dass der ausfahrende Wind die Scheibe SS selbst in Rotation versetzt, und man kann durch starkes Anblasen 50 bis 60 Rotationen in der Secunde erzielen. Da sämmtliche Löcher dieser Sirene gleichzeitig angeblasen

werden, so erhält man einen viel stärkeren Ton als bei der Sirene
von Seebeck. Zur Zählung der Umdrehungen dient das Zähler-

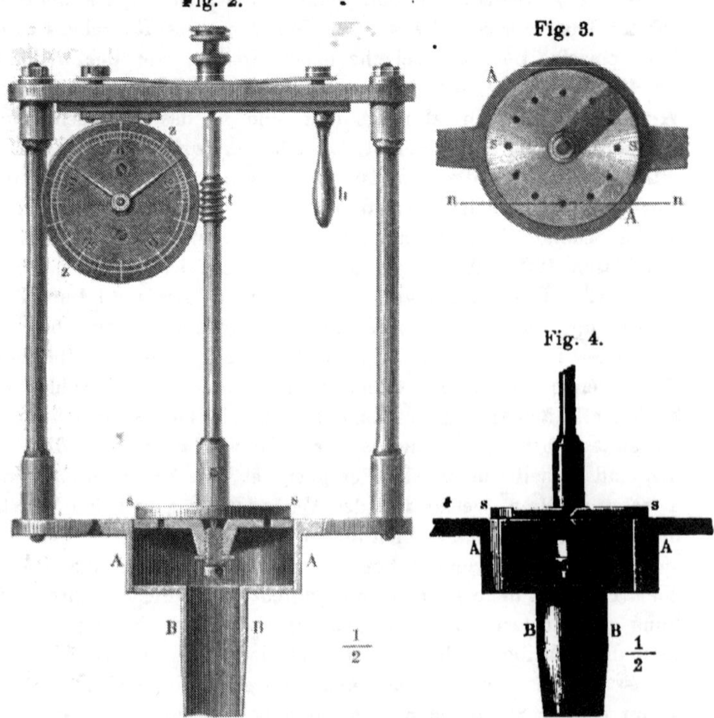

Fig. 2.

Fig. 3.

Fig. 4.

$$\frac{1}{2}$$

$$\frac{1}{2}$$

werk zz, in welchem sich ein gezahntes Rad befindet, welches in
die Schraube t eingreift, und bei jeder Umdrehung der Scheibe SS
um einen Zahn vorwärts bewegt wird. Durch den Griff h kann
man das Zählerwerk ein wenig verschieben, so dass es in die
Schraube t nach Belieben eingreift oder nicht eingreift. Wenn man
es bei einem Secundenschlage einrückt, bei einem späteren ausrückt,
zeigen die Zeiger an, wie viel Umläufe die Scheibe während der
abgezählten Secunden gemacht hat*).

Dove hat dieser Sirene mehrere Reihen von Löchern gegeben,
zu denen der Wind beliebig zugelassen oder abgesperrt werden

---

*) Siehe Beilage I.

kann. Eine solche mehrstimmige Sirene mit noch anderen besonderen Einrichtungen wird im achten Abschnitte abgebildet und beschrieben werden.

Zunächst ist klar, dass, wenn die durchbohrte Scheibe einer dieser Sirenen mit gleichmässiger Geschwindigkeit umläuft und die Luft stossweise durch die Löcher ausströmt, die dadurch hervorgebrachte Bewegung ber Luft periodisch ist in dem Sinne, wie wir dieses Wort gebraucht haben. Die Löcher haben gleiche Abstände von einander, sie folgen sich also bei der Umdrehung in gleichen Zeiträumen. Durch jedes Loch wird gleichsam ein Tropfen Luft in das äussere Luftmeer ausgeleert, und erregt hier Wellen, die ebenfalls in gleichen Zwischenzeiten sich folgen, gerade ebenso wie es regelmässig fallende Tropfen auf einer Wasserfläche thun. Innerhalb jeder einzelnen Periode wird bei verschieden eingerichteten Sirenen jeder einzelne Luftstoss noch eine ziemlich verschiedene Form haben können, je nachdem die Löcher enger oder weiter, näher an einander oder entfernter sind, und je nachdem die Röhrenmündung gestaltet ist, aber jedenfalls werden sämmtliche Luftstösse derselben Löcherreihe, so lange man die Geschwindigkeit der Drehung und die Stellung des Röhrchens unverändert lässt, eine regelmässig periodische Luftbewegung geben, und deshalb im Ohre die Empfindung eines musikalischen Klanges erregen müssen, was denn auch der Fall ist.

Es ergiebt sich bei den Versuchen mit der Sirene zunächst leicht, dass zwei Löcherreihen von gleicher Anzahl der Löcher mit derselben Geschwindigkeit gedreht einen Klang von derselben Tonhöhe geben, wie auch immer die Grösse und Form der Löcher oder des Röhrchens sein mag, ja dass wir denselben Ton sogar erhalten, wenn wir bei der Drehung der Scheibe einen Stift in die Löcher schlagen lassen, statt sie anzublasen. Daraus folgt also zunächst, dass die musikalische Höhe des Klanges nur abhängt von der Zahl der Luftstösse oder Schwingungen, nicht von ihrer Form, Stärke oder Erregungsweise. Weiter ergiebt sich mit diesem Instrumente sehr leicht, dass, wenn wir die Umdrehungsgeschwindigkeit der Scheibe steigern, womit natürlich auch die Anzahl der Luftstösse gesteigert wird, der Ton an Höhe zunimmt. Dasselbe geschieht, wenn wir bei unveränderter Umlaufsgeschwindigkeit erst eine Reihe Löcher von kleinerer Anzahl anblasen, dann eine von grösserer. Die letztere giebt den höheren Ton.

Mit demselben Instrumente findet man nun auch sehr leicht

die merkwürdige Beziehung, welche die Schwingungszahlen zweier Töne haben, die mit einander ein consonirendes Intervall bilden. Man mache auf einer Scheibe eine Reihe von 8, eine von 16 Löchern, und blase sie fortwährend an, während die Umlaufsgeschwindigkeit der Scheibe constant erhalten wird. Man wird zwei Töne hören, die genau im Verhältniss einer Octave zu einander stehen. Man steigere die Umlaufsgeschwindigkeit der Scheibe; beide Töne werden höher geworden sein, aber beide werden auch in der neuen Tonlage mit einander eine Octave bilden. Daraus folgern wir, dass ein Ton, der die höhere Octave eines anderen bildet, genau doppelt so viel Schwingungen in gleicher Zeit macht, als der letztere.

Die oben in Fig. 1 abgebildete Scheibe hat zwei Reihen von 8 und 12 Löchern. Beide abwechselnd angeblasen geben zwei Töne, die eine genaue und reine Quinte mit einander bilden, welches auch die Umdrehungsgeschwindigkeit der Scheibe sein mag. Daraus folgt, dass zwei Töne im Verhältniss einer Quinte stehen, wenn der höhere drei Schwingungen macht, genau in derselben Zeit, wo der tiefere zwei macht.

Wenn ein Ton auf der Reihe von 8 Löchern angeblasen wird, brauchen wir 16 Löcher, um seine Octave, 12 Löcher, um seine Quinte zu erhalten. Das Schwingungsverhältniss der Quinte zur Octave ist also 12 : 16 oder 3 : 4, das Intervall zwischen Quinte und Octave ist aber eine Quarte, und daraus ersehen wir, dass zwei Töne mit einander eine Quarte bilden, wenn der höhere vier Schwingungen in derselben Zeit ausführt, wo der tiefere drei macht.

Die mehrstimmige Sirene von Dove hat gewöhnlich vier Reihen von 8, 10, 12, 16 Löchern. Die Reihe von 16 Löchern giebt die Octave der von 8, die Quarte der von 12 Löchern, die Reihe von 12 Löchern giebt die Quinte der von 8, die kleine Terz der von 10 Löchern, die letztere die grosse Terz der von 8 Löchern. Die vier Reihen geben also die Töne eines Dur-Accords.

Durch diese und ähnliche Versuche ergeben sich folgende Verhältnisse der Schwingungszahlen:

1 : 2 Octave,
2 : 3 Quinte,
3 : 4 Quarte,
4 : 5 grosse Terz,
5 : 6 kleine Terz,

Wenn man den Grundton eines gegebenen Intervalls eine Octave höher verlegt, so heisst dies das Intervall umkehren. So ist die Quarte die umgekehrte Quinte, die kleine Sexte die umgekehrte grosse Terz, die grosse Sexte die umgekehrte kleine Terz. Das entsprechende Schwingungsverhältniss ergiebt sich demnach, indem man die kleinere Zahl des ursprünglichen Intervalls verdoppelt.

Aus 2 : 3 der Quinte . . . . 3 : 4 die Quarte,

aus 4 : 5 der grossen Terz 5 : 8 die kleine Sexte,

aus 5 : 6 der kleinen Terz 6 : 10 = 3 : 5 die grosse Sexte.

Das sind sämmtliche consonirende Intervalle, die innerhalb einer Octave liegen. Ihre Schwingungsverhältnisse sind, mit Ausnahme der kleinen Sexte, die in der That die unvollkommenste Consonanz unter den genannten bildet, alle ausgedrückt durch die ganzen Zahlen 1 bis 6.

So findet man durch verhältnissmässig einfache und leichte Versuche an der Sirene gleich das merkwürdige Gesetz, welches wir in der Einleitung erwähnt haben, bestätigt, wonach die Schwingungszahlen consonanter Töne im Verhältnisse kleiner ganzer Zahlen stehen. Wir werden im Verlaufe unserer Untersuchung dasselbe Instrument wieder gebrauchen, um die Strenge und Genauigkeit dieses Gesetzes noch eingehender zu prüfen.

Längst, bevor man noch irgend etwas von Schwingungszahlen und deren Messung wusste, hatte Pythagoras entdeckt, dass, wenn man eine Saite durch einen Steg so theilen will, dass ihre beiden Abschnitte consonante Töne geben, sie im Verhältnisse der genannten ganzen Zahlen getheilt werden muss. Setzt man den Steg so, dass rechts $^2/_3$ der Saite stehen bleiben, links $^1/_3$, so stehen die beiden Längen im Verhältnisse 2 : 1 und geben das Intervall einer Octave, das längere Saitenstück den tieferen Ton. Setzt man den Steg so, dass rechts $^3/_5$, links $^2/_5$ der Länge liegen, so ist das Verhältniss der Stücke 3 : 2 und die Töne bilden eine Quinte.

Diese Abmessungen sind von den griechischen Musikern schon mit grosser Genauigkeit ausgeführt worden, und sie hatten auf sie ein ziemlich künstliches Tonsystem gegründet. Zu diesen Messungen benutzte man ein besonderes Instrument, das Monochord, an welchem auf einem Resonanzkasten eine einzige Saite ausgespannt war, unter der sich ein Maassstab befand, um den Steg richtig setzen zu können.

Erst sehr viel später durch Galilei (1638), Newton, Euler (1729) und Daniel Bernouilli (1771) lernte man die Bewegungsgesetze der Saiten kennen, und ermittelte, dass die einfachen Verhältnisse der Saitenlängen auch ebenso für die Schwingungszahlen der Töne bestehen, und somit den Tonintervallen aller musikalischen Instrumente zukommen, und nicht allein denen der Saiten, an welchen man ursprünglich das Gesetz gefunden hatte.

Diese Beziehung der ganzen Zahlen zu den musikalischen Consonanzen erschien von jeher als ein wunderbares und bedeutsames Geheimniss. Schon die Pythagoräer beuteten sie aus in ihren Speculationen über Harmonie der Sphären. Sie blieb von da ab theils das Ziel, theils der Ausgangspunkt der wunderlichsten und kühnsten, phantastischen oder philosophischen Combinationen, bis in neuerer Zeit die meisten Forscher sich der auch von Euler vertretenen Ansicht anschlossen, dass die menschliche Seele ein besonderes Wohlgefallen an einfachen Verhältnissen habe, weil sie diese besser auffassen und übersehen könne. Aber es blieb unerörtert, wie es die Seele eines nicht in der Physik bewanderten Hörers, der sich vielleicht nicht einmal klar gemacht hat, dass Töne auf Schwingungen beruhen, anstelle, um die Verhältnisse der Schwingungszahlen zu erkennen und zu vergleichen. Nachzuweisen, welche Vorgänge im Ohr den Unterschied von Consonanz und Dissonanz fühlbar machen, wird eine Hauptaufgabe der zweiten Abtheilung dieses Buches sein.

Berechnung der Schwingungszahlen für sämmtliche Töne der Tonleiter.

Mittels der angegebenen Verhältnisse der Schwingungszahlen für die consonanten Intervalle lassen sie sich leicht für die ganze Ausdehnung der Tonleiter berechnen, indem wir der Reihe der consonanten Intervalle durch die Tonleiter hin folgen.

Der Durdreiklang besteht aus der grossen Terz und Quinte. Seine Verhältnisse sind:

$$C \; : \; E \; : \; G$$
$$1 \; : \; {}^{5}\!/_{4} \; : \; {}^{3}\!/_{2} \text{ oder}$$
$$4 \; : \; 5 \; : \; 6.$$

Wenn wir zu diesem Dreiklang noch den der Dominante $G : H : D$ und den der Unterdominante $F : A : C$ hinzunehmen, die beide je einen Ton mit dem Dreiklange der Tonica C gemein haben, so erhalten wir sämmtliche Töne der C-dur-Leiter und folgende Verhältnisse:

$$C : D : E : F : G : A : H : C.$$
$$1 : \tfrac{9}{8} : \tfrac{5}{4} : \tfrac{4}{3} : \tfrac{3}{2} : \tfrac{5}{3} : \tfrac{15}{8} : 2.$$

Um die Rechnung auf andere Octaven ausdehnen zu können, bemerken wir zunächst über die Bezeichnung der Töne Folgendes. Die deutschen Musiker bezeichnen die Töne der höheren Octaven durch Strichelung, wie folgt:

1. Ungestrichene oder kleine Octave
(vierfüssige Octave der Orgel).

2. Eingestrichene Octave (zweifüssig).

3. Zweigestrichene Octave (einfüssig).

Nach demselben Principe geht es weiter in die Höhe. Unterhalb der kleinen Octave liegt die mit grossen ungestrichenen Buchstaben bezeichnete grosse Octave, deren C eine achtfüssige offene Orgelpfeife erfordert, daher die achtfüssige genannt.

4. Grosse oder achtfüssige Octave.

Unter dieser folgt die 16füssige oder Contra-Octave, die tiefste des Claviers und der meisten Orgeln, deren Töne wir mit C_I D_I E_I F_I G_I A_I H_I bezeichnen wollen. Endlich wird auf grossen Orgeln auch wohl noch eine 32füssige tiefere Octave C_{II} bis H_{II} ausgeführt, deren Klänge aber kaum noch den Charakter eines musikalischen Tones haben.

Da die Schwingungszahlen der nächst höheren Octave stets doppelt so gross sind als die der tieferen, so findet man die Schwingungszahlen der höheren Töne, wenn man die der kleinen ungestrichenen Octave so oft mit 2 multiplicirt, als ihr Zeichen Strichel oben hat, die der tieferen dagegen, wenn man die Schwingungszahlen der grossen Octave so oft mit 2 dividirt, als das Zeichen des Tons unten Strichel hat.

$$So\ ist\ c'' = 2 \times 2 \times c = 2 \times 2 \times 2\ C$$
$$C_{II} = \tfrac{1}{2} \times \tfrac{1}{2} \times C = \tfrac{1}{2} \times \tfrac{1}{2} \times \tfrac{1}{2}\ c.$$

Für die Tonhöhe der musikalischen Scala wird von den deutschen Physikern meistens die von Scheibler gegebene und darauf von der deutschen Naturforscherversammlung im Jahre 1834 genehmigte Bestimmung festgehalten, dass das eingestrichene A in der Secunde 440 Schwingungen zu machen habe*). Daraus ergiebt sich nun für die C-dur-Tonleiter die umstehend folgende Tabelle, welche dazu dienen möge, die Tonhöhe zu bestimmen für Töne, welche in den folgenden Abschnitten dieses Buches durch ihre Schwingungszahl definirt sind.

---

*) Neuerdings hat die Pariser Akademie für denselben Ton 435 Schwingungen festgesetzt. In französischer Zählungsweise werden diese als 870 Schwingungen bezeichnet, da die französischen Physiker unzweckmässiger Weise den Hin- und Hergang eines schwingenden Körpers, als zwei Schwingungen bezeichnen, den Hingang als eine, den Hergang als die zweite.

No-ten	Contra Octave $C_1 - H_1$	Grosse Octave $C - H$	Unge-strichene Octave $c - h$	Einge-strichene Octave $c' - h'$	Zweige-strichene Octave $c'' - h''$	Dreige-strichene Octave $c''' - h'''$	Vierge-strichene Octave $c'''' - h''''$
C	33	66	132	264	528	1056	2112
D	37,125	74,25	148,5	297	594	1188	2376
E	41,25	82,5	165	330	660	1320	2640
F	44	88	176	352	704	1408	2816
G	49,5	99	198	396	792	1584	3168
A	55	110	220	440	880	1760	3520
H	61,875	123,75	247,5	495	990	1980	3960

Der tiefste Ton der Orchersterinstrumente ist das E_I des Contrabasses mit $41\frac{1}{4}$ Schwingungen. Die neueren Claviere und Orgeln gehen gewöhnlich bis zum C_I mit 33 Schwingungen, neuere Flügel auch wohl bis zum A_{II} mit $27\frac{1}{2}$ Schwingungen. Auf grösseren Orgeln hat man auch noch eine tiefere Octave bis zum C_{II} mit $16\frac{1}{2}$ Schwingungen, wie schon erwähnt ist. Aber der musikalische Charakter aller dieser Töne, unterhalb des E_I ist unvollkommen, weil wir hier schon der Grenze nahe sind, wo die Fähigkeit des Ohrs, die Schwingungen zu einem Tone zu verbinden, aufhört. Diese tiefsten Töne können deshalb auch nur mit ihren höheren Octaven zusammen musikalisch gebraucht werden, wodurch die letzteren den Charakter grösserer Tiefe bekommen, ohne dass die Auffassung der Tonhöhe unbestimmt wird.

Nach der Höhe gehen die Pianofortes meist bis zum a^{IV} oder auch c^V von 3520 und 4224 Schwingungen, der höchste Ton des Orchesters möchte das 5gestrichene d auf der Piccolflöte sein von 4752 Schwingungen. Despretz will durch kleine Stimmgabeln, die mit dem Violinbogen gestrichen wurden, noch selbst das 8gestrichene d erreicht haben, dem 38016 Schwingungen entsprechen würden. Diese hohen Töne waren sehr schmerzhaft unangenehm, und die Unterscheidung der Tonhöhe ist ebenfalls bei denen, die über die Grenze der musikalischen Scala hinausliegen, sehr unvollkommen. Mehr darüber im neunten Abschnitt.

Die musikalisch gut brauchbaren Töne mit deutlich wahrnehmbarer Tonhöhe liegen also zwischen 40 und 4000 Schwingungen, im Bereiche von 7 Octaven, die überhaupt wahrnehmbaren zwischen etwa 20 und 38000, im Bereiche von etwa 11 Octaven. Man sieht hieraus, ein wie grosser Umfang von verschiedenen Werthen der Schwingungszahlen vom Ohre wahrgenommen und unterschieden werden kann. Hierin ist das Ohr dem Auge, welches ebenfalls Licht von verschiedener Schwingungsdauer als verschiedenfarbig unterscheidet, ausserordentlich überlegen, denn der Umfang der vom Auge wahrnehmbaren Lichtschwingungen geht wenig über eine Octave.

Stärke und Tonhöhe waren die ersten beiden Unterschiede, welche wir zwischen verschiedenen Klängen fanden, der dritte war die Klangfarbe, zu deren Untersuchung wir nun zu schreiten haben werden. Wenn man nach einander dieselbe Note von einem Claviere, einer Violine, einer Clarinette, Oboe, Trompete und einer menschlichen Stimme angegeben hört, so ist trotz gleicher Stärke und gleicher Tonhöhe der Klang aller dieser Instrumente verschieden, und wir erkennen an dem Klange mit der grössten Leichtigkeit das Instrument wieder, welches ihn hervorgebracht hat. Die Abänderungen der Klangfarbe erscheinen unendlich mannigfaltig, denn abgesehen davon, dass wir noch eine lange Reihe von verschiedenen musikalischen Instrumenten haben, die alle dieselbe Note würden hervorbringen können, abgesehen davon, dass die verschiedenen Exemplare desselben Instruments und die Stimmen verschiedener menschlicher Individuen noch gewisse feinere Abänderungen der Klangfarbe zeigen, die unser Ohr unterscheidet, kann dieselbe Note zuweilen selbst auf demselben Instrumente noch mit mancherlei Abänderungen der Klangfarbe hervorgebracht werden. Unter den musikalischen Instrumenten sind in dieser Beziehung namentlich die Streichinstrumente ausgezeichnet. Noch reicher ist die menschliche Stimme, und die menschliche Sprache benutzt eben diese Abänderungen der Klangfarbe, um die verschiedenen Buchstaben zu charakterisiren. Als anhaltende, musikalisch verwendbare Klänge der Stimme sind hier namentlich die verschiedenen Vocale zu nennen, während die Bildung der Consonanten meistens auf kurz vorübergehenden Geräuschen beruht.

Wenn wir nun fragen, welcher äusseren physikalischen Verschiedenheit der Schallwellen die verschiedenen Klangfarben entsprechen, so haben wir gesehen, dass die Weite der Schwingung der Stärke, die Dauer der Schwingung der Tonhöhe entspricht.

Von beiden kann die Klangfarbe nicht abhängig sein. Dann bleibt keine andere Möglichkeit übrig, als dass die Klangfarbe abhänge von der Art und Weise, wie die Bewegung innerhalb jeder einzelnen Schwingungsperiode vor sich geht. Wir haben zur Erzeugung eines musikalischen Klanges von der Bewegung des tönenden Körpers nur gefordert, dass sie periodisch sei, das heisst, dass innerhalb jeder Schwingungsperiode genau dasselbe geschehe, was in den vorausgegangenen Perioden eben geschehen ist. Welche Art von Bewegung innerhalb jeder einzelnen Periode vor sich geht, war ganz beliebig geblieben, so dass in dieser Beziehung noch eine unendliche Mannigfaltigkeit der Schallbewegung möglich bleibt.

Betrachten wir Beispiele, und zwar zuerst solcher periodischer Bewegungen, die langsam genug gehen, dass wir ihnen mit dem Auge folgen können. Nehmen wir zuerst ein Pendel, wie wir es uns jederzeit verfertigen können, indem wir einen schweren Körper an einem Faden aufhängen und in Bewegung setzen. Das Pendel schwankt von rechts nach links in gleichmässiger, nirgends stossweise unterbrochener Bewegung, nahe den beiden Enden seiner Bahn bewegt es sich langsam, in der Mitte schnell. Unter den tönenden Körpern, welche in derselben Weise sich bewegen, nur viel schneller, wären die Stimmgabeln zu nennen. Wenn man eine Stimmgabel entweder angeschlagen oder durch Streichen mit dem Violinbogen erregt hat, und sie nun langsam austönen lässt, bewegen sich ihre Zinken genau in derselben Weise und nach demselben Gesetze hin und her, wie ein Pendel, nur dass sie viele hundert Schwingungen in derselben Zeit vollführen, wo letzteres eine macht.

Ein anderes Beispiel einer periodischen Bewegung wäre ein Hammer, der von einer Wassermühle bewegt wird. Er wird langsam von dem Mühlwerk gehoben, dann losgelassen und fällt plötzlich herunter, wird dann wieder langsam gehoben, und so fort. Hier haben wir es wieder mit einem periodischen Hin- und Hergang zu thun, aber es ist ersichtlich, dass die Art dieser Bewegung eine ganz andere ist als die des Pendels. Unter den tönenden Bewegungen würde diesem Falle ziemlich nahe entsprechen die Bewegung einer Violinsaite, die vom Bogen gestrichen wird, wie wir es im fünften Abschnitt genauer beschreiben werden. Die Saite haftet eine Zeit lang am Bogen fest, wird von diesem mitgenommen, bis sie sich plötzlich losreisst, wie der Hammer in der

Mühle, und nun wie dieser mit viel grösserer Geschwindigkeit, als
sie gekommen ist, ein Stück zurückspringt, wo sie dann von Neuem
durch den Bogen gefasst und mitgenommen wird.

Man denke ferner an einen Ball, der, senkrecht in die Höhe
geworfen, beim Herabfallen von dem Ballschläger mit einem Schlag
empfangen wird, so dass er wieder ebenso hoch hinaufsteigt als
vorher, was sich dann immer in gleichen Zeitabschnitten wiederholen mag. Ein solcher Ball würde zum Aufsteigen so viel Zeit
brauchen wie zum Absteigen, seine Bewegung würde am tiefsten
Punkte seiner Bahn ruckweise unterbrochen, oben aber durch allmälig langsameres Aufsteigen in allmälig zunehmendes Absteigen
übergehen. Dies wäre also eine dritte Art einer hin- und hergehenden periodischen Bewegung, deren Verlauf sich aber von den
beiden früheren wesentlich unterscheidet.

Um das Gesetz solcher Bewegungen dem Auge übersichtlicher
darzulegen, als es durch weitläuftige Beschreibungen geschehen
kann, pflegen die Mathematiker und Physiker eine graphische Methode anzuwenden, die auch wir noch oft zu benutzen gezwungen
sein werden, und deren Sinn ich deshalb hier auseinandersetzen
muss.

Um diese Methode verständlich zu machen, wollen wir voraussetzen, dass an der Gabel A, Fig. 5, ein Stiftchen b befestigt

Fig. 5.

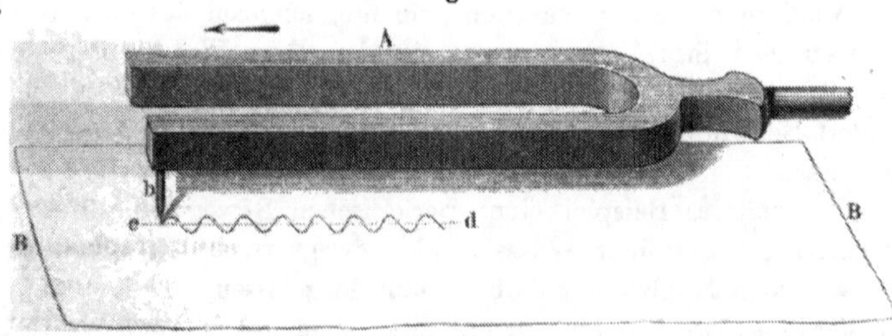

sei, welches auf der Papierfläche BB zeichnen könne. Es möge
entweder die Gabel mit gleichförmiger Geschwindigkeit in Richtung des oberen Pfeils über das Papier hingeschoben werden, oder
das Papier in entgegengesetzter Richtung, nämlich in Richtung
des unteren Pfeils, unter ihr fortgezogen werden, so dass die Gabel,
wenn sie bei dieser Bewegung nicht tönend ist, gerade die punktirte Linie dc aufschreibt. Wird nun die Gabel über das Papier

in derselben Weise hingeführt, aber so, dass ihre Zinken dabei in Schwingung versetzt sind, so wird sie die Wellenlinie cd auf das Papier schreiben. Wenn sie nämlich schwingt, wird das Ende ihrer Zinke mit dem Stiftchen b fortdauernd hin- und hergehen, und sich bald über, bald unter der punktirten Linie cd befinden, wie es die aufgezeichnete Wellenlinie anzeigt. Diese Linie, nachdem sie auf das Papier gezeichnet ist, bleibt stehen als ein Bild von derjenigen Art der Bewegung, welche das Ende der Gabel während der tönenden Schwingungen ausgeführt hat. Da nämlich das Stiftchen b in Richtung der Geraden cd mit constanter Geschwindigkeit sich verschoben hat, so entsprechen gleiche Abschnitte der Linie cd gleichen kleinen Zeitabschnitten dieser Bewegung, und die Entfernung der Wellenlinie nach oben oder unten von der betreffenden Stelle der Linie cd zeigt an, um wieviel in den betreffenden Zeitabschnitten das Stiftchen b nach oben oder unten aus seiner Gleichgewichtslage abgewichen war.

Wenn ein solcher Versuch, wie er hier angedeutet ist, wirklich ausgeführt werden soll, so thut man am besten, das Papier über einen Cylinder zu ziehen, der durch ein Uhrwerk in gleichförmige Rotation versetzt wird. Nachdem das Papier angefeuchtet ist, lässt man es über einer Terpentinölflamme umlaufen, so dass es sich mit Russ bezieht, und dann kann man mit einem feinen, etwas abgerundeten Stahlspitzchen leicht feine Striche darauf ziehen. Fig. 6 ist die Copie einer Zeichnung, die in dieser Weise von einer

Fig. 6.

Stimmgabel auf dem rotirenden Cylinder des Phonautographen der Herren Scott und König ausgeführt ist.

Die Fig. 7 stellt einen Theil derselben Curve in vergrössertem Maassstabe dar. Die Bedeutung einer solchen Curve ist leicht einzusehen. Der Zeichenstift ist in Richtung der Linie eh mit gleichmässiger Geschwindigkeit fortgeglitten. Nehmen wir an, er habe für das Stück eg $\frac{1}{10}$ Secunde gebraucht, theilen wir eg in 12 gleiche Theile, wie es in der Zeichnung geschehen ist, so wird der Zeichenstift, um die Breite eines solchen Theiles in horizontaler Richtung zurückzulegen, die Zeit von $\frac{1}{120}$ Secunde gebraucht haben, und die Curve zeigt uns an, auf welcher Seite und wie weit entfernt von der Ruhelage der schwingende Stift nach $^1/_{120}$, $^2/_{120}$ u. s. w. Secunde, oder überhaupt nach jeder beliebigen

Fig. 7.

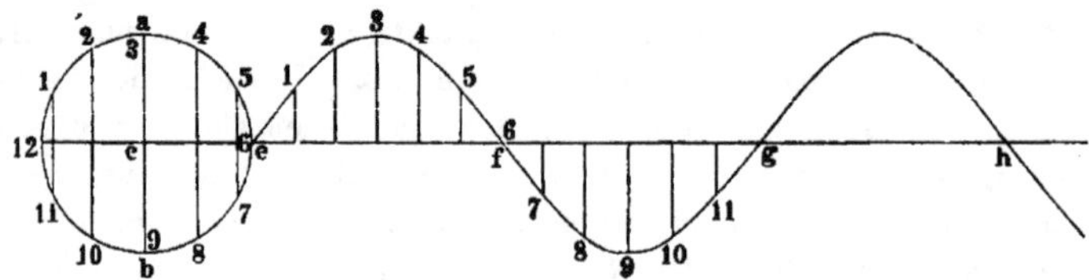

kurzen Zeitdauer von dem Augenblicke an gerechnet sich befand, wo er durch den Punkt *e* ging. Wir sehen, dass er nach $^1/_{120}$ Secunde um die Höhe 1 nach oben abgewichen war, dass seine Abweichung zunahm bis $^3/_{120}$ Secunde, dann wieder abnahm, dass er nach $^6/_{120} = ^1/_{20}$ Secunde wieder in seiner Gleichgewichtslage war, dann nach der entgegengesetzten Seite abwich u. s. w. Und wir können auch weiter leicht bestimmen, wo sich der schwingende Stift befand nach einem beliebigen Bruchtheile dieser Hundertzwanzigtheile einer Secunde. Eine solche Zeichnung zeigt also unmittelbar, an welcher Stelle seiner Bahn sich der schwingende Körper in jedem beliebig gewählten Zeitmoment befand, und giebt somit ein vollständiges Bild seiner Bewegung. Will der Leser die Bewegung des schwingenden Punktes sich reproduciren, so schneide er sich in ein Blatt Papier einen senkrechten schmalen Schlitz, lege das Papier über Fig. 6 oder 7, so dass er durch den senkrechten Schlitz einen kleinen Theil der Curve sieht, und ziehe nun das Buch unter dem Papier langsam fort, so wird der weisse oder schwarze Punkt in dem Schlitz gerade so hin- und hergehen, nur langsamer, als es ursprünglich die Gabel gethan hat.

Nun können wir nicht alle schwingenden Körper ihre Schwingungen direct auf Papier schreiben lassen, obgleich in den hierzu dienenden Methoden neuerdings manche Fortschritte gemacht sind. Aber wir können doch für alle tönenden Körper solche Curven zeichnen, welche graphisch in derselben Weise ihre Bewegung darstellen, wenn wir das Gesetz dieser Bewegung kennen, das heisst, wenn wir wissen, wie weit von seiner Gleichgewichtslage der schwingende Punkt in jedem beliebig gewählten Zeitpunkte gewesen ist. Denn tragen wir auf einer Horizontallinie wie *ef*, Fig. 7, Längen auf, welche die Zeitdauer darstellen, und senkrecht dazu nach oben oder nach unten hin Lothe, welche der Entfernung des schwingenden Punktes von seiner Mittellage gleich oder proportional sind, so erhalten wir, indem wir die Enden der Lothe verbinden, eine Curve, wie sie der schwingende Körper gezeichnet haben würde, wenn es möglich gewesen wäre, ihn zeichnen zu lassen.

So stellt Fig. 8 die Bewegung des vom Wasserrade gehobenen Hammers oder des vom Violinbogen angegriffenen Punktes der

Fig. 8.

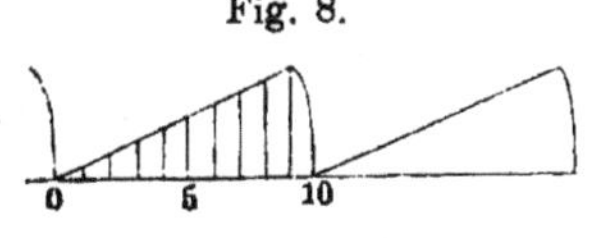

Fig. 9.

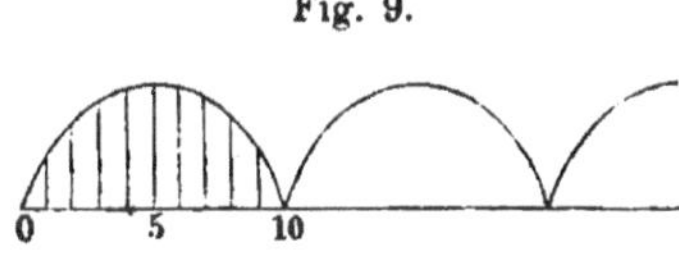

Saite dar, während der ersten neun Zeittheile steigt er langsam und gleichmässig empor, während des zehnten springt er plötzlich herab.

Fig. 9 stellt die Bewegung des Balles dar, der, wenn er unten angekommen ist, wieder in die Höhe geschlagen wird. Aufsteigen und Absteigen geschehen gleich schnell, während in Fig. 8 ersteres langsamer geschieht. Nur am tiefsten Punkte der Bahn wird die Bewegung durch den Schlag plötzlich geändert.

Indem die Physiker diese Curvenformen im Sinne haben, welche das Gesetz der Bewegung des tönenden Körpers darstellen, sprechen sie denn auch geradezu von der Schwingungsform eines tönenden Körpers, und behaupten, dass von dieser Schwingungsform die Klangfarbe abhänge. Diese Behauptung, welche sich bisher nur darauf gründete, dass man wusste, die Klangfarbe könne nicht von der Schwingungsdauer und nicht von der Schwingungsbreite oder Stärke abhängen, werden wir in der Folge einer näheren Prüfung unterwerfen. Sie wird sich in so weit als richtig erweisen, dass jede verschiedene Klangfarbe verschiedene Schwingungsform verlangt, dagegen verschiedene Schwingungsformen gleicher Klangfarbe entsprechen können.

Wenn wir die Einwirkung verschiedener Wellenformen, z. B. der in Fig. 8 gezeichneten, die etwa der Violinsaite entspricht, auf das Ohr genau und aufmerksam untersuchen, so ergiebt sich eine sonderbare und unerwartete Thatsache, welche zwar lange genug einzelnen Musikern und Physikern bekannt gewesen ist, aber meistens nur als ein Curiosum betrachtet wurde, da man ihre Allgemeinheit und ihre grosse Bedeutung für alle Klangerscheinungen nicht kannte. Das Ohr, von solchen Schwingungen getroffen, hört nämlich bei gehörig angestrengter Aufmerksamkeit nicht nur denjenigen Ton, dessen Tonhöhe durch die Dauer der Schwingungen in der Weise bestimmt ist, wie wir dies vorher auseinandergesetzt haben, sondern es hört ausser diesem noch eine ganze Reihe höherer Töne, welche wir die harmonischen Obertöne des Klanges nennen, im Gegensatze zu jenem ersten Tone, dem Grundtone, der unter ihnen allen der tiefste und in der Regel auch der stärkste ist, und nach dessen Tonhöhe wir die Tonhöhe des ganzen Klanges beurtheilen. Die Reihe dieser Obertöne ist für alle musikalischen Klänge, die einer regelmässig periodischen Luftbewegung entsprechen, genau dieselbe; es sind nämlich folgende:

1. Die höhere Octave des Grundtons, welche doppelt so viel Schwingungen macht, als der Grundton. Nennen wir den Grundton c, so ist diese höhere Octave c';

2. die Quinte dieser Octave g' macht 3mal so viel. Schwingungen als der Grundton;

3. die zweite höhere Octave c'' macht 4mal so viel Schwingungen;

4. die grosse Terz dieser Octave e'' mit 5mal so viel Schwingungen;

5. die Quinte dieser Octave g'' mit 6mal so viel Schwingungen.

Daran schliessen sich immer schwächer und schwächer werdend die Töne, welche 7-, 8-, 9mal u. s. w. so viel Schwingungen als der Grundton machen. Also in Notenschrift:

Die Ziffern unter den Linien bezeichnen, wie viel Mal die Schwingungszahl grösser ist als die des Grundtons.

Wir haben die Gesammtempfindung, welche eine periodische Lufterschütterung im Ohre hervorbringt, Klang genannt. Jetzt finden wir eine Reihe verschiedenartiger Töne in ihm enthalten, die wir die Theiltöne oder Partialtöne des Klanges nennen wollen. Der erste dieser Theiltöne ist der Grundton des Klanges, die übrigen seine harmonischen Obertöne. Die Ordnungszahl jedes Partialtons giebt an, wie viel Mal grösser seine Schwingungszahl ist, als die des Grundtons. Es macht also der zweite Theilton zwei Mal so viel Schwingungen, der dritte drei Mal so viel Schwingungen als der Grundton u. s. w.

Es ist zuerst von G. S. Ohm ausgesprochen und behauptet worden, dass es nur eine einzige Schwingungsform giebt, deren Klang keine harmonischen Obertöne enthält, deren einziger Bestandtheil also der Grundton ist. Es ist dies die Schwingungsform, welche wir oben als dem Pendel und den Stimmgabeln eigenthümlich beschrieben und in Fig. 6 und 7 abgebildet haben. Wir wollen sie die pendelartigen Schwingungen nennen, oder, da ihr Klang keine weitere Zusammensetzung aus verschiedenen Tönen hören lässt, die einfachen Schwingungen. In welchem Sinne nicht bloss alle anderen Klänge, sondern auch alle anderen Schwingungsformen als zusammengesetzt betrachtet werden können, wird sich später zeigen. Die Bezeichnung einfache oder pendelartige Schwingung*) werden wir also als gleichbe-

---

*) Das Gesetz dieser Schwingung lässt sich populär mittels der in Fig. 10 dargestellten Construction auseinandersetzen. Man denke sich einen Punkt in der um c beschriebenen Kreislinie mit gleichförmiger Geschwin-

Fig. 10.

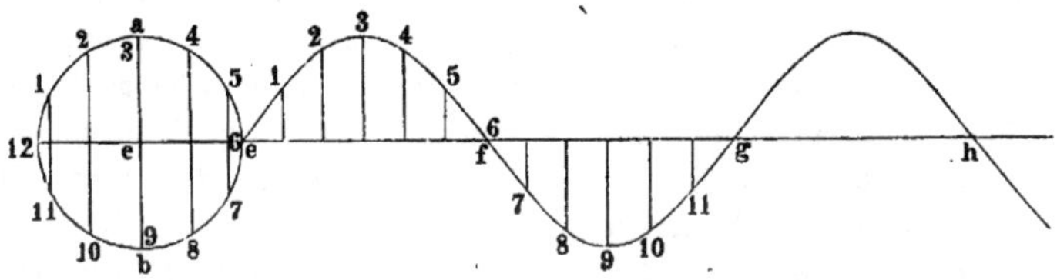

digkeit umlaufend, und einen Beobachter in grosser Entfernung in die Verlängerung der Linie eh gestellt, so dass er nicht die Fläche des besagten Kreises sieht, sondern nur die Kante dieser Fläche, so wird diesem der in der Kreislinie umlaufende Punkt so erscheinen, als ob er nur längs des Durchmessers ab auf- und abstiege. Dieses Auf- und Absteigen würde aber genau nach dem Gesetze der pendelartigen Schwingungen geschehen. — Um diese Bewegung durch eine Curve graphisch darzustellen, theile man die Länge eg, welche der Zeitdauer einer ganzen Schwingung entsprechen möge, in ebenso viele (hier 12) gleiche Theile als die Peripherie des Kreises, und mache die Lothe 1, 2, 3 u. s. w. auf den Theilpunkten der Linie eg der Reihe nach gleich denen, die in dem Kreise von den entsprechenden Theilpunkten 1, 2, 3 u. s. w. gefällt sind. So erhält man die in Fig. 10 gezeichnete Curve, welche mit der von der Stimmgabel gezeichneten, Fig. 6, der Form nach übereinstimmt, nur grössere Dimensionen hat.

deutend gebrauchen. Wir beschränken ferner den Gebrauch des Wortes Ton durchaus auf den Klang einfacher Schwingungen, während bisher Ton meist in derselben Bedeutung wie Klang gebraucht worden ist. Aber es ist durchaus nöthig, in der Akustik zwischen dem Klange, d. h. dem Eindruck einer periodischen Luftbewegung überhaupt, und dem Tone, dem Eindruck einer einfachen Schwingung, zu unterscheiden, und der bisherige Sprachgebrauch scheint mir diese Feststellung der Begriffe zu rechtfertigen. Wir sprechen von Tonhöhe, welche nur einem einzelnen Tone zukommen kann, während einem Klange streng genommen verschiedene Tonhöhen zuzuschreiben sind, seinen verschiedenen Theiltönen entsprechend. Und wir sprechen von einem Zusammenklange verschiedener Instrumente, wo das Wort Ton entschieden nicht mehr angewendet werden kann. Die hier besprochenen Thatsachen lehren, dass jeder Klang, welcher Obertöne unterscheiden lässt, wirklich schon ein Zusammenklang verschiedener Töne ist.

Da nun die Klangfarbe, wie wir gesehen haben, von der Schwingungsform abhängt, von derselben Schwingungsform aber auch das Vorkommen der Obertöne bestimmt wird, so werden wir die Frage aufwerfen müssen, in wie fern die Unterschiede der Klangfarbe etwa auf verschiedenartigen Verbindungen des Grundtons mit verschieden starken Obertönen beruhen. Es bietet sich uns durch diese Fragestellung ein Weg dar, um den Grund des bisher vollkommen räthselhaften Wesens der Klangfarbe aufhellen zu können. Dann aber müssen wir auch nothwendig die Frage zu lösen versuchen, wie denn das Ohr dazu komme, jeden Klang in eine Reihe von Theiltönen zu zerlegen, und welchen Sinn diese Zerlegung habe. Dies wird das Geschäft der nächsten Abschnitte sein.

Mathematisch ausgedrückt ist bei der einfachen Schwingung die Entfernung des schwingenden Punktes von der Gleichgewichtslage gleich dem Sinus eines der Zeit proportional wachsenden Bogens, daher die einfachen Schwingungen auch Sinusschwingungen genannt werden.

Die Zusammensetzung der Schwingungen.

Wir sind am Ende des vorigen Abschnitts auf die merkwürdige Thatsache gestossen, dass das menschliche Ohr unter gewissen Umständen den Klang, welchen ein einzelnes musikalisches Instrument hervorgebracht hat, zerlegt in eine Reihe von Tönen, nämlich den Grundton und verschiedene Obertöne, welche es alle einzeln empfindet. Dass das Ohr solche Töne von einander zu scheiden weiss, welche verschiedenen Ursprung haben, also aus verschiedenen, nicht aus einem, tönenden Körper hervorgegangen sind, ist uns aus der täglichen Erfahrung bekannt. Wir können in einem Concerte ohne Schwierigkeit dem melodischen Gange jeder einzelnen Instrumental- oder Vocalstimme folgen, wenn wir unsere Aufmerksamkeit auf sie allein richten, und bei etwas grösserer Uebung gelingt es auch, der gleichzeitigen Bewegung vieler verflochtener Stimmen zu folgen. Dasselbe gilt übrigens nicht bloss für musikalische Klänge, sondern auch für Geräusche oder für Mischungen von beiden. Wenn mehrere Menschen zugleich sprechen, so können wir im Allgemeinen beliebig auf die Worte des einen oder des anderen Sprechers hinhören und sie verstehen, vorausgesetzt, dass sie nicht durch die blosse Stärke der übrigen zu sehr übertönt werden. Daraus folgt nun erstens, dass viele verschiedene Schallwellenzüge gleichzeitig durch denselben Luftraum hin sich fortpflanzen können, ohne sich gegenseitig zu stören, zweitens, dass das menschliche Ohr die Fähigkeit besitzt, die zusammengesetzte Luftbewegung, welche durch mehrere gleichzeitig wirkende Tonwerkzeuge hervorgebracht wird, in der Empfindung wieder in ihre einfachen Bestandtheile zu zerlegen. Wir werden zunächst beschreiben, von welcher Art die Bewegung der Luft ist, im Falle mehrere Klänge in ihr gleichzeitig bestehen, und worin sich eine solche zusammengesetzte Bewegung von der eines einfachen Klanges unterscheidet. Dabei wird sich ergeben, dass durchaus nicht in allen Fällen für das Ohr ein sicher entscheidender Unterschied zwischen der Luftbewegung besteht, welche durch mehrere, aus verschiedenen Quellen herrührende Klänge erregt wird, und zwischen der eines einzigen Klanges eines einzelnen tönenden Körpers, insoweit nämlich diese Luftbewegung auf das Ohr einwirken kann; und dass das Ohr deshalb vermöge derselben Fähigkeit, mittels welcher es zusammengesetzte Klänge analysirt, auch einfache Klänge unter Umständen analysiren muss. Auf diese Weise wird uns dann der Sinn der Zerlegung eines einzelnen Klanges in eine Reihe von Partialtönen klar werden, und wir werden einsehen, dass dieses Phänomen auf einer der wesentlichsten Grundeigenschaften des menschlichen Ohres beruht.

Wir beginnen mit der Untersuchung der Luftbewegung, welche mehreren gleichzeitig erklingenden und neben einander bestehenden Tönen entspricht. Um die Art einer solchen Bewegung anschaulich zu machen, werden wieder die Wellen auf der Oberfläche eines ruhigen Wassers einen geeigneten Anhaltspunkt geben können. Wir haben gesehen, dass, wenn ein Theil der Wasseroberfläche durch einen hineingeworfenen Stein erschüttert wird, die Erschütterung sich in Form von Wellenringen über die Fläche zu immer ferneren und ferneren Punkten hin ausbreitet. Werfen wir nun zwei Steine gleichzeitig an zwei verschiedenen Stellen der Wasserfläche hinein, so haben wir zwei Mittelpunkte der Erschütterung; von jedem aus entsteht ein Wellenring, beide Wellenringe vergrössern sich und treffen endlich auf einander. Nun werden die Stellen der Wasserfläche, wo sie sich treffen, durch beide Erschütterungen gleichzeitig in Bewegung gesetzt, das hindert aber die beiden Wellenzüge nicht, sich gerade ebenso weiter fortzupflanzen, als wenn jeder von ihnen ganz allein auf der Wasserfläche vorhanden wäre, und der andere gar nicht existirte. Indem sie ihren Weg fortsetzen, trennen sich diejenigen Theile beider Ringe wieder, welche eben zusammengefallen waren, und zeigen sich dem Auge von Neuem einzeln und in unveränderter Gestalt. Zu diesen kleinen Wellenringen, welche hineingeworfene Steine hervorbringen, können noch andere Arten von Wellen kommen, wie sie der Wind, oder ein vorüberfahrendes Dampfschiff erregt. Man wird auf der schaukelnden Wasserfläche unsere Kreisringe sich ebenso ruhig und regelmässig ausbreiten sehen, wie auf einer ebenen. Weder werden die grösseren Wellen von den kleineren, noch die kleineren von den grösseren wesentlich gestört, vorausgesetzt, dass die Wellen nirgend brandend zerschellen, wodurch dann allerdings ihr regelmässiger Verlauf gehindert werden würde.

Ueberhaupt wird man nicht leicht eine grössere Wasserfläche von einem hohen Punkte aus überschauen können, ohne dass man eine grosse Menge verschiedener Wellensysteme, die sich gegenseitig überlagern und durchkreuzen, vor sich sieht. Am reichsten ist darin die Meeresfläche, von einem hohen Ufer aus betrachtet, wenn sie nach heftigerem Winde wieder anfängt sich zu beruhigen. Man sieht dann einmal die grossen Wogen, welche aus weiter stahlblauer Ferne her in langen gestreckten Linien, die sich hier und da durch ihre weiss aufschäumenden Kämme deutlicher abzeichnen, und in regelmässigen Abständen einander folgen, gegen das Ufer ziehen. Am Ufer werden sie zurückgeworfen, je nach dessen Einbuchtungen in verschiedener Richtung, so dass die ankommenden Wellen von den zurückgeworfenen schräg durchkreuzt werden. Ein vorüberziehendes Dampfschiff bildet etwa noch seinen gabelähnlichen Wellenschweif, oder ein Vogel, der einen Fisch erschnappt, erregt kleine kreisförmige Ringe. Dem Auge des Beschauers gelingt es leicht, allen diesen verschiedenen Wellenzügen, grossen und kleinen, breiten und schmalen, geraden und gekrümmten, einzeln zu folgen, ihren Ablauf über die Wasserfläche hin zu beobachten, den jeder ganz ungestört verfolgt, als wäre die Wasserfläche, über die er hinzieht, gar nicht gleichzeitig von anderen Bewegungen und anderen Kräften in Anspruch genommen. Ich muss gestehen, dass mir dieses Schauspiel, so oft ich es aufmerksam verfolgt habe, eine eigenthümliche Art intellectuellen Vergnügens gemacht hat, weil hier vor dem körperlichen Auge erschlossen ist, was für die Wellen des unsichtbaren Luftmeers nur das geistige Auge des Verstandes durch eine lange Reihe complicirter Schlüsse sich deutlich machen kann.

Ein ganz ähnliches Schauspiel muss man sich nun im Innern etwa eines Tanzsaals vorgehend denken. Da haben wir eine Anzahl von Musikinstrumenten, sprechende Menschen, rauschende Kleider, gleitende Füsse, klirrende Gläser u. s. w. Alle diese erregen Wellenzüge, welche durch den Luftraum des Saales hinschiessen, an seinen Wänden zurückgeworfen werden, umkehren, dann gegen eine andere Wand treffen, nochmals reflectirt werden, und so fort bis sie erlöschen. Man muss sich denken, dass vom Munde der Männer und von den tieferen Musikinstrumenten langgestreckte Wellen ausgehen, 8 bis 12 Fuss lang, von den Lippen der Frauen kürzere, 2 bis 4 Fuss lang, dass das Rauschen der Kleider ein feines kleines Wellengekräusel hervorbringt, kurz ein Durcheinander der verschiedenartigsten Bewegungen, welches man sich kaum verwickelt genug vorstellen kann.

Und doch ist das Ohr im Stande, alle die einzelnen Bestandtheile eines so verwirrten Ganzen von einander zu sondern, woraus wir denn schliessen müssen, dass in der Luftmasse alle diese verschiedenen Wellenzüge neben einander bestehen, und sich gegenseitig nicht stören. Wie ist es nun möglich, dass sie neben einander bestehen, da jeder einzelne Wellenzug an jeder Stelle des Luftraumes seinen besonderen Werth der Verdichtung oder Verdünnung, der Geschwindigkeit der Lufttheilchen nach dieser oder jener Richtung hervorzubringen strebt. Es ist klar, dass an jeder einzelnen Stelle des Luftraumes in jedem Zeitmoment nur e in einziger Grad der Dichtigkeit bestehen kann, dass die Lufttheilchen nur e ine bestimmte Bewegung von e inem bestimmten Grade der Geschwindigkeit und in e iner bestimmten Richtung in einem einzelnen Augenblicke ausführen können.

Was in einem solchen Falle geschieht, wird bei den Wellen des Wassers dem Auge direct sichtbar. Wenn über die Wasserfläche lange grössere Wellen hinziehen, und wir werfen einen Stein hinein, so werden dessen Wellenringe in die bewegte und zum Theil gehobene, zum Theil gesenkte Fläche gerade ebenso hineingeschnitten, die Berge der Ringe ragen über sie eben so hoch hervor, die Thäler sind um ebensoviel tiefer als jene Fläche, wie wenn die Wellenringe sich auf der natürlichen ebenen Oberfläche des Wassers ausbreiteten. Wo also ein Berg des Wellenringes auf einem Berge des grösseren Wellenzuges liegt, ist die Erhebung der Wasserfläche gleich der Summe beider Berghöhen, und wo ein Thal des Wellenringes in ein Thal der grösseren Wellen fällt, ist die gesammte Einsenkung der Wasserfläche gleich der Summe der Tiefe beider Thäler. Wo aber auf der Höhe der grösseren Wellenberge sich ein Thal des Wellenringes einschneidet, wird die Höhe dieses Berges vermindert um die Tiefe des Thales. Kürzer können wir diese Beschreibung liefern, wenn wir die Höhen der Berge über dem

Niveau der ruhenden Wasserfläche als positive Grössen betrachten, die Tiefen der Thäler dagegen als negative Grössen und die Summe solcher positiven und negativen Grössen im algebraischen Sinne bilden, wobei bekanntlich je zwei positive Grössen (Berge), welche zusammenkommen, wirklich addirt werden, je zwei negative (Thäler) ebenso; wo aber negative und positive zusammenkommen, diese von einander subtrahirt werden. Wenn wir also die Addition im algebraischen Sinne ausführen, können wir unsere Beschreibung der Wasserfläche bei zwei zusammentreffenden Wellensystemen einfach so ausdrücken: „Die Erhebung der Wasserfläche in jedem ihrer Punkte ist in jedem Zeitmomente so gross, wie die Summe derjenigen Erhebungen, welche die einzelnen Wellensysteme einzeln genommen an demselben Punkte und zu derselben Zeit hervorgebracht haben würden.“

Am deutlichsten und leichtesten unterscheidet das Auge den Vorgang in einem solchen Falle, wie ihn das eben angeführte Beispiel eines Wellenringes auf einer von grösseren geradlinigen Wellen durchzogenen Fläche voraussetzte, weil sich hier die beiden Wellensysteme durch die Länge und Höhe ihrer Wellen und durch deren Richtung beträchtlich von einander unterscheiden. Aber bei einiger Aufmerksamkeit erkennt das Auge, dass genau dasselbe vorgeht, auch wenn die verschiedenen Wellenzüge durch ihre Form weniger von einander unterschieden sind, wenn z. B. lange geradlinige Wellen, die gegen das Ufer laufen, mit den vom Ufer in etwas anderer Richtung reflectirten sich mischen. Dann entstehen die oft gesehenen kammförmig eingeschnittenen Wellenberge, indem der Rücken der Wellenberge des einen Systems an einzelnen Punkten erhöht wird durch die Berge des anderen Systems, an anderen eingeschnitten durch die Thäler des letzteren. Die Mannigfaltigkeit der Formen ist hier ausserordentlich gross, es würde viel zu weit führen, sie alle beschreiben zu wollen. An jeder bewegten Wasserfläche ergiebt sich das Resultat dem aufmerksamen Beobachter leicht ohne Beschreibung. Für unseren Zweck genügt es hier, wenn der Leser an dem ersten Beispiel sich klar gemacht hat, was es heisst, dass Wellen sich zu einander addiren sollen *).

------

*) Auch die Geschwindigkeiten und die Verschiebungen der Wassertheilchen addiren sich nach dem Gesetz des sogenannten Parallelogramms der Kräfte. Uebrigens findet eine solche einfache Addition der Wellen

Wenn also auch die Wasseroberfläche in jedem einzelnen Zeitmomente nur eine einzige Form annehmen kann, während zwei verschiedene Wellensysteme gleichzeitig jedes seine besondere Form
der Wasserfläche einzuprägen suchen, so können wir doch in dem
angeführten Sinne zwei verschiedene Wellensysteme als gleichzeitig
bestehend und einander superponirt betrachten, indem wir die wirklich bestehenden Erhebungen und Vertiefungen der Fläche passend
in je zwei Theile zerlegt denken, die den einzelnen Systemen angehören.

In demselben Sinne findet nun auch eine Superposition verschiedener Schallwellensysteme in der Luft statt. Durch jeden
Schallwellenzug wird die Dichtigkeit der Luft, die Geschwindigkeit
und Lage der Lufttheilchen zeitweilig verändert. Es giebt Stellen
der Schallwelle, die wir den Wellenbergen des Wassers verglichen
haben, in denen die Luftmenge vermehrt ist, und die Luft, die nicht
wie das Wasser einen freien Raum über sich hat, in den sie ausweichen kann, sich verdichtet; andere Stellen des Luftraumes, den
Wellenthälern vergleichbar, haben verminderte Luftmenge und daher geringere Dichtigkeit. Wenn also auch nicht an demselben
Orte und zu derselben Zeit zwei verschiedene Grade der Dichtigkeit, durch zwei verschiedene Wellensysteme hervorgerufen, nebeneinander bestehen können, so können sich doch die Verdichtungen
und Verdünnungen der Luft zu einander addiren, gerade wie Erhöhungen und Vertiefungen der Wasseroberfläche. Wo zwei Verdichtungen zusammentreffen, erhalten wir eine stärkere Verdichtung,
wo zwei Verdünnungen, eine stärkere Verdünnung, während Verdichtung und Verdünnung zusammentreffend sich gegenseitig theilweise oder ganz aufheben und neutralisiren.

Die Verschiebungen der Lufttheilchen setzen sich ebenso zusammen. Wenn die Verschiebung durch zwei verschiedene Wellensysteme nicht in derselben Richtung erfolgt, so setzen sich beide
Verschiebungen nach der Diagonale zusammen; wenn z. B. der eine
Wellenzug dasselbe Lufttheilchen nach oben, der zweite nach rechts
zu verschieben strebt, so wird es schräg nach rechts und oben
gehen.. Für unseren vorliegenden Zweck brauchen wir auf eine
solche Zusammensetzung von Bewegungen verschiedener Richtung
nicht näher einzugehen. Es interessirt uns nur die Wirkung der

---

streng genommen nur dann statt, wenn die Höhen der Wellen verglichen
mit der Wellenlänge verschwindend klein sind.

Luftmasse auf das Ohr, und dabei kommt es nur auf die Bewegung der Luft im Gehörgange an. Nun ist aber unser Gehörgang, mit den Schallwellenlängen verglichen, verhältnissmässig so eng, dass wir nur Bewegungen der Luft, die seiner Axe parallel gehen, zu berücksichtigen brauchen, und also nur Verschiebungen der Lufttheilchen nach aussen und nach innen, d. h. nach der Mündung und nach der Tiefe des Gehörganges, zu unterscheiden haben. Für die Grösse dieser Verschiebungen sowohl als für die Geschwindigkeiten, mit denen sich die Lufttheilchen nach aussen oder innen bewegen, findet wieder dieselbe Art von Addition statt, wie für die Wellenberge und Wellenthäler.

Wenn also mehrere tönende Körper in dem uns umgebenden Luftraume gleichzeitig Schallwellensysteme erregen, so sind sowohl die Veränderungen der Dichtigkeit der Luft, als die Verschiebungen und die Geschwindigkeiten der Lufttheilchen im Innern des Gehörganges gleich der Summe derjenigen entsprechenden Veränderungen, Verschiebungen und Geschwindigkeiten, welche die einzelnen Schallwellenzüge einzeln genommen hervorgebracht haben würden*); und insofern können wir sagen, dass alle die einzelnen Schwingungen, welche die einzelnen Schallwellenzüge hervorgebracht haben würden, ungestört neben einander und gleichzeitig in unserem Gehörgange bestehen.

Nachdem wir in dieser Weise zur Erledigung der ersten Frage auseinandergesetzt haben, in welchem Sinne es möglich sei, dass mehrere verschiedene Wellenzüge auf derselben Wasserfläche oder in demselben Luftraume neben einander bestehen, gehen wir dazu über, die Art der Thätigkeit zu bestimmen, welche unseren Sinnesorganen zufällt, die ein so zusammengesetztes Ganze wieder in seine Bestandtheile auflösen sollen.

Ich habe schon angeführt, dass das Auge, welches eine weite vielbewegte Wasserfläche überblickt, mit ziemlicher Leichtigkeit die einzelnen Wellenzüge von einander trennen und einzeln verfolgen kann. Das Auge hat hierbei dem Ohre gegenüber einen grossen Vortheil dadurch, dass es eine grosse Ausdehnung der Wasserfläche gleichzeitig überblicken kann. Es unterscheidet also leicht, ob die

---

*) Dasselbe gilt für den ganzen Luftraum, wenn man die Addition der Verschiebungen von verschiedener Richtung nach dem Gesetze des Parallelogramms der Kräfte vollzieht.

einzelnen Wellenzüge geradlinig oder gekrümmt sind, ob sie denselben Mittelpunkt ihrer Krümmung haben oder nicht, in welcher
Richtung sie sich fortpflanzen, und in allen diesen Beobachtungen
erhält es ebenso viele Hilfsmittel, um zu unterscheiden, ob zwei
Wellenberge zusammengehören oder nicht, beziehlich die zusammen,
gehörigen Theile der einzelnen herauszufinden. Dazu kommt dann
auch noch, dass auf der Wasserfläche Wellen von ungleicher Wellenlänge mit ungleicher Geschwindigkeit fortschreiten, und, wenn sie
also auch in irgend einem Zeitmomente so zusammenfallen, dass sie
schwer zu trennen sind, so eilt doch unmittelbar darauf der eine
Zug voran, der andere bleibt nach, und sie werden dann bald dem
Auge wieder vereinzelt sichtbar. Auf diese Weise ist es im Ganzen dem Beobachter sehr erleichtert, jedes einzelne System auf
seinen besondern Ursprungsort zu beziehen, und es während seines
weiteren Verlaufs im Auge zu behalten. Für den Gesichtssinn
können also namentlich auch zwei Wellensysteme niemals verschmelzen, welche zwei verschiedene Ursprungsorte haben, zwei.
Wellenringe z. B., die von zwei an verschiedenen Punkten in das
Wasser geworfenen Steinen herrühren. Wenn auch an einer Stelle
die Wellenringe etwa so zusammenfallen sollten, dass sie nicht
leicht zu trennen sind, so werden sie im grössten Theile ihres Um-
fangs immer getrennt bleiben. Das Auge wird also nicht leicht in
die Lage kommen können, eine zusammengesetzte Wellenbewegung
mit einer einfachen zu verwechseln. Das ist es aber gerade, was
unter ganz ähnlichen Umständen das Ohr thut, wenn es den Klang,
welcher von einer einzigen Tonquelle hervorgebracht ist, in eine
Reihe von Partialtönen auflöst.

Das Ohr befindet sich aber auch einem Schallwellensysteme
gegenüber in einer viel ungünstigeren Lage, als das Auge einem
Wasserwellensysteme gegenüber. Das Ohr wird ja nämlich nur
von der Bewegung derjenigen Luftmasse afficirt, die sich in der
unmittelbarsten Nähe seines Trommelfells im Gehörgange befindet.
Da der Querschnitt des Gehörgangs verhältnissmässig klein ist, verglichen mit der Länge der Schallwellen, die für die musikalisch
brauchbaren Töne zwischen 32 Fuss und 6 Zoll beträgt, so entspricht der Querschnitt des Gehörgangs nur einem einzigen Punkte
der bewegten Luftmasse. Er ist zu klein, als dass an verschiedenen
Punkten desselben merklich verschiedene Grade der Verdichtung
oder Geschwindigkeit vorkommen könnten, denn die Orte grösster
und kleinster Verdichtung, grösster positiver und negativer Ge-

schwindigkeit sind immer um eine halbe Wellenlänge von einander entfernt. Das Ohr befindet sich also etwa in derselben Lage, als wenn wir das Auge durch eine enge Röhre nach einem einzigen Punkte der Wasserfläche blicken liessen, dessen Steigen und Fallen es erkennen könnte, und ihm zumutheten, auch unter diesen Umständen die Analyse der zusammengesetzten Wellen vorzunehmen, an welcher Aufgabe, wie leicht einzusehen ist, das Auge in den meisten Fällen vollständig scheitern würde. Das Ohr ist nicht im Stande zu erkennen, welcher Art die Luftbewegung in entfernten Stellen des Raumes sei, ob die Wellen, von denen es selbst getroffen wird, ebene oder kugelige Flächen seien, ob sie sich in einem oder mehreren Kreisen zusammenschliessen, in welcher Richtung sie fortschreiten. Ihm gehen alle diese Hilfsmittel ab, auf die sich das Urtheil des Auges hauptsächlich stützt.

Wenn demnach das Ohr trotz aller dieser Schwierigkeiten doch die Fähigkeit hat, die Klänge verschiedenen Ursprungs von einander zu trennen — und in der That zeigt es eine bewunderungswürdige Fertigkeit in der Lösung dieser Aufgabe —, so muss es diese Trennung mittelst ganz anderer Hilfsmittel und Fähigkeiten zu Stande bringen, als die sind, welche das Auge benutzt. Welches aber auch diese Hilfsmittel seien — wir werden ihre Natur später zu bestimmen suchen —, so ist klar, dass die Analyse einer zusammengesetzten Klangmasse anknüpfen muss an bestimmte Eigenthümlichkeiten der Luftbewegung, welche auch in einer so kleinen Luftmasse sich ausprägen können, wie die im Gehörgange enthaltene ist. Wenn die Bewegungen der Lufttheilchen im Gehörgange bei zwei verschiedenen Gelegenheiten gleich sind, wird auch die gleiche Empfindung im Ohre entstehen müssen, welches auch der Ursprung der genannten Bewegungen sein mag, ob sie von einer oder von mehreren Tonquellen herrühren.

Wir haben schon vorher auseinandergesetzt, dass die Luftmasse, die das Trommelfell berührt, bei den hier in Betracht kommenden Verhältnissen nur wie ein einzelner Punkt in dem uns umgebenden Luftraume betrachtet werden kann. Giebt es also Eigenthümlichkeiten der Bewegung eines einzelnen Lufttheilchens, welche verschieden sind bei einem einfachen Klange und einer aus mehreren Klängen zusammengesetzten Klangmasse? Wir haben gesehen, dass jedem einzelnen Klange eine periodische Bewegung der Luft entspricht, und dass seine Tonhöhe durch die Länge der Periode bestimmt wird, dass aber die Art der Bewegung inner-

halb einer einzelnen Periode ganz willkürlich ist, und eine unendliche Mannigfaltigkeit verschiedener Formen zulässt. Wenn nun
die Luftbewegung innerhalb des Gehörganges nicht periodisch ist,
oder ihre Perioden wenigstens nicht so kurz sind, wie die eines hörbaren Klanges, so ist sie durch diesen Umstand schon von jeder
Bewegung unterschieden, die einem einzelnen Klange angehört; sie
muss dann Geräuschen, oder einer Anzahl gleichzeitig bestehender
Klänge entsprechen. Von dieser Art sind wirklich die meisten
Fälle, wo nur der Zufall verschiedene Klänge zusammengebracht
hat, wo die Klänge nicht absichtlich zu consonanten Accorden musikalisch verbunden sind, und selbst wo musicirt wird, sind bei der
jetzt herrschenden temperirten Stimmung der Instrumente die Bedingungen selten so genau eingehalten, welche erfüllt sein müssen,
damit die resultirende Bewegung der Luft genau periodisch sei. In
der Mehrzahl der Fälle wird also die mangelnde Periodicität der
Bewegung das Kennzeichen einer zusammengesetzten Klangmasse
abgeben können.

Aber es kann eine zusammengesetzte Klangmasse auch eine
rein periodische Luftbewegung geben, dann nämlich, wenn
alle Klänge, welche sich mischen, Schwingungszahlen haben, welche ganze Vielfache von einer und derselben
Schwingungszahl sind, oder was dasselbe sagt, wenn alle diese
Klänge ihrer Tonhöhe nach als Obertöne eines und desselben Grundtons angesehen werden können. Es ist schon
im ersten Abschnitte gesagt worden, dass die Schwingungszahlen
der Obertöne ganze Vielfache von der Schwingungszahl des Grundtons sind. An einem bestimmten Beispiele wird der Sinn dieser
Regel klar werden. Die Curve A, Fig. 11 (a. f. S.), stellt in der
Weise, wie wir es im ersten Abschnitte auseinandergesetzt haben,
eine einfache pendelartige Bewegung dar, wie sie durch eine tönende Stimmgabel in der Luft des Gehörganges hervorgerufen wird.
Die horizontalen Längen in den Curven der Fig. 11 stellen also die
fortschreitende Zeit dar, die verticalen Höhen der Curve die entsprechenden Verschiebungen der Lufttheilchen im Gehörgange.
Es soll nun zu dem ersten Tone, dem die Curve A angehört, noch
ein zweiter hinzukommen, der die höhere Octave des vorigen ist
und dem die durch Curve B dargestellte Luftbewegung angehört.
Dem entsprechend haben zwei Schwingungen der Curve B genau
dieselbe Länge, wie eine Schwingung von A. In A enthalten die
Abschnitte $d_0\delta$ und $\delta\delta_1$ vollkommen congruente Stücke der Curve.

Die Curve B ist ebenfalls in congruente Stücke getheilt durch die
Punkte $e\,\varepsilon$ und $\varepsilon\,\varepsilon_1$. Zwar könnten wir noch jeden der Abschnitte

Fig. 11.

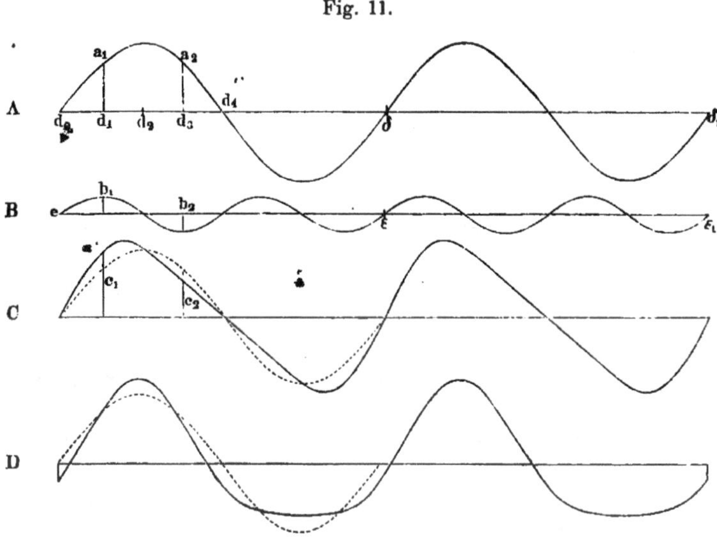

$e\,\varepsilon$ und $\varepsilon\,\varepsilon_1$ halbiren, und würden dann wiederum unter sich congruente Stücke bekommen, welche je einer einzelnen Periode von
B entsprächen. Aber indem wir je zwei Perioden von B zusammenfassen, erhalten wir eine Theilung von B in solche Abschnitte,
die genau ebenso lang sind, wie die Abschnitte von A.

Wenn nun beide Töne zusammen erklingen, und der Zeit nach
der Punkt e mit d_0, ε_1 mit δ, ε_1 mit δ_1 zusammenfällt, so addiren
sich die Höhen des Curvenstücks $e\,\varepsilon$ zu den Höhen von $d_0\,\delta$, eben-
so die von $\varepsilon\,\varepsilon_1$ zu denen von $\delta\,\delta_1$. Das Resultat dieser Addition
ist dargestellt durch die Curve C. Die punktirte Linie ist eine Co-
pie von dem Abschnitt $d_0\,\delta$ der Curve A. Sie dient dazu, dem
Auge die Zusammensetzung unmittelbar anschaulich zu machen.
Man sieht leicht, dass die Curve C sich überall ebenso hoch über
die Höhe von A hebt, oder darunter senkt, als die Curve B sich
über die gerade Linie erhebt, beziehlich unter sie senkt. Die Höhen
der Curve C sind also, der Regel über Zusammensetzung der
Schwingungen entsprechend, gleich der (algebraischen) Summe der

entsprechenden Höhen von A und B. So ist das Loth c_1 in C die Summe der Lothe a_1 und b_1 in A und B; der untere Theil dieses Lothes c bis zur punktirten Curve hinauf ist gleich dem Lothe a_1, der obere gleich dem Lothe b_1. Dagegen ist das Loth c_2 gleich der Höhe a_2 vermindert um die Tiefe der Senkung b_2, und in derselben Weise sind alle anderen Höhen der Curve C gefunden.

Dass die in der Curve C dargestellte Bewegung ebenfalls periodisch ist und dieselbe Länge der Perioden hat wie A, ist ersichtlich. In der That muss die Addition der Abschnitte $d_0\,\delta$ von A und $e\,\varepsilon$ von B dasselbe Resultat geben, wie die Addition der den vorigen ganz gleichen Abschnitte $\delta\,\delta_1$ und $\varepsilon\,\varepsilon_1$, und wenn man die Curven fortgesetzt denkt, ebenso aller folgenden gleichen Abschnitte, in die sie zerfallen. Es ist aber auch ersichtlich, dass nur dann immer wieder gleiche Stücke beider Curven bei der Addition auf einander fallen werden, wenn die Curven sich in congruente Abschnitte theilen lassen, die genau gleiche Länge haben, wie es in Fig. 11 der Fall ist, wo zwei Perioden von B genau gleich lang sind wie eine von A. Die horizontalen Längen unserer Figuren stellen aber die Zeit dar, und indem wir von unseren Curven auf die wirklichen Bewegungen zurückgehen, ergiebt sich demnach, dass die aus den Tönen A und B zusammengesetzte Luftbewegung trotz ihrer Zusammensetzung deshalb periodisch ist, weil der eine Ton genau doppelt so viel Schwingungen in gleicher Zeit macht, als der andere.

Es lässt sich an diesem Beispiele leicht einsehen, dass es gar nicht auf die besondere Form der beiden Curven A und B ankommt, damit ihre Summe C wieder eine genau periodische Curve sei. Welche Form A und B auch haben mögen, wenn nur jede in congruente Abschnitte zerschnitten werden kann, deren Länge den Abschnitten der anderen Curve gleich ist, sei es, dass diese Abschnitte nun eine oder zwei, drei u. s. w. Perioden der einzelnen Curve umfassen, so wird doch je ein Abschnitt der Curve A, mit je einem Abschitte der Curve B zusammengesetzt, immer einen Abschnitt von C geben, der den übrigen aus anderen entsprechenden Abschnitten von A und B zusammengesetzten Abschnitten von C gleich sein muss.

Wenn ein solcher Abschnitt mehrere Perioden der betreffenden Curve umfasst, wie in Fig. 11 die Abschnitte $e\,\varepsilon$ und $\varepsilon\,\varepsilon_1$ je zwei Perioden des Tones B umfassen, so ist B der Tonhöhe nach gleich einem Obertone desjenigen Grundtons, dessen Periode der Länge eines jener Hauptabschnitte gleich ist (in Fig. 11 des Tones A), wie es die oben aufgestellte Regel verlangt.

Um die Mannigfaltigkeit der Formen, welche durch verhältnissmässig einfache Zusammensetzungen entstehen können, einigermaassen anschaulich zu machen, bemerke ich, dass die zusammengesetzte Curve schon dadurch eine andere Form erhält, dass wir die Curve B unter A nur etwas verschieben, ehe wir zur Addition schreiten. Es sei B so weit verschoben, dass der Punkt e unter d_1 fällt, so erhalten wir die Curve 11 D mit schmalen Bergen und breiten Thälern, die beiden Abhänge der Berge aber gleich steil, während in der Curve C der eine Abhang steiler ist als der andere. Verschieben wir die Curve B weiter, bis e unter d_2 fällt, so ist die zusammengesetzte Curve gleich dem Spiegelbilde von C, d. h. sie hat dieselbe Gestalt wie C, wenn man rechts mit links verkehrte; der steilere Abhang, welcher in C links liegt, würde rechts liegen. Endlich verschieben wir B so weit, dass der Punkt e unter d_3 fällt, erhalten wir eine Curve ähnlich D, nur das Untere nach oben gekehrt, wie D aussieht, wenn man das Buch umkehrt, die Bergrücken breit, die Thäler schmal.

Alle diese Curven mit ihren Uebergangsstufen sind periodische Curven. Andere zusammengesetzte periodische Curven sind in Fig. 12 C, D dargestellt, zusammengesetzt aus den beiden Curven A, B, deren Perioden im Verhältniss von 1 zu 3 stehen. Die punktirten Linien sind wieder Copien von der ersten Schwingung der Curve A, damit der Leser daran erkenne, wie die betreffende zusammengesetzte Curve überall so hoch über oder unter A steht, als B über oder unter der Horizontallinie. In C sind A und B so addirt, wie sie unter einander stehen, in D ist B zuerst um eine halbe Wellenlänge nach rechts geschoben und dann zu A addirt. Beide Formen sind verschieden unter einander, und verschieden von allen früheren. C hat breite Berge und breite Thäler, D schmale Berge und schmale Thäler.

In diesen und ähnlichen Fällen fanden wir, dass die zusammengesetzte Bewegung vollkommen und regelmässig periodisch ist, d. h. sie ist vollständig von der Art, wie sie auch einem einzelnen Klange zukommen könnte. Die Curven, welche wir in unseren Beispielen zusammengesetzt haben, entsprechen der Bewegung einfacher Töne. Es könnten also z. B. die in Fig. 11 abgebildeten Bewegungen durch zwei Stimmgabeln hervorgebracht werden, von denen eine die höhere Octave der anderen giebt. Aber wir werden

später sehen, dass auch eine schwach angeblasene Flöte allein schon
hinreicht, eine Luftbewegung zu erzeugen, die der in Fig. 11 C

Fig. 12.

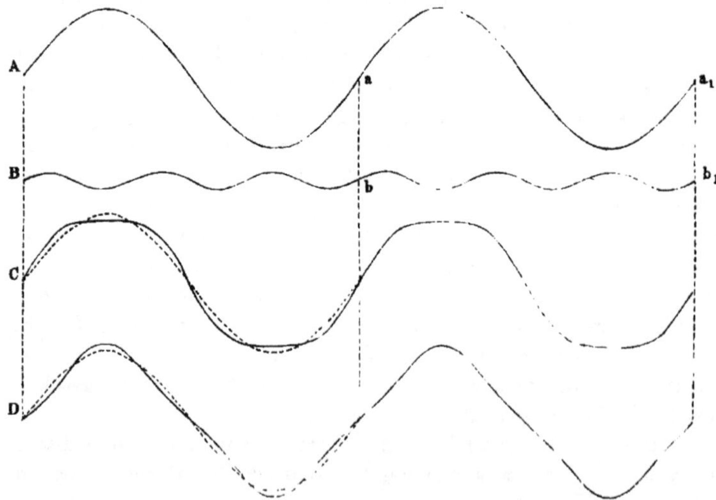

oder D dargestellten entspricht. Die Bewegungen von Fig. 12
könnten durch zwei gleichzeitig tönende Stimmgabeln hervorge-
bracht werden, von denen die eine die Duodecime der anderen giebt.
Aber auch eine einzige gedackte Orgelpfeife von der engeren Art
(Register Quintaten) würde nahehin die Bewegung geben, welche
Fig. 12 C oder D darstellen.

Hier fehlt also der Luftbewegung im Gehörgange jede Eigenthümlichkeit, an welcher der zusammengesetzte Klang von dem
einfachen unterschieden werden könnte. Wenn dem Ohre nicht andere zufällige Umstände zu Hilfe kommen, dass z. B. die eine
Stimmgabel eher zu tönen beginnt und man den zweiten Ton später hinzukommen hört, dass man das Anschlagen der Gabeln hört,
oder im anderen Falle das Sausen der Luft bei der angeblasenen
Flöte oder Pfeife, so wird jedes Kennzeichen fehlen, um zu entscheiden, ob der Klang einfach oder zusammengesetzt sei.

Wie verhält sich nun das Ohr einer solchen Luftbewegung gegenüber? Zerlegt es sie, oder zerlegt es sie nicht? Die Erfahrung
lehrt, dass, wenn zwei Stimmgabeln in der Octave oder Duodecime

zusammenklingen, das Ohr sehr wohl im Stande ist, ihre Töne von einander zu scheiden, wenn auch diese Scheidung etwas schwieriger ist, als bei anderen Intervallen. Wenn aber das Ohr im Stande ist, einen solchen Zusammenklang zweier Stimmgabeln aufzulösen, so wird es nicht umhin können, dieselbe Analyse auch auszuführen, wenn dieselbe Luftbewegung durch eine einzige Flöte oder Orgelpfeife hervorgebracht wird. Und dies geschieht wirklich; der an sich einfache, aus einer Quelle hervorgehende Klang eines solchen Tonwerkzeuges wird, wie wir schon angeführt haben, in Partialtöne aufgelöst, einen Grundton und je einen Oberton in unseren Beispielen.

Die Auflösung eines einzelnen Klanges in eine Reihe von Partialtönen beruht also auf derselben Fähigkeit des Ohres, vermöge deren es im Stande ist, verschiedene Klänge von einander zu trennen, und es wird in beiden Fällen die Scheidung ausführen müssen nach einer Regel, die gar nicht darauf Rücksicht nimmt, ob die Schallwellen aus einem oder mehreren Tonwerkzeugen hervorgegangen sind.

Die Regel, nach welcher das Ohr die Analyse vornimmt, ist zuerst als allgemein gültig hingestellt worden von G. S. Ohm. Es ist schon im vorigen Abschnitte ein Theil dieser Regel ausgesprochen, indem angeführt wurde, dass nur diejenige Luftbewegung, die wir durch den Namen der einfachen Schwingung hervorgehoben haben, bei welcher die schwingenden Lufttheilchen nach dem Gesetze des Pendels hin- und hergehen, im Ohre die Empfindung eines einzigen und einfachen Tones hervorbringe. Jede Luftbewegung nun, welche einer zusammengesetzten Klangmasse entspricht, ist nach Ohm's Regel zu zerlegen in eine Summe einfacher pendelartiger Schwingungen, und jeder solchen einfachen Schwingung entspricht ein Ton, den das Ohr empfindet, und dessen Tonhöhe durch die Schwingungsdauer der entsprechenden Luftbewegung bestimmt ist.

Die Beweise für die Richtigkeit dieser Regel, die Ursachen, warum unter allen Schwingungsformen die eine, welche wir die einfache genannt haben, eine so hervortretende Rolle spielt, werden wir erst später im vierten und sechsten Abschnitte beibringen können. Hier handelt es sich zunächst nur noch darum, den Sinn der Regel klar zu machen.

Die einfache Schwingungsform ist unveränderlich und immer dieselbe, nur ihre Amplitude und die Dauer ihrer Periode kann sich verändern. Wir haben in den Figuren 11 und 12 aber schon gesehen, wie durch Zusammensetzung von auch nur je zwei einfachen Schwingungen ziemlich mannigfaltige Formen entstehen können. Die Zahl dieser Formen liesse sich nun, selbst ohne neue einfache Schwingungen von anderer Periode hinzuzunehmen, noch weiter dadurch vermehren, dass wir entweder das Verhältniss der Höhen beider einfachen Schwingungscurven A und B zu einander veränderten, oder dass wir die Curve B um andere Längen unter A verschieben, als wir in den Zeichnungen gethan haben. Nach diesen einfachsten Beispielen solcher Zusammensetzung wird der Leser sich eine Vorstellung davon bilden können, eine wie ungeheure Verschiedenheit von Formen sich ergeben würde, wenn wir statt zweier einfacher Schwingungen eine grössere Zahl derselben zusammensetzen wollten, welche alle Obertönen desselben Grundtons entsprechen, und daher durch Addition immer wieder periodische Curven geben würden. Wir würden die Höhen jeder einzelnen beliebig grösser oder kleiner machen können, wir würden jede einzelne um ein beliebiges Stück gegen den Grundton verschieben oder, nach physikalischer Ausdrucksweise, die Amplitude und den Phasenunterschied zwischen ihr und dem Grundtone verändern können, und jede solche Aenderung der Amplitude oder des Phasenunterschiedes jeder einzelnen von ihnen würde eine neue Abänderung der zusammengesetzten Schwingungsform geben.

Die Mannigfaltigkeit der Schwingungsformen, welche in dieser Weise durch Zusammensetzung einfacher pendelartiger Schwingungen erhalten werden kann, ist nicht nur ausserordentlich gross, sondern sie ist so gross, dass sie gar nicht grösser sein kann. Es hat nämlich der berühmte französische Mathematiker Fourier ein mathematisches Gesetz erwiesen, welches wir mit Bezug auf den vorliegenden Gegenstand so aussprechen können: Jede beliebige regelmässig periodische Schwingungsform kann aus einer Summe von einfachen Schwingungen zusammengesetzt werden, deren Schwingungszahlen ein, zwei, drei, vier etc. Mal so gross sind als die Schwingungszahl der gegebenen Bewegung.

Die Amplituden der elementaren einfachen Schwingung, welchen in unseren Wellencurven die Höhe entspricht, und die Phasenunterschiede, d. h. die horizontalen Verschiebungen der Wellencurven gegeneinander, können in jedem Falle, wie Fourier gezeigt hat, durch besondere Rechnungsmethoden, welche eine populäre Darstellung nicht erlauben, gefunden werden, wobei sich herausstellt, dass eine gegebene regelmässig periodische Bewegung nur in einer einzigen Weise und in keiner anderen dargestellt werden kann als Summe einer gewissen Anzahl pendelartiger Schwingungen.

Da nun nach unseren Festsetzungen eine regelmässig periodische Bewegung einem musikalischen Klange entspricht, und eine einfache pendelartige Schwingung einem einfachen Tone, so können wir diese Sätze von Fourier mit Anwendung der akustischen Bezeichnungen auch so aussprechen:

Jede Schwingungsbewegung der Luft im Gehörgange, welche einem musikalischen Klange entspricht, kann immer, und jedes Mal nur in einer einzigen Weise, dargestellt werden als die Summe einer Anzahl einfacher schwingender Bewegungen, welche Theiltönen dieses Klanges entsprechen.

Da nach diesen Sätzen eben jede Schwingungsform, sie sei gestaltet, wie sie nur irgend wolle, ausgedrückt werden kann als eine Summe einfacher Schwingungen, so ist ihre Zerlegung in eine solche Summe auch ganz unabhängig davon, ob man mit dem Auge schon der sie darstellenden Curve ansehen kann, dass und welche einfache Schwingungen etwa in ihr enthalten sein mögen oder nicht. Ich muss dies hervorheben, weil ich ziemlich häufig selbst Naturforscher von der falschen Voraussetzung habe ausgehen sehen, dass die Schwingungsfigur kleine Wellen, entsprechend den einzelnen hörbaren Obertönen, zeigen müsste. Schon an den Beispielen der Figuren 11 und 12 wird man sich überzeugen, dass das Auge die Zusammensetzung allenfalls an dem Theile der Curve übersehen kann, wo wir die Curve des Grundtons punktirt hinzugesetzt haben, aber schon nicht mehr an den isolirt gezeichneten Theilen der Curven C und D beider Figuren. Oder wenn ein Beobachter, der sich die Form der einfachen Schwingungen recht genau eingeprägt hat, dies auch allenfalls noch leisten zu können glauben möchte, so würde er doch gewiss scheitern, wenn er mit dem Auge allein zu ermitteln versuchen wollte, wie etwa die in Fig. 8 und 9 des ersten Abschnittes gezeichneten Curven zusammenzusetzen wären. In diesen kommen gerade Linien und scharfe Ecken vor. Man wird vielleicht fragen, wie ist es möglich, durch eine Zusammensetzung so weich und gleichmässig gekrümmter Curven, wie unsere einfachen Wellencurven A und B, Fig. 11 und 12, sind, theils gerade Linien, theils scharfe Ecken zu erzeugen. Darauf ist zu erwidern, dass man eine unendlich grosse Anzahl von einfachen Schwingungen braucht, um Curven zu erzeugen mit solchen Discontinuitäten, wie sie dort hervortreten. Wenn aber sehr viele solche Curven zusammenkommen, und so gewählt werden, dass an gewissen Stellen die Krümmungen aller im gleichem Sinne gewendet sind, an anderen Stellen entgegengesetzt, so verstärken sich die Krümmungen am ersteren Orte gegenseitig, und wir erhalten schliesslich eine unendlich starke Krümmung, das heisst eine scharfe Ecke, an den übrigen Stellen heben sich die Krümmungen gegenseitig auf, so dass zuletzt eine gerade Linie daraus hervorgeht. Im Allgemeinen kann man dem entsprechend als Regel festhalten, dass die Stärke der hohen Obertöne desto grösser ist, je schärfere Discontinuitäten die Luftbewegung zeigt. Wo die Bewegung sich gleichmässig und allmälig verändert, entsprechend einer in weichen Bogenformen verlaufenden Schwingungscurve, haben nur die tieferen, dem Grundtone näher liegenden Theiltöne eine merkliche Intensität. Wo aber die Bewegung stossweise verändert wird, in der Schwingungscurve also Ecken oder plötzliche Aenderungen der Krümmung vorkommen, da sind auch noch hohe Obertöne von merklicher Stärke, obgleich in allen diesen Fällen die Amplituden abnehmen, je höher die Obertöne sind*).

Beispiele von der Auflösung gegebener Schwingungsformen in die einzelnen Theiltöne werden wir noch im fünften Abschnitte kennen lernen.

Das hier erwähnte Theorem von Fourier ergiebt zunächst nur, dass es mathematisch möglich ist, einen Klang als eine Summe von Tönen zu betrachten, die Worte in dem von uns festgesetzten Sinne genommen, und die Mathematiker haben es auch immer bequem gefunden, diese Art der Zerlegung der Schwingungen ihren

---

*) Wenn n die Ordnungszahl eines Partialtones ist, nimmt bei sehr hohen wachsenden Werthen von n die Amplitude der Obertöne ab: 1) wenn die Amplitude der Schwingung selbst einen plötzlichen Sprung macht, wie $\dfrac{1}{n}$; 2) wenn ihr Differentialquotient einen Sprung macht, die Curve also eine scharfe Ecke hat, wie $\dfrac{1}{n \cdot n}$; 3) wenn die Krümmung sich plötzlich verändert, wie $\dfrac{1}{n \cdot n \cdot n}$; 4) wenn keiner der Differentialquotienten discontinuirlich ist, muss sie schneller oder ebenso schnell abnehmen, wie e^{-n}

akustischen Untersuchungen zu Grunde zu legen. Aber daraus
folgt noch keineswegs, dass wir gezwungen seien, die Sache so zu
betrachten. Wir müssen vielmehr fragen, bestehen denn diese
Theiltöne eines Klanges, welche die mathematische Theorie aus-
scheidet, und welche das Ohr empfindet, auch wirklich in der Luftmasse ausserhalb des Ohres? Ist diese Art, die Schwingungsformen
aufzulösen, wie sie das Theorem von Fourier vorschreibt und
möglich macht, nicht bloss eine mathematische Fiction, welche zur
Erleichterung der Rechnung erlaubt sein mag, aber nicht nothwendig irgend einen entsprechenden reellen Sinn zu haben braucht?
Warum fallen wir darauf, gerade pendelartige Schwingungen als
das einfachste Element aller Schallbewegungen zu betrachten? Wir
können ein Ganzes in sehr verschiedener und beliebiger Weise in
Theile zerlegt denken; wir können innerhalb einer Rechnung es
vielleicht bequem finden, statt der Zahl 12 die Summe $8 + 4$ zu
setzen, weil sich die 8 weghebt, aber daraus folgt nicht, dass nun
die Zahl 12 nothwendig immer als die Summe von 8 und 4 betrachtet werden müsse. In einem anderen Falle könnte es vortheilhafter sein, die 12 als Summe von 7 und 5 anzusehen. Ebenso
wenig berechtigt uns die durch Fourier nachgewiesene mathematische Möglichkeit, alle Schallbewegung aus einfachen Schwingungen zusammenzusetzen, daraus zu folgern, dass dies die einzig erlaubte Art der Analyse sei, wenn wir nicht nachweisen können,
dass dieselbe auch einen wesentlichen reellen Sinn habe. Der Umstand, dass das Ohr dieselbe Zerlegung ausführt, spricht nun allerdings schon sehr dafür, dass die genannte Zerlegung einen Sinn
hat, der sich auch in der Aussenwelt, unabhängig von aller Theorie,
werde bewähren müssen, ebenso gut wie auch schon der andere genannte Umstand, dass diese Art der Zerlegung nämlich bei den
mathematischen Untersuchungen sich als so viel vortheilhafter erwiesen hat, als jede andere, dieselbe Vermuthung unterstützen mag.
Denn natürlich sind diejenigen Betrachtungsweisen, welche der innersten Natur der Sache entsprechen, auch immer diejenigen, welche die zweckmässigste und klarste theoretische Behandlungsweise
geben. Mit den Leistungen des Ohres aber diese Untersuchung zu
beginnen, möchte nicht räthlich sein, weil diese ausserordentlich
verwickelt sind und selbst der Erklärung bedürfen. Wir wollen daher zuerst im nächsten Abschnitte untersuchen, ob die Zerlegung in
einfache Schwingungen auch in der Aussenwelt unabhängig vom
Ohr eine thatsächliche Bedeutung habe, und wir werden in der

That im Stande sein, nachzuweisen, dass bestimmte mechanische
Wirkungen davon abhängen, ob in einer Klangmasse ein gewisser
Theilton enthalten sei oder nicht. Dadurch erst erhält die Existenz
der Theiltöne ihre reelle Bedeutung, und die Kenntniss ihrer me-
chanischen Wirkungsfähigkeit wird dann ein neues Licht auf ihre
Beziehungen zum menschlichen Ohre werfen.

____

Analyse der Klänge durch Mittönen.

Wir gehen jetzt darauf aus, nachzuweisen, dass den in einer Klangmasse enthaltenen einfachen Partialtönen besondere mechanische Wirkungen in der Aussenwelt zukommen, welche unabhängig sind vom menschlichen Ohre und seinen Empfindungen, unabhängig ferner von bloss theoretischen Betrachtungsweisen, und welche daher dieser besonderen Zerlegungsweise der Schwingungsformen in pendelartige Schwingungen eine besondere objectiv gültige Bedeutung zuweisen.

Eine solche Wirkung findet in dem Phänomen des Mittönens statt. Dieses Phänomen kommt bei allen solchen Körpern vor, welche, wenn sie einmal durch irgend einen Anstoss in Schwingung versetzt worden sind, eine längere Reihe von Schwingungen ausführen, ehe sie wieder zur Ruhe kommen. Wenn dergleichen Körper nämlich von ganz schwachen, aber regelmässig periodischen Stössen getroffen werden, von denen jeder einzelne viel zu unbedeutend ist, um eine merkliche Bewegung des schwingungsfähigen Körpers hervorzubringen, so können dennoch sehr starke und ausgiebige Schwingungen des genannten Körpers entstehen, wenn die Periode jener schwachen Anstösse genau gleich ist der Periode seiner eigenen Schwingungen. Wenn aber die Periode der regelmässig sich wiederholenden Stösse abweicht von der Periode der

Schwingungen, so entsteht eine schwache oder ganz unmerkliche Bewegung.

Dergleichen periodische Anstösse gehen nun gewöhnlich aus von einem anderen in regelmässigen Schwingungen begriffenen Körper, dann rufen also die Schwingungen des letzteren nach einiger Zeit auch die Schwingungen des erstgenannten hervor. Unter diesen Umständen nennen wir den Vorgang Mitschwingen oder Mittönen. Die Schwingungen können so schnell sein, dass sie tönen, sie können aber auch so langsam sein, dass sie keine Empfindung im Ohre hervorzurufen vermögen; das ändert nichts im Wesen der Sache. Das Mittönen ist ein den Musikern wohlbekanntes Phänomen. Wenn z. B. die Saiten zweier Violinen genau gleich gestimmt sind, und man die eine anstreicht, geräth auch die gleichnamige Saite der anderen Violine in Schwingung. Das Wesen des Vorganges lässt sich aber besser an solchen Beispielen darlegen, bei denen die Schwingungen langsam genug sind, dass man alle ihre einzelnen Phasen einzeln beobachten kann.

So ist es z. B. bekannt, dass die grössten Kirchenglocken durch taktmässiges Ziehen an dem Glockenseil von einem Manne oder selbst einem Knaben in Bewegung gesetzt werden können, Glocken von so grossem Metallgewicht, dass der stärkste Mann, welcher sie aus ihrer Lage zu bringen sucht, sie kaum merklich bewegt, wenn er seine Kraft nicht in bestimmten taktmässigen Absätzen anwendet. Ist eine solche Glocke einmal in Bewegung gesetzt, so setzt sie, wie ein angestossenes Pendel, ihre Schwingungen noch lange fort, ehe sie allmälig zur Ruhe kommt, auch wenn sie ganz sich selbst überlassen bleibt, und keine Kraft zur Unterstützung ihrer Bewegungen da ist. Allmälig freilich nimmt ihre Bewegung ab, indem Reibung in den Axen und Luftwiderstand bei jeder einzelnen Schwingung einen Theil der vorhandenen Bewegungskraft der Glocke vernichten.

Während die Glocke hin- und herschwankt, hebt und senkt sich der Hebel mit dem Glockenseil, der oben an ihrer Axe befestigt ist. Wenn nun, während der Hebel sich senkt, ein Knabe sich an das untere Ende des Glockenseils anhängt, so wirkt die Schwere seines Körpers so auf die Glocke, dass sie deren eben vorhandene Bewegung beschleunigt. Diese Beschleunigung mag sehr klein sein, und doch wird sie eine entsprechende Vermehrung der Schwingungsweite der Glocke bewirken, die sich auch wiederum eine Weile erhält, bis sie durch Reibung und Luftwiderstand vernichtet ist.

Wollte der Knabe sich aber zu unrechter Zeit an das Glockenseil anhängen, während dieses aufsteigt, so würde die Schwere seines Körpers der Bewegung der Glocke entgegenwirken und die Schwingungsweite verkleinern. Wenn sich nun der Knabe bei jeder Schwingung so lange an das Seil hängt, als dieses sich senkt, und es so lange frei lässt, als es sich hebt, so wird er bei jeder Schwingung die Bewegung der Glocke nur beschleunigen, und ihre Schwingungen so allmälig grösser und grösser machen, bis durch die Vergrösserung der Schwingungen auch die bei jeder Schwingung von der Glocke an die Thurmwände und die Luft abgegebene Bewegung so gross wird, dass sie durch die Kraft, die der Knabe bei jeder Schwingung aufwendet, gerade gedeckt wird.

Der Erfolg dieses Verfahrens beruht also wesentlich darauf, dass der Knabe seine Kraft immer nur in solchen Augenblicken anwendet, wo er durch sie die Bewegung der Glocke vergrössert. Er muss also seine Kraft periodisch in Thätigkeit setzen, und die Periode dieser Thätigkeit muss gleich der Periode der Glockenschwingungen sein, wenn er Erfolg haben will. Er würde ebenso gut die vorhandene Bewegung der Glocke auch schnell zur Ruhe bringen können, wenn er sich an den Strick hinge, während dieser aufsteigt, und so das Gewicht seines Körpers von der Glocke heben liesse.

Ein Versuch ähnlicher Art, der jeden Augenblick anzustellen ist, ist folgender. Man stelle sich ein Pendel her, indem man an das untere Ende eines Fadens einen schweren Körper, z. B. einen Ring, befestigt, fasse das obere Ende des Fadens mit der Hand, und setze den Ring in schwache Pendelschwingungen, dann kann man die Pendelschwingungen allmälig sehr bedeutend vergrössern, wenn man jedesmal, wo das Pendel seine grösste Abweichung von der Senkrechten erreicht hat, eine ganz kleine Verschiebung der Hand nach der entgegengesetzten Seite macht. Also, wenn das Pendel am meisten nach rechts gegangen ist, bewege man die Hand ein wenig nach links, wenn das Pendel links steht, bewege man sie ein wenig nach rechts. Auch kann man gleich von vorn herein Schwingungen des Pendels, wenn es im Anfang ruhig herabhängt, hervorbringen, wenn man dergleichen ganz kleine Verschiebungen der Hand in demselben Takte ausführt, in welchem das Pendel seine Schwingungen macht. Die Verschiebungen der Hand können hierbei so klein sein, dass sie kaum bei gespannter Aufmerksamkeit wahrgenommen werden, ein Umstand, auf welchem die abergläubische Anwendung dieses kleinen Apparates als Wünschelruthe beruht. Wenn nämlich der Beobachter, ohne an seine Hand zu denken, den Schwankungen des Ringes mit den Augen folgt, so folgt die Hand leicht den Augen, bewegt sich also unwillkürlich ein wenig hin und her, und zwar gerade in demselben Takte, wie das Pendel, wenn dies zufällig anfängt ein wenig zu schwanken. Diese unwillkürlichen Schwankungen der Hand werden gewöhnlich übersehen, wenigstens wenn der Beobachter nicht an genaue Beobachtung solcher unscheinbaren Einflüsse gewöhnt ist. Durch sie wird eben jede vorhandene Pendelschwingung vergrössert und unterhalten, und jede zufällige Bewegung des Ringes leicht in eine Reihe von Pendelschwingungen verwandelt, welche scheinbar von selbst und ohne Zuthun des Beobachters eintreten, und deshalb dem Einflusse verborgener Metalle oder Quellen u. s. w. zugeschrieben wurden.

Wenn man dagegen die Bewegungen der Hand absichtlich entgegengesetzt ausführt, als vorgeschrieben ist, so kommt das Pendel bald zur Ruhe.

Die Erklärung des Verfahrens ist einfach. Ist das obere Ende des Fadens unverrückbar befestigt, so führt das Pendel, einmal angestossen, in seinen Schwingungen lange Zeit fort, und deren Grösse vermindert sich nur sehr langsam. Die Grösse der Schwingungen können wir uns gemessen denken durch den Winkel, den der Faden bei seiner äussersten Abweichung von der Verticallinie mit dieser bildet. Befindet sich nun der angehängte Körper in der äussersten Abweichung nach rechts, und verrücken wir die Hand nach links, so machen wir den Winkel zwischen dem Faden und der Verticallinie offenbar grösser, also auch die Schwingungsweite grösser. Würden wir das obere Ende des Fadens in entgegengesetzter Richtung bewegen, so würden wir die Schwingungsweite verkleinern.

Wir brauchen hierbei die Bewegungen der Hand nicht in demselben Takte auszuführen wie das Pendel schwingt. Wir können auch auf je drei, je fünf oder mehr Pendelschwingungen einen Hin- und Hergang der Hand ausführen, und doch starke Schwingungen erregen. So zum Beispiel: wenn das Pendel rechts steht, verrücken wir die Hand nach links, halten sie still, bis das Pendel nach links, wieder nach rechts und dann nochmals nach links gekommen ist, gehen zurück in die frühere Lage der Hand, warten bis das Pendel nach rechts, dann nach links, wieder nach rechts gekommen ist, und beginnen nun erst wieder die erste Handbewegung. Dabei kommen drei ganze Pendelschwingungen auf einen Hin- und Hergang der Hand. Ebenso können wir fünf, sieben oder mehr Pendelschwingungen auf eine Handbewegung kommen lassen. Der Sinn dieses Verfahrens ist immer der, dass die Handbewegung jedesmal nur zu einer solchen Zeit eintreten muss, wo sie der Abweichung des Pendels entgegen gerichtet ist, und daher diese vermehrt.

Auch können wir bei einer kleinen Abänderung des Verfahrens zwei, vier, sechs u. s. w. Pendelschwingungen auf eine Handbewegung kommen lassen. Wenn wir nämlich eine plötzliche Verschiebung der Hand eintreten lassen, während das Pendel durch die Verticallinie geht, so verändert dies die Grösse der Schwingungen nicht. Man verschiebe also die Hand nach links, wenn das Pendel rechts steht und beschleunige es dadurch, lasse es nach links kommen, dann, wenn es während des Zurückganges durch die Verticallinie geht, führe man die Hand in die erste Lage zurück, lasse es das rechte, dann wieder das linke und wieder das rechte Ende seines Bogens erreichen, und beginne nun die erste Handbewegung von Neuem.

Wir können also kräftige Bewegung des Pendels durch sehr kleine periodische Bewegungen der Hand hervorbringen, deren Periode gleich, oder zwei, drei, vier u. s. w. Mal so gross ist, als die Schwingungsdauer des Pendels. Wir haben bisher die Bewegung der Hand als ruckweise betrachtet, das braucht sie aber nicht zu sein. Sie kann auch continuirlich in jeder beliebigen anderen Weise vor sich gehen. Bei einer continuirlichen Bewegung der Hand wird es im Allgemeinen Zeiten geben, wo sie die Bewegung des Pendels vergrössert, und vielleicht auch andere, wo sie diese Bewegung verkleinert. Um das Pendel in starke Schwingungen zu versetzen, wird es darauf ankommen, dass die Beschleunigungen der Bewegung dauernd überwiegen, und sie nicht durch die Summe der Verkleinerungen aufgehoben werden.

Wenn nun eine bestimmte periodische Bewegung der Hand vorgeschrieben wäre, und wir bestimmen wollten, ob dadurch starke Pendelschwingungen hervorgebracht werden können, so würde sich der Erfolg ohne Rechnung nicht immer von vorn herein übersehen lassen. Die theoretische Mechanik aber würde folgendes Verfahren vorschreiben, um darüber zu entscheiden: Man zerlege die periodische Bewegung der Hand in eine Summe einfacher pendelartiger Schwingungen der Hand, gerade in derselben Weise, wie wir es im vorigen Abschnitte für die periodischen Bewegungen der Lufttheilchen besprochen haben. Ist die Periode einer dieser Schwingungen gleich der Schwingungsdauer des Pendels, so wird das Pendel in starke Schwingungen versetzt, sonst nicht. Man mag übrigens kleine pendelartige Bewegungen der Hand von anderer Schwingungsdauer zusammensetzen, wie man will, so würden keine dauernden starken Schwingungen des Pendels entstehen. Somit hat hier die Zerlegung in pendelartige Schwingungen eine besondere reelle Bedeutung, von welcher bestimmte mechanische Wirkungen abhängen, und es kann für den hier vorliegenden Zweck keine andere Zerlegung der Handbewegung in irgend welche Partialbewegungen substituirt werden.

In den vorher besprochenen Beispielen konnte das Pendel mitschwingen, wenn die Hand in demselben Takt sich bewegte, wie das Pendel schwang; dann war die längste einfache Partialschwingung der Hand, die dem Grundtone einer tönenden Schwingung entspricht, mit dem Pendel in Uebereinstimmung. Wenn drei Schwingungen des Pendels auf einen Hin- und Hergang der Hand kamen, war es die dritte Partialschwingung der Hand, gleichsam der Duodecime ihres Grundtons entsprechend, welche das Pendel in Bewegung setzte u. s. w.

Ganz dasselbe, was wir hier für Schwingungen grösserer Dauer kennen gelernt haben, gilt nun auch für Schwingungen von so kurzer Dauer wie die Tonschwingungen. Jeder elastische Körper, welcher bei seiner vorhandenen Befestigungsart im Stande ist, einmal in Bewegung gesetzt, längere Zeit fortzutönen, kann auch zum Mittönen gebracht werden, wenn ihm eine periodische Erschütterung von vergleichsweise sehr kleinen Excursionen mitgetheilt wird, deren Periode der Schwingungsdauer seines eigenen Tons entspricht.

Man hebe leise und ohne die Saite anzuschlagen eine Taste eines Claviers, so dass die betreffende Saite nur von ihrem Dämpfer befreit ist, und singe kräftig den Ton dieser Saite in das Innere des Claviers hinein, so wird man, indem man zu singen aufhört, den Ton aus dem Clavier nachklingen hören. Man wird sich auch leicht überzeugen, dass die dem gesungenen Tone gleichgestimmte Saite es ist, die den Nachhall erzeugt; denn wenn man die Taste loslässt, so dass der Dämpfer sich auf die Saite legt, hört das Nachklingen auf. Noch besser erkennt man das Mitschwingen der Saite, wenn man kleine Papierschnitzelchen auf ihr reiten lässt. Diese werden abgeworfen, sobald die Saite in Schwingung geräth. Die Saite schwingt desto stärker, je genauer von dem Sänger ihr Ton getroffen ist. Eine sehr kleine Abweichung von der richtigen Tonhöhe lässt das Mitschwingen schon aufhören.

Bei diesem Versuche wird zunächst der Resonanzboden des Instruments von den Luftschwingungen getroffen, die die menschliche Stimme erregt. Der Resonanzboden besteht bekanntlich aus einer breiten, biegsamen Holzplatte, welche wegen ihrer grossen Oberfläche besser geeignet ist, die Erschütterungen der Saiten an die Luft und der Luft an die Saiten zu übertragen, als es bei der kleinen Berührungsfläche zwischen Luft und Saite direct geschehen kann. Der Resonanzboden leitet die Erschütterungen, welche die von dem Gesangston erschütterte Luftmasse ihm mitgetheilt hat, zunächst nach den Befestigungspunkten der Saiten hin, und theilt sie diesen mit. Die Grösse einer jeden einzelnen solchen Erschütterung ist allerdings verschwindend klein; es müssen sich die Wirkungen einer sehr langen Reihe derselben addiren, bis dadurch eine merkliche Bewegung der Saite entstehen kann, und eine solche fortdauernde Addition der Wirkungen wird in der That stattfinden, wie in den vorausgehenden Versuchen mit der Glocke und den Pendeln, wenn die Periode der kleinen Erschütterungen, die die Luft mittels des Resonanzbodens den Enden der Saiten mittheilt, genau deren eigener Schwingungsdauer entspricht. Ist das der Fall, so wird in der That die Saite nach einer längeren Reihe von Schwingungen in eine verhältnissmässig zu den Erschütterungen ihrer Endpunkte sehr starke Bewegung gesetzt werden.

Statt der menschlichen Stimme können wir übrigens auch ein beliebiges musikalisches Instrument ertönen lassen; vorausgesetzt nur, dass es den Ton einer der Claviersaiten rein, stark und ausdauernd angeben kann, so wird es sie mitschwingen machen. Statt des Claviers wiederum können wir eine Violine, Guitarre, Harfe oder ein anderes Saiteninstrument mit Resonanzboden brauchen, ferner auch gespannte Membranen, Glocken, elastische Platten u. s. w., vorausgesetzt nur, dass die letzteren passend befestigt sind, um einmal angeschlagen einen Ton von merklicher Dauer zu geben.

Wenn die Tonhöhe des ursprünglich tönenden Körpers nicht ganz genau der des mittönenden Körpers gleich ist, so schwingt der letztere doch oft noch merklich mit, desto weniger, je grösser die Differenz der Tonhöhe ist. In dieser Beziehung zeigen aber die verschiedenen tönenden Körper sehr grosse Unterschiede, je nachdem sie einmal angestossen und in Schwingung versetzt, längere oder kürzere Zeit forttönen, ehe sie ihre Bewegung an die Luft abgegeben haben.

Körper von geringer Masse, welche ihre Bewegung leicht an die Luft abgeben und schnell austönen, wie z. B. gespannte Membranen, Saiten einer Violine, sind leicht in Mitschwingung zu versetzen, weil auch rückwärts die Bewegung der Luft wieder leicht auf sie übertragen wird, und sie werden auch von solchen hinreichend starken Lufterschütterungen merklich bewegt, welche nicht ganz die gleiche Schwingungsdauer haben, wie der eigene Ton dieser Körper; daher sind die Grenzen der Tonhöhe ein wenig breiter, durch deren Anstimmen man das Mitschwingen hervorrufen kann. Durch den verhältnissmässig grösseren Einfluss der Luftbewegung auf solche leichte und wenig widerstandsfähige elastische Körper kann deren eigene Schwingungsdauer ein wenig verändert werden, so dass sie sich der des erregenden Tons anpasst. Massige und schwer bewegliche elastische Körper dagegen, welche ihre Schallbewegung nur langsam an die Luft abgeben, wie Glocken und Platten, und lange Zeit nachtönen, sind auch schwer von der Luft aus in Bewegung zu setzen. Es gehört eine viel längere Addition der Wirkungen dazu, und deshalb ist es auch nothwendig, die Tonhöhe ihres eigenen Tons viel strenger einzuhalten, wenn man sie in Mitschwingung setzen will. Doch ist bekannt, dass man glockenförmige Gläser, in die man ihren eigenen Ton hineinsingt, in heftige Bewegung setzen kann; es wird sogar erzählt, dass Sänger von starker und reiner Stimme dergleichen Gläser so stark zum Mitschwingen gebracht haben, dass sie zersprangen. Die Hauptschwierigkeit bei diesem Versuche ist nur, bei starker Anstrengung der Stimme die Tonhöhe so sicher und genau und lange festzuhalten, wie es hierzu nöthig ist.

Am schwersten sind Stimmgabeln in Mitschwingung zu setzen. Um es zu können muss man sie auf Resonanzkästen befestigen, die selbst auf den Ton der Gabel abgestimmt sind, wie Fig. 13 (a. f. S.) zeigt. Hat man zwei dergleichen, die genau gleiche Schwingungsdauer haben, und streicht die eine Gabel mit dem Violinbogen, so fängt auch die andere an mitzuschwingen, selbst wenn sie an einem entfernten Orte desselben Zimmers steht, und man hört die zweite den Ton fortsetzen, wenn man die Schwingungen der ersten dämpft. Es ist dies einer der auffallendsten

Fälle des Mitschwingens, wenn man die schwere und starke Stahl-
masse, welche in Bewegung gesetzt wird, vergleicht mit der leich-

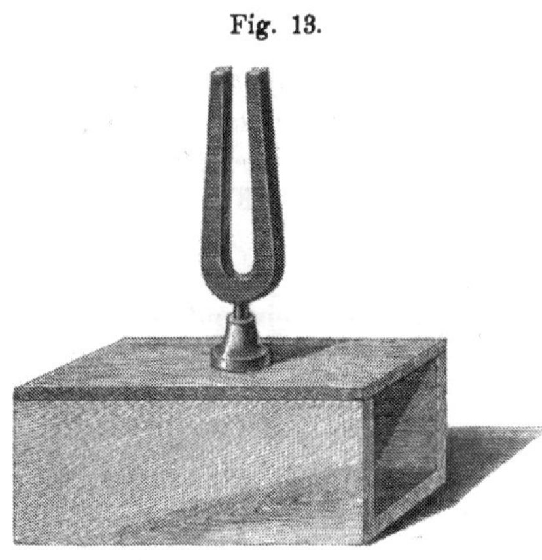

Fig. 13.

ten nachgiebigen Luft-
masse, welche diese
Wirkungen mittels so
geringer Druckkräfte
hervorbringt, dass ihre
Erschütterung kein Fe-
derchen in Bewegung
zu setzen vermag, wenn
das Federchen nicht
etwa auf denselben Ton
stimmt wie die Stimm-
gabel. Bei solchen Ga-
beln ist übrigens die
Zeit, welche sie brau-
chen um durch Mit-
tönen in volle Schwin-
gung zu kommen, von merklicher Grösse, und die allerkleinste Verstimmung genügt schon, das Mitschwingen zwischen ihnen sehr
merklich zu schwächen. Man braucht zu dem Ende nur ein kleines
Stückchen Wachs auf eine der Zinken der zweiten Gabel zu kleben,
so dass sie etwa eine Schwingung in der Secunde weniger macht als
die andere; dies genügt, um das Mitschwingen vollständig aufzu-
heben, selbst wenn die Differenz der Tonhöhe vom geübtesten Ohre
noch kaum aufgefasst werden kann.

Nachdem wir so die Erscheinung des Mitschwingens im Allgemeinen beschrieben haben, müssen wir den Einfluss der verschiedenen Wellenformen des Klanges beim Mittönen untersuchen.

Zunächst ist zu bemerken, dass die meisten elastischen Körper,
wenn sie durch irgend eine schwache periodisch wirkende Kraft in
anhaltende Schwingungen versetzt werden, mit wenigen Ausnahmen,
welche später näher besprochen werden sollen, stets in pendelartige
Schwingungen gerathen. Meistens können sie aber mehrere Arten
solcher Schwingungen ausführen, bei denen sowohl die Schwingungsdauer als auch die Art, wie die Schwingungen über die verschiedenen Theile des schwingenden Körpers vertheilt sind, verschieden
ist. Den verschiedenen Grössen der Schwingungsdauer entsprechen
also verschiedene Töne, die ein solcher elastischer Körper hervorbringen kann, die sogenannten eigenen Töne des Körpers, welche

aber nur ausnahmsweise, wie bei den Saiten und bei den engeren
Arten der Orgelpfeifen, in ihrer Tonhöhe den früher erwähnten harmonischen Obertönen eines musikalischen Klanges entsprechen, vielmehr meistentheils unharmonisch zum Grundtone sind.

In vielen Fällen kann man die Schwingungen und ihre Vertheilung über den schwingenden Körper durch ein wenig aufge-
streuten feinen Sand leicht sichtbar machen. Nehmen wir z. B. eine
Membran (thierische Blase oder eine dünne Kautschukmembran),
die über einen kreisförmigen Ring gespannt ist. In Fig. 14 sind
verschiedene Formen, die eine Membran beim Schwingen annehmen
kann, abgebildet. Die Durchmesser und Kreise auf der Fläche der

Fig. 14.

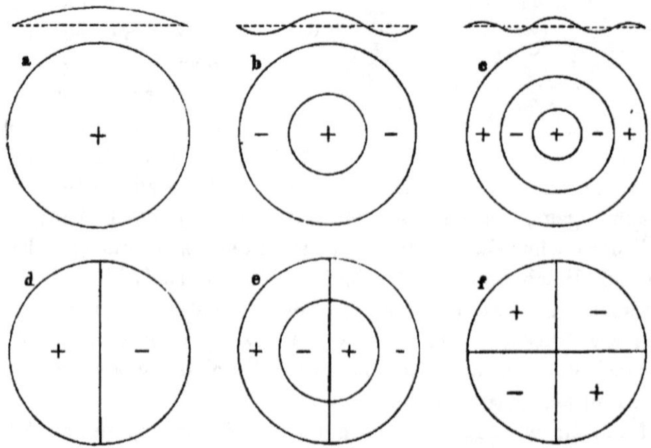

Membran bezeichnen solche Punkte, die beim Schwingen in Ruhe
bleiben, sogenannte Knotenlinien. Durch die Knotenlinien wird
die Fläche in eine Anzahl verschiedener Abtheilungen getheilt,
welche sich abwechselnd nach oben und nach unten ausbiegen, und
zwar so, dass während die mit + bezeichneten sich nach oben
biegen, die mit − bezeichneten es nach unten thun. Ueber den
Figuren *a*, *b*, *c* sind die Formen gezeichnet, die die Membran auf
einem Querschnitt während der Bewegung zeigen würde. Es sind
hier nur diejenigen Formen der Bewegung dargestellt, welche den
tiefsten und am leichtesten hervorzubringenden Tönen der Membran entsprechen. Uebrigens kann die Zahl der Kreise und Durchmesser beliebig grösser werden, wenn nur die Membran dünn genug

und gleichmässig genug gespannt ist, wodurch man dann immer höhere und höhere Töne erhält. Durch Aufstreuen von Sand lässen sich die gezeichneten Schwingungsfiguren leicht sichtbar machen; sowie die Membran zu schwingen beginnt, sammelt sich der Sand auf den Knotenlinien.

In ähnlicher Weise können die Knotenlinien und Schwingungsformen von ovalen oder viereckigen Membranen, von verschieden gestalteten ebenen elastischen Platten, Stäben u. s. w. sichtbar gemacht werden. Es ist dies eine Reihe sehr interessanter Erscheinungen, die von Chladni entdeckt sind, deren nähere Beschreibung uns aber von unserem Wege abführen würde. Es genüge deshalb hier, den einfachsten Fall, den einer kreisförmigen Membran, näher zu besprechen.

Für die Zeit, innerhalb deren die Membran bei der Schwingungsform a 100 Schwingungen ausführt, ist die Zahl der Schwingungen bei den anderen Formen folgende:

Schwingungsform	Schwingungszahl	Tonhöhe
a ohne Knotenlinie	100	c
b mit einem Kreise	229·6	$d' +$
c mit zwei Kreisen	359·9	$b' +$
d mit einem Durchmesser	159	as
e mit einem Durchmesser und einem Kreise	292	g'
f mit zwei Durchmessern	214	cis'

Den Grundton habe ich willkürlich c genannt, nur um darnach die Intervalle der höheren Töne bezeichnen zu können. Die Töne, welche auf der Membran etwas höher sind als die angegebene Note, sind mit $+$, die, welche niedriger sind, mit $-$ bezeichnet. Es fehlt hier jedes rationale Verhältniss zwischen dem Grundton und den übrigen Tönen.

Wenn man eine solche Membran ganz dünn mit feinem Sand bestreut und ihren Grundton in der Nähe kräftig angiebt, so sieht man den Sand, von den Schwingungen der Membran erschüttert, nach dem Rande hinfliegen und sich dort sammeln. Giebt man einen der anderen Membrantöne an, so sammelt sich der Sand in den betreffenden Knotenlinien der Membran, und man kann daraus leicht erkennen, auf welchen ihrer Töne die Membran geantwortet hat. Ein Sänger, der die Töne der Membran gut zu treffen weiss, kann leicht aus der Ferne her den Sand nach Belieben in diese oder jene Anordnung bringen, indem er nur die betreffenden Töne kräftig angiebt. Doch werden im Allgemeinen die einfacheren Figuren der tiefen Töne leichter erzeugt, als die zusammengesetzten der höheren. Am leichtesten ist es, die Membran durch Angabe ihres Grundtons in allgemeine Bewegung zu setzen, und man hat deshalb in der Akustik dergleichen Membranen viel gebraucht, um das Vorhandensein eines bestimmten Tones an bestimmten Stellen des Luftraumes nachzuweisen. Am zweckmässigsten ist es zu dem Ende die Membran noch mit einem Luftraum zu verbinden. *A*, Fig. 15, ist eine Glasflasche, deren Mündung bei *a* offen ist, ihr Boden bei *b* ist weggesprengt, und an seiner Stelle eine Membran (nasse Schweinsblase, die man, nachdem sie aufgezogen und befestigt ist, trocknen lässt) aufgespannt. Bei *c* ist mit Wachs ein

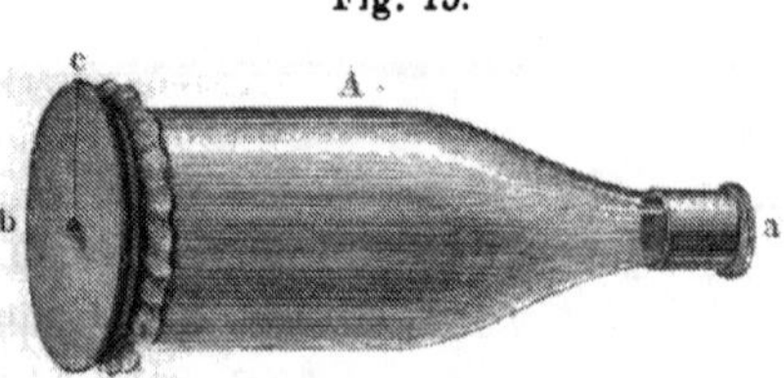

Fig. 15.

Conconfädchen befestigt, welches ein Siegellacktröpfchen trägt. Letzteres hängt wie ein Pendel herab und legt sich gegen die Membran. So wie die Membran in Schwingung geräth, macht das Pendelchen die heftigsten Sprünge. Die Anwendung eines solchen Pendelchens ist sehr bequem, wenn man keine Verwechselung des Grundtons der Membran mit einem anderen ihrer Eigentöne zu fürchten hat. Es fliegt nicht fort, wie der Sand, und der Apparat ist stets zu seiner Function bereit. Will man aber die Töne sicher unterscheiden, welche die Membran in Schwingung versetzen, so muss man die Flasche mit der Mündung nach unten stellen und Sand auf die Membran streuen. Wenn übrigens die Flasche die richtige Grösse hat, und die Membran überall gleichmässig gespannt und befestigt ist, so giebt auch nur der Grundton der Membran (etwas verändert durch die mitschwingende Luftmasse der Flasche) leicht an. Den Grundton der Membran macht man tiefer, wenn man die Grösse der Membran oder das Volumen der Flasche grösser nimmt, oder die Membran weniger spannt, oder endlich die Oeffnung der Flasche verengert.

Eine solche Membran, frei oder über den Boden einer Flasche gespannt, wird nun nicht bloss durch Klänge, deren Tonhöhe ihrem eigenen Tone gleich ist, in Schwingung gerathen, sondern auch durch solche, in welchen der eigene Ton der Membran als Oberton enthalten ist. Ueberhaupt wenn eine beliebige Menge von Wellensystemen in der Luft sich kreuzen, muss man, um zu erfahren, ob die Membran mitschwingen wird, die Bewegung der Luft am Orte der Membran in eine Summe pendelartiger Schwingungen mathematisch zerlegt denken. Ist unter diesen ein Glied, dessen Schwingungsdauer der Schwingungsdauer eines der Membrantöne gleich ist, so wird die betreffende Schwingungsform der Membran eintreten. Fehlen aber bei einer solchen Zerlegung der Luftbewegung die den Membrantönen entsprechenden Glieder, oder sind sie zu klein, so wird die Membran in Ruhe bleiben.

Also auch hier finden wir, dass die Zerlegung der Luftbewegung in pendelartige Schwingungen und die Existenz gewisser Schwingungen dieser Art entscheidend für das Mitschwingen der Membran ist, und es kann hierbei statt der Zerlegung in pendelartige Schwingungen keine andere ähnliche Zerlegung der Luftbewegung substituirt werden. Die pendelartigen Schwingungen, in welche die zusammengesetzte Luftbewegung zerlegt werden kann, beweisen sich hier als wirkungskräftig in der Aussenwelt, unabhängig vom Ohre, und unabhängig von der mathematischen Theorie. Es bestätigt sich also hierdurch, dass die theoretische Betrachtungsweise, durch welche die Mathematiker zuerst auf diese Art der Zerlegung zusammengesetzter Schwingungen kamen, wirklich in der Natur der Sache begründet ist.

Ich lasse als Beispiel hier noch die Beschreibung eines einzelnen Versuchs folgen:

Eine Flasche von der in Fig. 15 abgebildeten Gestalt, mit einer dünnen vulkanisirten Kautschukmembran überspannt, deren schwingender Theil 49 Mm. im Durchmesser hatte, während die Flasche 140 Mm. hoch war und in der Messingfassung eine Oeffnung von 13 Millim. Durchmesser hatte, gab angeblasen *fis'*, wobei sich der Sand in einem Kreise nahe dem Rande der Membran aufhäufte. Derselbe Kreis wurde hervorgebracht, wenn ich auf einer Physharmonika denselben Ton *fis'*, oder seine tiefere Octave *fis*, oder die tiefere Duodecime *H* angab; schwächer gaben auch *Fis* und *D* denselben Kreis. Jenes *fis'* der Membran ist Grundton des Physharmonikaklanges *fis'*, erster Oberton von *fis*, zweiter von *H*, dritter

von *Fis*, vierter von *D.* Deshalb konnten alle diese Noten angeschlagen die Membran in Bewegung setzen, und zwar in Form ihres
tiefsten Tons. Ein zweiter kleinerer Kreis wurde durch *h'* auf der
Membran hervorgebracht mit 19 Mm. Durchmesser, derselbe schwächer durch *h*, spurweise durch die tiefere Duodecime *e*, also durch
die Töne, deren Schwingungszahl $1/_2$ und $1/_3$ von der des *h'* ist.

Dergleichen gespannte Membranen sind nun zu diesen und
ähnlichen Versuchen über Partialtöne von zusammengesetzten Klang-
massen sehr brauchbar. Sie haben den grossen Vorzug, dass bei
ihrer Anwendung das Ohr gar nicht ins Spiel kommt, aber sie sind
nicht sehr empfindlich gegen schwächere Töne. In der Empfindlichkeit werden sie bei weitem übertroffen durch die von mir angegebenen Resonatoren. Es sind das gläserne oder metallene Hohl-
kugeln oder Röhren mit zwei Oeffnungen, abgebildet in Fig. 16 a
und b. Die eine Oeffnung *a* hat scharf abgeschnittene Ränder, die
andere *b* ist trichterförmig
und so geformt, dass man
sie in das Ohr einsetzen
kann. Die letztere pflege ich
mit geschmolzenem Siegel-
lack zu umgeben, und wenn
dieser so weit erkaltet ist,
dass er zwar mit den Fin-
gern ungestraft berührt werden kann, aber doch noch
weich ist, drücke ich diese
Oeffnung in den Gehörgang

Fig. 16 a.

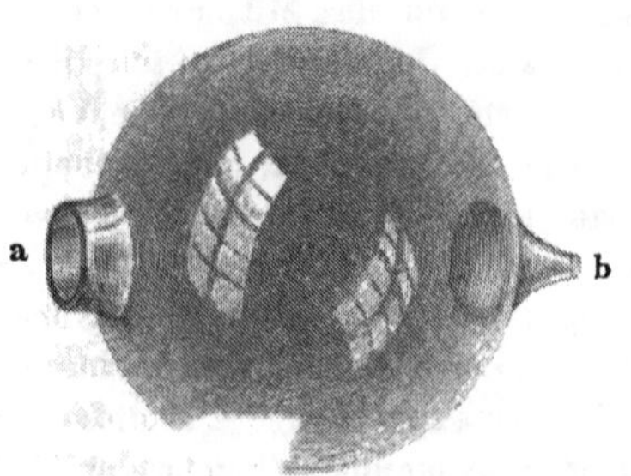

Fig. 16 b.

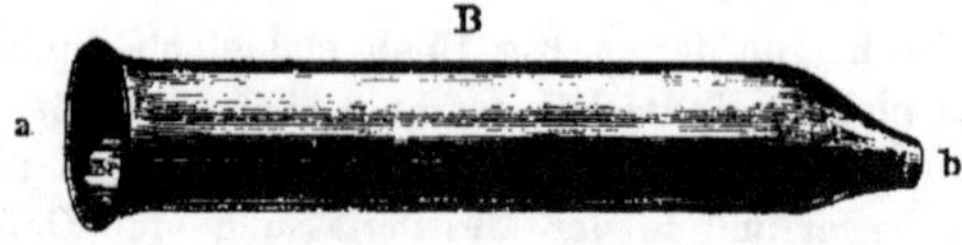

ein. Der Siegellack formt sich dann nach der inneren Oberfläche
des letzteren, und wenn man später die Kugel an das Ohr setzt, so
schliesst sie leicht und vollständig dicht. Ein solcher Resonator ist
der vorher beschriebenen Resonanzflasche im Ganzen sehr ähnlich,
nur dass hier an Stelle der dort angewendeten künstlichen elastischen Membran das Trommelfell des Beobachters tritt.

Die Luftmasse eines solchen Resonators in Verbindung mit der des Gehörganges, und mit dem Trommelfell bildet ein elastisches System, welches eigenthümlicher Schwingungen fähig ist, und namentlich wird der Grundton der Kugel, welcher viel tiefer ist, als alle ihre anderen Eigentöne, durch Mittönen in grosser Stärke hervorgerufen. Das Ohr in unmittelbarer Verbindung mit der inneren Luft der Kugel nimmt diesen verstärkten Ton dann auch unmittelbar wahr. Hat man sich das eine Ohr verstopft (am besten durch einen Siegellackpfropf, den man nach der Gestalt des Gehörganges geformt hat) und setzt an das andere einen solchen Resonator, so hört man die meisten Töne, welche in der Umgebung hervorgebracht werden, viel gedämpfter als sonst; wird dagegen der Eigenton des Resonators angegeben, so schmettert dieser mit gewaltiger Stärke in das Ohr hinein. Es wird dadurch Jedermann, auch selbst mit musikalisch ganz ungeübtem oder harthörigem Ohr, in den Stand gesetzt, den betreffenden Ton, selbst wenn er ziemlich schwach ist, aus einer grossen Zahl von anderen Tönen herauszuhören, ja man bemerkt den Ton des Resonators sogar zuweilen im Sausen des Windes, im Rasseln der Wagenräder, im Rauschen des Wassers auftauchend. Es sind für diese Zwecke die genannten Resonatoren ein ausserordentlich viel empfindlicheres Mittel, als es die abgestimmten Membranen sind. Wenn der wahrzunehmende Ton verhältnissmässig zu den begleitenden Tönen sehr schwach ist, ist es vortheilhaft, den Resonator abwechselnd an das Ohr anzusetzen, und wieder zu entfernen. Man bemerkt dann leicht, ob der Ton des Resonators beim Ansetzen zum Vorschein kommt oder nicht, während man einen gleichmässig anhaltenden Ton nicht so leicht wahrnimmt.

Eine abgestimmte Reihe solcher Resonatoren ist deshalb ein wichtiges Mittel, welches einerseits dem musikalisch ungeübten Ohre erlaubt, eine Menge von Untersuchungen durchzuführen, bei denen es darauf ankommt, einzelne schwache Töne neben anderen stärkeren deutlich wahrzunehmen, wie die Combinationstöne, Obertöne und eine Reihe von anderen, später zu beschreibenden Erscheinungen bei den Accorden, zu deren Beobachtung ohne solche Hilfe ein geübtes musikalisches Ohr oder eine sehr angestrengte und zweckmässig unterstützte Anspannung der Aufmerksamkeit gehört; weshalb auch bisher die genannten Phänomene nur der Beobachtung weniger Individuen zugänglich waren, und eine Menge von Physikern und selbst Musikern existirten, denen es niemals gelungen war, sie zu unterscheiden. Andererseits gelingt es nun auch dem geübten Ohre, die Analyse einer Tonmasse, unterstützt von den Resonatoren, viel weiter zu treiben, als es bisher der Fall war. Ohne sie würde es mir schwerlich gelungen sein, die Beobachtungen, welche im Folgenden. beschrieben werden sollen, so genau und so sicher anzustellen, als ich es jetzt gekonnt habe *).

Es ist hierbei wohl zu bemerken, dass das Ohr den betreffenden Ton nur insofern stärker hört, als derselbe in der Luftmasse des Resonators eine grössere Intensität erreicht. Nun lehrt übrigens die mathematische Theorie der Luftbewegungen, dass, so lange wir es mit hinreichend kleinen Schwingungen zu thun haben, die Luft im Resonator Pendelschwingungen von eben denselben Perioden ausführt, wie die äussere Luft, und keine anderen, und dass nur die Intensität derjenigen Pendelschwingungen, deren Periode dem Eigenton des Resonators entspricht, eine bedeutende Stärke erreicht, die Intensität aller anderen desto geringer bleibt, je mehr ihre Höhe von der des Eigentons abweicht. Das mit dem Resonator verbundene Ohr kommt hierbei gar nicht weiter in Betracht, als dass sein Trommelfell die Luftmasse desselben abschliessen hilft. In theoretischer Beziehung ist der Apparat den früher beschriebenen Flaschen mit schwingender Membran, Fig. 15, ganz gleichartig, nur wird seine Empfindlichkeit dadurch ausserordentlich gesteigert, dass die elastische Membran des Resonators gleichzeitig das Trommelfell des Ohrs ist und in directer Verbindung mit den empfindenden Nervenapparaten dieses Organs steht. Wir bekommen also einen starken Ton im Resonator nur, wenn bei der Zerlegung der Luftbewegung des äusseren Raumes in pendelartige Schwingungen eine Pendelschwingung von der Periode des Eigentons des Resonators vorkommt, und auch hier wiederum würde keine andere Art der Zerlegung, als die in pendelartige Schwingungen, ein richtiges Resultat geben.

Man kann sich durch Versuche von den angegebenen Eigenschaften der Resonatoren leicht überzeugen. Man setze einen solchen an das Ohr und lasse irgend ein mehrstimmiges Musikstück von beliebigen Instrumenten ausführen, in dem öfters der Eigenton des Resonators vorkommt. So oft dieser Ton angegeben wird,

---

*) Ueber die Maasse und die Anfertigung der Resonatoren siehe Beilage II.

wird das mit dem Resonator bewaffnete Ohr ihn gellend durch alle anderen Töne des Accords hindurchdringen hören.

Schwächer wird es ihn aber oft auch hören, wenn tiefere Klänge angegeben werden, und zwar zeigt die nähere Untersuchung zunächst, dass dies geschieht, wenn Klänge angegeben werden, zu deren harmonischen Obertönen der Eigenton des Resonators gehört. Man nennt dergleichen tiefere Klänge auch wohl die harmonischen Untertöne des Resonatortones. Es sind die Klänge, deren Schwingungsperiode gerade 2, 3, 4, 5 u. s. w. Mal grösser ist, als die des Resonatortones. Ist dieser also z. B. c'', so hört man ihn tönen, wenn ein musikalisches Instrument angiebt: c', f, c, As, F, D, C u. s. w. In diesen Fällen tönt der Resonator durch einen der harmonischen Obertöne des im äusseren Luftraume angegebenen Klanges. Doch ist zu bemerken, dass nicht immer alle harmonischen Obertöne in den Klängen der einzelnen Instrumente vorkommen, und dass sie bei verschiedenen auch sehr verschiedene Stärke haben. Bei den Tönen der Geigen, des Claviers, der Physharmonika sind die ersten 5 oder 6 meist deutlich vorhanden. Ueber die Obertöne der Saiten folgt Genaueres im nächsten Capitel. Auf der Physharmonika sind die ungeradzahligen Töne meist stärker als die geradzahligen. Ebenso hört man die Obertöne mittels der Resonatoren deutlich bei den Gesangstönen der menschlichen Stimme, aber verschieden stark bei verschiedenen Vocalen, worauf wir später zurückkommen.

Unter den Körpern, welche starken Mitschwingens fähig sind, sind noch die Saiten zu nennen, welche, wie im Pianoforte, mit einem Resonanzboden verbunden sind.

Die Saiten unterscheiden sich nur dadurch einigermassen von den bisher genannten mitschwingenden Körpern, dass ihre verschiedenen Schwingungsformen Töne geben, die den harmonischen Obertönen des Grundtons entsprechen, während die Nebentöne, welche von Membranen, Glocken, Stäben u. s. w. bei anderer Schwingungsform gegeben werden, unharmonisch zum Grundton sind, und die Luftmassen der Resonatoren nur sehr hohe, meist unharmonische Obertöne geben, deren Verstärkung im Resonator sehr unbedeutend ist.

Die Schwingungen von Saiten kann man entweder studiren an schwach gespannten, nicht tönenden elastischen Fäden, deren Schwingungen so langsam sind, dass man ihnen mit der Hand und mit dem Auge folgen kann, oder an tönenden Saiten, wie denen des Claviers, der Guitarre, des Monochords oder der Violine. Die ersteren, nicht tönenden Saiten verfertigt man sich aus einer 6 bis 10 Fuss langen Spiralfeder von dünnem Messingdraht. Selbige wird schwach ausgespannt, und mit beiden Enden befestigt. Eine solche Saite kann Schwingungen von sehr grossen Excursionen und grosser Regelmässigkeit machen, die leicht von einem grossen Auditorium gesehen werden. Man erregt ihre Schwingungen, wenn man nahe dem einen Ende die Saite mit den Fingern in passendem Takte hin- und herbewegt.

Eine Saite kann zunächst so in Schwingung gesetzt werden, wie Fig. 17 (a. f. S.) zeigt, dass ihre Form bei der Entfernung aus der Gleichgewichtslage stets der Form einer halben einfachen Welle gleich ist. Die Saite giebt dabei nur einen Ton, und zwar den tiefsten, den sie überhaupt hervorbringen kann, ohne dass noch andere harmonische Nebentöne zu hören sind.

Die Saite kann aber während der Bewegung auch die Formen Fig. 17 b, c, d (a. f. S.) annehmen. Die Form der Saite ist in diesen Figuren gleich zwei, drei, vier halben Wellenlängen einer einfachen Wellenlinie. Bei der Schwingungsform b lässt die Saite keinen anderen Ton als die höhere Octave ihres Grundtons hören, bei c die Duodecime, bei d die zweite Octave. Durch die punktirten Linien ist die Lage der Saite nach einer halben Schwingungszeit ausgezeichnet. Bei b bleibt der Punkt β der Saite ganz in Ruhe, bei c ruhen zwei Punkte, nämlich γ_1 und γ_2, bei d drei Punkte, $\delta_1, \delta_2, \delta_3$. Man nennt diese Punkte Knotenpunkte. An einer schwingenden Messingspirale erkennt man sie leicht mit dem Auge, an einer tönenden Saite dadurch, dass man ganz kleine Papierschnitzelchen auflegt, die von den bewegten Stellen der Saite abgeworfen werden, an den Knotenpunkten aber liegen bleiben. Wenn die Saite also durch einen Knotenpunkt in zwei schwingende Abtheilungen getheilt ist, giebt sie einen Ton, dessen Schwingungszahl doppelt so gross ist, als die des Grundtons. Bei drei Abtheilungen ist die Schwingungszahl die dreifache, bei vier die vierfache.

Eine Messingspirale bringt man dazu, in diesen verschiedenen Formen zu schwingen, wenn man sie entweder nahe ihrem einen Ende mit dem Finger taktmässig bewegt, und zwar für die Form a

im Takte ihrer langsamsten Schwingungen, für b doppelt, für c dreifach, für d vierfach so schnell. Oder man unterstützt einen der

Fig. 17.

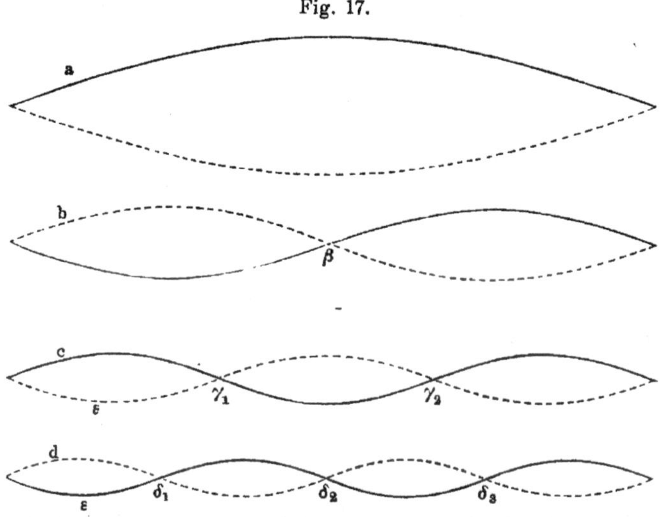

Knotenpunkte, der dem Ende der Saite am nächsten ist, lose mit den Fingern, und zupft die Saite zwischen diesem Knotenpunkte und dem nächsten Ende. Also wenn man γ in Fig. 17 c, oder δ_1 in Fig. 17 d festhält, zupft man bei ε; dann treten bei der Schwingung auch die anderen Knotenpunkte hervor.

An einer tönenden Saite bringt man die Schwingungsformen der Fig. 17 am reinsten hervor, wenn man auf ihren Resonanzboden eine angeschlagene Stimmgabel aufsetzt, welche den Ton giebt, der der entsprechenden Schwingungsform angehört. Will man nur eine bestimmte Anzahl von Knotenpunkten herstellen, ohne zu verlangen, dass die einzelnen Punkte der Saite einfache Schwingungen ausführen, so genügt es, einen der verlangten Knotenpunkte mit dem Finger leise zu berühren, und die Saite anzuschlagen oder mit dem Bogen zu streichen. Durch die Berührung der Saite mit dem Finger dämpft man alle diejenigen einfachen Schwingungen derselben, welche keinen Knotenpunkt an der berührten Stelle haben, und es bleiben nur diejenigen übrig, welche die Saite dort ruhen lassen.

Die Zahl der Knotenpunkte kann bei langen dünnen Saiten

ziemlich gross werden, bis endlich die Stücke der Saite zwischen je zwei Knotenpunkten zu kurz und steif werden, um noch tönen zu können. Sehr feine Saiten geben deshalb mehr hohe Töne als dickere. Auf der Violine, an den tieferen Claviersaiten bringt man wohl noch Töne mit zehn Abtheilungen der Saite hervor; an sehr feinen Drahtsaiten kann man aber selbst noch Töne mit 16 oder 20 Abtheilungen der Saite ansprechen lassen.

Die bisher beschriebenen Schwingungsformen der Saiten sind diejenigen, bei denen jeder Punkt der Saite sich in pendelartiger Schwingung hin- und herbewegt. Diesé Bewegungen erregen im Ohre deshalb immer nur die Empfindung eines einzigen Tones. Bei allen anderen Bewegungsformen der Saiten sind die Schwingungen nicht einfach pendelartig, sondern geschehen nach einem abweichenden verwickelteren Gesetz. Dies ist immer der Fall, wenn man die Saite in der gewöhnlichen Weise mit den Fingern zupft (Guitarre, Harfe, Cither) oder schlägt (Clavier) oder mit dem Violinbogen streicht. Die dann entstehenden Bewegungen können angesehen werden, als wären sie zusammengesetzt aus vielen einfachen Schwingungen, welche einzeln den in Fig. 17 abgebildeten entsprechen. Die Mannigfaltigkeit solcher zusammengesetzter Bewegungsformen ist unendlich gross, ja es kann die Saite während ihrer Bewegung jede beliebige Form annehmen (vorausgesetzt, dass man sich immer auf sehr kleine Abweichungen von der Gleichgewichtslage beschränkt), weil aus einer Anzahl solcher einfacher Wellen, wie sie in Fig. 17 a, b, c, d dargestellt sind, nach dem im zweiten Abschnitte Gesagten jede beliebige Wellenform zusammengesetzt werden kann. Eine gezupfte, geschlagene, gestrichene Saite lässt demgemäss auch neben ihrem Grundton eine grosse Zahl von harmonischen Obertönen hören, desto mehr in der Regel je feiner sie ist. Der eigenthümlich klimpernde Klang sehr feiner Metallsaiten verdankt offenbar diesen hohen Nebentönen seinen Ursprung. Man kann leicht mit Hilfe der Resonatoren die Töne bis zum sechszehnten unterscheiden. Die höheren rücken einander zu nahe, um sie noch deutlich zu trennen.

Wenn also eine Saite durch einen musikalischen Klang, der im umgebenden Luftraume erregt worden ist, und der ihrem Grundtone an Höhe entspricht, in Mitschwingung versetzt wird, so werden in der Regel eine ganze Reihe verschiedenartiger einfacher Schwingungsformen der Saite gleichzeitig erregt werden. Wenn nämlich der Grundton des Klanges dem Grundtone der Saite entspricht, so entsprechen auch alle harmonischen Obertöne des Klanges. den Obertönen der Saite und können deshalb die entsprechende Schwingungsform der Saite erregen. Ueberhaupt wird die Saite durch Luftschwingungen so oft in Mitschwingung gebracht werden, als bei der Zerlegung jener Luftschwingungen in einfache Schwingungen darin Glieder vorkommen, deren Schwingungsperiode einem der Saitentöne entspricht. In der Regel werden sich aber, wenn ein solches Glied vorhanden ist, noch mehrere finden, und es wird in vielen Fällen schwer zu ermitteln sein, durch welche Töne unter denen, welche sie angeben kann, die Saite in Bewegung gesetzt ist. Deshalb sind die gewöhnlichen unbelasteten Saiten nicht so gut wie Membranen oder die Luftmassen der Resonatoren zu gebrauchen, um durch ihr Mitschwingen die in einer Klangmasse vorhandenen Töne zu finden.

Um Versuche am Clavier über das Mitschwingen der Saiten anzustellen, hebe man den Deckel des Instruments, so dass die Saiten frei liegen, drücke dann die Taste der Saite, welche mitschwingen soll, etwa c', langsam herab, ohne den Hammer zum Anschlag zu bringen, und lege quer über die Saiten des c' ein kleines Holzsplitterchen. Man wird finden, dass das Splitterchen in Bewegung geräth, oder selbst abgeworfen wird, wenn man gewisse andere Saiten des Claviers anschlägt; die Bewegung des Splitterchens ist am stärksten, wenn einer der Untertöne des c' angeschlagen wird, also c, F, C, As_1, F_1, D_1 oder C_1. Mässigere Bewegung tritt auch ein, wenn einer der Obertöne des c' angeschlagen wird, c'', g'' oder c''', doch bleibt im letzteren Falle das Hölzchen liegen, wenn man es auf die betreffenden Knotenpunkte der Saiten legt. Legt man es z. B. in die Mitte der Saite, so bleibt es ruhig beim c'' und c''' und bewegt sich beim g''. Legt man es auf $^1/_3$ der Saitenlänge, so bleibt es ruhig beim g'', bewegt sich beim c'' und c'''. Endlich kann die Saite c' auch noch in Bewegung gesetzt werden, wenn man einen Unterton eines ihrer Obertöne angiebt, z. B. die Note f, deren dritter Partialton c'' identisch mit dem zweiten von c' ist. Auch hier bleibt das Hölzchen ruhend, wenn man es in die Mitte der Saite c' legt, wo der Knotenpunkt des Tones c'' ist. Ebenso bewegt sich die Saite c', aber mit Bildung von zwei Knotenpunkten, wenn man g', g oder es angiebt, welchen Tönen mit dem c' der Oberton g'' gemeinsam ist.

Ich bemerke noch, dass man am Clavier, wo das eine Ende der Saiten verdeckt zu sein pflegt, die Lage der Knotenpunkte leicht findet, wenn man den Finger leise an die beiden Saiten des betreffenden Tons andrückt, und die Taste anschlägt. Berührt der Finger einen der Knotenpunkte, so ertönt der betreffende Oberton rein und laut. Sonst ist der Ton der Saite matt und schlecht.

So lange nur ein Oberton der Saite c' erregt wird, kann man die betreffenden Knotenpunkte auffinden, und dadurch ermitteln, welche ihrer Schwingungsformen erregt ist. Das ist aber auf dem beschriebenen mechanischen Wege nicht mehr möglich, wenn zwei Obertöne gleichzeitig erregt werden, z. B. c'' und g'', falls diese beiden Noten gleichzeitig angeschlagen werden, dann ist die ganze Saite in Bewegung.

Wenn aber auch die Verhältnisse bei den Saiten für die Beobachtung verwickelter erscheinen, so ist ihr Mitschwingen doch demselben Gesetze unterworfen, wie das der Resonatoren, der Membranen und anderer elastischer Körper. Es entscheidet sich immer durch die Zerlegung der vorhandenen Schallbewegungen in einfache pendelartige Schwingungen. Stimmt die Periode von einer dieser Schwingungen mit der Periode eines der Eigentöne des elastischen Körpers überein, sei dieser nun eine Saite, eine Membran oder eine Luftmasse, so wird derselbe in starke Mitschwingung versetzt.

Dadurch ist nun eine reelle Bedeutung für die Zerlegung der Schallbewegung in pendelartige einfache Schwingungen gewonnen, welche jeder anderen ähnlichen Zerlegung abgehen würde. Jedes einzelne einfache Wellensystem pendelartiger Schwingungen existirt als ein für sich bestehendes mechanisches Ganze, verbreitet sich, setzt andere elastische Körper von entsprechendem Eigenton in Bewegung, ganz unabhängig von den gleichzeitig sich ausbreitenden anderen einfachen Tönen von anderer Tonhöhe, die aus derselben oder einer anderen Tonquelle hervorgehen mögen. Jeder einzelne Ton kann denn auch, wie wir gesehen haben, durch rein mechanische Mittel, nämlich mittönende Körper, aus der Klangmasse ausgesondert werden. Jeder einzelne Partialton existirt also ebensogut und in demselben Sinne in dem Klange, den ein einzelnes musikalisches Instrument hervorbringt, wie z. B. in dem weissen Lichte, was von der Sonne oder irgend einem glühenden Körper ausgeht, die verschiedenen Farben des Regenbogens existiren. Das Licht ist auch nur eine schwingende Bewegung eines besonderen elastischen Mediums, des Lichtäthers, wie der Schall eine der Luft ist.

In einem Strahle weissen Lichtes findet eine Art der Bewegung statt, welche dargestellt werden kann als eine Summe vieler periodischer Bewegungen von verschiedener Schwingungsdauer, die den einzelnen Farben des Sonnenspectrum entsprechen. Aber natürlich hat ein jedes Aethertheilchen in jedem Augenblicke nur eine bestimmte Geschwindigkeit und nur eine bestimmte Abweichung von seiner Gleichgewichtslage, gerade wie die einzelnen Lufttheilchen in einem von vielen Tonwellenzügen durchzogenen Raume. Die wirklich bestehende Bewegung jedes Aethertheilchens ist natürlich immer nur eine einzige; dass wir sie theoretisch als zusammengesetzt betrachten, ist in gewissem Sinne willkürlich. Aber auch die Lichtwellenbewegung kann durch äussere mechanische Mittel in die den einzelnen Farben entsprechenden Wellenzüge zerlegt werden, sei es durch Brechung in einem Prisma, sei es mittelst feiner Gitter, durch die man das Licht gehen lässt, und mechanisch besteht jeder einfache Wellenzug des Lichtes, der einer einfachen Farbe entspricht, ganz für sich und unabhängig von allen anderen Farben.

Wir dürfen es also nicht für eine Täuschung des Ohres oder eine Einbildung erklären, wenn wir in dem Klange einer einzelnen Note irgend eines musikalischen Instruments viele Partialtöne unterscheiden, wozu ich Musiker, trotzdem dass sie diese Töne sehr wohl selbst hörten, zuweilen geneigt gefunden habe. Wir müssten dann auch die Farben des Spectrum, welche aus dem weissen Lichte ausgeschieden werden, für Sinnestäuschung halten. Die wirkliche objective Existenz der Partialtöne lässt sich eben jeden Augenblick durch eine mitschwingende Membran, die ihren Sand emporwirft, erweisen.

Ich bemerke schliesslich noch, dass ich mich in diesem Abschnitte betreffs der Bedingungen, von denen das Mittönen abhängt, vielfach auf die mechanische Theorie der Luftbewegung habe berufen müssen. Da es sich in der Lehre von den Schallwellen um wohlbekannte rein mechanische Kräfte, die des Luftdrucks nämlich, und um Bewegungen der materiellen Lufttheilchen handelt, nicht um irgend welche hypothetische Erklärung, so ist die theoretische Mechanik in diesem Gebiete auch von einer vollkommen unanfechtbaren Autorität; ihre Resultate müssen freilich von dem der mathematischen Studien unkundigen Leser auf Treu und Glauben hingenommen werden. Ein experimenteller Weg der Prüfung der bezüglichen Fragen wird im nächsten Abschnitte beschrie-

ben werden, wo die Gesetze der Zerlegung der Klänge durch das
Ohr festzustellen sind. Genau ebenso, wie dort für das Ohr, lässt
sich der experimentelle Beweis auch für mitschwingende Membranen
und Luftmassen führen, und die Gleichheit der Gesetze für beide
wird sich dort herausstellen.

Von der Zerlegung der Klänge durch das Ohr.

Es ist in den vorausgehenden Abschnitten schon mehrfach erwähnt worden, dass musikalische Klänge auch durch das menschliche Ohr allein, ohne dass irgend welche Unterstützung durch besondere Apparate nöthig ist, in eine Reihe von Partialtönen zerlegt werden, die den einfachen pendelartigen Schwingungen der Luftmasse entsprechen, also in dieselben Bestandtheile, in welche die Bewegung der Luft auch durch mittönende elastische Körper zerlegt wird. Wir gehen jetzt daran, die Richtigkeit dieser Behauptung zu erweisen.

Jemand, der zum ersten Male sich bemüht die Obertöne musikalischer Klänge aufzusuchen, wird gewöhnlich beträchtliche Schwierigkeit finden sie überhaupt auch nur zu hören.

Die Analyse unserer Sinnesempfindungen, wenn sie sich nicht entsprechenden Unterschieden der äusseren Objecte anschliessen kann, stösst auf eigenthümliche Hindernisse, deren Natur und Bedeutung wir weiter unten näher besprechen werden. Es muss in der Regel die Aufmerksamkeit des Beobachters durch besondere, passend gewählte Hilfsmittel auf die wahrzunehmende Erscheinung hingeleitet werden, bis er sie genau kennt; nachdem dies gelungen ist, kann er dann später jeder Unterstützung entbehren. Aehnliche

Schwierigkeiten treten auch der Beobachtung der Obertöne eines Klanges entgegen. Ich lasse hier zunächst die Beschreibung solcher Verfahrungsweisen folgen, mittels deren es einem ungeübten Beobachter am leichtesten ist die Obertöne zuerst kennen zu lernen. Ich bemerke dabei, dass ein musikalisch geübtes Ohr die Obertöne nicht nothwendig leichter und sicherer hört, als ein ungeübtes. Es kommt hier vielmehr auf eine gewisse Abstractionskraft des Geistes an, auf eine gewisse Herrschaft über die Aufmerksamkeit, als auf musikalische Uebung. Doch hat ein musikalisch geübter Beobachter darin einen wesentlichen Vorzug vor dem ungeübten, dass er sich leicht vorstellt, wie die Töne klingen müssen, welche er sucht, während der Ungeübte sich diese Töne immer wieder angeben muss, um ihren Klang frisch in der Erinnerung zu haben.

Zunächst ist zu bemerken, dass man in der Regel die ungeradzahligen Partialtöne, also die Quinten, Terzen, Septimen u. s. w. des Grundtons leichter hört, als die geradzahligen, welche Octaven entweder des Grundtons oder anderer tieferer Partialtöne sind, wie man auch in einem Accorde leichter hört, ob Quinten und Terzen darin sind, als Octaven. Der zweite, vierte und achte Partialton sind höhere Octaven des Grundtons, der sechste eine höhere Octave des dritten, der Duodecime; diese zu unterscheiden erfordert schon einige Uebung. Unter den ungeradzahligen, welche leichter zu hören sind, steht durch ihre Stärke meistens voran der dritte Ton, die Duodecime des Grundtons oder Quinte seiner ersten höheren Octave, dann folgt der fünfte Partialton als Terz und meist schon sehr schwach der siebente als kleine Septime der zweiten höheren Octave des Grundtons, wie das folgende Notenbeispiel zeigt, welches die Partialtöne des Klanges c angiebt:

Will man anfangen Obertöne zu beobachten, so ist es rathsam unmittelbar vor dem Klange, welcher analysirt werden soll, ganz schwach diejenige Note erklingen zu lassen, welche man aufsuchen will, und zwar am besten in derselben Klangfarbe, welche der Gesammtklang hat. Sehr geeignet sind zu diesen Versuchen das Cla-

vier und das Harmonium, welche beide ziemlich starke Obertöne
geben.

Man schlage auf einem Claviere zuerst das g' des obigen No-
tenbeispiels an, und indem man die Taste g' sinken lässt, so dass
deren Saiten nicht mehr fortklingen können, gleich darauf kräftig
die Note c, in deren Klange g' der dritte Partialton ist, und halte
die Aufmerksamkeit fest gerichtet auf die Tonhöhe des eben gehörten g', so wird man diesen Ton nun auch aus dem Klange c her-
aushören.   Ebenso wenn man zuerst ganz leise den fünften Ton e'',
dann c anschlägt.   Oft werden diese Obertöne deutlicher, wenn
man die Saite ausklingen lässt, indem sie, wie es scheint, langsamer
an Stärke abnehmen, als der Grundton.   Der siebente und neunte
Partialton b'' und d''' sind auf den Clavieren von neuerer Construction meist schwach oder gar nicht vorhanden.   Stellt man dieselben
Versuche am Harmonium an, namentlich an einem seiner schärferen Register, so hört man den siebenten Ton meist noch gut, auch
wohl den neunten.

Dem zuweilen gehörten Einwande gegenüber, dass der Beobachter sich nur einbilde, den Oberton in der Klangmasse zu hören,
weil er ihn kurz vorher isolirt gehört hat, will ich hier nur anführen, dass wenn man an einem gut nach gleichschwebender Temperatur gestimmten Claviere das e'' erst als Partialton von c hört,
dann direct anschlägt, man ganz deutlich hören kann, dass es im
letzteren Falle etwas höher ist.   Das ist Folge der Stimmung nach
gleichschwebender Temperatur.   Da also ein Unterschied der Tonhöhe zwischen beiden Tönen erkannt wird, ist sicherlich der eine
nicht Fortsetzung im Ohre oder Erinnerung des anderen.   Andere
Thatsachen, welche dieselbe Meinung vollständig widerlegen, folgen
später.

Noch geeigneter als das beschriebene Verfahren am Claviere
ist es, an irgend einem beliebigen Saiteninstrumente, Clavier, Monochord, Violine, den Ton, welchen man zu hören wünscht, zuerst
als Flageoletton der Saite hervorzubringen, indem man diese anschlägt oder streicht, während man einen Knotenpunkt des betreffenden Tons auf der Saite berührt.   Dadurch wird die Aehnlichkeit des zuerst gehörten Tons mit dem entsprechenden Theiltone
der Klangmasse noch grösser, und das Ohr findet deshalb letzteren
leichter heraus.   An den Monochorden pflegt sich ein getheilter
Maassstab neben der Saite zu befinden, mit dessen Hilfe man die
Lage der Knotenpunkte leicht berechnen kann.   Die Knotenpunkte

für den dritten Ton theilen, wie schon im vorigen Abschnitt bemerkt ist, die Saite in drei gleiche Theile, die für den fünften in
fünf u. s. w. Am Clavier und an der Violine findet man die Lage
dieser Punkte leicht durch den Versuch, indem man die Saite in
der Nähe des gesuchten Knotenpunktes, dessen Lage man ja nach
dem Augenmaasse annähernd bestimmen kann, leise mit dem Finger berührt, dann die Saite anschlägt oder streicht, und den Finger
so lange hin- und herschiebt, bis der verlangte Flageoletton kräftig
und rein klingend zum Vorschein kommt. Indem man nun die
Saite zum Tönen bringt bald mit Berührung des Knotenpunktes,
bald ohne solche Berührung, bekommt man bald den gesuchten
Oberton allein als Flageoletton, bald die ganze Klangmasse der
Saite, und erkennt verhältnissmässig leicht, dass auch in dieser der
betreffende Oberton enthalten ist. Bei dünnen Saiten, welche die
hohen Obertöne stark geben, ist es mir auf diese Weise gelungen,
die Obertöne bis zum sechszehnten hinauf einzeln zu erkennen.
Die noch höheren Obertöne kommen zu nahe an einander zu liegen, als dass sie das Ohr noch so leicht von einander scheiden
könnte.

Namentlich empfehle ich bei solchen Versuchen folgendes Verfahren. Man berühre den Knotenpunkt der Saite am Clavier oder
Monochord mit den Haaren eines kleinen Malerpinsels, schlage an,
und entferne unmittelbar danach auch den Pinsel von der Saite.
Hat man den Pinsel fest an die Saite gelegt, so hört man entweder allein den betreffenden Oberton als Flageoletton, oder doch den
Grundton nur schwach daneben. Wiederholt man nun den Anschlag der Saite, indem man die Berührung des Pinsels immer leiser und leiser macht, und zuletzt den Pinsel ganz entfernt, so wird
neben dem Obertone auch der Grundton der Saite mehr und mehr
hörbar, bis man zuletzt den vollen natürlichen Klang der freien
Saite hat. Dadurch gewinnt man eine Reihe allmäliger Uebergänge
zwischen dem isolirten Obertone und dem zusammengesetzten
Klange, in welchen der erstere leicht vom Ohre festgehalten wird.
Durch dieses zuletzt beschriebene Verfahren ist es mir meist gelungen, auch ganz ungeübten Hörern die Existenz der Obertöne zu
demonstriren.

Schwerer als an Saiteninstrumenten, am Harmonium und an
den schärferen Registern der Orgel ist es im Anfang die Obertöne der meisten Blaseinstrumente und der menschlichen Stimme
wahrzunehmen, weil man hier nicht so bequem den Oberton in

gleichartiger Klangfarbe schwach vorher hören lassen kann. Doch gelingt es bei einiger Uebung bald, mittels eines Claviertons das Ohr auf den Oberton hinzuleiten, den es hören soll. Verhältnissmässig am schwersten zu isoliren sind die Partialtöne der menschlichen Stimme aus später anzuführenden Gründen. Uebrigens sind die Obertöne der Stimme schon von Rameau*) unterschieden worden, und zwar ohne alle künstliche Unterstützung. Man verfahre folgendermassen: Eine Bassstimme lasse man die Note *es* aushalten, und zwar auf den Vocal *O*; man schlage schwach das *b'* des Claviers, als dritten Partialton der Note *es*, an und lasse es verklingen, während man aufmerksam darauf hin hört. Scheinbar wird die Note *b'* des Claviers nicht verklingen, sondern anhalten, auch wenn man zuletzt die Taste loslässt, indem das Ohr unvermerkt von dem Tone des Claviers hinübergleitet auf den gleichlautenden Partialton des Sängers, und diesen für die Fortsetzung des Claviertons hält. Aber so wie die Taste losgelassen ist, und der Dämpfer auf der Saite liegt, ist es unmöglich, dass diese noch weiter töne. Will man den entsprechenden Versuch für den fünften Oberton von *es*, nämlich *g''*, machen, so ist es besser, wenn der Sänger den Vocal *A* wählt.

Ein anderes sehr gutes Mittel zu diesem Zwecke, welches für die Klänge aller musikalischen Instrumente angewendet werden kann, geben die im vorigen Abschnitte beschriebenen Resonanzkugeln ab. Wenn man die Resonanzkugel an das Ohr setzt, welche irgend einem bestimmten Obertone, z. B. *b'* des Klanges *c*, entspricht, und man giebt den Klang *c* an, so hört man das *g'* durch die Kugel um Vieles verstärkt. Dass man in diesem Falle das *g'* hört und unterscheidet, beweist nun noch nicht, dass das Ohr an und für sich ohne Hilfe der mittönenden Kugel den Ton *g'* im Klange *c* hören würde. Aber wohl kann man diese Verstärkung durch die Kugel benutzen, um das Ohr auf den Ton, den es hören soll, aufmerksam zu machen. Wenn man nachher die Kugel allmälig wieder vom Ohre entfernt, so wird das *g'* schwächer; indessen die Aufmerksamkeit, welche einmal darauf gerichtet worden ist, bleibt nun leichter an diesen Ton gefesselt, und der Beobachter hört diesen Ton nun auch in dem natürlichen unveränderten Klange der angegebenen Note mit nicht unterstütztem Ohre. Es soll also die Resonanzkugel hierbei nur dazu dienen, das Ohr aufmerksam zu machen auf den Ton, den es hören soll.

---

*) Nouveau Système de Musique théorique. Paris 1726. Préface.

Jemand, der oft dergleichen Versuche anstellt um die Obertöne zu hören, lernt sie immer leichter finden, endlich auch, ohne
dass er irgend ein besonderes Hilfsmittel anwendet. Doch ist
immer eine gewisse ungestörte Concentration der Aufmerksamkeit
nöthig, um die Analyse der Klänge durch das Ohr allein auszuführen, und es ist deshalb ohne Hilfe der Resonanzröhren doch nicht
möglich, mit dem Ohr allein eine genaue Vergleichung verschiedener Klangfarben zu vollenden, namentlich nicht in Beziehung auf
die schwächeren Obertöne. Wenigstens muss ich gestehen, dass
meine eigenen Versuche, die Obertöne der menschlichen Stimme
aufzusuchen und ihre Unterschiede für die verschiedenen Vocale
festzustellen, ziemlich ungenügend geblieben sind, bis ich die Resonatoren zu Hilfe nahm.

Wir gehen jetzt dazu über, zu beweisen, dass das menschliche
Ohr die Klänge wirklich nach dem Gesetze der einfachen Schwingungen zerlegt. Da die Stärke der Empfindung verschiedener
Töne nicht genau genug verglichen werden kann, müssen wir uns
darauf beschränken, nachzuweisen, dass, wenn bei der Zerlegung
der Klangmasse in einfache Schwingungen, wie sie durch die theoretische Berechnung oder das Mittönen zu Stande gebracht wird,
einzelne Obertöne fehlen, das Ohr solche Obertöne ebenfalls nicht
wahrnimmt.

Am geeignetsten für diese Beweisführung sind wieder die
Klänge der Saiten, weil sie, je nach der Art der Erregung und der
Stelle, welche erregt wird, mannigfache Abänderungen der Klangfarbe zulassen, und weil für diese Klänge auch die theoretische oder
experimentelle Zerlegung am leichtesten und vollständigsten ausgeführt werden kann. Es hat zuerst Thomas Young *) nachgewiesen, dass wenn man eine Saite zupft oder schlägt oder, wie wir hinzufügen können, streicht in einem solchen Punkte ihrer Länge,
welcher Knotenpunkt irgend eines ihrer Flageolettöne ist, dass dann
diejenigen einfachen Schwingungsformen der Saite, welche in dem
angegriffenen Punkte einen Knoten haben, in der Gesammtbewegung der Saite nicht enthalten sind. Greifen wir also eine Saite
gerade in der Mitte ihrer Länge an, so fehlen alle den geradzahligen Partialtönen entsprechenden einfachen Schwingungen, weil alle
diese in der Mitte der Saite einen Knotenpunkt haben. Es giebt
dies einen eigenthümlich hohlen oder näselnden Klang der Saite.

---

*) London, Philosophical Transactions, 1800. T. I, p. 137.

Greifen wir die Saite in $^1/_3$ ihrer Länge an, so fehlen die Schwingungen, die dem dritten, sechsten, neunten Theilton entsprechen; greifen wir in $^1/_4$ ihrer Länge an, so fehlen die des vierten, achten, zwölften Theiltons u. s. w. *).

Diese Folgerung der mathematischen Theorie lässt sich zunächst bestätigen, wenn wir den Saitenklang durch Mittönen analysiren, entweder durch Resonanzkugeln oder mittels anderer Saiten. Die Versuche lassen sich leicht am Claviere machen. Man drücke die beiden Tasten für c und c' herab, aber ohne den Hammer zum Anschlag zu bringen, so dass eben nur die beiden Saiten von ihrem Dämpfer befreit werden, und reisse eine der Saiten des Tones c mit dem Nagel, so dass sie tönt. Man wird, wenn man die Taste c fallen lässt, dann stets die Saiten des höheren c' nachklingen hören. Nur wenn man die Saite c gerade in ihrer Mitte reisst, da wo man den Finger anlegen muss, um beim Anschlag des Hammers ihren ersten Flageoletton rein zu hören, nur dann wird die Saite c' nicht zum Mittönen gebracht.

Wenn man in $^1/_3$ oder $^2/_3$ der Länge der Saite c den Finger anlegt, und die Taste anschlägt, hört man den Flageoletton g'; ist der Dämpfer von der Saite g' gehoben, so klingt diese nach. Reisst man die Saite c aber mit dem Nagel an derselben Stelle in $^1/_3$ oder $^2/_3$ ihrer Länge, so tönt das g' nicht nach, wohl aber wenn man die Saite c an irgend einer anderen Stelle ihrer Länge mit dem Nagel reisst.

Ebenso erweist sich bei der Beobachtung mit Resonanzkugeln das c' in dem Klange der Saite c als fehlend, wenn man diese in ihrem Mittelpunkte gerissen hat, das g', wenn man sie in $^1/_3$ oder $^2/_3$ ihrer Länge gerissen hat. Die Analyse des Saitenklanges durch mittönende Saiten oder Resonatoren bestätigt also durchaus die von Thomas Young aufgestellte Regel.

Für die Saitenschwingungen haben wir aber noch eine directere Art der Analyse, als die durch Mittönen. Wenn wir nämlich eine schwingende Saite leise mit dem Finger oder einem Haarpinsel für einen Augenblick berühren, so dämpfen wir alle diejenigen einfachen Schwingungen, welche in dem berührten Punkte der Saite keinen Knotenpunkt haben. Diejenigen Schwingungen aber, welche dort einen Knotenpunkt haben, werden nicht gedämpft, und bleiben allein bestehen. Ist also eine Saite in irgend welcher Weise

---

*) Siehe Beilage Nro. III.

zum Tönen gebracht worden, und will ich wissen, ob die der Duodecime des Grundtons entsprechende Bewegung der Saite unter den einfachen Schwingungen vorhanden ist, aus denen die Gesammtbewegung der Saite zusammengesetzt zu denken ist, so brauche ich nur einen der Knotenpunkte dieser Schwingungsform in $1/3$ oder $2/3$ der Saitenlänge zu berühren, sogleich werden alle anderen Töne schweigen, und die Duodecime wird allein stehen bleiben, wenn sie vorhanden war. War sie aber nicht vorhanden, und auch keiner ihrer Obertöne, weder der sechste, neunte, zwölfte etc. Flageoletton der Saite, so wird nach der Berührung des Fingers absolutes Schweigen eintreten.

Man drücke auf die Taste einer Saite des Claviers, um sie von ihrem Dämpfer zu befreien. Man zupfe die Saite in ihrer Mitte und berühre unmittelbar darauf dieselbe Stelle mit dem Finger, so wird die Saite vollständig schweigen, als Beweis davon, dass das Zupfen in der Mitte keinen der geradzahligen Partialtöne des Saitenklanges hervorgebracht hat. Man zupfe in $1/3$ und berühre unmittelbar nachher in $1/3$ oder $2/3$; die Saite wird wiederum schweigen, als Beweis, dass der dritte Partialton fehlte. Man zupfe an irgend einem anderen Punkte, als einem der genannten, so wird man den zweiten Partialton erhalten, wenn man die Saite in der Mitte berührt, den dritten, wenn man in $1/3$ oder $2/3$ ihrer Länge berührt.

Die Uebereinstimmung dieser Art zu prüfen mit den Ergebnissen der Prüfung durch Mittönen, ist zunächst wohl geeignet, auch experimentell den Satz festzustellen, den wir im vorigen Abschnitte nur durch die Ergebnisse der mathematischen Theorie gestützt hatten, dass nämlich das Mittönen eintrete oder nicht eintrete, je nachdem die entsprechenden einfachen Schwingungen in der zusammengesetzten Bewegung vorhanden seien oder nicht. Wir sind bei der letztbeschriebenen Art, einen Saitenton zu analysiren, ganz unabhängig von der Theorie des Mittönens, und die einfachen Schwingungen der Saiten sind eben durch ihre Knotenpunkte charakterisirt, durch diese erkennbar. Wenn beim Mittönen die Klänge zerlegt würden nach irgend welchen anderen Schwingungsformen als nach einfachen Schwingungen, würde diese Uebereinstimmung nicht stattfinden können.

Nachdem durch die beschriebenen experimentellen Prüfungen die Richtigkeit des von Thomas Young gefundenen Gesetzes festgestellt ist, bleibt uns nur noch übrig, die Zerlegung der Saiten-

klänge durch das unbewaffnete Ohr vorzunehmen, um auch hier die
völligste Uebereinstimmung zu finden *). So wie wir die Saite in
einem ihrer Knotenpunkte zupfen oder anschlagen, fallen diejenigen
Obertöne des Saitenklanges, denen der genannte Knotenpunkt angehört, auch für das Ohr fort, während sie gehört werden, wenn
man die Saite an irgend einer anderen Stelle zupft. Zupft man also
z. B. die Saite c in $^1/_3$ ihrer Länge, so hört man nicht den Partialton g', zupft man sie nur wenig entfernt von dieser Stelle, so hört
man ihn ganz deutlich. Das Ohr zerlegt also den Saitenklang genau
in dieselben Bestandtheile, wie er durch Mittönen zerlegt wird, also
in einfache Töne nach Ohm's Difinition dieses Begriffs. Auch
diese Versuche können übrigens dazu dienen, zu zeigen, dass es
keine Täuschung der Phantasie ist, wenn man die Obertöne hört,
wie Leute zuweilen glauben, welche sie zum ersten Male hören.
Denn man hört sie eben nicht, wenn sie nicht da sind.

Es ist dies Verfahren sogar besonders gut geeignet, um die
Obertöne der Saiten hörbar zu machen, namentlich bei folgender
Abänderung desselben. Man schlage zuerst in rhythmischer Folge
abwechselnd den dritten und vierten Ton der Saite allein an, indem
man diese dabei in den betreffenden Knotenpunkten dämpft, und
bitte den Hörer, sich die Art einfacher Melodie zu merken, welche
dadurch entsteht. Dann schlage man die Saite ohne Dämpfung abwechselnd und in derselben rhythmischen Folge in diesen Knotenpunkten an, und erzeuge so dieselbe Melodie in den Obertönen;
diese wird der Hörer jetzt leicht wiedererkennen. Natürlich muss
man, um den dritten Ton zu haben, jetzt den Knotenpunkt des
vierten anschlagen und umgekehrt.

Der Klang einer gezupften Saite ist übrigens noch merkwürdig
als ein besonders auffallendes Beispiel, wie das Ohr eine Bewegung in eine lange Reihe von Partialtönen zerlegt, welche das Auge
und die Vorstellung in viel einfacherer Weise aufzufassen vermögen. Eine Saite, welche durch einen spitzen Stift, oder mit dem
Fingernagel zur Seite gezogen wird, hat, ehe sie losgelassen wird,
die Form von Fig. 18 A. Sie geht dann durch die Reihe der Formen Fig. 18 B, C, D, E über in die Form F, die Umkehrung von A,
und dann ebenso wieder zurück. So schwankt sie hin und her zwischen den Formen A und F. Alle diese Formen sind, wie man sieht,

---

*) S. Brandt in Poggendorff's Annalen der Physik Bd. CXII, S. 324,
wo diese Thatsache nachgewiesen ist.

aus drei geraden Linien zusammengesetzt, und wollte man die Geschwindigkeit der einzelnen Saitenpunkte durch Schwingungscurven ausdrücken, so würden diese ähnlich ausfallen. Unmittelbar überträgt nun die Saite kaum einen merklichen Theil ihrer Bewegung an die Luft; denn eine Saite, deren Enden auf zwei ganz unbeweglichen Unterlagen ruhen, z. B. auf metallenen Stegen, die an der Mauer des Zimmers befestigt sind, giebt einen kaum hörbaren Ton.

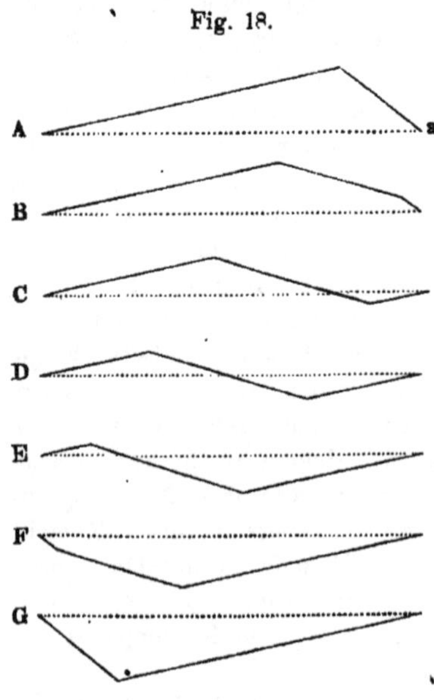

Fig. 18.

Der Schall der Saite gelangt an die Luft vielmehr nur durch dasjenige ihrer Enden, welches mittels eines Steges auf einen nachgiebigen Resonanzboden gestützt ist. Der Klang der Saite hängt also auch wesentlich nur von der Bewegung dieses Endes ab, beziehlich von dem Drucke, den es auf den Resonanzboden ausübt. Die Grösse dieses Druckes, wie er mit der Zeit periodisch wechselt, ist in Fig. 19 (a. f. S.) dargestellt. Die Linie hh soll der Höhe des Druckes entsprechen, welchen das Ende a der Saite, während sie ruht, auf den Steg ausübt. Längs hh denke man sich Längen abgetragen, die der fortlaufenden Zeit entsprechen, die verticalen Höhen der gebrochenen Linie über oder unter hh stellen die den betreffenden Zeitpunkten entsprechenden Erhöhungen und Verminderungen des Druckes dar. Der Druck der Saite gegen den Resonanzboden wechselt also, wie die Figur es darstellt, zwischen einem höheren und einem niederen Werthe. Eine Zeit lang herrscht der höhere Druck ohne sich zu ändern, dann tritt plötzlich der niedere ein, der dann ebenfalls eine gewisse Zeit lang unverändert anhält. Die Buchstaben a bis g, Fig. 19, entsprechen den Zeitpunkten der Saitenformen A bis G, Fig. 18. Dieser Wechsel zwischen einem höheren Druckgrade und einem niederen ist es, welcher den Schall in der Luftmasse hervor-

bringt. Man muss sich billig wundern, dass eine Bewegung, die
durch ein so einfaches und leicht aufzufassendes Verhältniss erzeugt

Fig. 19.

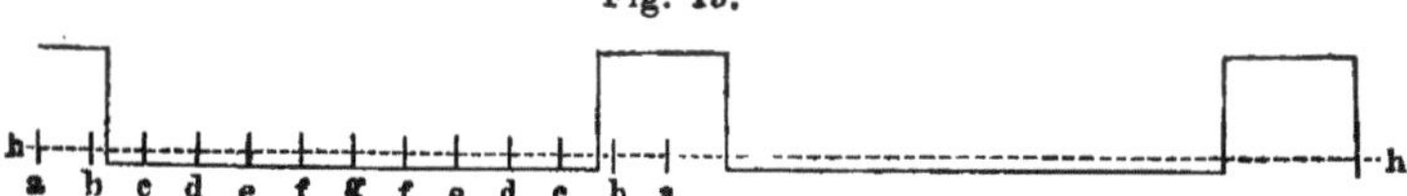

wird, vom Ohre in eine so complicirte Summe von Partialtönen
zerlegt wird. Für das Auge und den Begriff ist die Wirkung der
Saite auf den Resonanzboden so ausserordentlich einfach darzustellen. Was hat die einfache gebrochene Linie der Fig. 19 zu thun
mit Wellenlinien, welche in der Ausdehnung einer ihrer Perioden
3, 4, 5 bis 16 und mehr Wellenberge und Thäler zeigen? Es ist
dies eines der schlagendsten Beispiele, wie verschieden Auge und
Ohr eine periodische Bewegung auffassen.

Es giebt weiter keinen tönenden Körper, dessen Bewegungen
unter abgeänderten Umständen wir so vollständig theoretisch berechnen und mit der Wirklichkeit vergleichen könnten, wie dies
bei den Saiten der Fall ist. Beispiele, in denen sich die Theorie
noch mit der Zerlegung durch das Ohr vergleichen lässt, sind folgende:

Ich habe eine Methode aufgefunden, durch welche es möglich
ist, einfache pendelartige Schwingungen in der Luft zu erzeugen.
Eine angeschlagene Stimmgabel giebt keine harmonischen Obertöne, oder höchstens dann Spuren davon, wenn sie in so übermässig starke Schwingungen versetzt ist, dass die Schwingung nicht
mehr ganz genau nach dem Gesetze des Pendels vor sich geht.
Dagegen geben die Stimmgabeln sehr hohe unharmonische Nebentöne, die das eigenthümliche helle Klingen der Gabel im Augenblick des Anschlagens hervorbringen, und nachher bei den meisten
Gabeln schnell erlöschen. Hält man die tönende Gabel zwischen
den Fingern, so geht sehr wenig von ihrem Tone an die Luft über,
nur dicht vor das Ohr gebracht hört man sie. Statt sie in den
Fingern zu halten, kann man sie auch in ein festes dickes Brettchen einschrauben, auf dessen untere Saite man als Polster einige
Stücke von Kautschukröhren geklebt hat. Stellt man ein solches
Brettchen auf einen Tisch, so leiten die Kautschukröhren, auf denen
es steht, den Schall nicht an die Tischplatte über, und man hört
von dem Tone der Stimmgabel so gut wie nichts. Nähert man

nun den Zinken der Gabel eine Resonanzröhre*) von flaschenförmiger
Gestalt, deren Luftmasse angeblasen denselben Ton giebt wie die
Gabel, so geräth die Luft der Resonanzröhre in Mitschwingung, und
der Ton der Gabel wird dadurch in grosser Stärke auch an die
äussere Luft übertragen. Nun sind die höheren Nebentöne der
Resonanzröhren ebenfalls unharmonisch zum Grundton, und in der
Regel werden die Nebentöne der Röhre weder den harmonischen
noch den unharmonischen Nebentönen der Gabeln entsprechen,
was sich übrigens auch in jedem einzelnen Falle genau controliren
lässt, wenn man die Nebentöne der Röhren durch stärkeres Anblasen und die der Stimmgabeln mit Hilfe mitschwingender Saiten,
wie gleich beschrieben werden soll, aufsucht. Wenn nun von den
Tönen der Gabel nur ein einziger, nämlich der Grundton, einem
Tone der Röhre entspricht, so wird auch nur dieser durch Mitschwingung verstärkt, und nur dieser wird zur Luftmasse und zum
Ohre des Beobachters geleitet. Die Untersuchung der Luftbewegung durch die Resonatoren zeigt in diesem Falle, dass wirklich
bei nicht allzu starker Bewegung der Gabel jeder andere Ton neben
dem Grundtone fehlt, und auch das unbewaffnete Ohr hört in
solchem Falle nur einen einzigen Ton, nämlich den gemeinsamen
Grundton der Stimmgabel und Röhre ohne begleitende Obertöne.

Noch in anderer Weise kann man den Ton einer Stimmgabel
von Nebentönen reinigen, indem man sie nämlich mit ihrem Stiele
auf eine Saite aufsetzt, und sie dem Stege der Saite so weit nähert, dass einer der eigenen Töne des Saitenstücks, welches zwischen
der Gabel und dem Stege abgegrenzt ist, dem Stimmgabelton
gleich wird. Dann geräth die Saite kräftig in Schwingung, und
leitet den Ton der Stimmgabel in grosser Stärke an ihren Resonanzboden und zur Luft, während man den Ton nur ganz schwach
oder gar nicht hört, so lange das genannte Saitenstück nicht im
Einklange ist mit dem Tone der Gabel. Auf diese Weise kann
man leicht die Saitenlängen finden, welche dem Grundton und den
Obertönen der Stimmgabel entsprechen, und so die Tonhöhe, namentlich der letzteren, genau bestimmen. Führt man diesen Versuch mit gewöhnlichen, in ihrer ganzen Länge gleichartigen Saiten

---

*) Entweder eine Flasche von passender Grösse, die man durch Ein-
giessen von Wasser oder Oel leicht genauer stimmen kann, oder einer Röhre
von Pappe, die an einem Ende ganz verschlossen ist, am anderen eine
kleine runde Oeffnung behält. S. Maasse solcher Resonanzröhren in Beilage II.

aus, so hält man wohl die unharmonischen Nebentöne der Stimmgabel vom Ohre ab, aber nicht die zuweilen schwach vorhandenen harmonischen, welche bei starker Schwingung der Gabeln hörbar werden können. Will man daher diesen Versuch ausführen, um reine
pendelartige Schwingungen der Luft zu erzeugen, so ist es vortheilhafter, einen Punkt der Saite etwas zu belasten, wenn auch nur
durch ein angeschmolzenes Tröpfchen Siegellack. Dadurch werden
die höheren Töne der Saite selbst unharmonisch zum Grundton, und
es trennen sich auf der Saite die Punkte, wo man die Stimmgabel
aufsetzen muss, um entweder ihren Grundton oder dessen hörbare
Octave (wenn sie vorhanden ist) hörbar zu machen.

In den meisten anderen Fällen ist die mathematische Analyse
der Schallbewegungen noch nicht so weit fortgeschritten, dass wir
mit Sicherheit angeben könnten, welche Obertöne und wie stark sie
da sein müssen. Bei den Kreisplatten und gespannten Membranen,
welche angeschlagen sind, würde es theoretisch gehen, aber deren
unharmonische Nebentöne sind so zahlreich und liegen so nahe an
einander, dass die meisten Beobachter an der Aufgabe, sie zu trennen, wohl scheitern möchten. Bei den elastischen Stäben dagegen
liegen die Töne weit auseinander, sind unharmonisch und deshalb
leicht einzeln mit dem Ohre zu erkennen. Die Töne eines an beiden
Enden freien Stabes sind, wenn wir die Schwingungszahl des
Grundtons mit 1 bezeichnen, und diesen Ton selbst mit c:

	Schwingungszahl	Notenbezeichnung
Erster Ton	1,0000	c
Zweiter Ton	2,7576	fis' — 0,2
Dritter Ton	5,4041	f'' + 0,1
Vierter Ton	13,3444	a''' — 0,1

Die Notenbezeichnung ist nach der gleichschwebenden Temperatur berechnet und die dazu gesetzten Brüche bedeuten Theile
eines ganzen Tons.

Wo wir die theoretische Analyse der Bewegung nun auch nicht
ausführen können, können wir doch immer mittels der Resonatoren und anderer mitschwingender Körper jeden einzelnen wahrgenommenen Klang zerlegen, und diese Zerlegung, welche durch die
Gesetze des Mittönens bestimmt ist, vergleichen mit der des unbewaffneten Ohres. Das letztere ist natürlich viel weniger empfindlich
als das mit dem Resonator bewaffnete, und es ist häufig nicht möglich, Töne, die der Resonator schwach angiebt, zwischen anderen

stärkeren ohne ihn zu erkennen. Dagegen findet, soweit meine Erfahrungen reichen, insofern vollständige Uebereinstimmung statt, als das Ohr alle von den Resonatoren stark angegebenen Töne auch ohne sie wahrnimmt, und dagegen keinen Oberton empfindet, den der Resonator gar nicht angiebt. Ich habe in dieser Beziehung namentlich mit menschlichen Stimmen und mit dem Harmonium viele Versuche angestellt, die alle die angegebene Regel bestätigen.

Durch die angegebenen Erfahrungen wird nun der von G. S. Ohm aufgestellte und vertheidigte Satz als richtig erwiesen, dass das menschliche Ohr nur eine pendelartige Schwingung der Luft als einen einfachen Ton empfindet, und jede andere periodische Luftbewegung zerlegt in eine Reihe von pendelartigen Schwingungen, und diesen entsprechend eine Reihe von Tönen empfindet.

Wenn wir also unserer früher gegebenen Definition gemäss die Empfindung, welche eine periodische Luftbewegung im Ohre erregt, mit dem Namen eines Klanges belegen, die Empfindung, welche eine einfache pendelartige Luftbewegung erregt, mit dem Namen eines Tones, so ist der Regel nach die Empfindung eines Klanges aus der Empfindung mehrerer Töne zusammengesetzt. Insbesondere werden wir nun als Klang bezeichnen den Schall, den ein einzelner tönender Körper hervorbringt, während der Schall, welcher von mehreren gleichzeitig erklingenden Instrumenten hervorgebracht wird, als Zusammenklang zu bezeichnen ist. Wenn also eine einzelne Note auf einem musikalischen Instrumente angegeben wird, sei es auf einer Violine, Trompete, Orgel oder von einer Singstimme, so ist sie in genauer Sprechweise als ein Klang der genannten Tonwerkzeuge zu bezeichnen. Die bisherige Ausdrucksweise, eine solche Note als einen Ton jener Instrumente zu bezeichnen, würde nur zulässig sein, wo man von der Zusammensetzung des Klanges absehen kann, und nur seinen Grundton berücksichtigen will. In der That ist meistentheils der Grundton stärker als die Obertöne, und man beurtheilt nach ihm allein deshalb auch in der Regel die Tonhöhe des Klanges. Wirklich auf einen Ton reducirt sich der Klang einer Tonquelle nur in sehr wenigen Fällen, z. B. bei den Stimmgabeln, deren Ton durch eine Resonanzröhre in der beschriebenen Weise an die Luft übertragen wird, und ausserdem ist der Klang weiter gedackter und schwach angeblasener Orgelpfeifen fast frei von Obertönen und nur von Luftgeräusch begleitet.

Es ist bekannt, dass diese Verbindung mehrerer Töne zu einem Klange, welche von der Natur in den Klängen der meisten musikalischen Instrumente hervorgebracht ist, auf den Orgeln auch künstlich durch besondere mechanische Vorrichtungen nachgeahmt wird. Die Klänge der Orgelpfeifen sind verhältnissmässig arm an Obertönen; wo es darauf ankommt, ein Register von scharf durchdringender Klangfarbe und grosser Gewalt der Tonstärke herzustellen, genügen die weiten Pfeifen (Principalregister und Weitgedackt) nicht, weil ihr Ton zu mild, zu arm an Obertönen ist, die engen (Geigenregister und Quintaten) nicht, weil ihr Ton zwar schärfer, aber auch schwächer ist. Für solche Gelegenheiten, namentlich um den Gesang der Gemeinde zu begleiten, dienen nun die Mixturregister. In diesen Registern ist jede Taste mit einer grösseren oder kleineren Reihe von Pfeifen verbunden, die sie gleichzeitig öffnet, und welche den Grundton und eine gewisse Anzahl der ersten Obertöne des Klanges der betreffenden Note geben. Sehr gewöhnlich ist es, die höhere Octave mit dem Grundtone zu verbinden, demnächst die Duodecime. Die zusammengesetzteren Mixturen (Cornett) geben die ersten sechs Partialtöne, also ausser den ersten beiden Octaven des Grundtons und der Duodecime auch noch die höhere Terz und die Octave der Duodecime. Es ist dies die Reihe der Obertöne, soweit sie den Tönen des Duraccords angehören. Damit aber diese Mixturregister nicht unerträglich schreiend werden, ist es nöthig, dass die tieferen Töne jeder Note noch durch andere Pfeifenreihen verstärkt werden. Denn in allen natürlichen und musikalisch brauchbaren Klängen nehmen die Theiltöne nach der Höhe hin an Stärke ab. Dies muss bei ihrer Nachahmung mittels der Mixturen berücksichtigt werden. Die Mixturen waren der bisherigen musikalischen Theorie, welche nur von den Grundtönen der Klänge etwas weiss, ein Gräuel, doch zwang die Praxis der Orgelspieler und Orgelbauer sie beizubehalten, und zweckmässig eingerichtet und richtig angewendet sind sie ein höchst wirksames musikalisches Hilfsmittel. Dabei ist ihre Anwendung durch die Natur der Sache vollkommen gerechtfertigt. Der Musiker muss sich alle Klänge aller musikalischen Instrumente ähnlich wie die eines Mixturregisters zusammengesetzt denken, und welche wesentliche Rolle diese Zusammensetzung auf die Construction unserer Tonleitern und Accorde hat, wird in den späteren Abtheilungen dieses Buches klar werden.

Wir sind mit unserer Untersuchung hier zu einer Schätzung

der Obertöne gelangt, welche von den bisherigen Ansichten der Musiker und auch wohl der Physiker ziemlich abweicht, und müssen deshalb widersprechenden Ansichten entgegentreten. Man hat die Obertöne wohl gekannt, aber fast nur in einzelnen Klangarten, namentlich denen der Saiten, wo die Gelegenheit günstig war, sie zu beobachten; sie erscheinen aber in den bisherigen physikalischen und musikalischen Werken als ein vereinzeltes, zufälliges Phänomen von geringer Intensität, eine Art von Curiosum, welches man wohl gelegentlich anführte, um dadurch die Meinung einigermaassen zu stützen, dass die Natur schon die Construction unseres Duraccords vorgebildet habe, welches im Ganzen aber doch ziemlich unbeachtet blieb. Dem gegenüber müssen wir behaupten, und werden es im nächsten Abschnitte nachweisen, dass die Obertöne ein allgemeiner Bestandtheil fast aller Klänge sind mit wenigen schon genannten Ausnahmen, dass ein gewisser Reichthum derselben ein wesentliches Erforderniss einer guten musikalischen Klangfarbe ist. Endlich hat man sie fälschlich für schwach gehalten, weil sie schwer zu beobachten sind, während im Gegentheil in einigen der besten musikalischen Klangfarben die Stärke der unteren Obertöne der des Grundtons nicht viel nachgiebt.

Von der letzteren Thatsache kann man sich wiederum an Saitenklängen leicht durch den Versuch überzeugen. Wenn man eine Saite eines Claviers oder Monochords anschlägt, und unmittelbar nachher einen ihrer Knotenpunkte für einen Augenblick leicht mit dem Finger berührt, so bleibt der entsprechende Theilton, dessen Knotenpunkt berührt wurde, in unveränderter Stärke stehen, die übrigen Töne erlöschen. Man kann ebenso gut auch gleich während des Anschlages den Finger auf dem Knotenpunkte ruhen lassen, und erhält dann von vornherein nur den betreffenden Theilton statt des ganzen Klanges der Note. Auf beiderlei Wege kann man sich überzeugen, dass die ersten Obertöne, also namentlich die Octave und Duodecime, keineswegs schwache und schwer zu hörende Töne sind, sondern eine sehr namhafte Stärke haben. In einigen Fällen lassen sich auch Zahlenwerthe für die Stärke der Obertöne geben, wie der nächste Abschnitt zeigen wird. Für andere als Saitentöne ist der Nachweis nicht so leicht zu führen, weil man die Obertöne nicht isolirt ansprechen lassen kann; doch kann man dann immer noch mittels der Resonatoren erkennen, wie stark die Obertöne etwa sind, indem man die ihnen entsprechende Note auf demselben oder einem anderen Instrumente so stark angiebt, dass sie dieselbe Stärke der Resonanz im Resonator hervorbringt.

Die Schwierigkeit, sie zu hören, ist kein Grund, sie für schwach zu halten; denn diese Schwierigkeit hängt gar nicht von ihrer Stärke, sondern von ganz anderen Umständen ab, welche erst durch die neueren Fortschritte der Physiologie der Sinnesorgane in das rechte Licht gestellt worden sind. An diese Schwierigkeit, die Obertöne wahrzunehmen, haben sich Einwürfe geknüpft, welche A. Seebeck*) gegen das von Ohm aufgestellte Gesetz der Klanganalyse vorgebracht hat; und vielleicht möchten viele meiner Leser, die nicht mit der Physiologie der anderen Sinnesorgane, namentlich des Auges, bekannt sind, geneigt sein, sich Seebeck's Meinungen anzuschliessen. Ich muss deshalb hier auf diesen Streit und die Eigenthümlichkeiten unserer sinnlichen Wahrnehmungen, von denen seine Entscheidung abhängt, näher eingehen.

Seebeck, obgleich ein in akustischen Versuchen und Beobachtungen ausgezeichnet gewandter Forscher, war nicht immer im Stande gewesen die Obertöne da zu erkennen, wo sie dem von Ohm aufgestellten Gesetze gemäss hätten vorhanden sein müssen. Aber, wie wir gleich hinzufügen müssen, er hat auch nicht die von uns vorher aufgeführten Methoden angewendet, um sein Ohr auf die fraglichen Obertöne hinzuleiten. Oder wenn er die Obertöne auch hörte, so erschienen sie ihm doch zu schwach, verglichen mit der Stärke, die sie theoretisch haben sollten. Er schloss daraus, dass die von Ohm aufgestellte Definition des einfachen Tones zu eng sei, dass nicht bloss pendelartige Schwingungen, sondern auch anders gestaltete, wenn ihre Form sich nur nicht allzuweit von der der pendelartigen Schwingungen unterscheide, im Stande seien im Ohre die Empfindung eines einzelnen Tones, aber von wechselnder Klangfarbe, hervorzurufen. Er behauptete deshalb, dass, wenn ein Klang aus mehreren einfachen Tönen zusammengesetzt sei, ein Theil der Tonstärke der Obertöne mit dem Grundtone verschmolzen werde und diesen verstärke, während höchstens ein kleiner Rest noch die Empfindung eines Obertons hervorbringe. Ein bestimmtes Gesetz darüber, welche Schwingungsformen den Eindruck eines einzelnen Tones, welche den eines zusammengesetzten geben müssten, hat er nicht aufgestellt. Die Versuche von Seebeck, auf

---

*) In Poggendorff's Annalen der Physik Bd. LX, S. 449, Bd. LXIII, S. 353 und 368. — Ohm, ebend. Bd. LIX, S. 513, Bd. LXII, S. 1.

welche er seine Behauptungen stützt, brauchen wir hier nicht näher zu beschreiben. Sie haben nur zum Zwecke Klänge herzustellen, in denen man die Stärke der einfachen Schwingungen, die den Obertönen entsprechen, entweder theoretisch berechnen kann, oder deren Obertöne man isolirt hörbar machen kann. Für den letzteren Zweck ist namentlich die Sirene benutzt worden; wir haben eben beschrieben, wie man dasselbe mittels der Saiten erreichen kann. Seebeck weist in den einzelnen Fällen nach, dass die einfachen Schwingungen, die den Obertönen entsprechen, eine namhafte Stärke haben, während doch die Obertöne in dem zusammengesetzten Klange gar nicht, oder schwer zu hören sind. Diese Thatsache haben wir selbst im Laufe dieses Abschnittes schon angeführt; sie kann für den einen Beobachter vollständig richtig sein, namentlich wenn er nicht die richtigen Mittel für die Beobachtung der Obertöne anwendet, während ein Anderer, oder auch jener Erste selbst bei besserer Unterstützung, die Obertöne vollkommen gut hört.

Die Obertöne sind nämlich ein Phänomen, welches der reinen Empfindung des Ohres angehört; die Zusammenfassung einer Reihe von Partialtönen zu einem Klange, wie er irgend einem bestimmten Tonwerkzeuge zukommt, ist ein Vorgang, welcher in das Gebiet nicht der Empfindungen, sondern der Wahrnehmungen fällt. Schon in der Einleitung habe ich auf diesen Unterschied aufmerksam gemacht. Empfindungen nennen wir die Eindrücke auf unsere Sinne, insofern sie uns nur als Zustände unseres Körpers (speciell unserer Nervenapparate) zum Bewusstsein kommen; Wahrnehmungen, insofern wir aus ihnen uns die Vorstellung äusserer Objecte bilden. Wenn wir einen gewissen Schall auffassen als den Klang einer Violine, so ist dies eine Wahrnehmung, wir schliessen auf die Existenz eines bestimmten Tonwerkzeuges, welches derartige Klänge hervorzubringen pflegt. Wenn wir aber diesen Klang in seine Partialtöne zu zerlegen suchen, so ist dies Sache der reinen Empfindung. Dem einzelnen Partialtone entspricht gar kein besonderer tönender Körper, oder Theil eines solchen; getrennt von den übrigen Partialtönen desselben Klanges ist er nichts als ein Theil unserer Empfindung. Wenn wir daher wissenschaftliche Untersuchungen über unsere Empfindungen anstellen, wie in diesem Buche, so können wir ein grosses Interesse daran haben ihn aufzusuchen; beim alltäglichen Gebrauche des Ohres dagegen haben wir gar kein solches Interesse, denn da haben unsere Sinnesempfindungen für uns nur insofern Werth, als wir mit ihrer Hilfe die Vorgänge in der uns umgebenden Aussenwelt ermitteln können. Zu letzterem Zwecke genügt aber die richtige Auffassung der Klänge; die Trennung derselben in Partialtöne, wenn wir uns ihrer bewusst würden, würde nicht nur nichts helfen, sondern auch ausserordentlich störend sein.

In dem Gebrauche unserer Sinneswerkzeuge spielt nun aber Einübung und Erfahrung eine viel grössere Rolle, als wir gewöhnlich geneigt sind vorauszusetzen, und da, wie wir eben bemerkten, unsere Sinnesempfindungen für uns zunächst nur insofern von Wichtigkeit sind, als wir durch sie in den Stand gesetzt werden die uns umgebende Aussenwelt richtig zu beurtheilen, so erstreckt sich unsere Uebung in der Beobachtung dieser Empfindungen auch gewöhnlich nur genau so weit, als es dieser Zweck erfordert. Wir sind freilich nur zu geneigt zu meinen, dass wir uns alles dessen auch gleich bewusst werden müssten, was wir empfinden, und was in unseren Empfindungen enthalten ist. Diese natürliche Meinung stützt sich aber nur darauf, dass wir in der That uns alles dessen stets schnell und ohne Mühe bewusst werden, was uns für den praktischen Zweck, die Aussenwelt richtig kennen zu lernen, an unseren Empfindungen interessirt, weil wir während unseres ganzen Lebens uns täglich und stündlich gerade für diesen Zweck im Gebrauche unserer Sinnesorgane geübt, für ihn Erfahrungen gesammelt haben. Und selbst, wenn wir in dem Kreise der Empfindungen stehen bleiben, welche äusseren Dingen entsprechen, zeigt sich der Einfluss der Uebung. Es ist bekannt, wie viel feiner und schneller der Maler Farben und Beleuchtung zu unterscheiden weiss, als ein für diese Dinge nicht eingeübtes Auge, wie der Musiker und der musikalische Instrumentenmacher leicht und sicher Unterschiede der Tonhöhe und der Klangfarbe auffasst, die für das Ohr des Laien nicht existiren, wie selbst in den niederen Gebieten der Kochkunst und des Weinschmeckens erst vielfältige Einübung und Vergleichung den Meister macht. Noch viel auffallender tritt aber der Werth der Einübung hervor, wenn wir zu solchen Empfindungen übergehen, die nur durch innere Verhältnisse unserer Sinnesorgane und unseres Nervensystems bedingt sind, und die gar nicht äusseren Dingen und deren Einwirkungen auf uns entsprechen, die deshalb auch für uns keinen Werth zur Erkenntniss der Aussenwelt haben. Die neuere Physiologie der Sinnesorgane hat eine Menge solcher Erscheinungen kennen gelehrt, die zum Theil durch reinen Zufall, zum Theil durch theoretische Fragen und Speculationen, zum Theil durch ein besonderes Beobachtungstalent einzelner begabterer Naturen, wie Göthe's und Purkinje's, gefunden worden sind. Diese sogenannten subjectiven Erscheinungen sind ausserordentlich schwer zu finden, und wenn sie gefunden sind, erfordern sie fast stets besondere Unterstützungsmittel für unsere Aufmerksamkeit, um diese zur Beobachtung des fraglichen Phänomens hinzulenken, so dass es sogar meist recht schwer ist, die Erscheinungen wiederzufinden, selbst wenn man schon die Beschreibung des ersten Beobachters kennt. Wir sind nämlich nicht nur nicht darin eingeübt, diese subjectiven Sinneserscheinungen zu beobachten, sondern wir sind sogar ausserordentlich geübt, von ihnen beharrlich zu abstrahiren, weil sie uns in der Beobachtung der Aussenwelt stören würden. Nur wenn ihre Stärke so gross wird, dass sie die Beobachtung der Aussenwelt hindern, fangen wir an sie zu bemerken, oder sie werden auch wohl in Träumen und Delirien die Anknüpfungspunkte für Wahnvorstellungen.

Als Beispiele will ich hier nur an einige Fälle aus der physiologischen Optik erinnern, die ziemlich bekannt sind. Sogenannte fliegende Mücken sind wohl in jedem Auge vorhanden; es sind dies Fäserchen, Körnchen, Tröpfchen, die in der Glasfeuchtigkeit des Auges herumschwimmen, ihren Schatten auf die Netzhaut werfen· und als kleine dunkle bewegliche Gebilde im Gesichtsfelde erscheinen; am leichtesten sind sie sichtbar, wenn man nach einer breiten hellen Fläche ohne andere Zeichnung, z. B. nach dem Himmelsgewölbe, aufmerksam hinblickt. Die meisten Personen, welche nicht besonders darauf aufmerksam gemacht worden sind, bemerken dieselben gewöhnlich erst, wenn ihre Augen krank werden, und sie deshalb anfangen, die subjectiven Symptome aufmerksamer zu beobachten. Dann ist die gewöhnliche Klage, dass die fliegenden Mücken mit der Krankheit gekommen sind; und dies veranlasst die Patienten, sich über diese harmlosen Dinge oft sehr zu beunruhigen, und sie aufmerksam zu verfolgen. Sie wollen es dann nicht glauben, wenn man ihnen die Versicherung giebt, dass diese selben Gebilde schon während ihres ganzen früheren Lebens existirt haben, und in jedem gesunden Auge existiren. Ja ich habe sogar einen alten Herrn gekannt, der ein Auge bedecken musste, welches zufällig krank wurde, und dabei zu seinem nicht geringen Schrecken zum ersten Male bemerkte, dass er auf dem anderen Auge vollkommen blind sei, und in der That war es eine Art von Blindheit, die Jahre lang bestanden haben musste, ohne dass sie je bemerkt worden war.

Wer würde es ferner glauben, ohne die betreffenden Versuche ausgeführt zu haben, dass, wenn ein Auge geschlossen wird, gar nicht weit von der Mitte des Gesichtsfeldes, welches das zweite noch offene Auge übersieht, sich eine Lücke dieses Feldes befindet, in der wir nichts sehen, und die wir nur durch die Vorstellung ausfüllen, der sogenannte blinde Fleck. Mariotte, der diese Erscheinung in Folge theoretischer Speculationen entdeckte, erregte damit nicht geringes Erstaunen am Hofe König Carl's II. von England, wo er sie zeigte, und der Versuch wurde damals in vielen Variationen wiederholt und zur Belustigung gebraucht. In der That ist diese Lücke gross genug, dass auf ihrem Durchmesser 7 Vollmonde neben einander würden stehen können, und dass ein 6 bis 7 Fuss entferntes menschliches Gesicht darin verschwinden kann. Beim gewöhnlichen unbefangenen Sehen wird aber die Lücke des Gesichtsfeldes gar nicht bemerkt, weil wir unseren Blick fortdauernd herumschweifen lassen und ihn immer sogleich nach denjenigen Gegenständen direct hinwenden, welche uns interessiren. Die Gegenstände also, welche im Augenblicke unsere Aufmerksamkeit erregen, kommen nie auf die Lücke des Gesichtsfeldes zu liegen; deshalb wird der blinde Fleck im Gesichtsfelde gewöhnlich gar kein Gegenstand unserer Aufmerksamkeit. Wir müssen den Blick erst absichtlich auf ein Object festheften, dann ein zweites kleines Object in die Gegend des blinden Flecks schieben, und uns bemühen auf dieses Object zu achten, ohne unseren Fixationspunkt zu verrücken, was unserer Gewohnheit ausserordentlich widerstrebt, manchen Personen sogar gar nicht gelingt; erst dann sehen wir das zweite Object verschwinden, und überzeugen uns von der Existenz dieser Lücke.

Endlich erinnere ich an die Doppelbilder beim gewöhnlichen Sehen mit zwei Augen. So oft wir einen Punkt mit beiden Augen fixiren, erscheinen uns alle Gegenstände doppelt, welche viel näher oder viel weiter als der betrachtete Punkt liegen. Bei etwas aufmerksamer Beobachtung erkennen wir dies leicht. Wir können daraus schliessen, dass wir unser ganzes Leben hindurch fortdauernd den bei weitem grössten Theil der Aussenwelt doppelt gesehen haben, und doch giebt es viele Personen, die dies nicht wissen, die höchlichst erstaunen, wenn man sie zuerst darauf aufmerksam macht. Aber in der That haben wir auch fortdauernd gerade die Gegenstände nicht doppelt gesehen, auf welche unsere Aufmerksamkeit

zur Zeit gerichtet war; denn diese fixiren wir stets mit beiden Augen
zugleich. Es war also unsere Aufmerksamkeit beim alltäglichen Gebrauch der Augen stets abgelenkt von allen denjenigen Objecten,
welche zur Zeit doppelt erschienen, und deshalb wissen wir nichts
davon. Wir müssen erst unserer Aufmerksamkeit einen neuen und
ungewöhnlichen Zweck setzen; wir müssen anfangen, die Seitentheile
des Gesichtsfeldes zu durchmustern, nicht um die dort befindlichen
Objecte kennen zu lernen, sondern um unsere Empfindungen zu
analysiren, ehe wir das Phänomen auffinden.

Dieselbe Schwierigkeit, welche für die Beobachtung subjectiver
Empfindungen besteht, denen in der Aussenwelt kein Object entspricht, besteht auch für die Analyse zusammengesetzter Empfindungen, welche einem einfachen, nicht zusammengesetzten Objecte
entsprechen, und der Art sind eben die Empfindungen der Klänge.
Wenn der Schall einer Violine, so oft wir ihn gehört haben, in unserem Ohre immer und immer wieder dieselbe Summe von Partialtönen zur Empfindung gebracht hat, so wird diese Summe von
Tönen in unserer Empfindung endlich das zusammengesetzte Zeichen für den Klang einer Violine; eine andere Combination von Partialtönen wird das sinnliche Zeichen für den Klang einer Clarinette etc.
Je öfter eine solche Combination gehört worden ist, desto mehr
sind wir gewöhnt, sie als zusammenhängendes Ganzes aufzufassen,
und desto schwerer ist es, sie durch unmittelbare Beobachtung zu
analysiren. Ich glaube, dass dies einer der hauptsächlichsten Gründe
ist, warum die Zerlegung der menschlichen Gesangstöne verhältnissmässig so schwer ist. Dergleichen Verschmelzungen mehrerer
Empfindungen zu einem einfachen Ganzen bewusster Wahrnehmung
kommen im Gebiete aller unserer Sinnesorgane vor.

Wir finden dafür wieder interessante Beispiele in der physiologischen Optik. Die Anschauung der körperlichen Form eines
nahen Gegenstandes wird hervorgebracht durch die Verbindung je
zweier verschiedener Bilder, welche die beiden Augen von dem Gegenstande liefern, und deren Verschiedenheit darauf beruht, dass
die beiden Augen den betreffenden Gegenstand von etwas verschiedenen Standpunkten aus betrachten, und deshalb zwei etwas verschiedene perspectivische Ansichten von ihm erhalten. Dass dies
wirklich so sei, konnte vor Erfindung des Stereoskops nur vermuthet
werden, ist aber jetzt mit Hilfe dieses Instrumentes jeden Augenblick leicht zu erweisen. Im Stereoskope setzen wir je zwei flache
Zeichnungen zusammen, welche die beiden perspectivischen Ansich-

ten beider Augen darstellen, so dass jedes Auge das ihm zugehörige Bild am passenden Orte erblickt, und wir erhalten dadurch die Anschauung eines körperlich ausgedehnten Gegenstandes ganz ebenso vollständig und ebenso lebendig, als wenn wir einen wirklichen Körper vor uns hätten. Nun können wir allerdings, wenn wir, darauf aufmerksam gemacht, ein Auge nach dem andern schliessen, diese Verschiedenheiten der Bilder erkennen, wenigstens, wenn sie nicht zu klein sind; es genügen aber für die stereoskopische Anschauung der Tiefendimension Bilder, welche so ausserordentlich wenig von einander verschieden sind, dass es selbst bei genauer Vergleichung kaum möglich ist ihre Unterschiede zu erkennen, und jedenfalls haben wir bei der gewöhnlichen unbefangenen Betrachtung körperlicher Gegenstände durchaus keinen Gedanken daran, dass diese Anschauung aus zwei verschmolzenen perspectivischen Ansichten zusammengesetzt ist, da sie selbst eine Anschauung ganz anderer Art ist, als jedes der flachen perspectivischen Bilder für sich genommen. Es verschmelzen also hier zwei verschiedene Empfindungen beider Augen in eine dritte von beiden ganz verschiedene Vorstellung, gerade wie Partialtöne zur Vorstellung des Klanges eines bestimmten Instruments verschmelzen. Und gerade, wie wir die Partialtöne einer Saite zu trennen lernen, wenn wir sie zunächst isolirt erklingen lassen, indem wir einen Knotenpunkt dämpfen, so lernen wir die Bilder beider Augen trennen, indem wir erst eines, dann das andere schliessen.

Es giebt noch viel zusammengesetztere Fälle, wo viele Empfindungen zusammenkommen müssen, um die Grundlage für eine ganz einfache Wahrnehmung abzugeben. Wenn wir z. B. wahrnehmen, dass ein gesehener Gegenstand in einer gewissen Richtung liege, so müssen wir zunächst unterscheiden, dass ein gewisser Theil unserer Sehnervenfasern von seinem Lichte getroffen worden ist, andere nicht; danach bestimmt sich die Lage des Objects zum Auge. Dann müssen wir die Stellung der Augen im Kopfe mittels des Muskelgefühls unserer Augenmuskeln richtig beurtheilen, und wir müssen endlich selbst die Stellung des Kopfes zum Körper mittels des Muskelgefühls der Nackenmuskeln richtig beurtheilen. So wie einer dieser Vorgänge gestört wird, bilden wir falsche Vorstellungen über die Lage der Gesichtsobjecte. Wenn wir die Brechung des Lichtes ändern, indem wir ein Prisma vor das Auge setzen, und so bewirken, dass andere Nervenfasern vom Lichte des betreffenden Objects getroffen werden, oder wenn wir den Augapfel seitwärts drücken und dadurch das freie Spiel der Augenmuskeln hemmen, können wir durch solche Versuche allerdings nachweisen, dass die Empfindungen dieser verschiedenen Organe concurriren müssen für die einfache Wahrnehmung der Lage des Objectes; aber es würde ganz unmöglich sein, dies unmittelbar aus dem sinnlichen Eindrucke herauszulesen, den uns das Object macht. Und selbst wenn wir jene Versuche angestellt und uns in jeder Weise davon überzeugt haben, dass es so sein müsse, bleibt es doch für unsere unmittelbare Selbstbeobachtung durchaus verborgen.

Diese Beispiele mögen genügen, um die grosse Rolle nachzuweisen, welche die Richtung der Aufmerksamkeit und die Uebung in der Beobachtung bei unseren Sinneswahrnehmungen spielt. Wenden wir dies nun auf die Beobachtung durch das Ohr an. Die gewöhnliche Aufgabe, welche unser Ohr beim Zusammentreffen mehrerer Klänge zu lösen hat, ist die, die einzelnen Klänge, welche den einzelnen tönenden Körpern oder Instrumenten angehören, von einander zu scheiden; nur so weit hat die Analyse durch das Ohr objectives Interesse. Wir wünschen zu wissen, wenn mehrere Menschen durch einander sprechen, was jeder Einzelne sagt, wenn mehrere Instrumente und Stimmen zusammenwirken, welche Melodie eine jede Einzelstimme ausführt. Die weitere Analyse dagegen, wodurch die einzelnen Klänge in ihre Theiltöne zerlegt werden, obgleich sie durch dieselben Mittel und dieselben Fähigkeiten des Ohres ausgeführt werden kann, wie jene erste, würde uns nichts Neues mehr lehren über die vorhandenen Tonquellen, sie würde uns über deren Zahl eher irre machen. Deshalb beschränken wir die Richtung unserer Aufmerksamkeit gewöhnlich auf die Zerlegung der Klangmasse in Klänge der einzelnen Instrumente, und halten sie gleichsam zurück von der weiteren Zerlegung der Klänge in Töne. Ebenso geübt, wie wir daher in dem ersteren Geschäfte sind, ebenso ungeübt sind wir in dem letzteren.

Es giebt nun mancherlei Hilfsmittel, durch welche wir unterstützt werden in dem Geschäfte, die Klänge verschiedener Tonquellen von einander zu sondern, dagegen die Partialtöne derselben Tonquelle zusammen zu halten. Wenn zu einem schon bestehenden Klange ein zweiter später hinzukommt, dann der zweite bestehen bleibt, während der erste aufhört, ist die Trennung schon durch die Zeitfolge erleichtert. Wir haben den ersten Klang einzeln kennen gelernt, und wissen deshalb gleich, was wir von dem eintretenden Zusammenklange auf Rechnung des ersten Klangs abzuziehen haben.

Aber auch selbst, wenn in vielstimmiger Musik mehrere Stimmen sich in gleichem Rhythmus fortbewegen, ist die Ansatzweise der Klänge bei den verschiedenen Instrumenten und Stimmen, die Art ihrer Schwellung, die Sicherheit ihres Aushaltens, die Art, wie sie abklingen, meist ein wenig verschieden. Die Töne der Claviere zum Beispiel setzen plötzlich mit einem Schlage ein, sind also im ersten Augenblicke am stärksten und nehmen dann schnell ab; die Töne der Blechinstrumente dagegen setzen schwerfällig ein, sie brauchen eine kleine merkliche Zeit, um in voller Stärke sich zu entwickeln; die Klänge der Streichinstrumente zeichnen sich aus durch ihre ausserordentlich grosse Beweglichkeit, aber wenn die Spielart oder das Instrument nicht sehr vollendet sind, so sind sie durch kleine sehr kurze Pausen unterbrochen, die im Ohr das Gefühl des Kratzens hervorbringen, wie wir später bei der Analyse des Violinklanges noch näher beschreiben werden. Wenn dergleichen Instrumente also auch zusammengehen, so giebt es doch meist Zeiten, wo ein oder der andere Klang das Uebergewicht hat, und deshalb vom Ohre leicht ausgesondert wird. Uebrigens wird in guten vielstimmigen Compositionen auch durchaus darauf Rücksicht genommen, dem Ohre die Trennung der Klänge zu erleichtern. In der eigentlich polyphonen Musik, wo jede einzelne Stimme ihre selbstständige Melodieführung hat, ist ein Hauptmittel um den Gang der Stimmen klar zu erhalten stets gewesen, dass man sie in verschiedenem Rhythmus und auf verschiedenen Takttheilen sich neben einander fortbewegen lässt; und wo dies gar nicht, oder nur in beschränkter Weise angeht, wie in den vierstimmig ausgesetzten Chorälen, ist es deshalb die alte Regel, wo möglich drei Stimmen sich nur um eine Tonstufe fortbewegen zu lassen, während die vierte über mehrere wegspringt. Der geringe Wechsel in der Tonhöhe macht es dann dem Hörer leichter, die Identität der einzelnen Stimmen festzuhalten.

Bei der Zerlegung der Klänge in Theiltöne fällt dieses Hilfsmittel weg; wenn ein Klang einsetzt, setzen alle seine Theiltöne in gleicher Stärke ein, wenn er schwillt, schwellen sie meistens alle gleichmässig, wenn er aufhört, hören alle zusammen auf. Es ist deshalb die Gelegenheit, diese Töne vereinzelt und selbstständig zu hören, meist abgeschnitten. Ganz ähnlich, wie die natürlich zusammengehörigen Partialtöne einer einzelnen Tonquelle, verschmelzen denn auch die Partialtöne in einem Mixturregister der Orgel, welche alle mit derselben Taste angeschlagen werden, und in gleicher Weise wie ihr Grundton sich in der Melodie fortbewegen.

Ferner sind die Klänge der meisten Instrumente noch mit charakteristischen unregelmässigen Geräuschen begleitet; ich erinnere an das Kratzen und Reiben des Violinbogens, das Sausen der Luft an Flöten und Orgelpfeifen, das Schnarren der Zungenwerke etc. Diese Geräusche erleichtern es ebenfalls sehr, die Klänge der einzelnen Instrumente, die wir als mit ihnen verbunden schon kennen, einzeln aus einer Klangmasse auszuscheiden. Den Theiltönen eines Klanges fehlt natürlich dieses Erkennungszeichen.

Wir dürfen uns daher nicht wundern, wenn die Auflösung der Klänge in Theiltöne für unser Ohr nicht ganz so leicht ist, als die Auflösung eines Zusammenklanges vieler Instrumente in seine nächsten Bestandtheile, und dass selbst ein geübtes musikalisches Ohr einen ziemlich hohen Grad von Aufmerksamkeit anwenden muss, wenn es der erstgenannten Aufgabe sich unterzieht.

Auch ist leicht einzusehen, dass die genannten Unterstützungsmittel zu einer richtigen Trennung verschiedener Klänge von einander nicht immer ausreichen werden, dass namentlich bei gleichmässig anhaltenden Klängen, deren einer als ein Oberton des anderen betrachtet werden kann, das Urtheil schwankend werden mag. Und in der That ist es so. Ein sehr belehrender Versuch ist darüber von G. S. Ohm angestellt worden, und zwar mit Klängen einer Violine. Viel zweckmässiger ist es diesen Versuch mit einfachen Tönen, z. B. denen einer gedackten Orgelpfeife, auszuführen. Am besten eignen sich dazu angeblasene Glasflaschen von der in Fig. 20 dargestellten Form, die man sich leicht herstellen und dem Versuche anpassen kann. An der Flasche ist mittels des Stäbchens c ein Rohr a von Guttapercha in passender Lage befestigt. Die der Flasche zugekehrte Mündung des Rohres ist vorher in warmem Wasser erweicht, und platt gedrückt worden, so dass sie einen schmalen Spalt darstellt, aus welchem die Luft über die Mündung der Flasche hinströmt. Wird das Rohr durch einen Gummischlauch mit einem Blasebalge verbunden, und die

Flasche angeblasen, so giebt sie einen dumpfen, dem Vocal U ähnlichen Ton, welcher noch freier von Obertönen als der Ton einer gedackten Pfeife ist, nur von wenig Luftgeräusch begleitet. Die Tonhöhe, finde ich, ist bei kleinen Aenderungen der Windstärke leichter constant zu halten, als bei den gedackten Pfeifen. Man macht solche Flaschen tiefer, wenn man ihre Mündung durch eine aufgelegte kleine Holzplatte zum Theil deckt, man macht sie höher, wenn man Oel oder geschmolzenes Wachs hineingiesst, und kann dadurch leicht kleine Aenderungen ihrer Stimmung, wie man sie wünscht, hervorbringen. Ich hatte eine grössere auf b, eine kleinere auf b' gestimmt, und verband sie beide mit demselben Blasebalge, so dass beim Gebrauch des Balges beide zugleich ansprachen. Beide in dieser Weise verbunden gaben einen Klang von der Tonhöhe b der tieferen unter ihnen, aber von der Klangfarbe des Vocals O. Wenn ich dann bald den einen, bald den anderen Kautschukschlauch zudrückte, so dass ich nach einander die beiden Töne einzeln hörte, war ich im Stande, sie auch in ihrer Vereinigung wohl noch einzeln zu erkennen, aber nicht für lange Zeit; allmälig verschmolz wieder der höhere mit dem tieferen. Diese Verschmelzung tritt sogar ein, wenn der höhere Ton etwas stärker als der tiefere ist. Bei dieser allmälig eintretenden Verschmelzung ist nun die Aenderung der Klangfarbe charakteristisch. Wenn man erst den hohen Ton angegeben hat, dann den tieferen hinzukommen lässt, hört man anfangs, wie ich finde, den höheren Ton noch in seiner ganzen Stärke weiter; daneben klingt der tiefe in seiner natürlichen Klangfarbe wie ein U. Allmälig aber, wie sich die Erinnerung des isolirt gehörten höheren Tones verliert, wird jener immer undeutlicher und dabei auch schwächer, während der tiefe Ton scheinbar stärker wird, und wie O lautet. Diese Schwächung des hohen und Verstärkung des tiefen Tones hat Ohm auch an der Violine beobachtet; sie tritt freilich, wie Seebeck bemerkt, nicht immer ein, wahrscheinlich je nachdem die Erinnerung an die einzeln gehörten Töne mehr oder weniger lebendig ist, und beide Töne mehr oder weniger gleichmässig neben einander hinklingen. Wo der Versuch aber gelingt, giebt er den besten Beweis dafür ab, dass es sich hier ganz wesentlich um die verschiedene Thätigkeit der Aufmerksamkeit handelt. Bei den Flaschentönen ist ausser der Verstärkung des unteren Tones auch die Aenderung seiner Klangfarbe sehr deutlich und bezeichnend für das Wesen des Vorganges; bei den scharfen Violinklängen ist sie weniger auffallend.

Diesen Versuch nahmen sowohl Ohm wie Seebeck für ihre Meinung in Anspruch. Wenn Ohm es für eine Gehörtäuschung erklärt, dass das Ohr die Obertöne ganz oder zum Theil als Verstärkung des Grundtones (oder vielmehr des Klanges, dessen Höhe durch die des Grundtones bestimmt wird) auffasst, so hat er hier freilich einen nicht ganz richtigen Ausdruck gebraucht, obgleich er Richtiges meinte, und Seebeck konnte ihm mit Recht erwidern, dass das Ohr der einzige Richter in Sachen der Gehörempfindungen sein müsse, und man die Art, wie das Ohr Töne auffasse, nicht als Täuschung bezeichnen dürfe. Indessen zeigen doch die von uns beschriebenen Versuche, dass das Ohr sich hier verschieden verhält, je nach der Lebhaftigkeit der Erinnerung an die einzelnen zum Ganzen verschmolzenen Gehöreindrücke und je nach der Spannung der Aufmerksamkeit. Wir können also allerdings von den Empfindungen des unbefangen auf die Aussendinge gerichteten Ohres, dessen Interessen Seebeck vertritt, appelliren an das sich selbst aufmerksam beobachtende und in seinen Beobachtungen zweckmässig unterstützte Ohr, welches in der That so verfährt, wie das von Ohm aufgestellte Gesetz es vorschreibt.

Auch ein anderer Versuch noch ist hier anzuführen. Wenn man den Dämpfer eines Claviers hebt, so dass alle Saiten frei schwingen können, und nun stark gegen den Resonanzboden des Instrumentes den Vocal A auf irgend eine der Noten des Claviers kräftig singt, so giebt die Resonanz der nachklingenden Saiten deutlich A, singt man O, so klingt O nach, singt man E, so klingt E nach; I weniger gut. Der Versuch gelingt nicht so gut, wenn man den Dämpfer nur von der Saite entfernt, deren Ton man singt. Der Vocalcharakter in dem Nachhall entsteht dadurch, dass dieselben Obertöne nachklingen, welche für die Vocale charakteristisch sind. Diese klingen aber besser und deutlicher nach, wenn die ihnen entsprechenden höheren Saiten frei sind und mitklingen können. Also auch hier wird schliesslich der Klang der Resonanz zusammengesetzt aus den Tönen mehrerer Saiten, und viele einzelne Töne combiniren sich zu einem Klange von besonderer Klangfarbe. Ausser den Vocalen der menschlichen Stimme ahmt das Clavier auch den Klang einer Clarinette ganz deutlich nach, wenn man mit einer solchen stark hineinbläst.

Zu bemerken ist übrigens, dass, wenn auch die Höhe eines Klanges für seinen musikalischen Gebrauch nach dem Grundtone bestimmt wird, doch in Wirklichkeit der Einfluss der Obertöne dabei nicht verloren geht. Sie geben dem Klange immer etwas Helleres und Höheres. Einfache Töne klingen dumpf. Wenn man sie mit gleich hohen zusammengesetzten Klängen vergleicht, ist man geneigt letztere in eine höhere Octave zu verlegen als erstere. Es ist ein Unterschied derselben Art, als wenn man den Vocal U und dann A auf dieselbe Note singt. Uebrigens wird eben deshalb die Vergleichung der Tonhöhe von Klängen verschiedener Klangfarbe oft recht schwer; man irrt sich nämlich leicht um eine Octave, und es sind den berühmtesten Musikern und Akustikern dergleichen Irrthümer zugestossen. So ist bekannt, dass der als Violinist und theoretischer Musiker berühmte Tartini die Combinationstöne alle um eine Octave zu hoch angegeben hat, während andererseits Henrici[*]) die Obertöne der Stimmgabeln um eine Octave zu tief angiebt.

So ergiebt sich dann schliesslich als Resultat dieser Discussion:

1) Dass die Obertöne, welche den einfachen Schwingungen einer zusammengesetzten Luftbewegung entsprechen, empfunden werden, wenn sie auch nicht immer zur bewussten Wahrnehmung kommen.

2) Dass sie ohne andere Hilfe, als eine zweckmässige Leitung der Aufmerksamkeit, auch zur bewussten Wahrnehmung gebracht werden können.

3) Dass sie aber auch in dem Falle, wo sie nicht isolirt wahrgenommen werden, sondern in die ganze Klangmasse verschmelzen, doch ihre Existenz in der Empfindung erweisen durch die Veränderung der Klangfarbe, wobei sich namentlich auch der Eindruck ihrer grösseren Tonhöhe in charakteristischer Weise dadurch äussert, dass die Klangfarbe heller und höher erscheint.

Genaueren Aufschluss über die Beziehungen der Obertöne zur Klangfarbe wird der nächste Abschnitt geben.

----

[*]) Poggd. Ann. Bd. XCIX, S. 506. — Dieselbe Schwierigkeit erwähnt Zamminer als bekannt unter den Musikern. (Die Musik und die musikalischen Instrumente, S. 111.)

Fünfter Abschnitt.

Von den Unterschieden der musikalischen Klangfarbe.

Wir haben am Ende des ersten Abschnittes gesehen, dass die Unterschiede der Klangfarbe abhängen müssen von der Form der Luftschwingungen. Die Gründe für diese Behauptung waren nur negative. Es hatte sich ergeben, dass die Stärke abhängt von der Amplitude der Schwingungen, die Tonhöhe von ihrer Anzahl; so blieb für die Unterschiede der Klangfarbe kein anderer Unterschied der Schallwellen übrig, als der ihrer Schwingungsform. Wir haben dann weiter gesehen, dass von der Schwingungsform auch die Existenz und Stärke der den Grundton des Klanges begleitenden Obertöne abhängt, und müssen daraus schliessen, dass Klänge von gleicher Klangfarbe auch immer dieselben Combinationen von Partialtönen zeigen müssen. Denn die besondere Schwingungsform, welche im Ohre die Empfindung einer gewissen Klangfarbe hervorruft, wird auch immer die Empfindung der ihr entsprechenden Obertöne hervorrufen müssen. Es entsteht also die Frage, ob und in wie weit sich die Verschiedenheiten der Klangfarben darauf zurückführen lassen, dass in verschiedenen Klängen verschiedene Partialtöne in verschiedener Stärke verbunden sind. Wir haben am Ende des vorigen Abschnitts gefunden, dass selbst künstlich zusammengefügte

Töne verschmelzen können in einen Klang, dessen Klangfarbe dann merklich abweicht von der seiner beiden Theiltöne, dass also in der That die Existenz eines neuen Obertons die Klangfarbe verändert. Dadurch öffnet sich uns ein Weg, um dem bisher durchaus räthselhaften Wesen der Klangfarbe und den Ursachen ihrer Unterschiede auf den Grund kommen zu können.

Zunächst ist indessen zu bemerken, dass man bisher im Allgemeinen geneigt war alle möglichen verschiedenen Eigenthümlichkeiten der Klänge, welche nicht gerade deren Stärke und Tonhöhe betrafen, der Klangfarbe zuzuschreiben, was auch insofern richtig war, als der Begriff der Klangfarbe selbst eben nur negativ definirt werden konnte. Eine leichte Ueberlegung zeigt nun aber, dass manche von diesen Eigenthümlichkeiten der Klänge von der Art und Weise abhängen, wie die Klänge anfangen und enden. Die Arten des Anklingens und Ausklingens sind ja zum Theil so charakteristisch, dass sie für die menschliche Stimme durch eine Reihe verschiedener Buchstaben bezeichnet werden. Es gehören hierher namentlich die explosiven Consonanten B, D, G und P, T, K. Diese Buchstaben werden gebildet, indem entweder die verschlossene Mundhöhle geöffnet oder die geöffnete verschlossen wird. Bei B und P liegt der Verschluss zwischen den Lippen, bei D und T zwischen Zunge und Oberzähnen, bei G und K zwischen Zungenrücken und Gaumen. Die Reihe der Mediae B, D, G unterscheidet sich von der der Tenues P, T, K dadurch, dass bei ersteren die Stimmritze zur Zeit der Oeffnung des Verschlusses schon hinreichend verengt ist, um tönen zu können, oder um wenigstens das Luftgeräusch der Flüsterstimme hervorzubringen, dass bei den Tenues dagegen die Stimmritze erweitert ist und nicht tönen kann. Die Mediae sind deshalb vom Stimmton begleitet; dieser kann sogar, wenn sie die Sylbe anfangen, schon einen Augenblick vorher einsetzen, und wenn sie die Sylbe schliessen, noch einen Augenblick länger dauern, als die Oeffnung des Mundes, weil etwas Luft auch noch in die verschlossene Mundhöhle eingetrieben werden und die Ansprache der Stimmbänder im Kehlkopfe unterhalten kann. Wegen der verengten Stimmritze ist der Zufluss der Luft mässiger, das Luftgeräusch deshalb weniger scharf als bei den Tenues, welche mit geöffneter Stimmritze gesprochen werden, so dass eine grosse Menge Luft aus dem Brustkasten auf einmal hervorstürzen kann. Wenn wir aber auch in dieser Weise angeben können, wie diese Buchstaben hervorgebracht werden, und die Unterschiede im Ansatz des Stimmtones hören, so sind wir doch nicht im Stande genau zu definiren, welche Unterschiede der Luftbewegung dadurch hervorgebracht werden.

Wie bei diesen Buchstaben beruht auch der Unterschied des Klanges angeschlagener Saiten zum Theil auf der Schnelligkeit, mit der der Ton sich verliert. Wenn die Saiten wenig Masse haben (Darmsaiten) und auf einem leicht beweglichen Resonanzboden befestigt sind (wie an der Violine, Guitarre, Cither), oder wenn die Theile, auf die sie sich stützen oder die sie berühren, wenig elastisch sind (wenn z. B. die Violinsaiten mit der weichen Fingerspitze auf das Griffbrett gedrückt werden), so erlöschen ihre Schwingungen sehr schnell nach dem Anschlag, der Ton wird trocken, kurz und klanglos, wie beim Pizzicato der Violinen. Sind dagegen die Saiten von Metall, und deshalb von grösserem Gewicht und starker Spannung, auf starken und schweren Stegen befestigt, die wenig erschüttert werden können, so geben sie ihre Schwingungen nur langsam an die Luft und den Resonanzboden ab; ihre Schwingungen halten länger an, ihr Klang wird dauernder und voller, wie beim Pianoforte, ist aber verhältnissmässig nicht so kräftig und durchdringend, wie bei gleich stark geschlagenen Saiten, welche den Ton schnell abgeben; daher das Pizzicato der Streichinstrumente, gut ausgeführt, viel durchdringender ist als ein Clavierton. Die Claviere mit schweren und starken Widerlagen für die Saiten haben deshalb einen weniger durchdringenden, aber viel anhaltenderen Ton, als die mit leichteren Widerlagen bei gleicher Saitenstärke.

So liegt andererseits viel Charakteristisches darin, wie die Töne bei den Blechinstrumenten, der Trompete und Posaune, meist abgebrochen und schwerfällig einsetzen. Die verschiedenen Töne werden bei diesen Instrumenten dadurch erzeugt, dass man verschiedene Obertöne der Luftsäule durch verschiedenes Anblasen hervorbringt, wobei diese sich ähnlich einer Saite in schwingende Abtheilungen von verschiedener Zahl und Länge theilt. Den neuen Schwingungszustand an Stelle des früheren hervorzurufen kostet immer eine etwas grössere Anstrengung; ist er einmal eingetreten, so lässt er sich mit geringerer Kraft des Luftstromes unterhalten. Dagegen geschieht der Uebergang von einem Ton zum andern sehr leicht bei den Holzblaseinstrumenten, Flöte, Oboe, Clarinette, wo die Luftsäule durch verschiedene Applicatur der Finger an die Seitenöffnungen und Klappen schnell ihre Länge ändern kann, und die Weise des Anblasens wenig zu ändern ist.

8*

Diese Beispiele mögen genügen, um zu zeigen, wie gewisse charakteristische Eigenthümlichkeiten des Klanges mancher Instrumente abhängen von der Art, wie ihr Klang beginnt und wieder aufhört. Wenn wir im Folgenden von musikalischer Klangfarbe reden, sehen wir zunächst von diesen Eigenthümlichkeiten des Anfangs und Endes ab, und berücksichtigen nur die Eigenthümlichkeiten des gleichmässig andauernden Klanges.

Aber auch wenn ein Klang mit gleicher oder veränderlicher Stärke andauert, mischen sich ihm bei den meisten Methoden seiner Erregung Geräusche bei als der Ausdruck kleinerer oder grösserer Unregelmässigkeiten der Luftbewegung. Bei den durch einen Luftstrom unterhaltenen Klängen der Blasinstrumente hört man meistentheils mehr oder weniger Sausen und Zischen der Luft, die sich an den scharfen Rändern der Anblaseöffnung bricht. Bei den mit dem Violinbogen gestrichenen tönenden Saiten oder Stäben und Platten hört man ziemlich viel Reibegeräusch des Bogens. Die Haare, mit denen dieser bespannt ist, sind natürlich mit vielen, wenn auch sehr kleinen Unregelmässigkeiten besetzt, der harzige Ueberzug ist nicht absolut gleichmässig verbreitet, auch treten wohl kleine Ungleichmässigkeiten in der Führung des Bogens durch den Arm, in der Stärke des Druckes ein, welche auf die Bewegung der Saite von Einfluss sind, so dass der Ton eines schlechten Instruments oder eines ungeschickten Spielers wegen dieser Unregelmässigkeiten rauh, kratzend und veränderlich ausfällt. Ueber die Beschaffenheit der diesen Geräuschen entsprechenden Luftbewegungen und Gehörempfindungen können wir erst später sprechen, wenn wir den Begriff der Schwebungen erörtert haben. Gewöhnlich sucht man, wenn man Musik hört, diese Geräusche zu überhören, man abstrahirt absichtlich von ihnen, bei näherer Aufmerksamkeit jedoch hört man sie in den meisten durch Blasen und Streichen hervorgebrachten Klängen sehr deutlich. Bekanntlich werden die meisten Consonanten der menschlichen Sprache durch solche anhaltende Geräusche charakterisirt, wie *F*, *W*, *S*, *Sz*, englisch *Th*, *J*, *Ch*. Bei einigen wird der Klang durch Zitterungen der Mundtheile noch unregelmässiger gemacht, wie beim *R* und *L*. Beim *R* wird der Luftstrom durch Zittern des weichen Gaumens oder der Zungenspitze periodisch ganz unterbrochen, und wir bekommen dadurch einen intermittirenden Klang, dessen eigenthümliche knarrende Beschaffenheit eben durch diese Intermissionen hervorgebracht wird. Beim *L* sind es die vom Luftstrom bewegten schlaffen seitlichen

Zungenränder, welche zwar nicht vollständige Unterbrechungen, aber doch Schwankungen der Tonstärke hervorbringen.

Aber auch die Vocale der menschlichen Stimme sind nicht ganz frei von solchen Geräuschen, wenn sie auch neben dem musikalischen Theile des Stimmtons mehr zurücktreten. Auf diese Geräusche hat Donders zuerst aufmerksam gemacht, es sind zum Theil dieselben, welche beim leisen, tonlosen Sprechen für die entsprechenden Vocale hervorgebracht werden. Am stärksten sind sie beim I, $\ddot{U}$, U, und bei diesen Vocalen kann man sie auch laut sprechend leicht hörbar machen; durch einfache Verstärkung derselben geht der Vocal I in den Consonanten J, und der Vocal U in das englische W über. Bei A, $\ddot{A}$, E, O scheinen mir die Geräusche des leisen Sprechens nur in der Stimmritze hervorgebracht zu werden, und beim lauten Sprechen in den Stimmton aufzugehen. Bemerkenswerth ist aber, dass man beim Sprechen die Vocale A, $\ddot{A}$ und E in einer tonloseren Weise hervorbringt als beim Singen, indem man unter dem Gefühl stärkerer Pressung im Kehlkopf statt des klangvollen Stimmtons einen mehr knarrenden Ton herausbringt, bei welchem eine deutlichere Articulation möglich ist. Es scheint hier die Verstärkung des Geräusches die Charakterisirung des besonderen Vocalklanges zu erleichtern. Beim Singen sucht man dagegen den musikalischen Theil des Klanges zu begünstigen, wobei die Articulation etwas undeutlicher wird.

Wenn nun aber auch in den begleitenden Geräuschen, also in den kleinen Unregelmässigkeiten der Luftbewegung, viel Charakteristisches für die Klänge der musikalischen Instrumente und für die verschiedener Mundstellung entsprechenden menschlichen Stimmtöne liegt, so bleiben doch auch noch genug Eigenthümlichkeiten der Klangfarbe übrig, die an dem eigentlich musikalischen Theile des Klanges, an dem vollkommen regelmässigen Theile der Luftbewegung haften. Wie wichtig diese letzteren sind, kann man namentlich erkennen, wenn man musikalische Instrumente und menschliche Stimmen aus solcher Entfernung hört, wo die verhältnissmässig schwachen Geräusche nicht mehr hörbar sind. Trotzdem diese mangeln, bleibt es in der Regel möglich, die verschiedenen musikalischen Instrumente von einander zu unterscheiden, wenn auch allerdings unter solchen Umständen einmal einzelne Horntöne mit Gesang, oder ein Violoncell mit einem Harmonium verwechselt werden kann. Bei der menschlichen Stimme verlieren sich in der Entfernung zuerst die Consonanten, welche durch Geräusche charakterisirt sind, während *M*, *N* und die Vocale noch in grosser Entfernung erkennbar sind. *M* und *N* sind den Vocalen dadurch ähnlich gebildet, dass in keinem Theile der Mundhöhle ein Luftgeräusch gebildet wird, diese vielmehr vollkommen geschlossen ist, und der Stimmton durch die Nase entweicht. Der Mund bildet nur eine Resonanzhöhle, die den Klang verändert. Bei recht stillem Wetter ist es interessant, von hohen Bergen herab die Stimmen der Menschen aus der Ebene zu belauschen. Worte sind dann nicht mehr erkennbar, oder höchstens solche, welche aus *M*, *N* und blossen Vocalen zusammengesetzt sind, wie Mama, Nein. Aber die in den gesprochenen Worten enthaltenen Vocale unterscheidet man leicht und deutlich. Sie folgen sich in seltsamem Wechsel und wunderlich erscheinenden Tonfällen, weil man sie nicht mehr zu Worten und Sätzen zu verbinden weiss.

Wir wollen in dem vorliegenden Abschnitte zunächst von allen unregelmässigen Theilen der Luftbewegung, vom Ansetzen und Abklingen des Schalles absehen, und nur auf den eigentlich musikalischen Theil des Klanges, welcher einer gleichmässig anhaltenden, regelmässig periodischen Luftbewegung entspricht, Rücksicht nehmen, und die Beziehungen zu ermitteln suchen zwischen dessen Zusammensetzung aus einzelnen Tönen und der Klangfarbe. Was von den Eigenthümlichkeiten der Klangfarbe hierher gehört, wollen wir kurz die **musikalische Klangfarbe** nennen.

Die Aufgabe des vorliegenden Abschnittes wird es nun sein, 'die verschiedene Zusammensetzung der Klänge, wie sie von verschiedenen musikalischen Instrumenten hervorgebracht werden, zu beschreiben, um daran nachzuweisen, wie ein verschiedener Charakter in der Combination der Obertöne gewissen charakteristischen Abarten der Klangfarbe entspricht. Es stellen sich dabei gewisse allgemeine Regeln heraus für diejenigen Anordnungen der Obertöne, welche den in der Sprache als **weich, scharf, schmetternd, leer, voll** oder **reich, dumpf, hell** u. s. w. unterschiedenen Arten der Klangfarbe entsprechen. Abgesehen von dem hier zunächst vorliegenden Zwecke, die physiologischen Thätigkeiten des Ohres genauer bestimmen zu können, welche zur Unterscheidung der Klangfarbe führen, ein Geschäft, welches dem nächstfolgenden Abschnitte vorbehalten bleibt, sind die Ergebnisse dieser Untersuchung auch deshalb für die Beantwortung rein musikalischer Fragen in späteren Abtheilungen dieses Buches von Wichtigkeit, weil sie uns lehren wie reich im Allgemeinen die musikalisch gut zu verwendenden

Klangfarben an Obertönen sind, und welche Eigenthümlichkeiten
der Klangfarben an solchen musikalischen Instrumenten begünstigt
werden, deren Klangfarbe einigermassen der Willkür des Erbauers
überlassen ist.

Da die Physiker über diesen Gegenstand noch verhältnissmässig
wenig gearbeitet haben, werde ich gezwungen sein, etwas tiefer auf
die Mechanik der Tonerzeugung mehrerer Instrumente einzugehen,
als es vielleicht manchem meiner Leser angenehm sein wird. Ein
solcher findet die Hauptresultate am Ende dieses Abschnittes zusammengestellt. Andererseits muss ich um Nachsicht bitten, wenn
ich in diesem fast ganz neuen Gebiete grosse Lücken bestehen lassen muss, und mich hauptsächlich auf diejenigen Instrumente be-
schränke, deren Wirkungsweise so weit bekannt ist, dass wir einen
einigermassen genügenden Einblick in die Entstehung ihrer Klänge
gewinnen können. Es liegt hier noch reiches Material für interessante akustische Arbeiten vor; ich selbst musste mich damit begnü-
gen, hier so viel zu leisten, als für den Fortgang der Untersuchung
nöthig war.

1. Klänge ohne Obertöne.

Wir beginnen mit denjenigen Klängen, welche nicht zusammengesetzt sind, sondern nur aus einem einfachen Tone bestehen. Am
reinsten und leichtesten werden solche hervorgebracht, wenn eine
Stimmgabel, angeschlagen, vor die Mündung einer Resonanzröhre
gebracht wird, wie es im vorigen Abschnitte schon beschrieben
worden ist. Es sind diese Töne ungemein weich, frei von allem
Scharfen und Rauhen; sie scheinen, wie schon früher angeführt ist,
verhältnissmässig tief zu liegen, so dass schon die, welche ihrer Tonhöhe nach den tiefen Tönen einer Bassstimme entsprechen, den
Eindruck einer ganz besonderen und ungewöhnlichen Tiefe machen;
die Klangfarbe solcher tiefen einfachen Töne ist auch ziemlich
dumpf. Die einfachen Töne der Sopranlage klingen hell, aber auch
die den höchsten Soprantönen entsprechenden sind sehr weich, ohne
eine Spur von der schneidenden oder gellenden Schärfe, welche
diese Töne auf den meisten Instrumenten zeigen mit Ausnahme
etwa der Flöte, deren Klänge den einfachen Tönen ziemlich nahe
stehen, indem sie wenige und schwache Obertöne haben. Unter den
menschlichen Stimmlauten kommt das U diesen einfachen Tönen

am nächsten, doch ist auch dieser Vocal nicht ganz frei von Obertönen. Vergleicht man die Klangfarbe eines solchen einfachen Tones mit der eines zusammengesetzten Klanges, dem sich die niedrigeren harmonischen Obertöne anschliessen, so hat der letztere etwas klangvolleres, metallischeres und glänzenderes neben dem einfachen Tone. Selbst schon der Vocal U der menschlichen Stimme, obgleich er unter allen der dumpfeste und klangloseste ist, klingt merklich glänzender und weniger dumpf als ein gleich hoher einfacher Ton. Wenn wir die Reihe der sechs ersten Partialtöne eines zusammengesetzten Klanges überblicken, so können wir letzteren in musikalischer Beziehung als einen Dur - Accord mit überwiegend starkem Grundton betrachten, und wirklich hat auch ein solcher Klang, zum Beispiel ein schöner Gesangton, neben einem einfachen Tone in der Klangfarbe ganz deutlich etwas von der angenehmen Wirkung eines harmonischen Accordes.

Da die Form einfacher Wellen vollständig gegeben ist, wenn ihre Schwingungsweite gegeben ist, so können einfache Töne nur Unterschiede der Stärke, aber nicht der musikalischen Klangfarbe darbieten. In der That ist der Klang derselben ganz gleich, ob wir nun nach den oben beschriebenen Methoden den Grundton einer Stimmgabel mittelst einer Resonanzröhre aus beliebigem Material, Glas, Metall oder Pappe, oder mittelst einer Saite an die Luft leiten, wenn man dafür sorgt, dass nichts an dem Apparate klirren kann.

Einfache Töne, die nur von einem Luftreibegeräusch begleitet sind, kann man auch erhalten, wie oben erwähnt ist, wenn man bauchige Flaschen anbläst. Wenn man von der Luftreibung abstrahirt, so ist die eigentlich musikalische Klangfarbe dieser Töne wirklich dieselbe, wie die der Stimmgabeltöne.

2. Klänge mit unharmonischen Obertönen.

An diese Töne ohne Obertöne schliessen sich zunächst solche Klänge an, deren Nebentöne unharmonisch zum Grundtone sind, und welche deshalb strenge genommen nicht zu den musikalischen Klängen unserer Definition entsprechend gerechnet werden können. Sie werden auch nur ausnahmsweise in der künstlerischen Musik gebraucht, und wo es geschieht, nur in solcher Anschlagsweise, dass der Grundton die Nebentöne an Stärke bei weitem übertrifft, so dass

deren Existenz vernachlässigt werden kann. Daher stelle ich sie
hier unmittelbar hinter die einfachen Töne, weil sie musikalisch nur
in Betracht kommen, insofern sie mehr oder weniger gut einfache
Töne darstellen. Zunächst gehören die Stimmgabeln selbst hierher, wenn man sie anschlägt, und dann auf einen Resonanzboden
setzt, oder dem Ohre sehr nahe bringt. Die Obertöne der Stimmgabeln liegen sehr hoch; der erste machte bei den von mir untersuchten Gabeln 5,8 bis 6,6 so viel Schwingungen als der Grundton,
liegt also zwischen der dritten verminderten Quinte und grossen
Sext des Grundtones. Die Schwingungszahlen dieser hohen Obertöne verhalten sich zu einander wie die Quadrate der ungeraden
Zahlen. In der Zeit, wo der erste angeführte Oberton $3 . 3 = 9$
Schwingungen macht, machen die folgenden $5 . 5 = 25, 7 . 7$
$= 49$ etc. Schwingungen. Ihre Höhe steigt also ausserordentlich
schnell, und sie sind in der Regel alle unharmonisch zum Grundton,
einzelne von ihnen können aber durch Zufall auch harmonisch werden. Nennen wir den Grundton der Stimmgabel c, so sind die folgenden Töne etwa as^{II}, d^{IV}, cis^{V}. Diese hohen Nebentöne bewirken
neben dem Grundtone ein helles unharmonisches Klingen, welches
auch leicht beim Anschlagen der Gabel aus weiterer Entfernung gehört wird, während man den Grundton nur hört, wenn man die Gabel dicht an das Ohr bringt. Das Ohr trennt den Grundton leicht
von den Obertönen, und hat keine Neigung beide zu verschmelzen.
Die hohen Töne verklingen gewöhnlich schnell, während der Grundton lange stehen bleibt. Uebrigens ist zu bemerken, dass das Verhältniss der Stimmgabeltöne zu einander etwas verschieden ist nach
der Form der Gabel, und die gemachten Angaben deshalb nur als
annähernd betrachtet werden dürfen. Bei der theoretischen Bestimmung der höheren Töne kann jede Zinke der Stimmgabel als ein an
einem Ende fester Stab betrachtet werden.

Aehnlich verhält es sich mit den geraden elastischen Stäben,
auch diese geben, wie schon angeführt wurde, beim Anschlagen
ziemlich hohe unharmonische Obertöne. Wenn man solche Stäbe
an der Stelle der beiden Knotenlinien ihres Grundtons auf einer
Unterlage festhält, so begünstigt man dadurch allerdings das Fortklingen des Grundtones vor allen anderen höheren Tönen, und die
höheren Töne stören wenig, weil sie schnell nach dem Anschlagen
erlöschen; aber zur eigentlich künstlerischen Musik bleiben solche
Stäbe trotzdem wenig anwendbar, obgleich man sie in der Militär-
und Tanzmusik ihres durchdringenden Tones wegen neuerdings

verwendet hat. Früher hat man auch Glasstäbe und Holzstäbe ähnlich verwendet, zur Glasstabharmonika und Strohfiedel oder Holzharmonika. Die Stäbe werden zwischen zwei Paar zusammengedrehter Schnüre eingeschoben, so dass sie zwischen diese am Orte der beiden Knotenlinien des Grundtones eingeklemmt sind. Die Holzstäbe der Strohfiedel liess man auch einfach auf Strohcylindern ruhen. Sie werden mit hölzernen oder Korkhämmern geschlagen.

Das Material der Stäbe hat auf die Klangfarbe hierbei wohl nur dadurch Einfluss, dass es mehr oder weniger lange die Töne verschiedener Höhe nachklingen lässt. Am längsten pflegen die Töne, namentlich auch die hohen, in elastischem Metall von feinem gleichmässigem Gefüge nachzuklingen, weil dies durch seine grosse Masse ein grösseres Bestreben hat in der einmal angenommenen Bewegung zu verharren, und wir unter den Metallen beim Stahl, den besseren Kupferzink- und Kupferzinnlegirungen, auch die vollkommenste Elasticität finden. Bei den schwach legirten edlen Metallen wird das Beharren des Klanges trotz der geringeren Elasticität durch die grosse Schwere gesteigert. Die vollkommenere Elasticität scheint besonders das Fortbestehen der höheren Töne zu begünstigen, da schnellere Schwingungen im Allgemeinen durch unvollkommene Elasticität und durch Reibung schneller gedämpft werden als langsamere Schwingungen. Das allgemeine Kennzeichen dessen, was man metallische Klangfarbe zu nennen pflegt, glaube ich deshalb dadurch bezeichnen zu können, dass verhältnissmässig hohe Obertöne anhaltend und in gleichmässigem Flusse mitklingen. Die Klangfarbe des Glases ist ähnlich; aber da man ihm nicht starke Erschütterungen zumuthen darf, bleibt der Ton immer schwach und zart, auch ist er verhältnissmässig hoch und verklingt schneller, wegen der geringeren Masse des schwingenden Körpers. Beim Holz dagegen ist die Masse gering, die innere Structur verhältnissmässig grob, mit zahllosen kleinen Hohlräumen erfüllt, die Elasticität verhältnissmässig unvollkommen, deshalb verklingen die Töne und namentlich die höheren Töne schnell. Eben deshalb aber ist die Strohfiedel vielleicht den Ansprüchen eines musikalischen Ohres mehr entsprechend, als die aus Stahlstäben oder Glasstäben gebildete Harmonika mit den gellenden unharmonischen Obertönen, so weit eben einfache Töne zur Musik geeignet sind, worüber später mehr.

Man braucht bei allen diesen Schlaginstrumenten Hämmer aus

Holz oder Kork, überzieht diese auch wohl noch mit Leder; dadurch werden die höchsten Obertöne schwächer, als wenn man harte Metallhämmer nimmt. Letztere würden grössere Discontinuitäten in der anfänglichen Bewegung der Platte geben. Ich werde diesen Einfluss bei dem Anschlag der Saiten näher besprechen, wo er sich in ähnlicher Weise äussert.

Ebene elastische Scheiben, kreisförmig, oval, quadratisch, rechteckig, dreieckig oder sechseckig geschnitten, können nach Chladni's Entdeckung in einer grossen Zahl verschiedener Schwingungsformen tönen, und dabei Töne geben, welche im Allgemeinen unharmonisch zu einander sind. In Fig. 21 sind die einfacheren

Fig. 21.

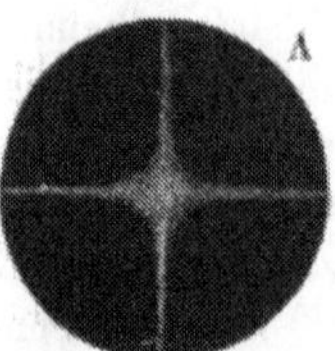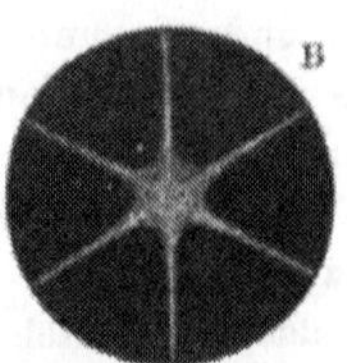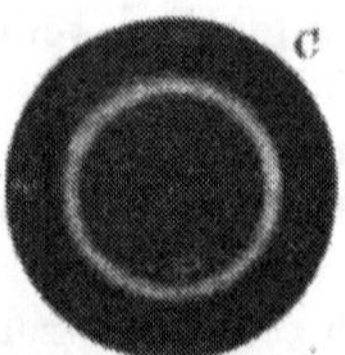

Schwingungsformen einer kreisförmigen Scheibe dargestellt; viel complicirtere Schwingungsformen entstehen, wenn noch mehr Kreise oder Durchmesser als Knotenlinien auftreten, oder Kreise sich mit Durchmessern verbinden. Wenn die Schwingungsform A den Ton c giebt, geben die anderen folgenden Töne:

Anzahl der Knoten-kreise	Anzahl der Durchmesser					
	0	1	2	3	4	5
0			c	d'	c''	$g'' - gis''$
1	gis	b'	g''			
2	$gis'' +$					

Man sieht, wie viele einander verhältnissmässig nahe liegende Töne eine solche Scheibe giebt. So oft man die Scheibe anschlägt, erklingen alle diejenigen unter ihren Tönen, welche an der geschlagenen Stelle keinen Knotenpunkt haben. Das Auftreten von bestimmten einzelnen Tönen kann man indessen dadurch begünstigen, dass man die Scheibe in solchen Punkten unterstützt, die den Kno-

tenlinien der gewünschten Töne angehören; dann verklingen alle
diejenigen Töne schneller, die in den berührten Punkten keine Knotenlinien bilden können. Unterstützt man z. B. eine kreisförmige
Scheibe in drei Punkten des Knotenkreises in Fig. 21 C, und schlägt
genau im Mittelpunkt an, so erhält man den Ton der genannten
Schwingungsform, der in unserer Tabelle *gis* genannt ist, und es
werden alle Töne sehr schwach, unter deren Knotenlinien Durchmesser des Kreises sind, also die Töne c, d', c'', g'', b' unserer Tabelle.   Ebenso verklingt der Ton *gis''* mit zwei Knotenkreisen
sogleich, weil die Unterstützungspunkte in einen seiner Schwin-
gungsbäuche fallen, und es kann erst der Ton mit drei Knotenkreisen stärker mitklingen, dessen eine Knotenlinie der von Nro. 2 ziemlich nahe kommt.   Dieser ist drei Octaven und mehr als einen ganzen Ton höher, als der Ton von Nro. 2, und stört diesen nicht sehr
wegen des grossen Intervalls.   Deshalb giebt ein solcher Anschlag
der Scheibe einen ziemlich guten musikalischen Klang, während
sonst im Allgemeinen der Klang der Scheiben, aus vielen unharmonischen und nahe an einander liegenden Tönen gemischt, hohl und
kesselartig klingt, und musikalisch nicht brauchbar ist.   Aber auch
bei zweckmässiger Unterstützung verklingt er gewöhnlich schnell,
wenigstens wenn die Scheiben aus Glas bestehen, weil die Berührung mehrerer Punkte, selbst wenn es Knotenpunkte sind, die Freiheit der Schwingungen immer merklich beeinträchtigt.

Der Klang der Glocken ist ebenfalls von unharmonischen
Nebentönen begleitet, die aber nicht so nahe wie bei den ebenen
Platten an einander liegen.   Die gewöhnlich eintretenden Schwin-
gungsarten sind solche, wo sich Knotenlinien bilden, 4, 6, 8, 10 etc.,
welche von dem Scheitelpunkte nach dem Rande der Glocke in
gleichen Abständen von einander herablaufen.   Die entsprechenden Töne sind bei Glasglocken, welche überall ziemlich gleiche
Dicke haben, nahehin den Quadraten der Zahlen 2, 3, 4, 5 proportional, also wenn wir den tiefsten c nennen:

Zahl der Knotenlinien	4	6	8	10	12
Töne	c	d'	c''	gis'' —	d''' —

Die Töne ändern sich aber, wenn die Wand der Glocke nach dem Rande zu dünner oder dicker wird, und es scheint ein wesentlicher Punkt in der Kunst des Glockengusses zu sein, dass man die tieferen Töne durch eine empirisch gefundene, passende Form der Glocke zu einander harmonisch machen kann. Nach Beobachtungen des Herrn Organisten Gleitz *) giebt die im Jahre 1477 gegossene Glocke des Domes zu Erfurt folgende Töne: E, e, gis, h, e', gis', h', cis''. Die Glocke der Paulskirche in London giebt a und cis'; Hemony in Zütphen, ein Meister des 17ten Jahrhunderts, verlangte von einer guten Glocke drei Octaven, zwei Quinten, eine grosse und eine kleine Terz. Der stärkste Ton ist nicht der tiefste; der Kessel der Glocken, angeschlagen, giebt tiefere Töne als der Schallring, letzterer dagegen die lautesten. Uebrigens sind auch wohl noch andere Schwingungsformen der Glocke möglich, wobei sich Knotenkreise bilden, die dem Rande parallel sind, diese scheinen aber schwer zu entstehen, und sind noch nicht untersucht.

Wenn eine Glocke nicht ganz symmetrisch in Beziehung auf ihre Axe ist, z. B. die Wand an einer Stelle ihres Umfanges etwas dicker als an anderen, so giebt die Glocke beim Anschlag im Allgemeinen zwei ein wenig von einander verschiedene Töne, die mit einander Schwebungen geben. Man findet vier um rechte Winkel von einander entfernte Stellen des Randes, wo nur der eine dieser Töne ohne Schwebungen hörbar wird, vier andere dazwischen liegende, wo nur der andere erklingt; wenn man irgend eine andere Stelle anschlägt, erklingen beide und geben die Schwebungen, welche man bei den meisten Glocken hört, wenn dieselben ruhig ausklingen.

Die gespannten Membranen geben wieder unharmonische Töne, die einander ziemlich nahe liegen; diese sind für eine kreisförmige Membran nach der Tonhöhe geordnet, wenn der tiefste Ton c ist:

---

*) Geschichtliches über die grosse Glocke und die übrigen Glocken des Domes zu Erfurt. Erfurt 1867. — Siehe auch Schafhäutl im Kunst- und Gewerbeblatt für das Königreich Bayern 1868, LIV, 325 bis 350; 385 bis 427.

Zahl der Knotenlinien		Ton
Durchmesser	Kreise	
0	0	c
1	0	as
2	0	$cis' + 0,1$
0	1	$d' + 0,2$
1	1	$g' - 0,2$
0	2	$b' + 0,1$

Diese Töne verklingen sehr schnell. Werden die Membranen mit einem Luftraume verbunden, wie in der Pauke, so kann dadurch das Verhältniss der Töne abgeändert werden, und es scheint der Grundton dadurch in seiner Stärke gegen die übrigen begünstigt zu werden. Nähere Untersuchungen über die Beitöne des Paukentones fehlen noch. Die Pauke wird zwar in der künstlerischen Musik gebraucht, aber doch nur, um einzelne Accente zu geben; man stimmt sie zwar ab, aber nicht, um durch ihren Ton die Accorde zu füllen, sondern nur, damit sie nicht störend in die übrige Harmonie einfalle.

Das Gemeinsame der bisher beschriebenen Instrumente ist, dass sie angeschlagen unharmonische Obertöne geben; sind diese naheliegend zum Grundton, so ist der Klang in hohem Grade unmusikalisch, schlecht und kesselähnlich. Sind die Nebentöne weit entfernt vom Grundtone und schwach, so wird der Ton zwar musikalischer, wie bei den Stimmgabeln, der Stabharmonika, den Glocken, und brauchbar für Märsche und andere rauschende Musik, die den Rhythmus besonders hervorzuheben hat; aber in der eigentlich künstlerischen Musik hat man, wie oben bemerkt wurde, dergleichen Instrumente noch immer verschmäht, und wohl mit Recht. Denn die unharmonischen Nebentöne, wenn sie auch schnell verklingen, stören doch die Harmonie in sehr unangenehmer Weise, wenn sie sich bei jedem Anschlag neu wiederholen. Einen äusserst schlagenden Beweis davon gab eine Gesellschaft von (angeblich schottischen) Glockenspielern, welche neuerdings herumreiste, und allerlei Musikstücke, zum Theil ziemlich künstlicher Art, ausführte. Die Präcision und Geschicklichkeit in der Ausführung war anerkennenswerth, der musikalische Effect aber abscheulich wegen der Masse falscher Beitöne, welche die Musik begleiteten, trotzdem dass die einzelnen angeschlagenen Glocken, so wie die Dauer ihrer Note abgelaufen war, dadurch gedämpft wurden, dass sie auf einen mit Tuch überzogenen Tisch gesetzt wurden.

Man kann die genannten Körper mit unharmonischen Klängen auch durch den Violinbogen in Tönung bringen und dabei durch passende Dämpfung in den Knotenlinien des gewünschten Tones die nächsten Nebentöne beseitigen. Es klingt dann der eine Ton kräftig über alle anderen hervor, und wäre also eher musikalisch zu brauchen; aber der Violinbogen giebt auf allen diesen Körpern mit unharmonischen Obertönen, Stimmgabeln, Platten, Glocken, ein heftig kratzendes Geräusch, und bei der Untersuchung mit den Resonanzröhren zeigt sich, dass dieses Geräusch hauptsächlich durch die unharmonischen Nebentöne der Platte gebildet ist, welche in kurzen unregelmässigen Stössen hörbar werden. Dass intermittirende Töne den Eindruck des Knarrens oder Kratzens geben, ist schon früher erwähnt. Nur wenn der vom Bogen erregte Körper harmonische Obertöne hat, kann er sich jedem Bewegungsanstoss, den der Bogen ihm mittheilt, vollständig fügen, und giebt einen vollständig musikalischen Ton. Das beruht darin, dass eben jede beliebige periodische Bewegung, wie sie der Bogen hervorzubringen strebt, aus den Bewegungen, die den harmonischen Obertönen entsprechen, zusammengesetzt werden kann, aber nicht aus anderen unharmonischen Schwingungsbewegungen.

3. Klänge der Saiten.

Wir gehen nun über zur Analyse der eigentlich musikalischen Klänge, welche durch harmonische Obertöne charakterisirt sind. Wir können sie am besten eintheilen nach der Art, wie der Ton erregt wird, in solche, die 1) entweder durch Anschlag, 2) oder durch den Bogen, 3) oder durch Blasen gegen eine scharfe Kante, 4) durch Blasen gegen elastische Zungen zum Tönen kommen. Die beiden ersten Klassen umfassen allein Saiteninstrumente, da die Saiten ausser den musikalisch nicht gebrauchten longitudinal schwingenden Stäben die einzigen festen elastischen Körper sind, welche reine harmonische Obertöne geben. In die dritte Klasse gehören die Flöten und die Flötenwerke der Orgel, in die vierte die übrigen Blasinstrumente und die menschliche Stimme.

Saiten durch Anschlag erregt. Von den jetzt gebräuchlichen musikalischen Instrumenten gehören hierher das Fortepiano, die Harfe, Guitarre, Cither, von den physikalischen das Monochord, eingerichtet zur genaueren Untersuchung der Gesetze der Saitenschwingungen; auch ist das Pizzicato der Streichinstrumente hierher zu rechnen. Dass die geschlagenen und gerissenen Saiten Klänge mit einer grossen Menge von Obertönen geben, ist schon früher erwähnt worden. Für die gerissenen Saiten haben wir den Vortheil, eine ausgebildete Theorie ihrer Bewegung zu besitzen, aus der sich die Stärke ihrer Obertöne unmittelbar ergiebt. Schon im vorigen Abschnitte haben wir einen Theil der Folgerungen aus dieser Theorie mit der Erfahrung verglichen und damit übereinstimmend gefunden. Eine ebenso vollständige Theorie lässt sich für den Fall aufstellen, wo eine Saite mit einem harten scharfkantigen Körper in einem ihrer Punkte geschlagen worden ist. Weniger einfach ist das Problem, wenn weiche elastische Hämmer, wie die des Claviers, die Saite treffen, doch lässt sich eine Theorie der Bewegung der Saite auch für diesen Fall geben, welche wenigstens die wesentlichsten Züge des Vorganges umfasst und über die Stärke der Obertöne Rechenschaft giebt*).

Die Stärke der Obertöne im Klange einer angeschlagenen Saite hängt im Allgemeinen ab:

1) von der Art des Anschlags,
2) von der Stelle des Anschlags,
3) von der Dicke, Steifigkeit und Elasticität der Saite.

Was zunächst die Art des Anschlags betrifft, so kann die Saite entweder gerissen werden, indem man sie mit dem Finger oder einem Stifte (Plectrum, Ring der Citherspieler) zur Seite zieht, und dann loslässt. Es ist diese Art, den Ton zu erregen, bei einer grossen Zahl alter und neuer Saiteninstrumente gebräuchlich. Unter den modernen nenne ich nur Harfe, Guitarre und Cither. Oder die Saite kann geschlagen werden mit einem hammerartigen Körper, wie es beim Fortepiano und seinen älteren Abarten, dem Spinett u. s. w., geschieht. Ich habe schon oben bemerkt, dass die Stärke und Zahl der hohen Obertöne desto bedeutender ist, je mehr und je schärfere Discontinuitäten die Art der Bewegung zeigt. Dies bedingt nun auch den Unterschied bei verschiedener Erregungsweise einer Saite. Wenn die Saite gerissen wird, entfernt der Fin-

---

*) Siehe Beilage Nro. V.

ger sie, ehe er sie loslässt, in ihrer ganzen Länge aus ihrer Gleichgewichtslage. Eine Discontinuität entsteht an der Saite nur dadurch,
dass sie da, wo sie um den Finger oder den Stift, mit dem sie gerissen wird, sich umlegt, eine mehr oder minder scharfe Ecke bildet.
Diese Ecke ist schärfer, wenn sie mit einem spitzen Stifte gerissen
wird, als wenn es mit dem Finger geschieht. Deshalb hört man
auch im ersten Falle einen schärferen Klang mit einer grösseren
Menge hoher klimpernder Obertöne, als im letzteren Falle. Doch ist
die Intensität des Grundtons in jedem Falle grösser als die eines jeden
Obertons. Wird die Saite geschlagen, und zwar mit einem scharfkantigen metallenen Hammer, der gleich wieder abspringt, so wird
nur ein einziger Punkt, der vom Schlage getroffen ist, direct in Bewegung gesetzt. Unmittelbar nach dem Schlage ist der übrige Theil
der Saite noch in Ruhe; er geräth erst in Bewegung, indem von
dem geschlagenen Punkte eine Beugungswelle entsteht, und über
die Saite hin- und herläuft. Die Beschränkung der ursprünglichen
Bewegung auf einen Punkt der Saite giebt die schärfste Discontinuität, und dem entsprechend eine lange Reihe von Obertönen, deren Intensität*) zum grossen Theil der des Grundtons gleichkommt
oder ihn übertrifft. Wenn der Hammer weich elastisch ist, hat die
Bewegung auf der Saite Zeit sich auszubreiten, ehe der Hammer
wieder zurückspringt; und durch den Anschlag eines solchen Hammers wird der geschlagene Theil der Saite nicht ruckweise in Bewegung gesetzt, sondern seine Geschwindigkeit wächst allmälig und
stetig während der Berührungszeit des Hammers. Dadurch wird die
Discontinuität der Bewegung sehr vermindert, um so mehr, je weicher der Hammer ist, und dem entsprechend nimmt die Stärke der
hohen Obertöne bedeutend ab.

Man kann sich an jedem Fortepiano, dessen Deckel man öffnet,
von der Richtigkeit des Gesagten leicht überzeugen. Wenn man
eine der Tasten durch ein aufgesetztes Gewicht herabdrückt, wird
die entsprechende Saite von ihrem Dämpfer frei, und man kann sie
nun nach Belieben mit dem Finger oder mit einem Stift reissen,
mit einem metallenen Stift oder mit dem Pianofortehammer schlagen. Man erhält dabei ganz verschiedene Klangarten. Wenn man
mit hartem Metall reisst oder schlägt, ist der Ton scharf und klim-

---

*) Wenn hier von Intensität die Rede ist, so ist sie immer objectiv
gemessen, nämlich durch die lebendige Kraft oder das mechanische
Arbeitsäquivalent der entsprechenden Bewegung.

pernd, und man hört bei einiger Aufmerksamkeit leicht eine grosse
Menge sehr hoher Töne darin. Diese fallen weg, der Klang der
Saite wird weniger hell, weicher und wohlklingender, wenn man
mit dem weichen Finger reisst, oder mit dem weichen Hammer des
Instruments anschlägt. Auch die verschiedene Stärke des Grundtons erkennt man leicht. Wenn man mit Metall schlägt, hört man
ihn kaum; der Klang hört sich dem entsprechend ganz leer an.
Die Eigenthümlichkeit des Klanges nämlich, welche wir mit dem
Namen der Leerheit belegen, entsteht, wenn die Obertöne verhältnissmässig zu stark gegen den Grundton sind. Am vollsten hört
man den Grundton, wenn man mit dem weichen Finger die Saite
zupft, wobei der Ton voll und doch harmonisch klingend ist. Der
Anschlag mit dem Pianofortehammer giebt wenigstens in den mittleren und tieferen Octaven des Instruments den Grundton nicht so
voll, wie das Reissen der Saite.

Hierin ist der Grund zu suchen, warum es vortheilhaft ist, die
Pianofortehämmer mit dicken Lagen stark gepressten und dadurch
elastisch gewordenen Filzes zu überziehen. Die äussersten Lagen
sind die weichsten und nachgiebigsten, die tieferen sind fester.
Die Oberfläche des Hammers legt sich ohne hörbaren Stoss der
Saite an, die tieferen Lagen geben namentlich die elastische Kraft,
durch welche der Hammer wieder von der Saite zurückgeworfen
wird. Nimmt man einen Clavierhammer heraus und lässt ihn kräftig gegen eine Tischplatte oder gegen die Wand schlagen, so springt
er auch von solchen unnachgiebigen Flächen zurück, wie ein Kaut-
schukball. Je schwerer der Hammer und je dicker die Filzlagen
sind, was namentlich bei den Hämmern der tieferen Octaven der
Fall ist, desto länger muss es währen, ehe er von der Saite abspringt. Die Hämmer der höheren Octaven pflegen leichter zu sein
und dünnere Filzlagen zu haben. Offenbar haben die Erbauer der
Instrumente durch die Praxis hier gewisse Verhältnisse allmälig
ausgefunden, wie die Elasticität des Hammers dem Tone der Saite
sich am besten anpasst. Die Beschaffenheit des Hammers hat einen
ausserordentlich grossen Einfluss auf die Klangfarbe. Die Theorie
ergiebt, dass diejenigen Obertöne beim Anschlage besonders begünstigt werden, deren halbe Schwingungsdauer nahe gleich ist der
Zeit, während welcher der Hammer anliegt, dass dagegen diejenigen verschwinden, deren halbe Schwingungsdauer 3, 5, 7 etc. Mal
so gross ist.

Nach meinen Versuchen an einem sehr guten neuen Flügel

von **Kaim** und **Günther** scheint in den mittleren und tieferen Octaven der erste schwache oder verschwindende Oberton meist der siebente zu sein, oft ist es auch der sechste oder fünfte; es zeigen sich hier Verschiedenheiten oft in dicht neben einander liegenden Tasten. Daraus folgt, dass die Zeit, während welcher der Hammer anliegt, ungefähr der halben Schwingungsdauer des zweiten Tons der Saite entsprechend ist. In den höheren Octaven dagegen scheint die genannte Zeit sich der halben Schwingungsdauer des Grundtons zu nähern, oder sie selbst zu übertreffen. Welche Stärke der einzelnen Obertöne sich hieraus berechnet, wird weiter unten angegeben werden.

Der zweite Umstand, welcher auf die Zusammensetzung des Klanges Einfluss hat, ist die **Anschlagsstelle**. Es ist schon im vorigen Abschnitte bei der Prüfung des von **Ohm** für die Analyse der Klänge durch das Ohr aufgestellten Gesetzes bemerkt worden, dass sowohl im Klange gerissener als geschlagener Saiten diejenigen Obertöne fehlen, welche am Orte des Anschlags einen Knotenpunkt haben. Umgekehrt sind diejenigen anderen verhältnissmässig am stärksten, welche an der geschlagenen Stelle ein Schwingungsmaximum haben. Ueberhaupt, wenn man dieselbe Art des Anschlags nach einander verschiedene Punkte der Saite treffen lässt, wachsen die einzelnen Obertöne oder nehmen ab in demselben Verhältnisse, wie die Schwingungsstärke der entsprechenden einfachen Schwingung der Saite an den betreffenden Punkten ihrer Länge grösser oder kleiner ist. So kann denn die Zusammensetzung des Saitenklanges mannigfach abgeändert werden, indem man nichts thut, als den Ort des Anschlags ändern.

Schlägt man die Saite z. B. gerade in ihrer Mitte, so fällt ihr zweiter Ton fort, dessen einziger Knotenpunkt dort liegt. Der dritte Ton dagegen, dessen Knotenpunkte in $^1/_3$ oder $^2/_3$ der Saitenlänge liegen, tritt kräftig heraus, weil die Anschlagsstelle in der Mitte dieser beiden Knotenpunkte liegt. Der vierte Ton hat seine Knotenpunkte in $^1/_4$, $^2/_4$ ($= ^1/_2$) und $^3/_4$ der Saitenlänge. Er bleibt aus, weil die Anschlagsstelle mit seinem zweiten Knotenpunkte zusammenfällt; ebenso der sechste, achte, überhaupt alle geradzahligen Töne, während der fünfte, siebente, neunte und die anderen ungeradzahligen gehört werden. Durch das Ausbleiben der geradzahligen Töne erhält die Saite, in der Mitte angeschlagen, in der That eine eigenthümliche Klangfarbe, die sich von dem gewöhnlichen Saitenklange wesentlich unterscheidet; sie klingt einigermaassen hohl oder näselnd. Der Versuch lässt sich leicht an jedem Pianoforte ausführen, nachdem man es geöffnet und den Dämpfer gehoben hat. Die Mitte der Saite findet man schnell hinreichend genau, indem man die Stelle sucht, wo man mit dem Finger die Saite leise berühren muss, um beim Anschlag den ersten Oberton rein und klingend zu erhalten.

Schlägt man in $1/_3$ der Saitenlänge an, so fällt der dritte, sechste, neunte u. s. w. Ton fort. Auch dies giebt dem Klange etwas Hohles, obgleich viel weniger als der Anschlag in der Mitte. Wenn man mit der Anschlagsstelle dem Ende der Saite sehr nahe rückt, so wird das Hervortreten sehr hoher Obertöne auf Kosten des Grundtons und der niederen Obertöne begünstigt, der Klang der Saite wird dadurch leer und klimpernd.

In den Pianoforte's ist bei den mittleren Saiten die Anschlagsstelle auf $1/_7$ bis $1/_9$ der Saitenlänge verlegt; wir müssen annehmen, dass diese Stelle hauptsächlich deshalb so gewählt ist, weil sie erfahrungsgemäss den musikalisch schönsten und für harmonische Verbindungen brauchbarsten Klang liefert. Es hat dazu keine Theorie geleitet, sondern allein das Bedürfniss des künstlerisch gebildeten Ohres und die technische Erfahrung zweier Jahrhunderte. Es ist deshalb die Untersuchung der Zusammensetzung des Klanges bei dieser Anschlagsstelle von besonderem Interesse. Ein wesentlicher Vorzug für die Wahl dieser Stelle scheint darin zu liegen, dass der siebente und neunte Partialton des Klanges wegfallen oder mindestens sehr schwach werden. Es sind diese Töne die ersten in der Reihe, welche dem Durdreiklange des Grundtons nicht angehören. Bis zum sechsten Tone haben wir nur Octaven, Quinten und grosse Terzen des Grundtons, der siebente ist nahehin eine kleine Septime, der neunte die grosse Secunde des Grundtons. Diese passen also in den Durdreiklang nicht hinein. In der That kann man sich an den Pianoforte's leicht überzeugen, dass, während es leicht ist unter Berührung entsprechender Knotenpunkte die sechs ersten Töne wenigstens auf den Saiten der mittleren und unteren Octaven des Instruments durch Anschlag der Taste hören zu lassen, es nicht gelingt den siebenten, achten und neunten Ton hervorzubringen, oder dieselben wenigstens sehr unvollkommen und schwach hervortreten. Die Schwierigkeit beruht hier nicht in der Unfähigkeit der Saite, so kurze schwingende Abtheilungen zu bilden, denn wenn man, statt die Taste anzuschlagen, die Saite näher nach ihrem Ende hin mit dem Finger reisst und die betreffenden

Knotenpunkte dämpft, bekommt man den siebenten, achten, neunten, ja selbst den zehnten und elften Partialton noch sehr gut und klingend. Erst in den höheren Octaven werden die Saiten zu kurz und steif, um noch hohe Obertöne bilden zu können. Dort pflegen manche Instrumentenmacher die Anschlagsstelle auch näher dem Ende zu wählen, wodurch ein hellerer und durchdringenderer Klang dieser hohen Saiten erzielt wird. Deren Obertöne, welche wegen der Steifigkeit schon schwer ansprechen, werden in solchem Falle durch diese Wahl der Anschlagsstelle dem Grundton gegenüber begünstigt. Einen ähnlich helleren, aber auch dünneren und leeren Klang erhält man, wenn man einer der tieferen Saiten einen Steg näher der Anschlagsstelle unterlegt, so dass der Hammer die Saite jetzt in einem Punkte trifft, der um weniger als $^1/_7$ ihrer Länge von ihrem einen Ende entfernt ist.

Während man einerseits den Klang klimpernder, schärfer und spitzer machen kann, indem man die Saite mit härteren Körpern schlägt, so kann man andererseits den Ton auch dumpfer machen, d. h. den Grundton über die Obertöne überwiegen machen, wenn man mit einem weichen und schweren Hammer schlägt, z. B. mit einem kleinen eisernen Hammer, dessen Schlagfläche mit einer Kautschukplatte überzogen ist. Namentlich die Saiten der tieferen Octaven geben dann einen viel volleren, aber dumpfen Klang. Um hierbei die verschiedenen Klänge der Saite vergleichen zu können, die der verschiedenen Beschaffenheit des Hammers entsprechen, muss man aber darauf achten, dass man immer in derselben Entfernung von einem beider Enden anschlägt, wie der Hammer des Instruments; sonst vermischen sich damit die Aenderungen des Klanges, welche von der Lage der Anschlagsstelle abhängen. Diese Umstände sind den Instrumentenmachern natürlich bekannt, da sie ja selbst schon theils schwerere und weichere Hämmer für die tiefen Octaven, theils leichtere und weniger weiche für die hohen Octaven gewählt haben. Wenn sie aber denn doch bei einem gewissen Maasse der Hämmer stehen geblieben sind und diese nicht weiter in der Weise abgeändert haben, dass die Stärke der Obertöne noch mehr beschränkt wird, so beweist dies klar, dass das musikalisch gebildete Ohr einen mit Obertönen in gewisser Stärke ausgestatteten Klang bei einem Instrumente, welches für reiche Harmonieverbindungen bestimmt ist, vorzieht. In dieser Beziehung ist die Zusammensetzung des Klanges der Claviersaiten von grossem Interesse für die ganze Theorie der Musik. Bei keinem anderen Instrumente ist eine so breite Veränderlichkeit der Klangfarbe vorhanden, wie hier; bei keinem anderen kann deshalb das musikalische Ohr sich so frei den seinen Bedürfnissen entsprechenden Klang auswählen.

Ich habe schon oben darauf aufmerksam gemacht, dass bei den Claviersaiten der mittleren und unteren Octaven die sechs ersten Partialtöne in der Regel deutlich durch den Anschlag der Taste zu erzeugen sind, und zwar die drei ersten stark, der 5te und 6te zwar deutlich, aber doch viel schwächer. Der 7te, 8te, 9te fehlen, wegen der Lage der Anschlagsstelle; die noch höheren sind immer sehr schwach. Ich lasse zur näheren Vergleichung hier eine Tabelle folgen, in welcher die Intensität der Partialtöne einer Saite für verschiedene Anschlagsweisen theoretisch aus den in den Beilagen entwickelten Formeln berechnet ist. Die Wirkung des Anschlags durch den Hammer hängt ab von der Zeit, während welcher er der Saite anliegt. Diese Zeit ist in der Tabelle angegeben in Theilen der Schwingungsdauer des Grundtons. Ausserdem findet sich die Berechnung für eine mit dem Finger gerissene Saite. Die Anschlagsstelle ist stets in $1/_7$ der Saitenlänge angenommen.

Theoretische Intensität der Partialtöne.

Anschlag in $1/_7$ der Saitenlänge.

Ordnungszahl des Partialtons	Anschlag durch Reissen	Anschlag durch den Hammer, dessen Berührung dauert				Anschlag mit einem ganz harten Hammer
		$3/_7$	$3/_{10}$	$3/_{14}$	$3/_{20}$	
		von der Schwingungsdauer des Grundtons				
		c''	g'	$C_I - c'$		
1	100	100	100	100	100	100
2	81,2	99,7	189,4	249	285,7	324,7
3	56,1	8,9	107,9	242,9	357,0	504,9
4	31,6	2,3	17,3	118,9	259,8	504,9
5	13,0	1,2	0,0	26,1	108,4	324,7
6	2,3	0,01	0,5	1,3	18,8	100,0
7	0,0	0,0	0,0	0,0	0,0	0,0

Der besseren Vergleichung wegen ist die Intensität des Grundtons immer gleich 100 gesetzt worden. Ich habe die berechnete Stärke der Obertöne verglichen mit ihrer Stärke an dem schon erwähnten Flügel, und gefunden, dass die erste mit $^8/_7$ überschriebene Reihe etwa passt für die Gegend des c''. In noch höherer Lage werden die Obertöne noch schwächer, als in dieser Columne. Beim Anschlag der Taste c'' bekam ich den zweiten Ton stark, den dritten fast gar nicht mehr. Die zweite mit $^8/_{10}$ überschriebene Columne würde etwa entsprechen der Gegend des g', die ersten beiden Obertöne sind hier sehr stark, der vierte Ton ist schwach. Die dritte Columne entspricht den tieferen Saiten vom c' an abwärts: die ersten vier Partialtöne sind kräftig da, der fünfte schwächer. In der folgenden Columne wird der dritte Partialton stärker als der zweite, was an den Klängen des von mir untersuchten Flügels nicht mehr vorkommt. Bei dem ganz harten Hammer werden endlich der dritte und vierte Ton gleich stark, und die stärksten von allen. Es ergiebt sich aus den in der Tabelle zusammengestellten Berechnungen, dass bei den Clavierklängen der mittleren und tieferen Octaven der Grundton schwächer ist als der erste oder selbst als die beiden ersten Obertöne. Es lässt sich dies auch durch den schon erwähnten Vergleich mit den gerissenen Saiten bestätigen. Auf diesen ist der zweite Ton etwas schwächer als der erste; der letztere, der Grundton, ist aber in dem Klange viel deutlicher, wenn man eine Claviersaite mit dem Finger reisst, als wenn man sie mittels der Taste anschlägt.

Obgleich es also, wie die Mechanik der höheren Octaven der Claviere zeigt, möglich ist einen Klang hervorzubringen, in welchem der Grundton überwiegt, hat man es doch vorgezogen, den Anschlag der tieferen Saiten so einzurichten, dass die Obertöne bis zum fünften oder sechsten Tone deutlich bleiben, und der zweite und dritte sogar stärker als der erste werden.

Endlich hat, wie ich oben erwähnt habe, auch die Dicke und das Material der Saiten Einfluss auf die Klangfarbe. Es können sich namentlich auf sehr steifen Saiten keine sehr hohen Obertöne bilden, weil solche Saiten nicht leicht in sehr kurzen Abtheilungen entgegengesetzte Biegungen annehmen. Man bemerkt dies leicht, wenn man auf dem Monochord zwei Saiten von verschiedener Dicke aufzieht, und ihre hohen Obertöne hervorzubringen sucht. Dies gelingt auf der dünneren viel besser als auf der dickeren. Um hohe Obertöne hervorzubringen, sind Saiten von ganz feinem Draht, wie ihn die Posamentiere zum Bespinnen brauchen, am vortheilhaftesten, und wenn man eine Anschlagsweise braucht, welche hohe Obertöne hervorzubringen geeignet ist, zum Beispiel mit einem Metallstift die Saite schlägt oder reisst, hört man dies auch dem Klange an. Die vielen hohen Obertöne, die einander in der Scala sehr nahe liegen, geben nämlich das eigenthümlich hohe, unharmonische Geräusch, welches wir mit dem Worte „Klimpern" zu bezeichnen pflegen. Vom 8ten Partialtone an liegen diese Töne um weniger als eine ganze Tonstufe von einander entfernt, vom 15ten ab um weniger als eine halbe. Sie bilden deshalb eine enge Reihe dissonirender Töne. Auf einer Saite aus feinstem Eisendraht, wie er zur Verfertigung künstlicher Blumen gebraucht wird, von 700 Centimeter Länge, konnte ich noch den 18ten Ton isolirt hervorbringen. Die Eigenthümlichkeit der Citherklänge beruht auf der Anwesenheit solcher klimpernder hoher Obertöne; nur geht die Reihe der Obertöne bei ihnen nicht so weit hinauf, wie an dem genannten Eisendrahte, weil ihre Saiten kürzer sind.

Die Darmsaiten sind bei gleicher Festigkeit viel leichter als Metallsaiten, und geben deshalb höhere Töne. Theils hierauf beruht der Unterschied ihres Klanges, theils aber auch wohl auf der weniger vollkommenen Elasticität der Darmsaiten, wodurch ihre Töne, namentlich die hohen, schneller gedämpft werden. Der Klang gerissener Darmsaiten (Guitarre, Harfe) ist deshalb weniger klimpernd als der von Metallsaiten.

4. Klänge der Streichinstrumente.

Für die Bewegung der mit dem Violinbogen gestrichenen Saiten kann noch keine vollständige mechanische Theorie gegeben werden, weil man nicht weiss, in welcher Weise der Bogen auf die Bewegung der Saite einwirkt. Doch habe ich es möglich gefunden, mittels einer eigenthümlichen, von dem französischen Physiker Lissajous in ihren Grundzügen vorgeschlagenen Methode die Schwingungsform der einzelnen Punkte einer Violinsaite zu beobachten, und aus der beobachteten Schwingungsform, welche verhältnissmässig sehr einfach ist, dann die ganze Bewegung der Saite und die Stärke ihrer Obertöne zu berechnen.

Man sehe durch eine Loupe, welche eine stark vergrössernde convexe Glaslinse enthält, nach einem kleinen lichten Objecte, zum Beispiel nach einem Stärkmehlkörnchen, welches das Licht einer

Flamme reflectirt, und als ein sehr feines Lichtpünktchen erscheint. Wenn man dann die Loupe auf- und abbewegt, während das lichte Pünktchen in Wirklichkeit ruhig an seinem Orte bleibt, so scheint dieses Pünktchen doch, durch die bewegte Loupe gesehen, selbst auf und ab zu schwanken. Diese Loupe ist nun in dem Apparate, welchen ich angewendet habe, und der in Fig. 22 dargestellt ist, am Ende

Fig. 22.

einer Zinke der Stimmgabel G befestigt und mit L bezeichnet. Sie ist aus zwei achromatischen Glaslinsen zusammengesetzt, wie sie als Objectivgläser der Mikroskope gebraucht werden. Man braucht diese beiden Linsen entweder einfach als Loupe, ohne sie noch mit anderen Linsen zu verbinden; oder wenn man stärkere Vergrösserung gebraucht, wird hinter der Metallplatte AA, welche die Stimmgabel trägt, die Röhre und das Ocularstück eines Mikroskops angebracht, dessen Objectiv dann von den genannten Glaslinsen gebildet wird. Wenn man nun das Instrument, welches wir das **Vibrationsmikroskop** nennen können, so aufstellt, dass man durch dasselbe einen feststehenden lichten Punkt deutlich sieht, und dann die Gabel in Schwingung setzt, so wird von dieser das Linsensystem L periodisch auf und ab bewegt, und zwar in pendelartiger einfacher Schwingung. Für den Beobachter entsteht dadurch der Schein, als ob das Lichtpünktchen selbst sich auf und ab bewegte, und da die einzelnen Schwingungen so schnell auf einander folgen, dass der Eindruck des Lichts im Auge während der Dauer einer Schwingung nicht erlöschen kann, so erscheint der Weg des Lichtpünktchens als eine feststehende gerade Linie, welche um so länger ist, je grösser die Excursionen der Gabel sind *).

Das Stärkekörnchen nun, dessen Lichtreflex man wahrnimmt, wird an demjenigen tönenden Körper befestigt, dessen Schwingungsform man beobachten will, und dieser in solche Lage gebracht, dass das Körnchen sich horizontal hin und her bewegt, wenn das Linsensystem sich vertical auf und ab bewegt. Wenn beide Arten von Bewegungen gleichzeitig vor sich gehen, erblickt der Beobachter den Lichtpunkt sowohl horizontal hin und her bewegt, entsprechend seiner wirklichen Bewegung, als auch scheinbar vertical hin- und hergehend wegen der Bewegung der Glaslinsen, und beide Arten von Verschiebungen setzen sich dann zusammen zu einer krummlinigen Bewegung. Dabei erscheint im Gesichtsfelde des Mikroskops eine scheinbar ganz feststehende und unveränderliche helle Curve, wenn entweder die Schwingungsperiode des Stärkekörnchens und die der Stimmgabel genau gleich sind, oder die eine genau 2, 3 oder 4 Mal so gross ist als die andere, weil in diesem Falle der lichte Punkt nach einer oder einigen Schwingungen immer genau wieder dieselbe Bahn durchläuft, die er vorher durchlaufen hatte. Sind diese Verhältnisse der Schwingungszahlen nicht vollkommen genau getroffen, so verändern sich die Curven langsam, und zwar

---

*) Das Ende der zweiten Zinke der Stimmgabel ist verdickt, und bildet ein Gegengewicht für die Loupe. Das eiserne Bügelchen B, welches auf die eine Zinke aufgeklemmt ist, dient dazu, die Tonhöhe der Gabel etwas zu verändern; wenn man es gegen das Ende der Zinke hinschiebt, wird ihr Ton tiefer. E ist ein Elektromagnet, mit dessen Hilfe man die Gabel dauernd in gleichmässiger Schwingung erhalten kann, wenn man seine Drahtrollen von intermittirenden elektrischen Strömen durchfliessen lässt, wie dies im sechsten Abschnitt näher beschrieben werden soll.

sieht es täuschend so aus, als wären sie auf die Oberfläche eines durchsichtigen Cylinders gezeichnet, der sich langsam um seine Axe dreht. Eine solche langsame Verschiebung der gesehenen Curven ist nicht unvortheilhaft, weil der Beobachter sie dann nach einander in verschiedenen Lagen erblickt. Ist das Verhältniss der Schwingungszahlen des beobachteten Körpers und der Gabel aber zu abweichend von einem durch kleine ganze Zahlen darstellbaren Verhältnisse, so geschieht die Bewegung der Curven zu schnell, als dass das Auge ihnen folgen könnte, und es verwirrt sich dann alles.

Soll das Vibrationsmikroskop benutzt werden zur Untersuchung der Bewegung einer Violinsaite, so muss man den reflectirten Lichtpunkt an dieser anbringen. Zu dem Ende schwärzt man zunächst die betreffende Stelle der Saite mit Tinte, reibt sie, wenn sie trocken geworden ist, mit Klebwachs ein und pulvert etwas Stärkmehl über, von dem einige Körnchen haften bleiben. Die Violine wird dann dem Mikroskope gegenüber so befestigt, dass die Saiten vertical stehen, und man durch das Mikroskop blickend den Lichtreflex eines der Stärkmehlkügelchen deutlich sieht. Den Bogen führt man den Zinken der Stimmgabel parallel über die Saite; dann schwingt jeder Punkt der Saite horizontal, und der Beobachter sieht bei gleichzeitiger Bewegung der Stimmgabel die eigenthümlichen Schwingungscurven. Zur Beobachtung habe ich die a-Saite der Violine benutzt, welche ich etwas höher auf b' stimmte, so dass sie gerade zwei Octaven höher war als die Stimmgabel des Apparats, welche B gab.

In Fig. 23 (a. f. S.) sind Schwingungscurven abgebildet, wie sie durch das Vibrationsmikroskop erscheinen. Die gerade Horizontallinie der Figuren aa, bb und cc stellt die scheinbare Bahn des beobachteten Lichtpunktes dar, ehe er selbst in Schwingung versetzt ist, die Curven und Zickzacklinien derselben Figuren dagegen die Bahn des Lichtpunktes, wenn er selbst ebenfalls schwingt. Daneben sind in A, B, C dieselben Schwingungsformen nach der im ersten und zweiten Abschnitte angewendeten Methode dargestellt, wobei die einzelnen Theile der horizontalen Grundlinie den entsprechenden Zeittheilen direct proportional sind, während in den Figuren aa, bb und cc die horizontalen Längen den Excursionen der schwingenden Linse proportional sind. A und aa stellen die Schwingungscurven für eine Stimmgabel dar, also eine einfache Schwingung, B und bb die des Mittelpunktes einer Violinsaite, welche mit der Gabel des Vibrationsmikroskops im Einklange ist, C und cc dieselbe für eine Saite, die eine Octave höher gestimmt ist. Man kann sich die Fi-

guren *a a*, *b b* und *c c* aus den Figuren *A*, *B* und *C* gebildet denken, indem man die Fläche, auf welche die letzteren gezeichnet
sind, um einen durchsichtigen Cylinder herumgelegt denkt, dessen

Fig. 23.

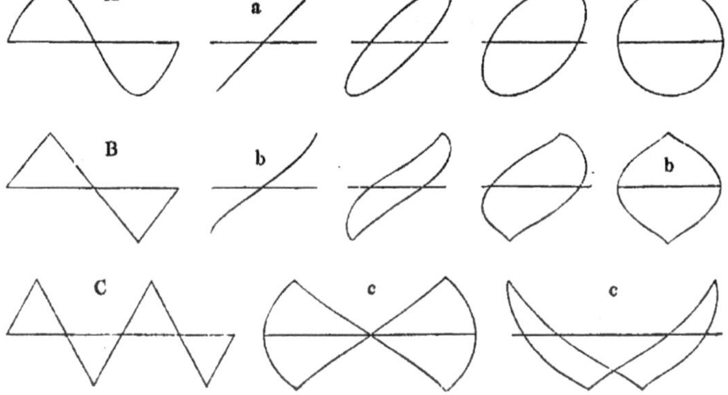

Umfang gleich der horizontalen Grundlinie dieser Figuren ist. Die
auf die Cylinderfläche gezeichnete Curve werde dann aus einer
solchen Stellung des Beobachters betrachtet, dass ihm die um den
Cylinder zum Kreise zusammengeschlossene horizontale Grundlinie
jener Figuren perspectivisch als einfache gerade Linie erscheint,
dann wird ihm auch die Schwingungscurve *A* in der Form *aa*, *B*
als *bb*, *C* als *cc* erscheinen. Wenn die Tonhöhe der beiden schwingenden Körper nicht in einem genauen harmonischen Verhältnisse
ist, sieht es so aus, als wenn dieser imaginäre Cylinder, auf den
die Schwingungscurve gezeichnet ist, rotirte.

Es ist nun auch leicht aus den Formen *aa*, *bb* und *cc* die *A*,
B, *C* wiederzufinden, und da die letzteren ein verständlicheres Bild
der Bewegung der Saite geben als die ersteren, werde ich im Folgenden immer gleich die scheinbar auf eine Cylinderfläche gezeichnete Curve so zeichnen, als wäre die Cylinderfläche wie in den Figuren *A*, *B* und *C* auf eine Ebene abgerollt. Dann entspricht der
Sinn unserer Schwingungscurven ganz den in den früheren Abschnitten dargestellten ähnlichen Curven. Wenn vier Schwingungen
der Violinsaite auf eine Schwingung der Gabel kommen, wie das
bei unseren Versuchen der Fall war, also vier Wellen rings um den
Umfang des imaginären Cylinders aufgezeichnet erscheinen, und

diese ausserdem noch langsam rotiren und sich in verschiedenen
Stellungen zeigen, ist es gar nicht schwer, sie gleich auf die Ebene
abgewickelt nachzuzeichnen; denn die mittleren Zacken erscheinen
dann auf der Cylinderfläche ziemlich ebenso, als wären sie auf eine
Ebene gezeichnet.

Die Figuren 24 B und C geben direct die Schwingungsform
für die Mitte einer Violinsaite, wenn der Bogen gut fasst, und der
Grundton der Saite voll und kräftig zum Vorschein kommt. Man
sieht leicht, dass diese Schwingungsform sich wesentlich unterscheidet von der in Fig. 23 A dargestellten Form einer einfachen Schwingung. Mehr gegen die Enden der Saite zu wird die Schwingungsfigur die umstehende der Fig. 24 A, und zwar verhalten sich die
beiden Abschnitte je einer Welle $\alpha\beta$ und $\beta\gamma$ zu einander, wie die

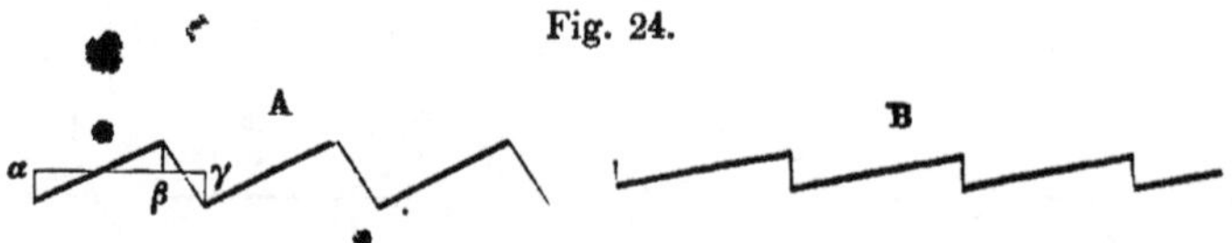

Fig. 24.

beiden Stücke der Saite, welche zu beiden Seiten des beobachteten
Punktes gelegen sind. In der Figur ist das Verhältniss 1 : 3, wie
es sich findet $^1/_4$ vom Ende der Saite entfernt. Ganz gegen das
Ende der Saiten hin wird die Form wie Fig. 24 B. Die kurzen
Stücke der Figur werden dabei so lichtschwach, weil in ihnen die
Geschwindigkeit des hellen Punktes sehr gross ist, dass sie oft
dem Auge entschwinden, und nur die langen Linienstücke stehen
bleiben.

Diese Figuren geben zu erkennen, dass jeder Punkt der Saite
sich zwischen den Endpunkten seiner Schwingung mit constanter
Geschwindigkeit hin- und herbewegt. Für den Mittelpunkt ist die
Geschwindigkeit, mit der er aufsteigt, gleich der, mit der er absteigt.
Wird der Violinbogen nahe dem rechten Ende der Saite absteigend
gebraucht, so ist auf der rechten Hälfte der Saite die Geschwindigkeit des Absteigens kleiner als die des Aufsteigens, desto mehr, je
näher man dem Ende kommt. Auf der linken Hälfte der Saite ist
es umgekehrt. An der Stelle, wo gestrichen wird, scheint die Geschwindigkeit des Absteigens gleich zu sein der des Violinbogens.
Während des grösseren Theiles jeder Schwingung haftet hier die
Saite an dem Violinbogen, und wird von ihm mitgenommen; dann
reisst sie sich plötzlich los und springt schnell zurück, um sogleich

wieder von einem anderen Punkte des Bogens gefasst und mitgenommen zu werden *).

Für unseren gegenwärtigen Zweck kommt es nun namentlich auf die Bestimmung der Obertöne an. Da wir die Schwingungsform der einzelnen Punkte der Saite kennen, so lässt sich aus ihr die Intensität der einzelnen Obertöne vollständig berechnen. Die mathematischen Formeln für diese Rechnung sind in der Beilage entwickelt. Die Rechnung selbst ergiebt Folgendes. Es sind bei guter Ansprache der gestrichenen Saite alle Obertöne auf ihr vorhanden, welche bei dem bestehenden Grade von Steifigkeit der Saite überhaupt sich bilden können, und zwar nach der Höhe hin in abnehmender Stärke. Die Schwingungsweite sowohl als die Intensität des zweiten Tones ist ein Viertel von der des Grundtones, die des dritten Tones ein Neuntel, die des vierten ein Sechszehntel etc. Es ist dies dasselbe Verhältniss in der Stärke der Obertöne wie bei einer Saite, die man in ihrer Mitte durch Reissen in Bewegung gesetzt hat, nur dass bei letzterer die geradzahligen Töne alle fehlen, welche im Gegentheile durch die Anwendung des Bogens mit hervorgerufen werden. Uebrigens hört man die Obertöne im Klange der Violine sehr leicht und stark, namentlich wenn man sie sich vorher als Flageolettöne auf der Saite angegeben hat. Letzteres erreicht man bekanntlich dadurch, dass man die Saite streicht, während man sie in einem Knotenpunkte des gewünschten Tones mit dem Finger leise berührt. Bis zum sechsten Obertone sprechen die Saiten der Violine leicht an, mit einiger Mühe bringt man es auch bis zum zehnten Obertone. Die tieferen Töne sprechen am besten an, wenn man die Saite um $1/10$ bis $1/12$ der Länge einer schwingenden Abtheilung von ihrem Ende entfernt streicht; für die höheren Töne, wo die schwingenden Abtheilungen kleiner werden, muss man etwa $1/4$ bis $1/6$ ihrer Länge vom Ende entfernt streichen.

Der Grundton ist im Klange der Streichinstrumente verhältnissmässig kräftiger als in den nahe ihren Enden geschlagenen oder gerissenen Saiten des Claviers und der Guitarre; die ersten Obertöne sind verhältnissmässig schwächer; dagegen sind die höheren Obertöne vom sechsten bis etwa zehnten hin viel deutlicher, und verursachen die Schärfe des Klanges der Streichinstrumente.

Die im Vorigen beschriebene Grundform der Schwingungen

---

*) Die hier beschriebenen Thatsachen genügen, um die Bewegung der gestrichenen Saite vollständig festzustellen. Siehe Beilage Nro. V.

von Violinsaiten ist wenigstens in ihren wesentlichen Zügen ziemlich unabhängig von der Stelle, wo die Saite gestrichen wird, wenn nur überhaupt die Saite gut anspricht; sie verändert sich durchaus nicht in der Weise, wie die Schwingungsform einer gerissenen oder geschlagenen Saite nach der Stelle des Anschlags sich ändert. Doch machen sich kleine Unterschiede in der Schwingungsfigur merklich, welche von der Stelle des Streichens abhängen. Gewöhnlich zeigen nämlich die Linien der Schwingungsfigur kleine Kräuselungen, wie in Fig. 25, deren Zacken an Breite und Höhe zunehmen, je mehr

Fig. 25.

sich der Bogen vom Ende der Saite entfernt. Wenn man in einem dem Stege benachbarten Knotenpunkte eines der hohen Obertöne die Saite anstreicht, so lassen sich diese Kräuselungen einfach darauf reduciren, dass von der bisher beschriebenen normalen Saitenbewegung alle diejenigen Töne wegfallen, welche in dem gestrichenen Punkte einen Knotenpunkt haben. Wenn die Beobachtung der Schwingungsform in einem der übrigen zugehörigen Knotenpunkte des tiefsten ausfallenden Tones angestellt wird, sieht man nichts von jenen Kräuselungen. Also wenn man zum Beispiel um $1/7$ der Saitenlänge vom Stege entfernt streicht, und in $6/7$ oder $5/7$ oder $4/7$ etc. beobachtet, ist die Schwingungsfigur einfach, wie in Fig. 24; wenn man aber zwischen je zwei Knotenpunkten beobachtet, erscheinen die Kräuselungen wie in Fig. 25. Veränderungen in der Klangfarbe des Tones hängen zum Theil von diesem Umstande ab. Nähert man sich beim Streichen zu sehr dem Griffbrett, dessen Ende um $1/5$ der Saitenlänge vom Stege entfernt ist, so fehlt in dem Klange der Saite der 5te oder 6te Ton, welche beide sonst noch deutlich hörbar zu sein pflegen. Der Klang wird dadurch etwas dumpfer. Die gewöhnliche Stelle für das Anstreichen liegt etwa in $1/10$ der Saitenlänge, wird im Piano etwas entfernter vom Stege, im Forte etwas näher genommen. Nähert man sich mit dem Bogen dem Stege, indem man ihn nur leicht andrückt, so geht eine andere Veränderung des Klanges vor, die sich in der Schwingungsfigur leicht zu erkennen giebt. Es entsteht nämlich ein Gemisch aus dem Grundton und dem ersten Flageoletton der Saite. Bei leichtem und schnellem Streichen um etwa $1/20$ der Saitenlänge vom Stege entfernt, erhält man nämlich zuweilen die höhere Octave des Grundtons allein, indem in der Mitte der Saite ein Knotenpunkt entsteht; bei fester angedrücktem Bogen erklingt zugleich der Grundton. Dazwischen kann sich nun die höhere Octave in jedem Verhältnisse einmischen. In der Schwingungsfigur giebt sich dies gleich zu erkennen. Fig. 26

Fig. 26.

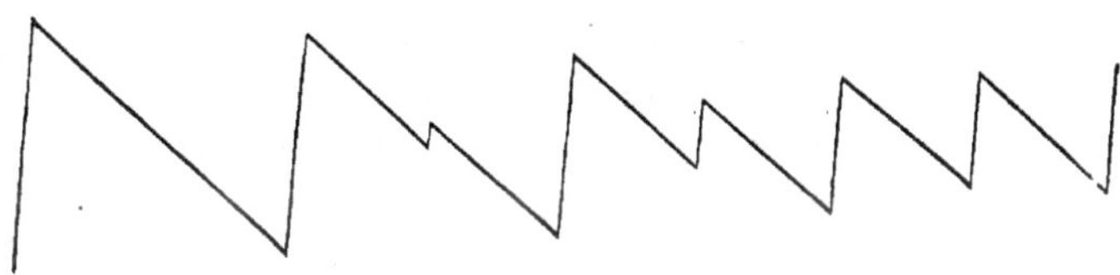

stellt die Reihenfolge der Formen bei dieser Veränderung dar. Man sieht, wie aus der längeren Saite eines Wellenbergs sich eine neue Spitze, zuerst wenig, dann stärker erhebt, bis die neuen Bergspitzen so hoch wie die früheren werden, wobei die Schwingungszahl des Tones sich verdoppelt hat, und seine Höhe in die Octave übergegangen ist. Die Klangfarbe des tiefsten Klanges der Saite wird durch die beginnende Einmischung des ersten Obertons zarter und heller, aber weniger voll und kräftig. Es ist übrigens ein sehr interessantes Schauspiel, die Schwingungsfigur zu beobachten, während man kleine Veränderungen in der Bogenführung vor sich gehen lässt, und dabei wahrzunehmen, wie leise Veränderungen in der Klangfarbe sich immer gleich durch sehr merkliche Veränderungen der Schwingungsfigur zu erkennen geben.

Die bisher beschriebenen Schwingungsformen können bei einer recht gleichmässigen Bogenführung auch gleichmässig ruhig und ohne sich zu verändern erhalten werden, dabei giebt das Instrument einen ununterbrochenen reinen musikalischen Klang. Jedes Kratzen des Bogens giebt sich dagegen durch plötzliche und sprungweise eintretende Verschiebungen und Veränderungen der Schwingungsform zu erkennen. Ist das Kratzen anhaltend, so hat das Auge gar nicht Zeit, eine regelmässige Figur aufzufassen. Die kratzenden Geräusche des Violinbogens sind also als unregelmässige Unterbrechungen der normalen Saitenschwingungen zu betrachten, worauf die letzteren von Neuem und mit neuem Anfangspunkt einsetzen. An der Schwingungsfigur sind übrigens alle kleinsten Anstösse des

Bogens, die das Ohr kaum bemerkt, durch schnelle Sprünge bezeichnet. Durch die Häufigkeit solcher kleiner und grosser Störungen
der regelmässigen Schwingung scheinen sich nun namentlich die
schlechten Streichinstrumente von den guten zu unterscheiden. Auf
einer Saite meines Monochords, der eben nur gelegentlich hierbei
als Streichinstrument gebraucht wurde, war eine grosse Sauberkeit
des Striches nöthig, um nur für so kurze Zeit eine ruhige Schwingungsfigur zu erhalten, dass man sie mit dem Auge eben noch auffassen konnte; der Klang war übrigens rauh und das Kratzen sehr
häufig. Bei einer sehr guten neueren Violine von Bausch war es
dagegen leichter, die Schwingungsfigur einige Zeit ruhig zu halten,
und noch viel besser gelang es mir an einer alten italienischen Violine von Guadanini; erst an dieser hatte ich die Schwingungsfigur
so ruhig, dass ich die kleinen Kräuselungen zählen konnte. Diese
grosse Gleichmässigkeit der Schwingungen ist offenbar der Grund
des reineren Tones dieser älteren Instrumente, da jede kleine Unre-
gelmässigkeit sich sogleich dem Ohr als etwas Rauhes oder Kratzendes des Tones zu erkennen giebt.

Es kommt hierbei wahrscheinlich darauf an, dass der Bau des
Instrumentes und eine möglichst vollkommene Elasticität des Holzes sehr regelmässigen Saitenschwingungen günstig sind, und wenn
solche vorhanden sind, auch der Bogen leicht regelmässig wirkt.
Dadurch wird der reine, von allen Rauhigkeiten freie Abfluss des
Tones bedingt. Andererseits kann aber bei solcher Regelmässigkeit
der Schwingungen die gestrichene Saite mit grösserer Kraft in Anspruch genommen werden; die guten Instrumente erlauben deshalb
eine kräftigere Bewegung der Saiten, und die ganze Intensität ihres
Tones wird ohne Verlust der Luft mitgetheilt, während jede Unvollkommenheit in der Elasticität des Holzes einen Theil der Bewegung durch Reibung verloren gehen lässt. Ein guter Theil der
Vorzüge der alten Violinen möchte aber wohl eben auf ihrem Alter und namentlich dem langen Gebrauche beruhen, welche beide
auf die Elasticität des Holzes nur günstig einwirken können. Mehr
als auf alles Andere kommt aber offenbar auf die Kunst der Bogenführung an; wie fein diese ausgebildet sein muss, um einen möglichst vollkommenen Klang und dessen verschiedene Abarten sicher
zu erhalten, davon kann man sich durch nichts besser überzeugen,
als durch Beobachtung der Schwingungsfiguren. Auch ist es bekannt, dass ausgezeichnete Spieler selbst aus mittelmässigen Instrumenten einen vollen Ton hervorlocken.

Die bisher mitgetheilten Beobachtungen und Schlüsse beziehen sich allein auf die Schwingungen der Saiten des Instruments und die Stärke der Obertöne, insofern sie in der zusammengesetzten Schwingungsbewegung der Saiten enthalten sind. Die Töne verschiedener Höhe gehen aber nicht gleich gut an die Luft über, und treffen also auch das Ohr des Hörers nicht genau in demselben Verhältniss der Stärke, welches ihnen in der Bewegung der Saite zukommt. Die Ueberleitung an die Luft geschieht durch den resonirenden Körper des Instruments; unmittelbar theilen schwingende Saiten der Luft keinen merklichen Theil ihrer Bewegung mit, wie ich schon vorher bemerkt habe. Die schwingenden Saiten der Violine erschüttern zunächst den Steg, über den sie hingezogen sind. Dieser steht mit zwei Füsschen auf dem zwischen den Schalllöchern gelegenen beweglichsten Theil der Decke des Hohlkörpers. Der eine Fuss des Steges ruht auf einer relativ festen Unterlage, nämlich auf dem sogenannten Stimmstocke, einem festen Stäbchen, welches zwischen der oberen und unteren Platte des Körpers eingefügt ist. Der andere Fuss des Steges allein ist es, welcher die elastischen Holzplatten und mittels deren Hilfe die innere Luftmasse des Körpers erschüttert.

Ein Luftraum, welcher, wie der der Violine, Bratsche und des Violoncello, durch elastische Holzplatten abgegrenzt ist, hat gewisse Eigentöne, welche man durch Anblasen der Schallöffnungen des Kastens hervorrufen kann. Die Violine giebt, in dieser Weise angeblasen, den Ton c' nach Savart, welcher Instrumente von Stradivario untersuchte; denselben Ton fand Zamminer constant auch bei ziemlich mangelhaften Instrumenten wieder. Für das Violoncell fand Savart durch Anblasen F, Zamminer G. Der Kasten der Bratsche ist nach des Letzteren Rechnung einen Ton tiefer gestimmt, als der der Violine. Wenn man das Ohr fest an die Rückseite des Kastens einer Violine anlegt, und auf einem Claviere die Tonleiter spielt, findet man ebenfalls, dass einige Töne durch die Resonanz des Instruments verstärkt in das Ohr dringen. Bei einer Violine von Bausch traten auf diese Weise namentlich zwei Töne stärkster Resonanz hervor, nämlich c' — cis' und d' — b'; bei einer Bratsche fand ich übereinstimmend mit Zamminer's Rechnung beide etwa um eine ganze Tonstufe tiefer liegend.

Die Folge dieser eigenthümlichen Resonanzverhältnisse ist, dass diejenigen Töne der Saiten, welche den eigenen Tönen der Luftmasse nahe liegen, verhältnissmässig stärker hervortreten müssen.

Man bemerkt dies auch sowohl auf der Violine wie auf dem Cello deutlich, wenigstens für den tiefsten Eigenton, wenn man die entsprechenden Noten auf den Saiten hervorbringt. Sie klingen besonders voll, und der Grundton dieser Klänge tritt besonders stark heraus. In schwächerem Grade meine ich dasselbe auch für das a' der Violine, welches ihrem höheren Eigentone entspricht, gehört zu haben.

Da der tiefste Ton der Violine g ist, so können von den Obertönen ihrer Klänge nur die höheren Octaven ihrer drei tiefsten Noten durch die Resonanz des höheren Eigentons ihres Luftraumes etwas verstärkt werden, im Allgemeinen müssen dagegen die Grundtöne, namentlich ihrer höheren Noten, den Obertönen gegenüber begünstigt werden, weil die genannten Grundtöne den eigenen Tönen der Luftmasse näher liegen als die Obertöne. Es wird dadurch eine ähnliche Wirkung wie am Claviere hervorgebracht, wo ebenfalls durch die Construction der Hämmer die Obertöne der tiefen Noten begünstigt, die der höheren geschwächt sind. Beim Cello, dessen tiefste Saite C giebt, liegt der stärkere Eigenton der Luftmasse ebenso wie bei der Violine, eine Quarte bis Quinte höher als der der tiefsten Saite. Es entsteht dadurch ein ähnliches Verhältniss der begünstigten und nicht begünstigten Töne, aber alles eine Duodecime tiefer. Bei der Bratsche dagegen liegen die am meisten begünstigten Töne, etwa dem h' entsprechend, nicht zwischen denen der ersten und zweiten Saite, sondern zwischen der zweiten und dritten, was mit der veränderten Klangfarbe dieses Instruments zuzammenzuhängen scheint. In Ziffern lässt sich dieser Einfluss leider noch nicht ausdrücken. Sehr stark ist das Maximum der Resonanz für die eigenen Töne der Luftmasse nicht gerade ausgesprochen; es würde auch sonst eine viel grössere Ungleichartigkeit in der Tonleiter der genannten Streichinstrumente hervorrufen, sobald man den Theil der Scala passirte, in welchem die eigenen Töne ihrer Luftmassen liegen. Demgemäss ist zu vermuthen, dass auch der Einfluss auf die relative Stärke der einzelnen Partialtöne der Klänge dieser Instrumente nicht sehr hervortretend ist.

5. Klänge der Flötenpfeifen.

Bei den in diese Classe gehörigen Instrumenten wird der Ton hervorgebracht dadurch, dass man einen Luftstrom gegen die meist mit scharfen Rändern versehene Oeffnung eines mit Luft gefüllten

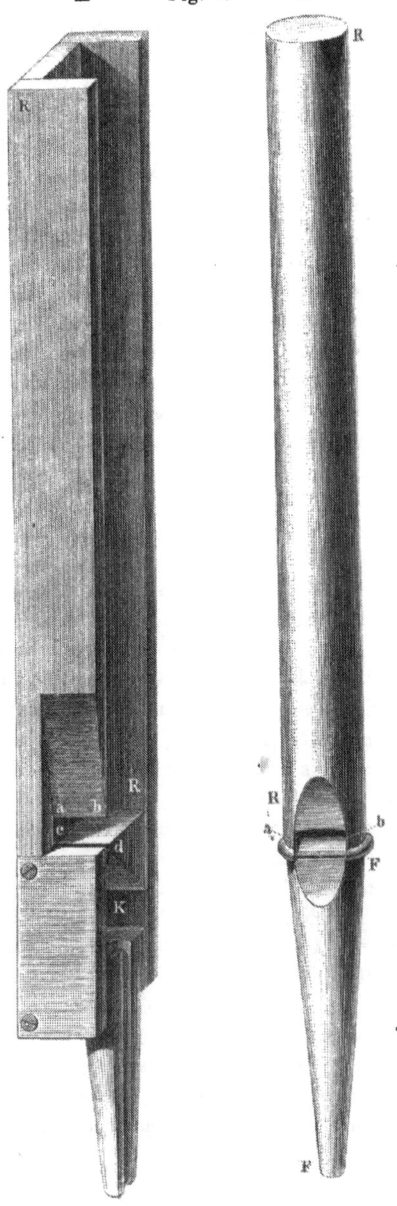

Hohlraumes treibt. Es gehören hierher ausser den schon im vorigen Abschnitte erwähnten und in Fig. 20 abgebildeten Flaschen hauptsächlich die Flöten und der grösste Theil der Orgelpfeifen. Bei den Flöten ist die tönende Luftmasse in der cylindrischen Bohrung ihres Körpers eingeschlossen; das Anblasen geschieht mit dem Munde gegen die etwas zugeschärften Ränder ihrer Mundöffnung. Die Construction der Orgelpfeifen wird durch die nebenstehenden beiden Figuren versinnlicht. Figur 27 *A* stellt eine hölzerne viereckige Pfeife der Länge nach durchschnitten dar, *B* die äussere Ansicht einer runden zinnernen Pfeife. *RR* bezeichnet in beiden die Röhre, welche die tönende Luftmasse einschliesst, *ab* die Mundöffnung an welcher sie angeblasen wird, die nach oben durch eine scharfe Lippe begrenzt ist. In Fig. 27 *A* sieht man bei *K* die Luftkammer, in welche die Luft aus dem Blasebalge zunächst eingetrieben wird; aus ihr kann die Luft nur durch den engen Spalt cd entweichen, und wird hier gerade gegen die Schärfe der Lippe getrieben. Die dargestellte hölzerne Pfeife A ist oben offen, sie giebt einen Ton, dessen Welle in der Luft doppelt so lang ist, als die Länge des Rohres RR. Die andere Pfeife B ist eine gedackte, d. h. ihr oberes Ende ist geschlossen. Sie giebt einen Ton, dessen Welle viermal so lang ist, als die Länge des Rohres RR, und der deshalb eine Octave tiefer ist, als der einer gleich langen offenen Pfeife.

Ebenso wie solche Pfeifen, wie die Flöten, die beschriebenen Flaschen, die Luftkästen der Violinen, kann man nun aber auch überhaupt alle mit einer hinreichend engen Oeffnung versehenen lufthaltigen Hohlräume zum Tönen bringen, wenn man einen schmalen bandförmigen Luftstrom über ihre Oeffnung hingehen lässt, vorausgesetzt, dass diese Oeffnung mit einigermassen hervortretenden und kantigen Rändern versehen ist.

An dem Rande der Anblaseöffnung liegt nämlich der Ursprungsort des Tons aller dieser Instrumente, indem sich an ihr der dagegen getriebene Luftstrom bricht, und ein eigenthümliches zischendes oder sausendes Geräusch erzeugt, welches man allein hört, so oft die Pfeife nicht anspricht, oder auch wenn man statt der Mundöffnung einer Pfeife eine entsprechende Oeffnung in irgend einer ebenen Platte anbläst. Je enger die Oeffnung, je stärker der Wind, desto höher wird dieses Blasegeräusch. Ein solches Geräusch kann man, wie schon früher erörtert ist, als die Mischung vieler nahe an einander liegender unharmonischer Töne betrachten. Wenn nun der Hohlraum der Pfeife hinzukommt, so verstärkt dieser durch Resonanz diejenigen Töne des Geräusches, welche seinen eigenen Tönen entsprechen, so dass diese an Stärke über alle anderen hinaus wachsen, und durch ihre Stärke die anderen verdecken. Daher hört man auch bei allen solchen Pfeifen immer mehr oder weniger deutlich das Luftgeräusch den Ton begleiten, und dies giebt der Klangfarbe etwas Eigenthümliches. Gerade so wie die Töne des Luftgeräusches durch Resonanz verstärkt werden, kann auch der Ton einer Stimmgabel verstärkt werden, welche man der Mündung der Pfeife nähert, wenn die Tonhöhe der Gabel einem der eigenen Töne der Luftmasse des Rohres entspricht, und man kann mittels einer Reihe verschiedener Stimmgabeln leicht und genau die Eigentöne *) des Rohres finden und bestimmen. Uebrigens hängt nun der Charakter der musikalischen Klangfarbe dieser Pfeifen wesentlich davon ab, ob die harmonischen Obertöne des angeblasenen Tones hinreichend nahe eigenen Tönen der Pfeife entsprechen, um ebenso wie der Grundton verstärkt zu werden, oder nicht. Nur bei den engen cylindrischen offenen Pfeifen, wie z. B· den Flöten, den Geigenprincipalen der Orgel, sind die höheren Eigentöne des Rohres genau entsprechend den harmonischen Obertönen des Grundtons. Durch stärkeres Blasen, wobei das erregende Luftgeräusch selbst höher wird, kann man die höheren Töne des Rohres allein zum Ansprechen bringen. Eine Flöte, welche bei schwachem Blasen mit geschlossenen Löchern d' hören lässt, giebt bei stärkerem Blasen d'', bei noch stärkerem a'' und d''', also den ersten, zweiten, dritten, vierten harmonischen Oberton von d'. Bei den engen cylindrischen Pfeifen werden demnach neben dem Grundton auch eine Reihe seiner harmonischen Obertöne durch die Resonanz des Rohres verstärkt, namentlich wenn scharf geblasen wird, so dass das Luftgeräusch selbst viele höhere Töne enthält. Dem entsprechend hört man denn auch bei den stark angeblasenen engen cylindrischen Pfeifenregistern der Orgel (Geigenprincipal, Violoncell, Violonbass, Viola di Gamba) eine Reihe von Obertönen deutlich und kräftig den Grundton begleiten, was dem Klang die schärfere, geigenähnliche Farbe giebt. Ich finde mit Hilfe der Resonanzröhren, dass die Theiltöne bis zum 6ten bei den genannten engeren Pfeifenarten deutlich hörbar sind. Bei den weiteren offenen Pfeifen dagegen sind die nächstliegenden Eigentöne des Rohres alle etwas höher, als die entsprechenden harmonischen Töne des Grundtons, und deshalb werden die letzteren durch die Resonanz des Rohres viel weniger verstärkt. Die weiten Pfeifen, welche wegen ihrer grösseren schwingenden Luftmasse und weil sie stärkeres Anblasen erlauben, ohne in einen Oberton überzuspringen, die Hauptklangmasse der Orgel geben, und deshalb Principalstimmen heissen, bringen aus dem angeführten Grunde allein den Grundton stark und voll, mit schwächerer Begleitung von Nebentönen. Bei hölzernen Principalpfeifen finde ich den ersten Oberton, die Octave, sehr deutlich, den zweiten, die Duodecime, schon schwach, die

---

*) Ich habe deshalb in meinen mathematischen Untersuchungen diese Töne auch Töne stärkster Resonanz genannt. Crelle, Journal für Mathematik Bd. LVII.

höheren nicht mehr deutlich wahrnehmbar. Bei metallenen war auch noch der vierte Partialton wahrnehmbar. Die Klangfarbe dieser Pfeifen ist voller und weicher als die der Geigenprincipale. Bei schwachem Anblasen in den Flötenregistern der Orgel und auf der Querflöte verlieren die Obertöne ebenfalls verhältnissmässig mehr an Stärke als der Grundton, und der Klang wird schwach und weich.

Eine andere Veränderung bieten die nach oben kegelförmig verengten Pfeifen aus den Registern Salicional, Gemshorn, Spitzflöte. Ihre obere Oeffnung hat meist die Hälfte des Durchmessers des unteren Querschnitts; Salicional hat den engsten, Spitzflöte den grössten Querschnitt bei gleicher Länge. Diese Pfeifen haben, wie ich finde, das Eigenthümliche, dass einige höhere Theiltöne, der 5te bis 7te, verhältnissmässig deutlicher werden als die niederen. Der Klang ist leer, aber eigenthümlich hell durch diesen Umstand.

Die gedackten cylindrischen Pfeifen haben bei enger Mensur eigene Töne, welche den ungeradzahligen Theiltönen des Grundtons, also dem 3ten oder der Duodecime, dem 5ten oder der höheren Terz etc. entsprechen. Bei den weiteren gedackten Pfeifen liegen, wie bei den weiten offenen Pfeifen, die nächsten eigenen Töne der Luftmasse merklich höher als die entsprechenden Ober-töne des Grundtons, und letztere werden deshalb wenig oder gar nicht verstärkt. Weite gedackte Pfeifen, namentlich wenn sie schwach angeblasen werden, geben deshalb den Grundton fast rein, und wir haben sie schon vorher als Beispiele einfacher Töne ange-führt. Engere lassen namentlich noch sehr deutlich die Duodecime mitklingen, was zu dem Namen derselben, Quintaten (quintam tenens), Veranlassung gegeben hat. Uebrigens ist auch der 5te Theilton an diesen Pfeifen sehr deutlich, wenigstens wenn sie scharf angeblasen werden. Eine andere Abänderung der Klangfarbe ent-steht bei der sogenannten Rohrflöte. Hier ist ein beiderseits of-fenes Röhrchen in den Deckel einer gedackten Pfeife eingesetzt, dessen Länge in den von mir untersuchten Beispielen so gross war, wie eine offene Pfeife sein müsste, die den 5ten Theilton des Klan-ges geben sollte. Dadurch wird an diesen Pfeifen der 5te Theil-ton verhältnissmässig stärker als der ziemlich schwache dritte her-vorgehoben, wodurch der Klang etwas eigenthümlich Helles erhält. Im Vergleich mit dem der offenen Pfeifen hat der Klang der ge-dackten Pfeifen, dem also die geradzahligen Partialtöne fehlen, etwas Hohles; die weiten gedackten Register klingen dumpf, namentlich in der Tiefe, weich und unkräftig. Sie bilden durch ihre Weichheit aber einen sehr wirksamen Gegensatz gegen die schärferen Klangfarben der engeren offenen und der rauschenden Mixturregister, von denen schon oben die Rede gewesen ist, und welche bekanntlich durch Verbindung mehrerer Pfeifen, die einem Grundtone und seinen Obertönen entsprechen, zu einem Klange gebildet werden.

Die Holzpfeifen geben nicht so scharfes Blasegeräusch wie die metallenen, auch widerstehen ihre Wände nicht so gut der Erschütterung durch die Schallwellen, wobei die höheren Tonschwingungen leichter durch Reibung vernichtet zu werden scheinen. Holz giebt deshalb eine weichere oder dumpfere, weniger scharfe Klangfarbe.

Charakteristisch für alle diese Pfeifen ist weiter, dass ihr Ton leicht anspricht, und sie deshalb eine grosse Beweglichkeit musikalischer Figuren zulassen, aber die Stärke ihres Klanges erlaubt fast gar keine Abwechselung, da die Tonhöhe durch geringe Verstärkung des Blasens schon merklich gesteigert wird. Auf der Orgel muss deshalb Forte und Piano durch die Registerzüge hervorgebracht werden, indem man bald mehr, bald weniger Pfeifen, bald starke und scharf tönende, bald schwache und weiche ansprechen lässt. Die Mittel des Ausdrucks sind auf diesem Instrumente deshalb allerdings beschränkt, aber andererseits verdankt es offenbar einen Theil seiner grossartigen Eigenthümlichkeit dem Umstande, dass sein Ton in unveränderlicher Stärke, unberührt von subjectiven Erregungen hinaus strömt.

6. Klänge der Zungenpfeifen.

Der Ton der hierher gehörigen Instrumente wird in ähnlicher Weise wie der der Sirene hervorgebracht dadurch, dass der Weg des Luftstroms sich abwechselnd öffnet und schliesst, wodurch denn der Luftstrom selbst in eine Reihe einzelner Luftstösse zerlegt wird. In der Sirene geschieht dies, wie wir oben auseinander gesetzt haben, mittels der rotirenden durchlöcherten Scheibe; in den Zungenwerken sind es elastische Platten oder Bänder, welche in schwingende Bewegung gesetzt werden, und dabei die Oeffnung, in der sie befestigt sind, bald schliessen, bald frei lassen. Es gehören hierher

1. Die Zungenpfeifen der Orgel und das Harmo-

nium. Ihre Zungen, abgebildet perspectivisch in Fig. 28 A, im Durchschnitt Fig. 28 B, sind länglich viereckige Metallblättchen,

Fig. 28.

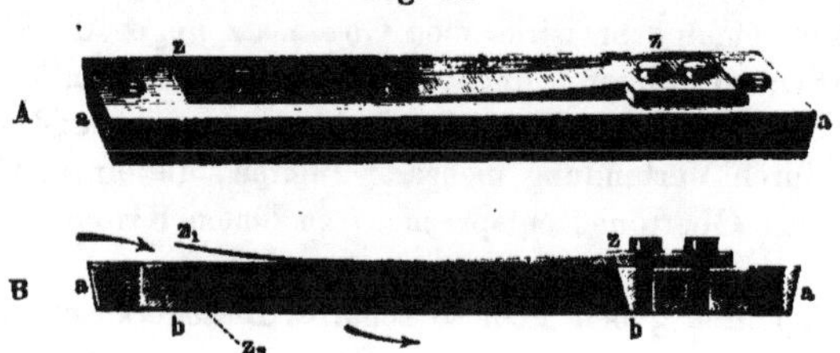

zz, welche auf einer ebenen Messingplatte aa befestigt sind, in der hinter der Zunge eine Oeffnung bb von gleicher Gestalt wie die Zunge angebracht ist. Wenn die Zunge in ihrer Ruhelage sich befindet, schliesst sie die Oeffnung ganz bis auf einen möglichst feinen Spalt längs ihres Randes. Wenn sie in Schwingung versetzt wird, schwankt sie zwischen den in Fig. 28 B mit z_1 und z_2 bezeichneten Stellungen hin und her. In der Stellung z_1 ist, wie man sieht, eine Oeffnung für die einströmende Luft gebildet, deren Richtung durch den Pfeil angedeutet ist; bei der entgegengesetzten Ausbeugung der Zungen nach z_2 hin ist dagegen die Oeffnung geschlossen. Die dargestellte Zunge ist eine durchschlagende, wie sie gegenwärtig allgemein gebräuchlich sind. Solche Zungen sind etwas kleiner, als die zugehörige Oeffnung, so dass sie sich in diese hineinbiegen können, ohne die Ränder der Oeffnung zu berühren. Früher brauchte man auch aufschlagende Zungen, welche bei jeder Schwingung gegen ihren Rahmen schlugen; diese sind aber wegen ihres rasselnden Tones nicht mehr gebräuchlich.

Die Art, wie die Zungen in den Zungenregistern der Orgel befestigt sind, ist abgebildet in A und B, Fig. 29 (a. f. S.). A trägt oben einen Schallbecher, B ist der Länge nach durchschnitten gedacht; pp ist das Windrohr, in welches von unten der Wind eingetrieben wird; die Zunge l ist in der Rinne r, und diese in dem hölzernen Stopfen s befestigt; d ist der Stimmdraht. Dieser drückt unten gegen die Zunge; wenn man ihn tiefer hineinschiebt, macht man die Zunge kürzer und ihren Ton höher; umgekehrt, wenn man ihn herauszieht. Dadurch kann man kleine Aenderungen der Tonhöhe leicht beliebig herbeiführen.

2. Ziemlich ähnlich construirt sind die aus elastischen Rohr-

platten geschnitzten Zungen der Clarinette, der Oboe und des

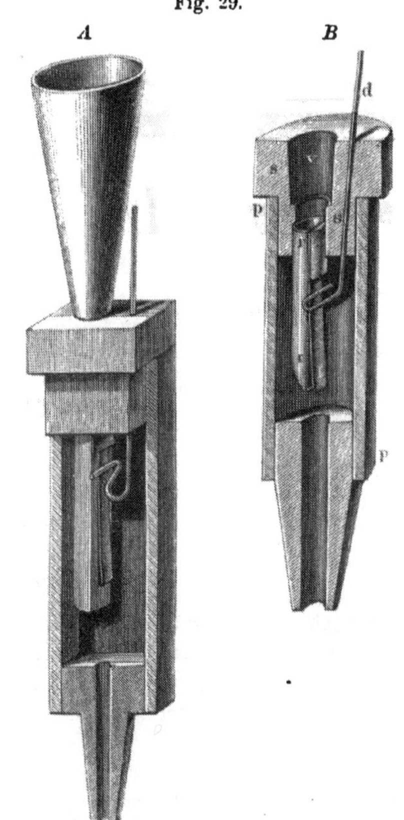

Fig. 29.

Fig. 30

Fagotts. Die Clarinette hat nur eine breite Zunge, die vor einer entsprechenden Oeffnung des Mundstücks ähnlich den beschriebenen Metallzungen befestigt ist, und aufschlagen würde, wenn sie weite Excursionen machte. Ihre Excursionen sind aber klein, und sie wird durch den Druck der Lippen ihrem Rahmen nur so weit genähert, dass sie die Spalte hinreichend verengt, ohne aufzuschlagen. Bei der Oboe und dem Fagott stehen sich zwei solche Rohrzungen am Ende des Mundstücks einander gegenüber, welche durch einen schmalen Spalt getrennt sind, und ebenfalls beim Blasen so weit an einander gedrängt werden, dass sie den Spalt schliessen, so oft sie nach innen schwingen.

3. Membranöse Zungen. Ihre Eigenthümlichkeiten studirt man am besten an künstlich verfertigten Zungen dieser Art. Zu dem Ende schneidet man das obere Ende eines hölzernen oder Guttapercha-Rohres von zwei Seiten her schräg so ab, wie Fig. 30

zeigt, dass zwei etwa rechtwinkelige Spitzen zwischen den beiden schrägen Schnittflächen stehen bleiben. Dann legt man mit leichter Spannung Streifchen von vulkanisirtem Kautschuk über die beiden Abdachungsflächen, so dass sie oben einen schmalen Spalt zwischen sich lassen, und umschlingt sie mit einem Faden. Auf solche Weise ist ein Zungenmundstück hergestellt, welches man beliebig mit Röhren oder anderen Lufträumen verbinden kann. Wenn die Membranen sich nach innen biegen, schliessen sie den Spalt. Nach aussen biegend, öffnen sie ihn. Solche schräg gestellte Membranen sprechen viel leichter an, als wenn man sie nach Joh. Müller's Vorschlag senkrecht gegen die Axe des Rohres stellt. Dann müssen sie erst durch den Luftdruck ausgebogen sein, ehe ihre Schwingung die Spalte abwechselnd zu öffnen und zu schliessen beginnen kann. Man kann solche membranöse Zungen sowohl in Richtung der Pfeile anblasen, als in entgegengesetzter Richtung. Im ersten Falle öffnen sie den Spalt, wenn sie sich gegen den Luftbehälter, also nach der Tiefe der Röhrenleitung bewegen. Solche Zungen nenne ich einschlagende; sie geben angeblasen immer tiefere Töne, als wenn man sie frei schwingen lässt ohne Verbindung mit einem Luftraum. Die bisher erwähnten Zungen der Orgelpfeifen, des Harmonium und der Holzblasinstrumente sind ebenfalls stets als einschlagende gestellt. Man kann die membranösen (und auch die metallenen) Zungen aber auch entgegengesetzt gegen den Luftstrom stellen, so dass sie den Weg öffnen, wenn sie sich nach der äusseren Oeffnung des Instrumentes hin bewegen. Dann nenne ich sie ausschlagende Zungen. Die Töne der ausschlagenden Zungen sind stets höher als die der isolirten Zunge.

Als musikalische Instrumente kommen nur zwei Arten solcher membranöser Zungen in Betracht, nämlich die menschlichen Lippen beim Anblasen der Blechinstrumente und der menschliche Kehlkopf im Gesange.

Die Lippen sind als sehr schwach elastische, mit vielem wasserhaltigem unelastischem Gewebe belastete membranöse Zungen zu betrachten, die deshalb verhältnissmässig sehr langsam schwingen würden, wenn man sie isolirt dazu bringen könnte. Sie bilden in den Blechinstrumenten ausschlagende Zungen, welche nach der eben angegebenen Regel höhere Töne geben müssen, als ihr Eigenton ist. Wegen ihres geringen Widerstandes werden sie aber beim Gebrauch der Blechinstrumente auch leicht durch den wechselnden Druck der schwingenden Luftsäule in Bewegung gesetzt.

Im Kehlkopfe spielen die elastischen Stimmbänder die Rolle membranöser Zungen. Sie sind von vorn nach hinten gespannt, ähnlich den Kautschukbändern der Fig. 31, und lassen zwischen sich einen Spalt, die Stimmritze. Sie haben vor allen künstlich nachgebildeten Zungen den Vorzug voraus, dass die Weite ihres Spalts, ihre Spannung und selbst ihre Form willkürlich ausserordentlich schnell und sicher geändert werden kann, wozu noch die grosse Veränderlichkeit des durch die Mundhöhle gebildeten Ansatzrohres kommt, so dass eine viel grössere Mannigfaltigkeit von Klängen durch sie hervorgebracht werden kann, als durch irgend ein künstliches Instrument. Wenn man die Stimmbänder mit dem Kehlkopfspiegel von oben her betrachtet, während ein Ton hervorgebracht wird, so sieht man sie namentlich bei tieferen Brusttönen sehr ausgiebige Schwingungen machen, wobei die Stimmritze ganz eng geschlossen wird, so oft sie nach innen schlagen.

Die Tonhöhe der hier erwähnten verschiedenen Zungenwerke wird mittels sehr verschiedener Verfahrungsweisen geändert. Die metallenen Zungen der Orgel und des Harmonium sind immer nur für die Erzeugung eines einzigen Tones bestimmt. Auf die Bewegung dieser verhältnissmässig schweren und steifen Zungen hat der Druck der schwingenden Luft einen sehr geringen Einfluss, so dass auch ihre Tonhöhe innerhalb des Instrumentes sich nur wenig von derjenigen zu unterscheiden pflegt, welche die freie Zunge für sich giebt. Für jede Note müssen diese Instrumente mindestens eine Zunge haben.

In den Holzblasinstrumenten haben wir nur eine einzige Zunge, welche für die ganze Notenreihe dienen muss. Die Zungen dieser Instrumente sind aber aus leichtem elastischem Holze gebildet, welches durch den wechselnden Druck der schwingenden Luftmasse leicht in Bewegung gesetzt wird, und die Schwingungen der Luft mitmacht. Es können die genannten Instrumente deshalb ausser solchen sehr hohen Tönen, die der eigenen Tonhöhe ihrer Zungen nahe entsprechen würden, wie Theorie und Erfahrung übereinstimmend zeigen *), auch noch andere von dieser Tonhöhe weit

---

*) Siehe Helmholtz, Verhandlungen des naturhistorischen medicinischen Vereins zu Heidelberg vom 26. Juli 1861, in den Heidelberger Jahrbüchern. — Poggendorff's Annalen 1861.

entfernte tiefere Töne hervorbringen, deren Tonhöhe dadurch bestimmt ist, dass die in dem Rohre des Instrumentes entstehenden Luftwellen in dessen Tiefe, wo sich die Zunge befindet, einen hinreichend starken Wechsel des Luftdruckes müssen hervorbringen können, dass die Zunge merklich bewegt wird. In einer schwingenden Luftsäule ist aber der Druckwechsel am grössten, wo die Geschwindigkeit der Lufttheilchen am kleinsten ist, und da am Ende eines geschlossenen Rohres, wie das der gedackten Orgelpfeifen ist, die Geschwindigkeit immer gleich Null, also ein Minimum, der Druckwechsel daher ein Maximum sein muss, so sind die besprochenen Töne der Zungenpfeifen gleich denen, welche das Ansatzrohr allein hervorbringen würde, wenn es am Ort der Zunge verschlossen wäre, und als gedackte Pfeife angeblasen würde. In der musikalischen Anwendung werden nun diejenigen Töne dieser Instrumente, welche dem eigenen Tone der Zunge entsprechen, gar nicht gebraucht, weil sie sehr hoch und kreischend sind, auch ihre Tonhöhe nicht hinreichend unveränderlich sein kann, wenn die Zunge feucht wird; es werden vielmehr nur solche Töne hervorgebracht, welche viel tiefer als der Ton der Zunge sind, und deren Tonhöhe von der Länge der Luftsäule abhängt, indem sie den eigenen Tönen des gedackten Rohres entsprechen.

Die Clarinette hat ein cylindrisches Rohr, dessen Eigentöne dem dritten, fünften, siebenten etc. Theiltone des Grundtones entsprechen. Durch verändertes Anblasen kann man vom Grundtone auf die Duodecime oder die höhere Terz übergehen; ausserdem lässt sich die akustische Länge des Rohres verändern, wenn man die Seitenlöcher der Clarinette öffnet, indem dann hauptsächlich nur die Luftsäule zwischen Mundstück und dem obersten geöffneten Seitenloch schwingt.

Die Oboe und das Fagott haben kegelförmige Röhren. Kegelförmige Röhren, welche bis zur Spitze ihres Kegels hin geschlossen sind, haben Eigentöne, welche denen von gleich langen offenen Röhren gleich sind. Dem entsprechend sind denn auch die Töne der beiden genannten Instrumente nahehin entsprechend denen von offenen Pfeifen. Durch Ueberblasung geben sie die Octave, Duodecime, zweite Octave etc. des Grundtones. Die Töne dazwischen werden durch Oeffnung der Seitenlöcher gewonnen.

Die älteren Hörner und Trompeten bestehen aus einem langen kegelförmigen gewundenen Rohre ohne Klappen oder Ventile; sie können nur solche Töne geben, welche den eigenen Tönen des

Rohres entsprechen, die hier wieder den natürlichen harmonischen
Obertönen des Grundtones gleich sind. Da der Grundton eines so
langen Rohres aber sehr tief ist, liegen die Obertöne in den mittleren Gegenden der Scala ziemlich nahe zusammen, namentlich bei
dem sehr langen Rohre des Horns *), so dass dadurch die meisten
Stufen der Scala gegeben sind. Die Trompete war auf diese natürlichen Töne beschränkt, beim Horn konnte man mit der Faust,
die den Schallbecher verengert, bei der Posaune durch den Auszug
des Rohres die fehlenden Töne einigermassen ergänzen, die unpassenden verbessern. In neuerer Zeit hat man Trompeten und Hörner vielfältig mit Klappen versehen, um die fehlenden Töne zu ergänzen, wobei aber die Kraft des Tones und der Glanz der Klangfarbe einigermassen leidet. Die Schwingungen der Luft in diesen
Instrumenten sind ungemein mächtig, und nur feste, glatte und un-
durchbrochene Röhren können ihnen vollen Widerstand leisten, so
dass nichts von ihrer Kraft verloren geht. Beim Gebrauch der
Blechinstrumente kommt die verschiedene Form und Spannung der
Lippen des Bläsers nur insoweit in Betracht, als dadurch bestimmt
wird, welcher von den eigenen Tönen des Rohres anspricht, während die Höhe der einzelnen Töne so gut wie unabhängig von der
Spannung der Lippen ist.

Im menschlichen Kehlkopfe dagegen wird die Spannung der
Stimmbänder, welche hier die membranösen Zungen bilden, selbst
verändert und bestimmt die Höhe des Tones. Die mit dem Kehlkopfe verbundenen Lufthöhlen sind nicht geeignet, den Ton der
Stimmbänder beträchtlich zu verändern; namentlich haben sie zu
nachgiebige Wände, als dass in ihnen Luftschwingungen zu Stande
kommen könnten, stark genug, um den Stimmbändern eine Schwingungsperiode aufzudrängen, die nicht der von ihrer eigenen Elasticität geforderten sich anpasst. Auch ist die Mundhöhle ein zu kurzes und meist zu weit geöffnetes Ansatzrohr, als dass ihre Luftmasse
wesentlichen Einfluss auf die Tonhöhe haben könnte.

Ausser der veränderten Spannung der Stimmbänder, welche
nicht bloss durch Entfernung ihrer Ansatzpunkte an den Knorpeln
des Kehlkopfes von einander vergrössert werden kann, sondern

---

*) Das Rohr des Waldhorns ist nach Zamminer 27 Fuss lang, sein
eigentlicher Grundton $Es-_1$, dieser und der nächste Es werden nicht gebraucht, wohl aber die weiteren Töne $B, es, g, b, des'-, es', f', g', as'-a',$
b' etc.

auch durch willkürliche Spannung der in ihnen gelegenen Muskelfasern, scheint auch die Dicke der Stimmbänder sich verändern zu können. Es liegt nach unten von den eigentlich elastischen Faserzügen und Muskelfasern der Stimmbänder noch viel weiches, mit Wasser getränktes, unelastisches Gewebe, welches bei der Bruststimme wahrscheinlich als Belastung der elastischen Bänder eine Rolle spielt und ihre Schwingungen verlangsamt. Die Fistelstimme entsteht wahrscheinlich dadurch, dass die unter den Bändern gelegene Schleimhautmasse nach der Seite gezogen wird, und so der Rand der Bänder schärfer, das Gewicht ihres schwingenden Theils vermindert wird, während ihre Elasticität dieselbe bleibt.

Wir kommen jetzt zur Erörterung der Klangfarbe der Zungenpfeifen, unserem eigentlichen Gegenstande. Der Schall wird in diesen Pfeifen erregt durch die intermittirenden Luftstösse, welche durch die von der Zunge geschlossene Oeffnung bei jeder ihrer Schwingungen hindurchbrechen. Eine frei schwingende Zunge hat eine viel zu kleine Oberfläche, als dass sie eine irgend in Betracht kommende Quantität von Schallbewegung an die Luft abgeben könnte; ebenso wenig geschieht dies in den Pfeifen. Der Schall entsteht vielmehr ganz so, wie in der Sirene, deren Metallscheibe gar keine Schallschwingungen ausführt, nur durch die Luftstösse. Durch die wechselnde Oeffnung und Verschliessung des Kanals wird der continuirliche Fluss des Luftstroms in eine periodisch wiederkehrende Bewegung verwandelt, welche das Ohr zu afficiren vermag. Wie jede periodische Bewegung der Luft kann auch diese in eine Reihe von einfachen Schwingungen zerlegt werden. Schon früher ist bemerkt worden, dass die Zahl der Glieder einer solchen Reihe desto grösser ist, je discontinuirlicher die zu zerlegende Bewegung ist. Das ist nun die Bewegung der durch eine Sirene oder an einer Zunge vorbeiströmenden Luft in hohem Grade, da die einzelnen Luftstösse während der Zeiträume, wo die Oeffnung geschlossen ist, meist durch vollständige Pausen von einander getrennt sein müssen. Freie Zungen ohne Ansatzrohr, bei denen alle die einzelnen einfachen Töne der von ihnen erregten Luftbewegung unmittelbar und frei an die umgebende Luftmasse übergehen, haben deshalb immer einen sehr scharfen, schneidenden oder schnarrenden Klang, und man hört in der That mit bewaffnetem oder unbewaffnetem Ohre eine lange Reihe von Obertönen bis zum sechzehnten oder zwanzigsten stark und deutlich, und selbst noch höhere Obertöne sind offenbar vorhanden, wenn auch schwer oder gar nicht von einander zu scheiden, da sie einander näher liegen als halbe Tonstufen. Dieses Gewirr dissonirender Töne macht die Klänge freier Zungen sehr unangenehm. Eine solche Art des Klanges zeigt ebenfalls, dass die Luftstösse die Quelle des Tones sind. Ich habe die schwingende Zunge einer Zungenpfeife, wie Fig. 30, während sie angeblasen wurde, nach Lissajou's Methode mit dem Vibrationsmikroskop beobachtet, um die Schwingungsform der Zunge zu ermitteln, und habe gefunden, dass die Zunge ganz regelmässige einfache Schwingungen ausführt. Sie würde deshalb auch an die Luft nur einen einfachen Ton abgeben können, nicht einen zusammengesetzten Klang, wenn der erzeugte Schall wirklich direct durch ihre Schwingungen hervorgebracht würde.

Uebrigens ist nun die Stärke der Obertöne, welche eine Zunge ohne Ansatzrohr giebt, und ihr Verhältniss zum Grundton sehr abhängig von der Beschaffenheit der Zunge, von ihrer Stellung zum Rahmen, von der Dichtigkeit, mit der sie schliesst etc. Aufschlagende Zungen, welche die am meisten discontinuirlichen Luftstösse geben, geben auch den schärfsten Klang. Je kürzer die Luftstösse, je plötzlicher sie eintreten, desto mehr hohe Obertöne werden wir erwarten dürfen, ganz wie bei der Sirene nach Seebeck's Untersuchungen der Fall ist. Hartes unnachgiebiges Material, wie das der Messingzungen, wird die Luftstösse viel abgerissener hervortreten lassen, als weiches nachgiebiges. Hierin haben wir wahrscheinlich hauptsächlich den Grund zu suchen, warum unter allen Klängen von Zungenpfeifen die menschlichen Gesangstöne gut gebildeter Kehlen sich durch Weichheit auszeichnen. Indessen ist auch an den menschlichen Stimmen, namentlich wenn sie in angestrengtem Forte gebraucht werden, die Zahl der hohen Obertöne sehr gross, sie reichen noch sehr deutlich und kräftig bis in die viergestrichene Octave hinauf, worauf wir gleich nachher zurückkommen werden.

Wesentlich verändert sich nun der Klang der Zungen durch die Ansatzröhren, indem nämlich diejenigen Obertöne, welche eigenen Tönen des Ansatzrohres entsprechen, beträchtlich verstärkt werden und hervortreten, ähnlich wie das bei den Orgelpfeifen mit den Tönen des Luftgeräusches geschah. Die Ansatzröhren müssen dabei als an der Stelle der Zunge geschlossen betrachtet werden *).

---

*) Siehe Beilage VI.

Ich habe als Ansatzrohr einer Messingzunge, wie sie in den Orgeln gebraucht wird, und welche b gab, eine meiner grösseren Resonanzkugeln aufgesetzt, welche ebenfalls auf b abgestimmt war. Nachdem der Druck im Blasebalg beträchtlich gesteigert war, sprach die Zunge an, etwas tiefer als sonst, aber ich erhielt einen ausserordentlich vollen, starken, schönen und weichen Klang, dem fast alle Obertöne fehlten. Ich gebrauchte dabei wenig Luft, diese aber von starkem Druck. Hier war nur der Grundton des Klanges im Einklange mit der stark resonirenden Glaskugel, und wurde deshalb sehr mächtig. Keiner der höheren Töne konnte verstärkt werden. Die Theorie der Luftschwingungen in der Kugel zeigt weiter, dass in der Kugel der höchste Druck immer eintreten musste, zu der Zeit, wo die Zunge sich öffnete. Daher war starker Druck im Blasebalg nöthig, um den gesteigerten Druck in der Kugel zu überwinden, und trotz dessen wurde nicht viel Luft entleert.

Wenn man statt der Glaskugel andere Aufsatzröhren anwendet, welche eine grössere Anzahl von eigenen Tönen haben, so erhält man auch zusammengesetztere Klänge. An der Clarinette haben wir ein cylindrisches Rohr, welches durch seine Resonanz die ungeradzahligen Obertöne des Klanges verstärkt. Die kegelförmigen Röhren dagegen der Oboen, Fagotte, Trompeten und Hörner verstärken sämmtliche harmonische Obertöne des Klanges bis zu einer gewissen Höhe hinauf. Für Tonwellen nämlich, deren Länge die Weite der Oeffnungen nicht bedeutend übertrifft, geben die Röhren keine Resonanz mehr. So habe ich denn in der That in dem Klange der Clarinetten nur ungerade Obertöne gefunden, deutlich bis zum siebenten hinauf, während die Klänge der übrigen genannten Instrumente, deren Röhren kegelförmig sind, auch die geradzahligen enthalten. Ueber die weiteren Unterschiede des Klanges der einzelnen Instrumente mit kegelförmigen Röhren hatte ich aber bis jetzt keine Gelegenheit Beobachtungen zu machen. Es ist dies ein ziemlich weitläufiges Feld der Untersuchung, da die Klangfarbe auch durch die Art des Anblasens sich vielfältig verändert, und selbst an demselben Instrumente die verschiedenen Theile der Scala, wenn sie die Eröffnung von Seitenlöchern erfordern, ziemlich verschiedene Klangfarbe haben. Namentlich sind an den Holzblasinstrumenten diese Unterschiede auffallend. Die Eröffnung von Seitenlöchern ist immer kein vollständiger Ersatz für die Verkürzung des Rohres, und die Reflexion der Schallwellen geschieht dort nicht wie an einem freien offenen Ende des Rohres. Die Obertöne eines solchen Rohres, welches durch ein geöffnetes Seitenloch abgegrenzt ist, werden meist beträchtlich abweichen müssen von der harmonischen Reinheit, und dies wird auf ihre Resonanz merklichen Einfluss haben.

7. Klänge der Vocale.

Wir haben bisher diejenigen Fälle von Resonanz des Ansatzrohres besprochen, wo dasselbe im Stande war zunächst den Grundton und ausser diesem noch eine gewisse Anzahl von den harmonischen Obertönen des betreffenden Klanges zu verstärken. Es kann nun auch der Fall vorkommen, dass der tiefste Ton des Ansatzrohres nicht dem Grundton, sondern einem der Obertöne des Klanges entspricht, und in solchen Fällen finden wir den bisher entwickelten Grundsätzen gemäss, dass in der That der betreffende Oberton auch mehr als der Grundton und die übrigen Obertöne durch die Resonanz des Ansatzrohres verstärkt wird, und sich deshalb aus der Reihe der übrigen Obertöne besonders stark heraushebt. Der Klang bekommt dadurch einen besonderen Charakter, er wird nämlich einem der Vocale der menschlichen Stimme mehr oder weniger ähnlich. Denn in der That sind die Vocale der menschlichen Stimme Töne membranöser Zungen, nämlich der Stimmbänder, deren Ansatzrohr, nämlich die Mundhöhle, verschiedene Weite, Länge und Stimmung erhalten kann, so dass dadurch bald dieser, bald jener Theilton des Klanges verstärkt wird *).

Um die Zusammensetzung der Vocalklänge zu begreifen, muss man zunächst berücksichtigen, dass der Ursprung ihres Schalles in den Stimmbändern liegt, und dass diese bei laut tönender Stimme als membranöse Zungen wirken, und wie alle Zungen, zunächst eine Reihe entschieden discontinuirlicher und scharf getrennter Luftstösse hervorbringen, die, wenn sie als eine Summe einfacher Schwingungen dargestellt werden sollen, einer sehr grossen Anzahl von solchen Schwingungen entsprechen, und deshalb im Ohre als ein aus einer

---

*) Die Theorie der Vocaltöne ist zuerst von Wheatstone in einer leider wenig bekannt gewordenen Kritik über die Versuche von Willis hingestellt worden. Diese Versuche sind beschrieben in Transact. of Cambridge Phil. Soc. T. III, p. 231. Poggend. Annalen der Physik. Bd. XXIV, S. 397. — Wheatstone's Bericht darüber in London and Westminster Review 1837, October.

ziemlich langen Reihe von Obertönen zusammengesetzter Klang erscheinen. Mit Hilfe der Resonanzröhren kann man in tiefen, kräftig gesungenen Bassnoten bei den helleren Vocalen sehr hohe Obertöne, selbst bis zum sechszehnten hin, erkennen, und bei etwas angestrengtem Forte der höheren Noten jeder menschlichen Stimme erscheinen deutlicher als bei allen anderen Tonwerkzeugen hohe Obertöne aus der Mitte der viergestrichenen Octave (der obersten Octave der neuen Claviere), von deren besonderer Beziehung zum Ohre wir später noch handeln werden. Die Stärke der Obertöne, namentlich der ganz hohen, ist übrigens ziemlich grossen individuellen Verschiedenheiten unterworfen. Sie ist bei scharfen und hellen Stimmen grösser als bei weichen und dumpfen. Bei scharfen Stimmen mag der Grund ihrer Klangfarbe vielleicht darin zu suchen sein, dass die Ränder der Stimmbänder nicht glatt oder gerade genug sind, um sich zu einem engen geradlinigen Spalte zusammenlegen zu können, ohne dabei aneinander zu stossen, und dass dadurch der Kehlkopf sich mehr den aufschlagenden Zungenwerken nähert, die eine viel schärfere Klangfarbe haben, während die normalen Stimmbänder durchschlagende Zungen sind. Bei heiseren Stimmen kann vielleicht der Grund darin gesucht werden, dass kein ganz vollkommener Schluss der Stimmritze zu Stande kommt, während die Bänder schwingen. Wenigstens erhält man von künstlichen membranösen Zungen ähnliche Abänderungen des Klanges, wenn man entsprechende Aenderungen ihrer Stellung ausführt. Zu einem starken und doch weichen Klange der Stimme ist es nöthig, dass die Stimmbänder auch bei den stärksten Schwingungen in den Augenblicken, wo sie sich einander nähern, sich geradlinig ganz eng an einander stellen, so dass sie momentan die Stimmritze vollständig schliessen, ohne doch auf einander zu schlagen. Wenn sie nicht vollständig schliessen, wird der Luftstrom nicht vollständig unterbrochen, und der Ton kann nicht stark werden. Wenn sie aneinanderschlagen, muss, wie schon bemerkt ist, der Klang scharf werden, wie von aufschlagenden Zungen. Wenn man durch den Kehlkopfspiegel die tönenden Stimmbänder betrachtet, ist es auffallend, mit welcher Genauigkeit sie schliessen bei Schwingungen, deren Breite fast der ganzen Breite der Bänder gleich ist.

Uebrigens findet beim Sprechen und beim Singen eine gewisse Verschiedenheit im Ansatz der Stimme statt, vermöge deren wir beim Sprechen einen viel schärferen Klang, namentlich der offenen Vocale, hervorbringen, und wobei wir im Kehlkopf einen stärkeren

Druck fühlen. Ich vermuthe, dass beim Sprechen die Stimmbänder als aufschlagende Zungen gestellt werden.

Wenn die Schleimhaut des Kehlkopfes catarrhalisch ist, sieht man durch den Kehlkopfspiegel zuweilen kleine Schleimflöckchen in die Stimmritze eintreten. Diese stören, wenn sie zu gross sind, die Bewegung der schwingenden Bänder und machen sie unregelmässig, wobei auch der Klang unregelmässig, knarrend oder heiser wird. Uebrigens ist merkwürdig, wie verhältnissmässig grosse Schleimflöckchen in der Stimmritze liegen können, ohne eine gerade sehr auffallende Verschlechterung des Klanges hervorzubringen.

Es ist schon erwähnt worden, dass es meist viel schwerer ist, die Obertöne der menschlichen Stimme mit unbewaffnetem Ohre zu erkennen, als die Obertöne anderer Tonwerkzeuge; die Resonatoren sind für diese Untersuchung nothwendiger, als für die Analyse irgend eines anderen Klanges. Doch sind sie zuweilen von aufmerksamen Beobachtern gehört worden; schon Rameau hat sie im Anfang des vorigen Jahrhunderts gekannt, und später erwähnt Seiler in Leipzig, dass er in schlaflosen Nächten, auf den Gesang des Nachtwächters lauschend, zuweilen anfangs aus der Ferne die Duodecime des Gesanges gehört habe, und später erst den Grundton. Der Grund dieser Schwierigkeit ist wohl darin zu suchen, dass wir die Klänge der menschlichen Stimme mehr, als irgend welche andere, unser Leben hindurch mit unserer Aufmerksamkeit verfolgt und beobachtet haben, immer in der Absicht, sie als ein Ganzes aufzufassen, und die mannigfachen Abänderungen ihrer Klangfarbe genau kennen zu lernen und wahrzunehmen.

Wir dürfen wohl annehmen, dass bei den Klängen des menschlichen Kehlkopfes, wie bei denen anderer Zungenwerke, die Obertöne mit steigender Höhe an Stärke continuirlich abnehmen würden, wenn wir sie ohne die Resonanz der Mundhöhle beobachten könnten. In der That entsprechen sie dieser Annahme ziemlich gut bei denjenigen Vocalen, welche mit trichterförmig weit geöffneter Mundhöhle gesprochen werden, nämlich beim scharfen A oder Ä. Dieses Verhältniss wird nun aber sehr wesentlich verändert durch die Resonanz in der Mundhöhle. Je mehr die Mundhöhle verengert ist, entweder durch die Lippen oder durch die Zunge, desto entschiedener kommt ihre Resonanz für Töne von ganz bestimmter Höhe zum Vorschein, und desto mehr verstärkt sie dann auch in dem Klange der Stimmbänder diejenigen Obertöne, welche sich den bevorzugten Graden der Tonhöhe nähern; desto mehr werden dagegen die übrigen gedämpft. Bei der Untersuchung des Klanges der menschlichen Stimme mittels der Resonatoren findet man deshalb wohl ziemlich regelmässig die ersten sechs bis acht Obertöne zwar deutlich wahrnehmbar, aber je nach den verschiedenen Stellungen der Mundhöhle in sehr verschiedener Stärke, bald mächtig in das Ohr hineinschmetternd, bald kaum vernehmbar.

Unter diesen Verhältnissen ist die Untersuchung der Resonanz in der Mundhöhle von grosser Wichtigkeit. Das sicherste und leichteste Verfahren, diejenigen Töne zu finden, auf welche die Luftmasse der Mundhöhle in den verschiedenen Stellungen abgestimmt ist, die sie zur Hervorbringung der verschiedenen Vocale annimmt, ist dasselbe, welches man für Glasflaschen und andere Lufträume anwendet. Man nimmt nämlich angeschlagene Stimmgabeln von verschiedener Höhe und bringt sie vor die Mündung des Luftraumes, in unserem Falle vor den geöffneten Mund, wobei man dann den Ton der Stimmgabel um so stärker hört, je genauer er einem der eigenen Töne der in der Mundhöhle eingeschlossenen Luftmasse entspricht. Da man die Stellung der Mundhöhle willkürlich verändern kann, so lässt sie sich denn auch stets dem Tone einer gegebenen Stimmgabel anpassen, und man ermittelt also auf diese Weise leicht, welche Stellung man der Mundhöhle geben müsse, damit ihre Luftmasse auf eine bestimmte Tonhöhe abgestimmt sei.

Es stand mir eine Reihe von Stimmgabeln zu Gebot, mit denen ich bei einer solchen Untersuchung folgende Resultate gefunden habe.

Die Tonhöhen stärkster Resonanz der Mundhöhle hängen nur ab von dem Vocale, für dessen Bildung man die Mundtheile zurecht gestellt hat, und ändern sich ziemlich beträchtlich selbst bei kleinen Abänderungen in der Klangfarbe des Vocals, wie sie etwa in verschiedenen Dialekten derselben Sprache vorkommen. Dagegen sind die Eigentöne der Mundhöhle fast unabhängig von Alter und Geschlecht. Ich habe im Allgemeinen dieselben Resonanzen bei Männern, Frauen und Kindern gefunden. Was der kindlichen und weiblichen Mundhöhle an Geräumigkeit abgeht, kann durch engeren Verschluss der Oeffnung leicht ersetzt werden, so dass die Resonanz doch eben so tief werden kann, wie in der grösseren männlichen Mundhöhle.

Die Vocale zerfallen in drei Reihen nach der Stellung der

Mundtheile, welche wir mit dem älteren du Bois-Reymond*) folgendermassen hinschreiben können:

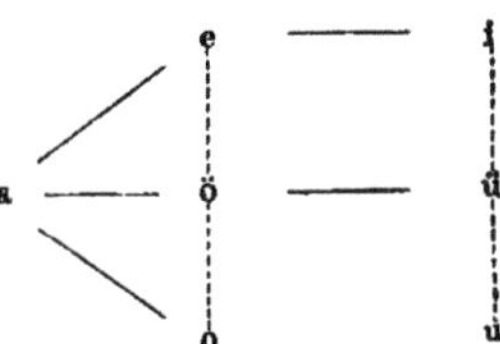

Der Vocal A bildet den gemeinsamen Ausgangspunkt für alle drei Reihen. Ihm entspricht eine sich vom Kehlkopf ab ziemlich gleichmässig trichterförmig erweiternde Gestalt der Mundhöhle. Bei den Vocalen der untersten Reihe O und U wird die Mundhöhle vorn mittels der Lippen verengert, so dass sie beim U vorn am engsten ist, während sie durch Herabziehen der Zunge in ihrer Mitte möglichst erweitert wird, im Ganzen also die Gestalt einer Flasche ohne Hals erhält, deren Oeffnung, der Mund, ziemlich eng ist, deren innere Höhlung aber nach allen Richtungen hin ohne weitere Scheidung zusammenhängt. Die Tonhöhe solcher flaschenförmigen Räume ist desto tiefer, je weiter der Hohlraum und je enger seine Mündung ist. Gewöhnlich lässt sich nur ein Eigenton mit starker Resonanz deutlich erkennen; wenn andere eigene Töne existiren, so sind sie verhältnissmässig sehr hoch und haben nur schwache Resonanz. Ganz diesen Erfahrungen entsprechend, wie man sie an Glasflaschen machen kann, findet man auch, dass beim U, wo die Mundhöhle am weitesten und der Mund am engsten ist, die Resonanz am tiefsten ausfällt, nämlich dem ungestrichenen f entspricht. Wenn man das U in O überführt, steigt die Resonanz allmälig, so dass bei einem vollklingenden reinen O die Stimmung der Mundhöhle gleich b' ist. Die Stellung des Mundes beim O ist besonders günstig für die Resonanz, die Oeffnung des Mundes ist weder zu gross noch zu klein, und die Höhle hinreichend geräumig. Wenn man daher eine auf b' gestimmte Gabel angeschlagen vor die Mundöffnung bringt, während man O leise spricht, oder auch nur die Mundtheile in die Stellung bringt, als wollte man O sprechen, so hört man den Ton

---

*) Norddeutsche Zeitschrift, redigirt von de la Motte Fouqué 1812. — Kadmus oder allgemeine Alphabetik von F. H. du Bois-Reymond, Berlin 1862, S. 152.

der Stimmgabel sehr voll und laut wiederklingen, so dass ein ganzes Auditorium ihn hören kann. Man kann auch die gewöhnlich von den Musikern gebrauchten, auf a' gestimmten Gabeln für denselben Zweck benutzen, nur muss man dann das O schon ein wenig dumpfer aussprechen, um die volle Resonanz zu erhalten.

Führt man die Mundhöhle aus der Stellung des O durch die des $\overset{o}{O}$ und $\overset{o}{A}$ allmälig über in die des A, so steigt dem entsprechend die Resonanz allmälig um eine Octave bis b''. Dieser Ton entspricht dem norddeutschen A; das etwas schärfere A der Engländer und Italiener steigt bis zur Tonhöhe d''', also noch eine Terz höher. Uebrigens ist es gerade beim A besonders auffallend, wie kleine Verschiedenheiten in der Tonhöhe beträchtlichen Abänderungen in dem Klange des Vocals entsprechen, und ich möchte deshalb Sprachgelehrten für die Definition der Vocale verschiedener Sprachen besonders empfehlen, die Tonhöhe stärkster Resonanz für die Mundhöhle festzustellen.

Bei den bisher genannten Vocalen habe ich keinen zweiten Eigenton auffinden können, auch ist es nach der Analogie der Erscheinungen, welche ähnliche künstlich hergestellte Lufträume zeigen, kaum zu erwarten, dass ein solcher in merklicher Stärke existirt. Später zu beschreibende Versuche werden zeigen, dass die Resonanz dieses einen Tones in der That genügt, die genannten Vocale zu charakterisiren.

Die zweite Reihe der Vocale, zu der wir uns wenden, enthält die Folge A, $\ddot{A}$, E, I. Die Lippen werden so weit zurückgezogen, dass sie den Luftstrom nicht mehr beengen, dagegen entsteht eine neue Verengerung zwischen dem vorderen Theile der Zunge und dem harten Gaumen, während der Raum unmittelbar über dem Kehlkopfe sich dadurch erweitert, dass die Zungenwurzel eingezogen wird, wobei gleichzeitig der Kehlkopf emporsteigt. Die Form der Mundhöhle nähert sich dabei derjenigen einer Flasche mit einem engen Halse. Der Bauch der Flasche liegt hinten im Schlunde, der Hals ist der enge Kanal zwischen der oberen Fläche der Zunge und dem harten Gaumen. In der angegebenen Reihenfolge dieser Buchstaben $\ddot{A}$, E, I nehmen diese Veränderungen zu, so dass beim I der Hohlraum der Flasche am grössten, der Hals am engsten ist. Beim A ist der ganze Kanal dagegen noch ziemlich weit, so dass man mit dem Kehlkopfspiegel sehr gut bis in den Kehlkopf hineinsehen kann. Ja dieser Vocal giebt sogar für die Anwendung dieses Instruments die allerbeste Mundstellung, weil die Zungenwurzel, welche beim A

die Einsicht noch hindert, eingezogen ist, und man an ihr vorbeisehen kann.

Wenn man eine mit einem engen Halse versehene Flasche als Resonanzraum anwendet, findet man leicht zwei Töne, von denen der eine angesehen werden kann als Eigenton des Bauches, der andere als ein solcher des Halses der Flasche. Allerdings kann die Luft des Bauches nicht ganz unabhängig von der des Halses schwingen, und die betreffenden eigenen Töne beider Theile müssen deshalb etwas anders, und zwar tiefer ausfallen, als wären Bauch und Hals von einander getrennt, und würden einzeln auf ihre Resonanz geprüft. Der Hals bildet annähernd eine kurze an beiden Enden offene Pfeife. Zwar mündet sein inneres Ende nicht frei in den offenen Luftraum aus, sondern nur in den Hohlraum der Flasche, aber wenn der Hals nur recht eng, der Bauch der Flasche recht weit ist, kann letzterer einigermassen als offener Raum angesehen werden im Verhältniss zu den Schwingungen der im Halse eingeschlossenen Luft. Diese Bedingung trifft am meisten beim I zu; die Länge des Kanals zwischen Zunge und Gaumen von den Oberzähnen bis zum hinteren Rande des knöchernen Gaumens gemessen beträgt etwa 6 Centimeter. Eine offene Pfeife von dieser Länge angeblasen würde den Ton e'''' geben, während die Beobachtungen für den verstärkten Ton des I ungefähr d'''' ergeben, was so weit übereinstimmt, als man bei der Berechnung der Tonhöhe einer so unregelmässig gebildeten Pfeife, wie die zwischen Zunge und Gaumen nur irgend erwarten kann.

Die Vocale $\ddot{A}$, E und I haben dem entsprechend einen höheren und einen tieferen Resonanzton. Die höheren Töne setzen die aufsteigende Reihe von Eigentönen der Vocale U, O, A fort. Mit Stimmgabeln habe ich für $\ddot{A}$ den Ton g''' bis as''' gefunden, für E den Ton b'''. Für I hatte ich keine passende Gabel mehr; man kann sich aber hier helfen mittels des Luftgeräusches, welches ich gleich nachher besprechen werde, und dieses ergiebt ziemlich bestimmt d''''.

Die tieferen Eigentöne, welche der hinteren Abtheilung der Mundhöhle angehören, sind etwas schwerer zu bestimmen. Man kann dazu Stimmgabeln anwenden; doch ist die Resonanz verhältnissmässig schwach, weil sie eben durch den langen engen Hals des Luftraumes hindurchgeleitet werden muss. Es ist ferner darauf zu achten, dass diese Resonanz nur eintritt, so lange man den betreffenden Vocal mit der Flüsterstimme leise angiebt, und schwin-

det, wenn man schweigt, weil sich im letzteren Falle sogleich die
Gestalt der Höhle ändert, von der diese Resonanz abhängt. Man
muss auch die angeschlagene Stimmgabel möglichst nahe an die
hinter den Oberzähnen gelegene Oeffnung des Luftraumes bringen.
So fand ich für das $\ddot{A}$ d''', für das E f'. Für I konnte ich sie nicht
direct mit den Stimmgabeln beobachten; doch schliesse ich aus den
Obertönen, dass sie etwa so tief wie die des U bei f liegt. Wenn
man also vom A zum I übergeht, steigen diese tieferen Eigentöne
der Mundhöhle herab, während die höheren aufsteigen.

Bei der dritten Reihe von Vocalen, welche von A durch $\ddot{O}$ nach
$\ddot{U}$ übergeht, haben wir im Inneren des Mundes dieselbe Stellung der
Zunge wie für die vorhergehende Reihe. Für das $\ddot{U}$ nämlich ungefähr dieselbe wie für einen zwischen E und I in der Mitte gelegenen Vocal, für das $\ddot{O}$ dagegen dieselbe wie für ein E, welches
ein wenig nach $\ddot{A}$ zieht. Ausser der Verengerung, welche hier wie
bei der zweiten Reihe zwischen Zunge und Gaumen besteht, verengern sich aber auch die Lippen wieder und zwar so, dass sie sich
ebenfalls so gut sie können zu einer Röhre formen, und somit eine
vordere Verlängerung der zwischen Zunge und Gaumen liegenden
Röhre bilden. Der Luftraum der Mundhöhle im Ganzen ist also
auch bei diesen Vocalen einer mit einem Halse versehenen Flasche
ähnlich geformt, deren Hals aber länger ist als bei den Vocalen der
zweiten Reihe. Beim I fand ich diesen Hals 6 Centimeter lang,
beim $\ddot{U}$ beträgt seine Länge, von dem vorderen Rande der Ober-
lippe bis zum Anfang des weichen Gaumens gemessen, 8 Centimeter. Die Tonhöhe des höheren Eigentons, welcher der Resonanz des
Halses entspricht, muss dadurch ungefähr um eine Quarte tiefer
werden als beim I. Der Rechnung nach müsste diese Pfeife h'''
geben, wenn ihre beiden Enden frei wären; in Wirklichkeit resonirt
sie durch eine Stimmgabel, deren Ton zwischen g''' und as''' liegt,
wie wir denn auch beim I eine solche Abweichung gefunden haben,
welche in diesem wie in jenem Falle wohl dadurch zu erklären ist,
dass das hintere Ende dieser Röhre zwar in einen erweiterten, aber
doch nicht ganz freien Raum ausmündet. Die Resonanz des hinteren Raumes ist nach denselben Regeln zu beobachten, wie bei den
Vocalen der I-Reihe. Sie findet sich bei $\ddot{O}$ gleich der von E, nämlich f', bei $\ddot{U}$ gleich der von I, nämlich f.

Die Thatsache, dass die Mundhöhle bei verschiedenen Vocalen
auf verschiedene Tonhöhen abgestimmt sei, ist zuerst von Don-

ders*), und zwar nicht mit Hülfe von Stimmgabeln, aufgefunden worden, sondern mittels des Geräusches, welches beim Flüstern der Luftstrom im Munde hervorbringt. Die Mundhöhle wird dabei gleichsam wie eine Orgelpfeife angeblasen, und verstärkt durch ihre Resonanz die entsprechenden Töne des Luftgeräusches, welches theils in der verengerten Stimmritze **), theils in den vorderen verengten Stellen des Mundes, wo dergleichen sind, hervorgebracht wird. Dabei kommt es allerdings gemeiniglich nicht zu einem vollen Ton; nur beim $Ü$ und U kann das Luftgeräusch zu einem solchen gesteigert werden, indem man mit dem Munde zu pfeifen beginnt. Beim Sprechen wäre dies aber ein Fehler. Vielmehr tritt gewöhnlich nur dieselbe Art der Verstärkung des Luftgeräusches ein, wie bei einer Orgelpfeife, welche wegen falscher Stellung der Lippe oder ungenügender Windstärke nicht gut anspricht. Doch zeigt ein solches Geräusch, wenn es auch nicht zum vollen musikalischen Tone wird, schon eine ziemlich eng begrenzte Tonhöhe, welche sich durch ein geübtes Ohr bestimmen lässt. Nur irrt man sich, wie in allen solchen Fällen, wo Töne von sehr verschiedener Klangfarbe zu vergleichen sind, leicht in der Octave. Hat man aber einige von den Tonhöhen, auf die es ankommt, mittels der Resonanz von Stimmgabeln bestimmt, andere, wie $Ü$ und $Ö$ dadurch, dass man sie in regelmässiges Pfeifen überführt, so sind die übrigen leicht zu bestimmen, indem man sie mit den ersteren in melodischer Folge zusammenfügt. So giebt die Folge:

$$\text{Scharfes } A,\ Ä,\ E,\ I$$
$$d'''\ g'''\ b'''\ d'''',$$

einen aufsteigenden Quartsextenaccord des g-Moll-Dreiklanges, und lässt sich leicht mit der entsprechenden Tonfolge auf dem Clavier vergleichen. Die Lage des A, $Ä$ und E konnte ich noch

----

*) Archiv für die Holländischen Beiträge für Natur- und Heilkunde von Donders und Berlin. Bd. I, S. 157. Aeltere unvollständige Wahrnehmungen über denselben Gegenstand bei Samuel Reyher Mathesis mosaica, Kiel 1619. — Chr. Hellwag de formatione loquelae Diss. Tubingae 1780. — Flörke, Neue Berliner Monatsschrift, Septbr. 1803, Febr. 1804. — Olivier, Ortho-epo-graphisches Elementarwerk 1804, Thl. III, S. 21.

**) Es ist der hinterste Theil der Stimmritze zwischen den Giessbeckenknorpeln, welcher beim Flüstern als dreieckige Oeffnung offen bleibt und die Luft passiren lässt, während die Stimmbänder aneinander gelegt werden.

mittels der Stimmgabeln bestimmen, und dadurch auch die des I festsetzen *).

Für das U ist es ebenfalls nicht ganz leicht, die Resonanzhöhe mittels der Stimmgabel zu finden; die Resonanz ist wegen der kleinen Oeffnung des Mundes ziemlich schwach. Hier hat mich ein anderes Phänomen geleitet. Wenn man von c die Scala aufwärts auf den Vocal U singt, fühlt man, wie die Erschütterung der Luft im Munde und selbst an den Trommelfellen beider Ohren, wo sie Kitzel erregt, am heftigsten wird, wenn man bis f gelangt ist, vorausgesetzt, dass man sich bemüht, ein natürliches dumpfes U festzuhalten, ohne es in O übergehen zu lassen. Sobald man f überschreitet, ändert sich die Klangfarbe, die starke Erzitterung im Munde und das Kitzeln in den Ohren hört auf. Es ist hier bei der Note f ganz dieselbe Erscheinung, als wenn man eine Zunge mit einer kugelförmigen Ansatzröhre verbindet, deren eigener Ton dem der Zunge nahehin entspricht. Auch dann erhält man ungemein kräftige Erschütterung der Luft im Inneren der Kugel, und einen plötzlichen Sprung in der Klangfarbe, wenn man von einer tieferen Tonhöhe der Luftmasse durch die Tonhöhe des Zungentons hindurch zu einer höheren übergeht. Dadurch bestimmt sich die Resonanz der Mundhöhle für U auf die Höhe von f noch leichter und sicherer als mittels der Stimmgabeln **). Danach können wir die Re-

---

*) Die Angaben von Donders differiren etwas von den meinigen theils weil sie sich auf die holländische Aussprache beziehen, meine auf die norddeutsche, theils weil Donders, nicht unterstützt durch Stimmgabeln, die Octave nicht sicher finden konnte, in welche die gehörten Geräusche zu legen sind. Folgende Tafel zeigt diese Abweichungen:

Vocal	Tonhöhe nach Donders.	Tonhöhe nach Helmholtz.
U	f'	f
O	d'	b'
A	b'	b''
$Ö$	$g\,?$	cis'''
$Ü$	a''	$g''' - as'''$
E	cis'''	b'''
I	f'''	d''''

**) Doch scheint es, dass hierbei starke individuelle Differenzen vorkommen, und leichte Abänderungen der Aussprache den Ton bis gegen f' hin in die Höhe treiben können (G. Engel).

sonanz der Mundhöhle für die verschiedenen Vocale in Noten ausdrücken wie folgt:

Der Einfluss, den die Abstimmung der Mundhöhle auf die
Klangfarbe der Stimme hat, ist nun ganz derselbe, welchen wir bei
den künstlich construirten Zungenpfeifen schon kennen gelernt haben. Es werden nämlich alle diejenigen Obertöne verstärkt, welche
mit einem der Eigentöne der Mundhöhle zusammenfallen, oder ihm
doch nahe genug liegen, während die übrigen Obertöne mehr oder
weniger gedämpft werden. Die Dämpfung der nicht verstärkten
Töne ist desto auffallender, je enger die Mundhöhle geschlossen
ist, entweder zwischen den Lippen wie beim *U*, oder zwischen
Zunge und Gaumen wie beim *I* und *Ü*.

Es lassen sich diese Unterschiede in den Obertönen der verschiedenen Vocallaute mittels der Resonatoren sehr leicht und deutlich erkennen, wenigstens soweit es sich um Töne der eingestrichenen und zweigestrichenen Octave handelt. Man setze zum Beispiel
einen Resonator, der auf *b′* abgestimmt ist, an das Ohr und lasse
nun eine Bassstimme, welche geübt ist, die Tonhöhe gut festzuhalten und die Vocale richtig zu bilden, auf einen der harmonischen
Untertöne des *b′*, sei es *b* oder *es* oder *B*, *Ges*, *Es*, der Reihe nach
die Vocale in gleichmässiger Stärke singen. Man wird finden, dass bei
einem reinen volltönenden *O* das *b′* des Resonators mächtig in das Ohr
hineinschmettert. Demnächst ist derselbe Oberton in einem scharfen *Ä* und einem Mittelton von *A* und *Ö* noch sehr kräftig, schwächer bei *A*, *E*, *Ö*, am schwächsten bei *U* und *I*. Auch findet man
leicht, dass die Resonanz des *O* sich merklich schwächt, wenn man
es entweder dumpfer macht und dem *U* nähert, oder wenn man es
offener bildet, dass es *Å* wird. Nimmt man dagegen den Resonator eine Octave höher, *b″*, so ist es nun der Vocal *A*, welcher
den Resonator am kräftigsten mittönen lässt, während das beim
ersten Resonator kräftig wirkende *O* hier eine geringe Wirkung hat.

Für die hohen Obertöne des *Ä*, *E*, *I* lassen sich nun allerdings

keine Resonatoren beschaffen, welche eine erhebliche Verstärkung
der betreffenden Obertöne zu geben im Stande sind. Hier ist man
also doch wieder hauptsächlich auf die Beobachtungen des unbewaffneten Ohres angewiesen. Diese Verstärkungstöne in dem Klange
der Stimme zu entdecken, hat mir deshalb viel Mühe gekostet, und
ich habe sie bei meinen früheren Veröffentlichungen *) über diesen
Gegenstand noch nicht gekannt. Zu ihrer Beobachtung ist es besser, hohe Töne weiblicher Stimmen oder männlicher Fistelstimmen
singen zu lassen. Die Obertöne hoher Noten liegen in der betreffenden Gegend der Scala nicht so nahe aneinander, wie die von tiefen Noten, und man unterscheidet sie deshalb leichter von einander.
Auf dem b' zum Beispiel können weibliche Stimmen noch bequem
alle Vocale volltönend herausbringen, höher hinauf ist die Auswahl
beschränkter. Dann hört man die Duodecime f''' bei einem breiten
$\ddot{A}$, die Doppeloctave b''' bei E, und die hohe Terz d'''' bei I deutlich,
letztere oft sogar recht durchdringend, hervortreten.

Bei diesen Versuchen muss man aber darauf achten, dass gewisse Vocale in gewissen Gegenden der Scala viel besser ansprechen
als andere **). So weit meine eigenen, in dieser Beziehung aber
wenig ausgedehnten Beobachtungen reichen, sprechen zunächst immer diejenigen Vocale am besten an, deren charakteristischer Ton
ein wenig höher liegt als die gesungene Note, demnächst diejenigen,
deren charakteristischer Ton der zweite oder dritte Theilton der gesungenen Note ist. Ich finde, dass bei Männern U, dessen charakteristischer Ton f ist, am besten anspricht auf d, e und f, demnächst
auf dem eine Octave tieferen F. E mit dem charakteristischen
Tone f' spricht in den hohen Noten des Basses d', e' und f' an, demnächst in den harmonischen Untertönen des f', nämlich f und B.
An der Grenze meiner Fistelstimme auf b' kann ich nur O, $\ddot{A}$ oder
$A\ddot{o}$ singen, für welche Vocale b' der charakteristische Ton ist. Gerade bei den schwer zu erreichenden Noten, welche an den Grenzen der Stimme liegen, ist der Einfluss der Vocale am auffallendsten.
Die weiblichen Stimmen haben unterhalb des c' alle die Neigung
nach einem dunklen O oder $O\,U$ überzugehen, dessen Eigentöne

---

*) Gelehrte Anzeigen der Bayerischen Akademie der Wissenschaften.
18. Juni 1859.

**) Diese für den Gesang offenbar höchst wichtigen Unterschiede sind
näher berücksichtigt in E. Seiler, Altes und Neues über die Ausbildung
des Gesangorgans. Leipzig 1861, S. 52. — G. Engel, die Vocaltheorie, Berlin
1867. Derselbe in Reichert's Archiv für Anatomie. 1869. S. 309.

hier liegen. In ihren hohen Tönen oberhalb e'' oder f'' spricht A am besten an, dessen charakteristischer Ton bei b'' liegt, oberhalb b'' dann I, dessen Eigenton eine Octave höher liegt und welches wohllautender ist, als das in derselben Höhe liegende $\ddot{A}$.

Wenn man nun bei der Beobachtung der Obertöne eine Note zum Singen wählt, auf der gewisse Vocale besonders stark ansprechen, so hört man auch deren Obertöne verhältnissmässig zu stark. Bei den tiefer liegenden Männerstimmen hat dies weniger Einfluss, weil in der Tiefe nur U und I ihre Verstärkungen haben, und diese in der bequemsten mittleren Gegend der Stimme liegen, wo die Stärke der verschiedenen Vocale leicht gleich gemacht werden kann. Bei den Frauenstimmen dagegen ist dieser Einfluss viel grösser. Namentlich die hohen Soprantöne, welche in das Verstärkungsbereich des Vocals A fallen, sprechen auf A so sehr viel mächtiger an, als auf irgend einen anderen Vocal, dass auch die Obertöne eines solchen A in der oberen Hälfte der dreigestrichenen Octave viel kräftiger heraustreten, als die hier liegenden verstärkten Töne des E und I. Man muss also stets unter den harmonischen Untertönen des Resonanzrohres einen solchen wählen, auf welchem der Sänger die zu vergleichenden Vocale leicht gleich stark angeben kann, oder ihn darauf aufmerksam machen, dass er den leichter angebenden Ton so weit mässige, um ihn dem schwerer ansprechenden gleich zu machen. Uebrigens habe ich bei den Beobachtungen mit den Resonanzröhren, ebenso wie bei denen mit den Stimmgabeln, die Tonhöhe der verstärkten Töne bei mehreren Frauenstimmen der der Männerstimmen gleich gefunden, nur dass die zu tiefen Verstärkungstöne des U und I nicht zum Vorschein kommen können.

Einen eigenthümlichen Umstand muss ich hier noch erwähnen, durch welchen sich die menschliche Stimme vor anderen musikalischen Instrumenten auszeichnet, und eine eigenthümliche Beziehung zum menschlichen Ohre zeigt. Oberhalb der hohen Verstärkungstöne für das I in der Gegend des e'''' bis g'''' klingen die Töne der Claviere eigenthümlich scharf, und man wird leicht zu dem Glauben verleitet, dass diese hohen Töne zu harte Hämmer haben, oder in ihrer Mechanik von ihren Nachbarn irgendwie abweichen. Indessen ist die Sache bei allen Clavieren die gleiche, und wenn man eine ganz kleine Glasröhre oder Glaskugel an das Ohr setzt, so werden die früher scharfen Töne der Scala mild und schwach wie die anderen, während eine andere tiefer gelegene Reihe von Tönen jetzt stärker und schärfer hervortritt. Daraus folgt, dass das menschliche Ohr selbst durch seine Resonanz die Töne zwischen e'''' und g'''' begünstigt, dass es selbst für einen dieser Töne abgestimmt ist *). Empfindlichen Ohren erregen jene Töne auch wohl Schmerz. Dadurch treten nun die Obertöne dieser Lage, wenn sie so hoch hinaufreichen, besonders kräftig hervor, und afficiren das Ohr sehr stark. Das geschieht bei der menschlichen Stimme im Allgemeinen, wenn sie mit Anstrengung gebraucht wird, so dass sie einen schmetternden Charakter bekommt. Bei kräftigen Männerstimmen, welche forte singen, hört man jene Töne gleichsam wie ein helles Schellengerassel mitklingen, am deutlichsten aber bei Chören, wenn die Stimmen etwas schreien. Es giebt jede einzelne Männerstimme in solcher Höhe schon dissonirende Obertöne. Wenn Bässe ihr hohes e' singen, so ist d'''' der siebente, e'''' der achte, fis'''' der neunte, gis'''' der zehnte Oberton. Wenn nun gleichzeitig e'''' und fis'''' stark, d'''' nnd gis'''' schwächer hörbar werden, so giebt das natürlich eine scharfe Dissonanz. Kommen gar viele Stimmen zusammen, welche diese Töne mit kleinen Höheunterschieden angeben, so giebt es eine eigenthümliche Art von Gerassel, was man sehr leicht immer wieder wahrnimmt, wenn man erst einmal darauf aufmerksam geworden ist. Einen Unterschied der Vocale habe ich dabei nicht wahrgenommen, wohl aber hört das Rasseln auf, wenn die Stimmen piano gebraucht werden, obgleich dabei die Tonstärke eines Chors immer noch eine ziemlich bedeutende sein kann. Es ist diese Art von Rasseln eine Eigenthümlichkeit der menschlichen Stimmen, die Orchesterinstrumente bringen es nicht in derselben Weise so deutlich und stark hervor. Ich habe es überhaupt von keinem anderen Tonwerkzeuge je so deutlich gehört, wie von menschlichen Stimmen.

Auch in den Sopranstimmen, wenn sie forte singen, hört man dieselben Obertöne; bei scharfen und unsicheren Stimmen sind sie tremulirend und bekommen dadurch etwas Aehnlichkeit mit dem Gerassel, welches sie in den Klängen der Männerstimmen bilden. Von recht sicheren und wohlklingenden Frauenstimmen und von

---

*) Neuerdings finde ich, dass mein rechtes Ohr am meisten für f'''' und das linke für c'''' empfindlich ist. Wenn ich Luft in die Trommelhöhle eintreibe, geht die Resonanz herab auf cis'''' und gis'''. Der Ton der Grillen entspricht gerade dem höheren Resonanzton, und wenn ich nur ein kurzes Papierröhrchen an den Gehörgang anfüge, wird das Zirpen der Grillen auffallend schwach gehört.

einigen ausgezeichneten Tenorstimmen habe ich sie aber auch schon ganz rein und ruhig fortklingend gehört. Beim melodischen Fortschritte der Singstimme höre ich dann diese hohen Töne der viergestrichenen Octave bald etwas abwärts, bald aufwärts schreitend innerhalb des Umfanges einer kleinen Terz, je nachdem verschiedene Obertöne der gesungenen Noten in das Gebiet einrücken, für welches unser Ohr so empfindlich ist. Auffallend ist es aber, dass gerade die menschliche Stimme so reich ist an Obertönen, für welche das menschliche Ohr so empfindlich ist. Uebrigens bemerkt Frau E. Seiler, dass auch Hunde gegen das hohe c der Violine sehr empfindlich sind.

Diese erwähnte Verstärkung der in der Mitte der viergestrichenen Octave gelegenen Töne hat übrigens mit der Charakteristik der Vocale nichts zu thun; ich habe sie hier nur deshalb erwähnt, weil man die genannten hohen Töne bei Untersuchungen über die Klangfarbe der Vocale und der menschlichen Stimmen leicht bemerkt, und man sich nicht verleiten lassen darf, in ihnen eine besondere Charakteristik einzelner Vocale zu suchen. Sie sind nur eine Charakteristik der angestrengten Stimme.

An das U schliesst sich noch an der brummende Ton, der entsteht, wenn man mit geschlossenem Munde singt. Dieser brummende Ton wird beim Ansatz der Consonanten M, N und NG gebraucht. Die Nasenhöhle, welche hierbei für den Ausgang des Luftstroms dient, hat im Verhältniss zur Grösse ihrer Höhlung eine noch engere Oeffnung, als die Mundhöhle beim Vocal U. Beim Brummen eines Tones treten deshalb die Eigenthümlichkeiten des U in noch gesteigertem Maasse auf. Nämlich obgleich noch Obertöne da sind, und sogar ziemlich hoch hinaufreichen, so nehmen sie nach der Höhe hin noch viel schneller an Stärke ab als beim U. Die höhere Octave des Grundtons hat beim Brummen noch ziemliche Stärke, alle höheren Partialtöne sind aber schwach. Das Brummen in der Mundstellung für M und N unterscheidet sich noch ein wenig in der Klangfarbe, indem beim N die Obertöne weniger gedämpft sind als beim M. Aber ein deutlicher Unterschied dieser Consonanten entsteht doch erst im Moment, wo die Mundhöhle geöffnet oder geschlossen wird. Auf die Zusammensetzung des Schalls der übrigen Consonanten können wir hier nicht näher eingehen, weil sie Geräusche ohne constante Tonhöhe geben, nicht musikalische Klänge, und wir uns hier zunächst auf die letzteren beschränken müssen.

Die hier auseinandergesetzte Theorie der Vocallaute lässt sich
bestätigen durch Versuche mit künstlichen Zungenpfeifen, an welche man passende Ansatzröhren anbringt. Es geschah dies zuerst
durch Willis, welcher Zungenpfeifen mit cylindrischen Ansatzröhren von veränderlicher Länge verband, und durch Verlängerung
des Ansatzrohres verschiedene Töne hervorbrachte. Die kürzesten
Röhren gaben ihm I, dann E, A, O, schliesslich U, bis die Röhre
die Länge einer Viertel-Wellenlänge überschritt. Bei weiterer Verlängerung kehrten die Vocale in umgekehrter Ordnung wieder.
Seine Bestimmung der Tonhöhe der resonirenden Pfeifen stimmt
für die tieferen Vocale gut mit der meinigen überein. Für die höheren Vocale hat Willis aber wohl relativ zu hohe Töne gefunden,
weil dann die Wellenlängen kleiner als der Durchmesser der Röhre
wurden, und deshalb die gewöhnliche Berechnung der Tonhöhe
nach der Länge der Röhre allein nicht mehr anwendbar war. Auch
waren nothwendig die Vocale E und I denen des Mundes ziemlich
unähnlich, wegen Mangels der zweiten Resonanz und deshalb, wie
Willis selbst angiebt, nicht eben gut von einander abzugrenzen.

Vocal	im Worte	Tonhöhe nach Willis	Tonhöhe nach Helmholtz
O	*No*	c''	c''
$A\,O$	*Nought*	es''	es''
	Paw	g''	g''
A	*Part*	des'''	des'''
	Paa	f'''	
E	*Pay*	d''''	b'''
	Pet	c'''''	c''''
I	*See*	g'''''	d''''

Noch besser und deutlicher als mit cylindrischen Röhren erhält
man die Vocale, wenn man abgestimmte kugelförmige Hohlräume
anwendet. Wenn ich auf eine Zungenpfeife, welche b gab, die gläserne Resonanzkugel für b aufsetzte, so erhielt ich den Vocal U,
mit der Kugel b' erhielt ich O, mit der Kugel b'' dagegen A, ein
wenig geschlossen, mit d''' ein scharfes A. Bei gleicher Abstimmung der angesetzten Hohlräume erhalten wir daher auch dieselben
Vocale ganz unabhängig von ihrer Form und Wandung. Auch ist

es mir gelungen, mit derselben Zungenpfeife verschiedene Abstufungen von $\ddot{A}$, $\ddot{O}$, E und I hervorzubringen, indem ich gläserne Hohl-
kugeln aufsetzte, in deren äussere Oeffnung noch ein 6 bis 10 Centimeter langes Glasröhrchen eingefügt war, um die doppelte Resonanz der Mundhöhle bei diesen Vocalen nachzubilden.

Willis hat noch eine andere interessante Methode angegeben,
Vocale hervorzubringen. Wenn man ein Zahnrad mit vielen Zähnen schnell umdreht, und an seinem gezahnten Rande eine Feder
schleifen lässt, so wird die Feder von jedem Zahn gehoben, und
man erhält dadurch einen Ton, dessen Schwingungszahl gleich der
Zahl der vorübergehenden Zähne ist. Nun giebt aber die Feder
selbst, wenn sie an ihrem einen Ende gut befestigt ist und in
Schwingung versetzt wird, einen Ton, der desto höher steigt, je kürzer die Feder gemacht wird. Lässt man nun die Feder schleifen,
während das Rad mit gleichbleibender Geschwindigkeit gedreht
wird, und verändert dann die Länge der Feder: so erhält man bei
langer Feder einen U-ähnlichen Klang, bei kürzerer O, A, E, I, indem der Ton der Uhrfeder hierbei die Rolle des verstärkten Vocal-
tones spielt. Doch ist diese Nachahmung der Vocale allerdings viel
unvollkommener als die mittels der Zungenpfeifen. Aber der Sinn
auch dieses Verfahrens beruht offenbar darin, dass Klänge hervorgebracht werden, in denen gewisse Obertöne, die nämlich, welche dem
eigenen Tone der anschlagenden Feder entsprechen, verstärkt
werden.

Willis selbst hat eine andere Theorie von der Natur der Vocalklänge aufgestellt, als wir es hier dem Zusammenhange aller übrigen akustischen Erscheinungen entsprechend gethan haben. Willis
stellt sich vor, dass die Luftstösse, welche den Klang der Vocale hervorbringen, selbst schon schnell verhallende Töne sind, entsprechend
dem Eigentone der Feder in seinem letzten Versuch oder dem kurzen
Widerhall, welchen ein Stoss oder eine kleine Luftexplosion in der
Mundhöhle, beziehlich im Ansatzrohre einer Zungenpfeife, hervorbringt. In der That hört man etwas dem Vocalklange Aehnliches,
wenn man auch nur mit einem Stäbchen an den Zähnen klappert,
während man die Mundhöhle in die Stellung der verschiedenen Vocale formt. Willis' Beschreibung der Schallbewegung bei den
Vocalen trifft jedenfalls mit der Wirklichkeit ziemlich nahe zusammen; aber sie giebt nur die Art und Weise an, wie die Bewegung
in der Luft geschieht, und nicht die entsprechende Reaction des
Ohres gegen diese Bewegung. Dass auch diese Art der Bewegung

vom Ohre nach den Gesetzen des Mittönens in eine Reihe von Obertönen zerlegt wird, zeigt sich in der übereinstimmenden Analyse des Vocalklanges, wie sie vom unbewaffneten Ohre und von den Resonatoren ausgeführt wird. Dasselbe wird sich noch deutlicher im nächsten Abschnitte bei der Beschreibung derjenigen Versuche zeigen, in welchen Vocalklänge direct aus ihren Obertönen zusammengesetzt werden.

Die Vocalklänge unterscheiden sich von den Klängen der meisten anderen musikalischen Instrumente also wesentlich dadurch, dass die Stärke ihrer Obertöne nicht von der Ordnungszahl derselben, sondern von deren absoluter Tonhöhe abhängt. Wenn ich z. B. den Vocal A auf die Note Es singe, ist der verstärkte Ton b'' der zwölfte des Klanges, und wenn ich denselben Vocal auf die Note b' singe, ist es der zweite Ton des Klanges, welcher verstärkt wird.

Wir können aus den angeführten Beispielen über die Abhängigkeit der Klangfarbe von der Zusammensetzung des Klanges im Allgemeinen folgende Regeln ziehen:

1. Einfache Töne, wie die der Stimmgabeln mit Resonanzröhren, der weiten gedackten Orgelpfeifen, klingen sehr weich und angenehm, ohne alle Rauhigkeit, aber unkräftig und in der Tiefe dumpf.

2. Klänge, welche von einer Reihe ihrer niederen Obertöne bis etwa zum sechsten hinauf in mässiger Stärke begleitet sind, sind klangvoller, musikalischer. Sie haben, mit den einfachen Tönen verglichen, etwas Reicheres und Prächtigeres, sind aber vollkommen wohllautend und weich, so lange die höheren Obertöne fehlen. Hierher gehören die Klänge des Fortepiano, der offenen Orgelpfeifen, die weicheren Pianotöne der menschlichen Stimmen und des Horns, welche letzteren den Uebergang zu den Klängen mit hohen Obertönen machen, während die Flöten und schwach angeblasenen Flötenregister der Orgel sich den einfachen Tönen nähern.

3. Wenn nur die ungeradzahligen Obertöne da sind, wie bei den engen gedackten Orgelpfeifen, den in der Mitte angeschlagenen Fortepianosaiten und der Clarinette, so bekommt der Klang einen hohlen oder bei einer grösseren Zahl von Obertönen einen näselnden Charakter. Wenn der Grundton an Stärke überwiegt, ist der Klang voll; leer dagegen, wenn jener an Stärke den Obertönen

nicht hinreichend überlegen ist. So ist der Klang weiter offener Orgelpfeifen voller als der von engeren, der Klang der Saiten voller, wenn sie mit den Hämmern des Pianoforte angeschlagen werden, als wenn es mit einem Stöckchen geschieht, oder wenn sie mit den Fingern gerissen werden, der Ton von Zungenpfeifen mit passendem Ansatz voller als von solchen ohne Ansatzrohr.

4. Wenn die höheren Obertöne jenseits des sechsten oder siebenten sehr deutlich sind, wird der Klang scharf und rauh. Den Grund davon werden wir später in den Dissonanzen nachweisen, welche die höheren Obertöne mit einander bilden. Der Grad der Schärfe kann verschieden sein; bei geringerer Stärke beeinträchtigen die hohen Obertöne die musikalische Brauchbarkeit nicht wesentlich, sind im Gegentheil günstig für die Charakteristik und Ausdrucksfähigkeit der Musik. Von dieser Art sind besonders wichtig die Klänge der Streichinstrumente, ferner die meisten Zungenpfeifen, Oboe, Fagott, Physharmonica, menschliche Stimme. Die rauheren, schmetternden Klänge der Blechinstrumente sind ausserordentlich durchdringend, und machen deshalb mehr den Eindruck grosser Kraft als ähnliche Klänge von weicherer Klangfarbe. Sie sind deshalb für sich allein wenig geeignet zur künstlerischen Musik, aber von grosser Wirkung im Orchester. In welcher Weise die hohen dissonirenden Obertöne den Klang durchdringender machen können, wird sich später ergeben.

Ueber die Wahrnehmung der Klangfarben.

Wir haben bisher nur gegebene Klänge zu analysiren gesucht, indem wir bestimmten, welche Unterschiede in der Zahl und Stärke ihrer Obertöne sie darbieten. Ehe wir die Rolle des Ohres bei der Auffassung der Klangfarbe genauer bestimmen können, ist es nun nöthig zu untersuchen, ob für die Wahrnehmung einer bestimmten musikalischen Klangfarbe es ausreicht, dass die Obertöne eine bestimmte Stärke haben, oder ob auch von dieser unabhängig noch andere Unterschiede der Klangfarbe existiren und wahrgenommen werden können. Da wir uns zunächst nur mit musikalischen Klängen beschäftigen, d. h. solchen, die durch eine genau periodische Luftbewegung hervorgebracht werden, und alle unregelmässigen Luftbewegungen, die als Geräusch erscheinen, ausschliessen, so lässt diese Frage eine noch bestimmtere Begrenzung zu. Denken wir uns nämlich die Luftbewegung des gegebenen Klanges zerlegt in eine Summe von pendelartigen Luftschwingungen, so ist nicht nur die Stärke aller dieser einzelnen pendelartigen Schwingungen nach der Form der Gesammtbewegung verschieden, sondern auch ihre Stellung zu einander, nach physikalischem Ausdruck, ihr Phasenunterschied. Setzen wir z. B. die beiden pendelartigen Schwin-

gungen A und B, Fig. 31, zusammen, so dass einmal der Punkt c
der Curve B gelegt wird auf den Punkt d_0 der Curve A, dann auf d_1,

Fig. 31.

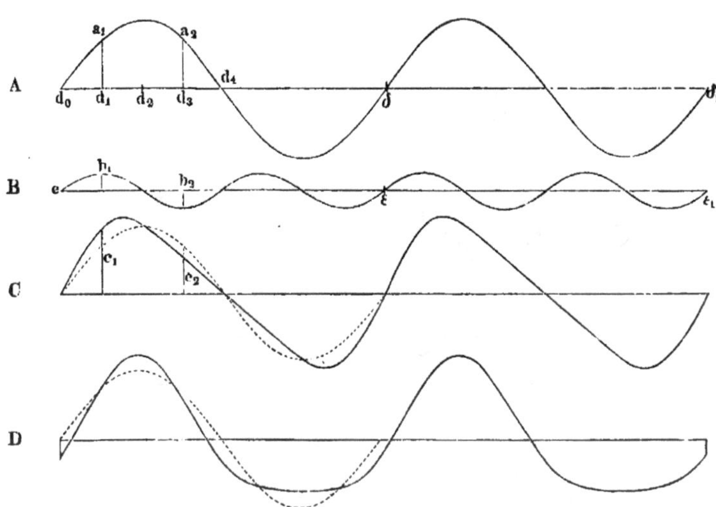

so erhalten wir die beiden ganz verschiedenen Schwingungsformen
C und D. Durch Verlegung des Anfangspunktes c auf d_2 oder d_3
erhalten wir noch andere Formen, welche Umkehrungen der Formen C und D sind, wie schon oben S. 52 erörtert ist. Wenn nun
die Klangfarbe nur von der Stärke der Obertöne abhängt, so müssen die Bewegungen $C D$ etc. alle auf das Ohr genau den gleichen
Eindruck machen. Wenn es aber auch auf die Stellung der beiden
Wellen zu einander, oder auf ihren Phasenunterschied ankommt, so
werden sie verschiedenen Eindruck auf das Ohr machen.

Um nun darüber zu entscheiden, ob dies der Fall sei oder
nicht, war es nöthig, verschiedene Klänge geradezu aus einfachen
Tönen zusammenzusetzen, und zu sehen, ob Abänderung des Phasenunterschiedes bei gleichbleibender Stärke der Obertöne Aenderungen des Klanges zur Folge hat. Einfache Töne von grosser
Reinheit, die in ihrer Stärke und ihrem Phasenunterschiede genau
regulirt werden können, erhält man am besten durch Stimmgabeln,
deren Ton durch eine Resonanzröhre, wie es schon früher beschrie-

ben ist, verstärkt, und an die Luftmasse übertragen wird. Um die Stimmgabeln dauernd in eine sehr gleichmässige Bewegung zu versetzen, wurden sie zwischen die Schenkel kleiner Elektromagnete gestellt, in der Weise, wie in Fig. 32 abgebildet ist. Eine jede

Fig. 32.

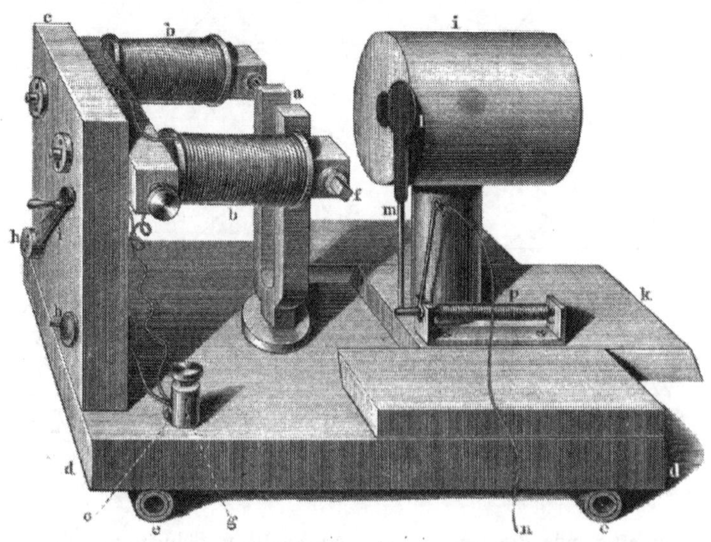

Stimmgabel a war in [ein besonderes Brettchen dd eingeschraubt, welches auf untergeklebten Stückchen von Gummischläuchen ee ruhte, um zu verhindern, dass die Schwingungen der Gabel direct an den Tisch übertragen, und dadurch hörbar würden. Die mit Drahtwindungen umgebenen Schenkel des Elektromagneten sind mit bb bezeichnet, seine Pole, die der Stimmgabel zugewendet sind, mit f. Auf dem horizontalen Brettchen dd befinden sich zwei Klemmschrauben g, die mit den Drahtwindungen des Elektromagneten in leitender Verbindung stehen und dazu dienen, andere Drähte aufzunehmen, durch welche elektrische Ströme zugeleitet werden können. Um die Gabeln in lebhafte Schwingung zu versetzen, müssen diese Ströme von periodisch wechselnder Stärke sein. Zu ihrer Erzeugung dient ein besonderer Apparat, welcher unten beschrieben werden wird.

Wenn bei dieser Einrichtung die Gabeln in Schwingung ver-

setzt werden, hört man ausserordentlich wenig von ihrem Ton, weil
sie wenig Gelegenheit haben ihre Schwingungen der Luftmasse
oder den umliegenden festen Körpern mitzutheilen. Soll der Ton
stark gehört werden, so muss den Gabeln die Resonanzröhre i genähert werden, welche auf den Ton der Gabel abgestimmt ist. Diese
Resonanzröhre ist auf einem Brettchen k befestigt, welches in einem
passenden Einschnitte des Brettes $d\,d$ verschoben werden kann, um
die Mündung der Röhre der Gabel möglichst zu nähern. In der
Zeichnung ist die Röhre von der Gabel entfernt dargestellt worden,
um die einzelnen Theile deutlicher zu zeigen; beim Gebrauche wird
sie so dicht wie möglich herangeschoben. Die Mündung der Resonanzröhre ist durch ein Deckelchen l geschlossen, welches an einem
Hebel m sitzt. Zieht man an dem Faden n, so wird der Deckel vor
der Oeffnung fortgezogen, und der Ton der Gabel wird nun kräftig
der Luft mitgetheilt. Lässt man den Faden n nach, so wird das
Deckelchen durch die Feder p wieder vor die Oeffnung der Röhre
geschoben, und der Ton der Gabel wird nicht mehr vernommen. Indem man die Mündung der Röhre nur theilweise öffnet, kann man
dem Tone der Gabel jede beliebige geringere Stärke geben. Sämmtliche Fäden, welche die Resonanzröhren der verschiedenen Gabeln
öffnen, sind übrigens zu einer kleinen Claviatur geleitet und mit
deren Tasten so verbunden, dass wenn man eine Taste niederdrückt,
die betreffende Resonanzröhre geöffnet wird.

Ich habe zuerst acht solche Gabeln zur Verfügung gehabt, welche dem Tone B und den sieben ersten harmonischen Obertönen
desselben (b, f', b', d'', f'', as'' und b'') entsprachen. Jener Grundton entspricht etwa der Tonlage, in der Bassstimmen zu sprechen
pflegen; später habe ich noch Gabeln für die Töne d''', f''', as''' und
b''' machen lassen und den Ton b als Grundton des Klanges genommen.

Um die Gabeln in Bewegung zu setzen, werden intermittirende
elektrische Ströme gebraucht, die man durch die Drahtwindungen
der Elektromagnete leitet, und zwar muss die Zahl der elektrischen
Stromstösse genau ebenso gross sein wie die Zahl der Schwingungen der tiefsten Gabel B, nämlich 120 in der Secunde. Jeder
Stromstoss macht für einen Augenblick das Eisen des Elektromagneten $b\,b$ magnetisch, so dass es die Zinken der Gabeln, welche
selbst dauernd magnetisch gemacht sind, anzieht. Die Zinken der
tiefsten Gabel B werden so bei jeder Schwingung einmal für kurze
Zeit von den Polen des Elektromagneten angezogen, die Zinken

der zweiten Gabel *b*, welche doppelt so viel Schwingungen macht, bei jeder zweiten Schwingung einmal etc., und dadurch werden die Schwingungen der Gabeln sowohl hervorgerufen, als auch dauernd unterhalten, so lange man eben die elektrischen Ströme durch den Apparat gehen lässt. Die Schwingungen der tieferen Gabeln sind dabei sehr heftig, die der höheren verhältnissmässig schwach.

Um solche intermittirende Ströme von genau bestimmter Periodicität hervorzurufen dient der in Fig. 33 abgebildete Apparat.

Fig. 33.

Eine horizontal befestigte Stimmgabel *a* steht zwischen den Schenkeln eines Elektromagneten *b b*; ihre Enden tragen zwei Platindrähte *c c*, die in zwei halb mit Quecksilber, halb mit Alkohol gefüllte Näpfchen *d* tauchen, welche die oberen Enden einer messingenen Säule bilden. Die Säulen haben Klemmschrauben, *i*, die Drähte aufzunehmen, und stehen auf zwei Brettchen, *f g*, die um eine Axe bei *f* drehbar sind, und jedes durch eine Stellschraube bei *g* etwas gehoben und gesenkt werden können, um sie genau so einzustellen, dass die Spitzen der Platindrähte *c c* das Quecksilber in den Gefässen *d* unter dem Alkohol gerade berühren. Eine dritte Klemmschraube *e* ist mit dem Griff der Stimmgabel leitend verbunden. Wenn die Gabel schwingt und ein elektrischer Strom durch sie von

i nach e geleitet wird, so wird dieser so oft unterbrochen, als sich
das Ende der Gabel a aus dem Quecksilber des Näpfchens d hebt,
und so oft wieder hergestellt, als der Platindraht wieder in das
Quecksilber eintaucht. Wenn der so unterbrochene Strom nun
gleichzeitig durch den Elektromagneten bb, Fig. 33, geleitet wird,
so erhält dieser, indem er so oft magnetisch wird, als der Strom
durch ihn läuft, die selbst magnetische Gabel a in Schwingung. In
der Regel wird nur eines der Näpfchen d zur Zuleitung des Stromes gebraucht. Alkohol wird über das Quecksilber gegossen, um
zu vermeiden, dass das Quecksilber durch die bei der Unterbrechung
des Stromes entstehenden elektrischen Funken verbrannt wird. Es
ist diese Art der Stromunterbrechung von Neef erfunden worden;
derselbe benutzte eine einfache schwingende Feder statt der Stimmgabel, eine Einrichtung, die sich an den zu medicinischen Zwecken
viel gebrauchten Inductionsapparaten meistentheils vorfindet. Die
Schwingungen einer Feder theilen sich aber allen benachbarten Körpern mit, sind deshalb für unsere Zwecke zu hörbar und ausserdem
zu unregelmässig. Ich fand es deshalb nöthig, statt der Feder eine
Stimmgabel anzuwenden. Der Stiel einer recht symmetrisch gear-
beiteten Stimmgabel wird durch die Schwingungen der Gabel ausserordentlich wenig erschüttert, und setzt deshalb auch die mit ihm
verbundenen anderen Körper nicht in so kräftige Erschütterung, wie
das befestigte Ende einer geraden Feder es thut. Die Stimmgabel
des zuletzt beschriebenen Apparates muss im genauen Einklange
mit der des Grundtons B sein; um diesen erhalten zu können, habe
ich eine kleine Klemme h aus starkem Stahldraht benutzt, welche
auf der einen Zinke sitzt. Schiebt man diese nach dem freien Ende
der Zinke hin, so wird der Ton der Gabel tiefer, schiebt man sie
gegen den Stiel der Gabel, so wird der Ton höher *).

Ist der ganze Apparat in Gang gebracht bei geschlossenen Resonanzröhren, so sind sämmtliche Gabeln in gleichmässig anhaltender Bewegung, während man von ihren Tönen nichts wahrnimmt,
als höchstens ein leises Summen, welches durch die directe Einwirkung der Gabeln auf die Luft veranlasst wird. Wenn man aber
eine oder einige der Resonanzröhren öffnet, so kommen deren Töne
hinreichend kräftig zum Vorschein, und zwar desto stärker, je wei-

---

*) Der Apparat ist von Fessel in Cöln gearbeitet; genauere Beschreibun-
gen einzelner seiner Theile und Anweisungen für die damit auszuführenden
Versuche sind in Beilage VIII gegeben.

ter man öffnet. So kann man schnell hinter einander verschiedene Zusammensetzungen des Grundtons mit einem oder mehreren harmonischen Obertönen in verschiedener Stärke hörbar machen, und dadurch Klänge von verschiedener Klangfarbe hervorbringen.

Unter den natürlichen Klängen, welche zur Nachahmung durch die Stimmgabeln geeignet erscheinen, treten zunächst die Vocale der menschlichen Stimme hervor, weil sie verhältnissmässig wenig fremdartiges Geräusch enthalten und sehr entschiedene Unterschiede der Klangfarbe zeigen, welche leicht aufzufassen sind. Dabei sind die meisten Vocale durch verhältnissmässig niedrige Obertöne charakterisirt, die sich mit unseren Gabeln erreichen lassen, nur E und I gehen über diese Grenze etwas hinaus. Die Bewegung der ganz hohen Gabeln ist zu schwach unter dem Einflusse solcher elektrischer Ströme, als ich brauchen durfte, ohne anderweitige Störungen der Versuche durch den Lärm der elektrischen Funken zu veranlassen.

Die erste Reihe von Versuchen stellte ich mit den acht Gabeln von B bis b'' an. U, O, $Ö$ und auch noch A liessen sich nachbilden, das letztere aber doch nicht sehr scharf, weil die unmittelbar über seinem charakteristischen Tone b'' gelegenen, und im natürlichen Klange des Vocals auch noch merklich verstärkten Obertöne c''' und d''' fehlten. Der Grundton dieser Reihe B allein genommen gab ein sehr dumpfes U, viel dumpfer, als es die Sprache hervorbringen kann. Der Klang wurde dem U ähnlicher, wenn man den zweiten und dritten Partialton b und f' schwach mittönen liess. Ein sehr schönes O liess sich hervorbringen, wenn man b' stark angab, daneben schwächer b, f' und d''. Dabei musste der Grundton B etwas gedämpft werden. Wenn ich dann plötzlich die Stellung der Klappen vor den Resonanzröhren änderte, so dass B ganz stark, die Obertöne alle aber schwach wurden, so sprach der Apparat sehr gut und deutlich hinter dem O ein U.

A oder vielmehr $Å$ erhielt ich, indem ich namentlich die höchsten Töne der Reihe vom fünften zum achten möglichst hervortreten liess, die unteren schwächte.

Die Vocale der zweiten und dritten Reihe, welche noch höhere charakteristische Töne haben, liessen sich nur sehr unvollständig nachbilden durch das Hervortreten ihrer tieferen Verstärkungstöne. Sie waren dann zwar nicht an sich selbst deutlich, aber wenigstens im Gegensatze zu U und O, wenn man sie mit diesen wechseln liess. So gab er ein erträglich deutliches $Ä$, wenn ich hauptsächlich den vierten und fünften Ton stark hielt, die tieferen schwach, eine Art von E, wenn ich den dritten verstärkte, alle anderen schwach hielt. Der Unterschied vom O lag bei diesen beiden Vocalen hauptsächlich darin, dass der Grundton und seine Octave beim $\ddot{A}$ und E viel schwächer sein mussten als beim O *).

Um die Versuche auch auf die helleren Vocale ausdehnen zu können, habe ich mir später noch die Gabeln d''', f''', as''', b''' anfertigen lassen, deren beide oberste aber schon sehr schwach tönen, und als Grundton b statt des früheren tieferen Tons B gewählt. Mit diesen gelang es denn $\ddot{A}$ und A recht gut herzustellen, und E wenigstens viel deutlicher als früher. Bis zu dem hohen charakteristischen Tone des I freilich konnte ich nicht hinaufreichen.

In dieser höheren Gabelreihe gab nun der Grundton b allein genommen wieder U. Derselbe in mässiger Stärke angegeben und stark mit seiner Octave b', schwächer mit der Duodecime f'' begleitet, giebt O, dessen charakteristischer Ton eben b' ist. A erhält man, wenn man zu b zunächst b' und f'' mässig stark, dagegen b'' und d''' als charakteristische Töne kräftig tönen lässt. Um A in A überzuführen muss man b' und f'', die Nachbarn des tieferen charakteristischen Tones d'' etwas verstärken, b'' dämpfen, dagegen d''' und f''' möglichst hervortreten lassen. Für E muss man die beiden tiefsten Töne der Reihe b und b' mässig stark halten, als Nachbarn des tieferen Verstärkungstones f', und die höchsten f''', as''', b''' möglichst heraustreten lassen. Es ist mir aber bisher nicht so gut, wie mit den anderen Vocalen, gelungen, weil die hohen Gabeln zu schwach waren und die zunächst oberhalb des charakteristischen Tones liegenden Obertöne, wie es scheint, nicht ganz fehlen dürfen.

Aehnlich wie die genannten Vocale der menschlichen Stimme lassen sich auch Töne von Orgelpfeifen verschiedener Register nachahmen, vorausgesetzt, dass sie nicht zu hohe Nebentöne geben; doch fehlt den nachgeahmten Tönen das scharfe sausende Geräusch, welches der an der Lippe der Pfeife gebrochene Luftstrom giebt. Die Stimmgabeln sind eben darauf beschränkt, den rein musikalischen Theil des Klanges nachzuahmen. Für die Nachahmung der Zungeninstrumente fehlen die scharfen hohen Obertöne, doch lässt sich das

---

*) Es sind nach diesen Angaben die in den Münchener gelehrten Anzeigen, 20. Juni 1859, gemachten zu verbessern. Ich kannte damals noch nicht die hohen Obertöne des E und I, und machte deshalb das O dumpfer als es sein muss, um es von dem unvollkommenen E zu scheiden.

näselnde der Clarinette durch eine Reihe ungerader Obertöne nach-
machen, und die weicheren Klänge des Horns durch den vollen Chor
sämmtlicher Gabeln.

Wenn aber nun auch nicht die Nachahmung sämmtlicher
Klänge möglich ist, so leistet der Apparat doch genug, um die wichtige Frage entscheiden zu können, ob eine Veränderung der Phasenunterschiede die Klangfarbe ändert. Diese Frage ist, wie ich schon
im Anfange dieses Abschnittes hervorgehoben habe, für die Lehre
von den Gehörempfindungen von fundamentaler Wichtigkeit. Ich
muss aber die mit der Physik nicht vertrauten Leser um Entschul-
digung bitten, wenn ihnen die Auseinandersetzung der zu ihrer Entscheidung angestellten Versuche vielleicht schwierig und trocken
erscheint.

Die einfache Art die Phasen der Nebentöne zu ändern besteht
darin, dass man die Resonanzröhren durch Verengerung ihrer Mündung etwas verstimmt, dadurch wird die Resonanz schwächer, und
gleichzeitig ändert sich die Phase. Ist die Resonanzröhre so abgestimmt, dass der Ton, welcher die stärkste Resonanz in ihr erregt,
mit dem Ton der zugehörigen Gabel genau zusammenfällt, so fällt
der mathematischen Theorie gemäss *) die grösste nach aussen gerichtete Geschwindigkeit der Luft in der Mündung der Röhre zusammen mit der grössten nach innen gerichteten Geschwindigkeit
der Gabelenden. Wird die Röhre dagegen etwas tiefer gestimmt,
so tritt die grösste Geschwindigkeit der Luft etwas früher ein, und
wird die Röhre höher gemacht, so tritt sie später ein, als die grösste
Geschwindigkeit der Gabel. Je mehr man die Stimmung ändert,
desto beträchtlicher wird der Phasenunterschied, zuletzt wird er
gleich einer Viertelschwingungsdauer. Die Grösse des Phasenunterschiedes hängt dabei genau zusammen mit der Stärke der Resonanz,
so dass man nach der Stärke der Resonanz auch einigermassen die
Grösse des Phasenunterschiedes schätzen kann. Wenn wir die
Stärke des Schalles in der Röhre bei vollkommenem Einklange der
Röhre und der Gabel gleich 10 setzen, und die Dauer einer ganzen
Schwingung, wie die Peripherie eines Kreises in 360 Grade eingetheilt denken, so wird die Stärke der Resonanz in folgender Weise
von dem Phasenunterschiede abhängen:

---

*) Siehe Beilage IX.

Stärke der Resonanz.	Phasenunterschied in Winkelgraden.
10	0^0
9	$35^0\ 54'$
8	$50^0\ 12'$
7	$60^0\ 40'$
6	$68^0\ 54'$
5	$75^0\ 31'$
4	$80^0\ 48'$
3	$84^0\ 50'$
2	$87^0\ 42'$
1	$89^0\ 26'$

Daraus geht hervor, dass eine verhältnissmässig kleine Schwächung der Resonanz durch Veränderung der Stimmung beträchtliche Phasenunterschiede hervorbringt, während bei grösserer Schwächung die Phasen sich nur noch wenig verändern. Dieser Umstand
lässt sich benutzen, um bei der Zusammensetzung der Vocalklänge
mittels der Stimmgabeln alle möglichen Veränderungen der Phasen
hervorzubringen; man braucht nur den Deckel vor die Resonanzröhre
so weit vortreten zu lassen, dass die Stärke des Tones merklich geschwächt wird. Wenn man das Verhältniss, in welchem diese Stärke
abgenommen hat, ungefähr zu beurtheilen weiss, findet man aus der
oben gegebenen Tafel den Phasenunterschied. Auf diese Weise
kann man die Schwingungen des betreffenden Tones um jede Grösse
bis zu einer Viertelschwingungsdauer verändern. Aenderung der
Phasen um eine halbe Schwingungsdauer erreicht man dadurch,
dass man den elektrischen Strom in dem Elektromagneten der betreffenden Gabel in entgegengesetzter Richtung gehen lässt. Die
Enden der Gabel werden dann von dem Elektromagneten abgestos-
sen, während der Strom durchgeht, anstatt angezogen zu werden,
und die Bewegung der Gabel wird gerade die entgegengesetzte als
vorher. Man darf aber eine solche Erregung der Gabel durch ab-
stossende Ströme nicht zu lange fortsetzen, weil sonst allmälig der
Magnetismus der Gabel geschwächt wird, während die anziehenden
Ströme ihn verstärken oder auf seinem Maximum erhalten. Es ist

bekannt, dass der Magnetismus von Eisenmassen, welche in starke
Erschütterung versetzt sind, sich leicht verändert.

Hat man auf diese Weise einen Klang zusammengesetzt, in
welchem durch halbe Oeffnung einiger Resonanzröhren die entsprechenden Töne geschwächt und ihrer Phase nach geändert sind, so
kann man denselben Klang zusammensetzen mit derselben Schwächung der betreffenden Theiltöne, aber ohne Phasenänderung, wenn
man die Resonanzröhren ganz öffnet, aber von den schwingenden
Gabeln etwas zurückzieht, bis ihr Ton so weit als nöthig abgeschwächt ist.

Lässt man z. B. neben einander die Gabel B und b tönen,
zuerst bei vollständig geöffneten Resonanzröhren und vollem Einklange, so werden sie ihre Schwingungen so ausführen, dass in den
Luftwellen der Fig. 31 A und B S. 182 die Punkte e und d_0 zusammenfallen, und in entfernteren Theilen des Zimmers die zusammengesetzte Schwingungscurve C den Luftschwingungen entspricht.
Nun kann man den Punkt e der Curve B auch mit Punkten zwischen d_0 und d_2 der Curve A zusammenfallen lassen, indem man
die Resonanzröhre der Gabel B mehr und mehr schliesst. Soll e
auf d_1 fallen, so muss die Tonstärke von B etwa $^3/_4$ von der Tonstärke desselben Tons bei offener Röhre werden. Andererseits kann
man den Punkt e mit d_4 zusammenfallen lassen, indem man den
elektrischen Strom in einem der Elektromagneten umkehrt und die
Resonanzröhren vollständig öffnet. Endlich kann man wieder durch
unvollständige Oeffnung der Röhre B den Punkt e gegen δ hin
wandern lassen. Andererseits kann man auch e, wenn es entweder
mit d_0 (oder was dem gleich ist mit δ) oder mit d_4 zusammenfällt,
durch unvollständige Oeffnung der Röhre b rückwärts von δ gegen
d_4 oder von d_4 bis d_3 wandern lassen. Die Verhältnisse der Ton-
stärken lassen sich in allen diesen Fällen dadurch ausgleichen, ohne
die Phasen zu verändern, dass man die eine oder andere Röhre von
ihrer Gabel entfernt, ohne die Weite der Oeffnung zu verändern.

In der beschriebenen Weise lassen sich also alle möglichen
Phasenunterschiede zwischen je zwei Röhren hervorbringen. Dasselbe Verfahren kann natürlich auch für jede beliebige Zahl von Röhren angewendet werden. Ich habe in dieser Weise mannigfache
Combinationen der Töne mit verschiedenen Phasenunterschieden
versucht, aber niemals gefunden, dass sich die Klangfarbe im geringsten dabei veränderte. Es war für den Klang immer vollständig gleichgültig, ob ich einzelne Partialtöne durch unvollständige

Oeffnung der Röhren, oder durch deren Entfernung von den Stimmgabeln abschwächte, wodurch also die von uns aufgestellte Frage
dahin entschieden wird, dass die Klangfarbe des musikalischen
Theiles eines Klanges nur abhängt von der Zahl und
Stärke der Theiltöne, nicht von ihren Phasenunterschieden.

Die bisherige Beweisführung für die Unabhängigkeit der
Klangfarbe von den Phasenunterschieden ist experimentell am leichtesten auszuführen, aber ihre Beweiskraft beruht nur auf der theoretischen Einsicht, dass die Phasen gleichzeitig mit der Stärke des
Tones verändert werden, und diese Einsicht kann nur durch die
mathematische Theorie gegeben werden. Wir können die Luftschwingungen nicht unmittelbar sichtbar machen. Mit einer kleinen
Abänderung lässt sich der Versuch indessen auch so ausführen, dass
wir die veränderten Phasen unmittelbar sichtbar machen, wenn wir
nämlich die Stimmgabeln, aber nicht die Resonanzröhren verstimmen; dies lässt sich durch aufgesetzte Wachsklümpchen leicht bewirken. Für die Phasen einer Stimmgabel, welche unter dem Einfluss elektrischer Ströme schwingt, gilt nämlich dasselbe Gesetz, wie
für die Resonanzröhren. Die Phase verändert sich allmälig um eine
Viertelschwingungsdauer, wenn durch Verstimmung der Gabel deren Tonstärke allmälig vom Maximum auf Null gebracht wird. Die
Phase der Luftbewegung behält immer dieselbe Beziehung zu der
Phase der Stimmgabelschwingung, da die Tonhöhe, welche durch
die Zahl der elektrischen Entladungen bestimmt wird, bei der Veränderung der Gabel nicht mit verändert wird. Diese Veränderung
der Phase der Gabel kann direct beobachtet werden mittels des Vibrationsmikroskops von Lissajou, welches schon oben beschrieben
und in Fig. 22 auf Seite 137 abgebildet worden ist. Man stellt die
Zinken der Gabel und das Mikroskop dieses Instruments horizontal
auf, die zu untersuchende Gabel vertical, pulvert auf das obere
Ende von einer ihrer Zinken etwas Stärkmehl, stellt das Mikroskop
auf eines der Stärkmehlkörnchen ein, und erregt beide Gabeln durch
die elektrischen Ströme der Unterbrechungsgabel, Fig. 33. Die Gabel
des Instruments von Lissajou ist im Einklange mit der Unterbrechungsgabel. Das Amylumkörnchen schwingt selbst in einer horizontalen Linie, das Objectivglas des Mikroskops vertical, und so
entstehen durch die Zusammensetzung beider Bewegungen Curven,
wie bei den früher beschriebenen Beobachtungen an den Saiten der
Violine.

Ist die beobachtete Gabel ebenfalls im Einklang mit der Unterbrechungsgabel, so ist die Curve eine schräge gerade Linie, Fig. 34 (1), wenn beide Gabeln gleichzeitig durch ihre Gleichgewichtslage gehen; die gerade Linie geht durch eine lang gestreckte

Fig. 34.

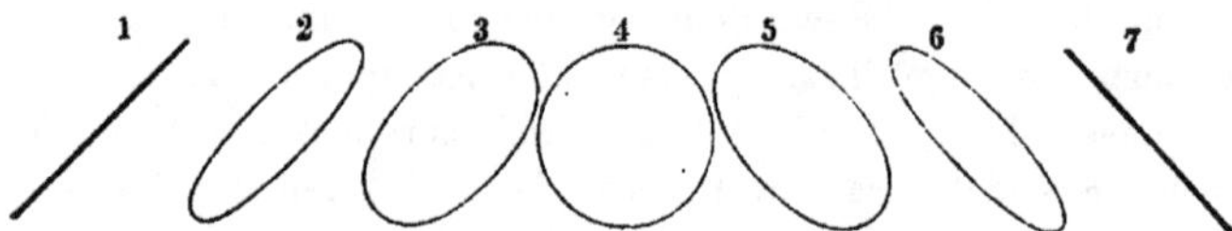

schräg liegende Ellipse (2, 3) in einen Kreis oder senkrechte Ellipse (4) über, wenn der Phasenunterschied bis zu $^1/_4$ Schwingungsdauer steigt; dann durch eine anders gerichtete Ellipse (5, 6) in eine eben solche gerade Linie (7), wenn der Unterschied bis auf eine halbe Schwingungsdauer vergrössert wird.

Ist die zweite Gabel die höhere Octave der Unterbrechungsgabel, so stellen die Curven Fig. 35 1, 2, 3, 4, 5 die Reihe der Formen dar, wobei 3 wieder dem Falle entspricht, wo beide Gabeln

Fig. 35.

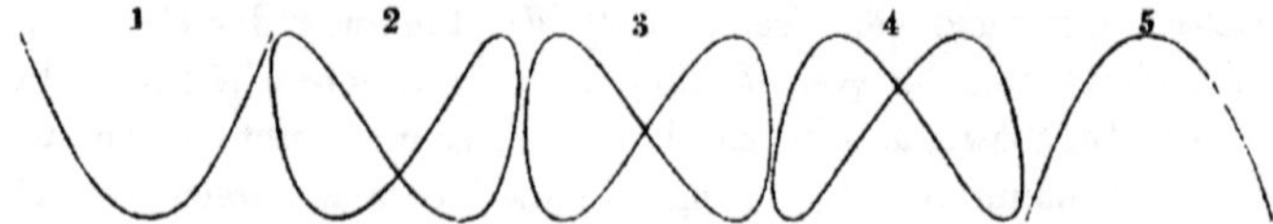

gleichzeitig durch die Gleichgewichtslage gehen; 2 und 4 sind um $^1/_{12}$, 1 und 5 um $^1/_4$ Undulation der höheren Gabel davon unterschieden.

Wenn man zunächst die Gabeln mit der Unterbrechungsgabel in möglichst genauen Einklang bringt, so dass beide ihre stärkste Vibration geben, und dann durch aufgelegtes oder abgenommenes Wachs ihre Stimmung ein wenig verändert, so sieht man auch gleichzeitig in dem mikroskopischen Bilde die eine Figur in die andere übergehen, und man kann sich so sehr leicht von der Richtigkeit des angeführten Gesetzes überzeugen. Die Versuche über die Klangfarbe werden nachher so ausgeführt, dass man zuerst alle Gabeln möglichst genau auf die harmonischen Obertöne der Unterbrechungsgabel abstimmt, und durch Entfernung der Resonanzröhren von den Gabeln die gewünschten Verhältnisse der Stärke hervorbringt, dann die Gabel durch aufgelegte Wachsklümpchen beliebig verstimmt. Die Grösse der Wachsklümpchen kann man vorher bei den mikroskopischen Beobachtungen so reguliren, dass sie einen

Phasenunterschied von verlangter Grösse hervorbringen. Dadurch werden die Schwingungen der Gabeln gleichzeitig aber auch schwächer, und man muss deshalb die Stärke der Töne durch Näherung oder Entfernung der Resonanzröhren wieder den früheren gleich machen.

Das Resultat ist bei diesen Versuchen, wo die Gabeln verstimmt werden, wieder dasselbe, wie bei der Verstimmung der Resonanzröhren, es ist keine Veränderung der Klangfarbe wahrzunehmen, wenigstens keine solche, welche deutlich genug wäre, dass man sie nach der kleinen Zeit von einigen Secunden, die man zur Umänderung des Apparats gebraucht, noch erkennen könnte, jedenfalls also keine solche Veränderung der Klangfarbe, wodurch ein Vocal in einen anderen verwandelt würde.

Eine scheinbare Ausnahme von dieser Regel muss hier erwähnt werden. Wenn man die Gabeln B und b nicht ganz rein stimmt, und durch Streichen oder Anschlagen in Schwingung bringt, so hört ein aufmerksames Ohr ganz schwache Schwebungen, die als kleine Veränderungen der Tonstärke und der Klangfarbe erscheinen. Diese Schwebungen hängen allerdings damit zusammen, dass die schwingenden Gabeln nach einander in verschiedene Phasenunterschiede gelangen. Ihre Erklärung wird bei den Combinationstönen gegeben werden, und es wird sich dort zeigen, dass auch diese kleinen Veränderungen der Klangfarbe auf Veränderungen der Tonstärke eines der Töne zurückgeführt werden können.

Wir können demnach das wichtige Gesetz aufstellen, dass die **Unterschiede der musikalischen Klangfarbe nur abhängen von der Anwesenheit und Stärke der Partialtöne, nicht von ihren Phasenunterschieden.** Es ist hier wohl zu bemerken, dass nur von der musikalischen Klangfarbe, wie wir diese oben definirt haben, die Rede ist. Wenn unmusikalische Geräusche mit dem Klange verbunden sind, Knarren, Kratzen, Sausen, Zischen, so können wir diese entweder gar nicht als regelmässig periodische Bewegungen betrachten, oder sie entsprechen hohen, dicht neben einander liegenden und mit einander scharf dissonirenden Obertönen. Auf letztere konnten wir unsere Versuche nicht ausdehnen, und wir werden es deshalb vorläufig zweifelhaft lassen müssen, ob bei dergleichen dissonirenden Tönen Phasenunterschiede in Betracht kommen. Spätere theoretische Betrachtungen werden es wahrscheinlich machen, dass dies wirklich der Fall ist.

Wenn es nur darauf ankommt durch zusammengesetzte Klänge die Vocale nachzuahmen, ohne dass man die Phasenunterschiede

der einzelnen Theiltöne controlliren will, so kann man dies auch
ziemlich gut mit Orgelpfeifen erreichen. Nur muss man mindestens
zwei Reihen derselben haben, stark tönende offene und schwach tönende gedackte Pfeifen, weil man die Stärke des Tones nicht durch
veränderte Stärke des Windes ändern kann, ohne gleichzeitig auch
die Tonhöhe zu ändern. Ich habe von Herrn Appun in Hanau
eine solche doppelte Pfeifenreihe erhalten, welche die ersten sechs-
zehn Theiltöne des B giebt. Alle diese Pfeifen stehen auf einer
gemeinsamen Windlade, welche auch die Schieber enthält, mit denen man die einzelnen Pfeifen öffnen und schliessen kann. Zwei
grössere Schieber schliessen die Windlade gegen den Blasebalg ab.
Während man die letzteren geschlossen lässt, stellt man die Schieber der einzelnen Pfeifen so, wie sie die verlangte Combination der
Töne giebt, und öffnet dann erst einen der Hauptschieber der Windlade, so dass alle Pfeifen auf einmal angeblasen werden. Kurze
Tonstösse auf diese Weise hervorgebracht, zeigen den Vocalcharakter viel besser, als ein lange anhaltender Klang. Man thut am besten,
den Grundton und die hervortretenden Obertöne der gewünschten Vocale gleichzeitig durch die offenen und gedackten Pfeifen anzugeben,
und für die nächst benachbarten Töne nur die schwachen gedackten
Pfeifen zu öffnen, so dass der starke Ton nicht zu isolirt dasteht.

Die Nachahmung der Vocale mit einem solchen Apparate ist
keine sehr vollkommene, schon deshalb nicht, weil man die Tonstärke der verschiedenen Pfeifen nicht so fein abändern kann, wie
die der Stimmgabeln, und namentlich sind die hohen Töne zu
schreiend. Indessen kann man immerhin erkennbare Vocalklänge
auf diese Weise zusammensetzen.

Wir gehen jetzt dazu über, die Rolle, welche das Ohr bei der
Wahrnehmung der Klangfarben spielt, näher zu besprechen. Die
ältere Voraussetzung über die Leistungen des Ohres ist, dass das
Ohr sowohl die Fähigkeit habe, die Zahl der Schwingungen eines
Klanges zu unterscheiden und danach die Höhe des Tones zu bestimmen, als auch die Form der Schwingungen, von welcher letzteren die Verschiedenheit der Klangfarbe abhänge. Die letztere Behauptung gründete sich nur auf Schlüsse, welche auf die Exclusion
der anderen möglichen Annahmen gegründet waren. Da nachgewiesen werden konnte, dass gleiche Höhe zweier Töne durchaus
gleiche Zahl der Schwingungen erfordere, da ferner die Stärke des
Tones sichtlich von der Stärke der Schwingungen abhing, so musste
die Klangfarbe von etwas anderem als von der Zahl und Stärke der

Schwingungen abhängen. Es blieb nur die Form der Schwingungen. Wir können nun diese Ansicht noch genauer bestimmen. Die zuletzt beschriebenen Versuche ergaben, dass Wellen von sehr verschiedener Form (z.B. S. 182 Fig. 31 CD, und S. 52 Fig. 12 C und D) gleiche Klangfarbe haben können, und zwar existiren in jedem Falle (den einfachen Ton ausgenommen) unendlich viele verschiedene Wellenformen dieser Art, da jede Aenderung des Phasenunterschiedes die Form verändert, ohne den Klang zu ändern. Entscheidend ist nur, ob die Luftschwingungen, welche das Ohr treffen, wenn sie in eine Summe einfacher pendelartiger Schwingungen zerlegt gedacht werden, die gleichen einfachen Schwingungen in gleicher Stärke geben.

Das Ohr unterscheidet also nicht die verschiedene Form der Wellen an sich genommen, wie das Auge Bilder der verschiedenen Schwingungsformen unterscheiden kann; das Ohr zerlegt vielmehr die Wellenformen nach einem bestimmten Gesetze in einfachere Bestandtheile; es empfindet diese einfachen Bestandtheile einzeln als harmonische Töne; es kann sie bei gehörig geschulter Aufmerksamkeit einzeln zum Bewusstsein bringen, und es unterscheidet als verschiedene Klangfarben nur verschiedene Zusammensetzungen aus diesen einfachen Empfindungen.

Lehrreich ist in dieser Beziehung die Vergleichung zwischen Auge und Ohr. Wenn dem Auge die schwingende Bewegung sichtbar gemacht wird, z. B. durch das Vibrationsmikroskop, so ist es im Stande, alle verschiedenen Formen von Schwingungen von einander zu unterscheiden, auch solche, welche das Ohr nicht unterscheiden kann. Aber das Auge ist nicht im Stande, unmittelbar die Zerlegung der Schwingungen in einfache Schwingungen auszuführen, wie es das Ohr thut. Das Auge, mit dem genannten Instrumente bewaffnet, unterscheidet also wirklich die Form der Schwingung als solche, und unterscheidet alle verschiedenen Formen der Schwingung; das Ohr dagegen unterscheidet nicht alle verschiedenen Schwingungsformen, sondern nur solche, welche, in pendelartige Schwingungen zerlegt, verschiedene Bestandtheile ergeben; aber indem es eben diese Bestandtheile einzeln unterscheidet und empfindet, ist es dem Auge, welches dies nicht kann, wieder überlegen.

Es ist diese Zerlegung der Schwingungen in einfache pendelartige eine sehr auffallende Eigenschaft des Ohres. Der Leser muss sich wohl daran erinnern, dass wenn wir die Schwingungen, welche ein einzelnes musikalisches Instrument hervorbringt, zusammengesetzte genannt haben, diese Zusammensetzung zunächst eben nur für unsere Wahrnehmung durch das Ohr existirt, oder für die mathematische Theorie, während in Wirklichkeit die Bewegung der Lufttheilchen keine zusammengesetzte, sondern eine einfache ist, verursacht durch eine einzige Ursache. Wenn wir uns nun in der Natur nach Analogien für eine solche Zerlegung periodischer Bewegungen in einfache umsehen, so finden wir keine andere Analogie als die Erscheinungen des Mitschwingens. In der That, denken wir uns den Dämpfer eines Claviers gehoben, und lassen irgend einen Klang kräftig gegen den Resonanzboden wirken, so bringen wir eine Reihe von Saiten in Mitschwingung, nämlich alle die Saiten und nur die Saiten, welche den einfachen Tönen entsprechen, die in dem angegebenen Klange enthalten sind. Hier tritt also auf rein mechanischem Wege eine ähnliche Trennung der Luftwellen ein wie durch das Ohr, indem die an sich einfache Luftwelle eine gewisse Anzahl von Saiten in Mitschwingung bringt, und indem das Mitschwingen dieser Saiten von demselben Gesetze abhängt, wie die Empfindung der harmonischen Obertöne im Ohre.

Ein gewisser Unterschied zwischen beiden Apparaten beruht nur darin, dass die Claviersaiten auch ziemlich leicht in ihren Obertönen mitschwingen, wobei sie in mehrere schwingende Abtheilungen zerfallen. Wir wollen von diesem Umstande bei unserem Vergleich absehen. Uebrigens wäre es möglich, ein Instrument herzustellen, dessen Saiten nur auf ihren Grundton merklich und stark mitschwingen, wenn man nämlich die Saiten in ihrer Mitte mit Gewichtchen belasten wollte, wodurch die höheren Töne der Saiten unharmonisch zu ihrem Grundtone werden würden.

Könnten wir nun jede Saite eines Claviers mit einer Nervenfaser so verbinden, dass die Nervenfaser erregt würde und empfände, so oft die Saite in Bewegung geriethe: so würde in der That genau so, wie es im Ohre wirklich der Fall ist, jeder Klang, der das Instrument trifft, eine Reihe von Empfindungen erregen, genau entsprechend den pendelartigen Schwingungen, in welche die ursprüngliche Luftbewegung zu zerlegen wäre; und somit würde die Existenz jedes einzelnen Obertones genau ebenso wahrgenommen werden, wie es vom Ohre wirklich geschieht. Die Empfindungen verschieden hoher Töne würden unter diesen Umständen verschiedenen Nervenfasern zufallen, und daher ganz getrennt und unabhängig von einander zu Stande kommen.

Nun lassen in der That die neueren Entdeckungen der Mikroskopiker über den inneren Bau des Ohres die Annahme zu, dass im

Ohre ähnliche Einrichtungen vorhanden seien, wie wir sie uns eben
erdacht haben. Es findet sich nämlich das Ende jeder Nervenfaser
des Gehörnerven verbunden mit kleinen elastischen Theilen, von
denen wir annehmen müssen, dass sie durch die Schallwellen in Mitschwingung versetzt werden.

Der Bau des Ohres lässt sich !kurz in folgender Weise beschreiben. Die zarten Enden der Nervenfasern des Gehörnerven
befinden sich ausgebreitet auf feinen Membranen in einer mit Wasser gefüllten Höhle, welche wegen ihrer verwickelten Form das Labyrinth des Ohres genannt wird. Um die Schwingungen der Luft
hinreichend kräftig auf das Wasser des Labyrinths zu übertragen,
dazu dient ein zweiter Theil des Ohres, nämlich die Paukenhöhle
mit den darin liegenden Theilen. Fig. 36 zeigt in natürlicher Grösse

Fig. 36.

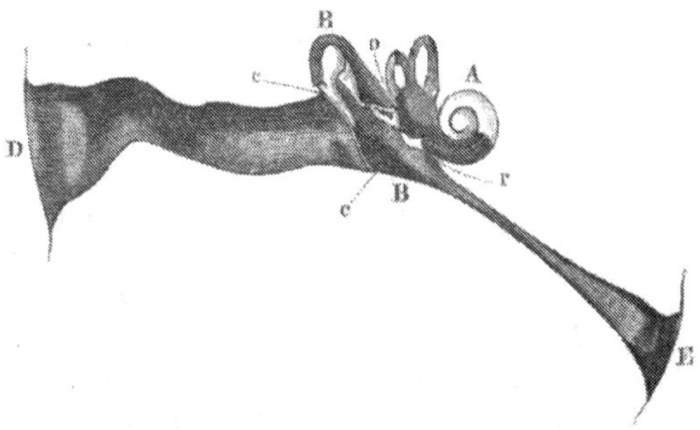

einen schematischen Durchschnitt der zum Gehörorgan gehörigen
Höhlen. *A* ist das Labyrinth, *BB* die Paukenhöhle, *D* der trichter-
förmige Eingang in den äusseren Gehörgang, der in seiner Mitte
am engsten ist, gegen das innere Ende hin sich wieder etwas erweitert. Das innere Ende des aus einer theils knorpeligen, theils
knöchernen Röhre gebildeten äusseren Gehörganges ist von der
Paukenhöhle *B* getrennt durch eine kreisrunde dünne Membran, das
Trommelfell (Paukenfell) *c c*, welche in einem knöchernen Ringe
ziemlich schlaff ausgespannt ist. Die Paukenhöhle *B* liegt zwischen dem äusseren Gehörgange und dem Labyrinth. Von dem
letzteren ist sie durch knöcherne Wände getrennt, in denen nur zwei
durch Membranen verschlossene Oeffnungen bleiben, die beiden sogenannten Fenster des Labyrinths, von denen das obere oder
ovale Fenster, *o*, Fig. 36, mit dem einen Gehörknöchelchen, dem

Steigbügel verbunden ist. Das untere oder runde Fenster r ist ohne Verbindung mit den Knöchelchen.

Vom äusseren Gehörgange und dem Labyrinthe ist also die Paukenhöhle überall abgeschlossen; dagegen hat sie einen freien Eingang vom oberen Theile der Schlundhöhle aus, die sogenannte Eustachische Trompete oder Tuba E, so genannt, weil ihre gegen den Schlund gekehrte Oeffnung wie das Ende einer Trompete erweitert ist, während die Mitte der Röhre sehr eng ist. Das in die Paukenhöhle übergehende Ende der Tuba ist aus Knochen gebildet, das gegen den Schlund gekehrte erweiterte Ende dagegen aus einer dünnen biegsamen Knorpelplatte, welche längs der oberen Seite gespalten ist. Die Ränder der Spalte sind durch eine sehnige Membran geschlossen. Man kann durch die Tuba Luft in die Trommelhöhle eintreiben oder herausziehen, wenn man Nase und Mund verschliesst, und die Luft im Munde entweder zusammenpresst oder durch Saugen verdünnt. Sowie die Luft in die Trommelhöhle eintritt oder austritt, fühlt man ein plötzliches Rucken im Ohr und hört ein Knacken. Dabei wird man bemerken, dass die Luft nur in solchen Augenblicken vom Schlunde in das Ohr oder vom Ohre in den Schlund tritt, wo man eine Schlingbewegung macht. Ist die Luft in das Ohr eingedrungen, so bleibt sie darin, auch wenn man nun Mund und Nase wieder öffnet, bis man eine Schlingbewegung macht. Bei letzterer tritt sie aus, was sich dadurch zu erkennen giebt, dass ein neues Knacken eintritt, und das Gefühl der Spannung im Trommelfell, was so lange bestand, nun aufhört. Es folgt aus diesen Versuchen, dass die Tuba für gewöhnlich gar nicht offen ist, sondern nur beim Schlingen geöffnet wird, was sich dadurch erklärt, dass die Muskeln, die das Gaumensegel heben und beim Schlingen in Thätigkeit gesetzt werden, zum Theil von dem knorpeligen Ende der Tuba entspringen. Für gewöhnlich ist also die Paukenhöhle ganz geschlossen, mit Luft gefüllt, und der Druck dieser Luft bleibt dem der atmosphärischen Luft gleich, da er von Zeit zu Zeit während der Schlingbewegungen Gelegenheit hat, sich mit diesem auszugleichen.

Die Luft der Paukenhöhle ist an zwei Stellen vom Wasser des Labyrinths ebenfalls nur durch dünne gespannte Membranen getrennt. Diese Membranen schliessen die schon erwähnten Oeffnungen, nämlich das ovale (o, Fig. 36) und das runde Fenster (r) des Labyrinths. Beide Membranen sind auf ihrer äusseren Seite mit der Luft der Trommelhöhle, auf der inneren mit dem Wasser des Labyrinths in Berührung; die des runden Fensters ist ganz frei, die des ovalen Fensters dagegen mittels einer Reihe von drei durch Gelenke verbundenen Knöchelchen, Gehörknöchelchen, mit dem Trommelfell verbunden.

Fig. 37 zeigt die drei Knöchelchen in ihrer natürlichen Verbindung mit einander und in viermaliger Vergrösserung der Lineardimensionen; sie sind der Hammer M (Malleus), der Amboss J (Incus) und der Steigbügel S (Stapes). Ersterer ist mit dem Trommelfell, letzterer mit der Membran des ovalen Fensters verbunden.

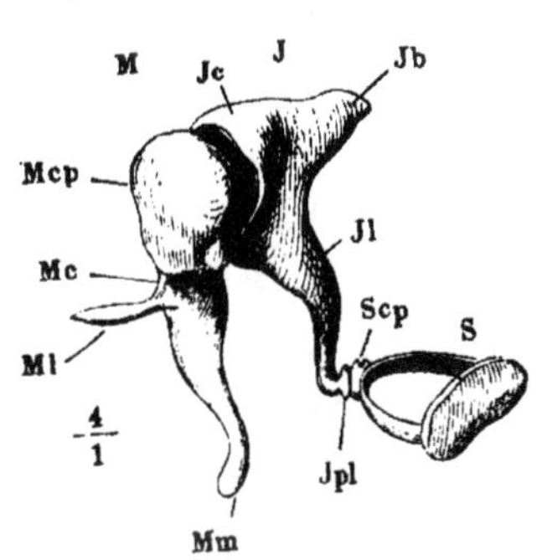

Gehörknöchelchen in gegenseitiger Verbindung, von vorn und von einer rechten Kopfhälfte, welche um die verticale Axe etwas nach rechts gedreht ist. *M* Hammer. *J* Amboss. *S* Steigbügel. *Mcp* Kopf, *Mc* Hals, *Ml* langer Fortsatz, *Mm* Handgriff des Hammers, *Jc* Körper, *Jb* kurzer, *Jl* langer Fortsatz, *Jpl* Proc. lenticularis des Ambosses. *Scp* Capitulum des Steigbügels.

Der Hammer, einzeln dargestellt in Fig. 38, zeigt ein oberes dickeres abgerundetes Ende, den Kopf *cp*, und ein unteres dünneres, den Stiel oder Handgriff *m*; zwischen beiden ist eine Einschnürung *c*, der Hals des Hammers. An der nach hinten gekehrten Seite des Kopfes findet man eine Gelenkfläche*, mittels deren er sich an den Amboss anlegt. Unterhalb des Halses, wo dieser in den Stiel übergeht, ragen zwei Fortsätze hervor, der lange *l* oder Processus Folianus, und der kurze Fortsatz *b*. Ersterer ist nur bei Kindern so lang, wie ihn die Abbildungen zeigen; bei Erwachsenen scheint er meist bis auf einen kleinen Stumpf resorbirt zu sein. Er hat die Rich-

Fig. 38.

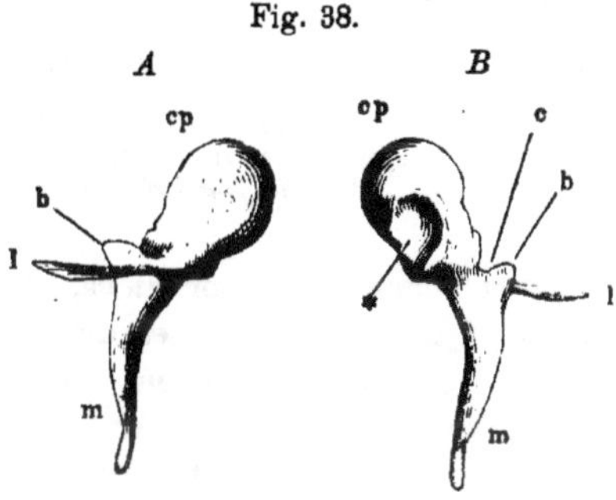

Rechter Hammer, *A* von vorn, *B* von hinten. *cp* Kopf. *c* Hals, *b* kurzer, *l* langer Fortsatz. *m* Handgriff. * Gelenkfläche.

tung nach vorn, und liegt in den Bandmassen verdeckt, die nach vorn hin den Hammer festheften. Der kurze Fortsatz *b* dagegen ist gegen das Trommelfell gekehrt, dessen obersten Theil er etwas hervordrängt. Von der Spitze dieses Fortsatzes *b* bis zur Spitze des Stieles *m* ist der Hammer im oberen Theile des Trommelfells festgeheftet, und zwar so, dass die Spitze des Stieles das Trommelfell stark nach innen zieht.

Fig. 39 und Fig. 40 zeigen den Hammer in seiner natürlichen

Fig. 39.
Fig. 40.

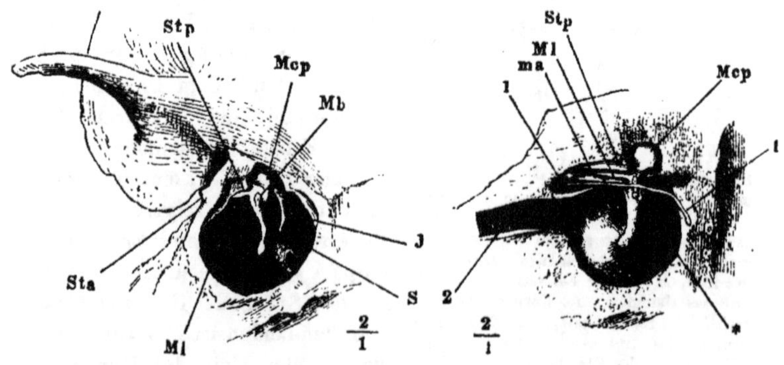

Linkes Schläfenbein des Neugeborenen mit den Gehörknöchelchen, in Situ. *S t a* Spina tympanica ant. *S t p* Spina tympan. post. *M c p* Kopf des Hammers. *M b* kurzer, *M l* langer Fortsatz des Hammers. *J* Amboss. *S* Steigbügel.

Rechtes Paukenfell mit dem Hammer, von innen. Das innere Blatt der Hammerfalte der Schleimhaut (s. u.) ist weggenommen. *S t p* Spina tympanica post. *M c p* Kopf des Hammers. *M l* Langer Fortsatz desselben. *m a* Lig. mallei ant. 1 Chorda tympani. 2 Tube. * Sehne des M. tensor tympani dicht an der Insertion durchschnitten.

Lage, erstere von aussen nach Wegnahme des Trommelfells, letztere von innen. Der Hammer ist längs des oberen Randes des Trommelfells angeheftet durch eine Schleimhautfalte, in deren Innern eine Reihe ziemlich straffer Sehnenfaserbündel verlaufen. Am Hammer entspringen diese Anheftungsbänder in einer Linie, die vom Processus Folianus (Fig. 38 *l*) aus sich oberhalb der verengten Stelle des Halses gegen das untere Ende der Gelenkfläche für den Amboss hinzieht, und bei älteren Leuten zu einer stark hervorragenden Knochenleiste entwickelt ist. Am stärksten und straffsten sind diese Bandmassen am vorderen und hinteren Ende dieser Ansatzlinie. Die

vordere Bandmasse, Ligamentum Mallei anterius (*m a* Fig. 40) um-
hüllt den Processus Folianus und heftet sich theils an eine Knochen-
spitze (*St p*, Fig. 39 und 40) des knöchernen Paukenrings, welche
bis dicht an den Hals des Hammers vorragt, theils an deren unteren
Rand, theils senkt sie sich in eine von hier gegen das Kiefergelenk
hinziehende Knochenspalte ein. Der hintere Theil der beschriebenen Bandmasse dagegen heftet sich an eine nach innen vom Trommelfell und diesem parallel hervorragende scharfkantige Knochenleiste etwas oberhalb der Oeffnung, in welche ein hier durchziehen-
der Nerv, die Chorda Tympani (1, 1, Fig. 40) in den Knochen
eintritt. Diese letzteren Faserzüge können wir als Ligamentum
Mallei posterius bezeichnen. In Fig. 39 erscheint der Ansatzpunkt
dieses Bandes als ein kleiner Vorsprung des Ansatzringes des Trommelfells, welcher nach rechts hin den links bei *St p* beginnenden
oberen Ausschnitt der Oeffnung für das Trommelfell begrenzt, gerade an der Stelle, wo in der Figur der lange Fortsatz *J* des Amboss zum Vorschein kommt. Das Ligamentum anterius und posterius zusammengenommen bilden einen mässig gespannten Sehnen-
strang, um den sich der Hammer wie um eine Axe drehen kann.
Auch wenn man die beiden anderen Gehörknöchelchen vorsichtig
entfernt hat, ohne die beschriebenen Bänder des Hammers zu lösen,
bleibt er deshalb in seiner natürlichen Stellung stehen, wenn auch
weniger stramm, als vorher.

Die mittleren Fasern des genannten breiten Befestigungsbandes
des Hammers gehen gerade nach aussen gegen den oberen knöchernen Rand des Trommelfells. Sie sind verhältnissmässig kurz, und
wohl als Ligamentum Mallei externum bezeichnet worden. Da sie
oberhalb der Achsenlinie am Hammer entspringen, hemmen sie eine
zu starke Einwärtsdrehung des Kopfes und Auswärtsdrehung des
Stiels mit dem Trommelfell, und widersetzen sich einer Zerrung des
Achsenbandes nach unten hin. Erstere Wirkung wird noch verstärkt durch ein Band (Ligamentum Mallei superius), welches sich
vom Processus Folianus aus nach oben in die schmale Spalte hinein-
zieht, die, wie Fig. 40 erkennen lässt, zwischen dem Kopf des Hammers und der Wand der Paukenhöhle bleibt.

Zu bemerken ist noch, dass im oberen Theile des Canals der
Tuba ein Muskel liegt, der Spannmuskel des Trommelfells,
dessen Sehne quer durch die Trommelhöhle hindurchgehend, sich innen an den oberen Theil des Hammerstiels ansetzt (Fig. 40*). Dieser Muskel ist als ein mässig gespanntes elastisches Band zu be-

trachten, dessen Spannung zeitweilig durch active Zusammenziehung beträchtlich erhöht werden kann. Auch dieser Muskel wirkt darauf hin, hauptsächlich den Stiel des Hammers mit dem Trommelfell nach innen zu ziehen. Da aber sein Ansatz so nahe unter dem Achsenbande liegt, so wirkt der Haupttheil seines Zuges auf dieses ein, und spannt es, indem er es etwas nach innen zieht. Dabei ist zu bemerken, dass an einem geradlinigen mässig gespannten unausdehnsamen Strange, wie es das Achsenband des Hammers ist, schon eine geringe Kraft, welche ihn seitwärts zu ziehen strebt, eine sehr erhebliche Steigerung der Spannung hervorbringen kann. Das ist bei der genannten Anordnung des Spannmuskels der Fall. Es ist dabei zu bemerken, dass auch die ruhenden, nicht innervirten Muskeln des lebenden Körpers immer elastisch gespannt sind und wie elastische Bänder wirken. Diese Spannung kann allerdings durch Innervation, die den Muskel in Thätigkeit setzt, erheblich gesteigert werden, aber sie fehlt bei den meisten Muskeln des Körpers niemals ganz.

Der Amboss, einzeln dargestellt in Fig. 41, hat etwa die Gestalt eines zweiwurzeligen Backzahns, dessen Kaufläche das Gelenk (* Fig. 41) gegen den Hammer bildet. Von den beiden etwas weit auseinander gespreizten Wurzeln des Zahns heisst die obere, welche nach hinten gerichtet ist, der kurze Fortsatz *b*, die andere dünnere nach unten gerichtete der lange Fortsatz des Amboss. Letztere trägt an ihrer Spitze das Gelenkköpfchen für den Steigbügel. Die Spitze des kurzen Fortsatzes dagegen ist durch eine kurze Bandmasse und ein unvollständig ausgebildetes Gelenk an ihrer unteren Fläche mit der hinteren Wand der Paukenhöhle verbunden, da wo diese nach hinten in die Lufthöhlen des hinter dem Ohre gelegenen Zitzenfortsatzes übergeht. Das Gelenk zwischen Amboss und Hammer ist von einer ziemlich unregelmässigen, im Ganzen sattelförmigen Flächenkrümmung. Seiner Wirkung nach ist es zu vergleichen mit den Gelenken der viel ver-

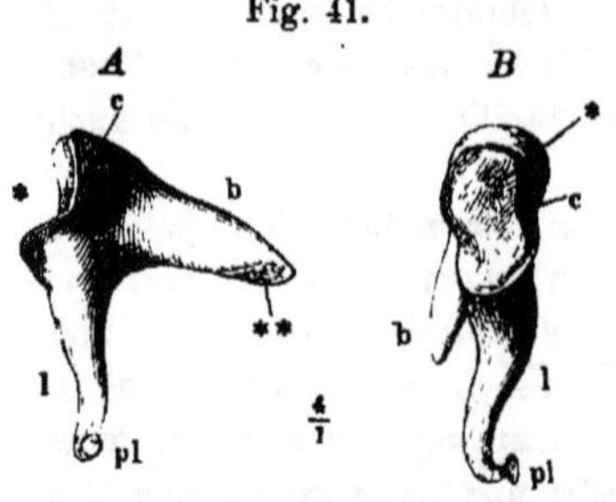

Fig. 41.

Rechter Amboss. A Mediale Fläche. B Ansicht von vorn. *c* Körper, *b* kurzer, *l* langer Fortsatz. *p l* Proc. lenticularis. * Gelenkfläche für den Kopf des Hammers. ** Auf der Wand der Paukenhöhle ruhende Fläche.

breiteten, mit Sperrzähnen versehenen Uhrschlüssel, welche in einer Richtung ohne erheblichen Widerstand frei gedreht werden können, in entgegengesetzter Richtung aber, wenn sich ihre Sperrzähne aufeinander stemmen, nicht die kleinste Drehung erlauben. Solche Sperrzähne hat das Hammer-Ambossgelenk namentlich an seiner unteren Seite ausgebildet, und zwar liegt der des Hammers aussen, dem Trommelfell zugewendet, der des Ambosses innen, während umgekehrt gegen das obere Ende der Gelenkgrube hin der Amboss mehr nach aussen übergreift, der Hammer nach innen. Die Folge dieser Construction ist, dass wenn der Hammer mit seinem Stiel nach innen gezogen wird, er den Amboss ganz fest packt und mitnimmt. Umgekehrt, wenn das Trommelfell mit dem Hammer nach aussen getrieben wird, braucht der Amboss nicht mitzugehen. Die Sperrzähne der Gelenkflächen weichen dann von einander, und diese gleiten mit sehr geringer Reibung an einander hin. Es hat dies zunächst den sehr grossen Vortheil, dass der Steigbügel nicht aus dem ovalen Fenster ausgerissen werden kann, wenn die Luft im Gehörgange erheblich verdünnt wird. Eintreibung des Hammers, wie sie durch Verdichtung der Luft im Gehörgange entstehen könnte, ist ebenfalls ohne Gefahr, da sie durch die Spannung des trichterförmig eingezogenen Trommelfells selbst kräftig gehemmt wird.

Wird bei einer Schlingbewegung Luft in die Trommelhöhle eingeblasen, so wird die Berührung von Hammer und Amboss gelockert. Dann hört man schwache Töne aus den mittleren und höheren Gegenden der Scale nicht merklich schwächer als sonst, wohl aber bemerkt man eine sehr beträchtliche Dämpfung starker Töne. Dies dürfte daraus zu erklären sein, dass die Adhäsion der Gelenk-flächen aneinander genügt, um schwache Bewegungen von einem auf den anderen Knochen zu übertragen, während sie bei stärkeren Anstössen aneinander gleitend sich verschieben können, und solche daher nicht mehr ungeschwächt übertragen.

Tiefe Töne sind bei jeder Stärke gedämpft, wohl weil diese immer ausgiebigere Bewegungen erfordern um hörbar zu werden*).

Einen anderen wichtigen Einfluss, welchen die beschriebene Construction des Hammer-Ambossgelenkes auf die Wahrnehmung der Töne hat, werde ich unten bei den Combinationstönen besprechen.

Da die Befestigung der Spitze des kurzen Fortsatzes des Steig-

---

*) Siehe darüber unten Abth. II, Abschnitt 9.

bügels merklich nach innen und oben vom Achsenbande des Hammers liegt, so entfernt sich der Kopf des Hammers vom Amboss-Paukengelenk, wenn ersterer nach aussen, und der Hammerstiel mit dem Trommelfell nach innen getrieben wird. Das hat zur Folge, dass die Bänder, die den Amboss am Hammer und an der Spitze seines kurzen Fortsatzes festhalten, merklich gedehnt werden, und dass letztere Spitze etwas von ihrer knöchernen Unterlage abgehoben wird. Bei dieser normalen Stellung der Knöchelchen zum Hören hat daher der Amboss gar keine weitere Berührung mit anderen Knochen als mit dem Hammer, sondern beide Knochen sind dann nur durch gespannte Bandmassen festgestellt, und zwar ziemlich straff, so dass nur die Drehung um das Achsenband des Hammers verhältnissmässig ungehindert bleibt.

Das dritte Knöchelchen, der Steigbügel, einzeln dargestellt in Fig. 42, hat in der That die auffallendste Aehnlichkeit mit dem Geräth, nach dem es genannt ist. Die Fussplatte B ist in der Membran des ovalen Fensters befestigt, welche sie bis auf einen schmalen

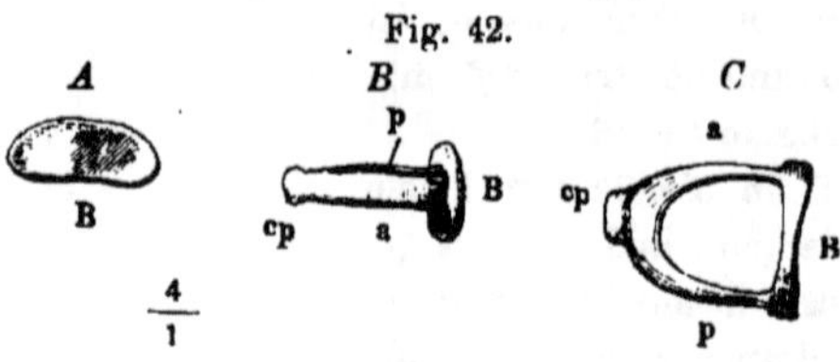

Rechter Steigbügel; A von innen, B von vorn, C von unten. *B* Basis. *cp* Capitulum. *a, p* Vorderer, hinterer Schenkel.

Saum fast ganz ausfüllt. Das Köpfchen cp hat ein Gelenkgrübchen für die Spitze (Processus lenticularis) des langen Fortsatzes des Amboss. Das Gelenk ist mit einer schlaffen Membran umgeben. Bei normal einwärtsgezogenem Trommelfell drückt der Amboss auf den Steigbügel, so dass eine straffere Bandbefestigung des Gelenks nicht nöthig ist. Jede verstärkte Eintreibung des Hammers vom Trommelfell aus bewirkt auch eine stärkere Eintreibung des Steigbügels in das ovale Fenster, wobei aber der obere etwas losere Rand seiner Fussplatte sich stärker verschiebt als der untere, und daher das Köpfchen sich etwas hebt, welcher Bewegung auch wieder eine schwache Hebung der Spitze des langen Ambossfortsatzes entspricht, wie sie durch die Lage derselben nach innen und unten vom Achsenbande des Hammers bedingt wird.

Die Excursionen der Steigbügelplatte sind sehr klein, und über-

steigen nach meinen Messungen *) jedenfalls nicht $1/_{10}$ Millimeter.
Die freie Excursion des Hammers dagegen mit dem Stiel nach aussen, welche er machen kann, indem er sich gegen den Amboss im
Gelenk verschiebt, ist mindestens neun Mal so gross, als die er mit
dem Amboss und Steigbügel zusammen ausführen kann.

Der ganze Trommelhöhlenapparat hat zunächst den mechanischen Nutzen, dass die Schallbewegung von der verhältnissmässig
ausgedehnten Fläche des Trommelfells (verticaler Durchmesser
9 bis 10 Mm., horizontaler 7,5 bis 9 Mm.) aufgefangen und durch
die Knöchelchen auf die verhältnissmässig viel kleinere Fläche des
ovalen Fensters oder der Fussplatte des Steigbügels übertragen wird,
deren Durchmesser nur 1,5 und 3 Mm. betragen. Somit ist die
Fläche des Trommelfells 15 bis 20 Mal grösser, als die des ovalen
Fensters.

Bei dieser Uebertragung der Luftschwingungen auf das Labyrinthwasser ist nun zu bemerken, dass die Lufttheilchen zwar verhältnissmässig grosse Amplituden ihrer Schwingungen zeigen, aber
wegen ihrer geringen Dichtigkeit kein grosses Trägheitsmoment haben, daher auch, wenn sie durch das Trommelfell in ihrer Bewegung
gehemmt werden, keinen grossen Widerstand gegen diese Hemmung
leisten, und auch keinen erheblichen Druck gegen das hemmende
Trommelfell ausüben. Das Labyrinthwasser ist dagegen viel dichter und schwerer als die Luft des Gehörganges, und um es schnell
hin- und herzutreiben, wie es bei den Schalloscillationen geschieht,
sind viel erheblichere Druckkräfte nöthig, als für die Luft des Gehörgangs. Andererseits sind aber auch die Amplituden der Schwingungen, welche das Labyrinthwasser ausführt, verhältnissmässig sehr
klein, und ausserordentlich kleine Schwingungen sind hier genügend,
um die zum Theil an der Grenze des mikroskopischen Sehens liegenden Endgebilde und Anhänge der Nerven hinreichend hin und
her zu bewegen, so dass Empfindung erregt wird.

Die mechanische Aufgabe des Trommelhöhlenapparats ist also,
eine Bewegung von grosser Amplitude und geringer Kraft, welche
das Trommelfell trifft, zu verwandeln in eine von geringer Amplitude
und grösserer Kraft, die dem Labyrinthwasser mitzutheilen ist.

Es ist dies eine Aufgabe, wie sie durch vielerlei mechanische

---

*) Helmholtz, die Mechanik der Gehörknöchelchen in Pflueger's
Archiv für Physiologie, Bd. I, S. 34 bis 43. Dieser Aufsatz sucht überhaupt
die hier gegebene Darstellung der Mechanik des Ohrs zu begründen.

Apparate, wie Hebel, Flaschenzüge, Krahne etc., gelöst wird. Die
Art, wie dies im Trommelhöhlenapparat geschieht, ist ganz abweichend und sehr eigenthümlich.

Eine Hebelwirkung wird zwar auch benutzt, aber nur in gerin-
gem Maasse. Die Spitze des Hammerstiels, auf welche der Zug des
Trommelfells zunächst einwirkt, ist allerdings etwa anderthalb Mal so
weit von der Drehungsaxe entfernt, als die Spitze des Ambosses, welche
auf den Steigbügel drückt, wie unter andern Fig. 39 erkennen lässt.
Der Hammerstiel bildet also den längeren Hebelarm, und der Druck
auf den Steigbügel wird anderthalb Mal so gross sein, als die Kraft,
welche die Spitze des Hammerstiels eintreibt.

Die Hauptverstärkung wird aber durch die Form des Trommelfells bedingt. Ich habe schon erwähnt, dass die Mitte desselben,
oder sein Nabel, trichterförmig durch den Stiel des Hammers nach
innen gezogen ist. Die vom Nabel nach dem Rande gezogenen Me-
ridianlinien dieses Trichters sind aber nicht gerade gestreckt, sondern schwach convex nach aussen. Verminderter Luftdruck im
Gehörgange erhöht diese Convexität, vermehrter Druck vermindert
sie. Nun ist die Spannung, welche in einem unausdehnsamen Faden, der die Form eines sehr flachen Bogens hat, dadurch entsteht,
dass eine schwache Kraft senkrecht gegen seine Wölbung wirkt,
sehr beträchtlich. Es ist bekannt, dass man eine erhebliche Kraft
anwenden muss, um einen langen dünnen Strick horizontal auch nur
erträglich geradlinig auszuspannen, eine Kraft, welche ausserordentlich viel grösser ist, als die Schwere des Fadens, die diesen aus der
geraden Linie nach abwärts zieht. Am Trommelfell ist es nun
nicht die Schwere, welche die Radialfasern desselben sich zu strecken
verhindert, sondern es ist theils der Luftdruck, theils der elastische
Zug, den die Ringfasern der Membran ausüben. Diese streben sich
zusammenzuziehen gegen die Axe der trichterförmigen Membran
hin, und bringen dadurch die Einbiegung der Radialfasern gegen
diese Achse hin hervor. Durch den wechselnden Luftdruck während
der Schallschwingungen der äusseren Luft wird dieser Zug der Ringfasern bald verstärkt, bald geschwächt, was auf die mittlere Befe-
stigungsstelle der Radialfasern an der Spitze des Hammerstiels so
wirkt, als könnten wir die Schwere des horizontal gespannten Fadens abwechselnd verstärken und vermindern, was eine proportio-
nale Verstärkung und Schwächung des Zuges, den der Faden auf die
haltende Hand ausübt, hervorbringen würde.

Bei einem solchen horizontal ausgespannten Faden ist ferner

zu bemerken, dass ein ausserordentlich geringes Nachgeben der
Hand schon eine beträchtliche Senkung der Mitte des Fadens nach
sich zieht. Das Nachgeben der Hand geschieht nämlich in Richtung der Sehne des Bogens, und eine leichte geometrische Betrachtung lehrt, dass die Sehnen von Bögen gleicher Länge und verschiedener, aber immer sehr geringer Wölbung, unter einander und von
der Länge des Bogens selbst ausserordentlich wenig *) abweichen.
Dies gilt nun ebenso vom Trommelfell. Der Stiel des Hammers
braucht nur ausserordentlich wenig nachzugeben, um doch eine ziemlich beträchtliche Veränderung in der Wölbung des Trommelfells
zuzulassen. Die Folge davon ist, dass bei den Schallschwingungen
die Theile des Trommelfells, welche mitten zwischen dem inneren
Ansatz der Membran am Hammer und dem äusseren Ansatz am
Paukenringe liegen, ziemlich ausgiebig den Oscillationen der Luft
folgen können, während ihre Bewegung auf den Hammerstiel mit
sehr verminderter Amplitude, aber sehr vermehrter Kraft übertragen wird. Beim Uebergange der Bewegung vom Hammerstiel auf
den Steigbügel erfolgt dann noch eine weitere mässigere Reduction
der Schwingungsweite mit entsprechender Vermehrung der Kraft
durch die oben erwähnte Hebelwirkung.

Wir gehen jetzt über zur Beschreibung der innersten Abtheilung des Gehörorganes, welche den Namen des Labyrinthes trägt.
Ein Abguss seiner Höhlung ist in Fig. 43 von verschiedenen Seiten
dargestellt. Der mittlere Theil desselben, an welchem sich das
ovale Fenster Fv (Fenestra vestibuli) befindet, welches die Basis
des Steigbügels aufnimmt, wird der Vorhof (Vestibulum) des Labyrinths genannt. Von ihm geht nach vorn und unten ein auf-
gerollter Canal, die Schnecke (Cochlea), ab, an deren Anfang das
runde Fenster Fc (Fenestra cochleae) gegen die Trommelhöhle
gewendet liegt. Nach oben und hinten dagegen gehen von dem
Vorhof drei bogenförmige Gänge ab, der horizontale, verticale
vordere und verticale hintere Bogengang, deren jeder mit
beiden Enden in den Vorhof mündet, und deren jeder an einem
Ende eine flaschenförmige Erweiterung oder Ampulle (ha, vaa,
vpa) zeigt. Der in der Figur noch dargestellte Aquaeductus vesti-

---

*) Sie weichen ab um einen Betrag, der dem Quadrate der Tiefe der
Wölbung proportional ist. Nennen wir die Länge des Bogens l, und die
Entfernung seiner Mitte von der Sehne s, so ist die Sehne kürzer als der Bogen
um die Grösse $\frac{8}{3}\frac{s^2}{l}$.

buli führt eine Vene; die rauhen Stellen *Tsf* und * entsprechen im Abgusse den Canälen, welche die Nerven zuführen.

Diese ganze Höhlung des Labyrinths ist mit Wasser gefüllt, und umgeben von der ausserordentlichen harten und dichten Knochenmasse des Felsenbeins, so dass nur zwei nachgiebige Stellen

Fig. 43.

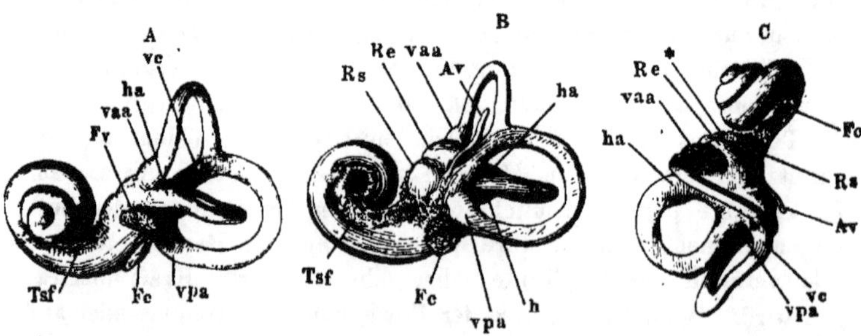

A Linkes Labyrinth, von aussen. B Rechtes Labyrinth, von innen. C Linkes Labyrinth, von oben. *F c* Fenestra cochleae. *F v* Fenestra vestibuli. *R e* Recessus ellipticus. *R s* Recessus sphaericus. *h* Horizontaler Bogengang. *h a* Ampulle desselben. *v a a* Ampulle des vorderen verticalen Bogengangs. *v p a* Ampulle des hinteren verticalen Bogengangs. *v c* Gemeinschaftlicher Schenkel der beiden verticalen Bogengänge. *A v* Abguss des Aquaeductus vestibuli. *T s f* Tractus spiralis foraminosus. * Abgüsse des auf der Pyramis vestibuli mündenden Canälchen.

der Wand übrig bleiben, nämlich die beiden Fenster Fv und Fc, das ovale und das runde. Im ersteren steht, wie schon beschrieben, die Fussplatte des Steigbügels durch einen schmalen membranösen Saum eingeheftet; das letztere ist durch eine Membran geschlossen. Wird der Steigbügel eingetrieben gegen das ovale Fenster, so wird demnach die ganze Flüssigkeitsmasse des Labyrinths gegen das runde Fenster gedrängt, nur hier kann die Membran desselben nachgeben. Setzt man, wie Politzer gethan, bei übrigens unverletztem Labyrinth ein fein ausgezogenes Glasröhrchen als Manometer in das runde Fenster ein, so wird das Wasser in diesem in die Höhe getrieben, sobald man stärkeren Luftdruck auf die äussere Seite des Trommelfells wirken lässt, und dadurch den Steigbügel in das ovale Fenster eindrängt.

Die Endigungen des Hörnerven befinden sich an feinen häutigen Gebilden, die zum Theil schwimmend, zum Theil ausgespannt in der Höhle des knöchernen Labyrinths liegen, und zusammen das häutige Labyrinth bilden. Dieses bildet im Ganzen die Gestalt des knöchernen Labyrinthes nach; nur zeigt es geringere Weite der Canäle und Höhlungen, und sein Rauminhalt zerfällt in zwei getrennte Abtheilungen, nämlich einerseits den Utriculus mit den Bogengängen, und andererseits dem Sacculus mit dem häutigen Schneckencanal. Utriculus und Sacculus liegen beide im Vorhofe des knöchernen Labyrinths, ersterer dem Recessus ellipticus (Re Fig. 43), letzterer dem Recessus sphaericus (Rs) gegenüber. Es sind schwimmende, selbst mit Wasser gefüllte Säckchen, die nur an einer Seite, wo die Nervenfasern zu ihnen treten, der Wand anliegen.

Die Form des Utriculus mit den häutigen Bogengängen ist abgebildet in Fig. 44. Die Ampullen sind an den häutigen Bogengängen viel stärker hervorragend als an den knöchernen. Die häutigen Bogengänge selbst sind nach den neueren Untersuchungen von Rüdinger nicht schwimmend in den knöchernen, sondern an der convexen Seite des knöchernen Canals angeheftet. An jeder Ampulle findet sich eine wulstige, nach innen gewendete Hervorragung, in welche Fäden des Hörnerven eintreten, eine flachere verdickte Stelle am Utriculus. Die besondere Art, wie die Nerven hier enden, wird unten beschrieben werden. Im Innern des Utriculus befindet sich durch eine schleimige Masse unter einander und mit der verdickten nervenreichen Stelle des Säckchens verbunden der aus kleinen Kalkkrystallen bestehende Gehörsand.

Fig. 44.

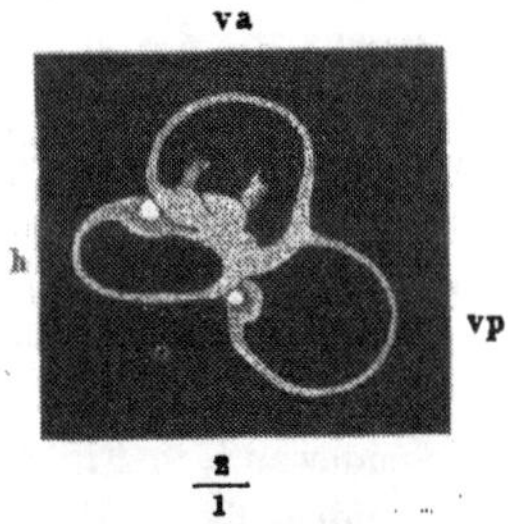

Utriculus und häutige Bogengänge (der linken Seite) von aussen. *v a* Vorderer, *v p* hinterer verticaler Bogengang, *h* horizontaler Bogengang.

Neben dem Utriculus und ihm angeheftet, aber nicht mit ihm communicirend, liegt in der Höhle des knöchernen Vorhofs der Sacculus mit einer ähnlichen verdickten nervenreichen Stelle seiner Wand versehen. Durch einen engen Canal steht er mit dem Canal der häutigen Schnecke in Verbindung. Was die Höhlung der Schnecke betrifft, so ist diese, wie Fig. 43 zeigt, der des Gehäuses einer Weinbergschnecke durchaus ähnlich, nur ist der Schneckencanal des Ohrs durch eine quer verlaufende theils knöcherne, theils häutige Scheidewand in zwei fast vollständig von einander getrennte Gänge getrennt. Nur an der Spitze der Schnecke bleibt eine kleine Communicationsöffnung zwischen den beiden Gängen, das Helicotrema,

begrenzt durch das hakenförmige Ende der Spindel, den Hamulus.
Von den beiden Gängen, in welche der Canal der knöchernen
Schnecke getrennt wird, communicirt der eine direct mit dem Vorhofe und wird deshalb die Vorhofstreppe (Scala vestibuli) genannt. Der andere Gang ist dagegen vom Vorhofe abgesperrt durch
die häutige Scheidewand; dagegen liegt in seinem Anfang nächst
der Basis der Schnecke das runde Fenster, durch dessen nachgiebige Membran er Erschütterungen mit der Luft der Paukenhöhle
austauschen kann. Dieser zweite Gang wird deshalb die Paukentreppe (Scala tympani) genannt.

Endlich ist weiter zu bemerken, dass die häutige Scheidewand
nicht eine einfache Membran ist, sondern selbst ein häutiger Canal
(Ductus cochlearis), der mit seinem inneren, gegen die Achse der
Schnecke gekehrten Rande an die rudimentäre knöcherne Scheidewand (Lamina spiralis) der Schnecke angeheftet ist, mit einem Theil
der gegenüberliegenden äusseren Fläche dagegen an die innere
Fläche des knöchernen Ganges. Fig. 45 stellt die knöchernen Theile

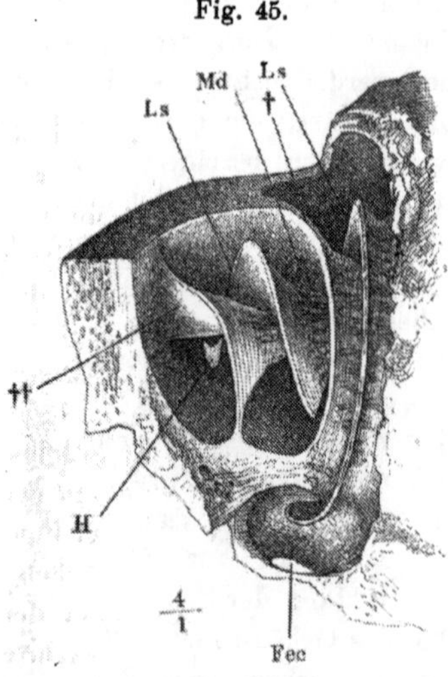

Fig. 45.

Knöcherne (rechte) Schnecke, von vorn
geöffnet. *Md* Modiolus. *Ls* Lamina spiralis. *H* Hamulus. *Fec* Fenestra cochleae. † Durchschnitt der Zwischen-
wand der Schnecke. †† Oberes Ende
derselben.

einer aufgebrochenen Schnecke
dar, Fig. 46 einen Querschnitt des
Canals (nach links unten hin unvollständig geblieben). An beiden
bezeichnet *Ls* den knöchernen
Theil der Scheidewand, in Fig. 46
v und *b* die beiden freien Theile
des häutigen Canals. Der Querschnitt dieses Canals ist, wie die
Figur zeigt, nahehin dreieckig, so
dass ein Winkel des Dreiecks bei
Lls an den Rand der knöchernen
Scheidewand angeheftet ist. Der
Anfang des Ductus cochlearis an
der Basis der Schnecke communicirt, wie schon angegeben ist,
mit dem Sacculus im Vorhofe des
Labyrinths durch einen engen häutigen Canal. Von den beiden
freien Streifen seiner häutigen Begrenzung ist der gegen die Vorhofstreppe gekehrte eine zarte,
wenig Widerstand leistende Mem-

14*

bran, die Reissner'sche Membran, *v* Fig. 46 (Membrana vestibularis), der andere die Membrana basilaris, *b* ist dagegen eine feste, straff gespannte elastische Membran, die in radialer Richtung, ihren starken Radialfasern entsprechend, gestreift ist. Sie spaltet sich leicht in Richtung dieser Fasern, was anzeigt, dass ihr Zusammenhang quer gegen ihre Radialfasern nicht sehr fest ist. Auf der Membrana basilaris sind die Enden des Schneckennerven und deren Anhänge befestigt, was in Fig. 46 durch punktirte Linien angedeutet ist.

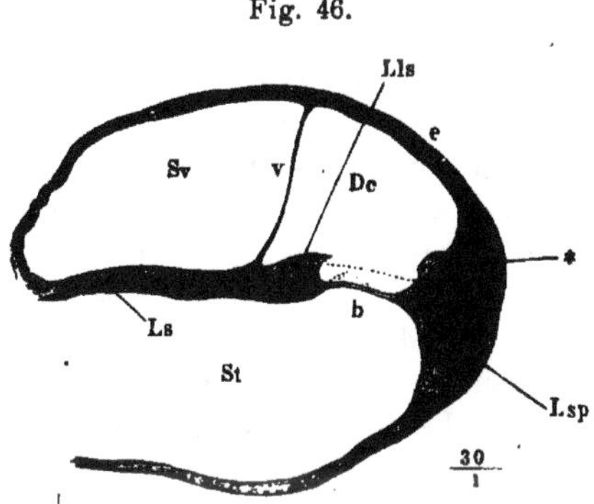

Fig. 46.

Querdurchschnitt einer Schneckenwindung aus einer in Salzsäure erweichten Schnecke. *L s* Lamina spiralis. *L l s* Limbus laminae spiralis. *S v* Scala vestibuli. *S t* Scala tympani. *D c* Ductus cochlearis. *L s p* Ligam. spirale. *v* Membrana vestibularis. *b* Membrana basilaris. *e* Aeussere Wand des Ductus cochlearis. * Wulst derselben. Die punctirten Linien bedeuten Durchschnitte der Membrana tectoria und der Gehörstäbchen.

Wenn das Paukenfell durch vermehrten Luftdruck im Gehörgange nach innen getrieben wird, drängt es, wie oben auseinandergesetzt ist, auch die Gehörknöchelchen nach innen, und namentlich tritt dabei die Fussplatte des Steigbügels tiefer in das ovale Fenster ein. Die Flüssigkeit des Labyrinths, welche übrigens rings von festen Knochenwänden eingeschlossen ist, hat nur einen Ausweg, wohin sie vor dem Druck des Steigbügels ausweichen kann, nämlich das runde Fenster mit seiner nachgiebigen Membran. Um dahin zu gelangen, muss aber die Labyrinthflüssigkeit entweder durch das Helicotrema, die enge Oeffnung in der Spitze der Schnecke, hinüberfliessen von der Vorhofstreppe zur Paukentreppe, oder, da hierzu bei den Schallschwingungen wahrscheinlich nicht, genügende Zeit ist, die membranöse Scheidewand der Schnecke gegen die Paukentreppe hindrängen. Das Umgekehrte muss bei Luftverdünnung im Gehörgange geschehen.

So werden also die Schallschwingungen der im äusseren Gehörgange enthaltenen Luft schliesslich übertragen auf die Membranen des Labyrinths, namentlich die Schneckenmembran, und die dort ausgebreiteten Nerven.

Ich habe schon erwähnt, dass die Endausbreitungen dieser Nerven verbunden sind mit sehr kleinen elastischen Anhängen, die dazu bestimmt zu sein scheinen, durch ihre Schwingungen die Nerven in Erregung zu versetzen.

Was zunächst die Nerven des Vorhofs betrifft, so enden sie an den vorher erwähnten verdickten Stellen der Säckchen des häutigen Labyrinths, wo das Gewebe auch grössere, fast knorpelartige Festigkeit hat. Eine solche mit Nerven versehene Stelle tritt in Form einer Leiste in das Innere der Ampulle eines jeden Bogenganges hervor, eine andere liegt an jedem der Säckchen des Vorhofs. Die Nervenfasern treten hier zwischen die zarten cylindrischen Zellen des feinen Häutchens (Epithelium), welches die innere Fläche der Leisten überzieht. In den Ampullen ragen, nach Max Schultze's Entdeckung, aus der inneren Fläche dieses Epitheliums ganz eigenthümliche, steife, elastische Haare hervor, welche in Fig. 47 abgebildet sind. Sie sind viel länger als die Wimperhärchen der Flimmerzellen (beim Rochen $\frac{1}{25}$ Linie lang), zerbrechlich, und laufen in eine sehr feine Spitze aus. Dergleichen feine und steife Härchen sind offenbar in hohem Grade geeignet, von den Bewegungen der Flüssigkeit mitbewegt zu werden, und dabei eine mechanische Reizung der in dem weichen Epithelium zwischen ihrer Basis liegenden Nervenfäden hervorzubringen.

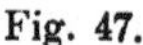

Fig. 47.

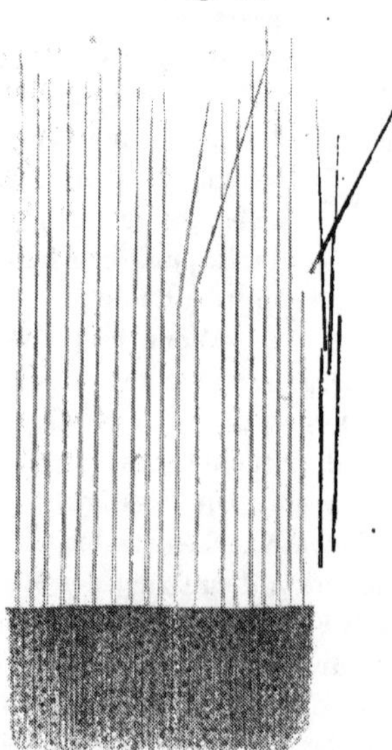

Die betreffenden verdickten Leisten in den Vorhöfen, in welchen die Nervenenden liegen, zeigen nach Max Schultze dasselbe zarte Epithelium, in welches die Nervenfasern sich einsenken, und kurze leicht zerstörbare Haare. Ferner liegen ganz nahe der nervenreichen Oberfläche kalkige Concremente, die sogenannten Hörsteine (Otolithen), welche bei den Fischen zusammenhängende convexconcave Theilchen sind, und an der convexen Seite einen Eindruck von der Nervenleiste zeigen.

Beim Menschen dagegen sind die Otolithen Häufchen kleiner kry-
stallinischer Körperchen von länglich eckiger Gestalt, welche der
Membran der Säckchen eng anliegen und an dieser festgeheftet zu
sein scheinen. Auch diese Otolithen erscheinen in hohem Grade
geeignet, bei jeder plötzlichen Bewegung des Labyrinthwassers eine
mechanische Reizung der Nervenmasse auszuüben. Die feine und
leichte Membran mit der eingewebten Nervenmasse folgt wahrscheinlich der Bewegung des Wassers augenblicklich, während die
schwereren Krystallchen langsamer in Bewegung gesetzt werden
und auch ihre Bewegung wieder langsamer abgeben, so dass sie dabei die benachbarte Nervenmasse theils zerren, theils pressen mögen.
Dadurch werden aber die Bedingungen zur Reizung der Nerven
ganz ähnlich wie in Heidenhain's Tetanomotor erfüllt. In diesem
Instrumente wird ein Muskelnerv der Einwirkung eines sehr schnell
schwingenden Elfenbeinhämmerchens ausgesetzt, so dass der Nerv
bei jedem Schlage zwar gepresst, aber nicht zerdrückt wird. Man
erhält dadurch eine kräftige und anhaltende Erregung des Nerven,
die sich durch eine anhaltende kräftige Zusammenziehung des von
ihm abhängigen Muskels zu erkennen giebt. Für eine solche Art
mechanischer Erregung erscheinen auch im Ohre die beschriebenen
Theile passend angeordnet zu sein.

Viel complicirter ist der Bau der Schnecke. Die Nervenfasern
treten durch die Axe oder Spindel der Schnecke zunächst in den
knöchernen Theil der Scheidewand, dann auf den häutigen; wo sie
diesen erreichen, finden sich eigenthümliche, erst in neuester Zeit

Fig. 48.

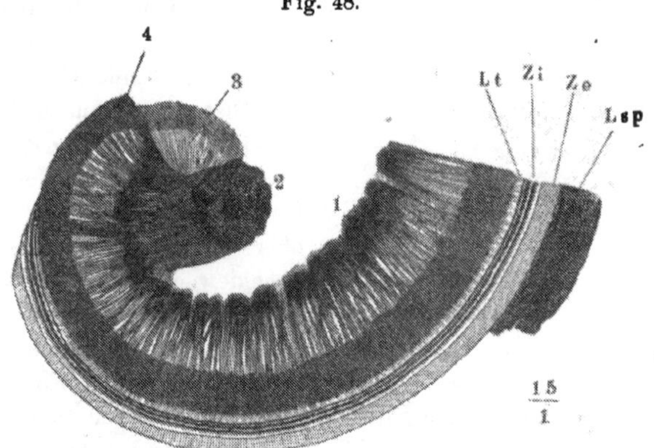

vom Mar**c**hese Corti entdeckte Gebilde, nach ihm das Corti'sche
Organ genannt, an welchen die Nerven endigen.

Die Ausbreitung des Schneckennerven ist dargestellt in Fig. 48
(a. v. S.). Derselbe tritt durch die Axe der Schnecke ein (2) und
sendet seine Fasern in radialer Richtung von da durch die knöcherne
Scheidewand (1, 3 und 4 der
Figur) bis zu deren Rand
vor; hier treten die Nerven
zunächst unter den Anfang
der Membrana basilaris,
durchbohren diese dann in
einer Reihe von Oeffnungen,
so dass sie in den Ductus
cochlearis gelangen und zu
den nervösen und elastischen
Gebilden, die auf der inneren Zone (Zi) der Membran
liegen.

Der Rand der knöcher-
nen Scheidewand (a bis b)
und die innere Zone der
Membrana basilaris ($a\,a'$) sind
dargestellt nach Hensen in
Fig. 49; die untere Seite der
Zeichnung entspricht der
Scala Tympani, die obere
dem Ductus cochlearis.
Hierin sind h und k die beiden Blätter der knöchernen
Scheidewand, zwischen denen
die Ausbreitung des Nerven
b sich hindurchzieht. Die
obere Seite der knöchernen
Scheidewand trägt, wie auch
Fig. 46 bei $L\,l\,s$ zeigt, eine aus
dichter Bindegewebsmasse
bestehende Leiste (Z Fig. 49),
die wegen der zahnförmigen Eindrücke auf ihrer oberen Seite als
die Zahnleiste bezeichnet wird, und von welcher eine besondere elastische und durchlöcherte Membran, die Corti'sche Membran, $M\,C$,

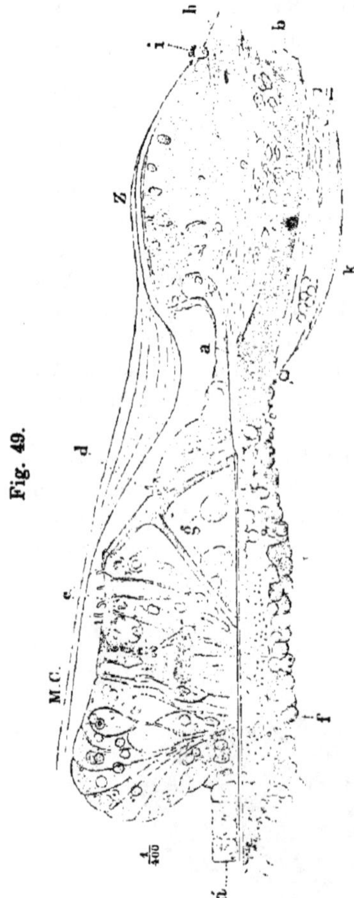

getragen wird, die der Membrana basilaris parallel bis zur Knochen-
wand an der äusseren Seite des Ganges ausgespannt ist, und sich
dort etwas oberhalb der ersteren anheftet. Zwischen den genannten
beiden Membranen liegen nun die Theile, in und an denen die Nervenfasern enden.

Unter diesen sind die relativ festesten Gebilde die Corti'schen
Bögen (Fig. 49 über *g*). Die Reihe dieser nebeneinanderliegenden
Bögen besteht aus zwei Reihen von Stäbchen oder Fasern, einer
innern und einer äussern. Ein einzelnes Paar derselben ist in

Fig. 50.

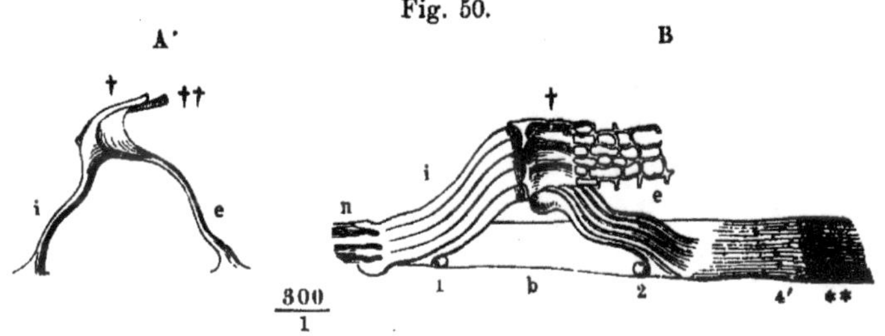

A Aeusseres und inneres Stäbchen in Verbindung, Profilansicht. B Membrana basilaris (*b*) mit den terminalen Nervenbündeln (*n*) und den inneren und äusseren Stäbchen
(*i* u. *e*). 1 Innere, 2 äussere Bodenzelle. 4' Anheftungen der Deckzellen. * * Epithelium.

Fig. 50 *A*, eine kleine Reihe ebenda unter *B* dargestellt, letztere an der
Membrana basilaris festhaftend, und bei † noch in Verbindung mit
dem gefensterten Gerüst, in welches sich die weiter zu beschreibenden Endzellen der Nerven (*c* Fig. 49) einfügen. Von Seite der Vorhofstreppe gesehen sind diese Gebilde in Fig. 51 dargestellt; *a* ist
hier die Zahnleiste, *c* die Oeffnungen für den Nerven am inneren
Rande der Membrana basilaris, deren äusserer Rand bei *u u* sichtbar ist; *d* ist die innere Reihe der Corti'schen Stäbe, *e* die äussere
Reihe; über letzterer sieht man zwischen *e* und *x* die gefensterte
Membran, an welche sich die Nervenendzellen anlegen.

Die Fasern erster Reihe sind platte, schwach *S* förmig gekrümmte Gebilde, die mit einer unteren Endanschwellung von der
Grundmembran aufsteigen, an welche sie angeheftet sind, und oben
mit einer Art Gelenkstück endigen, welches zur Verbindung mit
den Fasern zweiter Reihe bestimmt ist. In Fig. 51 bei *d* sieht
man eine grosse Zahl dieser aufsteigenden Fasern regelmässig neben einander liegen. In derselben Weise sind sie auf der ganzen

änge der Schneckenmembran dicht neben einander gestellt, so
ass man ihre Zahl auf viele Tausend schätzen muss. Ihre Seiten
gen sich dicht an die der Nachbarn an, und scheinen sich selbst

Fig. 51.

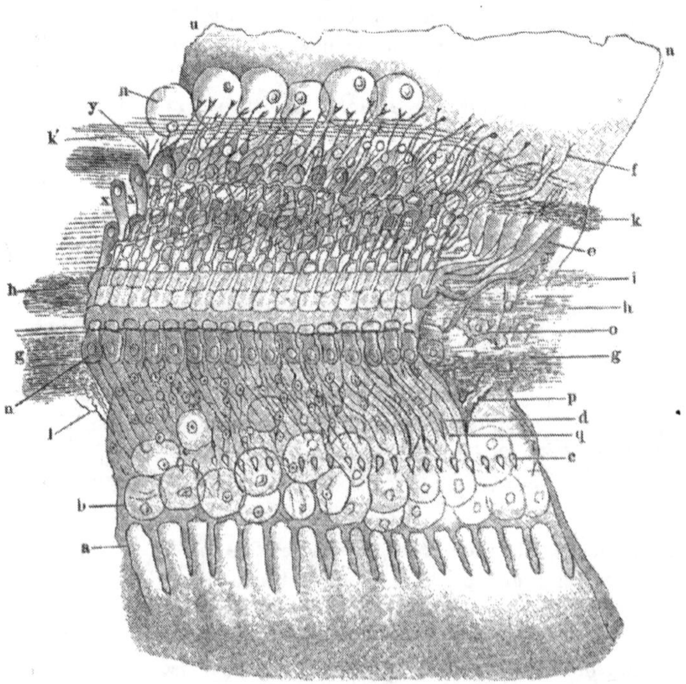

it diesen zu verbinden, aber so, dass stellenweise offene Spalten
l der Verbindungslinie stehen bleiben, durch welche wahrschein-
ch Nervenfasern durchtreten. So bilden die Fasern erster Reihe
isammengenommen eine Art steifer Leiste, die sich, sobald die
atürlichen Befestigungen keinen Widerstand mehr leisten, steil
afrecht zu stellen strebt, wobei sich die Grundmembran zwischen
en Ansatzstellen der Corti'schen Bögen *d* und *e* zusammen-
ltet.

Die Fasern zweiter Reihe, welche den absteigenden Theil
es Bogens *e*, Fig. 50, bilden, sind glatte biegsame cylindrische
äden mit verdickten Enden. Das obere Ende bildet eine Art Ge-

lenkstück zur Verbindung mit den Fasern erster Reihe, das untere
Ende ist glockenförmig erweitert und haftet der Grundmembran
fest an.   In den mikroskopischen Präparaten sieht man sie meist
mannigfaltig gebogen; doch kann wohl kein Zweifel darüber sein,
dass sie in ihrer natürlichen Verbindung gestreckt und einigermassen gespannt sind, so dass das obere Gelenkende der Fasern erster
Reihe durch sie herabgezogen wird. Während die Fasern erster
Reihe vom inneren Rande der Membran aufsteigen, welcher verhältnissmässig wenig erschüttert werden kann, heften sich die Fasern zweiter Reihe ziemlich in der Mitte der Membran an, also gerade da, wo deren Schwingungen am ausgiebigsten sein müssen.
Wird der Druck des Labyrinthwassers in der Paukentreppe durch
den in das ovale Fenster eindrängenden Steigbügel vermehrt, so
muss die Grundmembran nach unten weichen, die Faser zweiter
Reihe stärker gespannt werden, und vielleicht wird die entsprechende Stelle der ersten Faserreihe etwas nach unten gebogen.
Uebrigens erscheint es nicht sehr wahrscheinlich, dass die Fasern
erster Reihe sich einzeln viel bewegen, denn ihre seitlichen Verbindungen sind doch stark genug, dass, wenn man sie bei der anatomischen Präparation von ihrer Befestigung löst, sie zuweilen in
langen Reihen zusammenhängend bleiben, wie eine Art Membran.
Dass das Corti'sche Organ ein Apparat sei, geeignet die Schwingungen der Grundmembran aufzunehmen und selbst in Schwingung
zu gerathen, darüber kann die ganze Anordnung keinen Zweifel
lassen, aber es lässt sich mit unseren gegenwärtigen Kenntnissen
noch nicht sicher bestimmen, in welcher Weise diese Schwingungen vor sich gehen.   Dazu müsste man die Festigkeit der einzelnen
Theile, den Grad ihrer Spannung und ihrer Biegsamkeit erst besser
beurtheilen können, als es die bisherigen Beobachtungen an den
isolirten Theilen, wie sie sich eben zufällig unter dem Mikroskope
gelagert haben, erkennen lassen.

Die Corti'schen Fasern sind nun umsponnen und umgeben
von einer Menge sehr zarter und vergänglicher Gebilde, Fasern
und Zellen verschiedener Art, theils feinsten Ausläufern von Nervenfasern mit zugehörigen Nervenzellen, theils Bindegewebfasern,
welche als ein Stützapparat zur Befestigung und Suspension der
Nervengebilde zu dienen scheinen.

Fig. 49 zeigt diese Theile am besten im Zusammenhange. Sie
gruppiren sich als ein Wulst weicher Zellen auf beide Seiten und
in das Innere der Corti'schen Bögen. Die wichtigsten darunter

scheinen die mit Härchen versehenen Zellen bei *c* und *d* zu sein, welche ganz die Bildung der Härchenzellen in den Ampullen und im Utriculus haben. Sie scheinen direct mit feinen varicösen Nervenfasern zusammenzuhängen, und bilden den constantesten Theil unter den Gebilden der Schnecke; denn bei den Vögeln und Reptilien, wo die Structur der Schnecke viel einfacher ist, und selbst die Corti'schen Bögen fehlen, sind es gerade diese Härchenzellen, die man überall wiederfindet und deren Härchen so gestellt sind, dass sie an die Corti'sche Membran bei den Schwingungen der Membrana basilaris anstossen können. Die Zellen bei *a* und a_1, Fig. 49, die sich in Fig. 51 bei *b* und *n* in aufgeschwollenerem Zustande zeigen, scheinen nur den Charakter eines Epithelium zu haben. In Fig. 51 sieht man ausserdem Faserzüge und Fasernetze, die theils nur Stützfasern bindegewebiger Natur sein mögen, theils durch ihr perlschnurartiges Aussehen sich als feinste Nervenfaserzüge charakterisiren. Es sind gerade diese Theile so zart und vergänglich, dass über ihren Zusammenhang und ihre Bedeutung noch vielfache Zweifel bestehen.

Das wesentliche Ergebniss unserer Beschreibung des Ohres fassen wir demnach dahin zusammen, dass wir die Enden des Hörnerven überall mit besonderen theils elastischen, theils festen Hilfsapparaten verbunden gefunden haben, welche unter dem Einflusse äusserer Schwingungen in Mitschwingung versetzt werden können, und dann wahrscheinlich die Nervenmasse erschüttern und erregen. Nun ist schon im dritten Abschnitte auseinandergesetzt worden, dass die Vorgänge des Mittönens für die Beobachtung ein sehr verschiedenes Verhalten zeigen, je nachdem der mitschwingende Körper, einmal in Bewegung gesetzt, lange nachtönt, oder seine Bewegung schnell verliert. Körper, welche, einmal angeschlagen, lange nachtönen, wie Stimmgabeln, sind des Mittönens in hohem Grade fähig trotz der Schwerbeweglichkeit ihrer Masse, weil sie eine lange Summirung der an sich sehr kleinen Anstösse zulassen, welche jede einzelne Schwingung des erregenden Tones auf sie ausübt. Aber eben deshalb muss auch die allergenaueste Uebereinstimmung herrschen zwischen dem eigenen Tone der Gabel und der Tonhöhe des erregenden Tones, weil sonst die Anstösse durch die späteren Luftschwingungen nicht fortdauernd regelmässig in dieselbe Schwingungsphase fallen können, wo sie die Nachwirkungen der früheren Anstösse verstärken. Nimmt man dagegen Körper, deren Ton schnell verklingt, z. B. aufgespannte Membranen oder dünne leichte Saiten, so werden diese ebenfalls die Erscheinung des Mittönens zeigen, wenn die schwingende Luft Gelegenheit hat auf sie einzuwirken, aber ihr Mittönen wird nicht so beschränkt auf eine gewisse Tonhöhe sein, sie werden von ziemlich verschiedenartigen Tönen leicht bewegt werden. Denn wenn ein elastischer Körper einmal angestossen und danach frei forttönend nach 10 Schwingungen seine Bewegung nahehin verloren hat, wird es nicht darauf ankommen, ob neue Anstösse, die er nach Ablauf dieser Zeit empfängt, mit den früheren vollständig übereinstimmend wirken, wie es bei einem anderen tönenden Körper nöthig sein würde, bei welchem die durch den ersten Anstoss erzeugte Bewegung noch fast unverändert besteht, wenn ihn der zweite Anstoss trifft. Im letzteren Falle wird der zweite Anstoss die Bewegung nur dann vermehren können, wenn er gerade in eine solche Phase der Schwingung fällt, wo seine Richtung mit der der schon bestehenden zusammentrifft.

Der Zusammenhang zwischen diesen beiden Verhältnissen lässt sich ganz unabhängig von der Natur des mittönenden Körpers genau berechnen, und da dies für die Beurtheilung der Verhältnisse im Ohre wichtig ist, habe ich hier folgend eine kleine Tabelle dafür gegeben *). Man denke sich einen mittönenden Körper, der zuerst durch einen genau gleichgestimmten Ton in das Maximum der Schwingung versetzt sei; der erregende Ton werde nun geändert bis die Intensität des Mitschwingens bis auf $^1/_{10}$ des früheren Werths verringert ist. Die Grösse dieser Tondifferenz ist in der ersten Columne der folgenden Tabelle angegeben. Nun sei derselbe tönende Körper angeschlagen worden, und man lasse ihn ungehindert austönen. Es werde beobachtet, nach wie viel seiner Schwingungen die Intensität seines Tones auf $^1/_{10}$ ihres Anfangswerthes reducirt sei. Die Anzahl dieser Schwingungen ist in der zweiten Columne angegeben.

---

*) Die Art ihrer Berechnung ist in Beilage X. näher auseinandergesetzt.

Differenz der Tonhöhe, durch welche die Intensität des Mitschwingens auf $\frac{1}{10}$ reducirt wird.	Zahl der Schwingungen, nach welcher die Intensität des ausklingenden Tons auf $\frac{1}{10}$ reducirt wird.
1. Ein achtel Ton	38.00
2. Ein viertel Ton	19.00
3. Ein halber Ton	9.50
4. Drei viertel Ton	6.33
5. Ein ganzer Ton	4.75
6. Fünf viertel Ton . . .	3.80
7. Kleine Terz ($\frac{3}{2}$ Ton) .	3.17
8. Sieben viertel Ton . . .	2.71
9. Grosse Terz (2 Töne) . .	2.37

Wenn wir nun auch für das Ohr und dessen einzelne Theile noch nicht genau ermitteln können, wie lange sie nachklingen, so lassen uns doch bekannte Erfahrungen ungefähr beurtheilen, in welche Gegend der in unserer Tabelle aufgestellten Scala die Theile des Ohres etwa zu stellen sein müssen. Es können im Ohre natürlich keine Theile vorhanden sein, die etwa so lange wie eine Stimmgabel nachklingen, denn das würde sich schon der gewöhnlichen Beobachtung gleich verrathen. Aber auch wenn im Ohre Theile wären, welche nur der ersten Stufe unserer Tafel entsprechen und 38 Schwingungen brauchten, um bis auf $\frac{1}{10}$ auszuklingen, so würden wir dies bei tieferen Tönen erkennen. Denn 38 Schwingungen erfordern beim A ein Drittel einer Secunde, beim a ein Sechstheil, beim a^l ein Zwölftheil u. s. w. So langes Nachklingen würde jede schnelle Bewegung innerhalb der ungestrichenen und eingestrichenen Octave unmöglich machen; es würde, wenn es im Ohre selbst stattfände, für Musik ebenso störend sein, wie starke Resonanz in einem gewölbten Raume, oder Entfernung des Dämpfers am Pianoforte. Beim Trillern können wir sehr gut 8 bis 10 Anschläge in der Secunde machen, so dass jeder der beiden Töne 4 oder 5 Mal angeschlagen wird. Wenn nun der erste Ton vor dem Ende des zweiten noch nicht verklungen ist, oder wenigstens so weit vermindert ist, dass man ihn neben dem andern nicht mehr wahrnimmt, so würden die beiden Töne des Trillers nicht jeder für sich deutlich hervortreten können, sondern man würde fortdauernd ein Gemisch beider Töne hören. Dergleichen Triller von je 10 Schlägen auf die Secunde sind nun im grössten Theile der Scala scharf und klar auszuführen, aber allerdings vom A abwärts in der grossen und Contra-Octave klingen sie schlecht und rauh und ihre Töne fangen an sich zu vermischen. Es lässt sich auch leicht zeigen, dass hierin nicht der Mechanismus der Instrumente Schuld ist. Wenn man z. B. auf der Physharmonica trillert, so sind die Tasten der tiefen Töne genau ebenso gebaut und ebenso leicht zu bewegen als die der höheren. Jeder einzelne Ton ist ganz sicher und vollständig abgeschnitten, sobald die Klappe auf den Luftcanal gefallen ist, und jeder spricht auch in dem Moment an, wo die Klappe geöffnet wird, weil die Zungen während einer so kurzen Unterbrechung in Schwingung bleiben. Aehnlich ist es am Violoncell. In dem Moment, wo der trillernde Finger auf die Saite gesetzt ist, muss diese in die andere Schwingungsperiode übergehen, die ihrer jetzigen Länge entspricht; und in dem Moment, wo der Finger entfernt ist, muss die Vibration eintreten, die dem früheren Tone entspricht, und doch ist der Triller in der Tiefe so unvollkommen, wie auf jedem anderen Instrumente. Auf dem Clavier sind Läufe und Triller in der Tiefe noch verhältnissmässig am besten auszuführen, weil in dem Augenblicke des Anschlags der neue Ton mit grosser und schnell abnehmender Intensität erklingt. Daher hört man wenigstens neben dem unharmonischen Lärme, den das gleichzeitige Bestehen beider Töne hervorbringt, auch die einzelnen Töne scharf hervordringen. Da die Schwierigkeit, in der Tiefe schnell zu trillern, also für alle musikalischen Instrumente dieselbe ist, und an einzelnen Instrumenten erweislich von der Weise, wie die Töne hervorgebracht werden, ganz unabhängig ist: so müssen wir schliessen, dass wir es hier mit einer Schwierigkeit zu thun haben, die im Ohre selber liegt. Es ist dies eine Erscheinung, welche deutlich darauf hinweist, dass die Dämpfung der schwingenden Theile für tiefe Töne im Ohre nicht genügend stark und schnell ist, um einen so raschen Wechsel von Tönen ungestört zu Stande kommen zu lassen.

Ja diese Thatsache beweist weiter, dass es verschiedene Theile des Ohres sein müssen, welche durch verschieden hohe Töne in Schwingung versetzt werden, und diese Töne empfinden. Man könnte nämlich daran denken, dass die schwingungsfähige Masse des ganzen Ohres, Trommelfell, Gehörknöchelchen und Labyrinthwasser zusammengenommen, schwingen könnte,

und dass es von der Trägheit dieser Masse abhinge, wenn die Tonschwingungen im Ohre nicht gleich erlöschen. Aber eine solche
Annahme würde nicht genügend sein, die besprochene Thatsache zu
erklären. Wenn nämlich ein elastischer Körper durch einen Ton in
Mitschwingung versetzt wird, so schwingt er mit in der Schwingungszahl des erregenden Tones; sowie der erregende Ton aufhört,
klingt er aber aus in der Schwingungszahl seines eigenen Tones.
Diese Thatsache, welche aus der Theorie folgt, lässt sich an Stimmgabeln mittels des Vibrationsmikroskops ganz scharf erweisen.

Wenn nun das Ohr als ganzes System schwingt, und eines
merklichen Nachschwingens fähig ist, muss es dies thun in seiner
eigenen Schwingungszahl, welche ganz unabhängig ist von der
Schwingungszahl des vorausgegangenen Tones, der diese Schwingungen etwa erregt hat. Daraus würde also folgen, dass erstens
die Triller auf hohen und tiefen Tönen gleich schwierig sein müssten, und zweitens, dass die beiden Töne des Trillers nicht mit einander sich vermischen könnten, sondern dass jeder sich vermischen
würde mit einem dritten Tone, der dem Ohre selbst angehört.
Einen solchen Ton haben wir schon kennen gelernt im vorigen
Abschnitte, das hohe f''''. Der Erfolg würde also unter diesen
Umständen ein ganz anderer sein, als wir ihn wirklich beobachten.

Wenn nun auf dem A von 110 Schwingungen ein Triller mit
10 Anschlägen in der Secunde ausgeführt wird, so wird derselbe
Ton nach je $^1/_5$ Secunde immer wieder angeschlagen. Wir dürfen
wohl annehmen, dass der Triller nicht klar sein würde, wenn die
Intensität des ausklingenden Tones nach $^1/_5$ Secunde nicht mindestens auf $^1/_{10}$ vermindert wäre. Daraus folgt, dass nach mindestens 22 Schwingungen die beim A mitschwingenden Theile des
Ohres auf $^1/_{10}$ der früheren Tonstärke herabkommen müssen, wenn
sie ausklingen, dass ihr Mitschwingen also nicht der ersten, wohl
aber der zweiten, dritten oder einer noch höheren Stufe unserer
Tafel entsprechen kann. Dass die Stufe wenigstens keine sehr viel
höhere sein kann, geht zunächst daraus hervor, dass die Triller und
Läufe schon auf wenig tiefer liegenden Tönen anfangen schwierig
zu werden. Dasselbe werden später zu besprechende Beobachtungen über Schwebungen lehren. Wir werden im Ganzen annehmen
können, dass die mitschwingenden Theile im Ohre etwa den Grad
der Dämpfung zeigen, der der dritten Stufe unserer Tabelle entspricht, wo die Intensität des Mitschwingens bei $^1/_2$ Tonstufe Differenz nur noch $^1/_{10}$ von der bei vollem Einklange ist. Es kann

hier natürlich von einer genauen Bestimmung nicht die Rede sein, aber es ist schon wichtig, dass wir uns wenigstens einen annähernden Begriff von dem Einflusse der Dämpfung auf das Mitschwingen im Ohre machen. Es ist dies von einflussreicher Bedeutung für die Verhältnisse der Consonanz. Wenn wir also im Folgenden davon sprechen werden, dass einzelne Theile des Ohres für einen bestimmten Ton mittönen, so ist es so zu verstehen, dass sie durch diesen Ton zwar am stärksten in Bewegung gesetzt werden, in schwächerem Grade aber doch auch durch die benachbarten, so dass auch bei der Differenz eines halben Tones ihr Mitschwingen wenigstens noch merklich ist. Um eine Uebersicht von dem Gesetze zu geben, nach welchem die Intensität des Mitschwingens abnimmt, wenn die Differenz der Tonhöhe zunimmt, diene die nebenstehende Fig. 52. Die Horizontallinie abc stellt einen Theil der

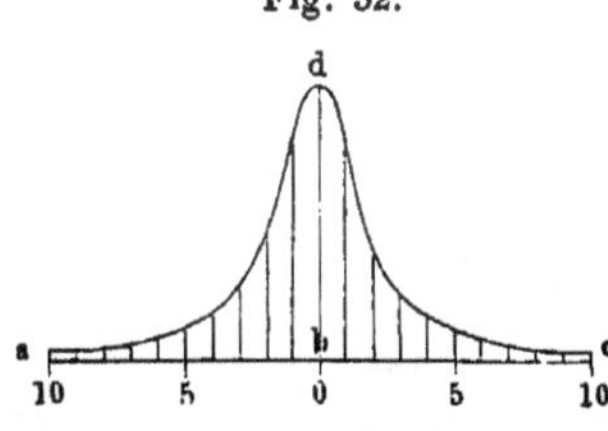

Fig. 52.

musikalischen Scala vor, und zwar ab und bc jedes die Breite eines ganzen Tones. Ein mitschwingender Körper sei auf den Ton b gestimmt, und die Verticallinie bd bezeichne das Maximum der Intensität des Tones, welchen er bei vollem Einklange mit dem erregenden Tone giebt. Auf der Grundlinie ist die Breite jedes ganzen Tones in Zehntheile getheilt, und die darüber stehenden Höhen bezeichnen die zugehörige Tonintensität des mitschwingenden Körpers, wenn der erregende Ton um die betreffende Differenz von dem Einklange abweicht.

Ich lasse hier die Zahlen folgen, nach denen die Fig. 52 construirt ist.

Differenz der Tonhöhe	Intensität des Mitschwingens
0,0	100
0,1	74
0,2	41
0,3	24
0,4	15
Halber Ton	10
0,6	7,2
0,7	5,4
0,8	4,2
0,9	3,3
Ganzer Ton	2,7

Welche Theile im Ohre es nun sind, die bei den einzelnen Tönen mitschwingen, lässt sich allerdings nicht mit Sicherheit nachweisen. Die Hörsteinchen, in einer schleimigen Flüssigkeit suspendirt, sind wohl kaum eigentlich regelmässiger Schwingungen fähig, sondern eher geeignet, einzelnen Stössen nachzugeben und diese auf die Nerven zu übertragen. Dasselbe gilt wohl auch von den Härchen in den Ampullen, da Körperchen von so geringer Masse in ihrer Bewegung nicht lange beharren können. Die Form der Ampullen, weite Höhlungen mit zwei verhältnissmässig engen Oeffnungen, scheint zur Hervorbringung eines abgetrennten mittleren Wasserstrahls geeignet zu sein, der sich theilweise seitlich in Wirbel auflöst *). Solche von der umgebenden ruhenden Flüssigkeit sich sondernde bewegte Strahlen bilden sich überall, wo eine Flüssigkeit durch eine Oeffnung oder aus einem Kanal mit scharf begrenzten Rändern in einen grösseren Raum tritt. Jeder Schornstein, aus dem eine mit Rauch imprägnirte Luftsäule emporsteigt, zeigt diese Erscheinung. Der rauchige Strahl bleibt eine Strecke lang abgegrenzt von der umgebenden reineren Luft, und löst sich dann in Wirbel auf. Wenn nun die Nervenerregung davon abhängt, dass die Härchen der Nervenendzellen gegen die Zelle ver-

*) Siehe meine Notiz über discontinuirliche Flüssigkeitsbewegungen in den Monatsberichten der Berliner Akademie 23. April 1868.

bögen werden, so genügt dazu nicht eine Hin- und Herbewegung der ganzen im Wasser schwimmenden Masse der Zelle, sondern ihre einzelnen Theile müssen von verschieden starken oder verschieden gerichteten Wasserströmen getroffen werden; und um dergleichen discontinuirliche Strömungen hervorzubringen, sind gerade die Hörsteinchen und die Ampullen sehr geeignet.

Andererseits erscheint ihrer ganzen Construction nach die Schneckenscheidewand mit den auf ihr gelagerten Corti'schen Bögen am ehesten geeignet, selbständige Schwingungen auszuführen. Die Fähigkeit, lange Zeit ohne Unterstützung fortzuschwingen, brauchen wir ja auch nicht von ihnen zu verlangen. Es hat wohl eine wichtige Bedeutung für das Gehör, dass wir so verschiedenartige Endapparate an den Nerven finden. Elastische Gebilde mit starker Dämpfung werden durch kurz vorübergehende Stösse und Strömungen des Labyrinthwassers verhältnissmässig stärker afficirt werden als durch musikalische Töne. Sie werden also namentlich der Wahrnehmung schnell vorübergehender unregelmässiger Erschütterungen, also der Empfindung der Geräusche dienen können. Dagegen werden schwächer gedämpfte elastische Körper durch einen musikalischen Ton von entsprechender Höhe viel stärker erregt werden, als von einzelnen Stössen. Unser Ohr ist beider Leistungen fähig, und wir dürfen wohl vermuthen, dass dies auf der Existenz der verschiedenartigen Endorgane beruht, dass also die Nervenausbreitungen im Vorhofe und den Ampullen für die Wahrnehmung der Geräusche, die Corti'schen Stäbchen mit der Membrana basilaris für die musikalischen Töne dienen.

Sollen diese Gebilde aber zur Unterscheidung von Tönen verschiedener Höhe dienen, und sollen Töne verschiedener Höhe aus allen Gegenden der Scala gleich gut percipirt werden: so ist es nöthig, dass die mit verschiedenen Nervenfasern verbundenen elastischen Gebilde in der Schnecke verschieden abgestimmt seien, und ihre Eigentöne eine regelmässige Stufenfolge durch die ganze Länge der musikalischen Scala bilden.

Den neueren anatomischen Ermittelungen von V. Hensen und C. Hasse zufolge ist es wahrscheinlich die verschiedene Breite der Membrana basilaris der Schnecke, auf der diese Abstimmung beruht*). Die genannte Membran ist an ihrem Anfange, dem ovalen

---

*) In der ersten Auflage dieses Buches, welche zu einer Zeit geschrieben wurde, wo die Studien über die feinere Anatomie der Schnecke noch

Fenster gegenüber, verhältnissmässig schmal, und wird immer breiter, je mehr sie sich der Kuppel der Schnecke nähert. V. Hensen hat bei einem Neugeborenen zwischen der Durchtrittslinie der Nervenfasern am inneren Rande bis zum Ansatz an das Ligamentum spirale am äusseren Rande folgende Maasse gefunden:

Ort des Querschnitts.	Breite der Membran
0,2625 Mm. von der Wurzel entfernt	0,04125 Mm.
0,8626 „ „ „ „ „	0,0825 „
2 Viertel der 1. Windung	0,169 „
Ende der 1. Windung	0,3 „
Mitte der 2. Windung	0,4125 „
Ende derselben	0,45 „
Am Hamulus	0,495 „

Die Breite wächst also vom Anfang bis zum Ende auf mehr als das Zwölffache.

Die Corti'schen Stäbchen zeigen ebenfalls eine Grössenzunahme gegen die Kuppel der Schnecke hin, aber in viel geringerem Maasse, als die Membrana basilaris. Es beträgt nach Hensen

	am runden Fenster	am Hamulus
die Länge des inneren Stäbchens	0,048 Mm.	0,0855 Mm.
die Länge des äusseren Stäbchens	0,048 „	0,098 „
die Spannweite des Bogens	0,019 „	0,085 „

Daraus folgt, wie auch Henle bestätigt hat, dass die grösste Zunahme der Breite auf die äussere Zone der Grundmembran fällt,

---

erst in der Entwickelung begriffen waren, habe ich die Voraussetzung gemacht, dass die verschiedene Festigkeit und Spannung der Corti'schen Stäbchen den Grund der verschiedenen Abstimmung geben könnte. Durch Hensen's Messungen der Breite der Membrana basilaris (Zeitschrift für wissensch. Zoologie. Bd. XIII. S. 492) und Hasse's Nachweis, dass die Corti'schen Bögen bei den Vögeln und Amphibien fehlen, sind nun viel bestimmtere Anhaltspunkte für das Urtheil gegeben, als ich damals hatte.

jenseits der Ansatzlinie der äusseren Stäbchen. Diese wächst von 0,023 Mm. auf 0,41 Mm., fast auf das Zwanzigfache.

Diesen Maassen entsprechend stehen die beiden Reihen Corti'-scher Stäbchen am runden Fenster einander fast parallel steil in die Höhe, während sie gegen die Kuppel hin stärker gegen einander geneigt sind.

Aus dem schon erwähnten Umstande, dass die Membrana basilaris der Schnecke sehr leicht in radialer Richtung zerreisst, während ihre radialen Fasern einen ziemlich hohen Grad von Festigkeit haben, scheint mir ein in mechanischer Beziehung sehr wichtiges Verhältniss zu folgen; dass nämlich diese Membran auch in ihrer natürlichen Befestigung zwar in querer Richtung von der Spindel gegen die äussere Schneckenwand stark gespannt sein kann, jedenfalls aber in Richtung ihrer Länge nur schwach gespannt ist. In dieser Richtung würde sie nämlich einer stärkeren Spannung gar nicht widerstehen können.

Nun verhält sich, wie die mathematische Theorie zeigt *), eine Membran, welche nach verschiedenen Richtungen hin verschieden gespannt ist, bei ihren Schwingungen sehr viel anders, als es eine nach allen Richtungen hin gleich gespannte Membran thun würde. Auf letzterer verbreiten sich Schwingungen, die auf einem Theile eingeleitet sind, gleichmässig nach allen Richtungen hin, und es würde bei gleichmässiger Spannung unmöglich sein, einen Theil der Membrana basilaris in Schwingung zu versetzen, ohne nahehin ebenso starke Schwingungen, abgesehen von etwa sich bildenden einzelnen Knotenlinien, in allen anderen Theilen der Membran hervorzurufen.

Wenn aber die Spannung in Richtung der Länge verschwindend klein ist gegen die Spannung in Richtung der Breite, dann verhält sich die Membrana basilaris annähernd so, als wären ihre Radialfasern ein System von gespannten Saiten, deren quere membranöse Verbindung nur dazu dient, dem Drucke der Flüssigkeit gegen diese Saiten eine Handhabe zu geben. Dann werden die Gesetze ihrer Bewegung dieselben sein, als wäre jede einzelne dieser Saiten in ihrer Bewegung unabhängig von den anderen und folgte, jede für sich, der Einwirkung des periodisch wechselnden Druckes des Labyrinthwassers in der Vorhofstreppe. Es würde demnach ein erregender Ton namentlich diejenige Stelle der Membran

---

*) Siehe Beilage XI.

in Mitschwingen versetzen, wo der Eigenton der gespannten und mit den verschiedenen Anhangsgebilden belasteten Radialfasern der Membran dem erregenden Tone am nächsten entspricht; von da würden sich die Schwingungen in schnell abnehmender Stärke auf die benachbarten Theile der Membran ausbreiten. Die Fig. 52 auf Seite 224 würde geradezu mit übertriebener Höhe den Längsschnitt derjenigen Gegend der schwingenden Membrana basilaris darstellen können, wo der Eigenton der Radialfasern der Membran dem erregenden Tone am nächsten entspricht.

Die grössere oder geringere Beschränkung des stark schwingenden Theils der Membran würde, wie schon vorher für die mitschwingenden Körper im Allgemeinen auseinandergesetzt ist, von dem Grade der Dämpfung abhängen, den die Schwingungen der Membran durch die benachbarten Theile erleiden, namentlich durch die Reibung im Labyrinthwasser und in den gallertartigen weichen Theilen des Nervenwulstes.

Es werden unter diesen Umständen diejenigen Theile der Membran, welche mit den höheren Tönen im Einklang sind, in der Nähe des runden Fensters, die für die tieferen Töne in der Nähe der Kuppel der Schnecke zu suchen sein, wie dies schon Hensen aus seinen Messungen gefolgert hat. Dass so kurze Saiten dennoch auf so tiefe Töne antworten können, würde sich erklären durch den Umstand, dass die genannten Saiten der Membrana basilaris stark belastet sind mit allerlei festen Gebilden, namentlich kommt aber auch das Wasser der beiden Schneckentreppen als Belastung in Betracht, da sich ohne eine Art Wellenbewegung in diesem die Membran gar nicht bewegen kann.

Was die Corti'schen Bögen auf der Grundmembran der Schnecke betrifft, so zeigen zunächst die Beobachtungen von Hasse, dass sie in der Schnecke der Vögel und Amphibien fehlen, während die übrigen wesentlichen Theile der Schnecke, namentlich die Membrana basilaris, die mit den Nervenenden in Verbindung stehenden haartragenden Zellen und die den Enden dieser Härchen gegenüber gestellte Corti'sche Membran auch dort vorhanden sind. Daraus wird nun allerdings sehr wahrscheinlich, dass die Corti'schen Bögen nur eine Nebenrolle in den Leistungen der Schnecke spielen. Man könnte den Nutzen der Corti'schen Bögen vielleicht darin suchen, dass sie als relativ feste Gebilde die Schwingungen der Grundmembran auf abgegrenzte enge Bezirke des oberen Theiles des relativ dicken Nervenwulstes besser übertragen, als dies

durch unmittelbare Mittheilung der Schwingungen von der Grundmembran durch die weiche Masse dieses Wulstes hindurch geschehen
würde.   Ganz dicht nach aussen von dem oberen Ende des
Bogens mit ihm noch durch die steiferen Faserzüge der *Membrana
reticularis* verbunden, stehen die härchentragenden Zellen des Nervenwulstes (s. Fig. 49 bei *c*).   Bei den Vögeln dagegen bilden die
härchentragenden Zellen eine dünne Schicht auf der Grundmembran, welche abgegrenzte Schwingungen derselben leicht aufnehmen
wird, ohne sie allzu weit nach den Seiten hin mitzutheilen.

Dieser Ansicht gemäss würden es also in letzter Instanz die
Corti'schen Bögen sein, welche von der Grundmembran aus erschüttert, deren Schwingungen den Endorganen der Nervenleitung
mittheilten.   In diesem Sinne bitte ich es weiterhin zu verstehen,
wenn von Schwingungen, Eigenton, Abstimmung der Corti'schen
Bögen die Rede ist; es ist dann immer die Abstimmung, wie sie
sie durch ihre Verbindung mit dem betreffenden Theile der Grundmembran erhalten, gemeint.

Nach Kölliker sind etwa 3000 Corti'sche Bögen in der
menschlichen Schnecke enthalten.   Rechnen wir 200 auf die ausserhalb der in der Musik gebrauchten Grenzen liegenden Töne,
deren Tonhöhe nur unvollkommen aufgefasst wird, so bleiben 2800
für die sieben Octaven der musikalischen Instrumente, d. h. 400 für
jede Octave, $33^1/_8$ für jeden halben Ton, jedenfalls genug, um die
Unterscheidung kleiner Theile eines halben Tones, so weit eine
solche möglich ist, zu erklären.   Nach E. H. Weber's Untersuchungen können geübte Musiker noch einen Unterschied der Tonhöhe
wahrnehmen, welcher dem Schwingungsverhältnisse 1000 zu 1001
entspricht.   Das wäre etwa $^1/_{64}$ eines halben Tones, eine noch kleinere Grösse, als dem genannten Abstande der Corti'schen Bögen
entspricht.   Darin liegt aber kein Hinderniss für unsere Annahme.
Denn wenn ein Ton angegeben wird, dessen Höhe zwischen der
von zwei benachbarten Corti'schen Bögen liegt, so wird er beide
in Mitschwingung versetzen, denjenigen aber stärker, dessen eigenem
Tone er näher liegt.   Es wird also schliesslich nur abhängen von
der Feinheit, mit welcher die Erregungsstärke der beiden entsprechenden Nervenfasern verglichen werden kann, wie kleine Abstufungen der Tonhöhe in dem Intervalle zweier Fasern wir noch werden unterscheiden können.   Eben daher erklärt es sich, dass bei
continuirlich steigender Höhe des äusseren Tones auch unsere Empfindung sich continuirlich verändert und nicht stufenweise springt,

wie es der Fall sein müsste, wenn immer nur je ein Corti'scher Bogen in Mitschwingen versetzt würde.

Ziehen wir weiter die Folgerungen aus unserer Hypothese. Wird ein einfacher Ton dem Ohre zugeleitet, so müssen diejenigen Corti'schen Bögen, die mit ihm ganz oder nahehin im Einklang sind, stark erregt werden, alle anderen schwach oder gar nicht. Es wird also jeder einfache Ton von bestimmter Höhe nur durch gewisse Nervenfasern empfunden werden, und verschieden hohe Töne werden verschiedene Nervenfasern erregen. Wenn ein zusammengesetzter Klang oder ein Accord dem Ohre zugeleitet wird, so werden alle diejenigen elastischen Gebilde erregt werden, deren Tonhöhe den verschiedenen in der Klangmasse enthaltenen einzelnen Tönen entspricht, und bei gehörig gerichteter Aufmerksamkeit werden also auch alle die einzelnen Empfindungen der einzelnen einfachen Töne einzeln wahrgenommen werden können. Der Accord wird in seine einzelnen Klänge, der Klang in seine einzelnen harmonischen Töne zerlegt werden müssen.

Dadurch würde nun auch eine Erklärung dafür gewonnen sein, warum das Ohr die Luftbewegungen gerade in pendelartige Schwingungen zerlegt. Jedes einzelne Lufttheilchen kann zu jeder Zeit natürlich nur eine Bewegung ausführen. Dass wir eine solche Bewegung in der mathematischen Theorie als eine Summe von pendelartigen Schwingungen betrachteten, war zunächst eine willkürliche Fiction zur Bequemlichkeit der Theorie eingeführt, ohne eine reelle Bedeutung. Eine solche haben wir für diese Zerlegung erst in der Betrachtung des Mitschwingens gefunden, da eine periodische Bewegung, die nicht pendelartig ist, Körper von verschiedener Tonhöhe, entsprechend den harmonischen Obertönen, zum Mittönen bringen kann. Und nun haben wir durch unsere Hypothese auch die Phänomene des Hörens auf solche des Mittönens zurückgeführt, und finden darin den Grund, warum die ursprünglich einfache periodische Bewegung der Luft eine Summe von verschiedenen Empfindungen hervorbringt, und deshalb auch für die Wahrnehmung als zusammengesetzt erscheint.

Die Empfindung verschiedener Tonhöhen wäre hiernach also eine Empfindung in verschiedenen Nervenfasern. Die Empfindung der Klangfarbe würde darauf beruhen, dass ein Klang ausser den seinem Grundtone entsprechenden Corti'schen Bögen noch eine Anzahl anderer in Bewegung setzte, also in mehreren verschiedenen Gruppen von Nervenfasern Empfindungen erregte.

In physiologischer Beziehung ist hier noch zu bemerken, dass durch diese Annahme die verschiedene Qualität der Gehörempfindungen nach Tonhöhe und Klangfarbe zurückgeführt wird auf die Verschiedenheit der Nervenfasern, welche in Erregung versetzt werden. Es ist dies ein Schritt ähnlicher Art, wie ihn in einem grösseren Gebiete Johannes Müller durch seine Lehre von den specifischen Sinnesenergien gethan hat. Er hat nachgewiesen, dass der Unterschied der Empfindungen verschiedener Sinne nicht abhängig sei von den äusseren Einwirkungen, welche die Empfindung erregen, sondern von den verschiedenen Nervenapparaten, welche sie aufnehmen. Wir können uns durch den Versuch davon überzeugen, dass der Gesichtsnerv und seine Ausbreitung, die Netzhaut des Auges, wie sie auch gereizt werden mögen, durch Licht, durch Zerrung, durch Druck oder durch Elektricität, immer nur Lichtempfindung haben, dass die Tastnerven dagegen immer nur Tastempfindungen, nie Lichtempfindung, oder Gehörempfindung oder Geschmacksempfindungen hervorbringen. Dieselben Sonnenstrahlen, welche vom Auge als Licht empfunden werden, empfinden die Nerven der Hand als Wärme, dieselben Erschütterungen, welche die Hand als Schwirren empfindet, empfindet das Ohr als Ton.

Wie das Ohr Schwingungen von verschiedener Dauer als Töne verschiedener Höhe auffasst, erregen Aetherschwingungen von verschiedener Dauer im Auge die Empfindung verschiedener Farben; die schnellsten die des Violett und Blau, die mittleren des Grün und Gelb, die langsamsten des Roth. Die Gesetze der Farbenmischung führten Th. Young zu der Hypothese, dass es im Auge dreierlei Nervenfasern gebe, denen verschiedene Art der Empfindung zukäme, nämlich Rothempfindende, Grünempfindende und Violettempfindende. In der That giebt diese Annahme eine sehr einfache und vollständig consequente Erklärung sämmtlicher Gesichtserscheinungen, die sich auf die Farben beziehen. Dadurch werden also die qualitativen Unterschiede der Gesichtsempfindungen zurückgeführt auf die Verschiedenartigkeit der empfindenden Nerven. Es bleiben dann für die Empfindungen jeder einzelnen Sehnervenfaser nur die quantitativen Unterschiede stärkerer und schwächerer Reizung übrig.

Dasselbe thut die Hypothese, auf welche uns unsere Untersuchung der Klangfarbe geführt hat, für das Gehör. Die Verschiedenheiten der Qualität des Tones, nämlich Tonhöhe und Klangfarbe, werden zurückgeführt auf die Verschiedenheit der empfindenden

Nervenfasern, und für jede einzelne Nervenfaser bleiben nur die Unterschiede der Stärke der Erregung übrig.

Die Reizungsvorgänge innerhalb der Muskelnerven, durch deren Reizung die Muskeln zur Zusammenziehung bestimmt werden, sind der physiologischen Untersuchung mehr zugänglich gewesen, als die in den Sinnesnerven. Dort finden wir in der That nur den Unterschied stärkerer und schwächerer Erregung, keine qualitativen Unterschiede. Dort können wir nachweisen, dass im Zustande der Erregung die elektrisch wirksamen Theilchen der Nerven bestimmte Veränderungen erleiden, welche ganz in derselben Weise eintreten, durch welche Art von Reizmittel auch der Erregungszustand hervorgerufen sein mag. Genau dieselbe Veränderung tritt aber auch in den gereizten Empfindungsnerven ein, obgleich hier der Erfolg der Reizung eine Empfindung ist, dort eine Bewegung war, und wir sehen daraus, dass der Mechanismus des Reizungsvorganges in den Empfindungsnerven dem in den Bewegungsnerven durchaus ähnlich sein muss. Die beiden genannten Hypothesen führen nun in der That die Vorgänge in den Nerven der beiden vornehmsten Sinne des Menschen, trotz der scheinbar so verwickelten qualitativen Unterschiede der Empfindungen, auf dasselbe einfache Schema zurück, welches wir von den Bewegungsnerven kennen. Man hat die Nerven vielfach nicht unpassend mit Telegraphendrähten verglichen. Ein solcher Draht leitet immer nur dieselbe Art elektrischen Stromes, der bald stärker, bald schwächer oder auch entgegengesetzt gerichtet sein kann, aber sonst keine qualitativen Unterschiede zeigt. Dennoch kann man, je nachdem man seine Enden mit verschiedenen Apparaten in Verbindung setzt, telegraphische Depeschen geben, Glocken läuten, Minen entzünden, Wasser zersetzen, Magnete bewegen, Eisen magnetisiren, Licht entwickeln u. s. w. Aehnlich in den Nerven. Der Zustand der Reizung, der in ihnen hervorgerufen werden kann und von ihnen fortgeleitet wird, ist, so weit er sich an der isolirten Nervenfaser erkennen lässt, überall derselbe, aber nach verschiedenen Stellen theils des Gehirns, theils der äusseren Theile des Körpers hingeleitet, bringt er Bewegungen hervor, Absonderungen von Drüsen, Ab- und Zunahme der Blutmenge, der Röthe und der Wärme einzelner Organe, dann wieder Lichtempfindungen, Gehörempfindungen u. s. w. Wenn jede qualitativ verschiedene Wirkung der Art in verschiedenartigen Organen hervorgebracht wird, zu denen auch gesonderte Nervenfasern hingehen müssen, so kann der Vorgang der Reizung in den einzelnen Fasern überall ganz derselbe sein, wie der elektrische Strom in den Telegraphendrähten immer derselbe ist, was für verschiedenartige Wirkungen er auch an den Enden hervorbringen möge. So lange wir dagegen annehmen, dass dieselbe Nervenfaser verschiedenartige Empfindungen leitet, würden auch verschiedene Arten des Reizungsvorganges in ihr vorhanden sein müssen, die wir bisher nachzuweisen noch nicht im Stande gewesen sind.

In dieser Beziehung hat also die hingestellte Ansicht, eben so gut wie die Hypothese von Young über den Unterschied der Farben, noch eine weitere Bedeutung für die Nervenphysiologie im Allgemeinen.

Seit der ersten Veröffentlichung dieses Buches ist die hier vorgetragene Theorie der Gehörempfindungen in einer interessanten Weise durch die Beobachtungen und Versuche von V. Hensen *) an den Gehörorganen der Crustaceen bestätigt worden. Diese Thiere haben theils geschlossene, theils nach aussen offene Otolithensäckchen, in denen Hörsteinchen frei in wässeriger Flüssigkeit schweben, getragen von eigenthümlich gebildeten Härchen, die mit ihren Enden den Steinchen anhaften, und zum Theil eine nach der Grösse geordnete Reihenfolge, von grösseren und dickeren zu kürzeren und feineren übergehend, zeigen. Ausserdem finden sich bei vielen Krebsen ganz ähnliche Härchen auch an der freien Fläche des Körpers, welche für Hörhaare gehalten werden müssen. Der Beweis, dass auch diese äusseren Haare zum Hören bestimmt seien, beruht einmal auf der Aehnlichkeit ihres Baues mit dem der Haare in den Otolithensäckchen. Dann aber fand Hensen die Fähigkeit des Hörens erhalten, nachdem er bei Mysis die Otolithensäckchen exstirpirt und nur die äusseren Hörhärchen der Antennen erhalten hatte.

Hensen leitete den Schall eines Klapphorns durch einen dem Trommelfell und Gehörknöchelchen nachgebildeten Apparat in das Wasser eines kleinen Kästchens, in welchem ein Exemplar von Mysis befestigt war, so dass man durch das Mikroskop die äusseren Hörhaare des Schwanzes beobachten konnte. Dabei zeigte sich, dass gewisse Töne des Horns einzelne Härchen in starke Vibration

---

*) Studien über das Gehörorgan der Decapoden. Leipzig 1863. Abgedruckt aus Siebold und Kölliker's Zeitschrift für wissenschaftliche Zoologie. Bd. XIII.

setzten, andere Töne andere Härchen. Jedes Härchen antwortete auf mehrere Noten des Horns, und man kann aus den angegebenen Noten annähernd die Reihe der Untertöne eines und desselben Tons herauserkennen. Ganz rein konnten die Resultate nicht sein, da die Resonanz des zuleitenden Apparats Einfluss haben musste.

So antwortete eines dieser Härchen stark auf *dis* und *dis'*, schwächer auf *g*, sehr schwach auf *G*. Dies lässt vermuthen, dass seine Stimmung zwischen *d''* und *dis''* lag. Dann entspräch es dem zweiten Partialton der Note *d'* — *dis'*, dem dritten von *g* — *gis*, dem vierten von *d* — *dis*, und dem sechsten von *G* — *Gis*. Ein zweites Härchen antwortete stark auf *ais* und benachbarte Töne, schwächer auf *dis* und *Ais*. Dessen Eigenton scheint *ais* gewesen zu sein.

Durch diese Beobachtungen ist die Existenz solcher Verhältnisse, wie wir sie für die menschliche Schnecke vorausgesetzt haben, für die genannten Crustaceen direct erwiesen, was von um so grösserem Werthe ist, als wir bei der verborgenen Lage und der leichten Zerstörbarkeit der betreffenden Organe des menschlichen Ohres wenig Aussicht haben, jemals einen so directen Beweis der verschiedenen Stimmung seiner einzelnen Theilchen führen zu können.

ZWEITE ABTHEILUNG.

DIE STÖRUNGEN

DES

ZUSAMMENKLANGS.

COMBINATIONSTÖNE UND SCHWEBUNGEN,
CONSONANZ UND DISSONANZ.

Die Combinationstöne.

In der ersten Abtheilung dieses Buches ist das Gesetz ausgesprochen und fortdauernd angewendet worden, dass die schwingenden Bewegungen der Luft und anderer elastischer Körper, welche durch mehrere gleichzeitig wirkende Tonquellen hervorgebracht werden, immer die genaue Summe der einzelnen Bewegungen sind, welche die einzelnen Tonquellen hervorbringen. Dieses Gesetz ist von ausserordentlicher Wichtigkeit für die Akustik, weil es die Betrachtung zusammengesetzter Fälle ganz auf die der einfachen zurückführt; aber es ist zu beachten, dass es in voller Strenge nur gilt, wo die Schwingungen an allen Stellen des Luftraumes und der tönenden elastischen Körper von unendlich kleiner Grösse sind, wo also die Dichtigkeitsänderungen der elastischen Körper so klein sind, dass sie, verglichen mit der ganzen Dichtigkeit derselben Körper, nicht in Betracht kommen, und ebenso die Verschiebungen der schwingenden Theilchen verschwindend klein sind, verglichen mit den Dimensionen der ganzen elastischen Massen. Nun sind allerdings in den praktischen Anwendungen dieses Gesetzes auf tönende Körper die Schwingungen fast immer sehr klein, und dem unendlich kleinen nahe genug, dass jenes Gesetz mit sehr grosser Annäherung auch für die wirklichen Schallschwingungen der musikalischen Töne richtig bleibt, und bei weitem der grösste Theil der Erscheinungen aus jenem Gesetze mit der Beobachtung übereinstimmend gefolgert werden kann. Indessen giebt es doch gewisse Erscheinungen, die davon herrühren, dass jenes Gesetz für die zwar sehr kleinen, aber doch nicht unendlich

kleinen Schwingungen elastischer Körper nicht ganz genau zutrifft *).
Eine dieser Erscheinungen, die uns hier interessirt, sind die Combinationstöne, zuerst entdeckt von Sorge 1740**), einem deutschen Organisten, später allgemeiner bekannt geworden, aber zum
Theil mit irrigen Angaben über ihre Höhe, durch den italienischen
Violinisten Tartini, nach welchem sie auch oft Tartini'sche Töne
genannt werden.

Man hört diese Combinationstöne, wenn zwei musikalische Töne
von verschiedener Höhe gleichzeitig kräftig und gleichmässig anhaltend angegeben werden. Die Höhe der Combinationstöne ist im
Allgemeinen verschieden sowohl von der der primären Töne, als
auch von der ihrer harmonischen Obertöne. Bei Versuchen unterscheidet man sie daher von den letzteren einfach dadurch, dass die
Combinationstöne fehlen, wenn einer der primären Töne allein angegeben wird, und jene erst auftreten, wenn beide primären Töne
gleichzeitig angegeben werden. Die Combinationstöne zerfallen in
zwei Klassen. Die erste, von Sorge und Tartini entdeckte Klasse,
welche ich Differenztöne genannt habe, ist dadurch charakterisirt, dass ihre Schwingungszahlen gleich sind den Differenzen zwischen den Schwingungszahlen der primären Töne. Die zweite
Klasse, die Summationstöne, sind von mir entdeckt; ihre Schwingungszahlen sind gleich der Summe der Schwingungszahlen der
primären Töne.

Sucht man die Combinationstöne von zwei zusammengesetzten
Klängen auf, so können sowohl deren Grundtöne als deren Obertöne mit einander sowohl Summationstöne als Differenztöne geben.
Die Zahl der vorhandenen Combinationstöne ist in solchem Falle
also sehr gross. Doch ist zu bemerken, dass im Allgemeinen die
Differenztöne stärker sind als die Summationstöne, und dass die
stärkeren primären Töne auch die stärkeren Combinationstöne
geben. Ja die Combinationstöne wachsen sogar in einem viel stärkeren Verhältnisse als die primären Töne, und nehmen auch schneller ab als diese. Da nun in musikalischen Klängen der Grundton
meist an Stärke die Obertöne überwiegt, sind es hauptsächlich die
Combinationstöne der beiden Grundtöne, und zwar deren Differenz-

---

*) Helmholtz, über Combinationstöne in Poggendorff's Annalen
Bd. XCIX, S. 497. — Monatsberichte der Berliner Akademie. 22. Mai 1856.
Daraus ein Auszug in Beilage XII.
**) Vorgemach musikalischer Composition.

töne, welche stärker als alle anderen in das Ohr fallen, und welche deshalb auch zuerst gefunden worden sind. Am leichtesten sind sie zu hören, wenn die beiden primären Töne um weniger als eine Octave von einander abstehen; dann ist der Differenzton der Grundtöne tiefer als beide primären Töne. Um ihn zuerst zu hören, wähle man zwei Klänge, welche stark und anhaltend hervorgebracht werden können und ein rein gestimmtes harmonisches Intervall bilden, das enger als eine Octave ist. Man lasse erst den tieferen von beiden angeben, dann auch den höheren. Bei gehöriger Aufmerksamkeit wird man bemerken, dass in dem Augenblicke, wo die höhere Note hinzukommt, auch ein schwacher tieferer Ton hörbar wird, der eben der gesuchte Combinationston ist. Bei einzelnen Instrumenten, z. B. dem Harmonium, kann man die Combinationstöne auch durch passend abgestimmte Resonanzkugeln hörbarer machen. Hier sind sie schon in dem Luftraume des Instruments erzeugt. In anderen Fällen aber, wo sie nur im Ohre erzeugt werden, helfen die Resonanzkugeln wenig oder nichts.

Folgende Tafel giebt die ersten Differenztöne der gewöhnlichen harmonischen Intervalle:

Intervalle	Schwingungs-verhältniss	Differenz	Combinationston ist tiefer als der tiefere primäre Ton um
Octave	1 : 2	1	Einklang
Quinte	2 : 3	1	Octave
Quarte	3 : 4	1	Duodecime
Grosse Terz . . .	4 : 5	1	2 Octaven
Kleine Terz . . .	5 : 6	1	2 Octaven u. grosse Terz
Grosse Sexte . . .	3 : 5	2	Quinte
Kleine Sexte . . .	5 : 8	3	Grosse Sexte

oder in Notenschrift, wobei die primären Töne durch halbe Noten, die Combinationstöne durch Viertel angegeben sind:

Nachdem man sich geübt hat, die Combinationstöne reiner Intervalle und gehaltener Töne zu hören, lernt man sie auch bei disharmonischen Intervallen und bei den schnell verhallenden Tönen des Claviers erkennen. Die der disharmonischen Intervalle werden dadurch schwerer erkennbar, dass sie in stärkeren oder schwächeren Schwebungen begriffen sind, wovon wir den Grund später erörtern werden. Die der schnell verhallenden Töne, wie die des Claviers, sind eben nur im ersten Augenblicke stark genug, um deutlich gehört zu werden, und verhallen selbst schneller als die primären Töne. Auch sind sie im Allgemeinen bei den einfachen Tönen der Stimmgabeln und der gedackten Orgelpfeifen leichter zu hören, als bei zusammengesetzten Klängen, wo schon eine Menge anderer Nebentöne vorhanden sind. Letztere geben, wie schon erwähnt ist, auch noch eine Anzahl von Differenztönen der harmonischen Obertöne, die leicht die Aufmerksamkeit von dem Differenzton der Grundtöne ablenken. Dergleichen Combinationstöne der Obertöne hört man namentlich bei der Violine und am Harmonium häufig.

Beispiel: Man nehme die grosse Terz $c'\,e'$, Zahlenverhältniss 4 : 5. Der erste Differenzton ist 1, d. h. C. Der erste harmonische Oberton von c' ist c'' mit der Schwingungszahl 8. Dieser giebt mit e' die Differenz 3, d. h. g. Der erste Oberton von e' ist e'' mit der Schwingungszahl 10, dieser giebt mit c' oder 4 die Differenz 6, d. h. g'. Dann geben c'' und e'' den Combinationston 2, d. h. c. So erhalten wir also durch die ersten Obertöne schon die Reihe der Combinationstöne 1, 3, 6, 2, oder C, g, g', c. Von diesen ist namentlich der Ton 3 oft leicht wahrzunehmen.

Diese mehrfachen Combinationstöne sind gewöhnlich nur dann deutlich hörbar, wenn die primären Klänge deutlich hörbare harmonische Obertöne enthalten. Doch kann man nicht behaupten, dass erstere ganz fehlten, wo die letzteren fehlen; nur sind sie dann so schwach, dass das Ohr sie nicht leicht neben den starken primären Tönen und dem ersten Differenzton erkennt. Einmal lässt die Theorie schliessen, dass sie schwach da seien; und die Schwebungen unreiner harmonischer Intervalle, von denen später zu sprechen ist, geben ebenfalls ihr Dasein zu erkennen. Man kann in diesen Fällen mit Hallstroem *) die Entstehung der mehrfachen Combinationstöne so darstellen, als wenn der erste Differenzton, der Combinationston erster Ordnung, mit den primären Tönen selbst wieder Differenztöne giebt, Combinationstöne zweiter Ordnung, diese wieder neue mit den primären Tönen und den Tönen erster Ordnung und so fort:

Beispiel: Setzen wir wieder voraus, dass zwei einfache Töne im Verhältniss 4 : 5, nämlich c' und e' zusammenklingen, so ist der Differenzton erster Ordnung 1 oder C. Dieser giebt mit den primären Tönen 4 und 5 die Differenztöne zweiter Ordnung 3 und 4, g und ein zweites c'. Der neue Ton 3 giebt mit den primären Tönen 4 und 5 die Töne dritter Ordnung 1 und 2, C und c, mit dem Tone erster Ordnung 1 den Ton vierter Ordnung 2, nämlich ein zweites c u. s. w. Die Töne verschiedener Ordnung, welche in diesem Beispiele unter Voraussetzung absolut reiner Stimmung zusammenfallen, thun es nicht mehr vollständig, wenn die Stimmung des primären Intervalls nicht absolut rein ist; dann entstehen Schwebungen, wie sie durch die Anwesenheit dieser Töne gefordert werden. Davon später mehr.

Hier folgen die Systeme der Differenztöne verschiedener Ordnungen für verschiedene Intervalle. Die primären Töne sind in halben Noten, die Combinationstöne erster Ordnung in Vierteln, die zweiter Ordnung in Achteln u. s. w. geschrieben. Dieselben Töne entstehen bei zusammengesetzten Klängen auch als Combinationstöne der Obertöne.

*) Poggendorf's Annalen Bd. XXIV, S. 438

Die Reihen sind abgebrochen, sobald die letzte Ordnung keine
neuen Töne mehr liefert. Im Allgemeinen ergiebt diese Uebersicht, dass sich immer die Reihe der harmonischen Töne 1, 2, 3, 4, 5
etc. bis zu den primären Tönen hinauf vollständig herstellt.

Die zweite Art der Combinationstöne, welche ich Summationstöne genannt habe, ist im Allgemeinen von viel geringerer Tonstärke als die Differenztöne, und nur bei besonders günstigen Gelegenheiten, namentlich am Harmonium und an der mehrstimmigen Sirene, leichter zu hören. Es kommen fast nur die ersten
derselben zur Wahrnehmung, deren Schwingungszahl gleich der
Summe der Schwingungszahlen der primären Töne ist. Es können
natürlich auch Summationstöne der harmonischen Obertöne existiren. Da ihre Schwingungszahl immer gleich der Summe der
Schwingungszahlen der primären Töne ist, so sind sie stets höher
als diese. Für die einfachen Intervalle ergeben sie sich aus folgender Uebersicht.

Bei den letzten beiden Intervallen liegen die Summationstöne
zwischen den beiden oben angegebenen Tönen. In musikalischer
Beziehung will ich hier gleich darauf aufmerksam machen, dass
viele dieser Summationstöne sehr unharmonische Intervalle mit den
primären Tönen bilden. Wären sie nicht an den meisten Instrumenten sehr schwach, so würden sie äusserst störende Dissonanzen
geben. In der That klingen auch die grosse und kleine Terz und
die kleine Sexte auf der mehrstimmigen Sirene, wo alle Combinationstöne auffallend stark hervortreten, sehr schlecht, während die

Octave, Quinte und grosse Sexte sehr schön klingen; auch die Quarte macht auf der Sirene nur den Eindruck eines mässig gut klingenden Septimenaccords.

Man hat die Combinationstöne früher für rein subjectiv gehalten, und geglaubt, sie entständen erst im Ohre selbst. Man kannte nur die Differenztöne, und stellte diese mit den Schwebungen zusammen, welche je zwei zusammenklingende Töne von wenig verschiedener Tonhöhe zu geben pflegen, eine Erscheinung, die wir in den nächsten Abschnitten noch näher untersuchen werden. Man glaubte, wenn solche Schwebungen schnell genug wären, könnten die einzelnen Schwellungen der Tonstärke, gerade so wie es ebenso viele gewöhnliche einfache Luftstösse thun würden, die Empfindung eines neuen Tones hervorbringen, dessen Schwingungszahl der Zahl der Schwebungen gleich sei. Diese Ansicht erklärt aber erstens nicht die Entstehung der Summationstöne, sondern nur die der Differenztöne; zweitens lässt sich nachweisen, dass unter Umständen die Combinationstöne objectiv existiren, unabhängig vom Ohr, welches die Schwebungen zu einem neuen Tone zusammen addiren soll; und drittens lässt sich diese Ansicht nicht mit dem durch alle übrigen Erfahrungen bestätigten Gesetze vereinigen, dass das Ohr nur diejenigen Töne empfindet, welche einfachen pendelartigen Bewegungen der Luft entsprechen.

Es lässt sich in der That ein anderer Grund für die Entstehung der Combinationstöne nachweisen, der schon oben im Allgemeinen bezeichnet ist. Wenn nämlich irgendwo die Schwingungen der Luft oder eines anderen elastischen Körpers, der von beiden primären Tönen gleichzeitig in Bewegung gesetzt wird, so heftig werden, dass die Schwingungen nicht mehr als unendlich klein betrachtet werden können, da müssen, wie die mathematische Theorie nachweist, solche Schwingungen der Luft entstehen, deren Tonhöhe den Combinationstönen entspricht.

Einzelne Instrumente liefern besonders starke Combinationstöne. Die Bedingung für ihre Erzeugung ist, dass dieselbe Luftmasse von beiden Tönen in heftige Erschütterung versetzt wird. Dies geschieht am stärksten in der mehrstimmigen Sirene, in welcher dieselbe rotirende Scheibe zwei oder mehrere Löcherreihen enthält, die aus demselben Windkasten gleichzeitig angeblasen werden*).

---

*) Ein solches Instrument wird im nächsten Abschnitte genauer beschrieben werden.

Die Luft des Windkastens ist verdichtet, so oft die Löcher geschlossen sind; wenn sie geöffnet werden, stürzt ein grosser Theil derselben in das Freie, es tritt eine beträchtliche Druckverminderung ein. So geräth die Luftmasse im Windkasten und zum Theil selbst im Blasebalg, wie man an diesem leicht fühlen kann, in heftige Schwingungen. Werden zwei Löcherreihen angeblasen, so entstehen solche Schwingungen in der Luftmasse des Windkastens beiden Tönen entsprechend, und durch jede Reihe von Oeffnungen wird nicht ein gleichmässig zufliessender Luftstrom entleert, sondern ein Luftstrom, der durch den anderen Ton schon in Schwingungen versetzt ist. Die Combinationstöne sind unter diesen Umständen ausserordentlich stark, fast ebenso stark wie die primären Töne. Dass sie hierbei objectiv in der Luftmasse existiren, kann man durch schwingende Membranen nachweisen, welche mit den Combinationstönen im Einklang sind. Solche werden in Mitschwingung versetzt, sobald man beide primäre Töne zugleich angiebt, nicht aber, wenn man nur einen oder den anderen primären Ton angiebt. Namentlich sind in diesem Falle auch die Summationstöne so stark, dass sie Accorde, in denen Terzen oder kleine Sexten vorkommen, äusserst widrig machen. Statt der Membranen ist es bequemer, die Resonatoren zu gebrauchen, welche ich oben für die Untersuchung der harmonischen Obertöne empfohlen habe. Auch diese können nur einen Ton verstärken, dessen entsprechende pendelartige Schwingung im Luftraum vorhanden ist, und nicht einen Ton, der nur in der Empfindung des Ohres existirt; man kann sie deshalb gebrauchen, um zu ermitteln, ob ein Combinationston objectiv vorhanden ist. Sie sind sehr viel empfindlicher als die Membranen, und geeignet, auch sehr schwache objective Töne deutlich erkennen zu lassen.

Aehnlich der Sirene sind die Verhältnisse im Harmonium. Auch hier ist ein gemeinsamer Windraum vorhanden, und wenn zwei Tasten angeschlagen werden, haben wir zwei Oeffnungen, welche durch die Zungen rhythmisch geöffnet und geschlossen werden. Auch hier wird die Luft in dem gemeinsamen Behälter durch beide Töne stark erschüttert, und durch jede Oeffnung Luft geblasen, die von der anderen Zunge her schon in schwingende Bewegung gesetzt ist. Es sind deshalb auch bei diesem Instrumente die Combinationstöne objectiv vorhanden, und verhältnissmässig sehr deutlich, aber sie sind lange nicht so stark, wie in der Sirene, wohl weil der Windkasten im Verhältniss zu den Oeffnungen ausserordentlich viel grösser ist, und deshalb während der kurzen Eröffnung eines Windlochs durch die schwingende Zunge nicht so viel Luft herausstürzen kann, um den Druck erheblich zu vermindern. Auch am Harmonium hört man die Combinationstöne durch gleichgestimmte Resonatoren sehr deutlich verstärkt, namentlich den ersten und zweiten Differenzton und den ersten Summationston. Indessen habe ich mich durch besondere Versuche überzeugt, dass auch bei dem genannten Instrumente der grössere Theil der Stärke des Combinationstons erst im Ohre entsteht. Ich habe die Windleitungen in dem Instrumente so eingerichtet, dass ein Ton von den unteren mit dem Fusse getretenen Bälgen aus mit Luft versehen wurde, ein zweiter von dem vorher vollgepumpten und durch Ausziehen des sogenannten Expressionszuges nachher abgeschlossenen Reservebalge, und fand die Combinationstöne nicht eben viel schwächer als bei der gewöhnlichen Anordnung. Wohl aber war der objective Theil derselben, welcher durch die Resonatoren verstärkt werden kann, viel schwächer. Man wird nach der oben gegebenen Uebersicht der Combinationstöne leicht die Tasten finden können, welche man anschlagen muss, um einen Combinationston hervorzubringen, der durch eine gegebene Resonanzröhre verstärkt wird.

Wenn dagegen die Erregungsstellen der beiden Töne ganz von einander getrennt sind, und keinen mechanischen Zusammenhang haben, wenn also z. B. zwei Singstimmen, oder zwei einzelne Blasinstrumente, oder zwei Violinen den Ton angeben, ist die Verstärkung der Combinationstöne durch die Resonanzröhren schwach und zweifelhaft. Hier ist also im Luftraum nicht deutlich wahrnehmbar eine dem Combinationstone entsprechende pendelartige Schwingung vorhanden, und wir müssen schliessen, dass die Combinationstöne, die zuweilen recht kräftig sind, wirklich erst im Ohre entstehen. Aber nach der Analogie der früheren Fälle dürfen wir auch hierbei wohl annehmen, dass es zunächst die äusseren schwingenden Theile des Ohres, namentlich das Trommelfell und die Gehörknöchelchen sind, welche in eine hinreichend kräftige combinirte Schwingung versetzt werden, um Combinationstöne zu erzeugen, so dass also die den Combinationstönen entsprechenden Schwingungen in den Theilen des Ohres wirklich objectiv bestehen mögen, ohne dass sie im Luftraum objectiv vorkommen. Eine kleine Verstärkung des Combinationstons durch den entsprechenden Resonator kann daher auch wohl in diesem Falle dadurch entstehen, dass das Trommelfell solche Schwingungen, die dem Combinationstone entsprechen, an die Luftmasse des Resonators abgiebt.

In der That sind nun auch in der Construction der äusseren schallleitenden Theile des Ohres gewisse Verhältnisse vorhanden, welche besonders günstig für die Erzeugung von Combinationstönen erscheinen. Einmal kommt der unsymmetrische Bau des Trommelfells in Betracht. Die nach aussen convexen Radialfasern desselben werden eine stärkere Spannungsänderung erleiden, wenn sie eine Schwingung von mässiger Amplitude nach innen machen, als wenn die Schwingung nach aussen geht. Zu dem Ende braucht die Amplitude der Schwingung nur einen nicht allzu kleinen Bruchtheil der geringen Wölbungstiefe des Bogens dieser Radialfasern auszumachen. Unter diesen Umständen entstehen Abweichungen von der einfachen Superposition der Schwingungen schon bei viel kleineren Amplituden, als dieses der Fall ist, wenn der schwingende Körper nach beiden Seiten hin symmetrisch gebaut ist*).

Noch wichtiger erscheint mir aber, namentlich bei starken Tönen, die lose Beschaffenheit des Hammer-Ambossgelenks zu sein. Wird der Hammerstiel mit dem Trommelfell einwärts getrieben, so muss der Amboss und Steigbügel dieser Bewegung unbedingt folgen, nicht aber, wenn darauf die Auswärtsbewegung des Hammerstiels folgt, wobei die Sperrzähne der beiden Knochen von einander loslassen können. Dann können die Knochen an einander klirren. Solches Klirren meine ich in meinem eigenen Ohre immer zu hören, so oft ein sehr starker, namentlich tiefer Ton meinem Ohre zugeleitet wird, auch wenn dies z. B. der Ton einer zwischen den Fingern gehaltenen Stimmgabel ist, an der sich unbedingt nichts Klirrendes befindet.

Dieses eigenthümliche Gefühl mechanischen Schwirrens im Ohre ist mir schon längst auffallend gewesen, wenn zwei starke und reine Sopranstimmen Terzengänge ausführen, wobei dann der Combinationston sehr deutlich herauskommt. Stellen sich die Phasen der beiden Töne so zu einander, dass nach jeder vierten Oscillation des tieferen, nach jeder fünften des höheren eine starke Auswärtsschwingung des Trommelfells erfolgt, stark genug, um ein momentanes Loslassen im Hammer-Ambossgelenk zu verursachen, so wird sich dadurch eine Reihe von Stössen zwischen den beiden Knochen

---

*) Siehe meinen oben citirten Aufsatz über Combinationstöne und Beilage XII. Bei asymmetrisch gebauten schwingenden Körpern sind die Störungen der ersten Potenz der Amplitude proportional, bei symmetrisch gebauten erst der zweiten Potenz dieser immerhin kleinen Grösse.

erzeugen, welche bei fester Verbindung und regelmässiger Schwingung fehlen würden, und welche zusammengenommen gerade den ersten Differenzton jenes Terzenintervalls erzeugen würden. Aehnlich bei anderen Intervallen.

Zu bemerken ist übrigens, dass dieselben Umstände in der Construction eines schwingenden Körpers, welche ihn geeignet machen, Combinationstöne hören zu lassen, wenn er von zwei verschieden hohen Tonwellenzügen erregt wird, auch bewirken müssen, dass ein einzelner einfacher Ton in ihm Schwingungen erregen muss, die seinen harmonischen Obertönen entsprechen, gleichsam als wenn dieser Ton dann mit sich selbst Summationstöne bildete.

Eine einfachen pendelartigen Schwingungen entsprechende einfach periodische Kraft erregt nämlich nur dann und so lange einfache Sinusschwingungen in einem elastischen Körper, auf den sie wirkt, als die durch die Abweichungen des erregten Körpers von seiner Gleichgewichtslage wachgerufenen elastischen Kräfte diesen Abweichungen selbst proportional bleiben, was bei verschwindend kleiner Grösse derselben immer der Fall ist. Werden die Amplituden der Schwingungen so gross, dass merkliche Abweichungen von dieser Proportionalität eintreten, so treten zu den Schwingungen des erregenden Tones noch solche hinzu, welche seinen harmonischen Obertönen entsprechen. Dass solche harmonische Obertöne bei starker Erregung von Stimmgabeln zuweilen vorkommen, habe ich schon S. 95 angeführt.

Das menschliche Ohr wird dasselbe thun müssen, eben weil es so leicht Combinationstöne bildet, und es liegt darin ein Grund, dass jeder starke einfache Ton in der Empfindung von freilich sehr schwachen harmonischen Obertönen begleitet sein muss.

Welche wichtige Rolle die Combinationstöne bei der Accordbildung spielen, wird sich später ergeben. Ehe wir dazu übergehen können, müssen wir ein zweites Phänomen des Zusammenklanges zweier Töne untersuchen, nämlich die Schwebungen.

Von den Schwebungen einfacher Töne.

Wir gehen jetzt über zu anderen Vorgängen beim Zusammenklange zweier Töne, wobei allerdings die Bewegungen der Luft und der übrigen mitwirkenden elastischen Körper ausserhalb und innerhalb des Ohres durchaus aufgefasst werden können als ein ungestörtes Nebeneinanderbestehen der beiden Schwingungssysteme, welche den beiden Tönen entsprechen, wo aber die Empfindung im Ohre nicht mehr der Summe der beiden Empfindungen entspricht, welche von beiden Tönen einzeln erregt werden. Dadurch unterscheiden sich die Combinationstöne wesentlich von den nun zu betrachtenden Schwebungen, dass bei jenen die Addition der Schwingungen in den schwingenden elastischen Körpern entweder ausserhalb oder innerhalb des Ohres Störungen erleidet, während das Ohr die ihm schliesslich zugeleitete Bewegung nach dem gewöhnlichen Gesetze in einfache Töne zerlegt. Bei den Schwebungen folgen im Gegentheil die objectiven Bewegungen der elastischen Körper dem einfachen Gesetze; aber die Addition der Empfindungen findet nicht ungestört statt. So lange mehrere Töne in das Ohr fallen, deren Tonhöhen hinreichend verschieden von einander sind, können die Empfindungen derselben im Ohre ganz ungestört neben einander bestehen, weil dadurch wahrscheinlich ganz verschiedene Nervenfasern afficirt werden. Aber Töne von gleicher oder nahe gleicher

Höhe, welche dieselben Nervenfasern afficiren, geben nicht einfach
die Summe der Empfindungen, die jeder einzelne für sich geben
würde, sondern es treten hier neue und eigenthümliche Erscheinungen ein, die wir mit dem Namen der Interferenz belegen, wenn
sie durch zwei gleiche Töne, mit dem Namen der Schwebungen,
wenn sie durch zwei nahe gleiche Töne hervorgebracht werden.

Wir wollen zuerst die Erscheinungen der Interferenz beschreiben. Man denke sich irgend einen Punkt in der Luft oder im Ohre
durch eine Tonquelle in Bewegung gesetzt, und die Bewegung dargestellt durch die Curve 1, Fig. 53. Die Bewegung, welche die
zweite Tonquelle hervorbringt, sei in den gleichen Zeitpunkten ge-

Fig. 53.

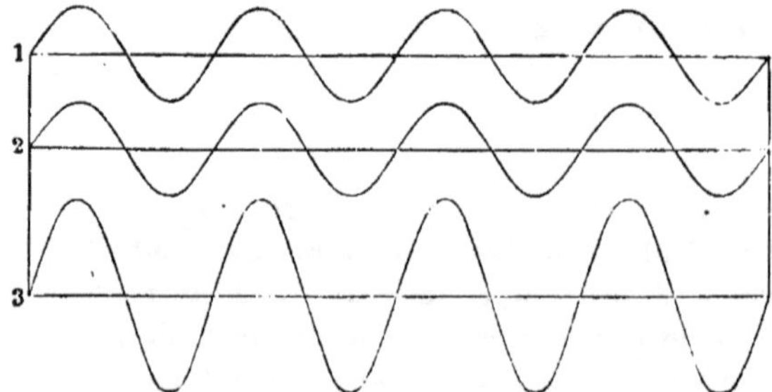

nau dieselbe, dargestellt durch 2, so dass die Berge von 2 auf die
Berge von 1, die Thäler auf die Thäler fallen. Wirken beide gleichzeitig, so wird die Gesammtbewegung die Summe beider sein, dargestellt durch die Curve 3 von ähnlicher Art, aber mit doppelt so
hohen Bergen und doppelt so tiefen Thälern, als jede der beiden
ersten. Da die Intensität des Schalls dem Quadrate der Schwingungsweite proportional zu setzen ist, so erhalten wir dabei einen
Ton nicht von der doppelten, sondern von der vierfachen Intensität.

Jetzt denke man die Schwingungen der zweiten Tonquelle um
eine halbe Schwingungsdauer verschoben, so werden die zu addiren-
den Schwingungen wie die Curven 4 und 5, Fig. 54 (a. f. S.), unter einander stehen, und wenn wir sie addiren, so sind die Höhen der
zweiten Curve immer gleich gross denen der ersten, aber negativ genommen; beide werden sich also gegenseitig aufheben, und ihre Summe
wird Null sein, dargestellt durch die gerade Linie 6. Hier addiren
ich die Berge von 4 zu den Thälern von 5, und umgekehrt; indem
die Berge die Thäler ausfüllen, zerstören sie sich gegenseitig. Die

Intensität des Schalles wird also Null werden, und wenn eine solche
Aufhebung der Bewegungen innerhalb des Ohres geschieht, so
hört auch die Empfindung auf; und während jede einzelne Ton-

Fig. 54.

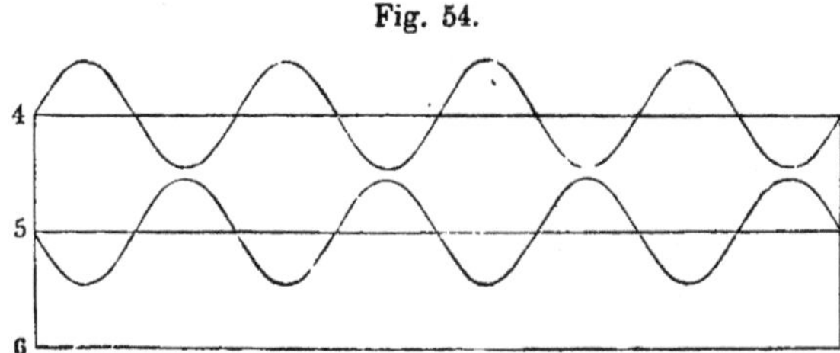

quelle für sich wirkend in unserem Ohre die· gleiche Empfindung
hervorruft, geben beide zusammenwirkend gar keine Empfindung.
Schall hebt den scheinbar gleichen Schall in diesem Falle vollständig auf. Dies erscheint der gewöhnlichen Anschauung ausserordentlich paradox, weil sich das natürliche Bewusstsein unter Schall
nicht die Bewegung der Lufttheilchen denkt, sondern etwas Reelles,
der Empfindung des Schalles Analoges. Da nun die Empfindung
eines Tones von gleicher Tonhöhe nicht Gegensätze von positiv und
negativ zeigt, so erscheint es natürlich unmöglich, dass eine positive
Empfindung die andere aufheben soll. Was sich aber gegenseitig
aufhebt, sind in einem solchen Falle die Bewegungsanstösse, welche beide Tonquellen auf das Ohr ausüben. Wenn diese so geschehen, dass die Bewegungsanstösse der einen Tonquelle fortdauernd
mit entgegengesetzten von der anderen Tonquelle zusammentreffen,
und sich vollständig im Gleichgewicht halten, so kann eben im Ohr
keine Bewegung entstehen, und der Gehörnerv nichts empfinden.

Ich will hier einige Beispiele solcher Fälle anführen, wo Schall
den Schall aufhebt.

1. Man setze zwei ganz gleich gebaute gedackte Orgelpfeifen
von gleicher Stimmung auf dieselbe Windlade dicht neben einander. Jede einzelne, allein angeblasen, giebt einen kräftigen Ton;
wenn man aber beide zugleich anbläst, so passt sich die Luftbewegung beider Pfeifen so einander an, dass, während aus der einen
die Luft ausströmt, sie in die andere einströmt, und sie geben deshalb für das Ohr eines entfernteren Beobachters keinen Ton, sondern lassen nur das Sausen der Luft hören. Bringt man aber ein
Fäserchen einer Feder nahe den Lippen der Pfeifen, so zeigt dies

dieselben Schwingungen, als wenn jede Pfeife allein angeblasen wird. Auch wenn man vom Ohre ein Rohr nach einer der Mündungen leitet, hört man den Ton dieser Pfeife so viel stärker, dass er durch den der anderen nicht mehr vollständig zerstört werden kann.

Auch jede Stimmgabel zeigt Interferenzerscheinungen, die davon herrühren, dass beide Zinken entgegengesetzte Bewegungen machen. Wenn man eine Stimmgabel anschlägt, dem Ohre nähert und sie dann um ihre Längsaxe dreht, so findet man, dass es vier Stellungen der Gabel giebt, in denen man ihren Ton deutlich hört, während er in vier dazwischen liegenden Stellungen unhörbar wird. Die vier Stellungen starken Schalles sind diejenigen, wo entweder eine der beiden Zinken, oder eine der beiden Seitenflächen der

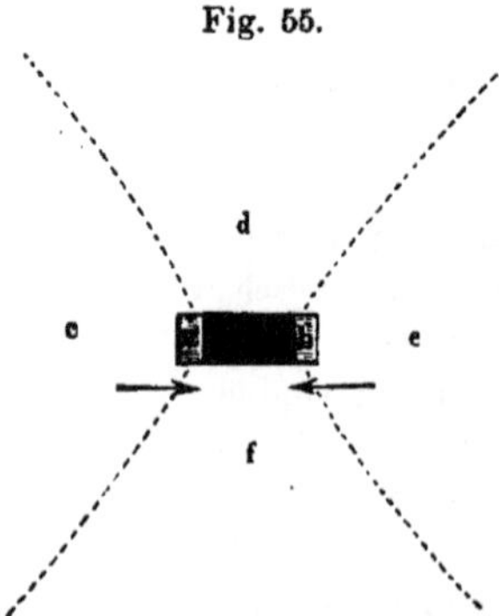

Fig. 55.

Gabel dem Ohre zugekehrt ist. Die Stellen ohne Schall liegen zwischen den genannten nahehin in Ebenen, die unter 45^0 gegen die Flächen der Zinken durch die Axe der Gabel gehen. Stellt Figur 55 a und b die Enden der Gabel von oben gesehen dar, so sind c, d, e und f Orte starken Schalles, die punktirten Linien dagegen bezeichnen die Orte der Ruhe. Die Pfeile unter a und b bezeichnen die gleichzeitige Richtung der Bewegung beider Zinken. Während also die Zinke a der benachbarten Luftmasse bei c einen Bewegungsanstoss in der Richtung $c\,a$ mittheilt, thut b das Entgegengesetzte. Beide Impulse heben sich bei c nur zum Theil auf, weil a stärker wirkt als b. Die punktirten Linien dagegen bezeichnen die Stellen, wo die entgegengesetzten Bewegungsanstösse von a und b her gleiche Stärke haben, und sich daher vollständig aufheben. Bringt man das Ohr nun an eine solche Stelle, wo es nichts hört, und schiebt man entweder über die Zinke a oder b ein enges Röhrchen mit der Vorsicht, dass es die schwingende Zinke nicht berührt, so wird der Schall sogleich lauter, indem dadurch der Einfluss der bedeckten Zinke fast ganz beseitigt wird, und nun die andere Zinke ungestört allein wirken kann.

Sehr bequem für die Demonstration dieser Verhältnisse ist eine

Doppelsirene, die ich habe construiren lassen *). In Fig. 56 ist eine perspectivische Ansicht derselben gegeben. Dieselbe ist aus zwei solchen mehrstimmigen Dove'schen Sirenen zusammengesetzt, wie sie schon früher erwähnt sind; a_0 und a_1 sind die beiden Windkästen, c_0 und c_1 die Scheiben, welche auf einer gemeinsamen Axe festsitzen, die bei k eine Schraube trägt, um ein Zählwerk zu treiben, welches eingesetzt werden kann; die Einrichtung eines solchen Zählwerks ist schon oben beschrieben Seite 23. Der obere Kasten a_1 kann selbst um seine Axe gedreht werden. Zu dem Ende ist er mit einem Zahnrade versehen, in welches das kleinere mit einer Kurbel d versehene Zahnrad e eingreift. Die Axe des Kastens a_1, um die er sich dreht, ist eine Verlängerung des oberen Windrohres g. Auf jeder der beiden Sirenenscheiben sind vier Löcherreihen, die einzeln oder beliebig verbunden angeblasen werden können; bei i sind die Stifte, welche die Löcherreihen vermittels einer besonderen Einrichtung **) öffnen. Die untere Scheibe hat vier Reihen von 8, 10, 12, 18 Löchern, die obere von 9, 12, 15, 16. Nennen wir also den Ton von acht Löchern c, so hat die untere Scheibe die Töne c, e, g, d_1, die obere d, g, h, c_1. Man kann demnach folgende Tonintervalle hervorbringen:

1. Einklang: gg auf beiden Scheiben zugleich.
2. Octave: cc_1 und dd_1 auf beiden.
3. Quinten: cg und gd_1 entweder auf der unteren allein oder beiden zusammen.
4. Quarten: dg und gc_1 auf der oberen allein oder beiden Scheiben.
5. Grosse Terz: ce auf der unteren, gh auf der oberen, letztere auch auf beiden.
6. Kleine Terz: eg auf der unteren oder beiden, hd_1 auf beiden.
7. Ganzer Ton: cd und c_1d_1 auf beiden.
8. Halber Ton: hc_1 auf der oberen.

Werden beide Töne auf derselben Scheibe angeblasen, so sind die objectiven Combinationstöne sehr stark, wie im vorigen Paragraphen schon bemerkt worden ist. Werden sie dagegen auf verschiedenen Scheiben angeblasen, so sind die Combinationstöne schwach; im letzteren Falle ist es möglich, worauf es uns hier zunächst besonders ankommt, die beiden Töne mit jedem beliebigen Phasenunterschiede zusammenwirken zu lassen. Zu dem Ende hat man nur die Stellung des oberen Kastens zu ändern.

---

*) Vom Mechanicus Sauerwald in Berlin.
**) Deren Beschreibung in Beilage XIII.

Fig. 56.

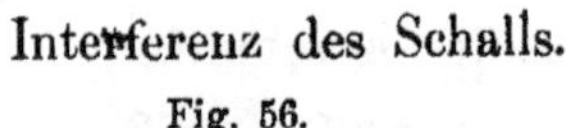

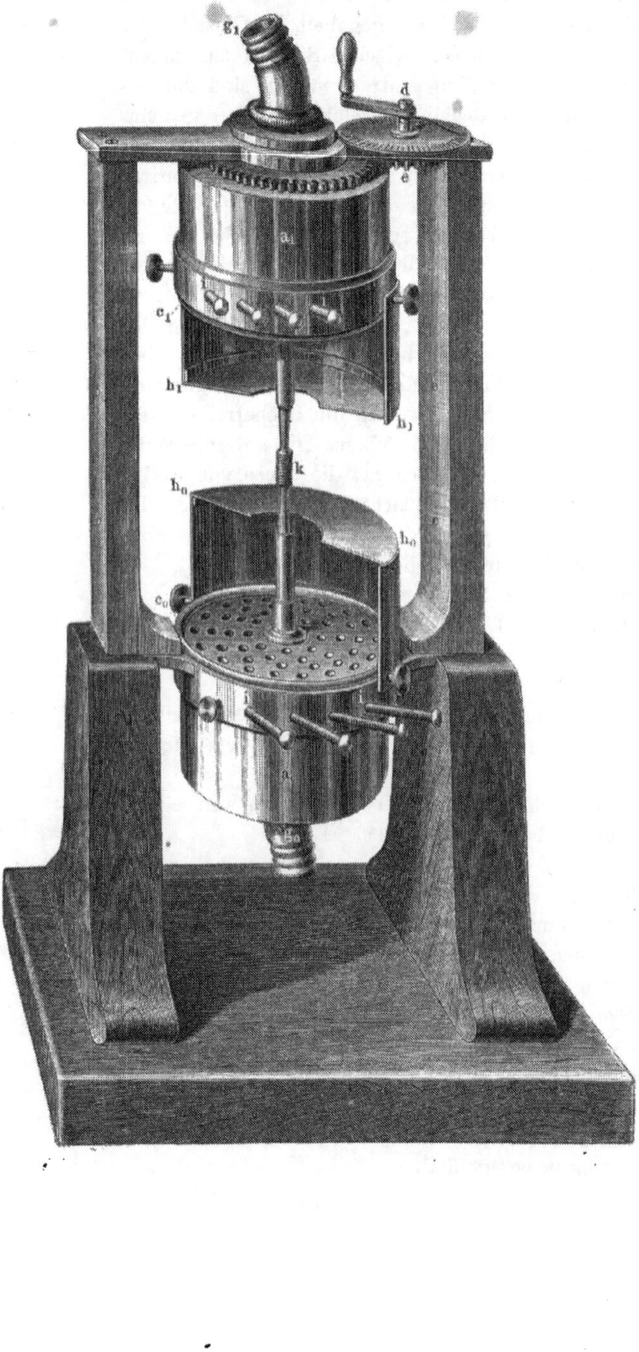

Zunächst haben wir nur die Erscheinungen an dem Einklange $g\,g$ zu untersuchen. Der Erfolg der Interferenz beider Töne wird in diesem Falle dadurch complicirter, dass die Sirenenklänge nicht einfache, sondern zusammengesetzte Töne sind, und die Interferenz der einzelnen harmonischen Töne von der des Grundtones und von einander unabhängig ist. Um die harmonischen Obertöne des Sirenenklanges durch ein Ansatzrohr zu dämpfen, habe ich cylindrische Messingkästen fertigen lassen, von denen man bei $h_1\,h_1$ und $h_0\,h_0$ die hintere Hälfte sieht. Diese Kästen sind in je zwei Hälften zerschnitten, so dass man sie abnehmen, wieder aufsetzen und dann durch Schrauben auf dem Windkasten befestigen kann. Wenn der Sirenenton sich dem Grundtone dieser Kästen nähert, wird der Klang voll, stark und weich, wie ein schöner Hornton, während sonst die Sirene einen ziemlich scharfen Ton hat. Gleichzeitig braucht man wenig Luft, aber starken Druck. Es sind dies ganz dieselben Verhältnisse, wie bei einer Zunge, der man ein Ansatzrohr von ihrer eigenen Tonhöhe gegeben hat. In dieser Weise gebraucht, ist die Sirene namentlich zu den Interferenzversuchen sehr geeignet.

Stehen beide Kästen so, dass die Luftstösse auf beiden Seiten genau gleichzeitig erfolgen, so fallen die gleichen Phasen des Grundtones sowohl wie sämmtlicher Obertöne zusammen, sie werden alle verstärkt.

Dreht man die Kurbel um einen halben rechten Winkel, was einer Drehung des Kastens um $1/6$ eines rechten Winkels, oder um $1/24$ der Peripherie, oder um einen halben Abstand der Löcher in der angeblasenen Reihe von 12 Löchern entspricht, so beträgt die Phasendifferenz der beiden Grundtöne $1/2$ Schwingungsdauer, die Luftstösse des einen Kastens fallen gerade in die Mitte zwischen die des anderen, und die beiden Grundtöne vernichten sich gegenseitig. Aber die Phasendifferenz ihrer höheren Octaven beträgt unter denselben Umständen eine ganze Schwingungsdauer, d. h. diese verstärken sich gegenseitig, und so verstärken sich in der gleichen Stellung alle geradzahligen harmonischen Töne, während die ungeradzahligen sich aufheben. In der neuen Stellung wird der Ton also schwächer, weil eine Anzahl seiner Töne fortfällt; aber er hört nicht ganz auf, sondern schlägt vielmehr in seine Octave um. Dreht man die Kurbel um einen zweiten halben Rechten, so dass die ganze Drehung einen ganzen Rechten beträgt, so fallen die Luftstösse beider Scheiben wieder genau zusammen, die Töne verstärken sich. Bei einer ganzen Umdrehung der Kurbel findet man also vier Stellungen, wo der ganze Klang der Sirene verstärkt erscheint, und vier andere dazwischen, wo der Grundton nebst allen ungeradzahligen harmonischen Tönen verschwindet, und dafür schwächer die höhere Octave mit den geradzahligen Obertönen eintritt. Achtet man auf den nächsten Oberton, die Octave des Grundtones allein, indem man ihn durch eine passende Resonanzröhre belauscht, so findet man, dass er nach Drehung um $1/4$ Rechten schwindet, nach Drehung um $1/2$ Rechten wieder verstärkt wird, also bei einer ganzen Umdrehung der Kurbel acht Mal schwindet und acht Mal hervorkommt. Der dritte Ton, die Duodecime des Grundtons, schwindet in derselben Zeit 12 Mal, der vierte Ton 16 Mal etc.

Aehnlich wie bei der Sirene erscheint die Interferenz auch bei anderen zusammengesetzten Klängen, wenn man zwei Klänge derselben Art mit dem Unterschiede einer halben Schwingungsdauer zusammenwirken lässt; der Ton erlischt nicht, sondern schlägt in die Octave um. Wenn man z. B. zwei offene Orgelpfeifen oder zwei Zungenpfeifen von gleichem Bau und gleicher Stimmung neben einander auf dieselbe Windlade setzt, so adaptiren sich ihre Schwingungen gewöhnlich ebenfalls so, dass der Luftstrom abwechselnd in die eine und die andere hineintritt; und während der Klang der gedackten Pfeifen, die nur ungerade Töne haben, dann fast ganz erlischt, tritt bei den offenen und Zungenpfeifen die höhere Octave hervor. Es ist dies der Grund, warum man keine Verstärkung des Tones auf der Orgel oder dem Harmonium durch Combination gleichartiger Zungen oder gleichartiger Pfeifen erhalten kann.

Bisher haben wir je zwei Töne zusammenkommen lassen, welche genau gleiche Höhe haben; untersuchen wir jetzt, was geschieht, wenn zwei Töne von etwas verschiedener Tonhöhe zusammenkommen. Um Aufschluss über diesen Fall zu geben, ist die oben beschriebene Doppelsirene wieder sehr geeignet. Wir können nämlich die Höhe des oberen Tones ein wenig verändern, wenn wir den Windkasten mittels der Kurbel langsam herumdrehen; und zwar wird der Ton tiefer, wenn der Windkasten in derselben Richtung gedreht wird, wie die Scheibe rotirt, und er wird höher, wenn der Kasten in entgegengesetzter Richtung gedreht wird. Die Schwingungsdauer des Sirenentones ist nämlich gleich der Zeit, welche ein Loch der rotirenden Scheibe gebraucht, um von einem Loche des Windkastens bis vor das nächste zu gelangen. Kommt das Loch des Kastens dem Loche der Scheibe entgegen durch eine Drehung des Kastens, so werden die beiden Löcher eher zusammenstossen, als wenn der Kasten stillsteht; die Schwingungsdauer wird kürzer, der Ton höher. Das Umgekehrte findet bei der entgegengesetzten Drehung des Kastens statt. Man hört diese Erhöhungen und Vertiefungen des Tones sehr leicht, wenn man ein wenig schneller dreht. Giebt man nun an beiden rotirenden Scheiben die Töne von zwölf Löchern an, so sind diese in absolut genauem Einklange, so lange der obere Kasten der Sirene stillsteht. Die beiden Töne verstärken sich entweder fortdauernd, oder schwächen sich fortdauernd gegenseitig, je nach der Stellung des oberen Kastens. Setzt man aber den oberen Kasten in langsame Rotation, so verändert man dadurch, wie wir eben gesehen haben, die Tonhöhe des oberen Tones, während der untere, dessen Windkasten nicht beweglich ist, unverändert bleibt. Wir bekommen also nun den Zusammenklang zweier etwas verschiedener Töne. Wir hören dann sogenannte Schwebungen der Töne, d. h. die Intensität des Tones wird abwechselnd stark und schwach in regelmässiger Folge. Der Grund davon wird durch die Einrichtung unserer Sirene leicht erkennbar. Nämlich durch seine Drehung kommt der obere Windkasten abwechselnd in die Stellungen, welche, wie wir vorher gesehen haben, starken und schwachen Ton geben. Wenn die Kurbel um einen rechten Winkel gedreht wird, geht der Windkasten aus einer Stellung starken Tones durch eine solche von schwachem Ton über in die nächste Stellung starken Tones. Dem entsprechend finden wir bei jeder ganzen Drehung der Kurbel vier Schwebungen, wie schnell auch die Scheiben laufen mögen, und wie hoch oder tief daher ihr Ton sein mag. So wie wir den Kasten anhalten zur Zeit eines Maximums der Tonstärke, behalten wir dauernd die grosse Tonstärke, wenn wir ihn dagegen zur Zeit eines Minimums anhalten, den schwachen Ton.

Die Mechanik des Instruments giebt hierbei gleichzeitig Aufschluss über den Zusammenhang zwischen Zahl der Schwebungen und Differenz der Tonhöhe. Eine leichte Ueberlegung zeigt, dass die Zahl der Luftstösse in der Zeit, wo die Kurbel um einen rechten Winkel gedreht wird, um Eins vermindert wird. Jeder Drehung der Kurbel um einen rechten Winkel entspricht eine Schwebung. Die Zahl der Schwebungen in einer gegebenen Zeit findet sich also gleich der Differenz in der Anzahl der Schwingungen, welche beide Klänge in derselben Zeit ausführen. Dies ist das allgemeine Gesetz, welches die Zahl der Schwebungen bei allen Arten von Klängen bestimmt. Seine Richtigkeit ist aber bei anderen Instrumenten nur durch sehr genaue und mühsame Messungen der Schwingungszahlen zu controliren, während sie bei der Sirene sich aus der Construction des Instruments unmittelbar ergiebt.

Graphisch dargestellt ist der Vorgang in Fig. 57. Es bezeichne

Fig. 57.

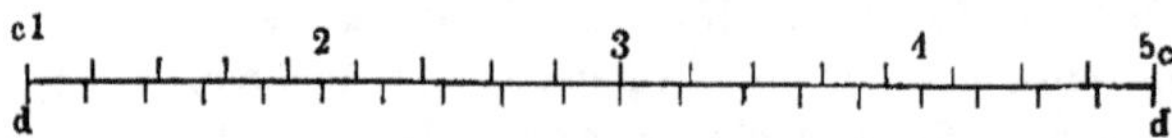

cc die Reihe der Luftstösse des einen Tones, dd die des anderen. Die Strecke cc ist in 18 Theile getheilt, die gleich lange Strecke dd in 20. Bei 1, 3, 5 fallen die Luftstösse beider Töne zusammen, wir haben Verstärkung des Tones; bei 2 und 4 fallen sie zwischen einander und schwächen sich gegenseitig. Die Zahl der Schwebungen für die ganze Strecke ist 2, da die Differenz in der Anzahl der Theile, deren jeder eine Schwingung darstellt, gleich zwei ist.

Die Maxima der Tonintensität während der Schwebungen nennt man Schläge; diese sind getrennt durch mehr oder weniger vollständige Pausen.

Schwebungen sind mit allen Tonwerkzeugen leicht hervorzurufen, sobald man zwei wenig von einander verschiedene Töne angiebt. Am schönsten treten sie heraus bei einfachen Tönen von Stimmgabeln oder gedackten Pfeifen, weil hier der Ton in den Pausen wirklich ganz verschwindet. Dabei macht sich auch eine kleine Schwankung der Höhe des schwebenden Tons merkbar *). Bei den zusammengesetzten Klängen anderer Instrumente treten während der Pausen des Grundtones die Obertöne hervor, und der Ton schlägt deshalb in die Octave um, wie es schon für die Fälle von Interferenz des Schalls vorher beschrieben ist. Hat man zwei gleich gestimmte Stimmgabeln, so braucht man nur an das Ende der einen etwas Wachs zu kleben, beide anzuschlagen und entweder demselben Ohre zu nähern, oder beide auf die Holzplatte .eines Tisches, eines Resonanzbodens etc. zu setzen. Um zwei gleich gestimmte gedackte Pfeifen zum Schlagen zu bringen, braucht man nur dem Munde der einen einen Finger langsam zu nähern, wodurch sie etwas tiefer wird. Die Schwebungen zusammengesetzter Klänge hört man von selbst beim Anschlag jeder Taste eines verstimmten Cla-

---

*) Die Erklärung dieser von Herrn G. Guéroult mir mitgetheilten Erscheinung s. in Beilage XIV.

viers, wenn die Stimmung der beiden Saiten, die demselben Tone angehören, nicht mehr ganz dieselbe ist; oder wenn das Clavier gut gestimmt ist, braucht man nur an eine der Saiten, die dem angeschlagenen Tone angehören, ein Wachskügelchen von der Grösse einer Erbse anzukleben. Dadurch verstimmt man sie genügend. Bei diesen zusammengesetzten Klängen muss man aber schon etwas mehr aufpassen, weil die Schwächung des Tones nicht so auffallend ist. Die Schwebung erscheint hier mehr wie eine Aenderung der Tonhöhe und des Klanges. Sehr auffallend ist das an der Sirene, je nachdem man die Ansatzröhren aufsetzt oder nicht. Bei aufgesetzten Ansatzröhren ist der Grundton verhältnissmässig stark. Bringt man daher durch Drehung der Kurbel Schwebungen hervor, so ist Abnahme und Zunahme der Tonstärke sehr auffallend. Nimmt man aber die Ansatzröhren ab, so erlangen die Obertöne verhältnissmässig grosse Stärke, und da das Ohr in der Vergleichung der Stärke zweier Töne von verschiedener Höhe sehr unsicher ist, so ist die Veränderung der Tonstärke während der Schwebungen viel weniger auffallend, als die der Tonhöhe oder Klangfarbe.

Achtet man bei schlagenden zusammengesetzten Klängen auf die Obertöne, so hört man auch diese schlagen, und zwar kommen auf jede Schwebung des Grundtones zwei Schwebungen des zweiten Partialtones, drei des dritten etc. Bei starken Obertönen kann man dadurch leicht irre werden, wenn man die Schläge zählen will, namentlich wenn die Schläge des Grundtones sehr langsam sind, so dass ihre Pausen ein oder zwei Secunden betragen. Man muss dann auf die Tonhöhe der gehörten Schläge wohl achten, nöthigenfalls einen Resonator zu Hilfe nehmen.

Man kann Schwebungen dem Auge sichtbar machen, wenn man einen passenden elastischen Körper durch sie in Mitschwingen versetzt. Natürlich können Schwebungen in diesem Falle nur zu Stande kommen, wenn die beiden erregenden Töne dem Grundtone des mitschwingenden Körpers nahe genug liegen, dass derselbe von beiden Tönen in merkliches Mitschwingen versetzt wird. Am leichtesten ist dies mit einer dünnen Saite zu erreichen, die auf einem Resonanzboden ausgespannt ist, auf dem man zwei ihr selbst und unter einander nahe gleich gestimmte Stimmgabeln aufsetzt. Wenn man die Schwingungen der Saite durch ein Mikroskop beobachtet, oder ein Fäserchen einer Gänsefederfahne an sie anklebt, welches ihre Schwingungen in verstärktem Maasse mitmacht, so sieht man deutlich, wie die Saite abwechselnd in grossen und kleinen Excursionen mitschwingt, je nachdem der Ton der beiden Gabeln im Maximum oder Minimum seiner Stärke sich befindet.

Das Gleiche lässt sich erreichen beim Mitschwingen einer gespannten Membran. Fig. 58 ist die Copie einer Zeichnung, welche

Fig. 58.

mittels einer solchen schwingenden Membran, der des Phonautographen der Herren Scott und König zu Paris, ausgeführt ist. Die trommelfellähnliche Membran dieses Instruments trägt ein kleines steifes Stielchen, welches auf einem rotirenden Cylinder die Schwingungen der Membran aufzeichnet. Die Membran war in dem hier vorliegenden Falle durch zwei Orgelpfeifen, welche Schwebungen geben, in Bewegung gesetzt. Man sieht an der Wellenlinie, von der hier nur ein kleines Stück dargestellt ist, wie Zeiten starker Schwingung gewechselt haben mit Zeiten, wo fast Ruhe eintrat. Also auch hier sind die Schwebungen von der Membran selbst mitgemacht worden. Aehnliche Zeichnungen endlich sind von Herrn Dr. Politzer ausgeführt worden, indem das schreibende Stielchen direct an das Gehörknöchelchen (die Columella) einer Ente angesetzt, und dann ein schwebender Ton durch zwei Orgelpfeifen hervorgebracht wurde, wodurch also nachgewiesen ist, dass auch die Gehörknöchelchen den Schwebungen zweier Töne nachfolgen *).

Ueberhaupt muss dies immer geschehen, wenn die Tonhöhe der beiden angegebenen Töne von einander und von dem eigenen Tone des mitschwingenden Körpers so wenig abweicht, dass letzterer durch beide Töne zugleich in merkliches Mitschwingen versetzt werden kann. Mitschwingende Körper von geringer Dämpfung, wie Stimmgabeln, werden also zwei ausserordentlich nahe erregende Töne fordern, um sichtbare Schwebungen zeigen zu können, und diese werden deshalb sehr langsam sein müssen; bei stärker ge-

---

*) Sehr deutlich lassen sich die Schwebungen zweier Töne auch mittels einer vibrirenden Flamme, wie sie in Beilage II. beschrieben ist, sichtbar machen. Die Flamme muss mit einem Resonator verbunden sein, dessen Tonhöhe derjenigen der beiden erregenden Töne hinreichend nahe kommt. Selbst ohne den rotirenden Spiegel zur Betrachtung der Flamme zu gebrauchen, erkennt man die mit den hörbaren Schlägen isochronen Gestaltveränderungen der Flamme.

dämpften Körpern, Membranen, Saiten etc., wird die Differenz der erregenden Töne grösser sein dürfen, und deshalb werden auch die Schwebungen selbst schneller erfolgen können.

Das Gleiche gilt nun auch für die elastischen Endgebilde der Gehörnervenfasern. Ebenso wie wir gesehen haben, dass sichtbare Schwebungen der Gehörknöchelchen eintreten können, werden auch die Corti'schen Bögen in Schwebungen gerathen müssen, so oft zwei Töne angegeben werden, die einander hinreichend nahe liegen, um gleichzeitig dieselben Corti'schen Bögen in Mitschwingung zu versetzen. Wenn nun, wie wir früher vorausgesetzt haben, die Intensität der Empfindung in den dazu gehörigen Nervenfasern mit der Intensität der elastischen Schwingungen wächst und abnimmt, so wird die Stärke der Empfindung in demselben Maasse zunehmen und abnehmen müssen, wie es die Schwingungen der betreffenden elastischen Anhänge des Nerven thun. Auch in diesem Falle wäre die Bewegung der Corti'schen Bögen noch zu betrachten als zusammengesetzt aus denjenigen Bewegungen, welche beide Töne einzeln in ihnen hervorgebracht hätten. Je nachdem diese Bewegungen gleichgerichtet oder entgegengesetzt gerichtet sind, müssen sie sich verstärken oder schwächen, indem sie sich addiren. Erst wenn diese Schwingungen Empfindungen in den Nerven erregen, tritt die Abweichung von dem Gesetze ein, dass je zwei Töne und je zwei Tonempfindungen ungestört neben einander bestehen.

Wir kommen nun zu einem Theile dieser Untersuchung, der für die Theorie der musikalischen Consonanz sehr wichtig ist, und leider bisher von den Akustikern sehr wenig berücksichtigt worden ist. Es handelt sich nämlich um die Frage, was aus den Schwebungen wird, wenn man sie schneller und schneller werden lässt, und wie weit ihre Anzahl wachsen darf, ohne dass das Ohr unfähig wird sie wahrzunehmen. Die meisten Akustiker waren bisher wohl geneigt, sich der Annahme von Thomas Young anzuschliessen, dass, wenn die Schwebungen sehr schnell würden, sie allmälig in einen Combinationston (ersten Differenzton) übergehen sollten. Young stellte sich vor, dass die Tonstösse, welche während der Schwebungen erfolgen, dieselbe Wirkung auf das Ohr haben möchten, wie elementare Luftstösse, der Sirene zum Beispiel, und wie 30 Luftstösse aus der Sirene, wenn sie während einer Secunde erfolgen, die Empfindung eines tiefen Tones hervorbringen, so sollten 30 Schwebungen je zweier beliebiger höherer Töne dieselbe Empfindung eines tiefen Tones hervorbringen können. Allerdings passt der Um-

stand gut zu dieser Ansicht, dass die Schwingungszahl des ersten
und stärksten Combinationstons in der That so gross ist, wie die
Zahl der Schwebungen, welche die beiden Töne hervorbringen müssten. Von grosser Bedeutung aber ist es hier, dass es andere Combinationstöne giebt, namentlich die von mir sogenannten Summationstöne, welche sich dieser Ansicht durchaus nicht fügen, dagegen
leicht abzuleiten sind aus der von mir aufgestellten Theorie der
Combinationstöne. Es ist ferner gegen Young's Ansicht einzu-
wenden, dass in vielen Fällen die Combinationstöne schon ausserhalb des Ohres entstehen, und passend gestimmte Membranen oder
Resonanzkugeln in Mitschwingung versetzen können, was durchaus
nicht der Fall sein könnte, wenn die Combinationstöne nichts wären,
als die Reihe der Schwebungen mit ungestörter Superposition der
beiden Tonwellenzüge. Denn die mechanische Theorie des Mitschwingens lässt erkennen, dass eine Luftbewegung, welche aus zwei
einfachen Schwingungen von verschiedener Periode zusammengesetzt
ist, auch immer zunächst nur wieder solche Körper in Mitschwingung versetzen kann, deren eigener Ton einem jener beiden angegebenen Töne entspricht, so lange nicht solche Bedingungen eintreten, durch welche die einfache Superposition beider Tonwellensysteme gestört wird, deren Art wir im vorigen Abschnitte auseinandergesetzt haben. Wir dürfen demnach die Combinationstöne als
eine accessorische Erscheinung betrachten, durch welche aber der
Ablauf der beiden primären Tonwellensysteme und ihrer Schwebungen nicht wesentlich gestört wird.

Gegen die ältere Meinung können wir uns auf die sinnliche
Beobachtung berufen, welche lehrt, dass eine viel grössere Anzahl von
Schwebungen noch bestimmt gehört werden kann, als 30 in der Secunde. Um zu diesem Resultate zu gelangen, muss man nur allmälig von langsameren zu schnelleren Schwebungen vorschreiten,
und dabei beachten, dass die beiden Töne, welche die Schwebungen
hervorbringen sollen, nicht zu weit in der Scala auseinander liegen
dürfen, weil hörbare Schwebungen nur dann eintreten, wenn die
Töne in der Scala einander so nahe sind, dass beide dieselben elastischen Nervenanhänge in Mitschwingung versetzen können. Man
kann aber die Zahl der Schwebungen vermehren, ohne das Intervall
beider Töne zu vergrössern, wenn man beide Töne in höheren Octaven wählt.

Am besten beginnt man die Beobachtungen, indem man zwei
einfache Töne von gleicher Höhe, etwa aus der eingestrichenen Oc-

tave, durch Stimmgabeln oder gedackte Orgelpfeifen neben einander
hervorbringt und langsam die Stimmung des einen verändert. Zu
dem Ende braucht man nur an die Enden der einen Stimmgabel
nach und nach mehr und mehr Wachs zu kleben; von den Orgelpfeifen kann man die eine langsam tiefer machen, wenn man ihre
Mündung mehr und mehr deckt; übrigens sind die meisten gedackten Pfeifen, um ihre Stimmung zu regeln, auch an ihrem verschlos-
senen Ende mit einem beweglichen Stopfen oder Deckel versehen,
den man tiefer hineintreiben und dadurch die Pfeife höher machen
kann, oder herausziehen, wobei sie tiefer wird.

Wenn man in solcher Weise zuerst eine kleine Differenz der
Töne hervorbringt, so hört man die Schwebungen erst wie lang hinziehende Tonwellen abwechselnd fallen und wieder sich heben. Dergleichen langsame Schwebungen machen auf das Ohr durchaus keinen unangenehmen Eindruck; sie können sogar bei der Ausführung
einer in langgetragenen Accorden hinziehenden Musik etwas sehr
Feierliches haben, oder auch einen etwas bewegteren, gleichsam zitternden oder erschütterten Ausdruck geben. Daher findet man wohl
an neueren Orgeln oder Harmoniums ein Register mit je zwei
Zungen oder Pfeifen, welche Schwebungen geben. Man ahmt dadurch das Tremuliren der menschlichen Stimme und der Geigen
nach, welches, passend in einzelnen Stellen gebraucht, allerdings sehr
ausdrucksvoll und wirksam sein kann, aber freilich eine ebenso abscheuliche Unart ist, wenn es fortdauernd angewendet wird, wie es
leider oft genug geschieht.

Diesen langsamen Schwebungen, wenn nicht mehr als 4 bis 6
auf die Secunde kommen, folgt das Ohr leicht. Der Hörer hat Zeit,
alle ihre einzelnen Phasen aufzufassen, und sich einzeln zum Bewusstsein zu bringen; er kann die Schwebungen ohne Schwierigkeit zählen. Wenn aber die Differenz der beiden Töne wächst,
etwa bis zu einem Halbton, so wächst die Zahl der Schwebungen
bis 20 oder 30 in der Secunde, und es ist natürlich dann nicht mehr
möglich, ihnen einzeln mit dem Ohre so zu folgen, dass man sie
noch zählen könnte. Aber wenn man anfangs die langsamen Tonstösse gehört hat, sie dann immer schneller und schneller auf einander folgen hört, so erkennt man doch, dass der sinnliche Eindruck
auf das Ohr durchaus derselbe bleibt, nämlich der einer Reihe von
getrennten Tonstössen, obgleich man bei 20 oder 30 Stössen in der
Secunde natürlich nicht mehr Zeit hat, jeden einzelnen Stoss, wäh-

rend man ihn hört, im Bewusstsein zu fixiren und ihm eine Zahl beizulegen.

Während der Hörer aber in einem solchen Falle noch sehr wohl unterscheiden kann, dass sein Ohr jetzt 30 Tonstösse von derselben Art hört, wie es vorher 4 oder 6 in der Secunde gehört hat, so wird doch der Charakter des Gesammteindrucks eines so schnell schwebenden Klanges ein anderer. Erstens nämlich wird die Tonmasse wirr, was ich mehr auf den psychologischen Eindruck beziehen möchte. Wir hören eben eine Reihe von Tonstössen, können erkennen, dass eine solche da ist, können ihnen aber doch einzeln nicht mehr folgen, sie nicht mehr einzeln von einander sondern. Ausser diesem mehr psychologischen Momente wird aber auch der directe sinnliche Eindruck unangenehm. Ein solcher schnell schwebender Zusammenklang ist knarrend und rauh. Warum er knarrend erscheint, erklärt sich auch leicht; denn das Eigenthümliche knarrender Töne ist, dass sie intermittirend sind. Denken wir an den Buchstaben R als charakteristisches Beispiel eines knarrenden Tones. Er wird bekanntlich dadurch hervorgebracht, dass wir entweder das Gaumensegel oder den vorderen dünnen Theil der Zunge dem Luftstrom so in den Weg stellen, dass letzterer nur in einzelnen Stössen sich Bahn brechen kann, und deshalb der mit ihm verbundene Stimmton bald frei hervorbricht, bald abgeschnitten wird.

Auch mittels der oben beschriebenen Doppelsirene habe ich intermittirende Töne hervorgebracht, indem ich statt des Windrohres des oberen Kastens eine kleine Zungenpfeife einsetzte, und durch diese die Luft eintrieb. Ihr Ton wird nach aussen hin nur hörbar, so oft bei der Umdrehung der Scheibe deren Löcher vor die Löcher des Kastens treten und der Luft den Ausweg eröffnen. Wenn man die Scheibe umlaufen lässt, während man Luft durch die Pfeife treibt, so erhält man daher einen intermittirenden Ton, der genau so klingt, wie ein schwebender Zusammenklang, obgleich seine Intermittenzen in rein mechanischer Weise erzeugt sind. Noch in anderer Weise gelingt es mittels derselben Sirene. Zu dem Ende entferne ich den unteren Windkasten und lasse nur seinen durchlöcherten Deckel stehen, über den die rotirende Scheibe läuft. Von unten her wird das Ende eines Kautschukrohres an eine der Oeffnungen des Deckels angesetzt, dessen anderes Ende mittels eines passenden Röhrchens in das Ohr des Beobachters geleitet ist. Durch die umlaufende Scheibe wird die Oeffnung, an welche das Kautschukrohr angesetzt ist, abwechselnd geöffnet und geschlossen.

Bringt man in ihrer Nähe oberhalb der rotirenden Scheibe eine Stimmgabel oder ein anderes passendes Tonwerkzeug, so hört man den Ton intermittirend, und dadurch, dass man die Scheibe der Sirene schneller oder langsamer umlaufen lässt, kann man die Zahl der Intermissionen beliebig reguliren.

Auf beide Weisen erhält man also intermittirende Töne. Im ersten Falle ist der Ton des Pfeifchens im äusseren Luftraume unterbrochen, weil er nur zeitweise hervorbrechen kann, der intermittirende Ton kann hier von einer beliebigen Anzahl von Hörern vernommen werden. Im zweiten Falle ist der Ton im äusseren Luftraume continuirlich, aber gelangt unterbrochen zum Ohre des Beobachters, der durch die Sirenenscheibe hört. Er kann dann allerdings nur von einem Beobachter gehört werden, aber man kann leicht alle Arten von Klängen von der verschiedensten Höhe und Klangfarbe zum Versuche benutzen. Alle bekommen dadurch, dass man sie intermittirend macht, genau dieselbe Art von Rauhigkeit, welche zwei in schnellen Schwebungen zusammenklingende Töne darbieten. Man erkennt auf diese Weise sehr deutlich, wie Schwebungen und Intermittenzen sowohl unter sich gleich sind, als auch beide bei einer gewissen Anzahl die Art des Geräusches hervorbringen, welche wir Knarren nennen.

Schwebungen bringen intermittirende Erregung gewisser Hörnervenfasern hervor. Warum eine solche intermittirende Erregung so viel unangenehmer wirkt, als eine gleich starke oder selbst stärkere continuirliche, lässt sich aus der Analogie anderer Nerven des menschlichen Körpers erkennen. Jede kräftige Erregung eines Nerven bringt nämlich zugleich eine Abstumpfung seiner Erregbarkeit hervor, so dass er in Folge dessen für neue Einwirkungen von Reizen unempfindlicher wird als vorher. Sobald dagegen die Erregung aufhört und der Nerv sich selbst überlassen wird, so stellt sich im lebenden Körper unter dem Einflusse des arteriellen Blutes die Reizbarkeit bald wieder her. Ermüdung und Erholung treten, wie es scheint, in verschiedenen Organen des Körpers mit verschiedener Schnelligkeit ein; wir finden sie aber überall, wo Muskeln und Nerven ihre Wirkungen zu äussern haben. Zu den Organen, wo beide verhältnissmässig schnell zu Stande kommen, gehört das Auge, welches auch übrigens die grössten Analogien mit dem Ohre darbietet. Wir brauchen nur einen unmerklich kurzen Augenblick nach der Sonne geblickt zu haben, so finden wir schon, dass diejenige Stelle der Nervenhaut oder Netzhaut des Auges, die vom Lichte getroffen war, unempfindlicher gegen anderes Licht geworden ist. Wir sehen nämlich unmittelbar danach einen dunkeln Fleck von der Grösse des Sonnenkörpers, wenn wir nach einer gleichmässig hellen Fläche, z. B. dem Himmelsgewölbe, blicken, oder auch mehrere solche Flecke und Linien dazwischen, wenn wir das Auge nicht fest nach dem Sonnenkörper hingerichtet hatten, sondern mit dem Blicke hin - und herschwankten. Ein Augenblick genügt, um diese Wirkung hervorzubringen, ja selbst ein elektrischer Funke, der eine unmessbar kurze Zeit dauert, bringt eine solche Art der Ermüdung hervor.

Wenn wir nun dauernd nach einer hellen Fläche hinsehen mit unermüdetem Auge, so ist im ersten Momente der Eindruck am stärksten, aber gleichzeitig stumpft der Eindruck auch die Empfindlichkeit des Auges ab und wird dadurch immer schwächer und schwächer, je länger wir ihn auf das Auge wirken lassen. Wer aus dem Dunkel in das volle Tageslicht tritt, ist geblendet; nach wenigen Minuten dagegen, wenn die Empfindlichkeit seines Auges abgestumpft ist durch den Lichtreiz, oder wie wir auch sagen, sobald sein Auge an den Lichtreiz gewöhnt ist, findet er diesen Grad von Helligkeit sehr angenehm. Umgekehrt, wer aus vollem Tageslicht in ein dunkles Gewölbe tritt, ist unempfindlich gegen das schwache Licht, was dort herrscht, und kann seinen Weg nicht finden, während er nach wenigen Minuten, wenn sein Auge von dem starken Lichte sich ausgeruht hat, anfängt, in dem dunkeln Raume sehr bequem zu sehen.

Im Auge lassen sich die hierher gehörigen Erscheinungen so bequem studiren, weil man einzelne Stellen des Augengrundes ermüden kann, andere ausruhen, und die Empfindungen in beiden nachher vergleichen. Man lege ein Stückchen schwarzes Papier auf ein mässig hell beleuchtetes weisses, fixire kurze Zeit einen bestimmten Punkt auf oder in der Nähe des schwarzen Papiers, und ziehe dieses plötzlich weg; man wird dann ein sogenanntes Nachbild des Schwarzen auf dem weissen Blatte sehen, indem die ganze Stelle, wo das Schwarz gelegen hat, jetzt in hellerem Weiss erscheint, als der Rest des weissen Papiers. Die Stelle des Auges nämlich, auf welcher das Schwarz abgebildet war, ist ausgeruht im Vergleich mit denjenigen Stellen, welche vorher von dem Bilde des Weiss getroffen wurden, und mit der ausgeruhten Stelle sehen wir deshalb das Weiss in seinem ersten frischen Glanze, während es denjenigen Stellen der Netzhaut, die schon eine Weile durch seine Einwirkung ermüdet sind, merklich grau erscheint.

Bei fortdauernd gleichmässiger Einwirkung des Lichtreizes führt also dieser Reiz selbst eine Abstumpfung der Empfindlichkeit herbei, wodurch das Organ vor einer zu anhaltenden und heftigen Erregung geschützt wird.

Anders verhält es sich dagegen, wenn wir intermittirendes Licht auf das Auge wirken lassen, Lichtblitze mit zwischenliegenden Pausen. Während der Pausen stellt sich die Empfindlichkeit einigermassen wieder her, und der neue Reiz wirkt also viel intensiver, als wenn er in derselben Stärke dauernd eingewirkt hätte. Jedermann weiss, wie äusserst unangenehm und quälend eine flimmernde Beleuchtung ist, selbst wenn sie an sich verhältnissmässig sehr schwach ist, z. B. von einer kleinen flackernder Kerze herrührt.

Auch mit den Tastnerven verhält es sich ähnlich. Reiben mit dem Nagel ist für die Haut viel empfindlicher, als dauernde Berührung einer Stelle mit demselben Nagel bei demselben Drucke. Das Unangenehme des Kratzens, Reibens, Kitzelns beruht darauf, dass sie alle intermittirende Reizung der Tastnerven hervorbringen.

Ein knarrender, intermittirender Ton ist für die Gehörnerven dasselbe, wie flackerndes Licht für den Gesichtsnerven und Kratzen für die Haut. Es wird dadurch eine viel intensivere und unangenehmere Reizung des Organs hervorgebracht, als durch einen gleichmässig andauernden Ton. Dies zeigt sich namentlich auch, wenn wir sehr schwache intermittirende Klänge vernehmen. Wenn man eine angeschlagene Stimmgabel so weit vom Ohre entfernt, dass man aufhört ihren Ton zu vernehmen, so tritt er sogleich wieder ein, wenn man den Stiel der Gabel einige Mal zwischen den Fingern herumdreht. Dabei kommt die Gabel nämlich abwechselnd in solche Lagen, wo sie dem Ohre ihren Schall zusendet, und solche, wo sie dies nicht thut; und dieser Wechsel der Tonstärke wird dem Ohre sogleich vernehmbar. Eben deshalb besteht eines der feinsten Mittel, das Dasein eines sehr schwachen Tones wahrzunehmen, darin, dass man einen zweiten Ton von ungefähr gleicher Stärke hinzubringt, der mit dem ersten zwei bis vier Schwebungen in der Secunde macht. Dann wechselt die Tonstärke zwischen Null und dem Vierfachen der Stärke des einfachen Tones, und sowohl diese Verstärkung als der Wechsel tragen dazu bei, sie dem Ohre vernehmbar zu machen.

Ebenso wie hier bei den allerschwächsten Klängen der Wechsel der Tonstärke dazu dienen kann, ihren Eindruck auf das Ohr zu verstärken, so, dürfen wir schliessen, muss dasselbe Moment dazu dienen, auch den Eindruck stärkerer Töne viel eindringlicher und heftiger zu machen, als er bei gleichmässig anhaltender Tonstärke ist.

Wir haben bisher die Erscheinungen beschrieben, wie sie sich darbieten bei solchen Schwebungen, welche die Zahl von 20 bis 30 in der Secunde nicht überschreiten. Wir haben gesehen, dass die Schwebungen in mittlerer Gegend der Scala noch vollkommen deutlich bleiben und eine Reihe von einander gesonderter Tonstösse bilden. Damit ist aber die Grenze ihrer Zahl noch nicht erreicht.

Das Intervall $h'c''$ gab uns 33 Schwebungen in der Secunde, welche den Zusammenklang scharf schwirrend machen. Das Intervall eines ganzen Tones $b_1 c_2$ giebt nahe die doppelte Anzahl, diese sind aber viel weniger scharf als die des ersten engeren Intervalls. Endlich sollte uns das Intervall der kleinen Terz $a' c''$ der Rechnung nach 88 Schwebungen in der Secunde geben; in der That lässt aber das letztere Intervall kaum noch etwas von der Rauhigkeit hören, welche die Schwebungen der engeren Intervalle hervorbringen. Man könnte nun vermuthen, dass es die wachsende Zahl der Schwebungen sei, welche ihren Eindruck verwische und sie unhörbar mache. Wir würden für diese Vermuthung die Analogie des Auges haben, welches ebenfalls nicht mehr im Stande ist, eine Reihe schnell auf einander folgender Lichteindrücke von einander zu sondern, wenn deren Anzahl zu gross wird. Man denke an eine im Kreise umgeschwungene glühende Kohle. Wenn diese etwa 10 bis 15 Mal in der Secunde ihre Kreisbahn zurücklegt, glaubt das Auge einen continuirlichen feurigen Kreis zu sehen. Ebenso auf den Farbenscheiben, deren Anblick den meisten meiner Leser bekannt sein wird. Wenn eine solche Scheibe mehr als 10 Mal in der Secunde umläuft, vermischen sich die verschiedenen auf sie aufgetragenen Farben zu einem ganz ruhigen Eindrucke ihrer Mischfarbe. Nur bei sehr intensivem Licht muss der Wechsel der verschiedenfarbigen Felder schneller, 20 bis 30 Mal in der Secunde, geschehen. Es tritt also beim Auge eine ganz ähnliche Erscheinung wie beim Ohre ein. Wenn der Wechsel zwischen Reizung und Ruhe zu schnell geschieht, so verwischt sich der Wechsel in der Empfindung, die letztere wird continuirlich und anhaltend.

Indessen können wir uns beim Ohre zunächst davon überzeugen, dass die Steigerung der Zahl der Schwebungen nicht die alleinige Ursache davon ist, dass sie in der Empfindung sich verwischen. Indem wir nämlich von dem Intervall eines halben Tones $h'c''$ zu dem einer kleinen Terz $a'c''$ übergingen, haben wir nicht bloss die Zahl der Schwebungen, sondern auch die Breite des Intervalls vergrössert. Wir können aber auch die Zahl der Schwebungen vergrössern, ohne das Intervall zu verändern, indem wir dasselbe Intervall in eine höhere Gegend der Scala verlegen. Nehmen wir statt $h'c''$ die beiden Töne eine Octave höher, $h''c'''$, so erhalten wir 66 Schwebungen, in der Lage $h'''c''''$ sogar 132 Schwebungen, und diese sind wirklich hörbar in derselben Weise, wie die 33 Schwebungen von $h'c''$, wenn sie auch allerdings in den ganz hohen Lagen schwächer werden. Doch sind z. B. die 66 Schwebungen des Intervalls $h''c'''$ viel schärfer und eindringlicher, als die gleiche Anzahl derer des Ganztones $b'c''$, und die 88 des Intervalls $e'''f'''$ noch sehr deutlich, während die der kleinen Terz $a'c''$ so gut wie unhörbar sind. Diese meine Behauptung, dass bis zu 132 Schwebungen in der Secunde sollen gehört werden können, wird den Akustikern vielleicht fremdartig und unglaublich vorkommen. Aber der Versuch ist leicht auszuführen, und wenn man auf einem Instrument, welches aushaltende Töne giebt, z. B. Orgel oder Harmonium, eine Reihe von Halbtonintervallen anschlägt, in der Tiefe anfangend und sie allmälig höher und höher nimmt, so hört man in der Tiefe ganz langsame Schwebungen (H-$_1C$ giebt $4^1/_8$, Hc giebt $8^1/_4$, hc' $16^1/_2$). Je höher man in der Scala steigt, desto grösser wird ihre Zahl, während der Charakter der Empfindung durchaus unverändert bleibt. Und so kann man stufenweise von 4 zu 132 Schwebungen in der Secunde übergehen, und sich überzeugen, dass zwar die Fähigkeit sie zu zählen aufhört, aber nicht ihr Charakter als einer Reihe von Tonstössen, welche eine intermittirende Empfindung hervorbringen, verloren geht. Allerdings muss aber dabei bemerkt werden, dass die Stösse auch in den hohen Regionen der Scala viel schärfer und deutlicher werden, wenn man ihre Zahl vermindert, indem man Intervalle von Vierteltönen oder noch kleinere nimmt. Die eindringlichste Rauhigkeit entsteht auch in den oberen Theilen der Scala durch eine Zahl von 30 bis 40 Schwebungen. Hohe Töne sind deshalb beim Zusammenklang viel empfindlicher gegen Verstimmung um einen Bruchtheil eines halben Tones, als tiefe. Während zwei c', welche um den zehnten Theil eines Halbtones von einander abweichen, nur etwa eine Schwebung in der Secunde geben, was nur bei aufmerksamer Beobachtung bemerkt wird, und wenigstens keine Rauhigkeit giebt, bringen zwei c'' bei derselben Verstimmung 4, zwei c''' 8 Schwebungen hervor, was sehr unangenehm auffällt. Auch der Charakter der Rauhigkeit ist nach der Zahl der Schwebungen verschieden. Langsamere Schwebungen geben gleichsam eine gröbere Art von Rauhigkeit, die man als Knattern oder Knarren bezeichnen könnte; schnellere geben eine feinere und schärfere Rauhigkeit.

Die grosse Zahl der Schwebungen ist es also nicht, oder wenigstens nicht allein, wodurch sie unhörbar werden, sondern auch die Grösse des Intervalls hat Einfluss, und deshalb kann man mit hohen Tönen schnellere wahrnehmbare Schwebungen erzeugen, als mit tiefen Tönen.

Die Beobachtungen lehren also einerseits, dass gleich grosse Intervalle keineswegs in allen Gegenden der Scala gleich deutliche Schwebungen geben. In der Höhe werden vielmehr die Schwebungen wegen wachsender Anzahl undeutlicher. Die Schwebungen eines halben Tones erhalten sich bis zur oberen Grenze der viergestrichenen Octave deutlich; dies ist auch ungefähr die Grenze der zu Harmonieverbindungen brauchbaren musikalischen Töne. Die eines ganzen Tones, welche in tiefer Lage sehr deutlich und kräftig sind, sind an der oberen Grenze der dreigestrichenen Octave kaum noch hörbar. Die grosse und kleine Terz dagegen, welche in der Mitte der Scala als Consonanzen betrachtet werden dürfen, und bei reiner Stimmung kaum etwas von Rauhigkeit erkennen lassen, klingen in den tieferen Octaven sehr rauh, und geben deutliche Schwebungen.

Andererseits hängt aber die Deutlichkeit der Schwebungen und die Rauhigkeit des Zusammenklanges, wie wir gesehen haben, auch nicht allein von der Zahl der Schwebungen ab. Denn wenn wir von der Grösse des Intervalls absehen dürften, müssten gleiche Rauhigkeit haben folgende Intervalle, welche der Rechnung nach die gleiche Anzahl von 33 Schwebungen geben sollten:

der Halbton $h'\,c''$
die Ganztöne $c'\,d'$ und $d'\,e'$
 „ kleine Terz $e\,g$
 „ grosse Terz $c\,e$
 „ Quarte $G\,c$
 „ Quinte $C\,G$

während wir vielmehr finden, dass diese tieferen Intervalle immer mehr und mehr von Rauhigkeit frei werden.

Die Rauhigkeit des Zusammenklanges hängt also in einer zusammengesetzten Weise von der Grösse des Intervalls und von der Zahl der Schwebungen ab. Wenn wir nun die Gründe dieser Abhängigkeit aufsuchen, so haben wir oben schon hervorgehoben, dass Schwebungen im Ohre nur bestehen können, wenn zwei Töne angegeben werden, welche in der Scala einander nahe genug sind, um dieselben elastischen Nervenanhängsel gleichzeitig in Mitschwingen zu versetzen. Wenn sich die beiden angegebenen Töne zu weit von einander entfernen, werden die Schwingungen der von ihnen gemeinsam erregten Corti'schen Organe zu schwach, als dass deren Schwebungen noch merklich empfunden werden könnten, vorausgesetzt, dass sich keine Obertöne und Combinationstöne einmischen. Nach den Annahmen, die wir über den Grad der Dämpfung der Corti'schen Organe im vorigen Abschnitte schätzungsweise gemacht haben, würde sich z. B. ergeben, dass bei der Differenz beider Töne um einen ganzen Ton cd die Corti'schen Fasern, deren Eigenton cis ist, durch jeden der beiden Töne mit $1/10$ seiner eigenen Intensität erregt werden; sie werden also schwanken zwischen der Intensität 0 und $4/10$. Geben wir dagegen die einfachen Töne c und cis an, so folgt aus der dort gegebenen Tabelle, dass die der Mitte zwischen c und cis entsprechenden Corti'schen Fasern zwischen der Intensität 0 und $12/10$ wechseln werden. Umgekehrt würde dieselbe Intensität der Schwebungen für eine kleine Terz nur noch 0,194 betragen, für eine grosse Terz 0,108, also neben den beiden primären Tönen von der Intensität 1 fast unmerklich werden müssen. Die Figur 59, welche wir dort gebraucht haben, um die Stärke des

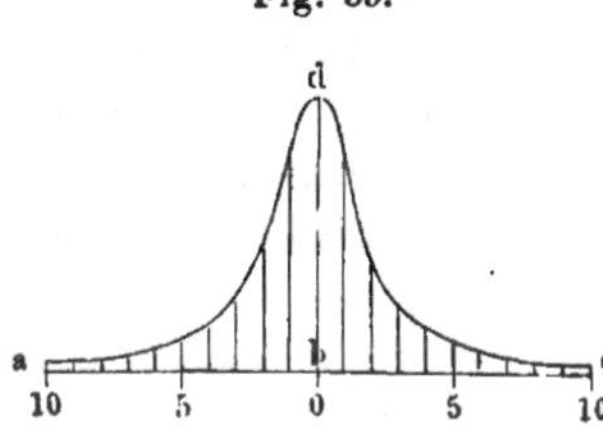

Fig. 59.

Mitschwingens der Corti'schen Fasern bei wachsender Tondifferenz auszudrücken, kann auch hier dienen, um die Stärke der Schwebungen darzustellen, welche zwei Töne im Ohre erregen bei verschiedenem Abstande in der Scala. Nur müssen wir die auf der Grundlinie abgemessenen Theile so nehmen, dass 5 der Distanz eines ganzen Tones entspricht, nicht wie oben der eines halben Tones. In unserem Falle ist nämlich die Entfernung beider Töne von einander doppelt so gross, als die der mitten zwischen liegenden Corti'schen Organe von jedem einzelnen.

Wäre die Dämpfung der Corti'schen Organe in allen Theilen der Scala gleich gross, und hätte die Zahl der Schwebungen keinen Einfluss auf die Rauhigkeit der Empfindung, so würden gleiche Intervalle in allen Theilen der Scala gleich rauh zusammenklingen müssen. Da dies nun nicht der Fall ist, sondern nach der Höhe hin dieselben Intervalle minder rauh, nach der Tiefe rauher werden, so würde man entweder annehmen müssen, dass die Dämpfung der höher klingenden Corti'schen Organe geringer sei, als der tieferen, oder wir müssen annehmen, dass die Unterscheidung schneller Schwebungen in der Empfindung auf Schwierigkeiten stosse.

Ich sehe noch keinen Weg, zwischen diesen beiden Annahmen zu entscheiden; doch dürfen wir wohl die erstere für die unwahrscheinlichere erklären, weil es wenigstens bei allen unseren künstlichen musikalischen Instrumenten desto schwerer wird, einen schwingenden Körper gegen die Abgabe seiner Schwingungen an seine Umgebung zu isoliren, je höher sein Ton ist. Ganz kurze, hoch klingende Saiten, kleine Metallzungen oder Platten etc. geben ausserordentlich kurz abklingende hohe Töne, während man tiefere Töne mit entsprechenden grösseren Körpern leicht lang ausklingend machen kann. Für die zweite Annahme spricht dagegen die Analogie der anderen Nervenapparate des menschlichen Körpers, namentlich des Auges. Ich habe schon angeführt, dass eine Reihe schnell und regelmässig auf einander folgender Lichteindrücke im Auge eine gleichmässig anhaltende Lichtempfindung erregt. Wenn die Lichtreize sehr schnell auf einander folgen, dauert der Eindruck eines jeden einzelnen im Nerven ungeschwächt fort, bis der nächste eintritt, und so werden die Pausen in der Empfindung nicht mehr unterschieden. Beim Auge kann die Zahl der einzelnen Erregungen nicht über 24 in der Secunde steigen, ohne dass sie vollkommen in einen zusammenhängenden Eindruck verschmelzen. Hierin wird das Auge vom Ohre bei weitem übertroffen, indem bis zu 132 Intermissionen in der Secunde unterschieden werden können, und wahrscheinlich haben wir damit die obere Grenze noch nicht erreicht. Viel höhere und hinreichend starke Töne würden vielleicht noch mehr hören lassen. Es liegt in der Natur der Sache, dass die verschiedenen Sinnesapparate in dieser Beziehung einen verschiedenen Grad von Beweglichkeit zeigen, da es nicht bloss auf die Beweglichkeit der Nervenmolekeln ankommt, sondern auch auf die Beweglichkeit derjenigen Hilfsapparate, mittels deren die Erregung der Nerven zu Stande kommt, oder sich äussert. Die Muskeln sind viel träger als das Auge; zehn elektrische Entladungen durch den Nerven während einer Secunde genügen im Allgemeinen, die Muskeln der willkürlich bewegten Theile des Körpers in dauernde Contraction zu bringen. Für die Muskeln der unwillkürlich bewegten Theile des Darms, der Gefässe etc. können die Pausen zwischen den Reizungen auf eine ganze oder selbst mehrere ganze Secunden steigen, ohne dass die Continuität der Zusammenziehung aufhört.

Das Ohr zeigt den übrigen Nervenapparaten gegenüber eine grosse Ueberlegenheit in dieser Beziehung, es ist in eminentem Grade das Organ für kleine Zeitunterschiede, und wurde als solches von den Astronomen längst benutzt. Es ist bekannt, dass wenn zwei Pendel neben einander schlagen, durch das Ohr unterschieden werden kann bis auf ungefähr $1/_{100}$ Secunde, ob ihre Schläge zusammentreffen oder nicht. Das Auge würde schon bei $1/_{24}$ Secunde, oder selbst noch bei viel grösseren Bruchtheilen einer Secunde, scheitern, wenn es entscheiden sollte, ob zwei Lichtblitze zusammentreffen oder nicht.

Wenn aber auch das Ohr in dieser Beziehung seine Ueberlegenheit über andere Organe des Körpers erweist, so dürfen wir doch wohl nicht zögern vorauszusetzen, dass es in derselben Weise wie die anderen Nervenapparate eine Grenze der Schnelligkeit für sein Auffassungsvermögen haben wird, und wir dürfen wohl annehmen, dass wir uns dieser Grenze nähern, wenn wir 132 Schwebungen in der Secunde nur schwach unterscheiden können.

Tiefe und tiefste Töne.

Die Schwebungen geben uns ein wichtiges Mittel ab, die Grenze der tiefsten Töne zu bestimmen, und über gewisse Eigenthümlichkeiten des Uebergangs von der Empfindung getrennter Luftstösse zu der eines ganz continuirlichen Klanges Rechenschaft zu geben, an welches Geschäft wir zunächst gehen wollen.

Auf die Frage, wie gross die kleinste Zahl von Schwingungen sei, welche noch die Empfindung eines Tones hervorrufen könne, sind bisher sehr widersprechende Antworten gegeben worden. Die Angaben der verschiedenen Beobachter schwanken zwischen 8 (Savart) und etwa 30 ganzen Schwingungen für die Secunde. Der Widerspruch erklärt sich durch gewisse Schwierigkeiten der Versuche.

Erstens nämlich ist es nöthig, die Stärke der Luftschwingungen für sehr tiefe Töne ausserordentlich viel grosser zu machen als für hohe, wenn sie einen ebenso starken Eindruck auf das Ohr machen sollen. Es ist von mehreren Akustikern zuweilen die Voraussetzung ausgesprochen worden, dass unter übrigens gleichen Umständen die Stärke der Töne verschiedener Höhe der lebendigen Kraft der Luftbewegung direct proportional sei, oder, was auf dasselbe herauskommt, der Grösse der zu ihrer Hervorbringung aufgewandten mechanischen Arbeit; aber ein einfacher Versuch mit der Sirene zeigt, dass, wenn die gleiche mechanische Arbeit aufgewen-

18*

det wird, um tiefe oder hohe Töne unter übrigens gleichen Verhältnissen zu erzeugen, die hohen Töne eine ausserordentlich viel stärkere Empfindung hervorrufen als die tiefen. Wenn man nämlich
die Sirene durch einen Blasebalg anbläst, so dass ihre Scheibe
immer schneller und schneller umläuft, und wenn man dabei darauf
achtet, die Bewegung des Blasebalgs ganz gleichmässig zu unterhalten, so dass sein Hebel gleich oft in der Minute und immer um
dieselbe Grösse gehoben wird, wobei denn auch der Balg gleichmässig gefüllt bleibt, und immer dieselbe Menge Luft unter gleichem
Druck in die Sirene getrieben wird: so hat man anfangs, so lange
die Sirene langsam läuft, einen schwachen tiefen Ton, der immer
höher und höher wird, dabei aber gleichzeitig an Stärke ausserordentlich zunimmt, so dass die höchsten Töne von etwa 880 Schwingungen, die ich auf meiner Doppelsirene hervorbringe, eine kaum
ertragbare Stärke haben. Hierbei wird fortdauernd bei Weitem der
grösste Theil der sich gleichbleibenden mechanischen Arbeit auf
die Erzeugung der Schallbewegung verwendet, nur ein kleiner Theil
kann durch die Reibung der umlaufenden Scheibe in ihren Axen-
lagern und durch die mit ihr in Wirbelbewegung gesetzte Luft verloren gehen, und diese Verluste müssen bei schneller Rotation grösser werden als bei langsamer, so dass für die Hervorbringung der
hohen Töne sogar weniger Arbeitskraft übrig bleibt, als für die tiefen; und doch erscheinen in der Empfindung die hohen Töne so ausserordentlich viel stärker, als die tiefen Töne. Wie weit übrigens
diese Steigerung nach der Höhe sich fortsetzt, kann ich bisher nicht
angeben, weil die Geschwindigkeit meiner Sirene bei demselben
Luftdrucke eben nicht weiter gesteigert werden kann.

Die Zunahme der Tonstärke mit der Tonhöhe ist besonders
bedeutend in den tiefsten Gegenden der Scala. Daraus folgt denn
weiter, dass in zusammengesetzten Klängen von grosser Tiefe die
Obertöne den Grundton an Stärke überwiegen können, selbst wenn
in Klängen derselben Art, aber von grösserer Höhe, die Stärke des
Grundtons bei Weitem überwiegt. Es ist dies leicht zu erweisen
mittels meiner Doppelsirene, da man an dieser mittels der Schwebungen immer leicht feststellen kann, ob ein gehörter Ton der Grundton, der zweite oder dritte Ton des betreffenden Klanges sei. Wenn
man nämlich an beiden Windkästen die Reihen von 12 Löchern öffnet, und die Kurbel, welche den oberen Kasten bewegt, einmal umdreht, giebt der Grundton, wie oben auseinandergesetzt ist, 4 Schwebungen, der zweite Ton 8, der dritte 12. Lässt man nun die

Scheiben langsamer als gewöhnlich umlaufen, zu welchem Zwecke ich an dem Rande der einen Scheibe eine mit Oel benetzte Stahlfeder unter verschiedenem Drucke schleifen lasse, so kann man leicht Reihen von Luftstössen erzeugen, die sehr tiefen Tönen entsprechen, dann die Kurbel drehen, und die Schwebungen zählen. Lässt man die Geschwindigkeit der Scheiben allmälig steigen, so findet man, dass die zuerst entstehenden hörbaren Töne 12 Schwebungen bei einer Umdrehung der Kurbel machen, so lange die Zahl der Luftstösse noch unter 36 bis 40 ist. Bei Tönen zwischen 40 und 80 Luftstössen hört man bei jeder Drehung der Kurbel 8 Schwebungen. Hier ist also die höhere Octave des Grundtons der stärkste Ton. Erst bei mehr als 80 Luftstössen hört man die vier Schwebungen des Grundtons.

Es wird durch diese Versuche bewiesen, dass Luftbewegungen, deren Form nicht die der pendelartigen Schwingungen ist, deutliche und starke Empfindungen von Tönen hervorrufen können, deren Schwingungszahl 2 oder 3 Mal so gross als die Zahl der Luftstösse ist, ohne dass der Grundton durchgehört wird. Wenn man in der Scala immer tiefer hinabgeht, nimmt die Empfindungsstärke, wie man hieraus schliessen muss, so schnell ab, dass der Grundton, dessen lebendige Kraft an und für sich grösser ist, als die der Obertöne, wie sich bei höherer Lage desselben Klanges erweist, doch übertönt und verdeckt wird von seinen Obertönen. Auch wenn die Wirkung des Klanges auf das Ohr vielmehr verstärkt wird, ändert sich die Sache nicht. Es wurde bei den Versuchen mit der Sirene die oberste Platte des Blasebalgs durch die tiefen Töne in heftige Erschütterung versetzt, und wenn ich den Kopf auflegte, wurde mein ganzer Kopf so kräftig in Mitschwingung versetzt, dass ich die Löcher der rotirenden Sirenenscheiben, welche dem ruhenden Auge verschwinden, wieder einzeln sehen konnte vermöge einer ähnlichen optischen Wirkung, wie sie bei den stroboskopischen Scheiben vorkommt. Die angeblasene Löcherreihe schien fest zu stehen, die anderen Reihen bewegten sich theils vorwärts, theils rückwärts, und doch wurden die tiefsten Töne nicht deutlicher. Ein anderes Mal verband ich meinen Gehörgang durch eine passend eingeführte Röhre mit einer Oeffnung, die in das Innere des Blasebalgs führte. Die Erschütterungen des Trommelfells waren so stark, dass sie einen unleidlichen Kitzel verursachten, aber dennoch wurden die tiefsten Töne nicht deutlicher.

Will man also die Grenze der tiefsten Töne ermitteln, so ist

es nothwendig, nicht nur sehr starke Lufterschütterungen hervorzubringen, sondern ihnen auch die Form der einfachen pendelartigen
Schwingungen zu geben. So lange die letztere Bedingung nicht
erfüllt ist, ist man durchaus nicht sicher, ob die gehörten tiefen
Töne dem Grundton oder den Obertönen der Luftbewegung entsprechen *). Unter den bisher angewendeten Instrumenten sind die
weiten gedackten Orgelpfeifen wohl die zweckmässigsten. Ihre Obertöne sind wenigstens ziemlich schwach, wenn sie auch nicht ganz
fehlen. Hier findet man, dass schon die unteren Töne der 16füssi-
gen Octave, C_1 bis E_1, anfangen in ein dröhnendes Geräusch überzugehen, so dass es selbst einem geübten musikalischen Ohre sehr
schwer wird, ihre Tonhöhe sicher anzugeben; auch können sie nicht
mit Hilfe des Ohres allein gestimmt werden, sondern nur indirect
mittels der Schwebungen, welche sie mit den Tönen der höheren
Octaven geben. Aehnliches bemerkt man auch an denselben tiefsten Tönen des Claviers und der Physharmonica; sie klingen dröh-
nend und unrein in der Stimmung, obgleich ihr musikalischer Charakter durch die starken sie begleitenden Obertöne im Ganzen besser festgestellt ist, als der der Pfeifentöne. In der künstlerisch vollendeten Musik des Orchesters ist deshalb auch der tiefste Ton,
welcher angewendet wird, das E_1 des Contrabasses von 41 Schwingungen, und ich glaube mit Sicherheit voraussagen zu können, dass
alle Anstrengungen der neueren Technik, tiefere gut musikalische
Töne hervorzubringen, scheitern müssen, nicht weil es an Mitteln
fehlte passende Luftbewegungen zu erregen, sondern weil das menschliche Ohr seine Dienste versagt. Das sechzehnfüssige C_1 der Orgel
von 33 Schwingungen giebt allerdings noch eine ziemlich continuirliche Empfindung von Dröhnen, aber ohne dass man ihm einen bestimmten Werth in der musikalischen Scala zuschreiben könnte.
Vielmehr fängt man hier schon an, die einzelnen Luftstösse zu merken, trotz der regelmässigen Form der Bewegung. In der oberen
Hälfte der zweiunddreissigfüssigen Octave wird die Empfindung der
einzelnen Luftstösse immer deutlicher, der continuirliche Theil der
Empfindung, den man noch mit einer Tonempfindung vergleichen

---

*) Namentlich ist Savart's Instrument, wo ein rotirender Stab durch
enge Spalten schlägt, ganz ungeeignet, tiefste Töne hörbar zu machen. Die
einzelnen Luftstösse sind hier sehr kurz im Vergleich zur ganzen Schwingungsperiode, also müssen auch die Obertöne sehr stark entwickelt sein, und
die tiefsten Töne, welche man hört bei 8 bis 16 Schlägen, können nichts als
Obertöne sein.

könnte, immer schwächer, und in der tieferen Hälfte der zweiunddreissigfüssigen Octave hört man wohl eigentlich nichts mehr, als die einzelnen Luftstösse, oder wenn man noch etwas anderes hört, so können es wohl nur schwache Obertöne sein, von denen auch die Klänge der gedackten Pfeifen nicht ganz frei sind.

Ich habe noch auf eine andere Weise tiefe einfache Töne zu erzeugen gesucht. Saiten, welche in ihrer Mitte ein schwereres Metallstück tragen, geben, wenn sie angeschlagen werden, einen Klang, der aus einer Anzahl zu einander nicht harmonischer Töne besteht. Der Grundton ist durch ein Intervall von mehreren Octaven von den nächsten Obertönen getrennt, und man kommt deshalb nicht in Gefahr, ihn mit diesen zu verwechseln; ausserdem verklingen die höheren Töne sehr schnell, während die tiefen sehr lange anhalten. Eine solche Saite*) wurde auf einem Resonanzkasten ausgespannt, der nur eine Oeffnung hatte, und diese konnte durch eine Röhre mit dem Gehörgange verbunden werden, so dass die Luft des Resonanzkastens nur in das Ohr hinein entweichen konnte. Die Töne einer Saite von gewöhnlicher Höhe sind unter diesen Umständen von unerträglicher Stärke. Dagegen machte schon das D_1 von 37 Schwingungen nur noch eine sehr schwache Tonempfindung, und auch diese hatte etwas Knarrendes, was darauf schliessen lässt, dass das Ohr auch hier anfing, die einzelnen Stösse trotz ihrer regelmässigen Form einzeln zu empfinden. Bei B_2 (34 Schwingungen) war kaum noch etwas zu hören. Es scheint also, dass diejenigen Nervenfasern, welche diese Töne empfinden, schon nicht mehr während der ganzen Dauer einer Schwingung gleichmässig stark erregt werden, sei es nun, dass die Phasen der stärksten Geschwindigkeit oder die Phasen der stärksten Abweichung der schwingenden Gebilde im Ohre die Erregung bewirken**).

---

*) Es war eine dünne messingene Claviersaite. Die Belastung bestand in einem kupfernen Kreuzerstücke, welches in der Mitte durchbohrt war. Nachdem die Saite durch die Oeffnung gesteckt war, wurde das Kupfer mittels einer neben die Oeffnung aufgesetzten stählernen Spitze, welche durch Hammerschläge eingetrieben wurde, comprimirt, so dass es die Saite in der Oeffnung fest und unverrückbar einschloss.

**) Ich habe seitdem von Herrn Koenig in Paris zwei grosse Stimmgabeln erhalten, an deren Zinken Gewichte verschiebbar sind. Durch Verschiebung derselben ändert man die Stimmung, die Zahl der dadurch entstehenden Schwingungen ist auf einer Scala angegeben, die an den Zinken entlang läuft. Die eine giebt Töne von 24 bis 35, die andere von 35 bis 61 Schwingungen. Die verschiebbaren Gewichte haben die Form von Platten,

Man darf danach wohl behaupten, dass bei etwa 30 Schwingungen die Tonempfindung beginnt, aber etwa erst bei 40 Schwingungen die Töne anfangen eine bestimmte musikalische Höhe zu bekommen. Der Hypothese über die elastischen Anhangsgebilde der Nerven ordnen sich diese Thatsachen unter, wenn man bedenkt, dass die tiefgestimmtesten Corti'schen Fasern auch von noch tieferen Tönen zum Mitschwingen gebracht werden können, wenn auch in schnell abnehmender Stärke, wobei also wohl noch Tonempfindung, aber keine Unterscheidung der Tonhöhe mehr möglich ist. Wenn die tiefsten Corti'schen Fasern grössere Abstände in der Scala haben, gleichzeitig aber auch ihre Dämpfung so stark ist, dass von jedem Tone, der der Höhe einer Faser entspricht, auch die Nachbarfasern noch ziemlich stark afficirt werden, so wird die Unterscheidung der Tonhöhe in solchen Gegenden der Scala unsicher sein, aber doch continuirlich ohne Sprünge vor sich gehen, und gleichzeitig wird die Stärke der Empfindung gering werden müssen.

Während nun die einfachen Töne in der oberen Hälfte der sechzehnfüssigen Octave schon vollkommen continuirlich und musikalisch klingen, verschwindet die Wahrnehmung der einzelnen Luftstösse bei Luftschwingungen von abweichender Form, also bei zusammengesetzten Klängen, auch selbst in der Contraoctave noch nicht vollständig. Wenn man zum Beispiel die Scheibe der Sirene durch Anblasen in Bewegung setzt mit allmälig steigender Geschwindigkeit, so hört man anfangs nur die einzelnen Luftstösse, dann wenn mehr als 36 Schwingungen da sind, auch schwache Töne daneben, welche zunächst aber Obertöne sind. Bei steigender Geschwindigkeit wird die Empfindung der Töne stärker und stärker, aber man hört noch lange nicht auf, die einzelnen Luftstösse wahrzunehmen, wenn diese auch immer mehr und mehr mit einander verschmelzen. Erst bei 110 oder 120 Schwingungen (A oder B der grossen Octave) wird der Klang ziemlich continuirlich. Ganz ähnlich verhält es sich auf dem Harmonium, wo im Hornregister das c von 132 Schwingungen noch etwas Schnarrendes hat, und im Fagottregister sogar das c' von 264 Schwingungen. Ueberhaupt ist

---

5 Centimeter im Durchmesser; je eine dieser Platten ist ein Spiegel. Bringt man das Ohr ganz nahe an diese Platten, so hört man die tiefen Töne sehr gut. Bei 30 Schwingungen hört man noch deutlich einen schwachen dröhnenden Ton, bei 28 kaum noch eine Spur, obgleich man leicht Oscillationen von 9 Millimeter Amplitude in dieser Weise ganz dicht vor dem Ohre erzeugen kann.

mehr oder weniger deutlich dasselbe zu bemerken bei allen scharfen, schnarrenden oder schmetternden Klängen, welche, wie schon früher erwähnt wurde, immer mit einer sehr grossen Zahl deutlicher Obertöne versehen sind.

Der Grund dieser Erscheinung liegt in den Schwebungen, welche durch die in der Scala nahe zusammenliegenden hohen Obertöne dieser Klänge hervorgebracht werden. Wenn in einem Klange der 15te und 16te Oberton noch hörbar sind, so bilden diese beiden mit einander das Intervall eines halben Tones, und geben natürlich auch die scharfen Schwebungen einer solchen Dissonanz. Dass in der That die Schwebungen dieser Töne an der Rauhigkeit des ganzen Klanges Schuld sind, kann man leicht beweisen, indem man eine passende Resonanzröhre an das Ohr bringt. Wenn G_1 von $49^1/_2$ Schwingungen angeschlagen wird, ist der 15te Ton des Klanges fis'', der 16te g'', der 17te gis'' etc. Wenn ich nun die Resonanzröhre g'' an das Ohr setze, welche die genannten Töne verstärkt, und zwar am meisten g'' selbst, weniger fis'' und gis'', so tritt die Rauhigkeit des Klanges ausserordentlich viel schärfer hervor, und wird ganz ähnlich dem scharfen Knarren, welches die Töne fis'' und g'' selbst angeschlagen geben. Dieser Versuch gelingt sowohl am Clavier, als mit beiden Registern des Harmonium. Er gelingt auch noch deutlich bei höherer Tonlage, so weit die verstärkenden Resonanzröhren reichen. Ich habe eine solche für g''', durch welche der Ton freilich nur noch wenig verstärkt wird, aber es war beim Ansatz der Röhre an das Ohr doch deutlich zu hören, wie die Rauhigkeit des G von 99 Schwingungen schärfer gemacht wird.

Auch schon der achte und neunte Ton eines Klanges, welche um das Intervall eines ganzen Tones von einander entfernt sind, müssen Schwebungen geben, wenn auch weniger scharf eingeschnittene als die höheren Obertöne. Doch gelingt bei diesen die Verstärkung durch die Resonanzröhren nicht so gut, weil wenigstens die tieferen Röhren nicht im Stande sind, zwei um einen ganzen Ton von einander entfernte Töne gleichzeitig zu verstärken. Bei den höheren Röhren, wo die Verstärkung geringer ist, ist gleichzeitig das Intervall der verstärkten Töne breiter, und so gelang es mir auch, durch die Röhren g'' bis g''' Rauhigkeiten der Töne G bis g (99 bis 198 Schwingungen) zu verstärken, welche von deren siebenten, achten und neunten Theiltönen (f'', g'' und a'' bis f''', g''' und a''') herrührten, und wenn man den Klang des G in der Resonanzröhre mit dem Klange der direct angeschlagenen Dissonanz $f''\,g''$ oder $g''\,a''$ vergleicht, so erkennt man auch, dass beide sehr ähnlich sind, dass namentlich die Schnelligkeit der Intermittenzen nahehin gleich ist.

Es kann hiernach nicht zweifelhaft bleiben, dass Luftbewegungen, welche tiefen und mit vielen Obertönen versehenen Klängen entsprechen, gleichzeitig eine continuirliche Empfindung tiefer Töne und discontinuirliche Empfindungen hoher Töne erregen, und durch diese letzteren rauh oder knarrend gemacht werden. Darin liegt die Erklärung der Thatsache, die wir früher bei der Untersuchung der Klangfarben fanden, dass Klänge mit vielen hohen Obertönen scharf, schnarrend oder schmetternd klingen; darin auch der Grund, warum sie viel durchdringender sind, und warum das Ohr sie nicht so leicht überhören kann. Denn ein intermittirender Eindruck erregt unsere Nervenapparate viel stärker, als ein continuirlicher, und drängt sich immer von Neuem wieder der Wahrnehmung auf. Einfache Töne dagegen oder Klänge, welche nur wenige von den niederen, weit auseinanderliegenden Obertönen enthalten, müssen im Ohre vollkommen continuirliche Empfindungen hervorbringen, welche einen weichen, sanften und wenig energischen Eindruck machen, selbst wenn sie in der That verhältnissmässig grosse Stärke haben.

Wir haben bisher die äusserste Zahl der bei hohen Noten wahrnehmbaren Intermittenzen des Tones nicht bestimmen können, und nur darauf aufmerksam gemacht, dass sie unter übrigens gleichen Bedingungen desto schwerer wahrnehmbar sind und einen desto schwächeren Eindruck machen, je zahlreicher sie werden. Wenn also auch die Form der Luftbewegung, d. h. die Klangfarbe dieselbe bleibt, während die Höhe gesteigert wird, so wird im Allgemeinen die Klangfarbe weniger rauh werden. Eine besonders wichtige Rolle muss hierbei namentlich die Gegend der Scala um das fis'''' herum spielen, für welche das Ohr, wie oben bemerkt wurde, ganz besonders empfindlich ist. Dissonante Obertöne, welche in diese Gegend fallen, müssen besonders empfindlich sein. Das fis'''' ist der achte Oberton des fis' von 367 Schwingungen, welches den höheren Tönen der Männer, den tieferen der Frauen zugehört, und der 16te Oberton des ungestrichenen fis, in der Mitte der Männerstimmen. Dass man bei angestrengten menschlichen Stimmen die genannten hohen Töne oft mitklingen hört, habe ich schon früher angeführt. Wenn dies bei den tieferen Tönen der Männerstimmen geschieht, so muss es in scharfen Dissonanzen geschehen, und in der That hört man, wie ich schon früher bemerkt habe, bei schmetterndem Forte einer kräftigen Bassstimme die hohen Nebentöne der viergestrichenen Octave in einem gellenden Zittern begriffen. Daher ist das Knarren und Schmettern bei Bassstimmen auch viel häufiger und stärker als bei höheren Stimmen. Für Klänge, welche über das fis' hinaufgehen, sind die Dissonanzen der Nebentöne, welche in die viergestrichene Octave fallen, schwächer als die Dissonanzen eines ganzen Tones, und diese in so grosser Höhe wohl kaum noch so scharf, dass sie sich erheblich bemerklich machen könnten.

Auf diese Weise erklärt sich auch der im Allgemeinen angenehmere Klang der hohen Stimmen und das daraus hervorgehende Drängen aller Sänger und Sängerinnen nach der Höhe. Dazu kommt dann noch, dass in den höheren Tonlagen kleine Verstimmungen eine viel grössere Zahl von Schwebungen hervorrufen, als in den tieferen Lagen, wodurch auch das musikalische Gefühl für die Tonhöhe, für die Richtigkeit und Schönheit der musikalischen Intervalle viel sicherer wird als in der Tiefe.

Schwebungen der Obertöne.

Wir haben bisher nur solche Schwebungen betrachtet, welche von je zwei einfachen Tönen hervorgerufen werden, ohne dass sich Obertöne oder Combinationstöne einmischen. Es konnten dergleichen Schwebungen nur entstehen, wenn die beiden angegebenen Töne um ein verhältnissmässig kleines Intervall von einander entfernt sind. Wenn ihre Entfernung auch nur zur Grösse einer kleinen Terz anwächst, werden ihre Schwebungen undeutlich. Nun ist es aber bekannt, dass Schwebungen auch entstehen können durch je zwei Töne, welche um viel grössere Intervalle von einander abstehen, und wir werden später sehen, dass diese Schwebungen eine Hauptrolle bei der Feststellung der consonanten Intervalle unserer musikalischen Tonleiter spielen, daher wir hier auf ihre Untersuchung näher eingehen müssen. Dergleichen Schwebungen von solchen Klängen, die in der Tonleiter weiter als eine kleine Terz von einander entfernt sind, kommen zu Stande durch den Einfluss der Obertöne und der Combinationstöne. Wenn die Klänge mit deutlich hörbaren Obertönen versehen sind, sind die Schwebungen, welche durch diese entstehen, meistens viel stärker und deutlicher als die der Combinationstöne, auch ist der Grund dieser Schwebungen viel leichter nachzuweisen. Wir beginnen deshalb die Untersuchung der Schwebungen weiterer Intervalle mit den Schwebungen, welche durch Hilfe der Obertöne hervorgebracht werden. Aber allerdings ist zu bemerken, dass Schwebungen der Combinationstöne viel allgemeiner vorkommen, bei allen Arten von Klängen, Schwebungen der Obertöne dagegen natürlich nur bei Klängen mit deutlich ausgesprochenen Obertönen. Da aber die musikalisch brauchbaren Klänge mit wenigen Ausnahmen reichlich mit kräftigen Obertönen versehen sind, so haben in der Musik die Schwebungen der Obertöne verhältnissmässig eine viel grössere praktische Wichtigkeit, als die Schwebungen der schwachen Combinationstöne.

Wenn zwei mit Obertönen versehene Klänge angegeben werden, so ist es nach dem Bisherigen leicht ersichtlich, dass Schwebungen entstehen können, so oft je zwei Obertöne beider Klänge einander hinreichend nahe liegen, oder auch wenn der Grundton des einen Klanges einem der Obertöne des anderen Klanges sich nähert. Die Zahl der Schwebungen ist natürlich wieder der Differenz der Schwingungszahlen der beiden betreffenden Theiltöne gleich, durch welche die Schwebungen hervorgerufen werden. Ist die Differenz der Schwingungszahlen klein, sind also die Schwebungen langsam, so sind sie, wie ähnlich langsame Schwebungen primärer Töne, verhältnissmässig am deutlichsten zu hören, zu zählen, und überhaupt ihrer ganzen Natur nach zu erkennen. Sie sind ferner desto deutlicher, je stärker diejenigen Theiltöne sind, durch welche sie entstehen, und das sind bei den gewöhnlich gebrauchten Klangfarben der musikalischen Instrumente die Theiltöne von niedriger Ordnungszahl, da in der Regel die Intensität der Theiltöne mit wachsender Ordnungszahl abnimmt.

Man beginne also mit Beispielen etwa folgender Art auf einer Orgel im Principal- oder Geigenregister oder auf einem Harmonium:

Die halben Noten bedeuten in diesen Beispielen die Grundtöne der Klänge, welche angegeben werden sollen, die Viertelnoten die dazu gehörigen Obertöne. Wenn die Octave Cc des ersten Beispiels rein gestimmt ist, wird sie keine Schwebungen hören lassen. Wenn man aber die höhere Note verändert wie im zweiten und dritten Beispiele, so dass sie H oder *des* wird, so erhält man dieselben Schwebungen, als hätte man direct die beiden um einen halben Ton von einander entfernten Töne $H-c$ oder $c-des$ angegeben. Die Zahl der Schwebungen ist dieselbe ($16^1/_2$ in der Secunde), ihre Intensität allerdings eine etwas geringere, weil sie einigermassen bedeckt werden durch den starken tiefen Ton C, und weil das c, welches zweiter Theilton des Klanges C ist, meist nicht dieselbe Intensität hat wie sein Grundton.

In Beispiel 4 und 5 wird man bei der gewöhnlichen temperirten Stimmung der Tastaturinstrumente Schwebungen hören, und zwar bei genauer Stimmung eine in der Secunde, weil die Note a'', welche das Instrument angiebt, nicht genau übereinstimmt mit dem a'', welches dritter Partialton des Klanges d' ist. Dagegen ist die Note a'' des Instruments genau übereinstimmend mit dem a'', welches zweiter Partialton der Note a' im fünften Beispiele ist, daher wir im Beispiele 4 und 5 auf einem gut gestimmten Instrumente gleich viel Schwebungen erhalten müssen.

Da der erste Oberton doppelt so viel Schwingungen macht als sein Grundton, so ist im ersten Beispiele das direct angegebene c mit dem ersten Oberton des tieferen C identisch, wenn das c genau doppelt so viel Schwingungen macht als das C. Nur bei diesem Verhältnisse der Schwingungszahlen von 1 zu 2 können beide Klänge zusammenklingen, ohne Schwebungen zu geben. Die kleinste Abweichung des Intervalls Cc von dem angegebenen Zahlenverhältniss wird sich durch Schwebungen verrathen müssen. Im vierten Beispiele werden die Schwebungen nur dann aufhören, wenn wir das a'' des Instruments so stimmen, dass es dem dritten Partialtone des Klanges d genau gleich wird, und dies wird nur dann der Fall sein, wenn die Schwingungszahl des a'' genau dreimal so gross ist, als die des d'. Im fünften Beispiele werden wir die Schwingungszahl a' genau halb so gross machen müssen als die des a'', welches drei mal so viel Schwingungen macht als d', d. h. die Schwingungszahlen von d' und a' werden sich genau wie 2 zu 3 verhalten müssen, wenn keine Schwebungen eintreten sollen. Jede Abweichung der zusammenklingenden Töne von diesem Zahlenverhältnisse wird sich durch Schwebungen zu erkennen geben.

Dass die Schwingungszahlen zweier Klänge, die das Intervall einer Octave mit einander bilden, im Verhältnisse von 1 zu 2, die einer Quinte im Verhältnisse 2 zu 3 stehen, haben wir schon oben angeführt. Es waren diese Zahlenverhältnisse längst gefunden, indem man bloss dem Ohre folgte und die angenehmsten Zusammenklänge je zweier Töne suchte. Hier haben wir nun den Grund gefunden, warum diese nach den einfachen Zahlenverhältnissen gestimmten Intervalle allein einen ruhigen Zusammenklang geben, während schon ganz geringe Abweichungen von der mathematischen Stimmung sich verrathen durch ·die unruhig auf und ab wogenden Schwebungen. Das d' und a' des letzten Beispiels, zu einer reinen Quinte gestimmt, machen $293\frac{1}{3}$ und 440 Schwingungen, ihr gemeinsamer Oberton a'' hat $3 \cdot 293\frac{1}{3} = 2 \cdot 440 = 880$ Schwingungen. In der temperirten Stimmung macht das d' nur $293\frac{2}{3}$ Schwingungen, sein zweiter Oberton wird 881 und diese ausserordentlich kleine Differenz verräth sich dem Ohre durch eine Schwebung in der Secunde. Den Orgelbauern ist das Factum, dass unreine Octaven und unreine Quinten Schwebungen geben, längst bekannt, und es wird von ihnen benutzt, um schnell und sicher die verlangte reine oder temperirte Stimmung herstellen zu können, da es in der That kein empfindlicheres Mittel giebt, die Reinheit der Intervalle zu prüfen.

Zwei Klänge also, welche im Verhältnisse einer reinen Octave, einer reinen Duodecime oder reinen Quinte stehen, ertönen neben einander in ungestörtem gleichmässigem Abflusse, und unterscheiden sich dadurch von ihren nächst benachbarten Intervallen, den unreinen Octaven oder Quinten, bei denen ein Theil der Klangmasse in einzelne Stösse zerfällt, so dass die beiden Klänge nicht ungestört neben einander hinfliessen können. Deshalb nennen wir die reine Octave, Duodecime und Quinte consonante Intervalle im Gegensatz zu den ihnen nächst benachbarten Intervallen, welche wir dissonant nennen. Obgleich diese Namen längst gegeben waren, ehe man von den Obertönen und ihren Schwebungen etwas wusste, bezeichnen sie doch das Wesen der Sache, ungestörtes oder gestörtes Zusammenklingen ganz richtig.

Da die hier beschriebenen Erscheinungen die wesentliche Grundlage für die Feststellung der normalen musikalischen Intervalle bilden, so wollen wir sie nach allen Richtungen hin experimentell fest begründen.

Zunächst habe ich behauptet, die Schwebungen seien Schwebungen derjenigen Partialtöne beider Klänge, welche nahehin zusammentreffen. Nun ist es nicht immer ganz leicht, wenn man eine schwach verstimmte Quinte oder Octave hört, mit unbewaffnetem Ohre deutlich zu erkennen, welche Theile des Gesammtklanges in Schwebung begriffen sind. Es macht leicht den Eindruck, als höre man Verstärkungen und Schwächungen der ganzen Klangmasse. Indessen wird ein Ohr, welches geübt ist, die Obertöne zu unterscheiden, wenn es seine Aufmerksamkeit auf den betreffenden gemeinsamen Oberton fixirt, doch leicht die starken Schwebungen gerade dieses Tones hören, während die Grundtöne continuirlich fortklingen. Man gebe die Note d' an, richte die Aufmerksamkeit auf ihren Oberton a'', lasse die temperirte Quinte a' hinzukommen, so wird man deutlich die Schwebungen des a'' hören können. Für ein ungeübtes Ohr sind in diesem Falle die früher beschriebenen Resonatoren von grossem Nutzen. Setzt man den Resonator für a'' an das Ohr, so hört man die Schwebungen dieses Tones sehr einschneidend. Nimmt man dagegen einen Resonator für einen der Grundtöne d' oder a', so hört man die Schwebungen im Gegentheile schwächer, weil dadurch der continuirliche Theil des Tones verstärkt wird.

Diese Behauptung soll natürlich nicht so weit gehen, dass gar keine anderen Töne als das a'' des letzten Beispiels Schwebungen gäben. Im Gegentheile, es giebt noch höhere schwächere Obertöne, welche Schwebungen geben, und ausserdem werden wir im nächsten Abschnitte die Schwebungen der Combinationstöne kennen lernen, welche sich zu den hier beschriebenen Schwebungen der Obertöne gesellen. Die Schwebungen des tiefsten gemeinsamen Obertones spielen nur gewöhnlich die Hauptrolle, weil sie von allen die stärksten und die langsamsten sind.

Zweitens mag ein directer experimenteller Beweis wünschenswerth erscheinen, dass die von uns aus den Schwingungszahlen der Obertöne hergeleiteten Zahlenverhältnisse wirklich diejenigen sind, welche keine Schwebungen geben. Dieser Beweis kann am leichtesten durch die oben beschriebene Doppelsirene, Fig. 56 S. 243, gegeben werden. Man setze die Scheiben in Rotation und öffne an der unteren Scheibe die Reihe von 8, an der oberen von 16 Löchern, so erhält man beim Anblasen zwei Klänge, welche mit einander das Intervall einer Octave bilden. Sie klingen zusammen ohne Schwebungen, so lange der obere Kasten nicht gedreht wird. So wie man aber anfängt, den oberen Kasten langsam umzudrehen, wodurch der Ton der oberen Scheibe etwas erhöht oder erniedrigt wird, hört man Schwebungen. So lange der obere Windkasten stillsteht, ist das Verhältniss der Schwingungszahlen genau 1 : 2, weil bei jeder Umdrehung der Scheibe der untere Kasten genau 8, der obere genau 16 Luftstösse giebt. Durch eine langsame Drehung der Kurbel kann man dieses Verhältniss um so wenig als man will verändern, aber bei jeder noch so langsamen Drehung hört man die Schwebungen, welche die Verstimmung des Intervalls ankündigen.

Aehnlich ist es mit der Quinte. Man öffne oben die Reihe mit 12, unten mit 18 Löchern, man wird eine ganz ruhig fortklingende Quinte hören, so lange der obere Windkasten nicht gedreht wird. Das Verhältniss der Schwingungszahlen, gegeben durch die Zahlen der Löcher beider Reihen, ist genau 2 zu 3. So wie man den Windkasten dreht, hört man Schwebungen. Wir haben oben gesehen, dass je eine Umdrehung der Kurbel die Anzahl der Schwingungen des Tones von 12 Löchern um 4 vergrössert oder verkleinert. Wenn wir an der unteren Scheibe ebenfalls den Ton von 12 Löchern erzeugten, erhielten wir 4 Schwebungen. Bei der Quinte von 12 und 18 Löchern erhalten wir dagegen bei jeder Umdrehung der Kurbel 12 Schwebungen, weil die Schwingungszahl des 3ten Partialtones für je eine Umdrehung der Kurbel um $3 \cdot 4 = 12$ wächst, wenn die des Grundtones um 4 wächst, und wir es hier mit Schwebungen des genannten Partialtones zu thun haben.

Die Sirene hat bei diesen Untersuchungen den grossen Vorzug vor allen anderen musikalischen Instrumenten, dass die Stimmung der Intervalle nach den einfachen Zahlenverhältnissen durch ihren Mechanismus selbst in unveränderlicher und fester Weise hergestellt ist, und dass wir deshalb der ausserordentlich mühsamen und schwierigen Messungen der Schwingungszahlen überhoben sind, welche dem Beweise unseres Gesetzes vorhergehen müssten, wenn wir andere tönende Instrumente gebrauchen wollten. Das Gesetz war übrigens schon früher durch dergleichen Messungen festgestellt worden, und es hatte sich eine desto genauere Uebereinstimmung mit den einfachen Zahlenverhältnissen herausgestellt, je mehr die Methoden, Schwingungszahlen zu messen und rein zu stimmen, vervollkommnet waren.

Wie uns die Coincidenzen der ersten beiden Obertöne zu den natürlich bestimmten Consonanzen der Octave und Quinte geführt haben, können wir eine weitere Reihe natürlich bestimmter consonanter Intervalle auffinden, indem wir Coincidenzen der höheren Obertöne hervorbringen. Nur ist zu bemerken, dass in dem Maasse, als diese höheren Obertöne schwächer werden, auch die Schwebungen weniger vernehmlich sind, wodurch die verstimmten Intervalle von den rein gestimmten sich unterscheiden. Die Abgrenzung dieser Intervalle, welche auf Coincidenzen höherer Obertöne beruhen, wird deshalb für das Ohr immer schwächer und unbestimmter, je höhere Obertöne dazu beitragen. In der folgenden Tabelle enthält die erste Horizontalreihe und die erste Verticalreihe die Ordnungszahlen der coincidirenden Partialtöne, und wo die entsprechende verticale und horizontale Reihe zusammentreffen, ist die Benennung und das Schwingungsverhältniss des entsprechenden Intervalls der Grundtöne angegeben. Das letztere Zahlenverhältniss ist immer unmittelbar gegeben durch die Ordnungszahlen der beiden coincidirenden Partialtöne.

Coincidirende Partialtöne.	1	2	3	4	5
6	2 Octaven und Quinte	Duodecime 1 : 3	Octave 1 : 2	Quinte 2 : 3	Kleine Terz 5 : 6
5	2 Octaven und Terz	Grosse Decime 2 : 5	Grosse Sexte 3 : 5	Grosse Terz 4 : 5	
4	Doppeloctave 1 : 4	Octave 1 : 2	Quarte 3 : 4		
3	Duodecime 1 : 3	Quinte 2 : 3			
2	Octave 1 : 2				

Die beiden untersten Reihen dieser Tafel enthalten die schon besprochenen Intervalle der Octave, Duodecime und Quinte. In der dritten von unten kommt durch den Ton 4 hinzu das Intervall der Quarte und der Doppeloctave. Durch den Ton 5 bestimmt sich die grosse Terz theils einfach, theils vermehrt um eine oder zwei Octaven und die grosse Sexte. Der sechste Ton bringt noch die kleine Terz hinzu. Ich habe die Tabelle hiermit abgebrochen, weil der siebente Partialton auf denjenigen musikalischen Instrumenten, deren Klangfarbe man innerhalb gewisser Grenzen verän-

dern kann, wie zum Beispiel auf dem Claviere, fortgeschafft, oder
sehr geschwächt ist. Auch der sechste Ton ist dann meistens sehr
schwach, während man bis zum 5ten hin die Entstehung der Partialtöne zu begünstigen sucht. Wir werden auf die Intervalle,
welche durch die Zahl 7 charakterisirt werden, und auf die kleine
Sexte, welche durch die Zahl 8 bestimmt wird, später noch einmal
zurückkommen. Die Ordnung der consonanten Intervalle, anfangend von den entschieden charakterisirten, übergehend zu den durch
schwächere Schwebungen höherer Obertöne weniger gut begrenzten, ergiebt sich hiernach folgendermassen:

1. Octave . . . . 1 : 2
2. Duodecime . . . . . 1 : 3
3. Quinte . . . . 2 : 3
4. Quarte . . . . 3 : 4
5. Grosse Sexte . . . . 3 : 5
6. Grosse Terz . . . . 4 : 5
7. Kleine Terz . . . . 5 : 6

Das folgende Notenbeispiel zeigt die Coincidenzen ihrer Obertöne. Die Grundtöne sind wieder durch halbe Noten, die Obertöne durch Viertelnoten bezeichnet. Die Reihe der Obertöne ist
fortgesetzt bis zu dem ersten gemeinsamen Obertone.

Wir haben bisher immer nur von solchen Fällen gesprochen,
wo das angegebene Intervall sehr wenig abweicht von einem der
natürlichen consonanten Intervalle. Bei einer geringen Differenz
sind in der That die Schwebungen langsam, daher leicht zu bemerken und leicht zu zählen. Natürlich sind sie auch vorhanden,
wenn die Abweichung der coincidirenden Obertöne grösser wird.
Aber freilich, indem sie zahlreicher werden, verbirgt sich ihr eigentlicher Charakter unter der überwiegenden Klangmasse der stärkeren
Grundtöne noch leichter, als dies bei den schnelleren Schwebun-

gen dissonanter Grundtöne selbst geschieht. Die schnelleren Schwebungen erscheinen dann wieder als eine Rauhigkeit der ganzen Klangmasse, ohne dass das Ohr so leicht erkennt, worin diese Rauhigkeit ihren Grund hat, wenn man nicht die Versuche so einrichtet, dass man durch allmälig wachsende Verstimmung eines harmonischen Intervalls die Schwebungen allmälig schneller und schneller werden lässt, wobei man denn alle Zwischenstufen zwischen zählbaren Schwebungen einerseits und der Rauhigkeit einer Dissonanz andererseits verfolgen und sich überzeugen kann, dass beide nur dem Grade nach verschieden sind.

Wir haben bei den Schwebungen je zweier einfacher Töne gesehen, dass theils der Abstand derselben in der Scala, theils ihre Anzahl Einfluss hatte auf die Deutlichkeit und die Rauhigkeit ihrer Schwebungen, in der Weise, dass bei den höheren Tönen namentlich die wachsende Zahl der Schwebungen es war, welche selbst bei verhältnissmässig ziemlich engen Intervallen ihre Deutlichkeit beeinträchtigte, und sie in der Empfindung verwischte. Hier, wo wir es mit Schwebungen der Obertöne zu thun haben, welche meist dem höheren Theile der Scala angehören, wenn die Grundtöne in den mittleren liegen, hat daher ebenfalls namentlich die Anzahl der Schwebungen einen überwiegenden Einfluss auf ihre Schärfe.

Das Gesetz, welches bei gegebener Verstimmung die Anzahl der Schwebungen eines consonanten Intervalls bestimmt, ergiebt sich leicht aus dem oben angeführten Gesetze für die Schwebungen einfacher Töne. Wenn zwei einander nahe einfache Töne Schwebungen hervorbringen, ist die Anzahl der Schwebungen in der Secunde gleich der Differenz ihrer Schwingungszahlen. Nehmen wir jetzt als Beispiel an, dass ein Grundton 300 Schwingungen in der Secunde mache. Zu diesem bestimmen sich nun die Schwingungszahlen der harmonischen Intervalle folgendermassen:

Grundton: 300

Höhere Octave . . . . = 600	Tiefere Octave . . . . = 150
„ Quinte . . . . = 450	„ Quinte . . . . . . = 200
„ Quarte . . . . = 400	„ Quarte . . . . = 225
„ grosse Sexte . . . . = 500	„ grosse Sexte . . . . = 180
„ grosse Terz . . . . . = 375	„ grosse Terz . . . . . = 240
„ kleine Terz . . . . . = 360	„ kleine Terz . . . . . = 250

Wenn wir nun annehmen, der Grundton 300 sei verstimmt
worden um eine Schwingung, so dass er 301 Schwingungen in der
Secunde mache, so ergiebt sich die Zahl der Schwebungen, welche
bei den verschiedenen consonanten Intervallen dadurch entsteht,
wenn man die Schwingungszahlen der coincidirenden Obertöne berechnet, und deren Differenz nimmt, wie folgt:

Intervall nach oben	Schwebende Partialtöne		Zahl der Schwebun- gen
Prime	1.300 = 300	1.301 = 301	1
Octave	1.600 = 600	2.301 = 602	2
Quinte	2.450 = 900	3.301 = 903	3
Quarte	3.400 = 1200	4.301 = 1204	4
Grosse Sexte . . .	3.500 = 1500	5.301 = 1505	5
Grosse Terz . . .	4.375 = 1500	5.301 = 1505	5
Kleine Terz . . .	5.360 = 1800	6.301 = 1806	6

Intervall nach unten	Schwebende Partialtöne		Zahl der Schwebun- gen
Prime	1.300 = 300	1.301 = 301	1
Octave	2.150 = 300	1.301 = 301	1
Quinte	3.200 = 600	2.301 = 602	2
Quarte	4.225 = 900	3.301 = 903	3
Grosse Sexte . . .	5.180 = 900	3.301 = 903	3
Grosse Terz . . .	5.240 = 1200	4.301 = 1204	4
Kleine Terz . . .	6.250 = 1500	5.301 = 1505	5

Die Anzahl der Schwebungen, welche bei der Verstimmung
eines Tones in einer der angeführten Consonanzen um eine Schwingung in der Secunde entsteht, wird also immer gegeben durch die
beiden Zahlen, welche das Intervall charakterisiren, und zwar giebt
die kleinere Zahl die Zahl der Schwebungen an, welche entstehen,
wenn der höhere Ton eine Schwingung mehr macht, die grössere

Zahl dagegen gehört der Verstimmung des tieferen Tones an. Diese Regel ist allgemein gültig. Nehmen wir also die Secte $c - a$, deren Zahlenverhältniss 3 : 5 ist, und lassen a in einer bestimmten Zeit eine Schwingung mehr ausführen, so bekommen wir für dieselbe Zeit drei Schwebungen des Zusammenklanges, und lassen wir c in der gleichen Zeit eine Schwingung mehr machen, so erhalten wir fünf Schwebungen u. s. w.

Unsere Berechnung und die darauf gegründete Regel ergeben nun, dass bei gleicher Verstimmung eines Tones die Zahl der Schwebungen der consonanten Intervalle in dem Maasse steigt, als diese Intervalle durch grössere Zahlen ausgedrückt werden. Bei den Sexten und Terzen muss man deshalb dem normalen Schwingungsverhältniss sich viel genauer anschliessen, wenn man langsame Schwebungen vermeiden will, als bei den Octaven und den Einklängen. Andererseits aber kommt man auch bei geringer Verstimmung der Terzen viel eher an die Grenze, wo die Schwebungen wegen zu grosser Anzahl sich zu verwischen beginnen und ihre Deutlichkeit verlieren. Wenn ich den Einklang $c'' - c''$ durch Verstimmung des einen Tones verändere in den Halbton $h' - c''$, so erhalte ich beim Zusammenklang die scharfe Dissonanz von 33 Schwebungen, welche Anzahl, wie ich früher angeführt habe, etwa das Maximum der Rauhigkeit giebt. Will ich die Quinte $f' - c''$ auf 33 Schwebungen verstimmen, so darf ich das c'' nur um $1/4$ Ton verändern. Verändere ich es um $1/2$ Ton, so dass $f' - c'$ zu $f' - h'$ wird, so erhalte ich 66 Schwebungen, deren Schärfe schon beträchtlich verwischt ist. In der Quinte $c'' - g''$ darf ich das c'' sogar nur um $1/6$ Tonstufe ändern, wenn ich 33 Schwebungen behalten will, in der Quarte $c'' - f''$ um $1/8$, in der grossen Terz $c'' - e''$ und in der Sexte $c'' - a''$ um $1/10$, und in der kleinen Terz $c'' - es''$ um $1/12$ Tonstufe. Umgekehrt, wenn ich in jedem dieser Intervalle das c'' um 33 Schwingungen verändere, so dass es h' oder des'' wird, so erhalte ich folgende Schwingungszahlen:

Das Intervall der	geht über in	oder in	und giebt Schwebungen
Octave . . . . . . $c''-c'''$	$h'-c'''$	$des''-c'''$	66
Quinte . . . . . . $c''-g''$	$h'-g''$	$des''-g''$	99
Quarte . . . . . . $c''-f''$	$h'-f''$	$des''-f''$	132
Grossen Terz . . . $c''-e''$	$h'-e''$	$des''-e''$	165
Kleinen Terz . . . $c''-es''$	$h'-es''$	$des''-es''$	198

Wenn nun 99 Schwebungen schon unter günstigsten Umständen bei einfachen Tönen sehr schwach wirken, 132 an der Grenze des Wahrnehmbaren zu liegen scheinen, so dürfen wir uns nicht wundern, wenn solche Zahlen von Schwebungen hervorgebracht durch schwächere Obertöne und überdeckt von den stärkeren Grundtönen keinen merklichen Eindruck mehr machen, und dem Ohre verschwinden. Dieses Verhältniss ist aber für die musikalische Praxis von sehr grosser Wichtigkeit, denn in unserer letzten Tabelle finden wir als verstimmte Quinte vor das Intervall $h'-g''$, welches unter dem Namen der kleinen Sexte als unvollkommene Consonanz gebraucht wird. Ebenso finden wir als verstimmte Quarte die grosse Terz $des''-f''$, als verstimmte grosse Terz die Quarte $h'-e''$ vor u. s. w. Dass wenigstens in dieser Gegend der Tonleiter die grosse Terz nicht die Schwebungen einer verstimmten Quarte, und die Quarte nicht die Schwebungen einer verstimmten grossen Terz hören lässt, erklärt sich aus der grossen Zahl der Schwebungen. Es klingen vielmehr die genannten Intervalle in der angegebenen Lage vollkommen gleichmässig abfliessend, ohne eine Spur wahrnehmbarer Schwebungen und Rauhigkeiten, wenn sie rein gestimmt sind.

Wir kommen hiermit zur Erörterung derjenigen Umstände, welche auf die Vollkommenheit der Consonanz in den verschiedenen Intervallen Einfluss haben. Wir haben die Consonanzen dadurch charakterisirt, dass irgend welche zwei Partialtöne beider Klänge zusammenfallen. Wenn dies geschieht, können die beiden Klänge zusammen keine langsamen Schwebungen ausführen. Wohl aber ist es möglich, dass gleichzeitig irgend welche andere zwei Obertöne beider Klänge einander so nahe kommen, dass sie schnelle

Schwebungen mit einander hervorbringen. Fälle dieser Art haben sich schon in den letzten Notenbeispielen gezeigt. Unter den Obertönen der grossen Terz FA kommen nebeneinander f' und e' vor, unter denen der kleinen Terz FAs die Töne a' und as', welche mit einander die Dissonanz eines halben Tones bilden, und dieselben Schwebungen hervorrufen müssen, wie wenn die betreffenden Obertöne direct als einfache Grundtöne angegeben würden. Obgleich nun solche Schwebungen theils wegen ihrer Anzahl, theils wegen der Schwäche der sie hervorbringenden Töne, theils wegen des gleichzeitigen Erklingens der gleichmässig daneben hertönenden Grundtöne und übrigen Partialtöne keinen sehr hervortretenden Eindruck machen können, so werden sie doch nicht ganz ohne Einfluss auf den Wohlklang des Intervalls sein. Der vorige Abschnitt hat uns gezeigt, dass in gewissen Klangfarben, wo die hohen Obertöne sehr entwickelt sind, selbst innerhalb eines einzigen Klanges Dissonanzen entstehen können, deren Rauhigkeit dem Ohre fühlbar wird. Sobald je zwei Klänge solcher Art zusammenkommen, werden zu den dissonanten Intervallen zwischen den Obertönen jedes einzelnen Klanges auch noch solche hinzukommen können zwischen je einem Obertone des einen und einem Obertone des zweiten Klanges, wodurch nothwendig eine gewisse Vermehrung der Rauhigkeit entstehen muss.

Um für jedes consonante Intervall diejenigen Obertöne leicht aufzufinden, welche Dissonanzen mit einander bilden, ergiebt sich die Methode aus dem, was wir über stärkere Verstimmung der consonanten Intervalle schon beigebracht haben. Wir haben dort die Terz als eine verstimmte Quarte, die Quarte als eine verstimmte Terz auftreten sehen. Wenn wir die Höhe eines Klanges um einen halben Ton verändern, verändern wir auch die Höhe aller seiner Obertöne um einen halben Ton. Diejenigen Obertöne, welche in dem Quartenintervall zusammenfallen, treten um einen Halbton auseinander, wenn wir die Quarte um einen halben Ton verändern, so dass sie grosse Terz wird, und umgekehrt, diejenigen, welche in der Terz zusammenfallen, müssen um einen Halbton auseinander treten in der Quarte, wie folgendes Beispiel zeigt:

Der vierte und dritte Partialton in der Quarte des ersten Beispiels fallen auf f' zusammen. Sinkt die Quarte B dagegen im zweiten Beispiele zur grossen Terz A herab, so sinkt ihr dritter Partialton von f' nach e', und bildet mit dem liegenbleibenden f' des Klanges F eine Dissonanz. Dagegen rücken hier zusammen auf a' der fünfte und sechste Ton beider Klänge, die im ersten Beispiele die Dissonanz $a' - b'$ bildeten. Ebenso verändert sich die Consonanz $a' - a'$ des zweiten Falles in die Dissonanz $a' - as'$ des dritten, während die Dissonanz $c'' - cis''$ des zweiten in die Consonanz $c'' - c''$ des dritten übergeht.

In jedem consonanten Intervalle dissoniren also diejenigen Obertöne, welche in den benachbarten Intervallen zusammenfallen, und man kann in diesem Sinne sagen, dass jede Consonanz durch die Nähe der in der Tonleiter benachbarten Consonanzen gestört wird, und zwar um so mehr gestört wird, je niedriger und stärker die Obertöne sind, welche das störende Intervall durch ihre Coincidenz charakterisiren, oder was dasselbe sagt, je kleinere Zahlen das Schwingungsverhältniss desselben ausdrücken.

Folgende Tabelle giebt nun eine Uebersicht dieses Einflusses der verschiedenen Consonanzen auf einander. Es sind die Obertöne bis zum neunten aufgenommen, und den durch Coincidenz der höheren Obertöne entstehenden Intervallen entsprechende Namen beigelegt worden. Die dritte Columne enthält das Verhältniss ihrer Schwingungszahlen, welches zugleich die Ordnungszahlen der coincidirenden Partialtöne angiebt. Die vierte Columne giebt den Abstand der einzelnen Intervalle von einander an, und die letzte giebt ein Maass für die relative Stärke der Schwebungen, welche durch Verstimmung des betreffenden Intervalls entstehen, berechnet für die Klangfarbe der Violine *). Je grösser die hierin enthaltene Zahl ist, desto mehr stört das betreffende Intervall die benachbarten.

---

*) Siehe Beilage XV.

Intervalle	Notation	Verhältniss der Schwingungszahlen	Gegenseitiger Abstand	Stärke des Einflusses
Prime	C	1 : 1	} 8 : 9	100
Secunde	D	8 : 9	} 63 : 64	1,4
Uebermässige Secunde .	$D+$	7 : 8	} 48 : 49	1,8
Verminderte Terz . . .	$Es-$	6 : 7	} 35 : 36	2,4
Kleine Terz	Es	5 : 6	} 24 : 25	3,3
Grosse Terz	E	4 : 5	} 35 : 36	5,0
Uebermässige Terz . .	$E+$	7 : 9	} 27 : 28	1,6
Quarte	F	3 : 4	} 20 : 21	8,3
Verminderte Quinte . .	$Ges-$	5 : 7	} 14 : 15	2,8
Quinte	G	2 : 3	} 15 : 16	16,7
Kleine Sexte	As	5 : 8	} 24 : 25	2,5
Grosse Sexte	A	3 : 5	} 20 : 21	6,7
Verminderte Septime .	$B-$	4 : 7	} 35 : 36	3,6
Kleine Septime	B	5 : 9	} 9 : 10	2,2
Octave	C	1 : 2	}	50

Der vollkommenste Zusammenklang ist der der **Prime**, oder der **Einklang**, wo beide Klänge gleiche Tonhöhe haben. Alle ihre Partialtöne fallen zusammen, und es kann deshalb keine Dissonanz derselben eintreten, die nicht schon in jedem einzelnen Klange allein enthalten ist.

Aehnlich verhält es sich mit der **Octave**. Sämmtliche Partialtöne der höheren Note dieses Intervalls fallen mit den geradzahligen Partialtönen der tieferen Note zusammen, und verstärken diese, so dass auch in diesem Falle keine Dissonanz der Obertöne entstehen kann, die nicht, wenn auch schwächer, schon in dem tieferen Klange an sich enthalten wäre. Ein Klang, der von seiner Octave begleitet wird, erhält dadurch eine etwas schärfere Klangfarbe, indem die hohen Partialtöne, welche die Schärfe der Klangfarbe bedingen, durch die hinzugesetzte Octave zum Theil verstärkt werden, diese Wirkung würde aber in ähnlicher Weise eintreten, wenn man den Grundton des Intervalls einfach an Stärke wachsen liesse, ohne die Octave hinzuzufügen; nur würde in diesem Falle die Verstärkung auf die verschiedenen Obertöne sich etwas anders vertheilen.

Dasselbe gilt von der Duodecime und zweiten Octave, überhaupt von allen den Fällen, wo der höhere Klang mit einem Oberton des tieferen zusammenfällt, nur dass bei zunehmender Entfernung beider Klänge der Unterschied zwischen Consonanz und Dissonanz sich immer mehr verwischt.

Die bisher betrachteten Fälle, wo der höhere Klang mit einem der Partialtöne des tieferen zusammenfällt, können wir absolute Consonanzen nennen. Der zweite Klang bringt hier nichts Neues hinzu, er verstärkt nur einen Theil des ersten Klanges.

Prime und Octave stören nun die ihnen zunächst liegenden Intervalle beträchtlich, so dass die kleine Secunde $C—Des$ und die grosse Septime $C—H$, welche um einen Halbton beziehlich von der Prime und Octave abstehen, die schärfsten Dissonanzen unserer Tonleiter sind. Auch die grosse Secunde $C—D$ und die kleine Septime $C—B$, wo die Entfernung von den störenden Intervallen einen ganzen Ton beträgt, muss man zu den Dissonanzen rechnen, doch sind sie wegen des grösseren Abstandes der dissonirenden Töne viel milder, als die erstgenannten. Namentlich in den höheren Gegenden der Tonleiter nimmt ihre Rauhigkeit sehr ab, wegen der grossen Zahl ihrer Schwebungen. Da die kleine Septime ihre Dissonanz dem ersten Obertone verdankt, welcher in den meisten musikalischen Klangfarben schwächer ist als der Grundton, so ist ihre Dissonanz noch milder als die der grossen Secunde, und sie steht an der Grenze der Dissonanzen.

Neue gute Consonanzen müssen wir also in der Mitte des Octavenintervalls suchen, und hier ist es zunächst die Quinte, welche uns begegnet. Unmittelbar neben sich in der Entfernung eines Halbtones hat sie in unserer letzten Tabelle nur die Intervalle 5 : 7 und 5 : 8, welche wenig oder gar nicht stören können, weil bei den besseren musikalischen Klangfarben der siebente und achte Ton sehr schwach ausfallen oder ganz fehlen. Die nächsten Intervalle mit stärkeren Obertönen sind die Quarte 3 : 4 und die grosse Sexte 3 : 5. Indessen hier ist der Abstand ein ganzer Ton, und wenn bei dieser Entfernung schon die Töne 1 und 2 des Octavenintervalls nur wenig stören in der kleinen Septime, so ist natürlich die Störung durch die Töne 2 und 3 oder durch die Nachbarschaft der Quinte für die Quarte und grosse Sexte unbedeutend, und ganz zu vernachlässigen ist die Rückwirkung beider Intervalle mit den Tönen 3 und 4 oder 3 und 5 auf die Quinte. So bleibt die Quinte eine vollkommene Consonanz, in welcher so gut wie gar keine Störung durch Dissonanzen eng zusammenliegender Obertöne merklich wird; nur bei scharfen Klangfarben (Harmonium, Contrabass, Violoncell, Zungenregister der Orgel) mit hohen Obertönen und in sehr tiefer Lage, wenn die Zahl der Schwebungen gering ist, bemerkt man, dass die Quinte etwas rauher klingt, als die Octave.• Daher ist die Quinte auch seit ältester Zeit und bei allen Musikern als Consonanz anerkannt worden. Dagegen sind die der Quinte zunächst benachbarten Intervalle diejenigen, welche nächst den der Octave benachbarten die schärfsten Dissonanzen bilden, und zwar die zwischen Quinte und Quarte liegenden, die von der einen Seite durch die Töne 2 und 3, von der anderen durch die Töne 3 und 4 gestört werden, noch entschiedener als diejenigen, welche zwischen Quinte und grosser Sexte liegen, weil bei den letzteren statt der Störung durch den Ton 4 die durch den schwächeren Ton 5 eintritt. Die zwischen Quinte und Quarte liegenden Intervalle werden deshalb in der musikalischen Praxis stets als Dissonanzen betrachtet; zwischen Quinte und grosser Sexte liegt dagegen das Intervall der kleinen Sexte, welches als unvollkommene Consonanz behandelt wird, und diesen Vorzug weniger seinem Wohlklange verdankt, als dem Umstande, dass es die Umkehrung der grossen Terz ist, wie denn auch auf den Tastaturinstrumenten je nach der Tonart derselbe Anschlag bald die Consonanz $C-As$ bald die Dissonanz $C-Gis$ repräsentiren muss.

Auf die Quinte folgen zunächst die Consonanzen der Quarte 3 : 4 und grossen Sexte 3 : 5, deren Hauptstörung von der Quinte auszugehen pflegt. Die Quarte liegt der Quinte etwas ferner (Abstand gleich dem Intervall 8 : 9) als die Sexte (Abstand 9 : 10), daher letztere eine unvollkommenere Consonanz als die Quarte ist. Doch hat diese die grosse Terz mit den coincidirenden Obertönen 4 und 5 dicht neben sich, und wenn die Obertöne 4 und 5 stark entwickelt sind, kann deshalb jener Vortheil der Quarte wieder aufgehoben werden. Auch ist bekannt, dass ein langer Streit über die Natur der Quarte, ob sie Consonanz oder Dissonanz sei, von den älteren theoretischen Musikern geführt worden ist. Die bevorzugte Stellung, welche der Quarte neben der grossen Sexte und grossen Terz gegeben wird, verdankt sie mehr dem Umstande, dass sie die Umkehrung der Quinte ist, als ihrem hervorstechenden Wohlklange. Die Quarte sowohl wie die grosse und kleine Sexte verschlechtern sich, wenn sie um eine Octave erweitert werden, weil sie dann in die Nähe der Duodecime zu liegen kommen, und daher sowohl die Störung durch die charakteristischen Töne der Duodecime 1 und 3 stärker wird, als durch die nebenliegenden Intervalle 2 : 5 und 2 : 7, welche mehr stören als 4 : 5 und 4 : 7 in der unteren Octave.

Alsdann folgen in der Reihe der Consonanzen die grosse und die kleine Terz. Die letztere ist in solchen Fällen, wo der sechste Ton des Klanges schwach entwickelt ist, wie auf den neueren Pianofortes, nur noch sehr unvollkommen abgegrenzt, da ihre Verstimmung kaum noch deutlich wahrnehmbare Schwebungen hervorruft. Die kleine Terz ist der Störung durch den Grundton noch merklich ausgesetzt, die grosse Terz der Störung durch die Quarte; beide stören sich ausserdem gegenseitig, wobei die kleine Terz schlechter wegkommt als die grosse. Für den Wohlklang beider Intervalle ist es daher wesentlich, dass die Zahl der Schwebungen, durch welche ihr Wohlklang verunreinigt wird, gross sei. In höheren Theilen der Tonleiter klingen sie vollkommen rein und gut, in niederen dagegen rauh. Das ganze Alterthum hat sich daher geweigert, die Terzen als Consonanzen anzuerkennen, erst seit der Zeit Franco's von Cöln (Ende des zwölften Jahrhunderts) begann man sie als unvollkommene Consonanzen zuzulassen. Der Grund hiervon mag darin zu suchen sein, dass die Theorie der Musik bei den classischen Völkern und im Mittelalter sich hauptsächlich am Gesange der Männerstimmen entwickelt hat, und in so tiefer Lage die Terzen in der That nicht besonders gut klingen. Damit hängt es denn wohl zusammen, dass man auch die richtige Stimmung der Terzen nicht fand, und die sogenannte pythagoräische Terz 64 : 81 bis gegen das Ende des Mittelalters als die normale betrachtet wurde.

Ich habe oben schon hervorgehoben, welchen wichtigen Einfluss auf den Wohlklang der Consonanzen, namentlich der unvollkommeneren, die Anzahl der schwachen Schwebungen der dissonanten Obertöne hat. Wenn wir die Intervalle alle über denselben Grundton legen, so ist die Zahl ihrer Schwebungen sehr verschieden, bei den unvollkommenen viel grösser, als bei den vollkommenen. Wir können aber allen von uns bisher aufgeführten Intervallen eine solche Lage in der Tonleiter geben, dass die Anzahl der Schwebungen gleich gross ist. Da wir für einfache Töne gefunden haben, dass 33 Schwebungen in der Secunde etwa das Maximum der Rauhigkeit geben, so habe ich in dem hier folgenden Notenbeispiel die Intervalle in der Lage zusammengestellt, wo sie 33 Schwebungen geben. Es ist die Stimmung der reinen *C-Dur*-Tonleiter vorausgesetzt. Der Ton *b* soll die verminderte Septime von *c* (4 : 7) bedeuten.

Die Töne dieses Beispiels sind alle Obertöne des C_1 von 33 Schwingungen, also ihre eigenen Schwingungszahlen und die ihrer Obertöne alle gleich der Zahl 33 multiplicirt mit ganzen Zahlen; die Differenzen dieser Schwingungszahlen, welche die Zahlen der Schwebungen angeben, müssen daher selbst immer wieder 33, 66 oder ein höheres Multiplum von 33 sein.

In der hier angegebenen niedrigen Lage sind nun die von dissonanten Obertönen herrührenden Schwebungen so wirksam, als sie ihrer Intensität nach sein können, und hier sind die Sexten, Terzen und selbst die Quarte ziemlich rauh; doch zeigen die grosse Sexte und grosse Terz ihre Ueberlegenheit über die kleine Terz und kleine Sexte darin, dass sie etwas weiter in der Scala herabsteigen, und doch noch etwas weicher klingen als jene. Es ist auch eine allgemein bekannte praktische Regel der Musiker, dass sie in tiefer Lage diese engen Intervalle vermeiden, wenn sie weich klingende Accorde haben wollen, eine Regel, für welche in den bisherigen theoretischen Darstellungen der Accordlehre die Rechtfertigung fehlte.

Die von mir hingestellte Theorie des Hörens mittels der mit schwingenden elastischen Nervenanhänge würde erlauben, die Intensität der Schwebungen verschiedener Intervalle zu berechnen, wenn die Intensität der Obertöne in der betreffenden Klangfarbe des gebrauchten Instruments gegeben ist, und man die Intervalle so legt, dass die Anzahl ihrer Schwebungen die gleiche ist. Doch fällt eine solche Berechnung je nach den verschiedenen Klangfarben sehr verschieden aus, und hat nur Werth für den einzelnen Fall.

Für Intervalle, welche über demselben Grundton aufgebaut sind, kommt nun noch ein neuer Factor hinzu, nämlich die Zahl der Schwebungen, deren Einfluss auf die Rauhigkeit der Empfindung sich noch nicht direct durch ein feststehendes Gesetz ausdrücken lässt. Um aber eine übersichtliche graphische Darstellung der hier zusammenwirkenden verwickelten Verhältnisse geben zu können, welche in einem solchen Falle in einem Ueberblicke mehr lehrt, als die complicirtesten Beschreibungen, habe ich eine solche Berechnung durchgeführt, und danach die Fig. 60 *A* und *B* construirt.

Fig. 60 A.

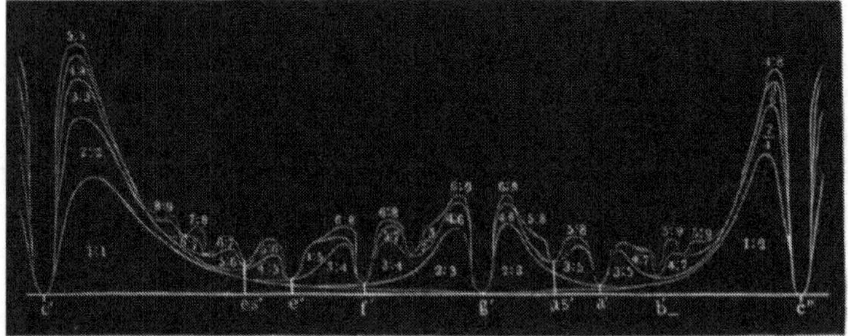

Fig. 60 B.

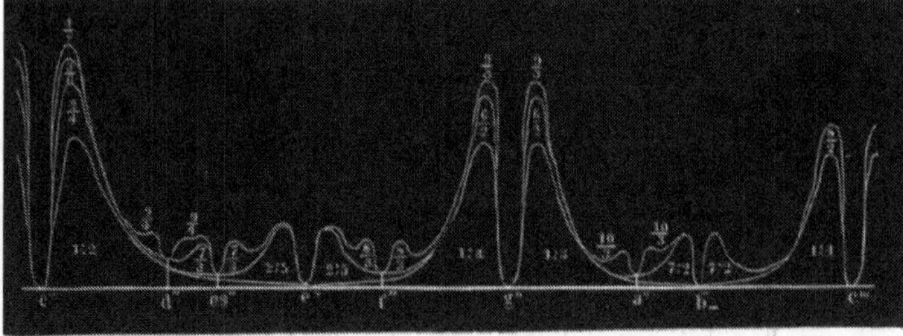

Um sie durchführen zu können, musste ich allerdings für die Abhängigkeit der Rauhigkeit von der Anzahl der Schwebungen ein einigermassen willkürliches Gesetz annehmen. Ich wählte dazu die einfachste mathematische Formel, welche ausdrückt, dass die Rauhigkeit verschwindet, wenn die Anzahl der Schwebungen gleich Null ist, dass sie ein Maximum wird für 33 Schwebungen, und dann bei steigender Anzahl derselben wieder abnimmt. Dann habe ich für die Klangfarbe der Violine die Intensität und Rauhigkeit der

Schwebungen berechnet, welche die einzelnen Obertöne paarweise zusammengenommen geben, und nach den Resultaten schliesslich die Figuren 60 *A* und *B* construirt. Die Grundlinien $c'c''$ und $c''c'''$ bedeuten das zwischen den gleichnamigen Noten gelegene Stück der musikalischen Scala, aber so genommen, dass die Tonhöhe continuirlich darin steigt, nicht stufenweise. Es ist ferner angenommen, dass die den einzelnen Punkten der Scala entsprechenden Klänge zusammenklingen mit dem Tone c', der den constanten Grundton aller Intervalle bildet. Fig. 60 *A* zeigt also die Rauhigkeit der Intervalle, welche kleiner sind als eine Octave, Fig. 60 *B* die derjenigen, welche weiter als eine, enger als zwei Octaven sind. Ueber den horizontalen Grundlinien sind Hügel aufgetragen, mit den Ordnungszahlen je zweier Obertöne bezeichnet. Die Höhe dieser Hügel an jeder Stelle ihrer Breite ist gleich gemacht der Rauhigkeit, welche die durch die Ziffern angegebenen beiden Obertöne hervorbringen, wenn der Klang von entsprechender Tonhöhe zusammen mit dem c' erklingt. Die Rauhigkeiten, welche die verschiedenen Obertöne hervorbringen, sind über einander gethürmt. Man sieht, wie die verschiedenen Rauhigkeiten, die von den verschiedenen Obertönen herrühren, über einander greifen, und dass nur wenige schmale Thäler übrig bleiben, entsprechend dem Orte der vorzüglichsten Consonanzen, in denen die Rauhigkeit des Zusammenklanges verhältnissmässig klein wird. Die tiefsten Thäler gehören in der ersten Octave $c'c''$ der Octave c'' und Quinte g' an, darauf folgt die Quarte f', die grosse Sexte a', die grosse Terz e' in der Ordnung, wie wir schon vorher diese Intervalle gefunden haben. Die kleine Terz es' und kleine Sexte as' zeigen schon höher liegende Thalsohlen, entsprechend der grösseren Rauhigkeit dieser Intervalle. Ihnen sehr nahe stehen die mit der 7 gebildeten Intervalle 4 : 7, 5 : 7, 6 : 7.

In der zweiten Octave verbessern sich im Allgemeinen diejenigen Intervalle der ersten Octave, in deren Zahlenausdruck die kleinere Zahl eine gerade ist, nämlich die Duodecime 1 : 3, die Decime 2 : 5, die verminderte Septime 2 : 7 und die verminderte Terz 3 : 7 sind reiner als die Quinte 2 : 3, als die grosse Terz 4 : 5 und die Intervalle 4 : 7 und 6 : 7. Die anderen Intervalle sind relativ verschlechtert. Die Undecime oder erweiterte Quarte tritt entschieden zurück gegen die Decime, die Tredecime oder erweiterte grosse Sexte ebenso gegen die verminderte Septime; noch ungünstiger stellen sich die kleine Terz und kleine Sexte bei ihrer Erweiterung um eine Octave wegen der verstärkten Störung durch die Nebenintervalle. Diese hier aus der Berechnung sich ergebenden Folgerungen bestätigen sich leicht beim Versuche an rein gestimmten Instrumenten; dass sie auch in der musikalischen Praxis berücksichtigt werden, trotzdem nach der gewöhnlichen musikalischen Theorie die Natur eines Accordes als unverändert betrachtet wird, wenn man einzelne seiner Töne um ganze Octaven verlegt, werden wir später bei der Lehre von den Accorden und ihren Umlagerungen sehen.

Dass besondere Beschaffenheit einzelner Klangfarben die Reihenfolge des Wohlklanges der Intervalle mannigfach verändern kann, ist schon erwähnt worden. Die Klangfarbe der jetzt gebräuchlichen musikalischen Instrumente ist natürlich ausgesucht und verändert worden mit Rücksicht auf ihre Brauchbarkeit zu harmonischen Verbindungen. Die Untersuchung der Klangfarben unserer Hauptinstrumente hat gezeigt, dass wir für eine gute musikalische Klangfarbe es lieben, wenn die Octave und Duodecime des Grundtones kräftig, der vierte und fünfte Ton mässig mitklingen, die höheren Obertöne aber schnell an Stärke abnehmen. Eine solche Klangfarbe vorausgesetzt, können wir die Resultate des vorliegenden Abschnittes wie folgt zusammenfassen.

Wenn zwei musikalische Klänge neben einander erklingen, ergeben sich im Allgemeinen Störungen ihres Zusammenklingens durch die Schwebungen, welche ihre Partialtöne mit einander hervorbringen, so dass ein grösserer oder kleinerer Theil der Klangmasse in getrennte Tonstösse zerfällt und der Zusammenklang rauh wird. Wir nennen dies Verhältniss Dissonanz.

Es giebt aber gewisse bestimmte Verhältnisse zwischen den Schwingungszahlen, bei denen eine Ausnahme von dieser Regel eintritt, wo entweder gar keine Schwebungen sich bilden, oder diese Schwebungen so schwach in das Ohr fallen, dass sie keine unangenehme Störung des Zusammenklanges veranlassen; wir nennen diese Ausnahmsfälle Consonanzen.

1. Die vollkommensten Consonanzen sind diejenigen, welche wir absolute Consonanzen genannt haben, bei denen der Grundton des einen Klanges mit einem Partialtone des anderen Klanges zusammenfällt. Dahin gehören die Octave, Duodecime, Doppeloctave.

2. Demnächst folgen die Quinte und die Quarte, welche wir vollkommene Consonanzen nennen können, weil sie in je-

dem Theile der Tonleiter ohne erhebliche Störung des Wohlklanges gebraucht werden können. Die Quarte ist von beiden die unvollkommenere Consonanz, sie nähert sich den Consonanzen der folgenden Gruppe, und erhält ihren Vorzug in der musikalischen Praxis wesentlich nur dadurch, dass sie in der Accordbildung die Ergänzung der Quinte zur Octave bildet, worauf wir in einem späteren Abschnitte zurückkommen werden.

3. Die folgende Gruppe wird gebildet von der grossen Sexte und grossen Terz, welche wir mittlere Consonanzen nennen können. Den alten Harmonikern galten sie nur als unvollkommene Consonanzen. Die Störung des Wohlklanges ist in tiefen Lagen schon sehr merklich, in hohen Lagen verschwindet sie, weil die Schwebungen durch ihre grosse Zahl sich verwischen. Beide sind bei guten musikalischen Klangfarben aber noch selbständig charakterisirt, indem jede kleine Verstimmung derselben deutliche Schwebungen der Obertöne hervorruft, und so sind beide Intervalle von allen benachbarten scharf geschieden.

4. Die unvollkommenen Consonanzen der kleinen Terz und kleinen Sexte sind meist nicht mehr selbständig bestimmt, weil die sie begrenzenden Obertöne in guten Klangfarben für die Terz oft, für die Sexte gewöhnlich fehlen, und deshalb kleine Verstimmungen dieser Intervalle nicht nothwendig Schwebungen hervorbringen. Sie sind noch weniger in tiefen Lagen anwendbar als die vorigen, und verdanken ihren Vorzug als Consonanzen vor manchen anderen Intervallen, die auf der Grenze zwischen Consonanzen und Dissonanzen stehen, wesentlich dem Umstande, dass sie nothwendig sind in der Accordbildung als Ergänzungen der grossen Sexte und Terz zur Octave oder Quinte. An Wohlklang ist die verminderte Septime 4 : 7 sehr häufig der kleinen Sexte überlegen, nämlich immer dann, wenn der dritte Partialton des Klanges, verglichen mit dem zweiten, verhältnissmässig stark ist, wobei dann die Quinte auf die um einen halben Ton von ihr entfernten Intervalle stärker störend einwirkt, als die Octave auf die von ihr um einen ganzen Ton entfernte kleine Septime. Diese verminderte Septime aber mit anderen Consonanzen zu Accorden verbunden, bringt lauter schlechtere Intervalle hervor als sie selbst ist, 6 : 7, 5 : 7, 7 : 8 u. s. w., und wird deshalb in der heutigen Musik nicht als Consonanz gebraucht.

5. Bei der Erweiterung der Intervalle um eine Octave verbessern sich unter den genannten Intervallen die Quinte und grosse

Terz als Duodecime und grosse Decime. Schlechter werden Quarte und grosse Sexte als Undecime und Tredecime, am schlechtesten die kleine Terz und Sexte als kleine Decime und Tredecime, so dass die letztgenannten bei Weitem durch die Intervalle 2 : 7 und 3 : 7 an Wohlklang übertroffen werden.

Die hier aufgestellte Reihenfolge der Consonanzen berücksichtigt nur den Wohlklang jedes einzelnen Intervalls, wenn dasselbe an und für sich ohne Verbindung mit anderen angegeben wird; es sind dabei alle Beziehungen auf Tonart, Tonleiter und Modulationen unberücksichtigt geblieben. Fast alle musikalischen Theoretiker haben dergleichen Reihenfolgen für die Consonanzen aufgestellt, die auch in ihren Hauptzügen unter einander und mit der von uns aus der Theorie der Schwebungen hergeleiteten gut übereinstimmen. Namentlich wird von allen der Einklang und die Octave vorangestellt, als die vollkommensten aller Consonanzen; demnächst folgt die Quinte ebenfalls bei allen, die Quarte bei denjenigen wenigstens, welche nicht die modulatorischen Eigenschaften der Quarte mit hineingezogen, und sich auf die Beobachtung des Wohlklanges des isolirten Intervalls beschränkt haben. In der Anordnung der Sexten und Terzen dagegen herrscht grosse Verschiedenheit. Bei den Griechen und Römern wurden diese Intervalle überhaupt nicht als Consonanzen anerkannt, vielleicht weil in der ungestrichenen Octave, wo sich ihre überwiegend für Männerstimmen berechneten Gesänge bewegten, diese Intervalle in der That schlecht klingen, vielleicht weil ihr Ohr überhaupt zu empfindlich war, um auch nur die schwache Zunahme der Rauhigkeit zu ertragen, welche zusammengesetzte Klänge geben, wenn sie in Terzen und Sexten zusammenklingen. Noch in gegenwärtiger Zeit, versichert der Erzbischof Chrysanthus von Dyrrhachium, hätten die Neugriechen kein Gefallen an mehrstimmiger Musik, weshalb er es verschmäht, in seinem Buche über Musik überhaupt sich darauf einzulassen, und die, welche aus Neugierde etwa diese Regeln kennen lernen wollten, auf die abendländischen Schriften verweist*). Aehnlich denken auch die Araber nach den Berichten aller Reisenden.

Diese Regel blieb bestehen auch während der ersten Hälfte des Mittelalters, als man schon anfing die ersten Versuche mit zweistimmigen Sätzen zu machen. Erst gegen das Ende des 12. Jahr-

---

*) Θεωρητικὸν μέγα τῆς Μουσικῆς παρὰ Χρυσάνθου. Τεργέστῃ 1832. Citirt bei Coussemaker, Histoire de l'Harmonie, p. 5.

hunderts nahm Franco von Cöln die Terzen unter die Consonanzen auf. Er unterscheidet:

1. Vollkommene Consonanzen: Einklang und Octave.
2. Mittlere Consonanzen: Quinte und Quarte.
3. Unvollkommene Consonanzen: Grosse und kleine Terz.
4. Unvollkommene Dissonanzen: Grosse und kleine Sexte.
5. Vollkommene Dissonanzen: Kleine Secunde, übermässige Quarte, grosse und kleine Septime *).

Erst im 13. und 14. Jahrhundert fing man an auch die Sexten unter die Consonanzen zu setzen. Philipp de Vitry und Jean de Muris **) führen als vollkommene Consonanzen auf den Einklang, die Octave und Quinte, als unvollkommene die Terzen und Sexten. Die Quarte ist gestrichen. Uebrigens werden von dem ersteren Schriftsteller die grosse Terz und die grosse Sexte, als die vollkommeneren, den kleinen Intervallen gleiches Namens gegenübergestellt. Dieselbe Ordnung findet sich in Dodecachordon des Glareanus 1557, der nur noch die um eine Octave erweiterten Intervalle hinzufügt. Dass man die Quarte sowohl aus den vollkommenen wie aus den unvollkommenen Consonanzen strich, hatte wohl seinen Grund in den Regeln über die Stimmführung. Vollkommene Consonanzen durften nicht in denselben Stimmen auf einander folgen, Dissonanzen ebenso wenig, wohl aber unvollkommene Consonanzen, wie die Terzen und Sexten. Andererseits aber konnten die vollkommenen Consonanzen, Octaven und Quinten in solchen Accorden, welche Ruhepunkte bilden sollten, namentlich im Schlussaccorde, vorkommen. Da passte aber die Quarte des Grundtones dieses Accordes nicht hin, weil sie nicht in dessen Dreiklang liegt. Andererseits liess man eine Folge von Quarten in zwei Stimmen auch nicht zu; dazu stand die Quarte der Quinte zu nahe. Also theilte die Quarte in Bezug auf die Stimmführung die Eigenschaften der Dissonanzen, und man setzte sie kurzweg unter die Dissonanzen, während es passender gewesen wäre, für sie eine Mittelstufe zwischen den vollkommenen und unvollkommenen Consonanzen einzuschieben. Denn was den Wohlklang betrifft, kann kein Zweifel sein, dass bei den meisten Klangfarben die Quarte den grossen Terzen und Sexten an Wohlklang überlegen ist, jedenfalls aber der kleinen Terz und Sexte.

---

*) Gerbert, Scriptores ecclesiastici de musica sacra. Saint-Blaise 1784, T. III, p. 11. — Coussemaker, Histoire de l'Harmonie. Paris 1852, p. 49.
**) Coussemaker, l. c. p. 66 und 68.

Die um eine Octave vergrösserte Quarte, die Undecime, klingt aber bei einigermassen starkem dritten Theilton ziemlich schlecht.

Der Streit über Consonanz oder Dissonanz der Quarte zieht sich bis in die neueste Zeit hinein. Noch in der 1840 erschienenen Harmonielehre von Dehn wird die Behauptung festgehalten, sie sei als Dissonanz zu behandeln und aufzulösen; aber freilich schiebt Dehn der Streitfrage einen ganz anderen Sinn unter, indem er die Quarte jedes Grundtones innerhalb seiner Tonart und unabhängig von den mitklingenden Intervallen als Dissonanz zu behandeln vorschreibt. Sonst ist es in der neueren Musik ja fortwährend gebräuchlich, den Grundton als Quarte der Dominante mit dieser zusammen auch in den Schlussaccorden vorkommen zu lassen, und sie ist in diesen Accorden sogar schon längst gebraucht worden, ehe man noch Terzen dort anzuwenden wagte, so dass sie dadurch auch als eine der besseren Consonanzen anerkannt ist.

Die Schwebungen der Combinationstöne.

Ausser den harmonischen Obertönen können auch die Combinationstöne Schwebungen erzeugen, wenn zwei oder mehrere Klänge gleichzeitig erklingen. Es ist in dem siebenten Abschnitte auseinandergesetzt worden, dass der stärkste Combinationston zweier Töne derjenige ist, dessen Schwingungszahl der Differenz der Schwingungszahlen jener beiden Töne entspricht, oder der Differenzton erster Ordnung. Dieser ist es denn auch, welcher hauptsächlich für die Erzeugung von Schwebungen in Betracht kommt. Schon dieser stärkste Combinationston ist ziemlich schwach, wenn nicht die primären Töne beträchtliche Stärke haben; noch mehr sind es die Combinationstöne höherer Ordnung und die Summationstöne. Schwebungen, durch diese schwachen Töne erzeugt, können nur beobachtet werden, wenn alle anderen Schwebungen, welche die Beobachtung stören könnten, fehlen, also namentlich bei den Zusammenklängen zweier von Obertönen ganz freien einfachen Töne. Dagegen die Schwebungen der ersten Differenztöne sehr gut auch neben den Schwebungen der harmonischen Obertöne zusammengesetzter Klänge gehört werden, sobald man überhaupt nur geübt ist, die Combinationstöne zu hören.

Die Differenztöne erster Ordnung für sich allein und ohne Verbindung mit den Combinationstönen höherer Ordnung können

Schwebungen veranlassen, 1) wenn zwei mit Obertönen versehene
Klänge zusammenkommen; 2) wenn drei oder mehrere einfache oder
zusammengesetzte Töne zusammenkommen. Dagegen kommen die
Combinationstöne höherer Ordnung in solchen Fällen als Ursache von Schwebungen in Betracht, wo nur zwei einfache Töne
zusammenklingen.

Wir beginnen mit den ersten Differenztönen zusammengesetzter Klänge. So gut wie ihre Grundtöne Combinationstöne geben,
giebt auch jedes beliebige Paar von Obertönen der beiden Klänge
Combinationstöne, welche letzteren natürlich im Verhältnisse wie
die Obertöne schwächer werden, selbst rasch an Stärke abnehmen.
Wenn von diesen Combinationstönen einer oder einige mit anderen Combinationstönen oder den primären Grundtönen oder Obertönen zusammenfallen, entstehen Schwebungen. Nehmen wir als
Beispiel eine etwas unrein gestimmte Quinte, deren Schwingungszahlen 200 und 301 sein mögen, statt 200 und 300, wie sie einer
reinen Quinte zukommen würden. Wir berechnen die Schwingungszahlen der Obertöne, indem wir die der Grundtöne mit 1,
2, 3 u. s. w. multipliciren. Die Schwingungszahlen der ersten Differenztöne finden wir, indem wir je zwei dieser Zahlen von einander subtrahiren. Die folgende Tabelle enthält in der ersten Hori-
zontal- und Verticalreihe die einzelnen Theiltöne beider Klänge,
in dem beiden entsprechenden Mittelfelde die Differenz ihrer
Schwingungszahlen, die der Schwingungszahl des Combinationstones entspricht.

	Theiltöne der Quinte		
	301	602	903
200	101	402	703
400	99	202	503
600	299	2	303
800	499	198	103
1000	699	398	97

(Theiltöne des Grundtones — Combinationstöne)

Ordnen wir die Töne nach der Höhe, so finden wir folgende
Gruppen:

2	99	200	301	400	600	699
	101	202	299	402	602	703
	103	198	303	398		
	97					

Die Zahl 2 ist zu klein, um einem Combinationstone zu entsprechen, sie zeigt nur die Zahl der Schwebungen zwischen den beiden Obertönen 600 und 602 an. In allen den übrigen Gruppen stehen dagegen Töne zusammen, deren Schwingungszahlen um 2, 4 oder 6 von einander unterschieden sind, die also beziehlich 2, 4 oder 6 Schwebungen geben in derselben Zeit, wo die genannten beiden Obertöne zwei Schwebungen machen. Die stärksten unter den Combinationstönen sind die beiden Töne 101 und 99, welche gleichzeitig durch ihre tiefe Lage von den übrigen Tönen sich leichter scheiden.

Wir bemerken an unserem Beispiele, dass die langsamsten Schwebungen, welche durch die Combinationstöne entstehen, an Zahl denen gleich sind, welche durch die Obertöne entstehen. Es ist dies eine allgemeine Regel, welche für alle Intervalle zutrifft.

Ferner ist leicht einzusehen, dass, wenn wir in unserem Beispiele statt der Zahlen 200 und 301 die der reinen Quinte entsprechenden Zahlen 200 und 300 gesetzt hätten, alle Zahlen unserer Tabelle sich auf Vielfache von 100 reducirt haben würden, und somit auch alle die verschiedenen Combinationstöne und Obertöne, welche dort Schwebungen gaben, im letzteren Falle genau zusammengefallen wären, ohne Schwebungen zu geben. Was sich in diesem unserem Beispiele für die Quinte gezeigt hat, gilt allgemein für alle anderen harmonischen Intervalle*).

Die ersten Differenztöne zusammengesetzter Klänge geben immer nur dann Schwebungen, und auch immer nur eben so viel Schwebungen, wenn und wie es die Obertöne derselben Klänge thun würden, vorausgesetzt, dass deren Reihe vollständig vorhanden ist. Daraus folgt, dass an den Resultaten, die wir im vorigen Capitel aus der Untersuchung über die Schwebungen der Obertöne gewonnen haben, durch das Hinzukommen der Combinationstöne nichts wesentlich verändert wird. Nur die Stärke der Schwebungen wird etwas vergrössert werden können.

Wesentlich anders verhält es sich dagegen beim Zusammenklingen zweier einfacher Töne, welche von Obertönen ganz frei

---

*) Den mathematischen Beweis dafür in Beilage XVI.

sind. Wenn wir die Combinationstöne nicht mit in Rechnung ziehen, würden zwei einfache Töne, wie die zweier Stimmgabeln oder zweier gedackter Orgelpfeifen, Schwebungen nur geben können, wenn sie ziemlich nahe bei einander liegen. Kräftig sind diese Schwebungen, wenn ihr Intervall eine kleine oder grosse Secunde beträgt, schwach und nur in den tieferen Theilen der Scala wahrnehmbar, wenn es einer Terz gleich ist, und sie nehmen allmälig in dem Maasse an Deutlichkeit ab, als das Intervall wächst, ohne dass besondere harmonische Intervalle besonders hervortretende Eigenschaften zeigten. Bei jedem grösseren Intervall zwischen zwei einfachen Tönen würden die Schwebungen ganz fehlen, wenn Obertöne und Combinationstöne ganz fehlten, und es würden also dann auch die im vorigen Abschnitt aufgefundenen consonirenden Intervalle bei solchen Tönen vor ihren Nachbarintervallen durch Nichts ausgezeichnet sein; es würden also überhaupt grössere consonirende und dissonirende Intervalle dann gar nicht unterschieden sein.

Dass nun doch auch weitere Intervalle einfacher Töne Schwebungen geben können, wenn auch sehr viel schwächere, als die bisher betrachteten, und dass sich demgemäss auch für solche Töne Consonanzen und Dissonanzen scheiden, wenn auch sehr viel unvollkommener als für zusammengesetzte Töne, beruht, wie Scheibler gezeigt hat, auf den Combinationstönen höherer Ordnung.

Nur bei der Octave genügt der erste Differenzton. Wenn der Grundton 100 Schwingungen macht, während die Octave in gleicher Zeit 201 macht, so macht der erste Differenzton 201 — 100 = 101 Schwingungen, und fällt also nahehin mit dem Grundtone 100 zusammen, mit dem er eine Schwebung auf 100 Schwingungen hervorbringt. Diese Schwebungen sind ohne Schwierigkeit zu hören, und man kann deshalb auch bei einfachen Tönen die reine Octave leicht von der unreinen durch die Schwebungen unterscheiden.

Bei der Quinte genügt der Combinationston erster Ordnung nicht mehr. Nehmen wir für eine unreine Quinte das Schwingungsverhältniss 200 zu 301, so ist der Combinationston erster Ordnung 101, der zu weit von den beiden primären Tönen abliegt, um mit ihnen Schwebungen zu geben. Er bildet aber mit dem Tone 200 eine unreine Octave, und eine solche giebt, wie wir oben gesehen haben, Schwebungen. Diese kommen hier zu Stande, indem der Ton 101 mit dem Tone 200 einen neuen Combinationston 99 bildet, der mit dem Tone 101 nun 2 Schwebungen giebt. Durch diese Schwebungen unterscheidet sich also wieder die unreine Quinte zweier einfachen Töne von der reinen Quinte, und die Anzahl dieser Schwebungen ist wieder eben so gross, als wären die Schwebungen durch Obertöne hervorgebracht. Um diese Schwebungen zu beobachten, müssen aber doch schon die beiden primären Töne stark sein, und man darf nicht durch fremdes Geräusch gestört sein. Beobachtet man aber unter günstigen Bedingungen, so ist es nicht schwer, sie zu hören.

Bei der unreinen Quarte, deren Schwingungszahlen 300 zu 401 sein mögen, ist der erste Combinationston 101; dieser giebt mit dem Tone 300 den Combinationston zweiter Ordnung, 199, und dieser mit dem Tone 401 die Differenz 202, als Combinationston dritter Ordnung, welcher mit dem zweiter Ordnung 199, drei Schwebungen macht, ebenso viele als durch die Obertöne 1200 und 1203 der beiden primären Töne erzeugt worden wären, wenn diese existirten. Diese Schwebungen der Quarte sind nun schon sehr schwach, auch bei starken primären Tönen. Zu ihrer Beobachtung muss man ganz ungestört sein, und grosse Aufmerksamkeit anwenden.

Kaum noch wahrzunehmen, auch unter den günstigsten Bedingungen, sind die Schwebungen der unreinen grossen Terz. Nehmen wir die Schwingungszahlen der primären Töne 400 und 501, so ist

$$501 - 400 = 101 \text{ Combinationston erster Ordnung}$$
$$400 - 101 = 299 \qquad \text{"} \qquad \text{zweiter} \qquad \text{"}$$
$$501 - 299 = 202 \qquad \text{"} \qquad \text{dritter} \qquad \text{"}$$
$$400 - 202 = 198 \qquad \text{"} \qquad \text{vierter} \qquad \text{"}$$

Die Töne 202 und 198 geben 4 Schwebungen. Scheibler hat diese Schwebungen der unreinen grossen Terz noch gezählt, ich selbst habe sie unter günstigsten Bedingungen auch wohl noch zu hören geglaubt, aber jedenfalls sind sie so schwer wahrzunehmen, dass sie bei der Bestimmung des Unterschiedes von Consonanzen und Dissonanzen nicht mehr in das Gewicht fallen können.

Daraus folgt also, dass die verschiedenen Intervalle, die der Terz benachbart sind, durch den Zusammenklang zweier einfachen Töne gleichmässig hergestellt werden können, ohne dass ein Unterschied des Wohlklanges stattfände, wenn sie nicht einerseits der Secunde oder andererseits der Quarte sich zu sehr nähern, und ich muss nach meinen Versuchen an gedackten Orgelpfeifen behaupten, so sehr es auch den musikalischen Dogmen widersprechen mag, dass diese unsere Folgerung mit der Wirklichkeit übereinstimmt, vorausgesetzt, dass man eben wirklich einfache Töne zu den Versuchen benutzt. Ebenso verhält es sich mit den der grossen Sexte benachbarten Intervallen, auch diese zeigen keinen Unterschied, so lange sie der Quinte und Octave fern genug bleiben. Während es deshalb gar nicht schwer ist, reine grosse und kleine Terzen auf dem Harmonium oder anderen Zungenpfeifen, oder an der Violine zu stimmen, indem man die beiden zu stimmenden Töne gleichzeitig angiebt, und die Schwebungen fortzuschaffen sucht, so ist es ganz unmöglich, dasselbe ohne Hilfe anderer Intervalle an gedackten Orgelpfeifen und Stimmgabeln zu thun. Wie sich schliesslich aber doch die Stimmung dieser Intervalle auch für solche einfache Töne genau bestimmt, sobald mehr als zwei Töne zusammenkommen, wird sich später zeigen.

In der Mitte zwischen den Klängen mit vielen und starken Obertönen, für welche uns die Zungenpfeifen und die Violinen Beispiele sind, und den ganz einfachen Tönen der Stimmgabeln und gedackten Pfeifen, stehen die Klänge, bei denen nur die niedersten Obertöne noch hörbar sind, wie es bei den weiteren offenen Orgelpfeifen und bei menschlichen Stimmen für die dunkleren Vocale der Fall ist. Bei diesen würden die Obertöne allein nicht ausreichen, um sämmtliche consonirende Intervalle zu begrenzen, aber mit Hilfe der ersten Differenztöne geschieht es dennoch.

A. Klänge, welche neben dem Grundton noch die Octave als Oberton hören lassen; für sie sind Quinte und Quarte nicht mehr durch Schwebungen der Obertöne, wohl aber durch Schwebungen der ersten Differenztöne begrenzt.

a. Quinte. Die Schwingungszahlen der Grundtöne seien 200 und 301, dazu kommen ihre Obertöne 400 und 602; diese vier bleiben zu fern von einander, um Schwebungen zu geben. Aber die Differenztöne:

$$
\begin{aligned}
301 - 200 &= 101 \\
400 - 301 &= \underline{\ \ 99} \\
\text{Differenz:} &\ \ \ \ 2
\end{aligned}
$$

geben zwei Schwebungen. Und zwar ist die Anzahl dieser Schwebungen wieder ebenso gross, als wären sie durch die nächst höheren Obertöne hervorgebracht. Nämlich:

$$2 \cdot 301 - 3 \cdot 200 = 2.$$

b. Quarte. Die Schwingungszahlen seien 300 und 401, dazu die Obertöne 600 und 802; diese geben noch keine Schwebungen. Aber die ersten Differenztöne:

$$600 - 401 = 199$$
$$802 - 600 = 202$$
$$\text{Differenz:} \quad 3$$

geben 3 Schwebungen.

Für die Terzen würden noch Combinationstöne zweiter Ordnung eintreten müssen.

B. **Klänge, welche neben dem Grundton die Duodecime hören lassen.** Ein Beispiel solcher Klänge geben die engen gedackten Pfeifen der Orgel (Register, Quintaten). Diese verhalten sich ebenso wie die, welche bloss Octaven als Begleitung des Grundtones hören lassen.

a. **Quinte.** Grundtöne 200 und 301 mit Obertönen 600 und 903. Erster Differenzton:

$$903 - 600 = 303$$
$$\text{Quinte} = 301$$
$$\text{Zahl der Schwebungen:} \quad 2.$$

b. **Quarte.** Grundtöne: 300 und 401, mit Obertönen 900 und 1203. Erster Differenzton:

$$1203 - 900 = 303$$
$$\text{Grundton} = 300$$
$$\text{Zahl der Schwebungen:} \quad 3.$$

Schwebungen der Terzen können auch in diesem Falle nur durch die schwachen zweiten Differenztöne eintreten.

C. **Klänge, bei denen neben den Grundtönen gleichzeitig die Octaven und Duodecimen als Obertöne hörbar sind.** Beispiele solcher Klänge geben die weiteren (hölzernen) offenen Pfeifen der Orgel (Principal-Register). Bei diesen sind die Quinten schon durch Schwebungen der Obertöne begrenzt, die Quarten noch nicht. Hier reichen die ersten Differenztöne auch für die Begrenzung der beiden Terzen aus.

a. **Grosse Terz.** Grundtöne 400 und 501 mit den Octaven 800 und 1002, und den Duodecimen 1200 und 1503. Erste Differenztöne:

$$1002 - 800 = 202$$
$$1200 - 1002 = 188$$
$$\text{Zahl der Schwebungen:} \quad 4.$$

b. **Kleine Terz.** Grundtöne: 500 und 601, Octaven 1000 und 1202. Duodecimen 1500 und 1803. Differenztöne:

$$1500 - 1202 = 298$$
$$1803 - 1500 = 303$$

Zahl der Schwebungen: 5.

c. **Grosse Sexte.** Grundtöne: 300 und 501, Octaven 600 und 1002, Duodecimen 900 und 1503. Differenztöne:

$$600 - 501 = 99$$
$$1002 - 900 = 102$$

geben Schwebungen: 3.

In der That sind denn auch an den offenen Orgelpfeifen nicht bloss die Schwebungen der unreinen Quinten und Quarten, sondern auch die der unreinen grossen und kleinen Terzen leicht zu hören, und lassen sich unmittelbar zum Stimmen der Pfeifen benutzen.

So treten die Combinationstöne ergänzend ein, wo die Obertöne wegen der Art der Klänge nicht ausreichen, um jede Unreinheit der consonirenden Intervalle der Octave, Quinte, Quarte, grossen Sexte, grossen und kleinen Terz zur Quelle von Schwebungen und Rauhigkeit des Zusammenklangs zu machen, und die genannten Intervalle vor allen ihren Nachbarintervallen auszuzeichnen. Nur für die ganz einfachen Töne fehlen uns bisher noch die Bestimmungsmittel der Terzen, und auch die Schwebungen, welche den Wohlklang der unreinen Quinten und Quarten stören, sind verhältnissmässig zu schwach, um auf das Ohr eine erhebliche Wirkung zu thun, weil sie auf Combinationstönen höherer Ordnung beruhen. In der That habe ich schon angeführt, dass zwei gedackte Pfeifen, deren Intervall zwischen grosser und kleiner Terz liegt, eine ganz ebenso gute Consonanz geben, als wenn das Intervall genau einer grossen oder genau einer kleinen Terz entspräche. Ich will damit nicht behaupten, dass ein geübtes musikalisches Ohr ein solches Intervall nicht als fremd und ungewohnt erkennen, und deshalb vielleicht für falsch erklären würde, aber der unmittelbare Eindruck auf das Ohr, der einfache sinnliche Wohlklang, abgesehen von aller musikalischen Gewohnheit, ist kein schlechterer als der der reinen Intervalle.

Ganz anders wird aber die Sache, wenn mehr als zwei Töne zusammenkommen. Wir haben gesehen, dass die Octaven auch bei einfachen Tönen genau begrenzt sind durch die Schwebungen des ersten Differenztones mit dem Grundtone. Denken wir nun zunächst eine Octave rein gestimmt, und setzen wir zwischen deren beide Töne einen dritten Ton als Quinte hinein, so bekommen wir

Schwebungen der ersten Differenztöne, sobald die Quinte nicht rein ist.

Es seien gegeben die Töne 200 und 400, welche eine reine Octave bilden, und deren unreine Quinte 301. Die Differenztöne:

$$400 - 301 = 99$$
$$301 - 200 = 101$$

geben Schwebungen: 2.

Diese Schwebungen der Quinte, welche zwischen zwei Octaven liegt, sind viel deutlicher als die der Quinte allein ohne Octave. Die letzteren beruhen auf den schwachen Differenztönen zweiter Ordnung, jene auf solchen erster Ordnung. Daher auch schon Scheibler für das Stimmen von Stimmgabeln die Vorschrift gegeben hat, erst zwei derselben als reine Octave zu stimmen, und dann beide zugleich mit der Quinte tönen zu lassen, um diese zu stimmen. Sind Quinte und Octave rein gestimmt, so geben beide auch mit einander die reine Quarte.

Ebenso verhält es sich nun, wenn man zwei einfache Töne zur Quinte rein gestimmt hat, und zwischen beide einen dritten als grosse Terz einschieben will. Es seien die Töne der reinen Quinte 400 und 600; wollte man zwischen beide die unreine grosse Terz 501 statt der reinen 500 einschieben, so haben wir folgende Differenztöne:

$$600 - 501 = 99$$
$$501 - 400 = 101$$

geben Schwebungen: 2.

Die grosse Sexte bestimmt sich, sobald wir sie mit der Quarte verbinden. Es seien die Töne 300 und 400 eine reine Quarte, 501 eine unreine Sexte, so haben wir Differenztöne:

$$501 - 400 = 101$$
$$400 - 300 = 100$$

geben Schwebungen: 1.

Wollen wir zwischen zwei Töne, die im Verhältniss einer reinen Quarte 300 und 400 mit einander stehen, noch einen Ton einschieben, so kann dies nur die verminderte Terz 350 sein. Nehmen wir 351, so erhalten wir die Differenztöne:

$$400 - 351 = 49$$
$$351 - 300 = 51$$

Schwebungen: 2.

Diese Intervalle $^8/_7$ und $^7/_6$ werden aber überhaupt schon zu eng, um noch Consonanzen zu geben, sie können deshalb nur in schwach dissonirenden Accorden (Septimenaccorden) vorkommen.

Fassen wir die Resultate unserer Untersuchungen über die Schwebungen zusammen, so ergiebt sich, dass wenn wir zwei oder mehrere Töne neben einander erklingen lassen, diese nur dann, wenn ihre Intervalle gewisse ganz genau bestimmte Werthe haben, neben einander ungestört abfliessen können. Einen solchen ungestörten Abfluss mehrerer zusammenklingender Töne nennen wir Consonanz. Sobald nicht jene genau bestimmten Verhältnisse der Consonanz eingehalten werden, entstehen Schwebungen, d. h. die ganzen Klänge oder einzelne Theiltöne und Combinationstöne dieser Klänge verstärken sich abwechselnd und heben sich dann wieder gegenseitig auf. Die Klänge bestehen dann also nicht ungestört neben einander im Ohre, sondern sie hemmen gegenseitig ihren gleichmässigen Abfluss. Diesen Vorgang nennen wir Dissonanz.

Die allgemeinste Ursache zur Erzeugung von Schwebungen geben die Combinationstöne; sie sind die einzige Ursache bei einfachen Tönen, die so weit oder weiter als eine kleine Terz von einander entfernt sind. Bei je zwei Tönen genügen sie wohl zur festen Begrenzung der Quinte, allenfalls der Quarte, aber nicht zur Begrenzung der Terzen und Sexten. Doch werden auch diese fest begrenzt, sobald die grosse Terz mit der Quinte zum Durdreiklang, die Sexte mit der Quarte zum Quartsextenaccord verbunden wird.

Auch die Terzen werden aber im Zusammenklange von nur zwei Tönen genau begrenzt durch deutlich erkennbare Schwebungen der unrein gestimmten Intervalle, sobald nur die ersten beiden Obertöne zum Grundton sich gesellen. Immer stärker und schärfer werden die Schwebungen der unreinen Intervalle, je zahlreicher und stärker die Obertöne in den Klängen werden. Dadurch wird denn auch der Unterschied der Dissonanzen von den Consonanzen und der unrein gestimmten Consonanzen von den rein gestimmten immer entschiedener und schärfer ausgesprochen, was sowohl für die Sicherheit, mit der der Hörer die richtigen Intervalle als solche anerkennt, wie für die kräftige künstlerische Wirkung der Accordfolge von grosser Wichtigkeit ist. Werden endlich die hohen Obertöne verhältnissmässig zu kräftig (in den scharfen und schmetternden Klangfarben), dann wird jeder einzelne Ton schon durch die Dissonanzen seiner hohen Obertöne intermittirende Tonempfindungen veranlas-

sen, und jede Verbindung von zwei oder mehreren Klängen der Art
bringt eine merkliche Steigerung dieser Schärfe hervor, während
gleichzeitig die grosse Menge von Obertönen und Combinationstönen
es dem Hörer sehr erschweren, einer verwickelten Stimmführung zu
folgen.

Es sind diese Verhältnisse von grösster Wichtigkeit für die Anwendung der verschiedenen Instrumente in den verschiedenen Gat-
tungen musikalischer Compositionen. Die Rücksichten, welche man
bei der Auswahl des passenden Instruments für eine ganze Composition oder für einzelne musikalische Phrasen in Sätzen, die für Orchester geschrieben sind, zu nehmen hat, sind sehr mannigfacher
Art. Vor allen Dingen kommt es sehr an auf den Grad der Beweglichkeit und auf die Kraft des Tones der verschiedenen Instrumente; das liegt auf der Hand, und wir brauchen darauf hier nicht
näher einzugehen. In der Beweglichkeit überragen die Streichinstrumente und das Clavier, denen sich zunächst Flöten und Oboen
anschliessen, alle anderen. Den Gegensatz zu ihnen bilden die
schwerfällig einherschreitenden Trompeten und Posaunen, die dagegen an Kraft alle anderen Instrumente besiegen. Eine andere wesentliche Rücksicht ist die auf die Ausdrucksfähigkeit, welche hauptsächlich davon abhängt, ob die Tonstärke jeden Grad von Steigerung
und Schwächung nach dem Willen des Musicirenden leicht, schnell
und sicher zulässt. In dieser Beziehung sind wieder die Streichinstrumente und mit ihnen die menschliche Stimme allen anderen
überlegen. Die künstlichen Zungenwerke, die Holzblasinstrumente
sowohl wie die Blechinstrumente, können unter eine gewisse Tonstärke nicht hinabgehen, ohne dass ihre Zunge aufhört zu schwingen.
Die Flöten und Orgelpfeifen können überhaupt ihre Tonstärke nicht
viel verändern, ohne zugleich ihre Tonhöhe zu ändern. Auf dem
Claviere beherrscht der Spieler zwar willkürlich die Stärke des ersten Anschlags, aber nicht die Fortdauer des Tones; dadurch ist
allerdings eine sehr feine Beherrschung der rhythmischen Accente
auf diesem Instrumente möglich, aber der eigentlich melodische Ausdruck fehlt ihm. Alle diese Momente haben ihren Einfluss auf den
Gebrauch der genannten Instrumente; sie sind leicht zu beobachten,
und sind längst erkannt und berücksichtigt worden. Schwieriger
war der Einfluss der eigentlichen Klangfarbe zu definiren; indessen
haben uns unsere Untersuchungen über die Zusammensetzung der
Klänge doch die Mittel an die Hand gegeben, um wenigstens von
den hauptsächlichsten Unterschieden in der Wirkung des Zusam-

menklanges verschiedener Instrumente Rechenschaft geben zu können und zu zeigen, auf welchem Wege diese Aufgabe zu lösen ist,
wenn auch hier im Einzelnen noch ein grosses Feld für eingehendere Untersuchungen vorläufig unbearbeitet liegen bleibt.

Beginnen wir mit den einfachen Tönen der weiten gedackten Orgelpfeifen. Sie sind an und für sich sehr weich, sehr sanft,
in der Tiefe dumpf, in der Höhe aber durchaus wohlklingend. Zu
harmonischer Musik sind sie aber, wenigstens für unser modernes
musikalisches Gefühl, gänzlich ungeeignet. Wir haben auseinandergesetzt, dass für dergleichen einfache Töne nur die engen Intervalle
der Secunden eine durch starke Schwebungen charakterisirte Dissonanz geben. Unreine Octaven und die der Octave benachbarten
dissonanten Intervalle, Septimen und Nonen, geben Schwebungen
des ersten Combinationstones, welche doch schon verhältnissmässig
schwach sind im Vergleich mit denen, welche Obertöne hervorbringen. Die Schwebungen der verstimmten Quinten und Quarten sind
vollends nur noch unter den günstigsten Bedingungen zu hören. Im
Allgemeinen unterscheidet sich deshalb der Eindruck dissonanter
Intervalle, mit Ausnahme der Secunden, nur sehr wenig von dem
der Consonanzen, und die Folge davon ist, dass die Harmonie allen
Charakter und der Hörer das sichere Gefühl für den Unterschied
der Intervalle verliert. Wenn man polyphone Compositionen mit
den herbsten und kühnsten Dissonanzen auf dem gedackten Register der Orgel spielt, klingt alles fast gleichmässig weich und wohlklingend, aber deshalb auch unbestimmt, langweilig, schwächlich,
charakterlos und energielos. Ich bitte jeden meiner Leser, welcher
Gelegenheit dazu hat, sich davon zu überzeugen. Es giebt keinen
besseren Beweis für die wichtige Rolle, welche die Obertöne in der
Musik spielen, als der beschriebene Eindruck solcher Musik, die aus
einfachen Tönen zusammengesetzt ist. Der Gebrauch der weiten
gedackten Register beschränkt sich deshalb auch darauf, im Gegensatz gegen schärfere Register einzelne musikalische Phrasen von
weichstem Wohlklange herauszuheben; sonst gebraucht man sie nur
mit anderen Registern verbunden, um deren Grundton zu verstärken. Den weiten gedackten Orgelpfeifen am nächsten in der Klangfarbe stehen die Flöten und die Flötenregister der Orgel
(schwach angeblasene offene Pfeifen). Bei ihnen tritt schon die Octave deutlich zum Grundtone der Klänge hinzu, bei scharfem Blasen
auch die Duodecime. In diesem Falle sind die Octaven und die
Quinten schon schärfer durch Obertöne begrenzt, die Terzen und

Sexten aber nur erst noch schwach durch Combinationstöne. Ihr musikalischer Charakter ist deshalb dem vorher beschriebenen der gedackten Orgelpfeifen noch sehr ähnlich, was sehr gut ausgedrückt wird in dem bekannten Witzworte, dass einem musikalischen Ohre nichts schrecklicher sei als ein Flötenconcert, ausgenommen ein Concert von zwei Flöten. Im Vereine mit anderen Instrumenten dagegen, welche das Gefüge der Harmonie deutlich hervorheben, ist die Flöte wegen der vollkommenen Weichheit ihres Tones und ihrer leichten Beweglichkeit ungemein lieblich und anmuthig, und durch kein anderes Instrument zu ersetzen. In der antiken Musik hat die Flöte eine · viel grössere Rolle gespielt als in der heutigen, was mit dem ganzen Charakter der classischen Kunstideale zusammenhängen mag. Die classische Kunst hielt überhaupt alles den Sinnen direct Unangenehme aus ihren Gebilden fern, und beschränkte sich auf die reine Schönheit, während die moderne Kunst reichere Ausdrucksmittel verlangt, und deshalb auch bis zu einem gewissen Grade das dem sinnlichen Wohlgefallen an sich Widerstreitende in ihren Kreis aufnimmt. Uebrigens stritten doch auch im Altherthum die ernsten Musikfreunde für die schärferen Klänge der Saiteninstrumente im Gegensatz zu der weichlichen Flöte.

Eine günstige Mitte für die harmonischen Anforderungen verwickelter polyphoner Musik bilden die Register der offenen Orgelpfeifen, welche deshalb auch den Namen der Principalregister führen. Sie geben die niederen Obertöne deutlich hörbar, die weiten Pfeifen bis zum dritten, die engen (Geigenprincipal) bis zum sechsten Partialtone. Die weiteren haben mehr Tonkraft als die engeren; um ihnen mehr Schärfe zu geben, wird sehr gewöhnlich das achtfüssige Register, welches die Hauptstimmen enthält, noch mit dem vierfüssigen verbunden, welches jeder Note ihre Octave beifügt, oder man verbindet auch das Principal mit dem Geigenprincipal, so dass das erstere dem Tone die Kraft, das zweite die Schärfe giebt. So bringt man Klangfarben hervor, welche die Obertöne in mässiger, nach der Höhe abnehmender Stärke bis zum sechsten hinauf enthalten, bei denen daher das Gefühl für die Reinheit der consonanten Intervalle sicher bestimmt ist, Consonanzen und Dissonanzen scharf unterschieden sind, ohne dass jedoch die nicht zu vermeidenden schwachen Dissonanzen der höheren Obertöne in den unvollkommeneren Consonanzen sich zu sehr bemerklich machten, und ohne dass die Menge und Stärke der Nebentöne den Hörer über die Führung der Stimmen irre machen könnte. Die Orgel bietet in dieser Beziehung einen Vortheil, den andere Instrumente nicht in gleicher Weise gewähren, dass der Spieler nämlich die Klangfarbe sich mischen und verändern kann, wie ihm beliebt, und wie sie sich dem Charakter des zu spielenden Stückes am besten anpasst.

Die engen gedackten Pfeifen (Quintaten), bei denen der Grundton von der Duodecime begleitet ist, die Rohrflöten, wo ausser dem dritten noch der fünfte Ton hinzukommt, die kegelförmigen offenen Pfeifen, wie das Register Gemshorn, welche gewisse höhere Obertöne mehr verstärken als die niederen, dienen nur dazu, gewisse absonderliche Klangfarben für einzelne Stimmen zu geben, und diese dadurch von den übrigen abzuheben. Um die Hauptmasse der Harmonie zu bilden sind sie wenig geeignet.

Ganz scharfe Klangfarben endlich erhält man durch die Zungenpfeifen und die Mixturen der Orgel. Die letzteren sind, wie schon früher erörtert wurde, künstliche Nachbildungen der natürlichen Zusammensetzung aller Klänge, indem jede Taste gleichzeitig eine Reihe von Pfeifen ertönen lässt, welche den drei bis sechs ersten Partialtönen der betreffenden Note entsprechen. Sie sind nur als Begleitung des Gemeindegesanges anwendbar; isolirt gebraucht machen sie einen unerträglichen Lärm und ein heilloses Gewirr von Tönen. Wenn aber der Gesang der Gemeinde die Grundtöne in den Noten der Melodie überwältigend stark hervortreten lässt, wird das richtige Verhältniss der Klangfarbe wieder hergestellt, und eine mächtige und wohlproportionirte Klangmasse gewonnen. Ohne die Hülfe der Mixturen würde sich auch eine so grosse und von ungeübten Stimmen hervorgebrachte Klangfülle gar nicht beherrschen lassen.

Den Klangfarben der Orgel sind im Ganzen die Menschenstimmen in harmonischer Beziehung ziemlich ähnlich. Zwar werden bei den helleren Vocalen einzelne hoch gelegene Obertöne hervorgehoben, diese sind aber doch zu vereinzelt, um einen wesentlichen und durchgehenden Einfluss auf den Klang der Accorde auszuüben. Der letztere hängt doch immer mehr ab von den niederen bei allen Vocalen ziemlich gleichmässig eintretenden Obertönen. Aber allerdings können bei einzelnen Consonanzen die charakteristischen Töne der Vocale eine besondere Rolle spielen. Wenn zwei menschliche Stimmen zum Beispiel die Terz $b\,d'$ zusammen singen auf den Vocal A, werden der vierte Theilton des b, nämlich b'',

21*

und der dritte des d', nämlich a'', gerade in die charakteristisch starken Obertöne des A hineinfallen, und es wird die Unvollkommenheit der Terzenconsonanz in der Dissonanz $a''\,b''$ grell zu Tage treten müssen, während die Dissonanz bei der Wahl des Vocals O ausbleiben muss. Andererseits wird die Quarte b, es' auf den Vocal A gesungen rein erklingen, weil dann auch die zweite Note es' dasselbe b'' als Oberton giebt wie die tiefere. Dagegen werden bei dieser Quarte entweder die Obertöne f''' und es'' oder d''' und es''' stören können, wenn man das A entweder nach $A\,O$ oder nach $\ddot{A}$ hinüberzieht. Aus diesen Betrachtungen folgt unter Anderem, dass die Uebersetzung des Textes von Gesangcompositionen aus einer Sprache in die andere auch für den rein musikalischen Effect gar nicht gleichgültig sein kann.

Abgesehen nun von diesen Verstärkungen, welche die charakteristische Resonanz jedes Vocals einzelnen Obertönen angedeihen lässt, sind im Ganzen die Klänge des menschlichen Gesanges von den niederen Obertönen in mässiger Stärke begleitet, und deshalb zu Accordverbindungen gut geeignet, ähnlich denen der Principalregister der Orgel. Ausserdem haben aber die menschlichen Stimmen für die Ausführung polyphoner Musik noch einen besonderen Vortheil vor der Orgel und vor allen übrigen Tonwerkzeugen. Dadurch nämlich, dass von den menschlichen Stimmen Worte gesungen werden, werden die Noten, welche jeder einzelnen Stimme angehören, mit einander verbunden, und die Worte bilden für den Hörer einen leitenden Faden, welcher ihn leicht und sicher die zusammengehörigen Theile der Klangmasse auffinden und verfolgen lässt. An der menschlichen Stimme hat sich daher auch die polyphone Musik und das ganze neuere System der Harmonie zuerst entwickelt, und in der That giebt es auch nichts Wohllautenderes, als gut harmonisirte mehrstimmige Sätze von geübten Stimmen rein und richtig vorgetragen. Aber freilich ist es für den vollen Wohlklang solcher Sätze ein ganz unumgängliches Erforderniss, dass nach reinen musikalischen Intervallen gesungen werde, und leider lernen dies unsere jetzigen Sänger selten mehr, da sie von Anfang an gewöhnt werden in Begleitung von Instrumenten zu singen, welche nach gleichschwebender Temperatur, also in ungenauen Consonanzen, gestimmt sind. Nur solche Sänger, welche selbst feinen musikalischen Sinn haben, finden in dieser Beziehung von selbst das Richtige, was ihnen die Schule nicht mehr giebt.

Reicher an Obertönen und deshalb von schärferem Klange, als

die menschliche Stimme und die Principalregister der Orgel, sind
demnächst die für die Musik so wichtigen Streichinstrumente.
Sie spielen durch ihre ausserordentliche Beweglichkeit und Ausdrucksfähigkeit eine bevorzugte Rolle in der Instrumentalmusik, und
nehmen durch die mässige Schärfe ihrer Klangfarbe etwa eine mittlere Stellung ein zwischen den weicheren Flöten und den schmetternden Blechinstrumenten.   Zwischen den verschiedenen Instrumenten
dieser Klasse findet selbst eine kleine Verschiedenheit statt, insofern
Viola und Contrabass eine etwas schärfere und magere Klangfarbe,
d. h. relativ stärkere Obertöne haben als Violine und Cello.   Die
hörbaren Obertöne reichen bis zum sechsten oder achten hinauf, je
nachdem der Bogen im Piano mehr dem Griffbrett, oder im Forte
mehr dem Stege genähert wird, und sie nehmen in Stärke regelmässig ab in dem Maasse, wie ihre Ordnungszahl steigt. Es ist deshalb auf den Streichinstrumenten der Unterschied zwischen Consonanz und Dissonanz scharf und kräftig ausgesprochen, und das Gefühl für die Reinheit der Intervalle sehr sicher, wie denn auch bekannt ist, dass namentlich die geübten Violin - und Cellospieler ein
sehr feines Ohr für Unterschiede der Tonhöhe haben.   Andererseits
ist aber doch die Schärfe der Klänge wieder so gross, dass weiche
gesangreiche Melodien für die Streichinstrumente nicht mehr recht
passen, und im Orchester besser an die Flöten und Clarinetten abgegeben werden.   Ausserdem werden auch vollstimmige Accorde
verhältnissmässig zu rauh, da bei jedem consonanten Intervalle sich
diejenigen Obertöne der beiden Klänge, welche in dissonante Verhältnisse gegen einander zu stehen kommen, ziemlich bemerklich
machen, namentlich bei Terzen und Sexten.   Dazu kommt freilich
noch, dass die unvollkommenen Terzen und Sexten der schulmässi-
gen musikalischen Scala auf den Streichinstrumenten sich schon
sehr merklich von dem Klange reiner Terzen und Sexten unterscheiden, wenn der Spieler nicht dafür die reinen natürlichen Intervalle
zu setzen weiss, wie sie das Ohr fordert. Man pflegt deshalb in den
Compositionen für Streichinstrumente langsam hinfliessende Accorde
nur selten und ausnahmsweise anzuwenden, weil diese nicht genug
Wohlklang haben, dagegen schnelle Bewegungen und Figuren, har-
peggirte Accorde zu bevorzugen, für welche diese Instrumente ausserordentlich geeignet sind, und in denen die Schärfe ihrer Zusammenklänge sich nicht so merklich machen kann.

Eigenthümlich verhalten sich die Schwebungen bei den Streichinstrumenten, indem wenigstens regelmässige, langsame und zähl-

bare Schwebungen selten vorkommen. Der Grund liegt in den schon früher besprochenen kleinen Unregelmässigkeiten bei der Einwirkung des Bogens auf die Saite, welche als Kratzen des Tones hörbar werden. Aus den Beobachtungen der Schwingungsfigur ging hervor, dass bei jedem kleinsten kratzenden Anstosse des Bogens die Schwingungscurven plötzlich eine Strecke vor- oder zurückspringen, oder die Schwingungen, nach physikalischem Ausdrucke, plötzlich ihre Phase ändern. Da es nun von der Phasendifferenz abhängt, ob zwei zusammenklingende Töne sich gegenseitig verstärken oder schwächen, so wird durch jedes kleinste Anhaken oder Kratzen des Bogens auch der Ablauf der Schwebungen gestört, und wenn zwei Töne von gleicher Höhe gespielt werden, so wird jeder Sprung der Phase einen Wechsel in der Tonstärke hervorbringen können, ähnlich als ob unregelmässig und abgerissen eintretende Schwebungen vorhanden wären. Es gehören deshalb die besten Instrumente und die besten Spieler dazu, um langsame Schwebungen oder auch einen gleichmässigen Abfluss ausgehaltener consonanter Accorde hervorzubringen. Ich glaube, dass hierin vielleicht einer der Gründe zu suchen ist, warum Streichquartette, ausgeführt von Spielern, deren jeder für sich Solostücke ganz angenehm zu spielen vermag, zuweilen so unerträglich rauh und scharf klingen, dass es gar nicht im richtigen Verhältnisse steht zu dem, was jeder einzelne Spieler an kleinen Rauhigkeiten auf seinem Instrumente hervorbringt. Bei meinen Beobachtungen der Schwingungsfiguren fand ich es schwer zu vermeiden, dass nicht in jeder Secunde ein oder zwei Mal ein Sprung in der Schwingungsfigur vorgekommen wäre. Wenn nun dabei im Solospiel der Ton der Saite auf fast unwahrnehmbar kleine Momente unterbrochen wird, was der Hörer kaum bemerkt, so giebt dies im Quartett, wenn ein Accord angegeben wird, dessen Noten alle einen gemeinsamen Oberton haben, schon vier bis acht plötzlich und unregelmässig eintretende Veränderungen der Tonstärke eines solchen gemeinsamen Tones, welche nicht unbemerkt vorübergehen können. Für ein gutes Zusammenspiel ist deshalb eine viel grössere Sauberkeit des Tones nöthig, als für das Solospiel.

Unter den Saiteninstrumenten, deren Saiten geschlagen werden, hat das Pianoforte die Hauptbedeutung. Aus der oben gegebenen Analyse seiner Klänge geht hervor, dass seine tiefen Octaven reich an Obertönen sind, die höheren dagegen verhältnissmässig arm. In den tieferen Octaven ist namentlich der zweite und dritte Partialton oft ebenso stark, ersterer auch wohl selbst stärker als der

Grundton. Die Folge davon ist, dass die der Octave benachbarten Dissonanzen, die Septimen und Nonen, fast ebenso scharf ausfallen, wie die Secunden, und dass auch die verminderte und vergrösserte Duodecime und Quinte ziemlich rauh sind. Der vierte, fünfte und sechste Partialton dagegen, welche zur Begrenzung der Terzen dienen, nehmen an Stärke schnell ab, so dass die Terzen verhältnissmässig viel weniger scharf begrenzt sind, als die Octaven, Quinten und Quarten. Das letztere Moment ist wichtig, weil es auf dem Clavier die ungenauen Terzen der temperirten Stimmung viel erträglicher macht, als auf anderen Instrumenten mit schärferen Klangfarben, während die Octaven, Quinten und Quarten doch scharf und sicher abgegrenzt sind. Trotz der verhältnissmässig reichen Obertöne ist der Eindruck der Dissonanzen des Claviers lange nicht so eindringlich, wie bei den Instrumenten mit lang ausgehaltenen Tönen, weil der Clavierton nur im Moment des ersten Anschlags grosse Stärke hat, und dann sehr schnell an Stärke abnimmt, so dass die die Dissonanzen charakterisirenden Schwebungen nicht Zeit haben, während des ersten starken Einsatzes des Tones zur Erscheinung zu kommen; sie bilden sich erst, während der Ton an Stärke schon wieder abnimmt. Man findet deshalb in der neueren Claviermusik, seitdem namentlich Beethoven die charakteristischen Eigenthümlichkeiten des Instruments in der Composition zu berücksichtigen gelehrt hat, eine Verdoppelung und Häufung der dissonanten Intervalle, welche auf anderen Instrumenten ganz unerträglich ist. Man findet den grossen Unterschied leicht heraus, wenn man neuere Claviercompositionen auf dem Harmonium oder der Orgel zu spielen versucht.

Dass die Instrumentenmacher, nur geleitet durch ein geübtes Gehör, nicht durch irgend eine Theorie, es vortheilhaft befunden haben, die Anschlagsstelle der Hämmer so zu legen, dass der siebente Partialton ganz wegfällt, der sechste zwar noch vorhanden ist, aber schwach, hängt offenbar mit der Construction unseres Tonsystems zusammen. Der fünfte und sechste Partialton dienen dazu, die kleine Terz zu begrenzen, und es sind auf diese Weise fast alle in der jetzigen Musik als Consonanzen behandelten Intervalle auf dem Claviere durch coincidirende Obertöne bestimmt, die Octave, Quinte und Quarte durch relativ starke Töne, die grosse Sexte und Terz durch schwache, die kleine Terz durch die schwächsten. Käme der siebente Partialton noch hinein, so würde die verminderte Septime 4 : 7 den Wohlklang der kleinen Sexte beeinträchtigen, die vermin-

derte Quinte 5 : 7 den der Quinte und Quarte, die verminderte Terz
6 : 7 den der kleinen Terz, ohne dass dabei neue musikalisch verwendbare Intervalle sicherer bestimmt würden.

Eine weitere Eigenthümlichkeit in der Auswahl der Klangfarben, dass nämlich die hohen Töne des Claviers viel weniger und
schwächere Obertöne haben als die tieferen, haben wir ebenfalls
schon erwähnt. Sie ist auf diesem Instrumente viel deutlicher ausgesprochen, als auf anderen, und es lässt sich leicht der musikalische Grund dafür angeben. Die hohen Noten werden der Regel
nach zugleich mit tiefen angegeben, und ihr Verhältniss zu diesen
tiefen Noten wird durch die hoch hinaufreichenden Obertöne der
tiefen Noten leicht festgestellt. Wenn das Intervall zwischen der
Note des Basses und des Discants zwischen zwei und drei Octaven
beträgt, so liegen die zweite Octave, die höhere Terz und Quinte
des Basstones ganz in der Nähe der Note des Discants, und geben
mit ihr direct Consonanz oder Dissonanz, ohne dass noch die Obertöne der Discantnote in das Spiel zu kommen brauchen. Die höchsten Noten des Claviers würden durch Obertöne also nur eine scharfe
Klangfarbe bekommen, ohne dass für die musikalische Charakterisirung dadurch etwas gewonnen wäre, und durch den Bau der Hämmer wird es auf guten Instrumenten wirklich erreicht, dass die Noten der höchsten Octaven nur noch schwach von ihrem zweiten Tone
begleitet sind. Sie klingen dann mild und angenehm, flötenähnlich.
Andere Instrumentenmacher lieben es denn freilich auch, diese hohen Noten gellend und durchdringend zu machen, gleich der Piccolflöte, indem sie die Anschlagsstelle der höchsten Saiten ganz an ihr
Ende verlegen, durch welchen Kunstgriff sie die Obertöne stärker
hervortreiben. Dadurch fällt aber die Klangfarbe dieser Saiten aus
dem Charakter der übrigen Klänge des Instruments, und verliert
jedenfalls an Reiz.

An vielen anderen Instrumenten, bei deren Construction man
mit der Klangfarbe nicht so frei schalten kann wie bei der des Pianoforte's, hat man eine ähnliche Abänderung der Klangfarbe nach
der Höhe hin durch andere Mittel zu erreichen gewusst. Bei den
Streichinstrumenten dient dazu die Resonanz des Kastens, dessen
eigene Töne innerhalb der tiefsten Octave der Scala des Instruments
liegen. Da die Partialtöne der tönenden Saiten in dem Maasse
stärker an die Luft abgegeben werden, als sie den Partialtönen des
Kastens näher sind, so werden bei den hohen Noten dieser Instrumente die Grundtöne durch die Resonanz viel mehr über ihre Ober-

töne herausgehoben als bei den tieferen. Bei den tiefsten Noten
der Violine dagegen wird nicht bloss der Grundton, sondern auch
seine Octave und Duodecime durch die Resonanz begünstigt, da
der tiefere Eigenton des Kastens zwischen dem Grundtone und dem
ersten Obertone, der höhere Eigenton zwischen dem ersten und
zweiten Obertone liegt. Auch bei den Mixturen der Orgel kommt
etwas Entsprechendes vor, indem man die Reihen der Obertöne,
welche durch eigene Pfeifen dargestellt werden, für die hohen Noten des Registers kürzer macht, als für die tiefen Noten. Während
man also mit jeder Taste der tieferen Octaven sechs Pfeifen öffnet,
entsprechend den ersten sechs Partialtönen ihrer Note, so nimmt
man in den beiden obersten Octaven zum Grundton nur die Octave
und Duodecime, oder die Octave allein.

Auch bei der menschlichen Stimme findet sich ein ähnliches
Verhältniss, wenn auch nach den verschiedenen Vocalen mannigfach
wechselnd. Vergleicht man aber hohe und tiefe Noten, welche auf
denselben Vocal gesungen werden, so verstärkt die Resonanz der
Mundhöhle gewöhnlich noch relativ hohe Obertöne der tiefen Noten
des Basses, während im Sopran, wenn die Note des Gesanges sich
der charakteristischen Tonhöhe des Vocals nähert, oder sie überschreitet, sämmtliche Obertöne viel schwächer ausfallen. Daher sind
im Allgemeinen, wenigstens bei den offenen Vocalen, die hörbaren
Obertöne des Basses viel zahlreicher, als die des Soprans.

Es bleiben uns noch die künstlichen Zungenwerke, das heisst,
die Blasinstrumente aus Holz und Blech. Unter jenen zeich-
net sich die Clarinette, unter diesen das Horn durch weichere Klangfarbe aus, während Fagott und Oboe einerseits, Posaune und Trompete andererseits die schärfsten in der Musik gebrauchten Klangfarben darstellen.

Trotzdem die zur sogenannten Harmoniemusik gebrauchten
Klappenhörner einen viel weniger schmetternden Klang haben als
die eigentlichen Trompeten mit undurchbrochenem festem Rohre, so
ist doch die Zahl und Kraft ihrer Obertöne zu gross für den Wohlklang, namentlich der unvollkommeneren Consonanzen, und die Accorde dieser Instrumente klingen sehr rauschend, lärmend und
scharf, so dass sie eben nur im Freien zu ertragen sind. In der
künstlerischen Musik des Orchesters lässt man daher Trompeten
und Posaunen, die wegen ihrer durchdringenden Kraft nicht zu entbehren sind, meist nur in wenigen und wo möglich vollkommenen
Consonanzen zusammenklingen.

Die Clarinette unterscheidet sich von den übrigen Blasinstrumenten des Orchesters dadurch, dass ihr die geraden Obertöne fehlen, was nicht verfehlen kann in die Wirkung ihrer Zusammenklänge manche sonderbare Abweichungen zu bringen. Wenn zwei Clarinetten zusammenwirken, so werden alle consonanten Intervalle, mit Ausnahme der grossen Sexte 3:5 und Duodecime 1:3, nur durch Combinationstöne begrenzt werden. Doch genügen in allen Fällen die Differenztöne erster Ordnung, also die stärksten aller Combinationstöne, die Schwebungen der verstimmten Consonanzen hervorzubringen. Daraus folgt, dass im Allgemeinen die Consonanzen zweier Clarinetten wenig Schärfe haben werden und verhältnissmässig wohlklingend sein müssen, was auch der Fall ist, ausgenommen die kleine Sexte und kleine Septime, die sich der grossen Sexte zu sehr nähern, und die Undecime und kleine Tredecime, die der Duodecime zu nahe kommen. Andererseits, wenn man eine Clarinette mit einer Violine oder Oboe zusammen gebraucht, werden die meisten Consonanzen merklich verschieden klingen müssen, je nachdem die Clarinette die obere oder untere Note des Zusammenklangs übernimmt. So wird zum Beispiel eine grosse Terz $d'\,fis'$ besser klingen müssen, wenn die Clarinette das d' und die Oboe das fis' übernimmt, so dass der fünfte Ton der Clarinette mit dem vierten der Oboe zusammenfällt. Die für die grosse Terz störenden Paare von Obertönen 3:4 und 5:6 können hier nicht zu Stande kommen, weil der vierte und sechste Ton auf der Clarinette fehlen. Geben wir aber das d' der Oboe, so fehlt dem fis' der Clarinette der coincidirende vierte Ton, dagegen sind die störenden, der dritte und fünfte, vorhanden. Aus ähnlichen Gründen folgt, dass die Quarte und kleine Terz dagegen besser klingen müssen, wenn die Clarinette die obere Note übernimmt. Ich habe Versuche solcher Art angestellt mit der Clarinette und einem scharfen Register des Harmonium, welches gerade Obertöne hat, und welches nach reinen Intervallen gestimmt war, nicht nach gleichschwebender Temperatur. Gab ich auf der Clarinette b an, und spielte auf dem Harmonium dazu es', d', des', so klang die grosse Terz b—d', besser als die Quarte b—es', und viel besser als die kleine Terz b—des'. Gab ich dagegen zu demselben Tone der Clarinette auf dem Harmonium nach einander f, ges, g an, so klang die grosse Terz ges—b rauher, nicht bloss als die Quarte f—b, sondern selbst als die kleine Terz g—b.

Ich führe dieses Beispiel hier an, auf welches mich rein theoretische Betrachtungen geleitet hatten, und welches sich beim Versuch

sogleich als richtig bestätigte, weil sich daran zeigt, wie die den gewöhnlichen Klangfarben angepasste Reihenfolge der Consonanzen
sich sogleich verändert, wenn abweichende Klangfarben gebraucht
werden.

Das hier Gesagte mag genügen, um zu zeigen, dass auf dem
eingeschlagenen Wege die Erklärung für mannigfache Eigenthümlichkeiten in den Wirkungen des Zusammenklangs der verschiedenen musikalischen Instrumente gewonnen werden kann. Weiter
auf diesen Gegenstand hier einzugehen verbieten eines Theils der
Mangel an genügenden Vorarbeiten, namentlich an genaueren Untersuchungen über die einzelnen Abänderungen der Klangfarben, andererseits würde uns die weitere Verfolgung dieses Weges zu sehr
von unserem Hauptziele abführen, und weniger allgemeines als tech-
nisch-musikalisches Interesse haben.

Von den Accorden.

Wir haben bisher die Wirkung des Zusammenklingens je
zweier Töne in bestimmten Intervallen untersucht; es ist nun ziemlich leicht zu ermitteln, was geschehen wird, wenn mehr als zwei
Töne zusammenklingen. Zusammenklänge von mehr als zwei Ein-
zelklängen nennen wir Accorde. Zunächst wollen wir den Wohlklang der Accorde ganz in demselben Sinne untersuchen, wie wir
es mit dem Wohlklange je zweier zusammenklingender Töne gemacht haben. Wir beschäftigen uns nämlich in diesem Abschnitte
nur mit der Wirkung, welche der betreffende Accord isolirt und getrennt aus allen musikalischen Verbindungen, ohne Beziehung auf
Tonart, Tonleiter, Modulation etc. hervorbringt. Unsere erste Aufgabe ist, zu bestimmen, unter welchen Bedingungen Accorde
consonant sind. Damit ein Accord consonant sein könne, ist zunächst klar, dass jeder Ton desselben mit jedem anderen consonant sein müsse; denn wenn nur zwei von den Tönen des Accords
mit einander dissoniren und Schwebungen geben, so ist der Wohlklang des Accordes gestört. Die consonanten Accorde von je drei
Tönen finden wir, wie leicht zu ersehen ist, indem wir zu einem
Grundtone, den wir c nennen wollen, zwei andere Töne hinzusetzen,
deren jeder mit c ein consonirendes Intervall bildet, und dann zusehen, ob auch das dritte neu entstehende Intervall, welches die

beiden hinzugesetzten Töne mit einander bilden, consonirt. Ist dies
der Fall, so consonirt jeder der drei Töne mit jedem anderen, und
der Accord ist consonant.

Beschränken wir uns zunächst auf solche Intervalle, welche kleiner sind als eine Octave. Unter den Intervallen, welche eine Octave nicht überschreiten, haben wir folgende Consonanzen gefunden:
1) die Quinte c—g, $3/2$; 2) die Quarte c—f, $4/3$; 3) die grosse Sexte
c—a, $5/3$; 4) die grosse Terz c—e, $5/4$; 5) die kleine Terz c—es, $6/5$;
6) die kleine Sexte c—as $8/5$; an sie schliesst sich endlich noch 7)
die natürliche Septime c—$b\_$, $7/4$, die der kleinen Sexte an Wohlklang etwa gleichkommt. Die folgende Tabelle giebt nun eine
Uebersicht der Accorde, deren Umfang kleiner als eine Octave ist.
Der Accord soll bestehen aus dem Grundtone c, je einem Tone der
ersten Horizontalreihe, und je einem Tone der ersten Verticalreihe.
Wo die den beiden gewählten Tönen entsprechenden Horizontal-
und Verticalreihen sich schneiden, ist das Intervall angegeben, welches die beiden gewählten Töne mit einander bilden. Dieses ist
gesperrt gedruckt, wenn es eine Consonanz ist, so dass dem Auge
gleich ersichtlich wird, wo wir consonirende Accorde finden.

C	$G\frac{3}{2}$	$F\frac{4}{3}$	$A\frac{5}{3}$	$E\frac{5}{4}$	$Es\frac{6}{5}$	$As\frac{8}{5}$
$G\frac{3}{2}$						
$F\frac{4}{3}$	Grosse Secunde $\frac{9}{8}$					
$A\frac{5}{3}$	Grosse Secunde $\frac{10}{9}$	Grosse Terz $\frac{5}{4}$				
$E\frac{5}{4}$	Kleine Terz $\frac{6}{5}$	Kleine Secunde $\frac{16}{15}$	Quarte $\frac{4}{3}$			
$Es\frac{6}{5}$	Grosse Terz $\frac{5}{4}$	Grosse Secunde $\frac{10}{9}$	Uebermässige Quarte $\frac{25}{18}$	Kleine Secunde $\frac{25}{24}$		
$As\frac{8}{5}$	Kleine Secunde $\frac{16}{15}$	Kleine Terz $\frac{6}{5}$	Kleine Secunde $\frac{25}{24}$	Verminderte Quarte $\frac{32}{25}$	Quarte $\frac{4}{3}$	
$B-\frac{7}{4}$	Verminderte Terz $\frac{7}{6}$	Falsche Quarte $\frac{21}{16}$	Kleine Secunde $\frac{21}{20}$	Verminderte Quinte $\frac{7}{5}$	Falsche Quinte $\frac{35}{24}$	Grosse Secunde $\frac{35}{32}$

Es ergeben sich hieraus als die einzigen consonirenden dreistimmigen Accorde, welche innerhalb des Umfanges einer Octave möglich sind, folgende sechs:

1) $C\,E\,G$ 2) $C\,Es\,G$
3) $C\,F\,A$ 4) $C\,F\,As$
5) $C\,Es\,As$ 6) $C\,E\,A.$

Die ersten beiden dieser Dreiklänge werden in der musikalischen Theorie als die fundamentalen Dreiklänge betrachtet, von denen alle anderen abgeleitet werden können. Wir können sie ansehen als aus zwei über einander gesetzten Terzen bestehend, einer grossen und einer kleinen. Der Accord $C\,E\,G$, bei welchem die grosse Terz tiefer liegt, die kleine höher, ist ein Durdreiklang, und zwar ist er vor allen anderen Durdreiklängen dadurch ausgezeichnet, dass seine Töne am engsten zusammenliegen, und er wird deshalb als Grundaccord oder Stammaccord aller anderen Duraccorde betrachtet. Der Accord $CEsG$ dagegen, bei welchem die kleine Terz tiefer liegt, die grosse höher, ist der Stammaccord aller Molldreiklänge.

Die beiden folgenden Accorde CFA und $CFAs$ heissen nach ihrer Zusammensetzung Quartsextenaccorde. Wenn man als ihren tiefsten Ton nicht C, sondern G_1 nimmt, so verwandeln sie sich in

$$G_1\ C\ E \text{ und } G_1\ C\ Es.$$

Man kann sie also aus dem fundamentalen Dur- und Molldreiklange CEG und $CEsG$ entstanden denken, indem man die Quinte G desselben eine Octave tiefer verlegt.

Die beiden letzten Accorde $CEsAs$ und CEA heissen Terzsextenaccorde oder einfach Sextenaccorde. Nimmt man als Bassnote des ersten E statt C, so wird er EGc, und nimmt man als Bassnote des zweiten Es statt C, so wird er $EsGc$. Sie können also als Umlagerungen eines fundamentalen Dur- und Molldreiklanges betrachtet werden, deren Grundton man eine Octave höher gelegt hat.

In diesen Umlagerungen zusammengestellt, werden also jene sechs consonirenden Accorde folgende Form annehmen:

$$CEG \qquad\qquad C\,Es\,G$$
$$EGc \qquad\qquad Es\,G\,c$$
$$Gce \qquad\qquad G\,c\,es.$$

Wir bemerken hierbei zunächst, dass die natürliche Septime $B-$, obgleich sie selbst mit dem Grundtone C einen guten Zusammenklang giebt, der eher besser, denn schlechter als die kleine Sexte CAs ist, sie doch in keinen Accord eingetreten ist, weil sie mit allen anderen zu C consonirenden Intervallen schlechtere Consonanzen giebt, als sie selbst ist. Die besten Zusammenklänge, welche sie giebt, sind $CEB-$ und $CGB-$. In ersterem kommt das zwischen Quarte und Quinte in der Mitte liegende Intervall $EB-$ vor, in letzterem die verminderte kleine Terz $GB-$. Die kleine Sexte dagegen giebt mit der kleinen Terz eine reine Quarte, und mit der Quarte eine kleine Terz, so dass sie im Sexten- und Quartsextenaccorde das schlechteste Intervall des Accordes bleibt, daher diese Accorde noch als consonant gelten können. Dies ist der Grund, warum die natürliche Septime keine Anwendung als Consonanz in der harmonischen Musik findet, während die kleine Sexte, die an und für sich nicht wohlklingender ist als jene, anwendbar ist.

Sehr lehrreich für die Theorie der Musik, worauf wir später zurückkommen werden, ist der Accord $C\,E\,As$. Wir müssen ihn unter die dissonanten rechnen, weil er die verminderte Quarte $E\,As$ enthält, deren Zahlenverhältniss $\frac{32}{25}$ ist. Diese verminderte Quarte ist nun so nahe gleich einer grossen Terz $E\,Gis$, dass auf unseren Tastaturinstrumenten, Orgel und Clavier, diese beiden Intervalle gar nicht unterschieden werden. Es ist nämlich

$$E\,As = \frac{32}{25} = \frac{5}{4}\cdot\frac{125}{128},$$

oder abgekürzt:

$$(E\,As) = (E\,.\,Gis)\cdot\frac{42}{43}.$$

Auf dem Claviere sieht es so aus, als wenn dieser Accord, den man für den Zweck der praktischen Ausführung nach Belieben $C\,E\,As$ oder $C\,E\,Gis$ schreiben könnte, consonant sein müsste, denn jeder Ton desselben bildet mit jedem anderen ein Intervall, welches auf dem Claviere als consonant betrachtet wird, und doch ist dieser Accord eine der herbsten Dissonanzen, worüber alle Musiker einig sind, und wovon man sich jeden Augenblick überzeugen kann. Auf einem nach reinen Intervallen gestimmten Instrumente giebt sich freilich gleich das Intervall $E\,As$ als entschieden dissonant zu erkennen. Es ist dieser Accord ein hübsches Beispiel dafür, wie doch auch selbst in der ungenauen Stimmung des Claviers der ursprüngliche Sinn der Intervalle sich geltend macht, und das Urtheil des Ohres bestimmt.

Was den Wohlklang der oben gefundenen verschiedenen Umlagerungen der Dreiklänge betrifft, so hängt er zunächst von der vollkommeneren oder unvollkommeneren Consonanz der einzelnen Intervalle ab. Die Quarte hat sich weniger wohllautend erwiesen als die Quinte, die kleinen Terzen und Sexten weniger als die grossen. Nun erhält der Accord:

$C\;E\;G$	Quinte.	Grosse Terz.	Kleine Terz.
$E\;G\;C$	Quarte.	Kleine Terz.	Kleine Sexte.
$G\;C\;E$	Quarte.	Grosse Terz.	Grosse Sexte.

C Es G Quinte. Kleine Terz. Grosse Terz.
Es G C Quarte. Grosse Terz. Grosse Sexte.
G C Es Quarte. Kleine Terz. Kleine Sexte.

Da die Störungen des Wohllautes bei reinen Intervallen von den Terzen und Sexten entschieden bedeutender sind, als von den Quarten, so folgt hieraus, dass die Quartsextenlage des Duraccords wohllautender ist als die fundamentale, und diese besser als die Sextenlage. Umgekehrt ist die Sextenlage beim Mollaccord besser als die fundamentale, und diese besser als die Quartsextenlage. Diese Folgerung erweist sich auch als durchaus richtig in den mittleren Lagen der Scala, wenn man wirklich reine Stimmung der Intervalle herstellt. Bei solchen Versuchen muss man aber die isolirt genommenen Accorde ohne Modulation neben einander stellen. Sobald man modulatorische Verbindungen macht, die z. B. als Schlusscadenzen erscheinen können, stört das Gefühl für die Tonart, in deren Hauptaccord man Ruhe findet, die Beobachtung, auf die es hier ankommt. In den tieferen Lagen der Scala sind alle Terzen nachtheiliger für den Wohlklang als die Sexten.

Nach der Art der Intervalle sollte man nun erwarten, dass der Mollaccord *C Es G* eben so gut klinge wie *C E G*, da beide Accorde eine Quinte, eine grosse und eine kleine Terz enthalten. Indessen ist das keineswegs der Fall. Der Wohlklang des Mollaccords ist merklich geringer, als der des Duraccords, und zwar liegt der Grund in den Combinationstönen, welche wir hier noch berücksichtigen müssen. Wir haben schon bei der Lehre vom Wohlklang der Intervalle gesehen, dass die Combinationstöne Schwebungen hervorbringen können, wenn zwei Intervalle zusammengesetzt werden, deren jedes an sich keine, oder wenigstens keide deutlich hörbaren Schwebungen giebt.

Wir haben also noch die Combinationstöne der Dur- und Molldreiklänge aufzusuchen. Wir beschränken uns auf die Combinationstöne erster Ordnung, welche die Grundtöne und ihre ersten Obertöne geben. Die Grundtöne der Klänge sind mit halben Noten, die Combinationstöne der Grundtöne mit Viertelnoten, die Combinationstöne von Grundtönen mit ersten Obertönen mit Achteln und Sechzehnteln bezeichnet. Ein Strich neben einer Note bedeutet, dass sie etwas tiefer sein sollte, als der vorgezeichnete Scalenton.

1) Durdreiklänge mit den Combinationstönen:

2) Molldreiklänge:

Bei den Durdreiklängen geben die Combinationstöne erster Ordnung und selbst die tieferen Combinationstöne zweiter Ordnung,
welche als Achtelnoten bezeichnet sind, nur Verdoppelungen der
Töne des Accordes in den tieferen Octaven. Die höheren Combinationstöne zweiter Ordnung, welche als Sechzehntheile bezeichnet
sind, sind ausserordentlich schwach, da unter übrigens gleichen Umständen die Intensität der Combinationstöne abnimmt, wenn das
Intervall der erzeugenden Töne zunimmt, womit wiederum die hohe
Lage der betreffenden Combinationstöne zusammenhängt. Ich habe
die mit Achteln bezeichneten tieferen Combinationstöne zweiter
Ordnung am Harmonium mit Hilfe der Resonanzröhren stets
leicht hören können, dagegen nicht die mit Sechzehnteln bezeichneten höheren. Der Vollständigkeit der Theorie wegen habe
ich sie angegeben; es wäre auch nicht unmöglich, dass sie bei sehr
starken Klängen mit starken Obertönen sich hörbar machten, für
gewöhnlich können wir sie vernachlässigen.

Bei den Mollaccorden dagegen bringen schon die leicht hörbaren Combinationstöne erster Ordnung Störungen hervor. Sie liegen
zwar noch nicht so nahe aneinander, dass sie Schwebungen geben,
aber sie liegen ausser der Harmonie. Beim Grundaccord und Sextenaccord setzen diese Combinationstöne, die mit Viertelnoten bezeichnet sind, einen *As*-Durdreiklang zusammen, beim Quartsextenaccord treten sogar zwei neue Töne, nämlich *As* und *B* hinzu, die

dem ursprünglichen Dreiklange fremd sind. Die Combinationstöne
zweiter Ordnung dagegen, welche mit Achtelnoten bezeichnet sind,
kommen theils einander, theils den primären Tönen des Accordes
und den Combinationstönen erster Ordnung so nahe, dass Schwebungen entstehen müssen, während diese Classe von Tönen bei den
Duraccorden sich noch vollständig in den Accord einfügt. So finden wir zu dem fundamentalen Molldreiklange unseres Beispiels
$c' - es' - g'$ durch die Combinationstöne die Dissonanzen $as - b - c'$
gebildet; dieselben beim Sextenaccorde $es' - g' - c''$. Und beim
Quartsextenaccorde $g' - c'' - es''$ finden wir die Dissonanzen $b - c'$
und $g' - as'$. Es sind diese Störungen im Wohlklange der Molldreiklänge durch die Combinationstöne zweiter Ordnung allerdings
zu schwach, um den genannten Accorden den Charakter von Dissonanzen zu ertheilen, aber sie bringen doch eine merkliche Vermehrung der Rauhigkeit im Vergleich mit Duraccorden auf rein, d. h.
nach mathematischen Intervallen, gestimmten Instrumenten hervor.
In der gewöhnlichen temperirten Stimmung unserer Tasteninstru-
mente macht sich freilich diese Rauhigkeit der Combinationstöne
neben den viel grösseren Rauhigkeiten, welche die ungenauen Consonanzen hervorbringen, verhältnissmässig wenig bemerkbar. Praktisch scheint mir der Einfluss der stärkeren tiefen Combinationstöne
erster Ordnung viel wichtiger, welche zwar nicht die Rauhigkeit
des Zusammenklanges vermehren, aber zu dem Accorde fremde
Töne hinzufügen, die bei den *C*-Mollaccorden dem *As*-Dur- und *Es*-
Durdreiklange angehören. Dadurch kommt in die Mollaccorde etwas Fremdartiges hinein, was nicht deutlich genug ist, um die Accorde ganz zu zerstören, was aber doch genügt, dem Wohlklange
und der musikalischen Bedeutung dieser Accorde etwas Verschleier-
tes und Unklares zu geben, dessen eigentlichen Grund sich der
Hörer nicht zu entziffern weiss, weil die schwachen Combinationstöne, welche die Ursache davon sind, von stärkeren anderen Tönen
überdeckt werden, und nur einem geübten Ohre auffallen. Daher
sind die Molldreiklänge so geeignet, unklare, trübe oder rauhe Stimmungen auszudrücken *). F. T. Vischer hat in seiner Aesthetik

---

*) Dass die Namen Dur und Moll nichts mit dem harten oder weichen
Charakter der darin sich bewegenden Tonstücke zu thun haben, sondern
sich nur auf die eckige und runde Form der Zeichen ♮ für unseren Ton *h*
und ♭ für unseren Ton *b*, das *B durum* und *molle* der mittelalterlichen
Notenschrift, beziehen, ist bekannt.

(Theil III, §. 772) sehr gut diesen Charakter der Molltonart erörtert, wie sie zwar für mancherlei Abstufungen freudiger und schmerzlicher Aufregung passe, das Gemeinsame aller durch sie ausdrückbaren Stimmungen aber in dem „Verhüllten“ und Unklaren liege.

Jede kleine Terz und jede Sexte wird, indem sich ihr Hauptcombinationston hinzugesellt, schon von selbst in einen Duraccord verwandelt. Zur kleinen Terz $e' - g'$ ist der Combinationston C, zur grossen Sexte $g - e'$ ist er c, zur kleinen Sexte $e' - c''$ ist er g. Durch alle diese Zweiklänge sind also schon Durdreiklänge natürlich vorgebildet, und sowie wir einen dritten Ton zu einem derselben hinzusetzen, der nicht in diesen schon fertig gebildeten Durdreiklang sich einfügt, so wird natürlich der Widerspruch fühlbar.

Die neueren Harmoniker sträuben sich meistentheils zuzugeben, dass der Mollaccord weniger consonant sei als der Duraccord. Sie haben ihre Erfahrungen wohl ausschliesslich an Instrumenten mit temperirter Stimmung gemacht, auf denen dieser Unterschied allerdings eher zweifelhaft bleiben kann. Bei rein gestimmten Intervallen dagegen *) und mässig scharfer Klangfarbe ist der Unterschied sehr auffallend und kann nicht weggeläugnet werden. Auch ist das Gefühl dafür bei den alten Tonsetzern des Mittelalters, welche fast ausschliesslich für Gesang componirten, und deshalb zu keiner Abschwächung der Consonanzen gezwungen waren, wohl sehr entschieden entwickelt gewesen. Ich glaube, dass darin ein Hauptgrund für die Vermeidung des Mollaccordes am Schlusse der Tonsätze gelegen hat. Man findet bei den mittelalterlichen Tonsetzern bis herab zu Sebastian Bach allgemein nur Duraccorde im Schlusse gebraucht, oder Accorde ohne Terz, und selbst noch bei Haendel und Mozart findet sich zuweilen ein Duraccord als Schluss eines Mollsatzes. Ausser dem Grade der Consonanz kommen in dem Schlussaccorde allerdings auch noch andere Rücksichten in Betracht, nämlich die auf die deutliche Bezeichnung der herrschenden Tonica, welche dem Duraccorde einen entschiedenen Vorzug gewähren. Darüber Näheres im fünfzehnten Abschnitte.

Nachdem wir die consonanten Dreiklänge, welche den Umfang einer Octave nicht überschreiten, aufgesucht und verglichen haben, wenden wir uns zu denen mit grösseren Intervallen. Wir haben

---

*) Ueber die Unterschiede der Stimmungen und ein Instrument mit reiner Stimmung, um solche Beobachtungen anzustellen, unten im 15ten Abschnitte das Weitere.

schon früher im Allgemeinen als Regel gefunden, dass consonante
Intervalle consonant bleiben, wenn man einen ihrer Töne beliebig
um eine oder zwei Octaven höher oder tiefer legt, wenn sich auch
der Grad des Wohlklangs durch eine solche Umlagerung etwas
verändert. Daraus folgt, dass auch in allen von uns bisher aufgestellten consonanten Accorden jeder einzelne Ton beliebig um ganze
Octaven höher oder tiefer gelegt werden kann. Waren die drei Intervalle des Dreiklangs vor der Umlagerung consonant, so werden
sie es auch nachher sein. Wir haben schon gesehen, dass die Sextenaccorde und Quartsextenaccorde auf diese Weise aus dem
Stammaccorde gewonnen werden konnten. Es folgt weiter daraus,
dass auch in weiteren Intervallen keine anderen consonanten Dreiklänge existiren können, als die, welche durch Umlagerung der Dur-
und Molldreiklänge erzeugt sind. Denn wenn es dergleichen Accorde gäbe, würde man ihre Töne so umlagern können, dass sie
innerhalb der Grenzen einer Octave lägen, und man würde dadurch
einen neuen consonanten Accord innerhalb der Octave erhalten, ein
solcher kann aber nicht existiren, da wir durch unsere Methode die
dreistimmigen consonanten Accorde aufzusuchen, alle, welche es
überhaupt innerhalb einer Octave geben kann, gefunden haben müssen. Allerdings können schwach dissonante Accorde, die innerhalb
einer Octave liegen, durch Umlagerung ihrer Töne zuweilen eine
geringere Rauhigkeit erhalten. So ist der Accord $1 : {}^{7}/_{6} : {}^{7}/_{4}$ oder
C, $Es\_$, $B\_$ wegen des Intervalls $1 : {}^{7}/_{6}$ schwach dissonant; das Intervall $1 : {}^{7}/_{4}$, die natürliche Septime klingt nicht schlechter als die
kleine Sexte; das Intervall ${}^{7}/_{6} : {}^{7}/_{4}$ ist eine reine Quinte. Legt man
nun den Ton $Es\_$ eine Octave höher nach $es\_$, so dass der Ac-
cord ist

$$1 : {}^{7}/_{4} : {}^{7}/_{3},$$

so ist $1 : {}^{7}/_{3}$ ein viel milderes Intervall als $1 : {}^{7}/_{6}$, es klingt selbst
besser als die kleine Decime unserer Molltonleiter $1 : {}^{12}/_{5}$, und der
so zusammengesetzte Accord, den ich mir auf dem Harmonium
genau abgestimmt habe, klingt zwar fremdartig, wegen der ungewöhnlichen Intervalle, aber nicht eben rauher als der schlechteste
der Mollaccorde, nämlich der Mollquartsextenaccord. Auch jener
Accord C, $B\_$, $es\_$ wird übrigens durch unpassende Combinationstöne G_1 und F sehr gestört. Natürlich würde es nicht lohnen, zu
Gunsten eines einzelnen solchen Accordes, der sich doch nur den
schlechtesten unserer jetzigen consonanten Accorde an die Seite
stellt, und nicht umgelegt werden kann, die in ihm enthaltenen

Töne, die der gewöhnlichen Tonleiter fremd sind, in diese einführen
zu wollen.

Bei den Umlagerungen der consonirenden Dreiklänge in weitere Intervalle verändert sich ihr Wohlklang zunächst durch Aenderung der Intervalle. Grosse Decimen sind, wie wir im vorigen
Abschnitte gefunden haben, wohlklingender als grosse Terzen, kleine
Decimen schlechter als kleine Terzen, die um eine Octave vermehrten Sexten (Tredecimen) schlechter als die unveränderten Sexten,
namentlich die kleinen. Um diese Thatsachen zu merken, beachte
man folgende Regel: **Es verbessern sich bei der Erweiterung
um eine Octave alle diejenigen Intervalle, in deren Zahlenverhältniss die niedere Zahl gerade ist**, weil bei der Erweiterung das Zahlenverhältniss einfacher wird.

Quinte . . . . . 2 : 3 wird zur Duodecime 2 : 6 = 1 : 3
Terz . . . . . . 4 : 5 wird zur Decime . . 4 : 10 = 2 : 5
Verminderte Terz 6 : 7 wird zur vermindert. Decime 3 : 7

Es verschlechtern sich dagegen im Klange diejenigen
Intervalle bei der Erweiterung um eine Octave, deren niedere Zahl ungerade ist, wie die Quarte 3 : 4, die kleine Terz
5 : 6, die Sexten 3 : 5 und 5 : 8.

Ausserdem kommt es aber noch wesentlich auf die Hauptcom-
binationstöne der betreffenden Intervalle an. Ich gebe hier noch
einmal eine Zusammenstellung der ersten Combinationstöne derjenigen consonanten Intervalle, welche innerhalb des Umfanges von
zwei Octaven liegen. Die primären Töne sind wieder mit halben
Noten bezeichnet, die Combinationstöne mit Viertelnoten.

Verhältniss: 1 : 2   1 : 4   2 : 3   1 : 3   3 : 4   3 : 8   4 : 5   2 : 5
Differenz: 1   3   1   2   1   5   1   3

Das Zeichen ✕ bedeutet hierin eine Erhöhung um etwas weniger als einen halben Ton; die Töne *b* und *es* sind natürliche Septimen von *c* und *f*. Unter den Notenlinien sind die Zahlenverhältnisse der darüber stehenden Intervalle angegeben, die Differenz der beiden Zahlen giebt die Schwingungszahl des betreffenden Combinationstones.

Wir finden zunächst, dass die Combinationstöne der Octave, Quinte, Duodecime, Quarte und grossen Terz nur Octavenverdoppelungen eines der primären Töne sind, also jedenfalls dem Accorde keinen neuen Ton hinzufügen. Die fünf genannten Intervalle können also in allen Arten consonanter Accorde gebraucht werden, ohne dass eine Störung durch ihre Combinationstöne entsteht. In dieser Beziehung steht also wirklich die grosse Terz in der Accordbildung der grossen Sexte und Decime voraus, obgleich sie von beiden letzteren im Wohlklange übertroffen wird.

Die Doppeloctave bringt als Combinationston eine Quinte hinein. Wird also der Grundton des Accordes in der Doppeloctave verdoppelt, so stört dies den Accord nicht. Wohl aber würde eine Störung eintreten, wenn die Terz oder Quinte des Accordes in der Doppeloctave verdoppelt würde.

Dann finden wir eine Reihe von Intervallen, welche sich durch ihren Combinationston zum Duraccorde ergänzen, und deshalb im Duraccorde keine Störung machen, wohl aber im Mollaccorde. Es sind dies die Undecime, kleine Terz, grosse Decime, grosse Sexte, kleine Sexte.

Dagegen passen die kleinen Decimen und die beiden Tredecimen in keinen consonanten Accord hinein, ohne durch ihre Combinationstöne zu stören.

Wenden wir nun diese Betrachtungen an auf die Construction zunächst der dreistimmigen Accorde.

1. Dreistimmige Duraccorde.

Duraccorde lassen sich so anordnen, dass die Combinationstöne ganz innerhalb des Accordes bleiben. Es giebt dies die vollkommen wohlklingenden Lagen der Accorde. Um sie zu finden, berücksichtige man, dass keine kleinen Decimen und keine Tredecimen vorkommen dürfen, dass also die kleinen Terzen und alle Sexten enge Lagen haben müssen. Indem man erst die Terz, dann die Quinte, dann den Grundton zur Oberstimme macht, findet man folgende durch Combinationstöne nicht gestörte Lagen dieser Accorde, welche die Breite zweier Octaven nicht überschreiten, und hier mit Angabe der Combinationstöne in Viertelnoten folgen:

Vollkommenste Lagen der dreistimmigen Duraccorde.

Wenn die Terz oben liegt, darf die Quinte nicht tiefer unter ihr liegen als eine grosse Sexte, weil wir sonst eine Tredecime erhalten würden; der Grundton aber kann wechseln. Deshalb giebt es bei der Terz in der Oberstimme nur die beiden Lagen 1 und 2, welche ungestört sind. Wenn die Quinte oben liegt, muss die Terz unmittelbar unter ihr liegen, sonst erhalten wir eine kleine Decime; der Grundton kann wechseln. Endlich, wenn der Grundton oben liegt, darf die Terz nur in kleiner Sexte unter ihm liegen, die Quinte ist frei. Daraus ergiebt sich, dass es keine anderen Lagen des Duraccordes giebt, welche frei von allen störenden Combinationstönen sind, als die hier verzeichneten, unter denen wir die drei schon oben besprochenen engen Lagen 2, 4 und 6 wiederfinden, und drei neue weitere, nämlich 1, 3 und 5. Von diesen neuen Lagen haben zwei, 1 und 3, den Grundton im Basse, wie der Stammaccord, und werden als weitere Lagen des letzteren angesehen, eine hat die Quinte unten, nämlich 5, wie der Quartsextenaccord 2. Der Sextenaccord 6 erhält dagegen keine weitere Lage.

Dem Wohlklang der Intervalle nach ist die Reihenfolge jener Accorde etwa auch die oben gegebene. Die drei Intervalle der ersten, nämlich Quinte, grosse Decime und grosse Sexte, sind die besten, die der letzten, nämlich Quarte, kleine Terz und kleine Sexte, verhältnissmässig die ungünstigsten der hier vorkommenden Intervalle.

Die übrigen Lagen der dreistimmigen Duraccorde geben nun zwar einzelne unpassende Combinationstöne und klingen auf rein gestimmten Instrumenten merklich rauher als die bisher betrachteten, aber sie werden dadurch noch nicht dissonant, sondern rücken nur in dieselbe Kategorie mit den Mollaccorden. Man erhält sie alle, soweit sie innerhalb des Umfanges von zwei Octaven liegen, wenn man die vorher verbotenen Umlagerungen macht. Es sind folgende, der Reihe nach aus 1 bis 6 erzeugt:

Unvollkommenere Lagen der dreistimmigen Duraccorde.

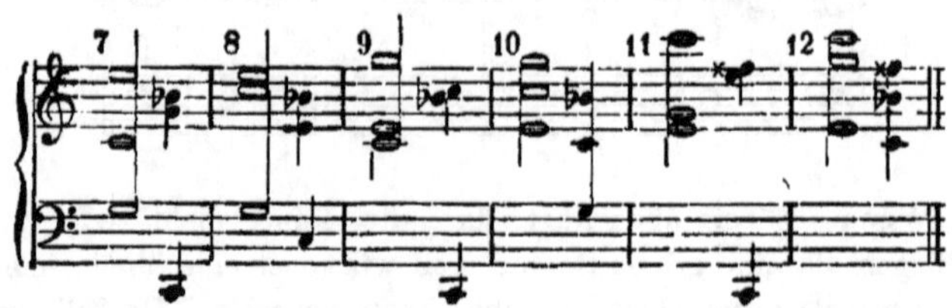

Musiker werden sogleich übersehen, dass dies die weniger gebrauchten Lagen der Duraccorde sind; die Lagen 7 bis 10 bekommen durch ihren Combinationston b eine gewisse Aehnlichkeit mit dem Dominantseptimenaccorde der F-Durtonart $c - e - g - b$; am wenigsten angenehm sind die beiden letzten, 11 und 12, welche in der That merklich rauher klingen als die besseren Mollaccorde.

2. Dreistimmige Mollaccorde.

Die Mollaccorde lassen sich nie ganz frei von falschen Combinationstönen halten, weil man ihre Terz nie in eine Stellung zum

Grundtone bringen kann, wo sie nicht einen für den Mollaccord unpassenden Combinationston hervorbringt. Soll dieser der einzige bleiben, so müssen die beiden Töne *Es* und *G* des *C*-Mollaccordes ihre engste Lage als grosse Terz behalten, weil sie in jeder anderen Lage einen zweiten unpassenden Combinationston hervorbringen würden. Die beiden Töne *C* und *G* müssen nur das Intervall der Undecime vermeiden, wo sie sich zum Duraccorde vervollständigen würden. Unter diesen Bedingungen sind nur drei Lagen des Mollaccordes möglich, nämlich folgende:

Die übrigen Lagen, welche weniger gut klingen, sind folgende:

Die Lagen 4 bis 10 enthalten je zwei unpassende Combinationstöne, deren einer nothwendig von den Tönen *C* und *Es* hervorgebracht wird, deren zweiter in 4 von der Undecime *G — C*, in den übrigen von der umgelegten grossen Terz *Es — G* herrührt. Die beiden letzten Lagen 11 und 12 klingen am schlechtesten, weil sie je drei falsche Combinationstöne haben.

Der Einfluss der Combinationstöne giebt sich auch bei der Ver-

gleichung der verschiedenen Lagen zu erkennen. So klingt die
Lage 3 mit einer kleinen Decime und grossen Terz entschieden besser als die Lage 7 mit grosser Decime und grosser Sexte, obgleich
die beiden letzteren Intervalle einzeln genommen besser klingen als
die beiden ersten. Der schlechtere Klang des Accordes 7 wird also
allein durch den zweiten unpassenden Combinationston verursacht.

Auch im Vergleiche mit den Duraccorden zeigt sich der Einfluss der schlechten Combinationstöne. Wenn man die Mollaccorde
1 bis 3, von denen jeder nur einen schlechten Combinationston hat,
vergleicht mit den Duraccorden 11 und 12, die deren jeder zwei
haben, so klingen in der That jene Mollaccorde angenehmer und
weniger rauh als die genannten Duraccorde. Es ist also auch bei
diesen beiden Klassen von Accorden nicht die grosse oder kleine
Terz, noch das Tongeschlecht, welche über den Wohlklang entscheiden, sondern es sind die Combinationstöne, die es thun.

Vierstimmige Accorde.

Es ist leicht einzusehen, dass alle consonanten vierstimmigen
Accorde immer wieder Duraccorde oder Mollaccorde sein werden,
von denen ein Ton in der Octave verdoppelt ist. Denn jeder consonante vierstimmige Accord muss sich in einen consonanten dreistimmigen verwandeln, so oft wir einen seiner Töne wegnehmen.
Dies können wir in verschiedener Weise thun, indem wir nach einander verschiedene Töne des vierstimmigen Accordes wegnehmen.
Aus dem vierstimmigen Accorde $C-E-G-c$ zum Beispiel können wir folgende dreistimmige entnehmen:

$$C-E-G \qquad E-G-c$$
$$C-E-c \qquad C-G-c$$

Sämmtliche so entstandene dreistimmige consonante Accorde
müssen aber, wenn sie nicht schon verdoppelte Noten enthalten,
entweder Duraccorde oder Mollaccorde sein, da es keine anderen
dreistimmigen consonanten Accorde giebt. Wenn wir aber einem
Durdreiklange oder Molldreiklange wieder einen vierten Ton zu-
setzen wollen, so dass er sich in einen vierstimmigen consonanten
Accord verwandelt, so kann das nur geschehen durch Verdoppelung eines seiner drei Töne. Denn jeder solcher Accord enthält

zwei Töne, wir wollen sie *C* und *G* nennen, die zu einander im Verhältnisse einer einfachen oder umgelagerten Quinte stehen. Die einzigen Töne aber, welche mit den Tönen *C* und *G* zu consonanten Accorden sich verbinden lassen, sind *E* und *Es*; andere existiren nicht. Da nun *E* und *Es* nicht zusammen in einem consonanten Accorde vorkommen können, so kann jeder consonante vierstimmige oder auch mehrstimmige Accord, der *C* und *G* enthält, entweder noch *E* enthalten, und Verdoppelungen dieser drei Töne, oder er kann statt *E* den Ton *Es* und dessen Verdoppelungen enthalten.

Alle drei- und mehrstimmigen consonanten Accorde sind also entweder Duraccorde oder Mollaccorde, und können aus den beiden Stammaccorden der Dur- und Molltonart abgeleitet werden durch Umlegung und Verdoppelung ihrer drei Töne in Octaven.

Um die vollkommen gut klingenden Lagen der vierstimmigen Duraccorde zu finden, haben wir wieder darauf zu sehen, dass keine kleinen Decimen und keine Tredecimen vorkommen. Die Quinte darf sich also von der Terz des Accordes nach oben nicht weiter als eine kleine Terz, nach unten nicht weiter als eine Sexte entfernen, der Grundton nach oben nicht weiter als eine Sexte. Wenn diese Regeln erfüllt sind, so ist zugleich die andere oben erwähnte Forderung erfüllt, dass Terz und Quinte nicht in der Doppeloctave verdoppelt werden dürfen. Diese Regeln lassen sich kurz gefasst so aussprechen: Am wohlklingendsten sind diejenigen Duraccorde, in denen der Grundton nach oben, die Quinte nach oben und nach unten nicht über eine Sexte von der Terz entfernt sind. Nach unten dagegen kann der Grundton sich so weit entfernen als er will.

Man findet die hierher gehörenden Lagen der Duraccorde, wenn man von den vollkommensten Lagen der dreistimmigen Accorde je zwei, welche zwei gemeinsame Töne haben, zusammensetzt. Sie folgen hier:

Vollkommenste Lagen der vierstimmigen Dur-
accorde im Umfang zweier Octaven.

Die Ziffern unter den Notenreihen beziehen sich auf die oben angegebenen Lagen der dreistimmigen Duraccorde.

Man sieht, dass die Sextenaccorde ganz eng liegen müssen, wie Nro. 7; die Quartsextenaccorde dürfen nicht über den Umfang einer Undecime hinausgehen, kommen aber in allen drei Lagen (5, 6 und 11) vor, welche innerhalb einer Undecime möglich sind. Am freiesten sind die Accorde, welche den Grundton im Basse haben.

Es wird nicht nöthig sein, die weniger gut klingenden Lagen der Duraccorde hier anzuführen. Die Zahl der schlechten Combinationstöne kann nicht über zwei steigen, wie sie in der Lage 11 der dreistimmigen Accorde enthalten sind. Es sind in den dreistimmigen C-Duraccorden ja überhaupt nur die beiden falschen Combinationstöne b und $f\times$ enthalten.

Vierstimmige Mollaccorde müssen, wie die entsprechenden dreistimmigen, natürlich immer mindestens einen falschen Combinationston haben. Es giebt aber nur eine einzige Lage des vierstimmigen Mollaccordes, welche nicht mehr als einen hat, nämlich die in dem folgenden Notenbeispiel mit 1 bezeichnete, welche aus den Lagen 1 und 2 des dreistimmigen Mollaccordes zusammengesetzt ist. Die Zahl der falschen Combinationstöne kann bis auf 4 steigen, wenn man zum Beispiel die Lagen 10 und 11 der dreistimmigen Accorde mit einander verbindet.

Ich lasse hier die Uebersicht der vierstimmigen Mollaccorde folgen, welche nicht über zwei falsche Combinationstöne haben, und innerhalb des Umfanges von zwei Octaven bleiben. Es sind nur die falschen Combinationstöne in Viertelnoten angegeben; die, welche in den Accord passen, sind weggelassen.

Beste Lagen der vierstimmigen Mollaccorde.

Der Quartsextenaccord kommt nur in engster Lage vor, Nro. 5,
der Sextenaccord in drei Lagen (9, 3 und 6), nämlich in allen den
Lagen, welche den Umfang einer Decime nicht überschreiten, der
Stammaccord drei Mal mit verdoppelter Octave (1, 2, 4), und zwei
Mal mit verdoppelter Quinte (8 und 8).

In der bisherigen musikalischen Theorie ist wenig genug über
den Einfluss der Umlagerungen der Accorde auf ihren Wohlklang
gesagt worden. Man giebt gewöhnlich die Regel, im Basse nicht
die engeren Intervalle zu gebrauchen und die Intervalle ziemlich
gleichmässig über den Zwischenraum der äussersten Töne zu vertheilen, und auch diese Regeln erscheinen nicht als Consequenzen
der gewöhnlich gegebenen theoretischen Ansichten und Gesetze, in
denen ein consonantes Intervall gleichmässig consonant bleibt, in
welchem Theile der Scala es auch liegen, wie es auch umgelagert
und verbunden sein mag, sondern mehr als praktische Ausnahmen von den allgemeinen Regeln. Es blieb eben dem Musiker
überlassen, sich durch Uebung und Erfahrung von dem verschiedenartigen Eindrucke der verschieden umgelagerten Accorde eine Anschauung zu verschaffen. Man wusste ihm darüber keine Regel zu
geben.

Ich habe den vorliegenden Gegenstand so weit ausgeführt, wie
es hier geschehen ist, um zu zeigen, dass wir durch die richtige
Einsicht in den Grund der Consonanz und Dissonanz auch Regeln
gewinnen können über Verhältnisse, welche die bisherige Harmonielehre noch nicht in Regeln zu fassen wusste. Dass unsere hier
aufgestellten Behauptungen aber mit der Praxis der besten Componisten übereinstimmen, namentlich derjenigen, welche ihre musi-

kalischen Studien noch hauptsächlich an der Vocalmusik gemacht
haben, ehe die grössere Ausbildung der Instrumentalmusik zur allgemeinen Einführung der temperirten Stimmung zwang, davon
wird man sich bei der Durchsicht solcher Compositionen, welche
den Eindruck vollkommensten Wohlklanges erstreben, leicht überzeugen. Unter allen Componisten ist Mozart wohl derjenige, welcher für die Feinheiten der Technik den sichersten Instinct gehabt
hat. Unter seinen Vocalcompositionen ist wegen seines wunderbaren reinen und weichen Wohlklanges besonders berühmt sein
Ave verum corpus. Sehen wir diesen kleinen Satz als eines der
geeignetesten Beispiele für unseren Zweck durch, so finden wir in
seinem ersten Absatze, der ungemein weich und süss klingt, Duraccorde untermischt mit Septimenaccorden. Alle diese Duraccorde
gehören den von uns als vollkommen wohlklingend bezeichneten Accorden an. Am meisten kommt die Lage 2 vor, demnächst
8, 10, 1 und 9. Erst in der Schlussmodulation dieses ersten Ab-
satzes kommen zwei Mollaccorde und ein Duraccord in ungünstiger Lage vor. Im Vergleich damit ist es nun sehr auffallend, wie
im zweiten Absatze desselben Stücks, dessen Ausdruck mehr ver-
schleiert, sehnsüchtig und mystisch ist, und dessen Modulation sich
durch kühnere Uebergänge und härtere Dissonanzen hindurcharbei-
tet, viel mehr Mollaccorde vorkommen, und diese sowohl wie die
eingestreuten Duraccorde überwiegend in ungünstige Lagen gebracht sind, bis im Schlussaccord wieder der volle Wohlklang erscheint.

Ganz ähnliche Beobachtungen kann man machen an den Chor-
sätzen des Palaestrina und seiner Zeitgenossen und Nachfolger,
so weit dieselben einen einfach harmonischen Bau ohne verwickelte
Polyphonie haben. Es wurde bei der Umformung der römischen
Kirchenmusik, welche Palaestrina auszuführen hatte, der hauptsächlichste Nachdruck auf den Wohlklang, im Gegensatz gegen die
herbe und schwer verständliche Polyphonie der älteren niederländischen Weise gelegt, und in der That hat Palaestrina und seine
Schule diese Aufgabe in der vollendetesten Weise gelöst. Man
findet auch hier eine fast ununterbrochene Folge consonanter Accorde mit sparsam eingestreuten Septimen oder dissonanten Durchgangsnoten. Auch hier bestehen die consonanten Accorde ganz
oder fast ausschliesslich aus denjenigen Dur- und Mollaccorden,
welche wir als die wohlklingenderen bezeichnet haben. Nur in den
Schlusscadenzen der einzelnen Absätze finden sich dagegen mit

stärkeren und gehäufteren Dissonanzen gemischt überwiegend die ungünstigeren Lagen der Dur- und Mollaccorde, so dass der Ausdruck in der Harmonie, den die neuere Musik durch verschieden. artige dissonante Accorde, namentlich die reichliche Einmischung der Septimenaccorde erreicht, in der Schule von Palaestrina durch die viel zarteren Schattirungen der verschieden umgelagerten consonanten Accorde gewonnen wird. Dadurch erklärt sich der doch mit tiefem und zartem Ausdruck verbundene Wohlklang dieser Compositionen, welche wie Gesang von Engeln klingen, deren Herz durch irdischen Schmerz zwar bewegt, aber nicht in seiner himmlischen Heiterkeit getrübt wird. Natürlich fordern solche Tonsätze sowohl vom Sänger wie vom Hörer ein feines Ohr, damit die feinen Abstufungen des Ausdrucks zu ihrem Rechte kommen, da wir durch die moderne Musik an kräftigere und drastischere Ausdrucksmittel gewöhnt sind.

Von vierstimmigen Duraccorden finde ich in Palaestrina's *Stabat mater* überwiegend gebraucht die Lagen 1, 10, 8, 5, 3, 2, 4, 9, von Mollaccorden die Lagen 9, 2, 4, 8, 3, 5, 1. Bei den Duraccorden könnte man vielleicht noch glauben, dass ihn irgend eine theoretische Regel geleitet habe, die schlechten Intervalle der kleinen Decime oder der Tredecimen zu vermeiden. Aber für die Mollaccorde würde eine solche Regel ganz und gar nicht passen. Da man damals von den Combinationstönen noch nichts wusste, müssen wir schliessen, dass ihn nur sein feines Ohr geleitet hat, und dass sein Ohr in genauer Uebereinstimmung mit den von uns theoretisch abgeleiteten Regeln geurtheilt hat.

Die angeführten Autoritäten mögen vor den Musikern die Richtigkeit meiner Eintheilung der consonanten Accorde nach ihrem Wohlklange rechtfertigen. Uebrigens kann man sich auch jeden Augenblick von ihrer Richtigkeit an jedem nach reinen Intervallen gestimmten Instrumente überzeugen. Bei der jetzt gewöhnlichen Stimmung in temperirten Intervallen werden allerdings die feineren Unterschiede etwas verwischt, ohne dass sie jedoch ganz verschwinden.

Indem wir hiermit denjenigen Theil der Untersuchungen abgeschlossen haben, welcher auf rein naturwissenschaftlichen Principien beruht, wird es rathsam sein, einen Rückblick auf den zurück-

gelegten Weg zu werfen, um zu übersehen, was wir gewonnen haben, und in welchem Verhältniss unsere Ergebnisse zu den Ansichten älterer Theoretiker stehen. Wir sind ausgegangen von den
akustischen Phänomenen der Obertöne, der Combinationstöne und
der Schwebungen. Diese Phänomene waren längst bekannt, sowohl
den Musikern wie den Akustikern; auch die Gesetze, nach denen
sie zu Stande kommen, waren in ihren wesentlichen Zügen richtig
erkannt und aufgestellt worden. Es war für uns nur nöthig, diese
Erscheinungen weiter in das Einzelne zu verfolgen, als es bisher
geschehen war. Es ist uns gelungen, Methoden für die Beobachtung der Obertöne aufzufinden, welche das bisher so schwierige
Geschäft verhältnissmässig leicht machen, und mit Hilfe dieser Methoden haben wir uns bemüht, zu zeigen, dass mit wenigen Ausnahmen die Klänge aller musikalischen Instrumente von Obertönen
begleitet sind, dass namentlich diejenigen Klangfarben, welche für
musikalische Zwecke besonders günstig sind, wenigstens eine Reihe
der niederen Obertöne in ziemlich grosser Stärke besitzen, während
die einfachen Töne, wie die der gedackten Orgelpfeifen, eine sehr
wenig befriedigende musikalische Wirkung machen, obgleich auch
zu diesen, wenigstens wenn sie einigermassen stark erklingen, im
Ohre selbst sich noch schwache harmonische Obertöne gesellen.
Dagegen fanden wir, dass bei den besseren musikalischen Klangfarben die hohen Partialtöne, etwa vom siebenten ab, schwach sein
müssen, weil sonst die Klangfarbe und namentlich jeder Zusammenklang zu scharf wird. In Bezug auf die Schwebungen war es namentlich unsere Aufgabe, nachzuweisen, was aus den Schwebungen
wird, wenn man sie schneller und schneller werden lässt. Wir fanden, dass sie dann in die der Dissonanz eigenthümliche Rauhigkeit
übergehen; es lässt sich dieser Uebergang ganz allmälig bewirken,
in allen seinen Stadien beobachten, und es ergiebt sich dabei selbst
der einfachsten sinnlichen Beobachtung leicht und klar, dass das
Wesen der Dissonanz eben nur auf sehr schnellen Schwebungen
beruht. Diese sind für den Gehörnerven rauh und unangenehm,
weil jede intermittirende Erregung unsere Nervenapparate heftiger
angreift, als eine gleichmässig andauernde. Dazu gesellt sich vielleicht noch ein psychologisches Motiv, indem wir durch die einzelnen Tonstösse eines dissonanten Zusammenklanges allerdings den
Eindruck getrennter Tonstösse, wie durch langsamere Schwebungen, erhalten, jedoch ohne sie noch einzeln als getrennt erkennen
und zählen zu können; sie bilden deshalb eine wirre Tonmasse, die

wir nicht in ihre einzelnen Elemente klar zerlegen können. In dem
Rauhen und in dem Wirren der Dissonanz glauben wir den Grund
ihrer Unannehmlichkeit zu erkennen. Wir können den Sinn dieses
Unterschiedes kurz so bezeichnen: Consonanz ist eine continuirliche, Dissonanz eine intermittirende Tonempfindung.
Zwei consonirende Töne fliessen in ruhigem Flusse neben einander
ab, ohne sich gegenseitig zu stören, dissonirende zerschneiden sich
in eine Reihe einzelner Tonstösse. Es entspricht diese unsere Beschreibung der Sache vollkommen der alten Definition des Eukli-
des: „Consonanz ist die Mischung zweier Töne, eines höheren und
eines tieferen. Dissonanz aber ist im Gegentheil die Unfähigkeit
zweier Töne, sich zu mischen, dass sie für das Gehör rauh werden" *).

Nachdem dieses Princip einmal gefunden war, blieb weiter
nichts zu thun übrig, als zu untersuchen, in welchen Fällen und wie
stark Schwebungen bei den verschiedenen möglichen Zusammenklängen theils durch die Partialtöne, theils durch die Combinationstöne verschiedener Ordnung entstehen müssen. Diese Untersuchung
war bisher eigentlich nur von Scheibler für die Combinationstöne
je zweier einfacher Töne durchgeführt worden; die bekannten Gesetze der Schwebungen machten es möglich, sie auch ohne Schwierigkeit für die zusammengesetzten Klänge durchzuführen. Jede
Folgerung der Theorie auf diesem Gebiete kann jeden Augenblick
durch eine richtig angestellte Beobachtung bewahrheitet werden,
namentlich wenn man sich die Analyse der Klangmasse durch Anwendung der Resonatoren erleichtert. Alle diese Schwebungen
der Obertöne und Combinationstöne, von denen wir in den letzten
Abschnitten so viel gesprochen haben, sind nicht Erfindungen
leerer theoretischer Speculationen, sie sind vielmehr Thatsachen der
Beobachtung, und können von jedem geübten Beobachter bei richtiger Anstellung des Versuchs ohne Schwierigkeit wirklich wahrgenommen werden. Die Kenntniss des akustischen Gesetzes erleichtert es uns, die Erscheinungen, um die es sich handelt, schneller
und sicherer aufzufinden. Aber alle die Behauptungen, auf die wir
gefusst haben, um die Lehre von den Consonanzen und Dissonanzen so hinzustellen, wie sie in den letzten Abschnitten gegeben ist,

---

*) Euclides, ed. Meibomius, p. 8: Ἔστι δὲ συμφωνία μὲν κρᾶσις
δύο φθόγγων, ὀξυτέρου καὶ βαρυτέρου. Διαφωνία δὲ τοὐναντίον δύο φθόγγων ἀμιξία, μὴ οἵων τε κραθῆναι, ἀλλὰ τραχυνθῆναι τὴν ἀκοήν.

begründen sich ganz allein auf eine sorgfältige Analyse der Gehörempfindungen, welche Analyse durch jedes geübte Ohr ohne alle Hilfe der Theorie hätte ausgeführt werden können, die aber allerdings am Leitfaden der Theorie und durch die Hilfe zweckmässiger Beobachtungsmittel ausserordentlich viel leichter geworden ist, als sie sonst gewesen wäre.

Namentlich bitte ich den Leser, auch zu bemerken, dass die Hypothese über das Mitschwingen der Corti'schen Organe des Ohres mit der Erklärung der Consonanz und Dissonanz gar nichts unmittelbar zu thun hat. Letztere gründet sich allein auf Thatsachen der Beobachtung, auf die Schwebungen der Partialtöne und die Schwebungen der Combinationstöne. Doch glaubte ich die genannte Hypothese, welche wir natürlich nicht aufhören dürfen als solche zu betrachten, nicht unterdrücken zu müssen, weil sie alle die verschiedenen akustischen Phänomene, mit denen wir es zu thun hatten, unter einem Gesichtspunkt zusammenfasst, und für sie alle zusammen eine klar verständliche und anschauliche Erklärung giebt.

Die letzten Abschnitte haben gezeigt, dass die richtig und sorgfältig angestellte Analyse der Klangmasse unter Benutzung der angeführten Principien genau zu denselben Unterschieden consonanter und dissonanter Intervalle und Accorde führt, wie sie von der bisherigen musikalischen Harmonielehre aufgestellt worden sind. Wir haben sogar gezeigt, dass unsere Untersuchungen noch speciellere Auskunft über einzelne Intervalle und Accordformen geben, als es die allgemeinen Regeln der bisherigen Harmonielehre zu thun im Stande waren, und sowohl die Beobachtung an rein gestimmten Instrumenten, als das Beispiel der besten Componisten bestätigte unsere Folgerungen in dieser Beziehung.

Somit stehe ich nicht an zu behaupten, dass in den vorliegenden Untersuchungen die wahre und ausreichende Ursache des consonanten und dissonanten Verhaltens der musikalischen Klänge dargelegt worden sei, gegründet auf eine genauere Analyse der Tonempfindungen und auf rein naturwissenschaftliche, nicht auf ästhetische Principien.

Ein Punkt könnte den Musiker vielleicht bedenklich machen. Wir haben gefunden, dass von den vollkommensten Consonanzen zu den entschiedenen Dissonanzen hin eine continuirliche Reihe von Stufen existirt, von Zusammenklängen, die immer rauher und rauher werden, so dass hiernach keine scharfe Trennung der Consonanzen und Dissonanzen bestehen würde, und es ziemlich willkür-

lich erscheint, wo wir die Grenze zwischen ihnen zu ziehen geneigt
sind. Die Musiker machen dagegen eine scharfe Trennung zwischen Consonanzen und Dissonanzen, und lassen keine Zwischen-
glieder zwischen ihnen zu, wie dies auch Hauptmann als einen
Hauptgrund gegen jede Ableitung der Theorie der Consonanz aus
den rationellen Zahlenverhältnissen hervorhebt*).

In der That haben wir schon oben bemerkt, dass die Zusammenklänge der natürlichen Septime 4 : 7 und der verminderten Decime 3 : 7 in vielen Klangfarben mindestens ebenso gut klingen,
wie die kleine Sexte 5 : 8, und dass das letztere Intervall 3 : 7 sogar
meistens besser klingt, als die ziemlich unvollkommene Consonanz
der kleinen Decime 5 : 12. Aber wir haben schon einen für die
musikalische Praxis sehr wichtigen Umstand angeführt, durch welchen die kleine Sexte vor den mit der Zahl 7 gebildeten Intervallen
einen Vorzug hat. Die kleine Sexte giebt nämlich durch ihre Umkehrung ein besseres Intervall, die grosse Terz, und ihre Bedeutung
als Consonanz im heutigen Musiksysteme hat sie besonders durch
diese ihre Beziehung zur grossen Terz; sie ist wesentlich nothwendig und berechtigt nur, weil sie Umkehrung der grossen Terz ist.
Die durch die Zahl 7 gebildeten Intervalle dagegen geben durch
ihre Umkehrungen und Umlagerungen nur schlechtere Intervalle,
als sie selbst sind. Das Bedürfniss der Harmonik, die Stimmen
nach Belieben umlegen zu dürfen, würde also schon ein Motiv abgeben können, zwischen der kleinen Sexte einerseits und den durch
die Zahl 7 bestimmten Intervallen andererseits die Grenze zu ziehen.
Entscheidend für diese Grenze ist übrigens, wie ich glaube, erst die
Construction der Tonleiter, auf die wir in der nächsten Abtheilung
eingehen werden. Die Tonleiter der modernen Musik kann die
durch die Zahl 7 bestimmten Töne nicht in sich aufnehmen. In
der musikalischen Harmonik kann es sich aber nur um Zusammenklänge zwischen Tönen der Tonleiter handeln. Intervalle, welche
durch die Zahl 5 charakterisirt sind, nämlich die Terzen und Sexten, sind in der Tonleiter vorhanden, ferner kommen in ihr solche
vor, welche durch die Zahl 9 charakterisirt sind, wie die grosse
Secunde 8 : 9, zwischen beiden fallen aber aus die durch die Zahl
7 charakterisirten Intervalle, welche den Uebergang zwischen beiden bilden sollten. Hier bleibt also eine wirkliche Lücke in der
Reihe der nach ihrem Wohlklange geordneten Zusammenklänge,

---

*) Harmonik und Metrik, S. 4.

und diese Lücke bestimmt dann auch die Grenze zwischen Consonanzen und Dissonanzen.

Es sind also Gründe, die nicht in der Natur der Intervalle selbst, sondern die in der Construction des ganzen Tonsystems liegen, welche hier die Entscheidung geben. Dies bestätigt sich auch namentlich durch das historische Factum, dass in der That die Grenze zwischen consonanten und dissonanten Intervallen nicht immer dieselbe gewesen ist. Es ist schon oben erwähnt worden, dass die Griechen die Terzen durchaus immer als dissonant bezeichnet haben, und wenn auch früher die nach Quintencyclen gestimmte Pythagoräische Terz 64 : 81 keine Consonanz war, so haben sie doch in späterer Zeit in ihrem sogenannten syntonisch diatonischen Geschlecht nach Didymus und Ptolemäus die natürliche grosse Terz 4 : 5 gehabt, ohne sie als Consonanz anzuerkennen. Es ist schon oben angeführt, wie man im Mittelalter erst die Terzen, später die Sexten als unvollkommene Consonanzen anerkannte, wie man lange die Terzen aus den Schlussaccorden ganz fortliess, später die grosse und ganz zuletzt erst die kleine Terz zuliess. Es ist unrichtig, wenn neuere musikalische Theoretiker darin nur eine Bizarrerie und Unnatur zu sehen glauben oder meinen, die älteren Tonsetzer hätten sich durch blinden Glauben an die Autorität der Griechen fesseln lassen. Das letztere ist bei den Schriftstellern über musikalische Theorie bis zum sechszehnten Jahrhundert hin allerdings einigermassen der Fall gewesen. Aber zwischen den Tonsetzern und den musikalischen Theoretikern müssen wir einen Unterschied machen. Weder die Griechen, noch die grossen Tonsetzer des sechszehnten und siebenzehnten Jahrhunderts sind die Leute danach gewesen, um sich durch eine Theorie binden zu lassen, der ihre Ohren widersprochen hätten. Der Grund dieser Abweichungen liegt vielmehr in der Verschiedenheit der Tonartensysteme alter und neuer Zeit, die wir in der nächsten Abtheilung näher kennen lernen werden. Es wird sich dort zeigen, dass unser modernes System wesentlich unter dem Einflusse der allgemein gewordenen Anwendung harmonischer Zusammenklänge die Gestalt gewonnen hat, in der wir es jetzt besitzen. In diesem Systeme erst ist eine vollständige Berücksichtigung aller Anforderungen des Harmoniegewebes erreicht worden, und bei der festgeschlossenen Consequenz dieses Systemes dürfen wir uns nicht nur manche Freiheiten im Gebrauche der unvollkommeneren Consonanzen und der Dissonanzen erlauben, welche die älteren Systeme vermeiden mussten, sondern die Consequenz des

modernen Systems fordert sogar oft, namentlich in den Schlusscadenzen, die Anwesenheit der Terzen zur sicheren Unterscheidung
des Dur und Moll, wo sie früher umgangen wurde.

Da somit die Grenze zwischen Consonanzen und Dissonanzen
sich wirklich verändert hat mit der Veränderung der Tonsysteme,
so ist dadurch auch bewiesen, dass der Grund, welcher bestimmt,
wo diese Grenze zu ziehen sei, nicht in den Intervallen und ihrem
Wohlklange selbst, sondern in der ganzen Construction des Tonsystems zu suchen sei.

Die Lösung des Räthsels, welches vor 2500 Jahren Pythagoras der nach den Gründen der Dinge forschenden Wissenschaft
aufgegeben hat betreffs der Beziehung der Consonanzen zu den Verhältnissen der kleinen ganzen Zahlen, hat sich nun darin ergeben,
dass das Ohr die zusammengesetzten Klänge nach den Gesetzen des
Mitschwingens in pendelartige Schwingungen auflöst. Dies geschieht aber, mathematisch ausgedrückt, nach dem von Fourier
aufgestellten Gesetze, welches lehrt, wie eine jede beliebig beschaf-
fene periodisch veränderliche Grösse auszudrücken sei durch eine
Summe einfachster periodischer Grössen *). Die Länge der Perioden der einfach periodischen Glieder dieser Summe muss genau so
gross sein, dass entweder eine, oder zwei, oder drei, oder vier u. s. w.
ihrer Perioden gleich sind der Periode der gegebenen Grösse, was
auf die Töne übertragen bedeutet, dass die Schwingungszahl der
Obertöne beziehlich genau zwei, drei, vier u. s. w. Mal so gross sein
muss, als die des Grundtones. Dies sind nun die ganzen Zahlen,
welche das Verhältniss der Consonanzen bestimmen. Denn, wie
wir gesehen haben, besteht die Bedingung für die Consonanz darin,
dass zwei von den niederen Partialtönen der zusammenklingenden
Noten gleich hoch sind; sonst giebt es störende Schwebungen. In
letzter Instanz ist also der Grund der von Pythagoras aufgefundenen rationellen Verhältnisse in dem Satze von Fourier zu finden, und in gewissem Sinne ist dieser Satz als die Urquelle des
Generalbasses zu betrachten.

Das Verhältniss der ganzen Zahlen zu den Consonanzen ist im
Alterthum, im Mittelalter und namentlich bei den orientalischen
Völkern die Grundlage ausschweifender phantastischer Speculationen gewesen. „Alles ist Zahl und Harmonie," war der charakteristische Hauptsatz der pythagoräischen Lehre. Dieselben Zahlen-

---

*) Nämlich Sinus und Cosinus der variablen Grösse.

verhältnisse, welche zwischen den sieben Tönen der diatonischen
Leiter bestanden, glaubte man in den Abständen der Weltkörper
von dem Centralfeuer wiederzufinden. Daher die Harmonie der
Sphären, welche Pythagoras allein unter allen Menschen, wie
seine Schüler behaupteten, gehört haben sollte. Ziemlich ebenso-
weit in urälteste Zeit reichen die Zahlenspeculationen der Chinesen
zurück. In dem Buche des Tso-kiu-ming, eines Freundes des
Konfucius (500 v. Chr.), werden die 5 Töne der alten chinesischen
Scala mit den fünf Elementen ihrer Naturphilosophie (Wasser, Feuer,
Holz, Metall und Erde) verglichen. Die ganzen Zahlen 1, 2, 3 und
4 werden als der Quell aller Vollkommenheit beschrieben. Später
setzte man die 12 Halbtöne der Octave in Beziehung zu den 12
Monaten des Jahres u. s. w. Aehnliche Beziehungen der Töne zu
den Elementen, den Temperamenten, den Sternbildern finden sich
auch in bunter Menge bei den musikalischen Schriftstellern der
Araber. Die Harmonie der Sphären spielt durch das ganze Mittelalter eine grosse Rolle, beim Athanasius Kircher musicirt nicht
nur der Makrokosmus, sondern auch der Mikrokosmus, und selbst
ein Mann von tiefstem wissenschaftlichen Geiste, wie Keppler,
konnte sich von dieser Art von Vorstellungen nicht ganz frei machen; ja noch in allerneuester Zeit ergötzen sich daran einzelne natur-
philosophische Gemüther, denen Phantasiren bequemer ist, als wissenschaftliche Arbeit.

In ernsterer und mehr wissenschaftlicher Art hat der berühmte
Mathematiker L. Euler*) die Beziehungen der Consonanzen zu den
ganzen Zahlen auf psychologische Betrachtungen zu begründen gesucht, und die von ihm aufgestellte Ansicht kann wohl als diejenige
betrachtet werden, welche während des verflossenen letzten Jahrhunderts den wissenschaftlichen Forschern am meisten zuzusagen,
wenn auch vielleicht nicht zu genügen schien. Euler**) beginnt
damit, auseinanderzusetzen, dass uns alles das gefalle, in welchem
wir eine gewisse Vollkommenheit entdecken. Die Vollkommenheit
eines Dinges sei aber dadurch bestimmt, dass alles an ihm auf die
Erreichung seines Endzwecks hinarbeite. Daraus folgt, dass, wo
Vollkommenheit sich finde, auch Ordnung sein müsse; denn Ordnung bestehe darin, dass alle Theile nach einer Regel angeordnet
seien, aus welcher erkannt werden könne, warum jeder Theil lie-

---

*) Tentamen novae theoriae Musicae, Petropoli, 1739.
**) l. c. Cap. II, §. 7.

ber an den Platz, wo er sich befindet, als an irgend einen ändern gestellt worden sei. In einem mit Vollkommenheit ausgestatteten Gegenstande bestimme sich aber eine solche Regel der Anordnung durch den alle Theile beherrschenden Endzweck. Deshalb gefalle uns Ordnung mehr als Unordnung. Ordnung könnten wir aber auf zweierlei Weise wahrnehmen, entweder wenn wir das Gesetz schon kennen, aus welchem die Regel der Anordnung abgeleitet ist, indem wir die Folgerungen aus dem Gesetze mit der wahrgenommenen Anordnung vergleichen; oder zweitens, wenn wir das Gesetz der Anordnung vorher nicht kennen, indem wir es aus der vorhandenen Anordnung der Theile rückwärts zu erschliessen suchen. Der letztere Fall ist derjenige, mit dem wir es in der Musik zu thun haben. Eine Zusammenstellung von Tönen werde uns gefallen, wenn wir das Gesetz ihrer Anordnung auffinden können. Dabei könne es wohl vorkommen, dass der eine Hörer es zu finden wisse, der andere nicht, und beide deshalb verschieden urtheilten.

Je leichter wir nun die Ordnung wahrnehmen, welche in dem betreffenden Objecte wohnt, desto einfacher und vollkommener werden wir sie finden, und desto leichter und freudiger sie anerkennen. Eine Ordnung aber, deren Wahrnehmung uns Mühe macht, wird uns zwar auch gefallen, aber mit einem gewissen Gefühl der Mühe und Niedergeschlagenheit (*tristitia*).

In den Tönen seien es nun zwei Dinge, an denen Ordnung zum Vorschein kommen könne, nämlich die Tonhöhe und die Dauer. Die Ordnung der Tonhöhe zeige sich in den Intervallen, die der Dauer im Rhythmus. Zwar würde auch noch eine Ordnung der Tonstärke möglich sein, aber für diese fehlte es uns an einem Maasse. Wie nun im Rhythmus zwei oder drei oder vier gleiche Noten der einen Stimme auf eine, zwei oder drei Noten der anderen Stimme fallen können, wobei wir die Regelmässigkeit einer solchen Anordnung leicht bemerken, besonders wenn sich dieselbe oft hintereinander wiederholt, und uns eine solche Ordnung gefällt, so gefiele es uns auch besser, wenn wir bemerkten, dass zwei, drei oder vier Schwingungen eines Tones auf eine, zwei oder drei eines anderen kämen, als wenn das Verhältniss der Schwingungszeiten irrational oder nur durch grosse Zahlen darstellbar sei. Daraus folgt denn, dass der Zusammenklang zweier Töne uns desto mehr gefalle, durch je kleinere ganze Zahlen ihr Schwingungsverhältniss ausgedrückt werden könne. Euler bemerkt auch, dass wir bei den höheren

Tönen complicirtere Schwingungsverhältnisse, also unvollkommenere Consonanzen, leichter ertragen könnten, als bei den tieferen, weil sich bei jenen die Gruppen gleichgeordneter Schwingungen in gleicher Zeit häufiger wiederholten, als bei letzteren, und wir deshalb die Regelmässigkeit auch einer verwickelteren Anordnung leichter erkennen könnten.

Euler entwickelt darauf eine arithmetische Regel, nach welcher die Stufe des Wohlklanges für ein Intervall oder einen Accord aus den die Intervalle charakterisirenden Schwingungsverhältnissen berechnet werden kann. Der Einklang gehört in die erste Stufe, die Octave in die zweite, Duodecime und Doppeloctave in die dritte, Quinte in die vierte, Quarte in die fünfte, grosse Decime und Undecime in die sechste, grosse Sexte und grosse Terz in die siebente, kleine Sexte und kleine Terz in die achte, die natürliche Septime 4 : 7 in die neunte Stufe u. s. w. In die letztere Stufe gehört auch der Durdreiklang in seiner engsten Lage, und als Quartsextenaccord. Der Sextenaccord des Durdreiklangs dagegen kommt in die folgende zehnte Stufe zu stehen. Der Molldreiklang mit seinem Sextenaccorde steht ebenfalls in der neunten Stufe, sein Quartsextenaccord dagegen in der zehnten Stufe. In dieser Anordnung stimmen die Consequenzen des Euler'schen Systems mit unseren Resultaten ziemlich gut überein, nur in der Stellung der Duraccorde zu den Mollaccorden fehlt in seinem System der Einfluss der Combinationstöne; es ist nur auf die Art der Intervalle Rücksicht genommen. Deshalb erscheinen die beiden Stammaccorde hier als gleich wohlklingend, obgleich andererseits der Sextenaccord der Durtonart und der Quartsextenaccord der Molltonart zurückstehen, wie bei uns *).

---

*) Ich will das Princip, nach welchem Euler die Stufenzahlen von Intervallen und Accorden bestimmt, hierhersetzen, weil es in der That in seinen Consequenzen, soweit nicht Combinationstöne in Betracht kommen, sich gut bewährt. Wenn p eine Primzahl ist, so setzt er die Stufenzahl derselben $= p$. Alle anderen Zahlen sind Producte von Primzahlen. Die Stufenzahl eines Products zweier Factoren a und b, deren Stufenzahlen selbst beziehlich α und β sind, ist $= \alpha + \beta - 1$. Handelt es sich darum, die Stufenzahl eines Accordes zu finden, der in kleinsten Zahlen ausgedrückt gleich $p : q : r : s$ u. s. w. gesetzt werden kann, so sucht Euler die kleinste Zahl, welche sowohl p, als q, als r, als s u. s. w. als Factor enthält, deren Stufen-

Euler hat diese Untersuchungen nicht nur auf einzelne Consonanzen und Accorde, sondern auch auf Folgen von solchen, auf die Construction der Tonleitern, die Modulationen angewendet, und es kommen viele überraschende Specialitäten vollkommen richtig heraus. Aber abgesehen davon, dass das Euler'sche System die Erklärung der Thatsache schuldig bleibt, warum eine schwach verstimmte Consonanz nahezu ebenso gut klingt, wie eine reine, und besser als eine stärker verstimmte, während doch die Zahlenverhältnisse gerade für eine schwach verstimmte Consonanz in der Regel am meisten complicirt sein werden, so liegt die Hauptschwierigkeit der Euler'schen Ansicht darin, dass gar nicht gesagt wird, wie es die Seele denn mache, dass sie die Zahlenverhältnisse je zwei zusammenklingender Töne wahrnehme. Wir müssen bedenken, dass der natürliche Mensch sich kaum klar macht, dass der Ton auf Schwingungen beruhe. Dafür ferner, dass die Schwingungszahlen verschieden sind, bei hohen Tönen grösser als bei kleinen, und dass sie bei bestimmten Intervallen bestimmte Verhältnisse haben, fehlt der unmittelbaren bewussten sinnlichen Wahrnehmung jedes Hilfsmittel der Erkenntniss. Es kommen zwar mancherlei sinnliche Wahrnehmungen vor, wobei wir selbst nicht anzugeben wissen, wie wir es machen zu der betreffenden Erkenntniss zu gelangen, wenn wir zum Beispiel aus der Resonanz eines Raumes auf seine Grösse und Gestalt, aus den Gesichtszügen eines Menschen auf seinen Charakter schliessen. Aber in diesen Fällen haben wir eine lange Reihe von Erfahrungen über die betreffenden Verhältnisse gemacht, aus denen wir durch Analogieschlüsse uns ein Urtheil ziehen, ohne dass wir die einzelnen Thatsachen uns deutlich zu vergegenwärtigen wissen, auf denen das Urtheil beruht. Mit den Schwingungszahlen ist es aber ganz anders. Wer nicht physikalische Versuche anstellt, hat nie in seinem Leben Gelegenheit, etwas über die Schwingungszahlen oder über ihre Verhältnisse zu erfahren. Und in diesem

---

zahl ist auch die Stufenzahl des Accordes. Also zum Beispiel die Stufenzahl

$$\text{von} \quad 2 \text{ ist} \quad 2$$
$$\text{von} \quad 3 \text{ ist} \quad 3$$
$$\text{von} \quad 4 = 2 \cdot 2 \text{ ist } 2 + 2 - 1 = 3$$
$$\text{von} \quad 12 = 4 \cdot 3 \text{ ist } 3 + 3 - 1 = 5$$
$$\text{von} \quad 60 = 12 \cdot 5 = 5 + 5 - 1 = 9.$$

Die vom Duraccord $4 : 5 : 6$ ist gleich der von 60, weil 60 durch 4, durch 5 und durch 6 ohne Rest dividirt werden kann.

Falle bleibt doch die Mehrzahl der Menschen, welche sich über Musik freuen, ihr Leben lang.

Also bliebe es jedenfalls noch übrig, die Mittel nachzuweisen, durch welche in der Sinnesempfindung die Verhältnisse der Schwingungszahlen wahrnehmbar gemacht werden. Diese Mittel habe ich mich bemüht nachzuweisen, und in gewissem Sinne ergänzen also die Resultate der vorliegenden Untersuchung, was an der von Euler noch mangelte. Aber es folgt aus den physiologischen Vorgängen, welche den Unterschied zwischen Consonanz und Dissonanz, oder nach Euler der geordneten und ungeordneten Tonverhältnisse, fühlbar machen, doch auch schliesslich ein wesentlicher Unterschied unserer Erklärungsweise von der Euler'schen. Nach der letzteren soll die Seele die rationalen Verhältnisse der Tonschwingungen als solche wahrnehmen, nach unserer nimmt sie nur eine physikalische Wirkung jener Verhältnisse wahr, die intermittirende oder continuirliche Empfindung des Gehörnerven. Der Physiker weiss allerdings, dass die Empfindung einer Consonanz continuirlich ist, weil die Verhältnisse der Schwingungszahlen rationell sind, aber in das Bewusstsein des der Physik unkundigen Hörers eines Musikstücks tritt nichts davon ein, und auch dem Physiker wird durch seine bessere Einsicht von der Sache ein Accord nicht wohlklingender. Ganz anders ist es mit der Ordnung des Rhythmus. Dass auf eine ganze Note genau zwei halbe, oder drei Triolen, oder vier Viertel kommen, bemerkt jeder, der aufmerksam zuhört, auch ohne weiteren Unterricht. Das geordnete Verhältniss der Schwingungen zweier zusammenklingender Töne dagegen übt zwar auf das Ohr eine besondere Wirkung aus, durch die es sich von allen ungeordneten (irrationalen) Verhältnissen unterscheidet, aber dieser Unterschied der Consonanz und Dissonanz beruht auf physikalischen Vorgängen, nicht auf psychologischen.

Näher schon unserer Theorie kommen die Betrachtungen, welche Rameau und d'Alembert*) einerseits und Tartini**) andererseits über den Grund der Consonanz angestellt haben. Letzterer gründete seine Theorie auf die Existenz der Combinationstöne, die Erstgenannten auf die der Obertöne. Man sieht, sie hatten die richtigen Angriffspunkte aufgespürt, aber die akustischen

---

*) Eléments de Musique suivant les principes de M. Rameau par M. d'Alembert. Lyon 1762.

**) Traité de l'Harmonie 1754.

Kenntnisse des vorigen Jahrhunderts reichten noch nicht hin, genügende Consequenzen daraus zu ziehen. Tartini's Buch soll nach d'Alembert's Aussage so dunkel und unklar geschrieben sein, dass er, wie auch andere gut unterrichtete Leute, es unmöglich fand sich darüber ein Urtheil zu bilden. Das Buch von d'Alembert dagegen ist ausgezeichnet klar und musterhaft in der Darstellung, wie man es nur von einem so feinen und exacten Kopfe erwarten darf, der zugleich zu den grössten Physikern und Mathematikern seines Zeitalters zu rechnen ist. Rameau und d'Alembert gehen von zwei Thatsachen aus, die sie als die Grundlagen ihres Systems betrachten. Die erste ist, dass man bei jedem tönenden Körper mit dem Grundtone (*générateur*) auch die Duodecime und nächst höhere Terz als Obertöne (*harmoniques*) höre. Die zweite ist, dass Jedermann die Aehnlichkeit bemerke, die zwischen einem jeden Tone und seiner Octave stattfinde. Durch die erste Thatsache sei gezeigt, dass der Duraccord von allen Accorden der natürlichste sei, und durch die zweite, dass man die Quinte und Terz auch um beziehlich eine und zwei Octaven herabrücken dürfe, ohne das Wesen des Accords zu verändern, so dass man dadurch den Durdreiklang in seinen verschiedenen Umlagerungen erhält. Der Mollaccord entsteht dann, indem man drei Töne sucht, welche alle drei denselben Oberton, nämlich die Quinte des Accords, haben (C, Es und G lassen wirklich alle ein g' mitklingen). Der Mollaccord sei deshalb zwar nicht ganz so vollkommen und natürlich, wie der Duraccord, aber doch auch durch die Natur vorgeschrieben.

In der Mitte des vorigen Jahrhunderts, wo man unter den Uebeln eines verkünstelten gesellschaftlichen Zustandes schwer zu leiden anfing, mochte es genügen eine Sache als natürlich darzustellen, um dadurch auch zu beweisen, dass sie schön und wünschenswerth sei, und auch gegenwärtig werden wir nicht läugnen wollen, dass bei der grossen Vollendung und Zweckmässigkeit sämmtlicher organischer Einrichtungen des menschlichen Körpers der Nachweis solcher in der Natur gegebenen Verhältnisse, wie sie Rameau zwischen den Tönen des Duraccordes aufgefunden hatte, alle Beachtung verdient, wenigstens als Anhaltspunkt für die weitere Forschung. Und in der That hatte auch Rameau, wie wir jetzt übersehen können, vollkommen richtig vermuthet, dass von dieser Thatsache aus die Lehre der Harmonie zu begründen sei. Aber abgemacht war es damit freilich nicht. Denn in der Natur kommt Schönes und Hässliches, Heilsames und Schädliches vor.

Der blosse Nachweis, dass etwas natürlich sei, genügt also noch nicht es ästhetisch zu rechtfertigen. Ausserdem hätte Rameau bei geschlagenen Stäben, Glocken, Membranen, angeblasenen Hohlräumen noch mancherlei andere ganz dissonante Accorde hören können, als bei den Saiten und übrigen Musikinstrumenten. Solche Accorde würde man doch auch für natürlich erklären müssen.

Zweitens ist auch die Aehnlichkeit der Octave mit ihrem Grundton, auf welche Rameau sich stützt, ein musikalisches Phänomen, welches eben so gut der Erklärung bedarf, wie das Phänomen der Consonanz.

Niemand hat übrigens besser als d'Alembert selbst die Lücken dieses Systems eingesehen. Er verwahrt sich deshalb in dem Vorwort seines Buches sehr entschieden gegen den Ausdruck „Demonstration des Princips der Harmonie“, welchen Rameau gebraucht hatte. Er erklärt, dass er für sein Theil nichts geben wolle, als eine wohl zusammenhängende und consequente Darstellung sämmtlicher Gesetze der Harmonielehre, sie anknüpfend an die eine Grundthatsache, nämlich die Existenz der Obertöne, welche er als gegeben nimmt, ohne weiter zu fragen, wo sie herkommt. So beschränkt er sich denn auch auf den Nachweis der „Natürlichkeit“ des Dur- und Molldreiklanges. Von den Schwebungen ist in dem Buche keine Rede, daher auch nicht von dem eigentlichen Unterschiede zwischen Consonanz und Dissonanz. Von den Gesetzen der Schwebungen wusste man zu jener Zeit erst ausserordentlich wenig, die Combinationstöne waren eben erst durch Romieu (1753) und Tartini (1754) den französischen Gelehrten bekannt geworden. In Deutschland waren sie einige Jahre früher durch Sorge (1745) entdeckt, diese Nachricht aber wohl wenig verbreitet. Es fehlte also das Material von Thatsachen, mit welchem allein eine vollständigere Theorie aufgebaut werden konnte.

Dennoch ist dieser Versuch von Rameau und d'Alembert von grosser historischer Wichtigkeit, insofern dadurch die Theorie der Consonanz zum ersten Male von metaphysischen auf naturwissenschaftlichen Boden gerückt wurde. Es ist bewundernswerth, was beide mit dem spärlichen Material, das ihnen zu Gebot stand, geleistet haben, und was für ein klares, präcises und übersichtliches System die vorher so wüste und schwerfällige Theorie der Musik unter ihren Händen geworden ist. Wie wichtige Fortschritte Rameau in dem eigentlich musikalischen Theile der Harmonielehre gemacht hat, werden wir später noch auseinander zu setzen haben.

Wenn ich selbst also etwas Vollständigeres zu geben im Stande war, so habe ich das nur dem Umstande zu verdanken, dass mir die grosse Menge physikalischer Vorarbeiten zum Gebrauch bereit war, welche das inzwischen verflossene Jahrhundert aufgehäuft hat.

DRITTE ABTHEILUNG.

———

DIE

VERWANDTSCHAFT DER KLÄNGE.

TONLEITERN UND TONALITÄT.

———

Dreizehnter Abschnitt.

Uebersicht der verschiedenen Principien des musikalischen Stils in der Entwickelung der Musik.

Bis hierher ist unsere Untersuchung rein naturwissenschaftlicher Art gewesen. Wir haben die Gehörempfindungen analysirt, wir haben die physikalischen und physiologischen Gründe der gefundenen Erscheinungen, der Obertöne, Combinationstöne, Schwebungen aufgesucht. In diesem ganzen Gebiete hatten wir es nur mit Naturerscheinungen zu thun, die rein mechanisch und ohne Willkür bei allen lebenden Wesen ebenso eintreten müssen, deren Ohr nach einem ähnlichen anatomischen Plane construirt ist, wie das unsere. In einem solchen Gebiete, wo mechanische Nothwendigkeit herrscht und alle Willkür ausgeschlossen ist, kann man auch von der Wissenschaft verlangen, dass sie feste Gesetze der Erscheinungen aufstelle, und einen strengen Zusammenhang zwischen Ursache und Wirkung streng nachweise. Wie in den Erscheinungen, welche die Theorie umfasst, nichts Willkürliches ist, so darf auch in den Gesetzen, unter welche diese Erscheinungen gefasst werden, in den Erklärungen, die wir ihnen unterlegen, schliesslich nichts Willkürliches bleiben. Und so lange so etwas noch darin wäre, hätte die Wissenschaft die Aufgabe und meistens auch die Mittel, durch fortgesetzte Untersuchungen es auszuschliessen.

Indem wir uns in dieser dritten Abtheilung unserer Untersuchungen hauptsächlich der Musik zuwenden, und zur Begründung der elementaren Regeln der musikalischen Composition übergehen wollen, betreten wir einen andern Boden, der nicht mehr rein naturwissenschaftlich ist, wenn auch die von uns gewonnene Einsicht in das Wesen des Hörens hier noch mannigfache Anwendung finden wird. Wir schreiten hier zu einer Aufgabe, die ihrem Wesen nach in das Gebiet der Aesthetik gehört. Wenn wir bisher in der Lehre von den Consonanzen von Angenehm und Unangenehm gesprochen haben, so handelte es sich nur um den unmittelbaren sinnlichen Eindruck des isolirten Zusammenklanges auf das Ohr, ohne alle Rücksicht auf künstlerische Gegensätze und Ausdrucksmittel, nur um sinnliches Wohlgefallen, nicht um ästhetische Schönheit. Beide sind streng zu trennen, wenn auch das erstere ein wichtiges Mittel ist, um die Zwecke der letzteren zu erreichen.

Die geänderte Natur der fortan zu behandelnden Gegenstände verräth sich schon durch ein ganz äusserliches Kennzeichen, nämlich dadurch, dass wir fast bei jedem einzelnen derselben auf historische und nationale Geschmacksverschiedenheiten stossen. Ob ein Zusammenklang mehr oder weniger rauh ist als ein anderer, hängt nur von der anatomischen Structur des Ohres, nicht von psychologischen Motiven ab. Wie viel Rauhigkeit aber der Hörer als Mittel musikalischen Ausdrucks zu ertragen geneigt ist, hängt von Geschmack und Gewöhnung ab; daher die Grenze zwischen Consonanzen und Dissonanzen sich vielfältig geändert hat. Ebenso sind die Tonleitern, Tonarten und deren Modulationen mannigfachem Wechsel unterworfen gewesen, nicht bloss bei ungebildeten und rohen Völkern, sondern selbst in denjenigen Perioden der Weltgeschichte und bei denjenigen Nationen, wo die höchsten Blüthen menschlicher Bildung zum Aufbruch kamen.

Daraus folgt der Satz, der unseren musikalischen Theoretikern und Historikern noch immer nicht genügend gegenwärtig ist, dass das System der Tonleitern, der Tonarten und deren Harmoniegewebe nicht bloss auf unveränderlichen Naturgesetzen beruht, sondern dass es zum Theil auch die Consequenz ästhetischer Principien ist, die mit fortschreitender Entwickelung der Menschheit einem Wechsel unterworfen gewesen sind und ferner noch sein werden.

Daraus folgt nun noch nicht, dass die Wahl der genannten Elemente musikalischer Technik rein willkürlich sei, und sie keine Ableitung aus einem allgemeineren Gesetze zuliessen. Im Gegentheil, die Regeln eines jeden Kunststils bilden ein wohl zusammenhängendes System, wenn derselbe überhaupt zu einer reichen und vollendeten Entwickelung gekommen ist. Ein solches System von Kunstregeln wird zwar von den Künstlern nicht aus bewusster Absicht und Consequenz entwickelt, sondern mehr durch herumtastende Versuche und durch das Spiel der Phantasie, indem sie ihre Kunstgebilde bald so, bald anders sich ausdenken oder ausführen, und durch den Versuch allmälig ermitteln, welche Art und Weise ihnen am besten gefalle. Aber die Wissenschaft kann die Motive doch zu ermitteln suchen, seien sie nun psychologischer oder technischer Art, die bei diesem Verfahren der Künstler wirksam gewesen sind. Der wissenschaftlichen Aesthetik werden hierbei die psychologischen Motive zur Untersuchung zufallen, der Naturwissenschaft die technischen. Wenn der Zweck richtig festgestellt ist, dem die Künstler einer gewissen Stilart nachstreben, und die Hauptrichtung des Weges, den sie dazu eingeschlagen haben, so lässt sich übrigens mehr oder weniger bestimmt nachweisen, warum sie gezwungen waren, diese oder jene Regel zu befolgen, dieses oder jenes technische Mittel zu ergreifen. In der Musiklehre namentlich, wo eigenthümliche physiologische Thätigkeiten des Ohres, die nicht unmittelbar vor der bewussten Selbstbeobachtung offen darliegen, eine grosse Rolle spielen, bleibt der wissenschaftlichen Erörterung ein breites und reiches Feld offen, um die Nothwendigkeit der technischen Regeln für eine jede einzelne Richtung in der Entwickelung unserer Kunst zu erweisen.

Die Charakterisirung freilich der Hauptaufgabe, welche jede Kunstschule verfolgt, und des Grundprincips ihres Kunststils kann nicht Aufgabe der Naturwissenschaft sein, sondern diese muss ihr aus den Resultaten der historischen und ästhetischen Forschungen gegeben werden.

Der Vergleich mit der Baukunst, welche ebenso wie die Musik wesentlich von einander verschiedene Richtungen eingeschlagen hat, wird das Verhältniss deutlicher zu machen geeignet sein. Die Griechen ahmten in ihren steinernen Tempeln die ursprünglichen Holzbauten nach; das war das Grundprincip ihres Baustils. Man erkennt noch deutlich in der ganzen Gliederung und in der Anordnung der Verzierungen diese Nachahmung der Holzconstruction. Die senkrechte Stellung der tragenden Säulen, die meist horizontale des getragenen Gebälks zwangen auch alle untergeordneten Theile überwiegend nach horizontalen und verticalen Linien zu gliedern. Für die Zwecke des griechischen Gottesdienstes, dessen

24*

Hauptacte unter freiem Himmel geschahen, genügten solche Bauten, deren innere Räumlichkeit natürlich durch die Länge der verwendbaren steinernen oder hölzernen Balken eng begrenzt war. Die alten Italiener (Etrusker) dagegen erfanden das Princip des aus keilförmigen Steinen zusammengesetzten Gewölbes. Durch diese technische Erfindung wurde es möglich, viel weitläuftigere Gebäude mit gewölbten Decken zu überdachen, als die Griechen es mit ihren hölzernen Balken thun konnten. Unter diesen gewölbten Gebäuden sind bekanntlich die Gerichtshallen (Basiliken) für die spätere Entwickelung der Baukunst bedeutend geworden. Mit der gewölbten Decke tritt nun der Rundbogen in der romanischen (byzantinischen) Kunst als Hauptmotiv der Gliederung und Verzierung auf. Die Säulen verwandelten sich der schwereren Last entsprechend in Pfeiler, denen sich nach voller Entwickelung dieses Stils Säulen nur noch in sehr verjüngten Dimensionen und halb in die Masse des Pfeilers eingesenkt, als eine verzierende Gliederung desselben, und als untere Fortsetzung der Gewölberippen, die vom oberen Ende des Pfeilers nach der Decke ausstrahlten, anschlossen.

In dem Gewölbe drängen die keilförmig gehauenen Steine gegeneinander; weil sie aber alle gleichmässig nach innen drängen, verhindert jeder den anderen wirklich zu fallen. Den stärksten und gefährlichsten Druck üben die Steine in dem horizontalen Theile des Gewölbes, die gar keine, auch keine schief gestellte Unterlage mehr haben, sondern nur noch durch ihre Keilform und die grössere Dicke ihres oberen Endes am Fallen gehindert werden. Bei sehr grossen Gewölben ist also der horizontal liegende mittlere Theil der gefährlichste, der bei der kleinsten Nachgiebigkeit der Nachbarsteine zusammenstürzt. Als nun die mittelalterlichen Kirchenbauten immer grössere Dimensionen annahmen, verfiel man darauf, den mittleren horizontal liegenden Theil des Gewölbes ganz wegzulassen, und die Seiten unter mässigerer Steigung aufwärts laufen zu lassen, bis sie oben im Spitzbogen zusammenstiessen. Nun wurde dem entsprechend der Spitzbogen das herrschende Princip. Das Gebäude gliederte sich äusserlich durch die hervortretenden Strebepfeiler. Diese, wie der überall hindurchbrechende Spitzbogen, gaben harte Formen, die Kirchen wurden im Innern enorm hoch. Beides aber entsprach dem kräftigen Sinne der nordischen Völker, und vielleicht gerade die Härte der Formen, vollständig beherrscht von der wunderbaren Consequenz, die sich durch die bunte Formenpracht der gothischen Dome hinzieht, diente dazu, den Eindruck des Gewaltigen und Mächtigen zu erhöhen.

So sehen wir hier, wie die an die wachsenden Aufgaben sich anschliessenden technischen Erfindungen nach einander drei ganz verschiedene Stilprincipien, nämlich das der geraden Horizontallinie, des Rundbogens und des Spitzbogens, erzeugten, und wie mit jeder neuen Aenderung in dem Hauptplane der Construction des Gebäudes auch alle untergeordneten Einzelheiten bis in die kleinsten Verzierungen hinein sich ändern; daher sind auch die einzelnen technischen Constructionsregeln nur aus dem Constructionsprincipe des Ganzen zu begreifen. Obgleich der gothische Stil die reichsten und in sich consequentesten, die mächtigsten und ergreifendsten Architekturformen entwickelt hat, ungefähr wie unser modernes Musiksystem unter den übrigen, so wird es doch nicht leicht Jemandem einfallen, behaupten zu wollen, der Spitzbogen sei die natürlich gegebene Urform aller architektonischen Schönheit, und müsse überall eingeführt werden. Und gegenwärtig weiss man sehr wohl, dass es eine künstlerische Absurdität ist, einem Gebäude in griechischer Tempelform gothische Fenster einzusetzen, sowie sich auch umgekehrt leider Jedermann in unseren meisten gothischen Domen davon überzeugen kann, wie abscheulich die vielen kleinen, in griechischem oder römischem Stile ausgeführten Kapellen aus der Renaissancezeit zum Ganzen passen. Ebenso wenig, wie den gothischen Spitzbogen, müssen wir unsere Durtonleiter als Naturproduct betrachten, wenigstens nicht in anderem Sinne, als dass beide die nothwendige und durch die Natur der Sache bedingte Folge des gewählten Stilprincips sind. Und ebenso wenig, wie wir in einen griechischen Tempel gothische Verzierungen setzen, müssen wir die in Kirchentonarten geschriebenen Compositionen dadurch verbessern wollen, dass wir ihre Töne nach dem Schema unserer Dur- und Mollharmonie mit Versetzungszeichen versehen. Bisher hat freilich dieser Sinn für historische Kunstauffassung bei unseren Musikern und selbst bei den musikalischen Historikern noch wenig Fortschritte gemacht. Sie beurtheilen alte Musik meist nach den Vorschriften der modernen Harmonielehre und sind geneigt, jede Abweichung von der letzteren für blosses Ungeschick der Alten zu halten, oder für barbarische Geschmacklosigkeit*).

---

*) Namentlich in den an fleissig gesammelten Thatsachen sonst so reichen historisch musikalischen Schriften von R. G. Kiesewetter herrscht

Ehe wir also an die Construction der Tonleitern und der Regeln für das Harmoniegewebe gehen können, müssen wir die Stilprincipien wenigstens der Hauptentwickelungsphasen der musikalischen Kunst zu bezeichnen suchen. Wir können sie für unsere Zwecke nach drei Hauptperioden unterscheiden.

1. Die homophone (einstimmige) Musik des Alterthums, an welche sich auch die jetzt bestehende Musik der orientalischen und asiatischen Völker anschliesst.

2. Die polyphone Musik des Mittelalters, vielstimmig, aber noch ohne Rücksicht auf die selbständige musikalische Bedeutung der Zusammenklänge, vom 10. bis in das 17. Jahrhundert reichend, wo sie dann übergeht in

3. die harmonische oder moderne Musik, charakterisirt durch die selbständige Bedeutung, welche die Harmonie als solche gewinnt. Ihre Ursprünge fallen in das 16. Jahrhundert.

1. Die homophone Musik.

Die einstimmige Musik ist bei allen Völkern die ursprüngliche gewesen. Wir finden sie noch bei den Chinesen, Indern, Arabern, Türken und Neugriechen in diesem Zustande, trotzdem diese Völker zum Theil sehr ausgebildete Musiksysteme besitzen. Dass die Musik der hellenischen Blüthezeit, abgesehen vielleicht von einzelnen Instrumentalverzierungen, Cadenzen und Zwischenspielen, durchaus einstimmig gewesen ist, oder die Stimmen mit einander höchstens in der Octave gingen, kann jetzt wohl als festgestellt gelten. In den Problemen des Aristoteles*) wird gefragt: „Weshalb

---

ein offenbar übertriebener Eifer, alles zu läugnen, was nicht in das Schema der Dur- und Molltonart passt.

*) Probl. XIX, 18 und 39. Gegen das Ende der Gesänge scheint zuweilen die Instrumentalbegleitung sich von der Stimme getrennt zu haben. Man scheint dies unter dem Namen der Krusis ($\varkappa\varrho o\tilde{v}\sigma\iota\varsigma$ $\acute{v}\pi\grave{o}$ $\tau\grave{\eta}\nu$ $\dot{\omega}\delta\grave{\eta}\nu$) verstehen zu müssen. Siehe Arist. Probl. XIX, 39 und Plutarch de Musica XIX, XXVIII. Dass sie übrigens die Wirkung der Consonanzen kannten, aber nicht liebten, zeigt die Stelle Aristoteles de Audibilibus. Ed. Bekker S. 801: „Deshalb verstehen wir auch besser, wenn wir nur einen hören, als wenn viele dasselbe sagen. Ebenso auf den Saiten. Und noch viel schlimmer ist es, wenn gleichzeitig die Kithara gespielt und dazu die Flöte geblasen wird, weil die Stimmen dann mit den anderen zusammenfliessen. Besonders ist dies bei den Consonanzen deutlich. Beide Töne verbergen sich nämlich unter einander.“

wird die Consonanz der Octave allein gesungen? Diese spielen sie
auf der Magadis (einem harfenähnlichen Instrumente), aber keine
von den anderen Consonanzen." An einer anderen Stelle bemerkt
er, dass die Stimmen von Knaben und Männern, die in Wechsel-
gesängen zusammenwirken, das Intervall einer Octave zwischen sich
lassen.

Einstimmige Musik, allein und für sich genommen ohne Begleitung der Poesie, ist zu arm an Formen und Veränderungen,
als dass sich darin grössere und reichere Kunstformen entwickeln
könnten. Daher ist die reine Instrumentalmusik in diesem Stadium
nothwendig beschränkt auf kurze Tanzstückchen oder Märsche;
mehr findet sich in der That nicht vor bei den Völkern, welche
keine harmonische Musik haben. Zwar haben Flötenvirtuosen*)
in den pythischen Spielen wiederholt den Sieg davongetragen, aber
Virtuosenkünste lassen sich auch in knappen Compositionsformen,
z. B. in Variationen einer kurzen Melodie, ausführen. Dass das
Princip der Variationen ($\mu\varepsilon\tau\alpha\beta o\lambda\acute{\eta}$) einer Melodie mit Berücksichtigung des dramatischen Ausdrucks ($\mu\iota\mu\eta\acute{\sigma}\iota\varsigma$) übrigens den Griechen
bekannt war, geht ebenfalls aus Aristoteles (Problem 15) hervor.
Er beschreibt die Sache sehr deutlich, und bemerkt, dass man die
Chöre müsse die Melodien in den Antistrophen einfach wiederholen
lassen, weil viele Variationen anzubringen einem leichter sei, als vielen. Die Wettkämpfer aber und die Schauspieler könnten dergleichen ausführen.

Umfangreichere Kunstwerke kann homophone Musik nur als
Gesang in Verbindung mit der Poesie bilden, und in dieser Weise
ist die Musik auch im classischen Alterthum angewendet worden.
Nicht nur Lieder (Oden) und religiöse Hymnen wurden gesungen,
sondern selbst Tragödien und grosse epische Gesänge wurden in
einer gewissen Weise musikalisch vorgetragen und mit der Lyra
begleitet. Wir können uns jetzt schwer eine Vorstellung davon
machen, wie das geschah, da wir nach unserer modernen Geschmacksrichtung gerade im Gegentheil von einem guten Declamator oder
Vorleser dramatische Naturwahrheit im Sprechton verlangen, und
singenden Ton als einen der grössten Fehler betrachten. In dem
singenden Tone der italienischen Declamatoren, in den liturgischen
Recitationen der römisch-katholischen Priester mögen wir Nachklänge
des antiken Sprechgesanges haben. Uebrigens lehrt eine etwas

---

*) Vielleicht waren die $\alpha\mathring{v}\lambda oi$ unseren Oboen ähnlicher.

aufmerksamere Beobachtung bald, dass auch im gewöhnlichen Sprechen, wo der singende Ton der Stimme hinter den Geräuschen,
welche die einzelnen Buchstaben charakterisiren, mehr versteckt
wird, wo ferner die Tonhöhe nicht genau festgehalten wird und
schleifende Uebergänge in der Tonhöhe häufig eintreten, sich dennoch gewisse, nach regelmässigen musikalischen Intervallen gebildete Tonfälle unwillkürlich einfinden.   Wenn einfache Sätze gesprochen werden ohne Affect des Gefühls, so wird meist eine gewisse mittlere Tonhöhe festgehalten, und nur die betonten Worte
und die Enden der Sätze und Satzabschnitte werden durch einen
Wechsel der Tonhöhe hervorgehoben.   Das Ende eines bejahenden
Satzes vor einem Punkte pflegt dadurch bezeichnet zu werden, dass
man von der mittleren Tonhöhe um eine Quarte fällt.   Der fra-
gende Schluss steigt empor, oft um eine Quinte über den Mittelton.
Zum Beispiel eine Bassstimme spricht:

Accentuirte Worte werden ebenfalls dadurch hervorgehoben, dass
man sie etwa einen Ton höher legt als die übrigen, und so fort.
Beim feierlichen Declamiren werden die Tonfälle mannichfacher
und complicirter.   Das moderne Recitativ ist durch Nachahmung
dieser Tonfälle in gesungenen Noten entstanden.   Darüber spricht
sich sein Erfinder Jacob Peri in der Vorrede zu seiner 1600 her-
ausgegebenen Oper Eurydice ganz deutlich aus.   Man suchte damals durch das Recitativ die Declamation der antiken Tragödien
wieder herzustellen.   Nun ist allerdings die antike Recitation von
unserem modernen Recitative dadurch einigermaassen verschieden
gewesen, dass jene das Metrum der Gedichte genauer festhielt und
ihr die begleitenden Harmonien des letzteren fehlten.   Indessen
können wir doch aus unserem Recitative, wenn es gut vorgetragen
wird, einen besseren Begriff davon erhalten, wie sehr durch eine
solche musikalische Recitation der Ausdruck der Worte gesteigert
werden kann, als durch die monotone Recitation der römischen
Liturgie, obgleich die letztere der Art nach vielleicht der antiken

Recitation ähnlicher ist, als das Opernrecitativ. Die Feststellung
der römischen Liturgie durch Papst Gregor den Grossen
(590 bis 604) reicht zurück in eine Zeit, wo Reminiscenzen der
alten Kunst, wenn auch verblasst und entstellt, durch Tradition
noch überliefert sein konnten, namentlich wenn, wie man wohl als
wahrscheinlich annehmen darf, Gregorius im Wesentlichen nur
die Normen für die schon seit der Zeit des Papstes Sylvester
(314 bis 335) bestehenden römischen Singschulen endgültig festgestellt hat. Die meisten dieser Formeln für die Lectionen, Collec-
ten u. s. w. ahmen deutlich den Tonfall des gewöhnlichen Sprechens
nach. Sie gehen in gleicher Tonhöhe fort, einzelne accentuirte oder
nicht lateinische Worte werden in der Tonhöhe etwas verändert,
für jede Interpunction sind besondere Schlussformeln vorgeschrieben, z. B. für die Lectionen nach Münsterschem Gebrauche *):

Nach der Feierlichkeit des Festes, dem vorgetragenen Gegenstande, dem Range des vortragenden oder darauf antwortenden
Priesters sind diese und ähnliche Schlussformeln bald mehr bald
weniger verziert. Man erkennt leicht in ihnen das Streben, die natürlichen Tonfälle der gewöhnlichen Sprache nachzuahmen, aber so,
dass sie von ihren individuellen Unregelmässigkeiten befreit, feier-
licher klingen. Freilich wird in solchen feststehenden Formeln auf
den grammatischen Sinn der Sätze nicht geachtet, der denn doch
die Betonung sehr mannigfaltig abändert. In ähnlicher Weise kann

---

*) Antony, Lehrbuch des Gregorianischen Kirchengesanges. Münster
1829. Nach den von Fétis in seiner Histoire générale de Musique, Paris
1869, Thl. I, Cap. VI zusammengestellten Nachrichten ist es übrigens zweifelhaft geworden, ob dieses System der Declamation mit vorgeschriebenen
Cadenzen nicht vielmehr aus dem jüdischen Ritualgesange herzuleiten ist.
Schon in den ältesten Handschriften des alten Testaments finden sich 25
verschiedene Zeichen für solche Cadenzen und melodische Phrasen angewendet. Ja der Umstand, dass die entsprechenden Zeichen der griechischen
Kirche ägyptische Schriftzeichen des Demotischen Alphabets sind, deutet auf
einen viel älteren ägyptischen Ursprung dieser Notation hin.

man sich denken, dass die antiken Tragödiendichter ihren Schau-
spielern die Tonfälle vorschrieben, in denen gesprochen werden
sollte, und sie durch musikalische Begleitung darin erhielten.   Und
da sich die antike Tragödie von unmittelbarer äusserlicher Naturwahrheit viel mehr entfernt hielt als das moderne Schauspiel, wie
die künstlichen Rhythmen, die ungewöhnlichen volltönenden Worte,
die steifen fremdartigen Masken zeigen, so konnte auch ein mehr
singender Ton zur Declamation passen, als er unserem modern
gewöhnten Ohre vielleicht gefallen würde.   Dann müssen wir bedenken, dass durch Accentuirung (Vermehrung der Tonstärke) einzelner Worte, durch die Schnelligkeit oder Langsamkeit des Sprechens, durch Pantomimik sich noch viel Leben in eine solche Vor-
tragsweise bringen lässt, die freilich unerträglich monoton wird,
wenn der Vortragende sie nicht auf solche Weise zu beleben weiss.

Jedenfalls aber hat die homophone Musik, auch wo sie in alter
Zeit ausgedehnte Dichtungen grösster Art zu begleiten hatte, immer
nothwendig eine ganz unselbständige Rolle gespielt.   Die musikalischen Wendungen mussten eben durchaus von dem wechselnden
Sinn der Worte abhängen, und konnten ohne diesen keinen selb-
ständigen Kunstwerth und Zusammenhang haben.   Eine eigentliche
durchgehende Melodie zum Absingen von Hexametern in den Epen
oder von jambischen Trimetern in den Tragödien wäre unerträglich
gewesen.   Freier dagegen und selbständiger sind wohl diejenigen
Melodien (Nomen) gewesen, welche man den Oden und tragischen
Chören unterlegte.   Für die Oden gab es auch bekannte Melodien,
deren Benennungen zum Theil noch aufbewahrt sind, auf welche
man immer wieder neue Gedichte machte.

In den grossen ausgeführten Kunstwerken also musste die Musik ganz unselbständig sein, selbständig konnte sie nur kurze Sätze
bilden.   Damit hängt nun ganz wesentlich die Ausbildung des musikalischen Systems der homophonen Musik zusammen.   Wir finden
allgemein bei den Nationen, welche dergleichen Musik besitzen, gewisse Stufenleitern der Tonhöhe festgesetzt in denen sich die Melodien bewegen.   Diese Tonleitern sind sehr mannigfacher, zum Theil,
wie es aussieht, sehr willkürlicher Art, so dass viele uns ganz
fremdartig und unbegreiflich erscheinen, während sie doch von den
begabteren unter den Nationen, denen sie angehören, von den Griechen, Arabern und Indern ausserordentlich subtil und mannigfaltig
ausgebildet worden sind.

Bei der Besprechung dieser Tonsysteme ist nun für unseren

vorliegenden Zweck die Frage von wesentlicher Wichtigkeit, ob in ihnen eine bestimmte Beziehung aller Töne der Leiter auf einen einzigen Haupt- und Grundton, die Tonica, zu Grunde gelegen hat. Die neuere Musik bringt einen rein musikalischen inneren Zusammenhang in alle Töne eines Tonsatzes dadurch, dass alle in ein dem Ohre möglichst deutlich wahrnehmbares Verwandtschaftsverhältniss zu einer Tonica gesetzt werden. Wir können die Herrschaft der Tonica als des bindenden Mittelgliedes für sämmtliche Töne des Satzes mit Fétis als das Princip der Tonalität bezeichnen. Dieser gelehrte Musiker hat mit Recht darauf aufmerksam gemacht, dass in den Melodien verschiedener Nationen die Tonalität in sehr verschiedenem Grade und verschiedener Weise entwickelt sei. Sie ist namentlich in den Liedern der Neugriechen, in den Gesangsformeln der griechischen Kirche und in dem Gregorianischen Gesange der römischen Kirche nicht in der Art entwickelt, dass diese Melodien leicht zu harmonisiren wären, während Fétis *) im Ganzen fand, dass die alten Melodien der nordischen Völker germanischen, celtischen und slavischen Ursprungs sich leicht mit harmonischer Begleitung versehen lassen.

In der That ist es auffallend, dass in den musikalischen Schriften der Griechen, welche Subtilitäten oft in recht weitläufiger Weise behandeln und über alle möglichen anderen Eigenthümlichkeiten der Tonleitern den genauesten Aufschluss geben, nichts deutlich gesagt ist über eine Beziehung, welche in dem modernen System allen anderen vorgeht, und sich überall auf das Deutlichste fühlbar macht. Die einzigen Hindeutungen auf die Existenz einer Tonica finden wir nicht bei den musikalischen Schriftstellern, sondern wieder beim Aristoteles **). Dieser fragt nämlich:

„Wenn Jemand von uns den Mittelton ($\mu \acute{\epsilon} \sigma \eta$) verändert, nach„dem er die anderen Saiten gestimmt hat, und das Instrument ge„braucht, warum klingt alles übel und scheint schlecht gestimmt, „nicht nur wenn er an den Mittelton kommt, sondern auch durch „die ganze andere Melodie? Wenn er aber den Lichanos oder ir„gend einen anderen Ton verändert hat, so tritt ein Unterschied

---

*) Fétis' Biographie universelle des musiciens T. I, p. 126.

**) Problemata 20 und 36. Im Anfang des letzteren ist nach einer Conjectur meines Collegen Stark statt $\varphi \vartheta \epsilon \gamma \gamma \acute{o} \mu \epsilon \nu \alpha \iota$ und $\varphi \vartheta \acute{\epsilon} \gamma \gamma \epsilon \tau \alpha \iota$, was keinen vernünftigen Sinn giebt, zu setzen $\varphi \vartheta \epsilon \acute{\iota} \rho o \mu \epsilon \nu \alpha \iota$ und $\varphi \vartheta \epsilon \acute{\iota} \rho \epsilon \tau \alpha \iota$. — Die erste Stelle ist auch von Ambrosch schon theilweise citirt.

„nur hervor, wenn man gerade diesen gebraucht. Geschieht dies
„nicht mit gutem Grunde? Denn alle guten Melodien gebrauchen
„oft den Mittelton, und alle guten Componisten kommen oft zum
„Mittelton hin, und wenn sie von ihm fortgehen, kehren sie bald
„wieder zurück, zu keinem anderen aber in gleicher Weise.“ Dann
vergleicht er den Mittelton noch mit den Bindewörtern der Sprache,
namentlich denen, welche „und“ bedeuten und ohne die die Sprache
nicht bestehen könne. „So auch ist der Mittelton wie ein Band der
„Töne, und namentlich der schönen, weil sein Ton am meisten vor-
„handen ist.“ An einer anderen Stelle finden wir dieselbe Frage
wieder mit etwas geänderter Antwort: „Warum, wenn der Mittel-
„ton verändert wird, klingen auch die anderen Saiten wie verdor-
„ben? Wenn aber jener bleibt, und von den anderen eine verändert
„wird, so wird die veränderte allein verdorben. Ist dies so, weil
„sowohl das Gestimmtwerden allen zukommt, als auch allen ein ge-
„wisses Verhalten zum Mittelton, und durch diesen schon die Ord-
„nung einer jeden gegeben ist? Wenn aber der Grund der Stim-
„mung und das Zusammenhaltende weggenommen wird, so scheint
„Ordnung nicht mehr in gleicher Weise vorhanden zu sein.“ In
diesen Sätzen ist die ästhetische Bedeutung einer Tonica, als welche hier der Mittelton genannt wird, so gut beschrieben, wie es nur
irgend geschehen kann. Dazu kommt noch, dass von den Pytha-
goräern der Mittelton mit der Sonne, die anderen Töne der
Leiter mit den Planeten verglichen werden *). Man scheint auch
der Regel nach mit dem genannten Mitteltone den Gesang begonnen zu haben, denn im 33sten Probleme des Aristoteles heisst
es: „Warum ist es harmonischer, von der Höhe nach der Tiefe,
„als von der Tiefe zur Höhe zu gehen? Vielleicht weil jenes ist
„vom Anfange angefangen? Denn der Mittelton ist auch der
„höchst gelegene Führer des Tetrachordes (nämlich des unteren).
„Das andere aber hiesse nicht vom Anfange, sondern vom Ende
„anfangen. Oder ist vielleicht das Tiefe nach dem Hohen edler
und wohlklingender?“ Daraus scheint aber auch hervorzugehen,
dass man mit dem Mitteltone, mit welchem man anfing, nicht zu
schliessen pflegte, sondern mit dem tiefsten Tone, der Hypate, von
welcher letzteren wieder Aristoteles im vierten Probleme sagt,
dass diese im Gegensatz zu der dicht darüber liegenden Parhypate mit vollem Nachlass jeder Anspannung gesungen werde, welche

---

*) Nicomachus Harmonice Lib. I, p. 6. Edit. Meibomii.

bei der anderen noch vorhanden sei. Diese Worte des Aristoteles werden wir jedenfalls anwenden dürfen auf die nationale dorische Scala der Hellenen, welche, von Pythagoras auf acht Töne erweitert, folgende war:

<table>
<tr><td>Tiefes Tetrachord</td><td>E</td><td>Hypate</td></tr>
<tr><td></td><td>F</td><td>Parhypate</td></tr>
<tr><td></td><td>G</td><td>Lichanos</td></tr>
<tr><td></td><td>A</td><td>Mese (Mittelton).</td></tr>
<tr><td>Höheres Tetrachord</td><td>H</td><td>Paramese</td></tr>
<tr><td></td><td>C</td><td>Trite</td></tr>
<tr><td></td><td>D</td><td>Paranete</td></tr>
<tr><td></td><td>E</td><td>Nete.</td></tr>
</table>

Nach moderner Ausdrucksweise liegt in der zuletzt citirten Beschreibung des Aristoteles, dass die Parhypate eine Art absteigenden Leitton für die Hypate bildet. In dem Leitton ist die Anstrengung fühlbar, welche mit seinem Uebergange in den Grundton aufhört.

Wenn nun der Mittelton der Tonica entspricht, so ist die Hypate deren Quinte, die Dominante. Für unser Gefühl ist es aber viel nothwendiger mit der Tonica zu schliessen, als mit ihr anzufangen, und wir erklären deshalb gewöhnlich ohne Weiteres den Schlusston eines Satzes für dessen Tonica. Doch lässt die moderne Musik der Regel nach die Tonica auch in dem ersten accentuirten Takttheile des Anfangs hören. Die ganze Tonmasse entwickelt sich aus der Tonica heraus und kehrt wieder in sie zurück. Eine volle Beruhigung im Schlusse ist nicht möglich, als indem die Tonreihe in das verbindende Centrum des ganzen Satzes ausläuft.

In dieser Beziehung also scheint die ältere griechische Musik von der unserigen abgewichen zu sein, indem sie auf der Dominante endigte, nicht auf der Tonica. Uebrigens steht dies in vollkommener Analogie mit der Betonung beim Sprechen. Wir haben gesehen, dass das Ende der bejahenden Sätze ebenfalls auf der nächst tieferen Quinte des Haupttones gebildet wird. Dieselbe Eigenthümlichkeit ist auch in dem modernen Recitative meist beibehalten, in welchem die Gesangstimme auf der Dominante zu enden pflegt, wo sie von den Instrumenten mit dem Dominantseptimenaccorde aufgenommen wird, dem der Accord der Tonica folgt, um den für unser musikalisches Gefühl nöthigen Schluss in der Tonica zu bilden. Da nun die griechische Musik sich an der Recitation von epischen Hexametern und jambischen Trimetern herangebildet hat, wird es uns nicht überraschen dürfen, wenn auch in den Melodien für Oden die erwähnten Eigenthümlichkeiten des Sprechgesanges so herrschend blieben, dass Aristoteles sie als Regel betrachten konnte *).

Aus den angeführten Thatsachen geht hervor, worauf es für unseren Zweck besonders ankommt; dass den Griechen, bei denen sich unsere diatonische Leiter zuerst ausgebildet hat, das Gefühl für Tonalität in ästhetischer Beziehung nicht fehlte, dass es aber doch nicht so entschieden ausgebildet war, wie in der neueren Musik, und namentlich, wie es scheint, sich in den technischen Regeln der Melodiebildung durchaus nicht deutlich geltend machte. Daher ist eben Aristoteles, der die Musik als Aesthetiker behandelt, der einzige Schriftsteller, so weit bisher bekannt ist, der davon spricht; die eigentlich musikalischen Schriftsteller erwähnen es gar nicht. Leider sind auch die Andeutungen des Aristoteles so sparsam, dass Zweifel genug übrig bleiben. Namentlich erwähnt er nichts über die Verschiedenheiten der verschiedenen Tongeschlechter in Bezug auf den Hauptton, so dass gerade der wichtigste Gesichtspunkt, aus dem wir den Bau der griechischen Tonleitern zu betrachten hätten, fast ganz im Dunkel bleibt.

Bestimmter findet sich die Beziehung auf eine Tonica ausgesprochen in den Tonleitern der altchristlichen Kirchenmusik. Man unterschied ursprünglich die vier sogenannten authentischen Tonleitern, wie sie vom Bischof Ambrosius von Mailand († 398) festgesetzt waren. Keine von diesen stimmt mit einer unserer Tonleitern überein; die später von Gregorius hinzugefügten vier plagalischen Tonreihen sind keine Tonleitern in unserem Sinne des Wortes. Die vier authentischen Tonleitern des Ambrosius sind:

1) *DEFGAHCD*
2) *EFGAHCDE*
3) *FGAHCDEF*
4) *GAHCDEFG* .

Doch war die Veränderung des *H* in *B* vielleicht von Anfang an erlaubt; dadurch wurde dann die erste Tonleiter unserer absteigenden Molltonleiter gleich, die dritte eine *F*-Durtonleiter. Die alte Regel war, dass die Gesänge der ersten Leiter in *D* schlossen, die der zweiten in *E*, der dritten in *F*, der vierten in *G*. Dadurch

---

*) Unter den angeblich antiken Melodien, welche uns überliefert sind, zeigt das von B. Marcello veröffentlichte Bruchstück aus der homerischen Ode an die Demeter die besprochene Eigenthümlichkeit sehr deutlich.

waren also diese Töne in unserem Sinne als Tonica charakterisirt.
Aber die Regel wurde nicht strenge gehalten. Man konnte auch in
anderen Tönen der Leiter, sogenannten Confinaltönen schliessen,
und schliesslich wurde die Verwirrung so gross, dass Niemand mehr
recht zu sagen wusste, woran man die Tonart erkennen solle, allerlei unzureichende Regeln aufgestellt wurden, und man zu dem mechanischen Hilfsmittel griff, gewisse Anfangs- und Schlussphrasen,
die sogenannten Tropen, festzusetzen, welche die Tonart charakterisiren sollten.

Obgleich man also bei diesen mittelalterlichen Kirchentonarten
die Regel der Tonalität schon bemerkt hatte, war die Regel selbst
doch so unsicher, und erlaubte so viele Ausnahmen, dass wir auch
hier nicht zweifeln können, dass das Gefühl für die Tonalität viel
unentwickelter gewesen sei, als in der modernen Musik.

Den Begriff der Tonica haben übrigens auch die Indier gefunden, deren Musik ebenfalls einstimmig ist. Sie nennen sie „Ansa" *).
Die indischen Melodien, wie sie von englischen Reisenden nachge-
schrieben sind, erscheinen übrigens den modernen europäischen Melodien sehr ähnlich. Dasselbe haben Fétis und Coussemaker **)
bemerkt in Bezug auf die wenigen bekannten Reste alt germani-
scher und celtischer Melodien.

Wenn also auch die Beziehung auf einen vorherrschenden Ton,
die Tonica, der einstimmigen Musik nicht ganz fehlt, so ist sie ohne
Frage viel schwächer entwickelt gewesen als in der modernen Musik,
wo wenige einander folgende Accorde hinreichen, um festzustellen,
in welcher Tonart die betreffende Stelle des Stücks sich bewegt.
Es scheint mir dies seinen Grund zu haben in dem unentwickelten
Zustande und in der untergeordneten Rolle, welche der homophonen Musik nothwendig zukommen. Melodien, die sich in wenigen
leicht übersehbaren Tönen auf und ab bewegen, die ihren Zusammenhang durch ein nicht musikalisches Hilfsmittel, nämlich die
Worte der Poesie, schon haben, bedürfen keines consequent durch-
geführten musikalischen Bindemittels. Auch in dem modernen Recitative wird die Tonalität viel weniger festgehalten, als in anderen
Compositionsformen. Die Nothwendigkeit einer festen Bindung
der Tonmassen durch rein musikalische Beziehungen drängt sich

---

*) Jones, über die Musik der Indier, übersetzt von Dalberg. S. 36
und 37.

**) Histoire de l'Harmonie au moyen age. Paris 1852, p. 5 bis 7.

dem Gefühl erst dann deutlicher auf, wenn grosse Massen von Tönen, die eine selbständige Bedeutung ohne Hilfe der Poesie haben
sollen, künstlerisch zusammen zu schliessen sind.

2. Polyphone Musik.

Der zweite Entwickelungsabschnitt der Musik ist die polyphone
Musik des Mittelalters. Gewöhnlich wird als die zuerst erfundene
vielstimmige Musik das sogenannte Organum oder die Diaphonie
angeführt, wie sie der flandrische Mönch Hucbald im Anfange des
zehnten Jahrhunderts zuerst beschrieben habe. Dabei sollen zwei
Stimmen in Quinten oder Quarten neben einander hergegangen, zuweilen auch Verdoppelungen einer oder beider in der Octave hinzugefügt seien. Es giebt dies eine für uns unerträgliche Musik.
Nach O. Paul*) hat es sich dabei aber nicht um eine gleichzeitige
Ausführung beider Stimmen gehandelt, sondern um eine beantwor-
tende Wiederholung einer Melodie in transponirter Lage, und Hucbald wäre somit als der Erfinder dieses später in der Fuge und
Sonate so wichtig gewordenen Princips anzusehen.

Die erste unzweifelhafte Form principmässig mehrstimmiger
Musik war der sogenannte Discantus, welcher um das Ende des
eilften Jahrhunderts in Frankreich und Flandern bekannt wurde. Die
ältesten aufbewahrten Beispiele dieses Discantus sind von der Art,
dass zwei ganz verschiedene Melodien — und zwar schien man sie
gern so verschiedenartig wie möglich zu wählen — aneinander gepasst
wurden durch kleine Veränderungen des Rhythmus oder der Tonhöhen, bis sie ein einigermassen consonirendes Ganze bildeten. Zuerst
scheint man namentlich gern eine liturgische Formel mit irgend
einem schlüpfrigen Liedchen gepaart zu haben. Die ersten derarti-
gen Beispiele können nicht wohl irgend eine andere Bedeutung gehabt haben, als dass es musikalische Kunststückchen zur gesellschaftlichen Unterhaltung waren. Es war eine neue Entdeckung,
an der man sich amüsirte, dass zwei ganz verschiedene unabhängige
Melodien neben einander gesungen werden konnten, und gut zusammen klangen.

Das Princip des Discantus war fruchtbar, und von solcher Art,
dass jene Zeit es entwickeln konnte; aus ihm ist die eigentlich po-

*) Geschichte des Claviers. Leipzig 1868, S. 49.

lyphone Musik hervorgegangen. Verschiedene Stimmen, jede für sich selbständig und eine eigene Melodie tragend, sollten vereinigt werden, so dass sie keine, oder wenigstens nur schnell vorüberge⁻ hende und sich auflösende Missklänge bildeten. Die Consonanz an sich war nicht Zweck, nur ihr Gegentheil, die Dissonanz, sollte ver⁻ mieden werden. Alles Interesse concentrirte sich auf die Bewegung der Stimmen. Um die verschiedenen Stimmen zusammenzuhalten, war strenges Einhalten des Taktes nöthig, es entwickelte sich des⁻ halb unter dem Einflusse des Discantus in reicher Mannigfaltigkeit das System der musikalischen Rhythmik, welches wiederum dazu beitrug, die Melodiebewegung kräftiger und eindringlicher zu machen. Der Gregorianische *Cantus firmus* kannte keine Taktein⁻ theilung, und die Rhythmik der Tanzmusik war wohl äusserst ein⁻ fach gewesen. Ausserdem wuchs der Reichthum und das Interesse der melodischen Bewegung in dem Maasse, als sich die Stimmen vervielfältigten. Um aber einen künstlerischen Zusammenhang zwi⁻ schen den verschiedenen Stimmen herzustellen, welcher anfangs, wie wir sahen, gänzlich fehlte, war noch eine neue Erfindung nöthig, welche zuerst in kleinen Anfängen auftauchte, um endlich eine die ganze moderne Compositionskunst beherrschende Wichtigkeit zu er⁻ langen. Sie bestand darin, dass man die musikalische Phrase, wel⁻ che eine Stimme vorgetragen hatte, durch eine andere wiederholen liess; es entstanden also kanonische Nachahmungen, welche wir ver⁻ einzelt schon in Discanten aus dem zwölften Jahrhundert finden *). Diese entwickelten sich allmälig zu einem höchst künstlichen Sy⁻ steme, namentlich bei den niederländischen Componisten, die freilich schliesslich oft mehr Berechnung als Geschmack in ihren Composi⁻ tionen entwickelten.

Aber durch diese Art der polyphonen Musik, die Wiederholung derselben Melodiewendungen hinter einander in verschiedenen Stim⁻ men, war jetzt zuerst die Möglichkeit gegeben, grosse breit angelegte musikalische Sätze zu componiren, welche ihren künstlerischen Zu⁻ sammenhang nicht mehr in der Verbindung mit einer fremden Kunst, der Poesie, sondern in rein musikalischen Mitteln fanden. Es passte diese Art der Musik auch in hohem Grade für kirchliche Gesänge, in denen der Chor die Empfindungen einer ganzen, aus verschiedenartigen Individuen zusammengesetzten Gemeinde auszu⁻

---

*) Coussemaker l. c. Déchant.: Custodi nos. ♣ XXVII, Nro. IV. Uebersetzt in p. XXVII, Nro. XXIX.

drücken hatte. Aber man wendete sie nicht allein auf kirchliche Compositionen an, sondern auch auf weltliche Gesänge, Lieder (Madrigale). Man kannte eben noch keine andere Form harmonischer Musik, welche künstlerisch ausgebildet gewesen wäre, als die auf kanonische Wiederholungen gegründete. Verschmähte man diese, so war man auf homophone Musik beschränkt. Daher finden sich denn auch eine Menge Lieder als strenge Kanons oder in kanonischen Wiederholungen componirt, deren Inhalt ganz und gar nicht für eine so schwerfällige Weise geeignet ist. Auch die ältesten Beispiele mehrstimmiger Instrumentalcompositionen, Tanzstücke aus dem Jahre 1529 *), sind im Stile der Madrigale und Motetten componirt, eine Compositionsweise, die sich in freierer Behandlung übrigens bis in die Suiten aus S. Bach's und Händel's Zeit hinüberzieht. Selbst in den ersten Versuchen zu musikalischen Dramen im sechzehnten Jahrhundert hatte man noch keine andere Form, die handelnden Personen ihre Gefühle musikalisch auszusprechen zu lassen, als dass man durch einen Chor Madrigale in fugirtem Stile hinter oder auf der Bühne absingen liess. Man kann sich von unserem Standpunkte aus kaum in den Zustand einer Kunst hineinversetzen, welche die complicirtesten Stimmgebäude in ihren Chören aufbaut, und dabei nicht im Stande ist, zu einer Liedermelodie oder zu einem Duett eine einfache Begleitung zu setzen, um die Harmonie vollständig zu machen. Und doch wenn man liest, wie die Erfindung des Recitativs mit einfacher Accordbegleitung durch Jacob Peri gefeiert und bewundert wurde, welche Streitigkeiten sich über den Ruhm dieser Erfindung erhoben, welches Aufsehen Viadana erregte, indem er zu einstimmigen und zweistimmigen Gesängen einen *Basso continuo* zu setzen erfand, als eine in sich unselbständige Stimme, die nur der Harmonie dienen sollte **), so kann man nicht zweifeln, dass diese Kunst, eine Melodie durch Accorde zu begleiten, welche jetzt jeder Dilettant in einfachster Weise zu lösen weiss, den Musikern bis zum Ende des sechzehnten Jahrhunderts noch vollständig verborgen war. Erst im sechzehnten Jahrhundert fing man an sich der Bedeutung bewusst zu werden, welche die Accorde als Theile des Harmoniegewebes unabhängig von der Stimmführung besitzen.

---

*) Winterfeld, Johannes Gabrieli und sein Zeitalter. Bd. II, S. 41.

**) Winterfeld, l. c. Bd. II, S. 19 und S. 59.

Diesem Zustande der Kunst entsprach der Zustand des Tonsystems. Es wurden im Wesentlichen die alten Kirchentonarten beibehalten, von denen die erste die Tonreihe von D bis d, die zweite von E bis e, die dritte von F bis f, die vierte von G bis g umfasste. Unter diesen war die von F bis f gehende zur harmonischen Bearbeitung unbrauchbar, weil sie statt der Quarte $F-B$ den Tritonus $F-H$ enthielt. Andererseits war kein Grund vorhanden, die Reihen von C bis c und von G bis g auszuschliessen. So veränderten sich die Kirchentonarten unter dem Einfluss der polyphonen Musik. Da man aber trotz der Veränderung die alten unpassenden Namen beibehielt, entstand eine arge Verwirrung in der Auffassung der Tonarten. Erst als das Ende dieser Periode herannahete, unternahm es ein gelehrter Theoretiker Glareanus in seinem Dodecachordon (Basel 1547) die Lehre von den Tonarten wieder in Ordnung zu bringen. Er unterschied 12 solche, 6 authentische und 6 plagalische, und theilte ihnen griechische Namen zu, die aber unrichtig übertragen waren. Doch ist seine Nomenclatur für die Kirchentonarten später allgemein beibehalten worden. Die authentischen Kirchentöne des Glareanus mit ihren griechischen Namen sind folgende sechs:

Jonisch: $C\ D\ E\ F\ G\ A\ H\ C$
Dorisch: $D\ E\ F\ G\ A\ H\ C\ D$
Phrygisch: $E\ F\ G\ A\ H\ C\ D\ E$
Lydisch: $F\ G\ A\ H\ C\ D\ E\ F$
Mixolydisch: $G\ A\ H\ C\ D\ E\ F\ G$
Aeolisch: $A\ H\ C\ D\ E\ F\ G\ A$

Jonisch entspricht unserem Dursystem, Aeolisch unserem Moll; Lydisch ist in polyphoner Musik wegen der falschen Quarte kaum gebraucht worden, und immer nur mit allerlei Veränderungen.

Wie wenig man die musikalische Bedeutung des Harmoniegewebes zu beurtheilen wusste, zeigt sich nun in der Lehre von den Tonarten wieder darin, dass bei Beurtheilung der Tonart einer polyphonen Composition immer nur einzelne Stimmen berücksichtigt wurden. Glareanus schreibt in gewissen Compositionen den verschiedenen Stimmen, dem Tenor und Basse, dem Sopran und Alt verschiedene Tonarten zu; Zarlino nimmt den Tenor als Hauptstimme, nach welcher die Tonart zu beurtheilen sei.

Die praktischen Folgen dieser Nichtbeachtung der Harmonie zeigen sich mannigfaltig in den Compositionen. Man beschränkte

sich im Ganzen auf die Töne der diatonischen Leiter; Versetzungszeichen wurden wenig angewendet. Die Erniedrigung des Tones
H in *B* war schon bei den Griechen in einem eigenen Tetrachorde,
dem der Synemmenoi, eingeführt und wurde beibehalten. Ausserdem wird zuweilen ein ♯ vor *f*, *c* und *g* gebraucht, um in den Cadenzen Leittöne zu gewinnen. Es fehlte also die Modulation in unserem Sinne aus der Tonart einer Tonica in die einer anderen mit
anderen Vorzeichnungen fast ganz. Ferner blieben die bevorzugten
Accorde bis zum Ende des fünfzehnten Jahrhunderts die aus Octaven und Quinten ohne Terz gebildeten, welche uns leer klingen, und
die wir zu vermeiden suchen. Sie erschienen den Tonsetzern des
Mittelalters als die wohlklingendsten, weil sie nur das Bedürfniss
möglichst vollkommener Consonanzen hatten; namentlich durften
nur solche im Schlussaccorde vorkommen. Die vorkommenden Dissonanzen sind allgemein solche, welche durch Vorhalt und Durchgangstöne eintreten, die Septimenaccorde, welche in der neueren
Harmonie eine so grosse Wichtigkeit für die Bezeichnung der Tonart, für die Bindung und die Beschleunigung der harmonischen
Schritte haben, fehlten.

So gross also auch die künstlerische Ausbeute dieses Zeitraumes in der Rhythmik und in der Kunst der Stimmführung gewesen
ist, für die Harmonik und das Tonsystem hat es wenig mehr geleistet, als dass es eine Menge noch ungeordneter Erfahrungen zusam-
mengehäuft hat. Da Accorde durch die verwickelten Stimmgänge
in mannigfachen Umlagerungen und Folgen entstanden, so konnten
die Musiker dieses Zeitraumes nicht umhin diese Accorde zu hören
und ihre Wirkung kennen zu lernen, wenn sie auch noch wenig
Geschicklichkeit zeigen solche Wirkungen zu benutzen. Jedenfalls
bereiteten die Erfahrungen dieses Zeitraumes die Entwickelung der
eigentlich harmonischen Musik vor, und machten es den Musikern
möglich eine solche zu produciren, als äussere Einwirkungen auf
eine solche Erfindung hindrängten.

3. Die harmonische Musik.

Die moderne harmonische Musik ist dadurch charakterisirt,
dass in ihr die Harmonie eine selbständige Bedeutung für den
Ausdruck und für den künstlerischen Zusammenhang der Composi-

tion erhält. Die äusseren Anstösse zu dieser Umformung der Musik
waren mehrfacher Art. Der erste ging vom protestantischen Kirchengesange aus. Es lag im Princip des Protestantismus, dass die
Gemeinde selbst den Gesang übernehmen musste; man konnte ihr
aber nicht zumuthen, die künstlichen rhythmischen Verschlingungen
der niederländischen Polyphonie durchzuführen. Dagegen waren
die Stifter der neuen Confession, Luther an ihrer Spitze, zu sehr
durchdrungen von der Macht und Bedeutung der Musik, um dieselbe sogleich auf einen schmucklosen einstimmigen Gesang zurückzuführen. Es entstand deshalb für die Componisten des protestantischen Kirchengesanges die Aufgabe einfach harmonisirte Choräle
zu setzen, in denen alle Stimmen gleichzeitig fortschritten. Dadurch
waren die kanonischen Wiederholungen der gleichen melodischen
Phrasen in verschiedenen Stimmen abgeschnitten, und diese waren
es ja, welche hauptsächlich die Einheit des Ganzen zusammengehal-
ten hatten. Es musste nun im Klange der Töne selbst ein neues
Verbindungsprincip gesucht werden, und dies ergab sich durch die
strengere Beziehung auf eine herrschende Tonica. Erleichtert wurde
das Gelingen dieser Aufgabe dadurch, dass die protestantischen Kir-
chenlieder zum grossen Theil schon bestehenden Volksmelodien angeschlossen wurden, und die Volkslieder der germanischen und celtischen Stämme, wie schon früher bemerkt wurde, ein festeres Gefühl
für Tonalität im modernen Sinne verriethen, als die der südlichen
Völker. So entwickelte sich schon in den protestantischen Kirchen-
liedern des 16. Jahrhunderts das System der Harmonie der jonischen
Kirchentonart, unseres heutigen Dur, ziemlich correct, so dass wir
in diesen Chorälen auch heute nichts Fremdartiges für unser Gefühl
finden, wenn auch manche später erfundenen Hilfsmittel zur festen
Bezeichnung der Tonart, wie z. B. die Septimenaccorde, noch fehlen.
Dagegen dauerte es viel länger, ehe die übrigen Kirchentonarten,
in deren Harmonisirung noch viel Unsicherheit herrschte, in unser
Mollsystem verschmolzen. Das protestantische Kirchenlied jener
Zeit war von mächtiger Wirkung auf die Gemüther der Zeitgenossen, und diese wird von allen Seiten in den lebhaftesten Worten
hervorgehoben, so dass man nicht zweifeln kann, der Eindruck einer
solchen Musik sei für sie ein ganz neuer und besonders mächtiger
gewesen.

Auch in der römischen Kirche verlangte man nach einer Aenderung des Kirchengesanges. Die Ausschreitungen der polyphonen
Kunst zerrissen den Sinn der Worte, machten diese unverständlich,

und machten es dem ungeübten, häufig wohl auch selbst dem gelehrten und gebildeten Hörer schwer, das Gewirr der Stimmen aufzulösen. In Folge der Verhandlungen des Tridentinischen Concils
und im Auftrage des Papstes Pius IV. hat Palestrina diese Vereinfachung und Verschönerung des Kirchengesanges vollführt, und
soll durch die einfache Schönheit seiner Compositionen die vollständige Verdrängung des mehrstimmigen Gesanges aus der römischen
Liturgie verhindert haben. Palestrina, der für kunstgeübte Sän-
gerchöre schrieb, liess die verwickeltere Stimmführung der polyphonen Musik nicht ganz fallen, aber durch passende Abschnitte und
Eintheilungen gliederte er sowohl die Masse der Töne als die Masse
der Stimmen, welche letzteren meist in mehrere Chöre gesondert
erscheinen. Mehr oder weniger häufig treten auch die Stimmen
choralmässig neben einander hergehend auf, und zwar dann überwiegend in consonanten Accorden. Dadurch machte er seine Sätze
übersichtlicher, verständlicher und im Allgemeinen ausserordentlich
wohlklingend. Nirgends tritt aber die Abweichung der Kirchentonarten von den für die harmonische Behandlung ausgebildeten neueren Tonarten so auffallend heraus, wie bei Palestrina und den
gleichzeitigen italienischen Kirchencomponisten, unter denen Johannes Gabrieli, ein Venetianer, noch hauptsächlich zu nennen ist.
Palestrina war ein Schüler des Claude Goudimel, eines Huge-
notten, der in der Bartholomäusnacht zu Lyon ermordet wurde, und
von dem harmonische Bearbeitungen der französischen Psalmen ausgeführt sind, die von der modernen Art und Weise nicht sehr viel
abweichen, namentlich wo sie sich in Dur bewegen. Die Psalmen-
melodien waren aber entweder Volksliedern entnommen oder solchen
wenigstens nachgebildet. Durch seinen Lehrer war also Palestrina
jedenfalls mit dieser Weise der Behandlung bekannt, er hatte es
aber zu thun mit Thematen aus dem Gregoriani'schen *Cantus firmus*,
die in Kirchentonarten sich bewegten, deren Charakter streng festgehalten werden musste, auch selbst in solchen Sätzen, deren Melodien er selbständig erfand oder umbildete. Diese Tonarten nöthig-
ten zu einer ganz anderen Weise harmonischer Behandlung, die uns
sehr fremdartig klingt. Als Probe will ich hier nur den Anfang
seines achtstimmigen *Stabat moter* citiren.

Hier finden wir gleich als Anfang eines Stücks, wo wir feste
Bezeichnung der Tonart verlangen würden, eine Reihe Accorde aus
den verschiedensten Tonarten von *A*-Dur bis *F*-Dur anscheinend
regellos durch einander gewürfelt, gegen alle unsere Regeln der Modulation. Und wer würde ohne Kenntniss der Kirchentonarten aus
diesem Anfang die Tonica des Stückes errathen können? Als solche
erscheint am Ende der ersten Strophe *D*, und auf das *D* weist auch
die Erhöhung des *C* zu *Cis* im ersten Accorde hin, und die Hauptmelodie, welche der Tenor zu führen hat, lässt von Anfang an *D* als
Tonica erkennen. Aber erst im achten Takte des Satzes erscheint
ein *D*-Mollaccord, den ein moderner Componist auf den ersten guten
Takttheil des ersten Taktes hätte setzen müssen.

Es spricht sich in diesen Zügen sehr deutlich aus, wie abweichend die Natur des ganzen Systems der Kirchentonarten von unseren modernen Tonarten war, denn wir dürfen von Meistern, wie
Palestrina, sicher voraussetzen, dass ihre Harmonisirung sich auf
ein richtiges Gefühl für das eigenthümliche Wesen jener Tonarten
gründete und nicht auf Willkür und Ungeschick, um so mehr ihnen
die Fortschritte, welche inzwischen im protestantischen Kirchenliede
gemacht waren, nicht unbekannt sein konnten.

Was wir in solchen Beispielen, wie dies angeführte eines ist,
vermissen, ist erstens, dass der Accord der Tonica nicht gleich im
Anfang die hervortretende Rolle spielt, die ihm in der modernen
Musik zukommt. In dieser hat der tonische Accord unter den Accorden eben dieselbe hervorragende und verbindende Bedeutung
wie unter den Tönen der Tonleiter die Tonica. Zweitens vermissen
wir überhaupt das Gefühl für die Verwandtschaft der auf einander
folgenden Accorde, welches bewirkt, dass in der Regel die moderne
Musik nur Accorde auf einander folgen lässt, welche durch einen
gemeinsamen Ton mit einander verbunden sind. Es hängt dies offenbar damit zusammen, dass, wie wir später sehen werden, in den alten
Kirchentonarten nicht so eng unter sich und mit dem tonischen Ac-

corde verbundene Accordketten herzustellen sind, wie in der modernen Dur- und Molltonart.

Wenn also auch bei Palestrina und Gabrieli sich schon eine feine künstlerische Empfindung für die ästhetische Wirkung der einzelnen verschiedenartigen Accorde zu erkennen giebt, und insofern die Harmonien bei ihnen schon ihre selbständige Bedeutung haben, so fehlen doch noch diejenigen Erfindungen, welche den musikalischen Zusammenhang des Accordgewebes in sich selbst herstellen sollten. Diese Aufgabe erforderte aber eine Beschränkung und Umformung der bisherigen Tonleitern auf unser Dur und Moll. Andererseits ging durch diese Beschränkung diejenige Mannigfaltigkeit des Ausdrucks grösstentheils verloren, welche auf der Verschiedenartigkeit der Tonleitern beruhte. Die alten Tonleitern bilden theils Zwischenstufen zwischen Dur und Moll, theils steigern sie noch den Charakter der Molltonart, wie die phrygische Kirchentonart. Diese Verschiedenheit ging verloren und musste durch neue Hilfsmittel ersetzt werden, nämlich durch die Transposition der Tonleitern in verschiedene Grundtöne und die modulatorischen Uebergänge von einer zur anderen Tonart.

Diese Umbildung vollzog sich im Laufe des 17. Jahrhunderts. Den lebhaftesten Anstoss aber erhielt die Ausbildung harmonischer Musik durch die beginnende Entwickelung der Oper, welche angeregt war durch die erneute Bekanntschaft mit dem classischen Alterthume, und geradezu unternommen wurde in der Absicht, die antike Tragödie wieder herzustellen, von der man wusste, dass sie musikalisch recitirt worden sei. Hier drängte sich unmittelbar die Aufgabe dem Componisten auf, eine oder wenige Solostimmen musikalische Sätze ausführen zu lassen, welche doch harmonisirt sein mussten, um zwischen die polyphonisch bearbeiteten Chöre hineinzupassen, und in denen die Singstimmen vor allen anderen heraustreten, die begleitenden Stimmen ganz untergeordnet gehalten werden mussten. Dadurch ergab sich zunächst die Erfindung des Recitativs durch Jacob Peri und Caccini um 1600, und arioser Sologesänge durch Claudio Monteverde und Viadana. In der Notenschrift kündet sich die neue Betrachtungsweise der Harmonie dadurch an, dass bei diesen Componisten die bezifferten Bässe erscheinen. Jede solche bezifferte Bassnote repräsentirt einen Accord, und es werden also die Accorde bezeichnet, während die Führung der Stimmen in diesen Accorden dem Geschmack des Spielers überlassen bleibt. Was

also in der polyphonen Musik Nebensache war, wird hier Hauptsache, und umgekehrt.

Die Oper machte es auch nothwendig, nach stärkeren Aus-
drucksmitteln zu suchen, als die Kirchenmusik zugelassen hatte. Bei
Monteverde, welcher an neuen Erfindungen ungemein reich war,
finden wir die Septimenaccorde zuerst frei einsetzend, worüber er
von seinem Zeitgenossen Artusi heftig getadelt wird. Ueberhaupt
entwickelt sich schnell ein kühnerer Gebrauch der Dissonanzen, welche in selbständiger Bedeutung, um schärfere Schattirungen des Ausdrucks zu erreichen, und nicht mehr als zufällige Ergebnisse der
Stimmführung eintreten.

Unter diesen Einflüssen begann denn auch schon bei Monteverde die Umgestaltung und Verschmelzung der dorischen, äoli-
schen und phrygischen Kirchentonart in unsere moderne Molltonart,
welche im Laufe des siebenzehnten Jahrhunderts sich vollzog, wodurch auch diese Tonarten für die Hervorhebung der Tonica in der
Harmonisirung geschickter gemacht wurden, wie wir dies später
genauer begründen werden.

Wir haben der Hauptsache nach schon bezeichnet, welchen
Einfluss diese Aenderungen auf die Natur des Tonsystems hatten.
Da das bisherige Bindemittel der musikalischen Sätze, nämlich die
kanonische Wiederholung gleicher melodischer Figuren, überall wegfallen musste, wo eine der Melodie untergeordnete einfache harmonische Begleitung eintrat, musste im Klange der Accorde selbst ein
neues Mittel künstlerischen Zusammenhanges gesucht werden, und
dies ergab sich, indem man durch die Harmonisirung einmal die
Beziehungen der Töne zu der einen herrschenden Tonica viel bestimmter konnte hervortreten lassen, als dies früher der Fall war,
und zweitens, indem man den Accorden selbst durch ihre Verwandtschaft unter einander und zum tonischen Accorde ein neues Band
gab. Wir werden im Fortgang unserer Untersuchung sehen, dass
sich aus diesem Princip die unterscheidenden Eigenthümlichkeiten
des modernen Tonsystems herleiten lassen, und dass dieses Princip
mit grosser Consequenz in unserer jetzigen Musik durchgeführt ist.
In der That ist die Art, wie das Tonmaterial der Musik jetzt für
den künstlerischen Gebrauch zurecht gemacht ist, an sich schon ein
bewunderungswürdiges Kunstwerk, an welchem die Erfahrung, der
Scharfsinn und der künstlerische Geschmack der europäischen Nationen seit Terpander und Pythagoras nun drittehalb Jahrtausende gearbeitet haben. Die Ausbildung der wesentlichen Züge

seiner jetzigen Gestalt ist aber kaum 200 Jahre alt in der Praxis
der Tonsetzer, und seinen theoretischen Ausdruck erhielt das neue
Princip erst durch Rameau im Anfange des vorigen Jahrhunderts.
In weltgeschichtlicher Beziehung ist es also ganz und gar Product
des neueren Zeitalters, national beschränkt auf die germanischen,
romanischen, celtischen und slavischen Völker.

Mit diesem Tonsysteme, welches grossen Reichthum von Formen bei fest geschlossener künstlerischer Consequenz zuliess, ist es
nun möglich geworden Kunstwerke zu schaffen, viel grösser an Umfang, viel reicher in Formen und Stimmen, viel energischer im Ausdrucke, als irgend eine vorausgegangene Zeit produciren konnte, und
wir sind deshalb gar nicht geneigt mit den modernen Musikern zu
rechten, wenn sie es für das vorzüglichste von allen erklären, und
ihm ihre Aufmerksamkeit vor allen anderen ausschliesslich zuwenden. In wissenschaftlicher Beziehung dagegen, wenn wir daran gehen seinen Bau zu erklären und die Consequenz desselben aufzu-
decken, dürfen wir nicht vergessen, dass das moderne System nicht
aus einer Naturnothwendigkeit entwickelt ist, sondern aus einem frei
gewählten Stilprincip, dass neben ihm und vor ihm andere Tonsysteme aus anderen Principien entwickelt worden sind, in deren
jedem gewisse beschränktere Aufgaben der Kunst so gelöst worden
sind, dass der höchste Grad künstlerischer Schönheit erreicht wurde.

Die Beziehung auf die Geschichte der Musik wird in der vorliegenden Abtheilung unseres Werkes auch deshalb nöthig, weil wir
hier Beobachtung und Experiment zur Feststellung der von uns aufgestellten Erklärungen meist nicht anwenden können, denn wir können uns, erzogen in der modernen Musik, nicht vollständig zurück-
versetzen in den Zustand unserer Vorfahren, die das Alles nicht
kannten, was uns von Jugend auf geläufig ist, und es erst zu suchen
hatten. Die einzigen Beobachtungen und Versuche also, auf die
wir uns berufen können, sind diejenigen, welche die Menschheit in
ihrem Entwickelungsgange über musikalische Dinge angestellt hat.
Wenn unsere Theorie des modernen Tonsystems richtig ist, muss
dieselbe auch die Erklärung für die früheren unvollkommeneren Stadien der Entwickelung abgeben können.

Als Grundprincip für die Entwickelung des europäischen Tonsystems stellen wir die Forderung auf, dass die ganze Masse
der Töne und Harmonieverbindungen in enge und stets
deutliche Verwandtschaft zu einer frei gewählten Tonica
zu setzen sei, dass aus dieser sich die Tonmasse des gan-

zen Satzes entwickele und in sie wieder zurücklaufe. Die antike Welt entwickelte dieses Princip an homophoner Musik, die moderne an harmonischer. Dieses Princip ist aber, wie man sieht, ein ästhetisches, kein natürliches.

Wir können seine Richtigkeit nicht von vorn herein erweisen, wir müssen sie an seinen Consequenzen prüfen. Auch ist die Entstehung solcher ästhetischer Grundprincipien nicht einer Naturnothwendigkeit zuzuschreiben, sondern sie sind Producte genialer Erfindung, wie wir vorher an den Principien der architektonischen Stilarten als Beispielen erläutert haben.

Die Tonalität der homophonen Musik.

Die Musik hat sich das Material, in welchem sie ihre Werke schafft, selbst künstlerisch auswählen und gestalten müssen. Die bildenden Künste finden es der Hauptsache nach vorgebildet in der Natur, die sie nachzuahmen streben; Farben und Gestalten sind dort in ihren Grundzügen gegeben. Die Poesie findet es in den Worten der Sprache fertig vorgebildet. Die Architektur freilich muss sich ihre Formen ebenfalls selbst schaffen; aber sie werden ihr zum Theil durch technische, nicht rein künstlerische Rücksichten aufgedrängt. Die Musik allein findet ein unendlich reiches, ganz ungeformtes und ganz freies Material vor in den Tönen der menschlichen Stimme und der künstlichen Musikinstrumente, welches nach rein künstlerischen Principien zu gestalten ist, ohne dass Nützlichkeitsrücksichten wie in der Architektur, oder Nachahmung der Natur wie in den bildenden Künsten, oder schon fertig vorgefundene symbolische Bedeutung der Klänge wie in der Poesie irgend eine Schranke anlegten. In der Musik herrscht eine grössere und vollkommenere Freiheit im Gebrauch des Materials als in irgend einer der anderen Künste. Aber von der absoluten Freiheit ist es freilich schwerer, einen richtigen Gebrauch zu machen, als wo äussere zwingende Anhaltspunkte die Breite des Weges einschränken, welchen der Künstler zu betreten hat. Daher denn auch die Ausbildung des Tonmaterials für die Musik, wie wir gesehen haben, viel langsamer von Statten gegangen ist, als die Entwickelung der übrigen Künste.

Diese Ausbildung des Tonmaterials haben wir nun zu untersuchen.

Die erste Thatsache, welche uns entgegentritt, ist, dass in der Musik aller Völker, so weit wir sie kennen, die Veränderung der Tonhöhe in den Melodien stufenweise und nicht in continuirlichem Uebergange erfolgt. Der psychologische Grund dazu scheint derselbe gewesen zu sein, welcher zur Abtheilung rhythmisch sich wiederholender Taktabschnitte genöthigt hat. Alle Melodie ist eine Bewegung innerhalb der wechselnden Tonhöhe. Das unkörperliche Material der Töne ist viel geeigneter, in jeder Art der Bewegung auf das Feinste und Fügsamste der Absicht des Musikers zu folgen, als irgend ein anderes noch so leichtes körperliches Material; anmuthige Schnelligkeit, schwere Langsamkeit, ruhiges Fortschreiten, wildes Springen, alle diese verschiedenen Charaktere der Bewegung und noch eine unzählbare Menge von anderen lassen sich in den mannigfaltigsten Schattirungen und Combinationen durch eine Folge von Tönen darstellen, und indem die Musik diese Arten der Bewegung ausdrückt, giebt sie darin auch einen Ausdruck derjenigen Zustände unseres Gemüthes, welche einen solchen Charakter der Bewegung hervorzurufen im Stande sind, sei es nun, dass es sich um Bewegungen des menschlichen Körpers oder der Stimme, oder noch innerlicher, selbst um Bewegung der Vorstellungen im Bewusstsein handeln möge. Jede Bewegung ist uns ein Ausdruck der Kräfte, durch welche sie hervorgebracht wird, und wir wissen instinctiv die treibenden Kräfte zu beurtheilen, wenn wir die von ihnen hervorgebrachte Bewegung beobachten. Dies gilt ebenso und vielleicht noch mehr für die durch Kraftäusserungen des menschlichen Willens und der menschlichen Triebe hervorgebrachten Bewegungen, wie für die mechanischen Bewegungen der äusseren Natur. In dieser Weise kann denn die melodiöse Bewegung der Töne Ausdruck werden für die verschiedensten menschlichen Gemüthszustände, nicht für eigentliche Gefühle — darin müssen wir Hanslick anderen Aesthetikern gegenüber Recht geben, denn es fehlt der Musik das Mittel, den Gegenstand des Gefühls deutlich zu bezeichnen, wenn ihr nicht die Poesie zu Hilfe kommt, — wohl aber für die Gemüthsstimmung, welche durch Gefühle hervorgebracht wird. Das Wort Stimmung ist offenbar von der Musik entnommen und auf Zustände unserer Seele übertragen; es sollen dadurch eben diejenigen Eigenthümlichkeiten der Seelenzustände bezeichnet werden, welche durch Musik darstellbar sind, und ich meine, wir können es passend so definiren, dass wir unter Gemüthsstimmung zu verstehen haben den allgemeinen Charakter, den zeitweilig die Fortbewegung unserer Vorstellungen an sich trägt, und der sich dem entsprechend auch in einem ähnlichen Charakter der Bewegungen unseres Körpers und unserer Stimme zu erkennen giebt. Unsere Gedanken können sich schnell oder langsam bewegen, sie können ruhelos und ziellos herumirren in ängstlicher Aufregung, oder mit Bestimmtheit und Energie ein festgesetztes Ziel ergreifen; sie können sich behaglich und ohne Anstrengung in angenehmen Phantasien herumtreiben lassen, oder an eine traurige Erinnerung gebannt, langsam und schwerfällig von der Stelle rücken in kleinen Schritten und kraftlos. Alles dieses kann durch die melodische Bewegung der Töne nachgeahmt und ausgedrückt werden, und es kann dadurch dem Hörer, der dieser Bewegung aufmerksam folgt, ein vollkommeneres und eindringlicheres Bild von der Stimmung einer anderen Seele gegeben werden, als es durch ein anderes Mittel, ausgenommen etwa durch eine sehr vollkommene dramatische Nachahmung der Handlungsweise und Sprechweise des geschilderten Individuums, geschieht.

Uebrigens hat schon Aristoteles die Wirkung der Musik ganz ähnlich aufgefasst. Im 29sten Probleme fragt er: „Warum passen die Rhythmen und die Melodien, welche Schall sind, sich den Gemüthsstimmungen an, die Geschmäcker aber nicht, und auch nicht die Farben und die Gerüche? Etwa weil sie Bewegungen sind, so wie auch die Handlungen? Schon die darin liegende Energie beruht auf einer Stimmung und macht eine Stimmung. Die Geschmäcker aber und Farben thun es nicht in gleicher Weise." Und am Ende des 27sten Problem sagt derselbe: „Diese Bewegungen (der Rhythmen und Melodien nämlich) sind thatkräftig, Thaten aber sind die Zeichen der Gemüthsstimmung."

Nicht bloss Musik, sondern auch andere Arten der Bewegung können ähnliche Wirkungen hervorbringen. Namentlich bietet das bewegte Wasser, sei es in Wasserfällen, sei es im Wogen des Meeres, das Beispiel eines Eindrucks, der einem musikalischen einigermassen ähnlich ist. Wie lange und wie oft kann man am Ufer sitzen und den anlaufenden Wogen zusehen! Ihre rhythmische Bewegung, welche doch im Einzelnen fortdauernden Wechsel zeigt, bringt ein eigenthümliches Gefühl von behaglicher Ruhe ohne Langeweile hervor, und den Eindruck eines mächtigen, aber geordneten und schön gegliederten Lebens. Wenn die See ruhig und glatt ist,

kann man sich eine Weile an ihren Farben freuen, aber sie gewährt
keine so dauernde Unterhaltung, als wenn sie wogt. Kleine Wellen dagegen auf kleineren Wasserflächen folgen sich zu hastig und
beunruhigen mehr, als dass sie unterhalten.

Die Tonbewegung aber ist allen Bewegungen körperlicher
Massen überlegen in der Feinheit und Leichtigkeit, mit der sie die
mannigfaltigsten Arten des Ausdrucks annehmen und nachahmen
kann, daher ihr die Schilderung der Stimmungen hauptsächlich zufällt, welche die übrigen Künste nur mittelbar erreichen können, indem sie die Veranlassungen darstellen, welche die Stimmung hervorgebracht haben, oder die Worte, die Handlungen, die äussere Erscheinung des Körpers, die aus ihr folgen. Am bedeutendsten ist
die Verbindung der Musik mit dem Worte, weil das Wort die Veranlassung der Stimmung, das Object, worauf sie sich bezieht, bezeichnen und das Gefühl, welches ihr zu Grunde liegt, angeben kann,
während die Musik die Art der Gemüthsbewegung ausdrückt, die
dem Gefühle verbunden ist. Wenn verschiedene Hörer den Eindruck von Instrumentalmusik zu schildern suchen, thun sie es oft,
indem sie ganz verschiedene Situationen oder Gefühle angeben, welche in der Musik geschildert worden seien. Der Unkundige ver-
lacht dann wohl solche Enthusiasten, und doch können sie alle mehr
oder weniger Recht haben, weil die Musik nicht die Gefühle und
Situationen schildert, sondern nur die Stimmungen, welche der Hörer aber nicht anders zu bezeichnen weiss, als durch Schilderung
solcher äusseren Verhältnisse, unter denen dergleichen Stimmungen
bei ihm einzutreten pflegen. Es können aber verschiedene Gefühle
unter verschiedenen Umständen und bei verschiedenen Individuen
gleiche Stimmungen, und gleiche Gefühle verschiedene Stimmungen
hervorbringen. Liebe ist ein Gefühl. Direct als solche kann sie
nicht durch die Musik dargestellt werden. Die Stimmungen eines
Liebenden können bekanntlich den äussersten Grad des Wechsels
zeigen. Nun kann die Musik etwa das träumerische Sehnen nach
überschwänglicher Glückseligkeit ausdrücken, welches durch Liebe
hervorgerufen werden kann. Genau dieselbe Stimmung kann aber
auch durch religiöse Schwärmerei entstehen. Wenn also ein Musikstück diese Stimmung ausdrückt, liegt kein Widerspruch darin,
wenn der eine Hörer darin die Sehnsucht der Liebe, der andere die
Sehnsucht frommer Begeisterung findet. In diesem Sinne ist Vischer's etwas paradox klingender Ausdruck nicht unrichtig, dass
man die Mechanik der Gemüthsbewegungen vielleicht am besten

werde an ihrem musikalischen Ausdrucke studiren können. In der That besitzen wir kein anderes Mittel, sie so genau und fein auszudrücken, wie das ihrer musikalischen Darstellung.

Es soll also, wie wir gesehen haben, die Melodie eine Bewegung ausdrücken, und zwar so, dass der Charakter dieser Bewegung sich der unmittelbaren Wahrnehmung des Hörers leicht, deutlich und sicher zu erkennen giebt. Dies kann nur geschehen, wenn die Schritte dieser Bewegung, ihre Schnelligkeit, ihre Grösse auch für die unmittelbar sinnliche Wahrnehmung genau abmessbar sind. Die melodische Bewegung ist Veränderung der Tonhöhe in der Zeit. Um sie vollständig zu messen, muss sowohl die Länge der verlaufenden Zeit, als auch die Breite der Veränderung in der Tonhöhe messbar sein. Beides kann für die unmittelbare Beobachtung nur geschehen, wenn der Fortschritt sowohl in der Zeit, als in der Tonhöhe, in regelmässigen und fest bestimmten Stufen geschieht. Für die Zeit ist dies unmittelbar klar, denn alle unsere Zeitmessung, auch die wissenschaftliche, beruht auf der rhythmischen Wiederkehr gleicher Ereignisse, auf dem Umlauf der Erde, des Mondes, den Schwingungen des Pendels. So erhalten wir auch durch den regelmässigen Wechsel accentuirter und nicht accentuirter Laute in Musik und Poesie das dem Kunstwerk mitgegebene Zeitmaass. Während aber in der Poesie der Versbau nur dazu dient, auch in die äusserlichen Zufälligkeiten des Sprachausdrucks künstlerische Ordnung zu bringen, gehört in der Musik der Rhythmus, gleichsam als der getheilte Maassstab für die Zeit, zum innersten Wesen ihres Ausdruckes; daher denn auch eine viel feinere und mannigfaltigere Ausbildung des musikalischen Rhythmus als des poetischen nöthig wurde.

Auch für die Aenderung der Tonhöhe ist stufenweiser Fortschritt nöthig, weil überhaupt Bewegung für die Anschauung nicht anders abzumessen ist, als wenn die Breite des durchmessenen Raumes in Stufen abgetheilt ist. Auch in wissenschaftlichen Untersuchungen können wir ja die Geschwindigkeit einer continuirlichen Bewegung nicht anders messen, als indem wir den durchlaufenen Raum mit dem Maassstabe messen, wie die Zeit durch die Secundenschläge.

Man könnte mir einwerfen, dass die Architektur in ihren Arabesken, welche man in vielen Beziehungen und mit Recht mit musikalischen Figuren verglichen hat, und welche ebenfalls einen gewissen Ausdruck geordneter Bewegung in sich tragen, vielfältig continuirlich gekrümmte Linien, statt stufenförmig gebrochener anwendet. Aber erstens begann die Kunst der Arabesken in der That mit der griechischen Mäanderlinie, welche aus rechtwinklig gestellten geraden Linien zusammengesetzt ist, die in genau gleichen Abständen von einander verlaufen und stufenförmig sich absetzen. Zweitens kann das Auge, welches Arabesken überschaut, alle Theile der geschwungenen Linie gleichzeitig übersehen und vergleichen, es kann hin- und hergehen, das früher Gesehene wiedersehen; daher bleibt die Führung der Linien trotz ihrer continuirlichen Krümmung vollständig übersichtlich, und es konnte die strengere Regelmässigkeit der griechischen Arabeskenmuster mit gutem Erfolge für die Freiheit dieses Kunstzweiges aufgegeben werden. Während aber so in den einzelnen kleinen Verzierungen der Architektur freiere Formen zugelassen sind, wird für die Gliederung eines grösseren Ganzen, sei es einer Arabeskenreihe oder der Reihe der Fenster, Säulen u. s. w. eines ganzen Gebäudes, doch immer das einfache arithmetische Gesetz der stufenweisen Wiederholung gleicher Theile in gleichen Abständen festgehalten.

Von einer Melodie treten uns die einzelnen Theile nach einander an das Ohr, wir können sie nicht alle zugleich in der Wahrnehmung haben, wir können nicht nach Belieben beobachtend vor- und zurückgehen, es bleibt also für eine klare und sichere Abmessung des Wechsels der Tonhöhe kein anderes Mittel, als der Fortschritt in fest bestimmten Stufen. Eine solche Stufenreihe ist vorgeschrieben in der musikalischen Tonleiter. Wenn der Wind heult, und seine Tonhöhe in allmäligen Uebergängen ohne Absatz bald steigt, bald fällt, so fehlt diesen Veränderungen der Tonhöhe jedes Maass, mittels dessen wir die späteren Laute mit den früheren vergleichen und die Breite der Veränderung überschauen könnten. Das Ganze macht einen wirren und unangenehmen Eindruck. Die musikalische Tonleiter ist gleichsam der eingetheilte Maassstab, an dem wir den Fortschritt in der Tonhöhe messen, wie der Rhythmus dasselbe für die Zeit ist. Die Analogie zwischen Tonleiter und Rhythmus ist deshalb auch den musikalischen Theoretikern der ältesten wie der jüngsten Zeit immer aufgefallen.

Darüber also finden wir von der ältesten Zeit bis zur neuesten und bei allen Nationen, die überhaupt musiciren, allgemeinste Uebereinstimmung, dass von den unendlich vielen continuirlich in einander übergehenden Graden der Tonhöhe, welche möglich sind, und vom Ohre wahrgenommen werden können, gewisse bestimmte Stufen ausgeschieden werden, welche die Tonleiter bilden, in der sich die Melodie bewegt. Welche besonderen Tonstufen aber ausgewählt werden, ist eine Frage, bei deren Entscheidung die Abweichungen des nationalen Geschmacks sichtbar werden, denn die Zahl der Tonleitern, welche bei verschiedenen Völkern und in verschiedenen Zeiten gebraucht worden sind, ist ziemlich gross.

Fragen wir also, welcher Grund kann da sein, wenn wir von einem gewissen Anfangstone ausgehen, den Schritt nach irgend einem bestimmten anderen Tone zu bevorzugen vor den Schritten nach seinen Nachbartönen? Wir erinnern uns dabei, dass schon beim Zusammenklange je zweier Töne ein solches Verhältniss von uns bemerkt worden ist. Es ergab sich dort, dass gewisse besondere Tonintervalle, nämlich die Consonanzen, sich im Zusammenklange vor allen von ihnen auch nur wenig verschiedenen Intervallen durch den Mangel der Schwebungen auszeichneten. Einige dieser Intervalle, die Octave, die Quinte und Quarte finden wir nun auch in allen bekannten Tonleitern wieder. Die neueren Theoretiker, welche im Systeme der harmonischen Musik aufgewachsen waren, haben deshalb geglaubt, den Ursprung der Tonleiter durch die Annahme erklären zu können, dass alle Melodie entstehe, indem man sich eine Harmonie dabei denke, und die Tonleiter, als die Hauptmelodie der Tonart, entstanden sei durch Auflösung der Grundaccorde der Tonart in ihre einzelnen Töne. Diese Ansicht ist für die modernen Tonleitern allerdings richtig; wenigstens sind diese modificirt worden nach den Erfordernissen der Harmonie. Aber Tonleitern sind historisch längst vorhanden gewesen, noch ehe irgend welche Erfahrungen über Harmonie vorlagen. Und wenn man in der Geschichte der Musik überblickt, wie lange Zeit die europäischen Musiker gebraucht haben, um eine Melodie harmonisch begleiten zu lernen, und wie ungeschickt die ersten Versuche darin ausfielen, so kann es nicht zweifelhaft sein, dass ein Gefühl für harmonische Begleitung bei den älteren Componisten der homophonen Musik keineswegs existirt habe, so wie sich denn auch jetzt noch viele der begabteren Orientalen gegen unsere harmonische Musik sträuben. Auch das ist zu beachten, dass viele Volksmelodien, theils aus älterer Zeit, theils fremdländischen Ursprungs, kaum eine harmonische Begleitung zulassen, die ihren Charakter nicht zerstört.

Eben so ist es mit Rameau's Annahme eines subintendirten Fundamentalbasses bei der Construction einer einstimmigen Melodie oder einer Tonleiter. Ein neuerer Componist wird sich aller

dings meist sogleich den Fundamentalbass zu einer Melodie denken,
die er erfindet. Aber Musiker, welche noch nie harmonische Musik gehört haben, und keine solche zu setzen verstehen, wie sollen
die es können? Es ist hier offenbar dem allerdings unbewusst viele
Beziehungen herausfühlenden Künstlergeiste zu viel zugemuthet,
wenn man behauptet, er solle Beziehungen der Töne beachten, die
er nie oder wenigstens nur selten mit leiblichem Ohre vernommen
hatte, und die erst eine ferne Nachwelt herauszufinden und zu benutzen bestimmt war.

Aber wenn es auch klar ist, dass in den Perioden der rein
homophonen Musik die Tonleiter nicht nach den Bedürfnissen unbewusst dazu gedachter Accordverbindungen construirt werden
konnte, so kann doch die angeführte Ansicht und Hypothese der
Musiker in etwas abgeänderter Fassung einen Sinn erhalten, wenn
wir nämlich annehmen, dass dieselben physikalischen und physiologischen Beziehungen der Klänge, welche sich bei den Zusammenklängen geltend machen und die Grösse der consonanten Intervalle
bestimmen, auch in der Construction der Tonleiter, wenn auch unter abgeänderten Bedingungen, wirksam sein können.

Beginnen wir mit der Octave, deren Beziehung zum Grundtone die auffallendste ist. Es sei irgend eine Melodie von irgend
einem Instrumente, welches eine gute musikalische Klangfarbe hat,
etwa einer menschlichen Stimme, ausgeführt worden, so hat der
Hörer ausser den Grundtönen der Klänge auch deren höhere Octaven und schwächer die übrigen Obertöne gehört. Wenn nun eine
höhere Stimme dieselbe Melodie nachher in der höheren Octave
ausführt, so hören wir einen Theil dessen wieder, was wir
eben gehört haben, nämlich die geraden Theiltöne der früheren
Klänge, und wir hören dabei nichts Neues, was wir nicht
schon gehört hätten. Es ist daher Wiederholung einer Melodie
in der höheren Octave eine wirkliche Wiederholung des schon Gehörten, zwar nicht des Ganzen, aber doch eines Theils. Wenn wir
eine tiefe Stimme von einer höheren in der Octave begleiten lassen,
die einzige mehrstimmige Musik, welche die Griechen anwendeten,
so fügen wir der tieferen nichts Neues hinzu, sondern verstärken
nur die geradzahligen Theiltöne derselben. In diesem Sinne sind
also die Klänge einer höheren Octave wirkliche Wiederholungen
der Klänge der tieferen Octaven, wenigstens eines Bestandtheils
derselben. Daher ist die erste und oberste Haupteintheilung unserer
musikalischen Scala die in eine Reihe von Octaven, und wir betrach-

ten in Beziehung auf Melodie und Harmonie die gleichnamigen Töne verschiedener Octaven als gleichgeltend, was in dem angegebenen Sinne und bis zu einer gewissen Grenze richtig ist. Die Begleitung in der Octave giebt vollkommene Consonanz, aber sie giebt nichts Neues, sondern nur eine Verstärkung schon vorhandener Töne. Sie ist deshalb musikalisch anwendbar zur Verstärkung einer Melodie, welche kräftig herausgehoben werden soll, aber ihr fehlt die Mannigfaltigkeit der polyphonischen Musik, und sie erscheint daher eintönig, und ist verboten, wo die Musik polyphonisch sein soll.

Was von der Octave gilt, gilt in geringerem Grade auch von der Duodecime. Wird eine Melodie in der Duodecime wiederholt, so wird ebenfalls schon Gehörtes wieder gehört, nur dass der Bestandtheil des Gehörten, welcher wiederholt wird, viel schwächer ist, indem nur der dritte, sechste, neunte u. s. w. Theilton wieder angegeben werden, während bei der Wiederholung in der Octave für den dritten der stärkere zweite und vierte, für den neunten der achte und zehnte auftreten u. s. w. Die Wiederholung der Melodie in der Duodecime ist also unvollkommener, als die in der Octave, weil nur ein kleinerer Theil des Gehörten wiederholt wird. Statt ihrer kann nun auch die Wiederholung eine Octave tiefer in der Quinte eintreten. Die Wiederholung in der Quinte ist keine reine Wiederholung, wie es die Wiederholung in der Duodecime ist. Wenn die Schwingungszahl des Grundtones 2 ist, so sind Theiltöne

<pre>
des Grundklanges 2 4 6 8 10 12
der Duodecime   6   12
der Quinte   3 6   9 12
</pre>

Wenn wir die Duodecime angeben, wiederholen wir die Töne 6 und 12, die schon im Grundklange waren. Wenn wir die Quinte angeben, wiederholen wir zwar dieselben Töne auch, aber wir bringen noch neue Töne, nämlich 3 und 9, hinzu. Bei der Wiederholung in der Quinte ist also nur ein Theil des Neuen identisch mit einem Theile des früher Gehörten, aber es ist die am meisten vollkommene Wiederholung, die wir in einem kleineren Abstande als einer Octave machen können. Hiervon rührt es offenbar her, dass man noch jetzt ungeübte Sänger, wenn sie mit anderen im Chore ein Lied singen wollen, welches ihrer Stimmlage nicht passt, oft in der Quinte mitsingen hört, worin sich recht deutlich ausspricht, dass auch dem ungebildeten Ohre die Wiederholung in der Quinte als eine natürliche Wiederholung erscheint. Systematisch soll dies

Mitsingen in der Quinte und Quarte in den früheren Zeiten des Mittelalters ausgebildet gewesen sein. Aber auch in der neueren Musik spielt die Wiederholung in der Quinte eine hervorragende Rolle nächst der Wiederholung in der Octave. In den normalen Fugen wird bekanntlich das Thema zunächst in der Quinte wiederholt; in der Normalform der Instrumentalstücke, der der Sonate, wird das Thema im ersten Satze in die Quinte hinübergeführt, um im zweiten Theile im Grundtone wiederzukehren. Diese Art unvollkommener Wiederholung des Eindrucks in der Quinte hat denn auch die Griechen veranlasst, die Breite der Octave noch einmal zu theilen in zwei äquivalente Abschnitte, nämlich in zwei Tetrachorde. Unsere Durtonleiter nach diesem Principe abgetheilt würde lauten:

$$\underbrace{c\ d\ e\ f}_{\mathrm{I}}\ \underbrace{g\ a\ h\ c}_{\mathrm{II}}\ \underbrace{d\ e\ f}_{\mathrm{III}}$$

Die Tonfolge des zweiten Tetrachords ist eine Wiederholung der Tonfolge des ersten, eine Quinte höher verlegt. Um in die Octaventheilung zu passen, müssen die Tetrachorde abwechselnd getrennt und verbunden an einander gereiht werden. Verbunden nennt man sie, wenn wie zwischen II und III der letzte Ton c des unteren auch der erste des oberen ist; wenn dagegen wie in I und II der letzte Ton des unteren vom ersten des oberen verschieden ist, so heissen sie getrennt. In dem zweiten Tetrachorde $g - c$ musste jede aufsteigende Tonreihe schliesslich zu c als Schlusston leiten, welches gleichzeitig auch die Octave des Grundtones des ersten Tetrachords ist. Dieses c ist nun die Quarte des g, des Grundtones des zweiten Tetrachords. Sollte die Tonfolge in beiden Tetrachorden gleich gemacht werden, so musste zunächst im unteren Tetrachorde der dem c entsprechende Ton f hinzugefügt werden. Die Quarte f würde sich übrigens auch unabhängig von dieser Analogie der Tetrachorde ergeben haben in derselben Weise wie die Quinte. Die Quinte ist der Klang, dessen zweiter Theilton gleich dem dritten des Grundtons ist; die Quarte der Klang, dessen dritter Theilton gleich dem zweiten der Octave ist. So sind also zunächst die Grenztöne der beiden analogen Abtheilungen der Octave bestimmt, nämlich:

$$c - f,\ g - c,$$

aber die Ausfüllung der Zwischenräume bleibt vor der Hand noch willkürlich, und ist auch von den Griechen selbst in verschiedenen

Perioden verschieden, anders wieder von anderen alten Völkern
vollzogen worden, während die Eintheilung der Scala in Octaven,
die der Octave in zwei analoge Tetrachorde fast ausnahmslos vorkommt.

Boëthius (de Musica Lib. I. cap. 20) berichtet nach Nikomachus, dass die älteste Stimmung der Lyra bis zu den Zeiten des
Orpheus die erwähnte in unausgefüllten Tetrachorden gewesen sei:

$$c - f - g - c,$$

mit welcher freilich kaum eine Melodie zu bilden möglich gewesen
wäre. Doch sind in diesen Tönen allerdings die Hauptstufen für
die Tonfälle des gewöhnlichen Sprechens enthalten, so dass eine
solche Lyra doch möglicher Weise zur Begleitung der Declamation
hätte gebraucht werden können.

Die Verwandtschaft der Quinte und der durch ihre Umkehrung gegebenen Quarte mit dem Grundtone ist so gross, dass sie
sich in allen bekannten Musiksystemen aller Völker geltend macht.
Dagegen sind betreffs der zwischen den Grenztönen des Tetrachordes einzuschaltenden Zwischentöne Schwankungen eingetreten. Das
Intervall der Terz ist schon nicht mehr so deutlich durch leicht
wahrnehmbare Obertöne begrenzt, dass es sich von vorn herein dem
Ohre ungeübter Musicirender bestimmt aufgedrängt hätte. Wir
müssen bedenken, dass selbst, wenn der fünfte Partialton in dem
Klange des gebrauchten Toninstruments noch enthalten war, er der
Regel nach nicht bloss den an Tonstärke mächtigeren Grundton,
sondern auch die stärkeren drei ersten Obertöne neben sich hatte,
und von diesen überdeckt wurde. In der That zeigt sich in der
Geschichte der musikalischen Systeme ein langes Schwanken in Bezug auf die Stimmung der Terzen; ein Schwanken, welches man
noch jetzt fühlt, wenn man Terzen in rein melodischer Folge, ohne
sie je zur Harmonie zu verbinden, zu stimmen suchte. Ich selbst
muss gestehen, dass ich bei vereinzelten Intervallen dieser Art nicht
zu einem sicheren Resultate komme, wohl aber, wenn ich dieselben
in einer wohlgebildeten Melodie mit deutlicher Tonalität höre. Dann
erscheinen mir die natürlichen Terzen 4 : 5 im Vergleich mit den
etwas grösseren Terzen, welche die gleichschwebende Temperatur
unserer modernen Instrumente, oder mit den noch grösseren, welche
die Pythagoräische Stimmung nach reinen Quinten ergiebt, als
die ruhigeren, letztere als etwas angestrengt klingende Intervalle.
Unsere modernen Musiker, welche an die Terzen der gleichschwe-

benden Temperatur gewöhnt sind, bevorzugen zum Theil letztere, wenn es sich nur um melodische Folge handelt; doch habe ich mich selbst überzeugt, dass Künstler ersten Ranges, wie Herr Joachim, auch in der Melodie die Terzen 4 : 5 brauchen. Für die Harmonie ist kein Zweifel, da entscheidet sich jeder für die letztere Terz. Im sechszehnten Abschnitt wird ein Instrument beschrieben werden, mit dessen Hilfe dergleichen Versuche anzustellen sind.

Unter solchen Umständen ist bei der Eintheilung der Scala in den Anfängen der Musik und noch jetzt, wie es scheint, bei den weniger cultivirten Völkern ein anderes Princip mit zu Hilfe genommen worden, um die kleineren Intervalle zu theilen, welches aber später doch dem Princip der Tonverwandtschaft hat weichen müssen. Ich meine hier den Versuch, gleichgrosse Zwischenstufen nach dem Gehör zu unterscheiden, so dass die wahrnehmbaren Unterschiede der Tonhöhe gleichgross ausfallen.

Für die Eintheilung der Quarte hat sich allerdings ein solcher Versuch nie dauernd gegen das Gefühl der Verwandtschaft der Intervalle gehalten, wenigstens nicht in der künstlerisch ausgebildeten Musik. Aber für die Theilung kleinerer Intervalle werden wir dieses Theilungsprincip als Aushilfe doch an manchen Sellen der weniger gebräuchlichen griechischen Tetrachordtheilungen und in den Scalen der orientalischen Völker angewendet finden. Doch sind überall diese willkürlichen Theilungen, welche nicht auf Verwandtschaft der Klänge beruhen, in dem Maasse geschwunden, als sich die Musik als Kunst zu reinerer Schönheit entwickelt hat.

Wir wollen zunächst sehen, was für eine Tonleiter wir erhalten, wenn wir der natürlichen Verwandtschaft der Klänge zu einander weiter nachgehen. Verwandt im ersten Grade nennen wir Klänge, welche zwei gleiche Partialtöne haben; verwandt im zweiten Grade solche, welche mit demselben dritten Klange im ersten Grade verwandt sind. Je stärker die beiden übereinstimmenden Partialtöne sind im Verhältniss zu den übrigen Partialtönen zweier im ersten Grade verwandten Klänge, desto stärker ist die Verwandtschaft, desto leichter werden Sänger und Hörer das Gemeinsame beider Klänge zu fühlen wissen. Daraus folgt denn aber auch weiter, dass das Gefühl für die Verwandtschaft der Töne nach den Klangfarben verschieden sein muss, und ich glaube, dass man dies in der That behaupten kann, indem auf der Flöte und den weichen Orgelregistern, wo harmonische Zusammenklänge wegen der mangelnden Obertöne und der mangelhaft unterschiedenen Dissonanzen charakterlos klingen, etwas Aehnliches auch für die einfachen Melodien gilt.   Dies rührt, wie ich meine, davon her, dass in den genannten Klangfarben die natürlichen Intervalle der Terzen und Sexten, vielleicht auch die der Quarten und Quinten, nicht unmittelbar in der Empfindung des Hörers ihre Rechtfertigung haben, sondern höchstens in der Erinnerung.   Wenn der Hörer weiss, dass auf anderen Instrumenten und im Gesange die Terzen und Sexten als natürlich und direct verwandte Klänge hervorgetreten sind, so lässt er sie als wohlbekannte Intervalle auch gelten, wenn sie von einer Flöte oder von weichen Orgelregistern vorgetragen werden.   Doch kann ein in der Erinnerung bewahrter Eindruck nicht dieselbe Frische und Kraft haben, wie ein solcher unmittelbarer Empfindung.

Da die Stärke der Verwandtschaft von der Stärke der gleichen Obertöne abhängt, und die Obertöne von höherer Ordnungszahl schwächer zu sein pflegen, als die von niederer Ordnungszahl, so ist die Verwandtschaft zweier Klänge im Allgemeinen desto schwächer, je grösser die Ordnungszahlen der coincidirenden Obertöne sind.   Diese Ordnungszahlen geben aber auch, wie sich der Leser aus der Lehre von den consonirenden Intervallen erinnern wird, das Verhältniss der Schwingungszahlen für die betreffenden beiden Noten an.

Ich lasse hier eine Tabelle folgen, welche in der oberen Horizontalreihe die Ordnungszahlen für die Partialtöne der Tonica *c* enthält, in der ersten Verticalreihe dieselben für den betreffenden Ton der Leiter.   Wo die betreffende Vertical- und Horizontalreihe zusammentreffen, ist der entsprechende Ton der Leiter genannt, für welchen dieses Zusammentreffen stattfindet.   Es sind aber nur diejenigen Noten aufgenommen, welche um weniger als eine Octave von der Tonica entfernt sind.   Unter jede Tonstufe sind die beiden Ordnungszahlen der coincidirenden Obertöne hingesetzt, um an diesen einen Maassstab für die Stärke der Verwandtschaft zu haben.

	Partialtöne der Tonica					
	1.	2	3	4	5	6
1	c 1.1	c' 1.2				
2	C 2.1	c 2.2	g 2.3	c' 2.4		
3		F 3.2	c 3.3	f 3.4	a 3.5	c' 3.6
4		C 4.2	G 4.3	c 4.4	e 4.5	g 4.6
5			Es 5.3	As 5.4	c 5.5	es 5.6
6			C 6.3	F 6.4	A 6.5	c 6.6

In dieser systematischen Zusammenstellung finden wir in der oberhalb des Grundtones c gelegenen Octave folgende Reihe von Klängen, welche der Tonica c im ersten Grade verwandt sind, nach der Reihe ihrer Verwandtschaft geordnet:

$$c \quad c' \quad g \quad f \quad a \quad e \quad es$$
$$1:1 \quad 1:2 \quad 2:3 \quad 3:4 \quad 3:5 \quad 4:5 \quad 5:6$$

in der absteigenden Octave dagegen folgende Reihe:

$$c \quad C \quad F \quad G \quad Es \quad As \quad A$$
$$1:1 \quad 1:2 \quad 3:2 \quad 4:3 \quad 5:3 \quad 5:4 \quad 6:5$$

Den Grund, die Reihe abzubrechen, finden wir in der Enge der entstehenden Intervalle. Diese dürfen nicht so klein werden, dass sie schwierig zu treffen und zu unterscheiden wären. Welches Intervall wir als das engste in der Scala zulassen dürfen, ist eine Frage, die von verschiedenen Nationen nach ihren verschiedenen Geschmacksrichtungen, vielleicht auch nach der verschiedenen Feinheit ihres Ohres verschieden beantwortet ist.

Es scheint, dass in den ersten Entwickelungsstadien der Musik viele Völker engere Intervalle als den Ganzton zu benutzen sich scheuten, und deshalb Scalen bildeten, in denen Schritte von dem Intervall eines Tones mit solchen von anderthalb Tönen wechselten. Nach den Beispielen, welche Herr Fétis *) gesammelt hat, findet

---

*) Histoire générale de la Musique, Paris 1869, T. I.

sich eine solche Scala nicht nur bei den Chinesen, sondern auch bei den übrigen Stämmen der mongolischen Race, ferner bei den Malayen von Java und Sumatra, bei Anwohnern der Hudsonsbai, den Papuas von Neu-Guinea; Bewohnern von Neu-Caledonien, den Fullah-Negern. Auch die fünfsaitige Lyra (Kissar) der Bewohner von Nordafrika und Abyssinien, welche sich schon in den Basreliefs der assyrischen Königspaläste als Instrument gefangener Männer dargestellt findet, hat nach Villoteau*) die Stimmung der fünfstufigen Scala:

$$g — a — h — d — e.$$

Spuren einer alten Scala dieser Art finden sich für die offenbar gleichnamige Kithara der Griechen. Wenigstens hat Terpander, der in der Entwickelung der altgriechischen Musik eine hervortretende Rolle gespielt, und der vor ihm sechssaitigen Kithara eine siebente Saite hinzugefügt hat, eine aus einem Tetrachord und einem Trichord zusammengesetzte Scala gebraucht, die den Umfang einer Octave hatte, und deren Stimmung folgende war:

$$e \smile f — g — a — h \smile — d' — e'\,{}^{**})$$

worin der Ton c' fehlt, und das obere Tetrachord ohne einen Halbtonschritt bleibt, obgleich das untere einen solchen hat.

Auch der Umstand, dass Olympos, der das asiatische Flötenspiel in Griechenland einführte, und dem griechischen Geschmack anbildete, die dorische Scala der Griechen zu einer fünfstufigen, der alten enharmonischen Scala

$$h \smile c — — e \smile f — — a$$

umformte, scheint darauf hinzudeuten, dass er aus Asien fünfstufige Scalen mitbrachte, und nur die Anwendung des Halbtons der griechischen Scala entlehnte. Unter den cultivirteren Völkern sind es die Chinesen und die Gälen Schottlands und Irlands, welche die fünfstufige Scala ohne Halbtöne bis jetzt festgehalten haben, obgleich beide daneben die vollständige siebenstufige Leiter kennen gelernt haben.

---

*) Descriptions des Instrumens de Musique des Orientaux; chapt. XIII in der Description de l'Égypte. État moderne.

**) Nikomachus lässt den Philolaus sagen (Edit. Meibomii p. 17): „Von der Hypate (e) zur Media (a) war eine Quart, von der Media zur Nete (e') eine Quint, von der Nete zur Trite (h) eine Quart, von der Trite zur Hypate eine Quint." Es folgt daraus, dass nicht das h fehlte, sondern c.

Bei den Chinesen soll ein Prinz T say - y u diese letztere unter starkem Widerspruch der conservativen Musiker eingeführt haben, und auch die Theilung der Octave in 12 Halbtöne, die Transpositionen der Tonleitern sind von diesem klugen und geschickten Volke gefunden worden, aber die Melodien, welche von Reisenden aufgeschrieben sind, gehören meist der fünfstufigen Scala an. Die Schotten und Iren haben durch die Kirchengesänge ebenfalls die diatonische siebenstufige Leiter kennen gelernt, und in der gegenwärtigen Form ihrer Volksmelodien finden wir auch wohl die fehlenden beiden Töne wenigstens flüchtig berührt, als Vorschläge oder Durchgangsnoten. Doch sind dies in vielen Fällen moderne Verbesserungen, wie sich durch Vergleichung mit älteren Formen der Melodie erweisen lässt, und in der Regel kann man die Noten, die der fünftonigen Scala fremd sind, fortlassen, ohne die Melodie wesentlich zu verändern. Dies gilt nicht bloss von alten Melodien, sondern auch von solchen, die nachweisbar erst in den beiden letzten Jahrhunderten von gelehrten und ungelehrten Musikern componirt sind, und Eingang in das Volk fanden. Es halten also die Gälen, eben so gut wie die Chinesen, trotz der Bekanntschaft mit dem modernen Tonsystem, ihre alte Scala fest *), und es ist nicht zu leugnen, dass die schottischen Melodien durch 'die Vermeidung der kleinen Halbtonschritte der diatonischen Scala etwas eigenthümlich Klares und Bewegliches bekommen, was man freilich den chinesischen Melodien nicht nachrühmen kann. Die geringe Zahl der Töne innerhalb der Octave wird dadurch ausgeglichen, dass ein grosser Umfang der Stimme benutzt wird, sowohl bei den Gälen, wie bei den Chinesen.

Die fünfstufige Scala lässt nun noch eine gewisse Mannigfaltigkeit ihrer Bildung zu. Nehmen wir den Ton c als Tonica, und fügen zu ihm die nächst verwandten Töne der aufsteigenden Octave, bis wir einen Halbton treffen, so erhalten wir:

$$c - c' - g - f - a.$$

Das folgende e bildet mit f schon einen Halbton. In der absteigenden Octave erhalten wir ebenso:

$$c - C - F - G - Es.$$

____

*) Chinesische Melodien in A m b r o s c h's Geschichte der Musik, Bd. I, S. 30, 34, 35. Von schottischen eine reiche Sammlung mit Angaben der Quellen und der alten Formen in G. F. G r a h a m's, Songs of Scotland, 3 Vol., Edinburgh 1859. Die hinzugesetzte moderne Clavierbegleitung passt freilich oft schlecht genug zum Charakter der Melodien,

Die in diesen Scalen bleibenden grossen Lücken, in der ersten zwischen c und f, in der zweiten zwischen G und c, werden durch die nächsten Verwandten zweiten Grades ausgefüllt. Da die Verwandten der Octave immer nur dieselben Tonstufen wiedergeben, welche wir schon als directe Verwandte der Tonica erhalten haben, so sind es die Verwandten der Oberquinte g und Unterquinte F, welche zunächst in Betracht kommen, und zwar die Oberquinte d der Oberquinte g, und die Unterquinte B der Unterquinte F. So erhalten wir folgende Scalen:

1) aufsteigend:

$$c \; - \; d \; - \; \smile f \; - \; g \; - \; a \; - \; \smile c$$
$$1 \quad \tfrac{9}{8} \quad \tfrac{4}{3} \quad \tfrac{3}{2} \quad \tfrac{5}{3} \quad 2$$

2) absteigend:

$$C \; - \; \smile Es \; - \; F \; - \; G \; - \; \smile B \; - \; c$$
$$1 \quad \tfrac{6}{5} \quad \tfrac{4}{3} \quad \tfrac{3}{2} \quad \tfrac{16}{9} \quad 2$$

Es können aber auch beide gleichzeitig eingeführt werden statt der schwächer verwandten Töne ersten Grades, was dann die nur durch Quintenverwandtschaft erzeugte Reihe gäbe:

$$3) \quad c \; - \; d \; - \; \smile f \; - \; g \; - \; \smile b \; - \; c'$$
$$1 \quad \tfrac{9}{8} \quad \tfrac{4}{3} \quad \tfrac{3}{2} \quad \tfrac{16}{9} \quad 2$$

Dann kommen aber auch etwas unregelmässigere Bildungen dieser fünfstufigen Leitern vor, in denen statt des der Tonica c enger verwandten Tones f die etwas entfernter verwandte grosse Terz e eintritt, eine Umbildung, die sich, vielleicht unter dem Einfluss der modernen Bevorzugung der Durtonart, namentlich in sehr vielen schottischen Melodien eingestellt hat. Dies giebt die Leiter:

$$4) \quad c \; - \; d \; - \; e \; - \; \smile g \; - \; a \; - \; \smile c'$$
$$1 \quad \tfrac{9}{8} \quad \tfrac{5}{4} \quad \tfrac{3}{2} \quad \tfrac{5}{3} \quad 2$$

Beispiele für eine ähnliche Vertauschung der Quinte g mit der kleinen Sexte as sind zweifelhaft; es gäbe dies folgende Leiter:

$$5) \quad C \; - \; \smile Es \; - \; F \; - \; \smile As \; - \; B \; - \; c$$
$$1 \quad \tfrac{6}{5} \quad \tfrac{4}{3} \quad \tfrac{8}{5} \quad \tfrac{16}{9} \quad 2$$

Die Leiter

$$c \; - \; \smile es \; - \; f \; - \; g \; - \; a \; - \; \smile c$$
$$1 \quad \tfrac{6}{5} \quad \tfrac{4}{3} \quad \tfrac{3}{2} \quad \tfrac{5}{3} \quad 2$$

bei welcher nur Verwandte ersten Grades benutzt waren, aber von der Tonica aus nach beiden Seiten hin nur Schritte in grossen Intervallen zu machen sind, habe ich nirgends gebraucht gefunden.

Die aufgeführten fünf Formen der fünfstufigen Leiter können alle so transponirt werden, dass man sie auf den schwarzen Obertasten des Claviers spielen kann, ohne die Untertasten zu berühren. Bekanntlich schreibt man dies als eine einfache Regel vor, nach der man schottische Melodien componiren könne. Dabei kann jedoch jede der fünf Obertasten als Tonica benutzt werden, nur das B, welches keine Quinte unter den Obertasten hat, bleibt von zweifelhafter Berechtigung als Tonica.

Ich lasse hier Beispiele dieser verschiedenen fünfstufigen Scalen folgen:

1. Zur ersten Tonleiter ohne Terz und Septime: chinesisch nach John Barrow:

2. Zur zweiten Tonleiter ohne Secunde und Sexte gehören die meisten schottischen Lieder, die den Charakter einer Molltonart haben; doch ist in den modernen Formen dieser Lieder meist der eine oder andere der fehlenden Töne flüchtig berührt. Hier folgt von der Melodie „Cockle Shell's" eine ältere Form *):

---

*) Playford's Dancing master, Edition 1721. Die erste Auflage davon erschien 1657. — Songs of Scotland Vol. III. p. 170.

3. Zur dritten Tonleiter ohne Terz und Sexte. Gälisch,
wahrscheinlich eine alte Dudelsackmelodie *):

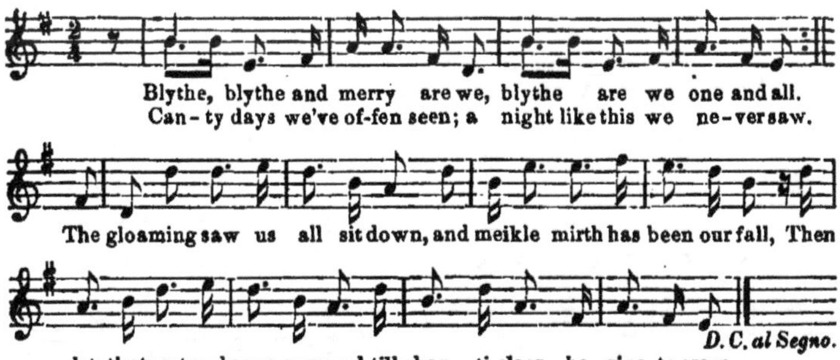

4. Der vierten Tonleiter gehören die meisten schottischen
Melodien an, welche den Charakter einer Durtonart an sich tragen;
es fehlt die Quarte und Septime der Durtonleiter. Da schottische
Melodien dieser Art in jeder Sammlung solcher sich dutzendweise
vorfinden und allgemein bekannt sind, so gebe ich hier als Beispiel
eine chinesische alte Tempelhymne nach Bitschurin **):

5. Melodien, welche der fünften Tonleiter ohne Secunde
und Quinte ganz rein angehörten, habe ich nicht gefunden; doch
finden sich welche, in denen entweder nur die Quinte, oder beide
Intervalle ganz flüchtig berührt werden. Im letzteren Falle tritt
die kleine Secunde ein, wodurch der Charakter der phrygischen
Kirchentonart entsteht, z. B. in dem sehr schönen Liede *„Auld Ro-*

---

*) Ein chinesisches Lied derselben Art bei Ambrosch l. c. Bd. I, S.
34; das zweite Stück. — Ein anderes mit einmaligem Anschlag der Sexte
in Songs of Scotland, Vol. III, p. 10: „My Peggy is a young thing.“
**) Ambrosch l. c. Bd. I, S. 30. — Dahin gehört auch das erste Stück
von S. 35, nach Barrow und Amiot.

bin". Ich gebe hier eines mit der Tonica *fis*, wo die Secunde ganz fehlt, und die Quinte *cis* nur flüchtig zweimal berührt wird, so dass man sie ebenso gut auch ganz weglassen könnte: .

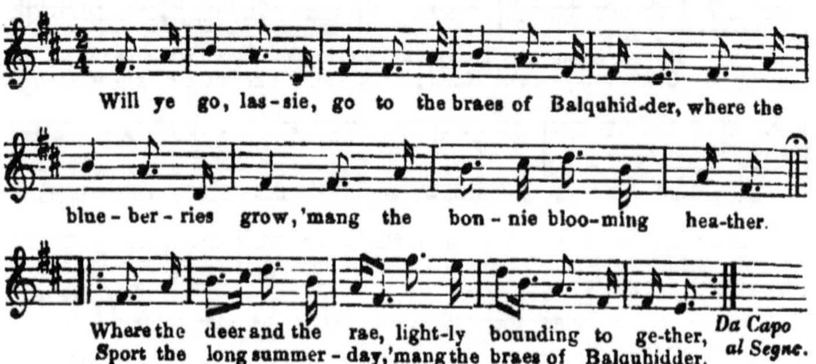

Man könnte in diesem Beispiel freilich auch sehr gut *h* als Tonica annehmen, und die Schlüsse auf der Dominante und Unterdominante nach alter Weise gebildet betrachten. Ueberhaupt ist in diesen fünfstufigen Melodien die Bestimmung der Tonica oft noch viel schwankender als in den siebenstufigen.

Die gewöhnlich gegebene Regel, dass in der gälisch chinesischen Scala die Quarte und Septime ausgelassen seien, passt also nur auf diejenige fünftonige Leiter, welche unserer Durscala entspricht, und welche allerdings unter den jetzt gebräuchlichen schottischen Melodien das numerische Uebergewicht hat, wahrscheinlich veranlasst durch die Rückwirkung des neueren Tonsystems. Die hier angeführten Beispiele zeigen, dass jede mögliche Lage der Tonica in der fünftonigen Leiter vorkommt, wenn man diesen Leitern überhaupt den Besitz einer Tonica einräumt. In den schottischen Melodien geschehen die Auslassungen der beiden Töne sowohl der Durtonleiter als der Molltonleiter ohne Ausnahme so, dass die Halbtonschritte der Leiter in 1½ Tonschritte verwandelt werden. Unter den chinesischen Melodien finde ich allerdings eine, welche sich dem später zu besprechenden alten enharmonischen Systeme der Griechen anschliesst, in welcher Halbtonstufen stehen geblieben sind; diese wird ihre Erklärung dort finden.

Wir gehen jetzt zur Construction der siebenstufigen Leiter über. Deren erste Formen entwickelten sich unter dem Einfluss der Tetrachordeintheilungen der Griechen. Ihre alterthüm-

lichen Melodien hatten geringen Umfang und wenige Tonstufen,
eine Eigenthümlichkeit, die auch von späteren Schriftstellern, z. B.
Plutarch, besonders betont wird, die übrigens auch bei den meisten anderen Völkern in den Anfangsstadien ihrer musikalischen
Ausbildung sich findet. Die Scala bildete sich deshalb zuerst in
engeren Grenzen als denen einer Octave aus, nämlich innerhalb des
Tetrachords. Wenn man nun innerhalb eines solchen die nächsten
Verwandten zu der begrenzenden Tonica ($\mu\acute{\varepsilon}\sigma\eta$) sucht, so fallen nur
die Terzen in diesen Umfang hinein. Nehmen wir in dem Tetra-
chorde $h - e$ den letzteren Ton als Tonica, so ist der nächste Verwandte derselben innerhalb der Grenzen des Tetrachordes c als
grosse Unterterz von e. Dies giebt:

1. Das alte enharmonische Tetrachord des Olympos:

$$h \smile c - - e$$
$$\tfrac{3}{4} \qquad \tfrac{4}{5} \qquad 1$$

Dass die Stimmung $c : e = 4 : 5$ sein müsse, stellte Archytas
gerade zuerst für das enharmonische Geschlecht fest. Der demnächst
folgende verwandte Ton des e wäre die kleine Unterterz; setzen
wir diese hinzu, so erhalten wir:

2. Das ältere chromatische Tetrachord der Griechen:

$$h \smile c \smile cis - \smile e$$
$$\tfrac{3}{4} \qquad \tfrac{4}{5} \qquad \tfrac{5}{6} \qquad 1$$

Die hier angegebene Stimmung der Intervalle entspricht den
Angaben des Eratosthenes (im dritten Jahrhundert v. Chr.). Das
Intervall zwischen c und cis entspricht hier nur dem kleinen Verhältnisse $\frac{25}{24}$, welches kleiner ist als ein Halbton $\frac{16}{15}$. Daneben steht
das viel weitere Intervall $cis - e$, welches einer kleinen Terz ent-
spricht. Eine gleichmässigere Vertheilung der Tonschritte erhielt
man, wenn man vom unteren Ton des Tetrachords die kleine Terz
nach oben maass. So entsteht:

3. Das diatonische Tetrachord:

$$h - c - d - e$$
$$\tfrac{3}{4} \qquad \tfrac{4}{5} \qquad \tfrac{9}{10} \qquad 1$$

Es ist dies die Stimmung, welche Ptolemaeus für das diatonische Tetrachord angiebt. Hierbei ist aber zu bemerken, dass
wenn e als Tonica betrachtet wird, dieses d nur eine schwache Verwandtschaft zweiten Grades durch Vermittelung des h mit der

Tonica hat. Hatte man erst, wie schon früh geschah, zwei Tetrachorde verbunden

$$h \text{ --- } e \text{ --- } a$$

so erhielt man für das d eine engere Verwandtschaft zweiten Grades, wenn man es als Unterquinte zum a stimmte. Wenn $e = 1$,
ist $a = \frac{4}{3}$, und seine Unterquinte ist $d = \frac{8}{9}$. Dies giebt das Tetrachord:

$$h \smile c - d - e$$
$$\tfrac{3}{4} \quad \tfrac{4}{5} \quad \tfrac{8}{9} \quad 1$$

was der von Didymus (im ersten Jahrhundert n. Chr.) angegebenen
Stimmung entspricht.

Der älteren Theorie des Pythagoras gemäss, deren Kritik ich
weiter unten geben werde, wären alle Intervalle der diatonischen
Scala durch Quintenschritte erzeugt, und ist die Stimmung folgende:

$$h \smile c - d - e$$
$$\tfrac{4}{3} \quad \tfrac{81}{64} \quad \tfrac{9}{8} \quad 1$$
$$\underbrace{\quad}_{\tfrac{243}{256}} \underbrace{\quad}_{\tfrac{9}{8}} \underbrace{\quad}_{\tfrac{9}{8}}$$

Das so gewonnene Tetrachord ist das Dorische der Griechen, welches als das normale betrachtet wurde, und allen Betrachtungen auch anderer Scalen zu Grunde gelegt wurde. Es wurden
demnach immer diejenigen Töne, welche die Halbtöne der Scala
nach unten hin begrenzten als die festen Grenztöne der Tetrachorde
mindestens theoretisch betrachtet, während die mittleren Töne ihre
Lage ändern konnten. Dass praktisch zuweilen auch die Stimmung
der sogenannten feststehenden Töne ein wenig geändert wurde, erwähnt Plutarch, was seinen Sinn darin haben kann, dass in der
Lydischen, Phrygischen etc. Tonart die Tonica nicht aus den
sogenannten feststehenden Tönen der Tetrachorde genommen war.
So werden wir zum Beispiel später sehen, dass wenn d die Tonica
ist, das h der Scala in der natürlichen Stimmung einer solchen Leiter keine reine Quinte mit dem e bildet.

Uebrigens können die Tetrachorde durch Einschaltung von
Tönen, die bald mit dem oberen, bald mit dem unteren Grenztone
bald eine grosse, bald eine kleine Terz bilden, noch anders ausgefüllt werden.

Zwei kleine Terzen geben das Phrygische Tetrachord

$$d - e \smile f - g$$
$$\tfrac{3}{4} \quad \tfrac{5}{6} \quad \tfrac{9}{10} \quad 1$$

Wird vom untern Grenzton eine grosse Terz nach oben, vom obern eine kleine nach unten abgemessen, so erhalten wir das **Ly-dische Tetrachord**

$$c \; - \; d \; - \; e \; \smile \; f$$
$$\tfrac{3}{4} \quad \tfrac{5}{6} \quad \tfrac{15}{16} \quad 1$$

Zwei grosse Terzen würden eine Abart der chromatischen Lei-ter: $h \smile c - dis \smile e$ geben, welche aber nicht gebraucht zu sein scheint, oder wenigstens nicht von der **chromatischen** unterschie-den wurde.

Es sind dies die normalen Theilungen des Tetrachordes gewe-sen; ausserdem kamen aber auch andere Eintheilungen vor, die von den Griechen selbst als irrationell ($\ddot{\alpha}\lambda o\gamma\alpha$) bezeichnet werden, und von denen wir nicht sicher wissen, wie weit sich ihr praktischer Gebrauch ausgedehnt hat. Eines derselben, das **weich diatoni-sche Geschlecht**, braucht ein den natürlichen Consonanzen mindes-tens sehr nahe stehendes Intervall 6:7, wie es zwischen der Quinte und der natürlichen kleinen Septime des Grundtons vorkommt und welches gelegentlich auch wohl in der neueren harmonischen Musik angewendet wird, wenn Sänger die kleine Septime eines Septimen-accordes frei einsetzen. Die Intervalle sind

$$3 : 4$$
$$\tfrac{21}{20} \qquad \tfrac{10}{9} \qquad \tfrac{8}{7}$$
$$6 : 7$$

Durch den erniedrigten Lichanos ist auch die Parhypate ab-wärts gedrängt; doch entspricht das kleine Intervall $\tfrac{21}{20}$ immer noch sehr nahe dem Halbton der Pythagoräischen Scala, welcher in klein-sten Zahlen $\tfrac{20}{19}$ geschrieben werden kann.

In dem **gleich diatonischen** Geschlechte des **Ptolemäus**, dessen Theilung war:

$$3 : 4$$
$$\tfrac{12}{11} \qquad \tfrac{11}{10} \qquad \tfrac{10}{9}$$
$$5 : 6$$

ist eine natürliche kleine Terz enthalten, diese aber in zwei mög-lichst gleiche Theile abgetheilt.

Eine ähnliche Folge von Tönen, aber in umgekehrter Ordnung, findet sich in der modernen arabischen Scala, wie sie von dem Syrer

Michael Meshakah*) abgemessen wird. Hier wird die Octave in 24 Vierteltöne getheilt; das Tetrachord hat 10 derselben, und seine unterste Tonstufe hat 4 derselben, die beiden oberen je 3. Unter diesen Umständen bilden die beiden oberen zusammengenommen sehr nahe eine kleine Terz, die wie im gleich diatonischen Systeme der Griechen in zwei gleich grosse Tonstufen getheilt ist, ohne Rücksicht auf irgend eine fühlbare Verwandtschaft des so entstehenden Zwischentones.

Je enger übrigens das Intervall ist, desto leichter und sicherer wird es in zwei Tonstufen von gleichem Unterschiede der Höhe rein nach der Empfindung dieser Höhenunterschiede zu theilen sein. Namentlich ist dies möglich bei Tonstufen, die sich der Grenze des Unterscheidbaren nähern. Da giebt uns die Deutlichkeit des noch wahrnehmbaren Unterschiedes ein Maass für ihre Grösse. In diesem Sinne ist wohl die Möglichkeit des späteren enharmonischen Geschlechts der Griechen zu erklären, welches aber zur Zeit des Aristoxenus schon wieder aus dem Gebrauch gekommen war, und von Späteren vielleicht nur als archaistische Merkwürdigkeit wieder hervorgesucht sein mag. In diesem Geschlecht wurde der halbe Ton des oben erwähnten alten enharmonischen Geschlechts des Olympos noch einmal in zwei Vierteltöne getheilt, so dass ein dem chromatischen ähnliches Tetrachord entstand, nur mit noch engeren Intervallen der nahen Töne. Die Theilung eines solchen enharmonischen Tetrachords war:

$$\overbrace{\frac{32}{31} \qquad \frac{31}{30} \qquad \frac{5}{4}}^{4\,:\,3}$$

Wir können uns diesen Viertelton nur als einen Vorhalt in der melodischen Bewegung zum unteren Grenzton des Tetrachords hin erklären. In dieser Weise kommt ein solches Intervall noch in der jetzigen orientalischen Musik vor. Ein ausgezeichneter Musiker, den ich bat, bei einer Reise nach Kairo darauf zu achten, schrieb mir darüber: „Ich habe diese Nacht dem Gesange auf den Mina-
„rets aufmerksam zugehört, um ein Urtheil über die Vierteltöne zu
„erhalten, welche ich nicht möglich glaubte, da ich dachte, die Ara-
„ber sängen falsch. Heute jedoch, als ich bei den Derwischen
„war, gelangte ich zur Gewissheit, dass es deren giebt, und zwar
„aus folgenden Gründen: Mehrere Stellen der Art von Litaneien

---

*) Journal of the American Oriental Society Vol. I, p. 173. 1847.

„endigten mit einem Tone, der zuerst der Viertelton war und mit
„dem reinen Ton endigte. Da die Stelle sich oft wiederholte, hatte
„ich Gelegenheit jedesmal dasselbe zu beobachten und immer war
„die Intonation dieselbe.“ Uebrigens findet man doch auch bei
den griechischen Schriftstellern über Musik erwähnt, dass die Vierteltöne der Enharmonik schwer zu unterscheiden seien.

Die neueren Interpreten der griechischen Musiklehre haben
meistens die Meinung aufgestellt, dass die genannten Unterschiede
in der Stimmung, welche die Griechen Tonfarben ($\chi\varrho\grave{o}\alpha\iota$) nannten, nur
theoretische Speculationen seien, welche nie zur Anwendung gekom-
men wären *). Sie meinen, diese Unterschiede seien so klein, dass eine
ganz unglaublich verfeinerte Ausbildung des Gehörs nöthig sei, um
ihre ästhetische Wirkung aufzufassen.   Dem gegenüber muss ich
nun behaupten, dass diese Meinung der modernen Theoretiker nur
deshalb hat aufgestellt werden können, weil Niemand unter ihnen
versucht hat, jene verschiedenen Tongeschlechter praktisch nachzubilden und mit dem Ohre zu vergleichen. Auf einem weiter unten
zu beschreibenden Harmonium kann ich die natürliche Stimmung
mit der pythagoräischen vergleichen und das diatonische Geschlecht
bald in der Weise des Didymus, bald in der des Ptolemäus ausführen, oder auch noch andere Abweichungen herstellen.   Es ist
gar nicht schwer, den Unterschied eines Komma $\frac{81}{80}$ in der Stimmung
der verschiedenen Tonstufen zu erkennen, wenn man bekannte Melodien in verschiedenen „Tonfarben“ ausführt, und jeder Musiker,
dem ich den Versuch vorgemacht habe, hat sogleich den Unterschied
gehört. Melodische Gänge mit pythagoräischen Terzen klingen angestrengt und unruhig, solche mit natürlichen Terzen dagegen wohllautend, ruhig und weich, trotzdem unsere gewöhnliche gleichschwebende Stimmung Terzen hat, welche den pythagoräischen näher
kommen als den natürlichen, und jene uns deshalb gewohnter sind,
als letztere. Und was ferner die Feinheit sinnlicher Beobachtung
in künstlerischen Dingen betrifft, so dürfen wir Neueren darin wohl
überhaupt die Griechen als unübertroffene Muster betrachten.   Bei

---

*) Auch Bellermann ist dieser Meinung (Tonleitern der Griechen
S. 27). Stellen aus den griechischen Schriftstellern, welche den wirklichen
praktischen Gebrauch erweisen, hat Westphal in seinen Fragmenten der
griechischen Rhythmiker S. 209 zusammengestellt. Nach Plutarch, de
Musica S. 38 und 39, haben die späteren Griechen sogar eine Vorliebe für
die nachgelassenen Intervalle gehabt.

dem hier vorliegenden Gegenstande aber hatten sie ganz besondere
Veranlassung und Gelegenheit, ihr Ohr feiner auszubilden, als wir
das unsere. Wir sind von Jugend auf daran gewöhnt, uns mit den
Ungenauigkeiten der modernen gleichschwebenden Stimmung abzu-
finden, und die ganze frühere Mannigfaltigkeit der Tongeschlechter
von verschiedenem Ausdruck hat sich reducirt auf den ziemlich
leicht vernehmbaren Unterschied von Dur und Moll. Die verschiedenartigen Abstufungen des Ausdrucks aber, welche wir durch Harmonie und Modulation erreichen, mussten die Griechen und andere
Völker, die nur homophone Musik besitzen, durch eine feinere und
mannigfaltigere Abstufung der Tongeschlechter zu erreichen suchen.
Was Wunders daher, wenn sich auch ihr Ohr für diese Art von
Unterschieden viel feiner ausbildete, als das unserige dafür ausgebildet ist.

Die griechische Tonleiter wurde übrigens schon früh bis zur
Octave ausgedehnt; Pythagoras soll es gewesen sein, der die acht
Stufen der diatonischen Leiter innerhalb der Octave vollständig
hinstellte. Zuerst hatte man je zwei Tetrachorde so verbunden,
dass ihnen ein Ton, die μέση, gemeinsam war:

$$e \smile f - g - a \smile b - c - d$$

wodurch eine siebenstufige Leiter entstand. Dann war diese Leiter
umgestimmt worden in die Form:

$$e \smile f - g - a - h \smile - d - e$$

so dass sie aus einem Tetrachord und einem Trichord bestand, wovon oben schon geredet ist, endlich war von Lichaon aus Samos
(nach Boethius) oder von Pythagoras (nach Nikomachus) das
Trichord zum Tetrachord ergänzt worden, und dadurch die achtstu-
fige Leiter aus zwei getrennten Tetrachorden hergestellt worden.

Die gewonnene diatonische Leiter konnte durch Hinzufügung
der höheren und tieferen Octaven ihrer Tonstufen beliebig weit fortgesetzt werden, und gab dann eine regelmässig wechselnde Reihe
von ganzen Tonstufen und Halbtönen. Für jedes einzelne Musikstück wurde nun aber nur ein Theil dieser unbegrenzten diatonischen
Leiter angewendet, und nach der Verschiedenheit dieser Theile
unterschied man verschiedene Tonsysteme.

Solche begrenzte Tonleitern können nun in sehr verschiedenem Sinne gegeben werden. Der erste praktische Zweck, welcher
sich aufdrängen muss, sobald ein Instrument mit einer begrenzten

Anzahl von Saiten, wie die griechische Lyra, zur Ausführung eines Musikstückes gebraucht werden soll, ist offenbar der, dass alle Töne, die in dem Musikstück vorkommen, auch in den Saiten der Lyra gegeben sein müssen. Dadurch ist also für die Stimmung des Instrumentes eine gewisse Reihe von Tönen vorgeschrieben, welche auf den Saiten gestimmt werden müssen. Wenn uns nun eine solche Reihe von Tönen, nach denen die Lyra gestimmt wurde, gegeben ist als Tonleiter, so folgt daraus in der Regel nicht das Geringste über die Frage, ob eine Tonica in einer solchen Leiter zu unterscheiden ist und welche. Man wird ziemlich viele Melodien finden können, deren tiefster Ton die Tonica ist, andere, in denen noch eine Tonstufe unter der Tonica berührt wird, andere, in denen die Quinte oder Quarte der nächst tieferen Octave den tiefsten Ton bildet. Der Unterschied zwischen den authentischen und plagalischen Tonleitern des Mittelalters ist von dieser Art. In den authentischen war der tiefste Ton der Leiter die Tonica, in den plagalischen deren Quinte, z. B.:

Erste authentische Kirchentonart, Tonica d:

$$d - e - f - g - a - h - c - d.$$

Vierte plagalische, Tonica g:

$$d - e - f - g - a - h - c - d.$$

Man dachte sie aus einer Quinte und einer Quarte zusammengesetzt, wie die Klammern zeigen; bei den authentischen lag die Quinte unten, bei den plagalischen oben. Wenn uns nun weiter nichts angegeben wird als eine solche Leiter, welche den zufälligen Umfang einer Reihe von Melodien bezeichnet, so können wir daraus über die Tonart wenig entnehmen. Wir können solche Tonreihen, die nur dem Umfange gewisser Melodien sich anpassen, accidentelle Tonleitern nennen. Zu ihnen gehören unter anderen die plagalischen des Mittelalters. Dagegen nennen wir solche, welche in moderner Weise unten und oben durch die Tonica begrenzt sind, essentielle Tonleitern. Nun ist es klar, dass das praktische Bedürfniss zuerst nur auf accidentelle Tonleitern führt. Es war unumgänglich nöthig, eine Lyra, mit der man den Gesang unisono begleiten wollte, so zu stimmen, dass die nöthigen Töne da waren. Ein unmittelbares praktisches Interesse, die Tonica eines einstimmigen Gesanges als solche zu bezeichnen, sich überhaupt nur klar zu machen, dass eine solche da sei, wie ihr Verhältniss zu den übrigen Tönen sei, lag wohl nicht vor. In der modernen Musik, wo der Bau der Harmonie wesentlich von der Tonica abhängt, verhält es sich damit ganz anders. Auf die Unterscheidung der Tonica konnten erst theoretische Betrachtungen des Baues der Melodie leiten. Dass Aristoteles als Aesthetiker einige darauf deutende Notizen hinterlassen hat, die Autoren dagegen, welche eigentlich über Musik geschrieben haben, nichts davon sagen, ist schon im vorigen Abschnitte erwähnt worden.

Während der griechischen Blüthezeit wendete man zur Begleitung des Gesanges der Regel nach achtsaitige Lyren an, deren Stimmung dem Umfange einer aus der diatonischen Leiter entnommenen Octave entsprach. Diese waren folgende:

1. Lydisch:

$$c - d - e - f - g - a - h - c.$$

2. Phrygisch:

$$d - e - f - g - a - h - c - d.$$

3. Dorisch:

$$e - f - g - a - h - c - d - e.$$

4. Hypolydisch:

$$f - g - a - h - c - d - e - f.$$

5. Hypophrygisch (Jonisch):

$$g - a - h - c - d - e - f - g.$$

6. Hypodorisch (Aeolisch oder Lokrisch).

$$a - h - c - d - e - f - g - a.$$

7. Mixolydisch:

$$h - c - d - e - f - g - a - h - (c).$$

Es konnte also jeder Ton der diatonischen Leiter als Anfangs- und Endpunkt eines solchen Tongeschlechtes gebraucht werden. Die lydische und hypolydische Tonreihe enthalten lydische Tetrachorde, die phrygische und hypophrygische enthalten phrygische, die dorische und hypodorische dorische. In der mixolydischen scheint man zwei lydische Tetrachorde angenommen zu haben, von denen aber das eine zertheilt war, wie es durch die Klammern oben angedeutet ist.

Man hat bisher die genannten Tonleitern (Tropen) der griechischen Blüthezeit als essentielle angesehen, das heisst, vorausgesetzt, dass ihr tiefster Ton (Hypate) die Tonica gewesen sei. Eine bestimmte Begründung dieser Annahme fehlt aber, so viel ich sehe. Was Aristoteles darüber sagt, lässt, wie wir gesehen haben, den Mittelton (die Mese) hauptsächlich als Tonica erscheinen, während allerdings andere Attribute unserer Tonica auf die Hypate fallen*). Wie das nun aber auch gewesen sein mag, mag nun Mese oder Hypate als Tonica betrachtet werden, mögen wir die Tonleitern alle als authentische oder alle als plagalische betrachten, so folgt doch mit grosser Wahrscheinlichkeit, dass schon die Griechen, bei denen wir die diatonische Leiter zuerst vollständig vorfinden, verschiedene, wahrscheinlich alle Töne dieser Leiter als Tonica zu benutzen sich erlaubten, ebenso, wie wir gesehen haben, dass bei den Chinesen und Gälen jede Stufe der fünfstufigen Leiter als Tonica auftreten konnte. Dieselben Leitern finden wir, wahrscheinlich unmittelbar

---

*) R. Westphal hat in seiner Geschichte der alten und mittelalterlichen Musik, Breslau 1864, die leider bisher noch unvollendet geblieben ist, die genannten Stellen des Aristoteles benutzt, um eine Hypothese über die Tonica und die Schlussart der obigen Leitern aufzustellen. Er wendet die Sätze des Aristoteles aber nur auf die Dorische, Phrygische, Lydische, Mixolydische und Lokrische Scala, nicht auf die zu jener Zeit ebenfalls schon bekannte Aeolische und Jonische Scala an, für deren Ausschliessung hierbei kein Grund ersichtlich ist. In jenen vier erstgenannten nimmt er die Mese als Tonica, die Hypate als Schlusston an. Bei den mit der Vorsatzsylbe „Hypo" bezeichneten Leitern sei dagegen die Hypate Tonica und Schlusston zugleich gewesen, bei den mit dem Wort „Syntono" verbundenen Namen dagegen sei die Hypate Schlusston und Terz der Tonica, ebenso vielleicht bei der einmal genannten Böotischen Tonart. Daraus folgt denn, dass die A-Molltonleiter vorkommt als Dorisch mit dem Schlusse in e, als Hypodorisch mit dem Schlusse in a, als Böotisch mit dem Schlusse in c; dass ferner das Mixolydische ein E-Moll mit kleiner Secunde und dem Schlusse in h sei, das Lokrische ein D-Moll mit grosser Sexte und dem Schlusse in a, das Phrygische, Hypophrygische oder Jastische und das Syntonoiastische ein G-Dur mit kleiner Septime, von denen das erste in d, das zweite in g, das dritte in h schloss. Endlich soll das Lydische, Hypolydische und Syntonolydische ein F-Dur mit übermässiger Quarte und den Schlusstönen beziehlich c, f oder a gewesen sein, die normale Durtonart aber soll nach Westphal durchaus gefehlt haben. Deutet man das Jonische nach den Worten des Aristoteles, so würde dieses aber ein richtiges Dur ergeben. Die Tonica F mit H als Quarte erscheint unserem Gefühl als ganz unmöglich.

aus antiker Ueberlieferung entnommen, in dem altchristlichen Kirchengesange wieder.

Es bildeten sich also im homophonen Gesange, wenn wir absehen von den chromatischen und enharmonischen Leitern und den ganz willkürlich erscheinenden Leitern der Asiäten, welche alle zu weiterer Entwickelung sich unfähig gezeigt haben, die sieben diatonischen Tonleitern aus, welche unter einander Unterschiede des Tongeschlechts von derselben Art zeigen, wie unsere Dur- und Molltonleitern. Diese Unterschiede treten deutlicher heraus, wenn wir alle mit derselben Tonica c beginnen lassen:

		Bezeich- nung nach Glarean	Neu vorge- schlagen
Lydisch:	$c-d-e-f-g-a-h-c$	Jonisch	Dur- geschlecht
Jonisch:	$c-d-e-f-g-a-b-c$	Mixoly- disch	Quarten- geschlecht
Phrygisch:	$c-d-es-f-g-a-b-c$	Dorisch	Septimen- geschlecht
Aeolisch:	$c-d-es-f-g-as-b-c$	Aeolisch	Terzen- geschlecht oder Moll
Dorisch:	$c-des-es-f-g-as-b-c$	Phrygisch	Sexten- geschlecht
Mixolydisch:	$c-des-es-f-ges-as-{}'b-c$		Secunden- geschlecht
Syntonolyd.:	$c-d-e-fis-g-a-h-c$	Lydisch	Quinten- geschlecht

Ich habe zur Orientirung die von Glarean für die Kirchentonarten gegebenen Namen hinzugefügt, deren Ertheilung zwar auf einer Verwechselung der Tongeschlechter mit den späteren transponirten Molltonleitern der Griechen beruht, die aber den Musikern geläufiger sind, als die richtigen griechischen Namen. Uebrigens werde ich Glarean's Namen nicht brauchen, ohne ausdrücklich hinzuzusetzen, dass sie sich auf eine Kirchentonart beziehen; es wäre überhaupt besser, wenn man sie vergessen möchte. Die alte von Ambrosius eingeführte Bezeichnung durch Ziffern war viel zweckmässiger; da diese Ziffern aber auch wieder geändert sind, und nicht für alle Tonarten ausreichen, so habe ich mir erlaubt, selbst neue Bezeichnungen vorzuschlagen in der obigen Tabelle, die dem Leser die Mühe ersparen die Systeme griechischer Namen auswendig zu lernen, von denen die des Glarean gewiss falsch, und die anderen vielleicht auch nicht richtig angewendet sind. Nach der vorgeschlagenen neuen Bezeichnung würde der Ausdruck „Quartengeschlecht von *C*" bedeuten eine Tonart, deren Tonica *C* ist, welche aber dieselbe Vorzeichnung hat, wie die auf der Quarte von *C*, nämlich *F*, errichtete Durtonleiter. Dabei ist zu bemerken, dass in diesen Namen unter den Septimen, Terzen, Sexten und Secunden immer die kleinen Intervalle dieses Namens zu verstehen sind; wollten wir die grossen wählen, so würde die Tonica in deren Leiter gar nicht vorkommen. Also: „Terzengeschlecht von *C*" ist die Leiter mit der Tonica *C*, welche die Vorzeichnung von *Es*-Dur hat, da *Es* die kleine Terz von *C* ist; das ist also *C*-Moll, wie es wenigstens in der absteigenden Leiter ausgeführt wird. Ich hoffe, der Leser wird bei dieser Bezeichnung immer leicht übersehen können, was gemeint ist.

Dies war das System der griechischen Tonarten während der Blüthezeit griechischer Kunst bis zur Zeit der macedonischen Weltherrschaft hin. Die Gesangmelodien waren in alter Zeit auf ein Tetrachord beschränkt gewesen, wie noch jetzt manche Melodien der römischen Liturgie; sie waren später bis zum Umfang einer Octave gewachsen. Für den Gesang brauchte man deshalb auch nicht viel längere Tonleitern zu haben, man verschmähte es, die angestrengten hohen und klanglosen tiefen Töne der menschlichen Stimme zu brauchen; noch die neugriechischen Lieder, von denen Weitzmann*) eine Anzahl gesammelt hat, haben einen auffallend kleinen Tonumfang. Wenn schon Phrynis (Sieger in den Panathenäen 457 v. Chr.) die Kithara mit neun Saiten versah, so war der wesentlichste Vortheil dieser Einrichtung wohl der, dass er aus einem Tongeschlecht in ein anderes übergehen konnte.

Die spätere griechische Tonleiter, wie sie beim Euclides im dritten Jahrhundert zuerst vorkommt, umfasst zwei Octaven. Ihre Einrichtung ist folgende:

---

*) Geschichte der griechischen Musik. Berlin 1855.

A	Zugesetzter Ton,	*Proslambanomenos.*

H		
c	Tiefstes Tetrachord,	*Tetr. hypatōn.*
d		
e		
f	Mittleres Tetrachord,	*Tetr. mesōn,*
g		
a		

---

			a	Verbundenes Tetrachord,
h	Getrenntes Tetr.,		*b*	*T. synemmenōn.*
c′	*T. diezeugmenōn.*		*c′*	
d′			*d′*	
e′	Ueberschüssiges Tetr.,			
f′				
g′	*T. hyperbolaiōn.*			
a′				

Wir haben hier also einmal die hypodorische Scala durch zwei
Octaven, dann aber noch ein daneben angefügtes Tetrachord, welches neben dem *h* der ersten Scala auch noch den Ton *b* einführt,
wodurch nach modernem Ausdruck Modulationen aus der Hauptlei-
ter nach der Tonart der Subdominante möglich wurden *).

Diese Scala, der Hauptsache nach eine Molltonleiter, wurde
transponirt, und man erhielt dadurch eine neue Reihe von Tonleitern, welche den verschiedenen Molltonleitern (absteigend gespielt)
der modernen Musik entsprachen, auf welche man aber wiederum
die alten Namen der Tongeschlechter übertrug, indem man ursprünglich jeder Molltonart den Namen gab, der demjenigen Tongeschlechte
zukam, welches von dem zwischen den Grenztönen der hypodorischen
Leiter liegenden Abschnitte der Molltonleiter gebildet wurde. Nach
der Notenbezeichnung der Griechen müssen wir diese Töne $f—f$
schreiben. Sie lagen aber wahrscheinlich dem Klange nach eine
Terz tiefer. Also zum Beispiel *D*-Moll hiess lydisch, weil in der
D-Mollleiter

$$d—e—\,|f—g—a—b—c—d—e—f\,|\,—g—a—b—c—d$$

der zwischen den Tönen *f* und *f* liegende Abschnitt der Leiter dem

---

*) Seltsamer Weise hat sich diese Art von Tonleiter erhalten in der im
Zillerthal in Tyrol gebrauchten Holzharmonica. Eine solche hat zwei Reihen von Stäbchen; die eine Reihe ist eine regelmässige diatonische Leiter
mit dem Tetrachordon diezeugmenōn; die andere etwas tiefer liegende hat
in ihrer oberen Hälfte dafür das Tetrachordon synemmenōn.

lydischen Tongeschlechte angehörte. So veränderten die alten Namen der Tongeschlechter ihre Bedeutung in die von Tonarten. Die Uebersicht dieser Namen ist folgende:

1) Hypodorisch	=	*F*-moll.	8) Phrygisch	=	*C*-moll.
2) Hypoionisch	=	*Fis*-moll.	9) Aeolisch	=	*Cis*-moll.
(Tieferes Hypo-			(Tieferes Lydisch)		
phrygisch)			10) Lydisch	=	*D*-moll.
3) Hypophrygisch	=	*G*-moll.	11) Hyperdorisch	=	*Es*-moll.
4) Hypaeolisch	=	*Gis*-moll.	(Mixolydisch)		
(Tieferes Hypo-			12) Hyperionisch	=	*E*-moll.
lydisch)			(Höheres		
5) Hypolydisch	=	*A*-moll.	Mixolydisch)		
6) Dorisch	=	*B*-moll.	13) Hyperphrygisch	=	*f*-moll.
7) Jonisch	=	*H*-moll.	(Hypermixolydisch)		
(Tieferes			14) Hyperäolisch	=	*fis*-moll.
Phrygisch)			15) Hyperlydisch	=	*g*-moll.

(Die Zeilen 13–15: *Späterer Zusatz.*)

Innerhalb jeder dieser Tonleitern konnte man jedes der vorher besprochenen Tongeschlechter bilden, indem man den entsprechenden Theil der Leiter benutzte. Ausserdem erlaubte diese Leiter in das Tetrachord Synemmenōn hineinzugehen, und damit in die Tonart der Subdominante hinüber zu moduliren.

Bei den diesen Leitern zu Grunde liegenden Transpositionsversuchen erkannte man, dass man annähernd die Octave aus 12 Halbtönen zusammengesetzt denken könne. Schon Aristoxenus wusste, dass man im Quintencirkel fortschreitend bei der zwölften Quinte wieder auf einen Ton komme, der (wenigstens nahehin) eine höhere Octave des Ausgangstones sei. Also in der Reihe

$$f - c - g - d - a - e - h - fis - cis - gis - dis - ais - eis$$

identificirte er *eis* mit *f*, und damit war die Reihe der durch den Quintencirkel zu bildenden Töne abgeschlossen. Die Mathematiker widersprachen zwar, und sie hatten Recht, insofern bei ganz reinen Quinten das *eis* ein wenig höher als *f* ist. Für die praktische Ausführung war aber dieser Fehler ganz unerheblich, und konnte in der homophonen Musik namentlich mit vollem Rechte vernachlässigt werden *).

---

*) Für die Beurtheilung der griechischen Systeme ist die Thatsache nicht unwichtig, dass in den thebanischen Königsgräbern der Aegypter eine Flöte gefunden ist (jetzt im Museum zu Florenz Nr. 2688) die nach der Untersuchung des Herrn Fétis eine fast vollständige Halbtonscala durch anderthalb Octaven giebt. Nämlich:

Damit war der Entwickelungsgang des griechischen Tonsystems abgeschlossen. So vollständig aber auch unsere Kenntnisse über die äusserlichen Formen sind, so wenig wissen wir über das Wesen der Sache, weil die Beispiele aufbewahrter Melodien zu gering an Zahl und zu zweifelhaft in ihrem Ursprunge sind.

Wie es nun aber auch mit der Tonalität der griechischen Tonleitern gewesen sein mag, und wie viele Fragen über sie auch noch ungelöst bleiben mögen, für die Theorie der allgemeinen historischen Entwickelung der Tongeschlechter erfahren wir, was wir brauchen, aus den Gesetzen der ältesten christlichen Kirchenmusik, deren erste Anfänge sich an die untergehende antike Kunstbildung noch anschliessen. Im vierten Jahrhundert unserer Zeitrechnung setzte der Bischof Ambrosius von Mailand vier Tonleitern für den kirchlichen Gesang fest, welche in der unveränderten diatonischen Leiter waren:

Erste Tonart: $d - e - f - g - a - h - c - d$, Septimengeschlecht.

Zweite Tonart: $e - f - g - a - h - c - d - e$, Sextengeschlecht.

Dritte Tonart: $f - g - a - h - c - d - e - f$, Quintengeschlecht
(unmelodisch).

Vierte Tonart: $g - a - h - c - d - e - f - g$, Quartengeschlecht.

Nun war aber der Ton h, wie in den späteren griechischen Leitern, veränderlich geblieben, statt seiner konnte b eintreten; dann gab es folgende Tonarten:

Erste: $d - e - f - g - a - b - c - d$, Terzengeschlecht (Moll).

Zweite: $e - f - g - a - b - c - d - e$, Secundengeschlecht
(unmelodisch).

Dritte: $f - g - a - b - c - d - e - f$, Dur.

Vierte: $g - a - b - c - d - e - f - g$, Septimengeschlecht.

Darüber, dass diese Ambrosianischen Tonleitern als essentielle

---

Reihe der Grundtöne:	a, b, h, c', cis', d'
Erste Obertöne	$a', b', h', c'', cis'', d''$
Zweite Obertöne	$e'', f'', fis'', g'', gis'', a''$
Dritte Obertöne	$a'', b'', h'', c''', cis''', d'''$.

Abbildungen solcher Flöten finden sich auf den allerältesten Denkmälern der Aegypter; sie sind sehr lang, die Löcher alle nahe dem einen Ende, und sie müssen deshalb mit weit ausgestrecktem Arm gegriffen werden; dadurch entsteht eine charakteristische Haltung der Spieler dieses Instruments. Schwerlich war diese alte Halbtonscala den Griechen unbekannt geblieben. Dass sie sie erst nach der Zeit Alexander's in ihre Theorie einführten, lässt erkennen, wie bestimmt sie die diatonische Scala bevorzugten.

zu betrachten sind, ist kein Zweifel, denn die alte Regel ist, dass
Melodien in der ersten Leiter in *d* schliessen müssen, die der zweiten in *e*, der dritten in *f*, der vierten in *g*; dadurch ist der Anfangs-
ton jeder dieser Leitern als Tonica charakterisirt. Wir dürfen diese
von Ambrosius getroffene Anordnung wohl als eine praktische
Vereinfachung der alten, mit einer inconsequenten Nomenclatur
überladenen Musiklehre für seine Chorsänger betrachten, und zurück-
schliessen, dass wir Recht hatten zu vermuthen, dass die ähnlich aus-
sehenden griechischen Tonleitern aus der griechischen Blüthezeit
wirklich als essentiell verschiedene Tonleitern gebraucht werden
konnten.

Papst Gregor der Grosse fügte zwischen die Ambrosianischen
Leitern noch ebensoviel accidentelle, die sogenannten plagalischen,
ein, welche von der Quinte der Tonica zur Quinte liefen. Die Ambrosianischen hiessen im Gegensatz zu diesen die authentischen.
Die Existenz dieser plagalischen Kirchentöne half die Verwirrung
vermehren, welche gegen das Ende des Mittelalters über die Kirchentöne ausbrach, als die Componisten die alten Regeln über die
Lage des Schlusstones zu vernachlässigen anfingen, und diese Verwirrung diente dazu, eine freiere Entwickelung des Tonsystemes zu
begünstigen. Darin zeigt sich übrigens auch, wie schon im vorigen
Abschnitte bemerkt wurde, dass das Gefühl für die durchgängige
Herrschaft der Tonica auch im Mittelalter noch nicht sehr ausgebildet war; während den griechischen Schriftstellern gegenüber doch
wenigstens schon der Fortschritt gemacht war, dass man das Gesetz des Schlusses in der Tonica als Regel anerkannte, wenn auch
nicht immer befolgte.

Glareanus suchte 1547 in seinem Dodecachordon die Lehre
von den Tonarten wieder in das Reine zu bringen. Er wies durch
Untersuchung der musikalischen Compositionen seiner Zeitgenossen
nach, dass nicht 4, sondern 6 authentische Tonarten zu unterscheiden seien, die er mit den oben dazu angegebenen griechischen Namen verzierte. Dazu nahm er 6 plagalische, und unterschied im
Ganzen also 12 Tonarten, woher der Name seines Buches kommt.
Also auch noch im sechzehnten Jahrhundert wurden essentielle und
accidentelle Tonleitern in einer Reihe fortgezählt. Unter des Glareanus Tonleitern ist noch eine unmelodische, nämlich für das
Quintengeschlecht, welches er die lydische Tonart nannte. Für dieses mangeln die Beispiele, wie auch Winterfeld bei einer sorg-

fältigen Untersuchung mittelalterlicher Compositionen fand*), wodurch das Urtheil des Plato über das Mixolydische und Hypolydische bestätigt zu werden scheint.

Demgemäss bleiben übrig als melodische Tongeschlechter, welche für den homophonen und polyphonen Gesang im engeren Sinne brauchbar sind, folgende fünf:

	Nach unserer Bezeichnung	Griechisch	Nach Glarean	Leiter
1.	Dur	Lydisch	Jonisch	$C-c$
2.	Quartengeschlecht	Jonisch	Mixolydisch	$G-g$
3.	Septimengeschlecht	Phrygisch	Dorisch	$D-d$
4.	Terzengeschlecht	Aeolisch	Aeolisch	$A-a$
5.	Sextengeschlecht	Dorisch	Phrygisch	$E-e$

Die rationelle Construction der bis zur Octave oder über die Octave hinaus fortgesetzten Tonleitern ergiebt sich aus dem von uns oben hingestellten Princip der Verwandtschaft der Töne. Die Grenze, wie weit wir in dieser Reihe der Verwandten ersten Grades fortzugehen haben, wird dadurch bestimmt, dass zu enge Intervalle, deren Unterscheidung unsicher würde, zu vermeiden sind. Die dann noch bestehenden grösseren Lücken werden durch die nächsten Verwandten zweiten Grades gefüllt.

Die Chinesen und Gälen liessen den Ganzton $\frac{10}{9}$ als engstes Intervall zu; die Orientalen halten noch jetzt Viertelstöne fest, wie wir gesehen haben. Die Griechen haben mit letzteren experimentirt, aber ihren Gebrauch bald aufgegeben, und sind beim halben Ton $\frac{16}{15}$ stehen geblieben.

Die europäischen Völker sind der Entscheidung der Griechen gefolgt, und haben den halben Ton $\frac{16}{15}$ als Grenze festgehalten. Das Intervall zwischen dem Es und E, sowie zwischen dem As und A der natürlichen Scala ist kleiner, nämlich $\frac{25}{24}$, und wir vermeiden deshalb Es und E oder As und A in dieselbe Scala zu bringen. So erhalten wir folgende zwei Reihen von Tonstufen als nächst verwandte für die aufsteigende und absteigende Tonleiter:

*) v. Winterfeld, Johannes Gabrieli und sein Zeitalter. Berlin 1834, Bd. I, S. 73 bis 108.

$$\text{Aufsteigend:} \quad c \relbar\joinrel\relbar e \relbar f \relbar g \relbar a \relbar\joinrel\relbar c'$$
$$\tfrac{5}{4} \qquad \tfrac{16}{5} \qquad \tfrac{9}{8} \qquad \tfrac{10}{9} \qquad \tfrac{6}{5}$$
$$\text{Absteigend:} \quad c \relbar\joinrel\relbar As \relbar G \relbar F \relbar Es \relbar\joinrel\relbar C$$
$$\tfrac{5}{4} \qquad \tfrac{16}{15} \qquad \tfrac{9}{8} \qquad \tfrac{10}{9} \qquad \tfrac{6}{5}$$

Die Zahlen unter den Reihen bezeichnen die Intervalle zwischen je
zwei aufeinander folgenden Stufen. Wir bemerken dabei, dass die
Intervalle zunächst an der Tonica zu gross sind, und noch weiter getheilt werden können. Eine solche Theilung ist nun aber, nachdem
wir die Reihe der Verwandten ersten Grades abgebrochen haben,
nur noch durch Verwandte zweiten Grades möglich.

Die engsten Verwandtschaften zweiten Grades werden natürlich
durch Vermittelung der der Tonica nächstverwandten Töne gegeben. Unter diesen steht voran die Octave. Die Verwandten der
Octave sind freilich keine anderen Tonstufen, als die Verwandten
der Tonica selbst; aber wenn wir zur Octave der Tonica übergehen,
erhalten wir da die absteigende Reihe der Tonstufen, wo wir vorher
die aufsteigende hatten, und umgekehrt.

Also wenn wir von c aufwärts gehen, hatten wir Tonstufen
unserer Durleiter gefunden:
$$c \relbar\joinrel\relbar e \relbar f \relbar g \relbar a \relbar\joinrel\relbar c'.$$
Wir können aber auch die Verwandten von c' nehmen, welche sind:
$$c \relbar\joinrel\relbar es \relbar f \relbar g \relbar as \relbar\joinrel\relbar c'.$$
Wir können also durch Verwandtschaft zweiten Grades die Töne
der Moll-Leiter aufsteigend erhalten. Unter den Tönen dieser letzten Leiter ist das es hier gegeben als untere grosse Sexte von c';
es hat aber auch die durch das Verhältniss $5:6$ gegebene schwache
Verwandtschaft zu c. Wir fanden den sechsten Partialton noch in
vielen Klangfarben deutlich enthalten, denen der siebente und achte
fehlt, z. B. auf dem Claviere, bei den engeren Orgelpfeifen, den Mix-
turregistern der Orgel. Also kann das Verhältniss $5:6$ wohl oft
noch als natürliche Verwandtschaft ersten Grades merkbar werden;
schwerlich aber je das Verhältniss $c - as$ oder $5:8$. Daraus folgt,
dass wir in der aufsteigenden Leiter eher e in es, als a in as verwandeln können. Im letzteren Falle bleibt nur die Verwandtschaft
zweiten Grades übrig. Also folgen die drei aufsteigenden Leitern
hinsichtlich ihrer Verständlichkeit in folgender Weise:
$$c - e - f - g - a - c'$$
$$c - es - f - g - a - c'$$
$$c - es - f - g - as - c'.$$

Es sind diese Unterschiede, welche auf einer Verwandtschaft zweiten Grades mittels der Octave beruhen, zwar sehr gering. Sie sprechen sich aber doch aus in der bekannten Umbildung der aufsteigenden Molltonleiter, auf welche die hier aufgefundenen Unterschiede hindeuten.

Wenn man von c abwärts geht, kann man statt der Verwandten ersten Grades in der Reihe

$$c \; {-}{-} \; As \; - \; G \; - \; F \; - \; Es \; {-}{-} \; C$$

auch Verwandte des tieferen C nehmen:

$$c \; {-}{-} \; A \; - \; G \; - \; F \; - \; E \; {-}{-} \; C.$$

In der letzteren ist A mit dem Ausgangstone c durch die schwache Verwandtschaft ersten Grades $5:6$ verbunden, E aber nur durch Verwandtschaft zweiten Grades. Also wird auch hier wieder die dritte Leiter sich gestalten können:

$$c \; {-}{-} \; A \; - \; G \; - \; F \; - \; Es \; {-}{-} \; C,$$

welche wir auch aufsteigend fanden. Also haben wir für die absteigenden Leitern die Reihenfolge

$$c \; - \; As \; - \; G \; - \; F \; - \; Es \; {-}{-} \; C$$
$$c \; {-}{-} \; A \; - \; G \; - \; F \; - \; Es \; {-}{-} \; C$$
$$c \; {-}{-} \; A \; - \; G \; - \; F \; - \; E \; {-}{-} \; C.$$

Ueberhaupt, da alle entfernteren und näheren, höheren und tieferen Octaven der Tonica mit dieser so eng verwandt sind, dass sie fast mit ihr identificirt werden können, sind auch alle höheren und tieferen Octaven der einzelnen Tonstufen mit der Tonica fast so eng verwandt, als die der Tonica zunächst liegenden desselben Namens.

Auf die Octave folgen als Verwandte von c seine Oberquinte g und seine Unterquinte F. Deren Verwandte kommen also zunächst bei der Construction der Tonleiter in Betracht. Nehmen wir zunächst die Verwandten von g.

Aufsteigende Leiter:

$$c \text{ verwandt: } c \; {-}{-} \; e \; - \; f \; - \; g \; - \; a \; {-}{-} \; c'$$
$$g \text{ verwandt: } c \; d \; es \; {-}{-} \; g \; {-}{-} \; h \; - \; c'$$

Verbunden giebt dies

1) die Durtonleiter (Lydisches Geschlecht der Griechen):

$$c - d - e - f - g - a - h - c'$$
$$1 \quad \tfrac{9}{8} \quad \tfrac{5}{4} \quad \tfrac{4}{3} \quad \tfrac{3}{2} \quad \tfrac{5}{3} \quad \tfrac{15}{8} \quad 2$$

Die Verwandlung des Tones e in es wird hier auch durch die Verwandtschaft mit dem g erleichtert. Dies giebt

2) die aufsteigende Molltonleiter:

$$c - d - es - f - g - a - h - c'$$
$$1 \quad \tfrac{9}{8} \quad \tfrac{6}{5} \quad \tfrac{4}{3} \quad \tfrac{3}{2} \quad \tfrac{5}{3} \quad \tfrac{15}{8} \quad 2$$

Absteigende Leiter:

c verwandt: $c \; \text{---} \; As - G - F - Es \; \text{-----} \; C$

g verwandt: $c \quad B \; \text{----} \; G \; \text{----} \; Es - D - C$

giebt die

3) absteigende Molltonleiter (Hypodorisches oder Aeolisches Geschlecht der Griechen — Terzengeschlecht):

$$c - B - As - G - F - Es - D - C$$
$$2 \quad \tfrac{9}{5} \quad \tfrac{8}{5} \quad \tfrac{3}{2} \quad \tfrac{4}{3} \quad \tfrac{6}{5} \quad \tfrac{9}{8} - 1$$

oder in der gemischten Leiter, welche As in A verwandelt:

4) Septimengeschlecht (Phrygisch der Griechen):

$$c - B - A - G - F - Es - D - C$$
$$2 \quad \tfrac{9}{5} \quad \tfrac{5}{3} \quad \tfrac{3}{2} \quad \tfrac{4}{3} \quad \tfrac{6}{5} \quad \tfrac{9}{8} \quad 1$$

Gehen wir nun über zu den Verwandten der Unterquinte F, so finden wir folgende Leitern:

Aufsteigend:

c verwandt: $c \; \text{----} \; e - f - g - a \; \text{----} \; c'$

F verwandt: $c - d \; \text{----} \; f \; \text{----} \; a - b - c'$

Dies giebt

5) das Quartengeschlecht (Hypophrygisch oder Jonisch der Griechen):

$$c - d - e - f - g - a - b - c'$$
$$1 \quad \tfrac{10}{9} \quad \tfrac{5}{4} \quad \tfrac{4}{3} \quad \tfrac{3}{2} \quad \tfrac{5}{3} \quad \tfrac{16}{9} \quad 2$$

Verwandeln wir e in es, so erhalten wir wieder

6) das Septimengeschlecht, aber mit anderen Bestimmungen für die Schalttöne d und b:

$$c - d - es - f - g - a - b - c'$$
$$1 \quad \tfrac{10}{9} \quad \tfrac{6}{5} \quad \tfrac{4}{3} \quad \tfrac{3}{2} \quad \tfrac{5}{3} \quad \tfrac{16}{9} \quad 2$$

Absteigende Leiter:

c verwandt: $c \; \text{------} \; As - G - F - Es \; \text{----} \; C$

F verwandt: $c - B - A \; \text{-----} \; F \; \text{----} \; Des - C$

giebt

7) das Sextengeschlecht (Dorisch der Griechen):

$$c - B - As - G - F - Es - Des - C$$
$$2 \quad \tfrac{16}{9} \quad \tfrac{8}{5} \quad \tfrac{3}{2} \quad \tfrac{4}{3} \quad \tfrac{6}{5} \quad \cdot \quad \tfrac{16}{15} \quad 1$$

So sind die melodischen Tongeschlechter der Griechen und der altchristlichen Kirche hier auf dem consequent fortgesetzten natürlichen Wege der Ableitung alle wiedergefunden. Alle diese Geschlechter haben in der That das gleiche Recht, so lange es sich nur um homophonen Gesang handelt.

Ich habe hier zunächst die Leitern in der Weise gegeben, wie sie sich in der natürlichsten Weise ableiten. Aber da wir gesehen haben, dass jede der drei Leitern

$$c --- e - f - g - a --- c'$$
$$. c --- es - f - g - a --- c'$$
$$c --- es - f - g - as --- c'$$

sowohl aufsteigend als absteigend durchlaufen werden kann, wenn auch die erste besser zur aufsteigenden, die letzte besser zur absteigenden Bewegung passt, so können auch die Lücken jeder einzelnen von ihnen entweder ausgefüllt werden mit den F-verwandten oder g-verwandten Tönen, und es kann sogar die eine Lücke mit einem F-verwandten, die andere mit einem g-verwandten gefüllt werden.

Die Zahlenbestimmungen der der Tonica direct verwandten Töne sind natürlich fest*) und unveränderlich, weil sie durch consonante Verhältnisse zur Tonica direct gegeben und dadurch sicherer bestimmt sind, als durch jede entferntere Verwandtschaft. Dagegen sind die Ausfüllungstöne vom zweiten Grade der Verwandtschaft allerdings nicht so fest gegeben.

Für die Secunde haben wir, wenn $c = 1$:

1) das g-verwandte $d \quad = \tfrac{9}{8}$,

2) das f-verwandte $d \quad = \tfrac{10}{9} = \tfrac{9}{8} \cdot \tfrac{80}{81}$,

3) das f-verwandte $des = \tfrac{16}{15}$.

---

*) Ich kann namentlich nicht zugeben, dass, wie Hauptmann will, in die aufsteigende Molltonleiter das Pythagoräische a, welches die Quinte von d ist, gesetzt werde. D'Alembert will dasselbe sogar auch in die Durtonleiter setzen, indem er von g nach h durch den Fundamentalbass d geht. Das würde eine entschiedene Modulation nach G-Dur anzeigen, welche nicht nöthig ist, wenn man die natürlichen Beziehungen der Töne zur Tonica festhält. Siehe Hauptmann, Harmonik und Metrik, S. 60.

Für die Septime:

1) das g-verwandte $h = \frac{15}{8}$,

2) das g-verwandte $b = \frac{9}{5}$,

3) das f-verwandte $b = \frac{16}{9} = \frac{9}{5} \cdot \frac{80}{81}$.

Während die Töne h und *des* also ebenfalls sicher gegeben sind, bleiben die Töne b und d unsicher. Beide können mit der Tonica c entweder einen grossen ganzen Ton $\frac{9}{8}$ oder einen kleinen $\frac{10}{9}$ bilden.

Um diese Unterschiede der Stimmung fortan sicher und unzweideutig bezeichnen zu können, wollen wir von hier ab eine Bezeichnungsweise der Töne einführen, welche diejenigen Töne, die durch eine Quintenreihe bestimmt sind, unterscheidet von denjenigen, welche durch die Verwandtschaft einer Terz zur Tonica gegeben sind. Wir haben schon gesehen, dass diese beiden verschiedenen Arten der Bestimmung auf etwas verschiedene Tonhöhen führen, und eben deshalb müssen in genauen theoretischen Untersuchungen beiderlei Arten von Tönen von einander getrennt bleiben, wenn sie auch in der modernen Musik praktisch gewöhnlich mit einander verwechselt werden.

Die wesentliche Idee dieser Bezeichnungsweise rührt von Hauptmann her; da die von ihm und auch von mir in der ersten Auflage dieses Buches benutzten grossen und kleinen Buchstaben aber schon eine andere Bedeutung in der Tonschrift haben, wende ich hier eine kleine Modification seiner Bezeichnung an.

Wenn C der Ausgangston ist, so bezeichnet man[*] dessen Quinte mit G, die Quinte dieser Quinte mit D u. s. w.; ebenso die Quarte von C mit F, die Quarte dieser Quarte mit B u. s. w. Es bildet also die Reihe derjenigen Töne, welche mit grossen Buchstaben bezeichnet sind, eine Reihe reiner Quinten und Quarten:

$$B - F - C - G - D - A - E \text{ u. s. w.}$$

---

[*] Die Natur der Harmonik und Metrik. Leipzig 1853. S. 26 u. ff. — Ich kann mich nur dem Bedauern anschliessen, welches C. E. Naumann ausgedrückt hat, dass so viele feine musikalische Anschauungen, welche dieses Werk enthält, unnöthiger Weise hinter der abstrusen Terminologie der Hegel'schen Dialektik versteckt und deshalb einem grösseren Leserkreise ganz unzugänglich sind.

Dadurch ist die Höhe aller dieser Töne eindeutig bestimmt, wenn einer von ihnen gegeben ist.

Die grosse Terz von C dagegen bezeichnen wir mit dem Zeichen $\underline{E}$, die von F mit $\underline{A}$ u. s. w. Die Reihe der Töne

$$B - \underline{D} - F - \underline{A} - C - \underline{E} - G - \underline{H} - D - \underline{Fis} - A \text{ u. s. w.}$$

ist also eine abwechselnde Reihe grosser und kleiner Terzen. Dabei ist es klar, dass die Töne

$$\underline{D} - \underline{A} - \underline{E} - \underline{H} - \underline{Fis} \text{ u. s. w.}$$

unter sich wieder eine Reihe reiner Quinten bilden.

Wir haben schon oben gefunden, dass der Ton $\underline{D}$, d. h. die kleine Unterterz oder grosse Sexte von F tiefer ist, als der von F aus im Quintencirkel erreichte Ton D, und zwar ist der Unterschied der Tonhöhe ein Komma, dessen Zahlenwerth $\frac{81}{80}$ ist, etwa der zehnte Theil eines ganzen Tones. Da nun $D - A$ ebenso gut wie $\underline{D} - \underline{A}$ eine reine Quinte ist, so ist auch A um ein ebensolches Komma höher als $\underline{A}$, und ebenso jeder mit einem ungestrichenen Buchstaben bezeichnete Ton um ein Komma höher als der mit dem entsprechenden unterstrichenen Buchstaben bezeichnete Ton, wie man leicht sieht, wenn man in Quinten immer weiter schreitet.

Ein Duraccord schreibt sich also

$$C - \underline{E} - G$$

und ein Mollaccord

$$\underline{A} - C - \underline{E} - \text{ oder } \underline{C} - Es - \underline{G}.$$

Setzen wir nun überhaupt fest, dass jeder Strich unter dem Buchstaben die Tonhöhe um das Intervall $\frac{81}{80}$ erniedrigt, jeder über dem Buchstaben sie um eben so viel erhöht, so können wir die Duraccorde schreiben

$$c - \underline{e} - g \text{ oder } \overline{c} - e - \overline{g}$$

die Mollaccorde

$$c - \overline{es} - g \text{ oder } \underline{c} - es - \underline{g}$$

oder auch

$$\overline{c} - \overline{\overline{es}} - \overline{g} \text{ und } \underline{c} - es - \underline{\underline{g}} \text{ u. s. w.} {}^{*}).$$

---

*) In der ersten Auflage dieses Buches sind, wie bei Hauptmann, die kleinen Buchstaben als um ein Komma niedriger betrachtet worden, als die grossen, ein Strich über oder unter den Buchstaben wurde nur zuweilen zur Aushilfe angewendet, bedeutete dann aber Erhöhung oder Erniedrigung um zwei Kommata. Also ein Duraccord schrieb sich $C - e - G$ oder

Die drei Reihen der mit C direct verwandten Töne sind also zu schreiben

$$C \,—\,—\, \underline{E} \,—\, F \,—\, G \,—\, \underline{A} \,—\,—\, c$$
$$C \,—\,—\, \overline{Es} \,—\, F \,—\, G \,—\, \underline{A} \,—\,—\, c$$
$$C \,—\,—\, \overline{Es} \,—\, F \,—\, G \,—\, \overline{As} \,—\,—\, c$$

und die Fülltöne sind

zwischen Tonica und Terz: D, $\underline{D}$ oder $\overline{Des}$,

zwischen Sexte und Octave: $\underline{H}$ und B oder $\overline{B}$.

Also die melodischen unter den griechischen und altkirchlichen Ton geschlechtern geben folgende Leitern:

1) Durgeschlecht:
$$C — D — \underline{E} — F — G — \underline{A} — \underline{H} — c$$
$$\underline{D}$$

2) Quartengeschlecht:
$$C — D — \underline{E} — F — G — \underline{A} — B — c$$
$$\underline{D} \qquad\qquad\qquad \overline{B}$$

3) Septimengeschlecht:
$$C — D — \overline{Es} — F — G — \underline{A} — B — c$$
$$\underline{D} \qquad\qquad\qquad \overline{B}$$

4) Terzengeschlecht:
$$C — D — \overline{Es} — F — G — \overline{As} — B — c$$
$$\underline{D} \qquad\qquad\qquad \overline{B}$$

5) Sextengeschlecht:
$$C — \overline{Des} — \overline{Es} — F — G — \underline{A} — B — c.$$
$$\overline{B}$$

In dieser Bezeichnungsweise ist also die Stimmung der Töne genau ausgedrückt dadurch, dass die Art der Consonanz, in der sie zur Tonica oder deren Verwandten stehen, festgesetzt ist.

Dieselben Leitern in der altgriechischen pythagoräischen Stimmung würden übrigens zu schreiben sein:

$\overline{c} — E — \overline{g}$, ein Mollaccord $a — C — e$ oder $\underline{A} — c — \underline{E}$ u. s. w. Die in dieser Auflage und auch in der französischen Uebersetzung gebrauchte Bezeichnung, ausgegangen von Herrn A. v. Oettingen, ist viel übersichtlicher.

Durgeschlecht:

$$C - D - E - F - G - A - H - C$$

und die anderen ähnlich durchaus nur mit Buchstaben gleicher Art, die derselben Quintenreihe angehören.

In den hier aufgestellten Formeln für die diatonischen Tongeschlechter bleibt die Stimmung der Secunde und Septime theilweise schwankend. Ich habe in diesen Fällen das D vor dem $\underline{D}$ und das B vor dem $\overline{B}$ bevorzugt, weil die Verwandtschaft der Quinte eine nähere ist als die der Terz. Es stehen aber B und D im Quintenverhältniss beziehlich zu den der Tonica C nächstverwandten Tönen F und G, $\underline{D}$ und $\overline{B}$ aber nur im Terzenverhältniss. Doch ist dieser Grund wohl nicht ausreichend, die letztgenannten Töne von der Anwendung im homophonen Gesange ganz auszuschliessen. Denn wenn in der melodischen Bewegung die Secunde der Tonart in enge Nachbarschaft zu den mit F verwandten Tönen tritt, zum Beispiel zwischen F und $\underline{A}$ gestellt wird, oder ihnen nachfolgt, so wird es einem genau intonirenden Sänger gewiss natürlicher sein, das dem F und $\underline{A}$ direct verwandte $\underline{D}$ als das nur im dritten Grade verwandte D anzugeben. Die ein wenig engere Beziehung des letzteren zur Tonica wird hier kaum den Ausschlag geben können.

Auch glaube ich nicht, dass in dieser Zweideutigkeit der ausfüllenden Töne ein Mangel des Tonsystems liegt, da in dem modernen Mollsystem die Sexte und Septime der Tonart nicht nur um ein Komma, sondern um einen halben Ton geändert werden, je nach der Richtung der melodischen Bewegung. Entscheidendere Gründe für die Anwendung des D statt des $\underline{D}$ werden wir übrigens im nächsten Abschnitte kennen lernen, wenn wir uns von der homophonen Musik zu dem Einflusse der harmonischen Musik auf die Tonleitern hinwenden werden.

Die hier gegebene Darstellung der rationellen Construction der Tonleitern und der entsprechenden Stimmung der Intervalle weicht von der, welche Pythagoras den Griechen gegeben, und welche sich von da bis in die neuesten musikalischen Theorien hinein fortgepflanzt hat, und die auch noch jetzt die Basis unseres Notensystems bildet, wesentlich ab. Pythagoras liess die ganze diatonische Leiter aus Quintenschritten entstehen in der Folge

$$F - C - G - D - A - E - H$$

und berechnete danach die Intervalle, wie sie oben angegeben sind.

Nach ihm kommen in der diatonischen Leiter nur zweierlei kleinste Intervalle vor, nämlich der Ganzton $\frac{9}{8}$ und das Limma $\frac{256}{243}$.

Wenn in jener Reihe C die Tonica wäre, würde A eine Verwandtschaft dritten Grades, E eine solche vierten, H gar eine fünften Grades zur Tonica haben; Verwandtschaften, welche für die unmittelbare Empfindung des Ohres absolut unwahrnehmbar sein würden.

Quintenfolgen lassen sich auf einem Instrumente zwar abstimmen, und so weit fortsetzen, als man will; aber der Sänger und der Hörer können unmöglich bei einem Uebergange von c nach e fühlen, dass der letztere Ton die vierte Quintenstufe von c aus ist. Selbst bei einer Verwandtschaft zweiten Grades durch Quinten, wenn man also von c nach d geht, wird es zweifelhaft sein, ob der Hörer die Verbindung beider Töne fühlen wird. Hier kann man sich aber im Uebergange zwischen beiden Tönen noch ein gleichsam stummes g eingeschoben denken, welches die untere Quarte von c, die untere Quinte von d ist, und so die Verbindung, wenn auch nicht für das körperliche Ohr, doch für die Erinnerung herstellt. In diesem Sinne etwa möchte es zu verstehen sein, wenn Rameau und d'Alembert den Uebergang von c nach d durch den vom Sänger hinzugedachten Fundamentalbass g erklären. Wenn der Sänger die Bassnote g nicht gleichzeitig mit d hört, kann er auch nicht sein d so einrichten, dass es mit der Bassnote consonirt; aber den melodiösen Fortgang kann er durch einen dazwischen gedachten Ton sich allerdings erleichtern. Es ist dies ein Mittel, welches zum Treffen schwieriger Intervalle bekanntlich oft mit Vortheil angewendet wird. Dagegen lässt dies Mittel natürlich im Stich, wenn man zu Tönen von entfernterer Quintenverwandtschaft übergehen sollte.

Endlich liegt in der Quintenreihe auch kein Grund aufzuhören, wenn die diatonische Leiter ausgefüllt ist. Warum schreiten wir nicht vorwärts zur chromatischen Leiter von 12 Halbtönen? Wozu diese seltsame Ungleichheit der Stufen

$$1,\ 1,\ \tfrac{1}{2}\ 1,\ 1,\ 1,\ \tfrac{1}{2},$$

mit der wir unsere Leiter abschliessen? Die durch fortgesetzte Quintenfolge neu hinzukommenden Töne würden keine engeren Stufen geben als schon da sind. Die alte fünftonige Leiter vermied halbe Töne als zu enge Intervalle, wie es scheint. Wenn aber erst einmal zwei in der Leiter waren, warum nicht alle einführen?

Auch das arabisch-persische Musiksystem, so weit es sich

in den Schriften ihrer älteren Theoretiker ausgeführt zeigt, kennt nur die Stimmung nach Quinten. Dieses System, dessen Eigenthümlichkeiten, wie es scheint, schon vor der Eroberung durch die Araber im persischen Reiche der Sassaniden ausgebildet waren, enthält aber einen sehr wesentlichen Fortschritt gegen das Pythagoräische System der Quintenfolgen.

Um das System dieser Musik, welches bisher vollständig missverstanden ist, nach seinem wahren Sinne zu verstehen, muss man noch folgenden Umstand kennen. Wenn man von C aus vier Quinten aufwärts stimmt

$$C - G - D - A - E$$

kommt man zu einem E, welches um ein Komma $\frac{81}{80}$ höher ist, als die natürliche grosse Terz von C, welche wir mit $\underline{E}$ bezeichnen. Jenes E bildet die Terz in der Pythagoräischen Tonleiter. Wenn man dagegen von C ab durch acht Quinten rückwärts geht:

$$C - F - B - Es - As - Des - Ges - Ces - Fes,$$

kommt man auf einen Ton Fes, welcher fast genau übereinstimmt mit dem natürlichen $\underline{E}$. Das Intervall von C zu Fes wird nämlich ausgedrückt durch das Zahlenverhältniss

$$\frac{8192}{6561} \text{ oder nahehin } \frac{221}{177} = \frac{5}{4} \cdot \frac{885,6}{886,6}.$$

Der Ton Fes ist also um das sehr kleine Intervall $\frac{887}{886}$, welches etwa der elfte Theil eines Kommas ist, niedriger als die natürliche Terz $\underline{E}$. Dieser Unterschied zwischen Fes und $\underline{E}$ ist praktisch kaum wahrzunehmen, höchstens durch genaue Beobachtung der sehr langsamen Schwebungen, welche der Accord $C - Fes - G$ auf einem ganz genau gestimmten Instrumente geben würde, so dass wir bei der praktischen Anwendung unbedingt die beiden Töne Fes und $\underline{E}$ gleichsetzen können, und dem entsprechend auch die reinen Quinten derselben $Ces = \underline{H}$, $Ges = \underline{Fis}$ etc.

Nun ist in der arabisch-persischen Scala die Octave in 16 Stufen eingetheilt, in unserer gleichschwebenden Temperatur aber in 6 ganze Tonstufen, und dadurch ist bei den neueren Interpreten des arabisch-persischen Musiksystems die Meinung entstanden, jede einzelne von jenen 17 Stufen entspreche nahehin einer Dritteltonstufe unserer Musik. Dann würde in der That die Stimmung der arabischen Tonstufen von den unserigen gänzlich abweichend sein, und arabische Musik würde durch unsere Musikinstrumente nicht ausgeführt werden können. Ich finde aber in Kiesewetter's Schrift

über die Musik der Araber*), welche unter philologischer Beihilfe
des berühmten Orientalisten v. Hammer-Purgstall abgefasst ist,
die Uebersetzung der Vorschriften, welche Abdul Kadir, ein be-
rühmter persischer Theoretiker des vierzehnten Jahrhunderts unserer Zeitrechnung, der an den Höfen des Timur und Bajazid lebte,
über die Theilung des Monochords gegeben hat, aus denen sich die
Stimmung der Tonstufen der orientalischen Tonleiter mit voller
Sicherheit und Genauigkeit ergiebt. Auch stimmen diese Vorschriften in den Hauptsachen überein sowohl mit denen, welche der viel
ältere Farabi*) († 950) als auch der gleichzeitige Mahmud Schirasi**) († 1315) für die Eintheilung des Griffbretts der Laute gegeben haben. Nach den Vorschriften des Abdul Kadir ergeben
sich sämmtliche Tonstufen der arabischen Leiter durch eine Reihe
von 16 Quintenschritten, und sind, wenn wir die tiefste Tonstufe C
nennen, in unserer Bezeichnungsweise ausgedrückt, folgende:

1) C,— 2) Des,— 3) $\underline{D}$,⌣   4) D,— 5) Es,— 6) $\underline{E}$,⌣
7) E,— 8) F,— 9) Ges,— 10) $\underline{G}$,⌣ 11) G,— 12) As,—
13) $\underline{A}$,⌣14) A,— 15) B,— 16) $\underline{H}$,— 17) c,⌣ 18) c.

Wo das Zeichen — zwischen zwei Tönen steht, beträgt die
Stufe ein Pythagoräisches Limma $\frac{256}{243}$ (abgekürzt $\frac{20}{19}$), und wo das
Zeichen ⌣ steht, beträgt sie nur ein Komma $\frac{81}{80}$. Das Limma be-
trägt nahehin $\frac{4}{5}$, das Komma $\frac{1}{5}$ des natürlichen Halbtones $\frac{16}{15}$.

Von den 12 Haupttonarten (Makamat) giebt Abdul Kadir die
Tonleitern der drei ersten in folgender Stimmung:
1. Uschak: $C-D-E-F-G-A-B-C$(Hypophrygisch),
2. Newa: $C-D-Es-F-G-As-B-C$(Hypodorisch),
3. Buselik: $C-Des-Es-F-Ges-As-B-C$(Mixolydisch).

Diese drei sind also vollständig identisch mit altgriechischen
Tonleitern in Pythagoräischer Stimmungsweise. Da von den arabischen Theoretikern diese Leitern abgetheilt werden in die Quarte

---

*) R. G. Kiesewetter, die Musik der Araber nach Originalquellen
dargestellt, mit einem Vorworte von dem Freiherrn v. Hammer-Purgstall.
Leipzig 1842. S. 32 und 33. Wesentlich damit übereinstimmend sind die
Vorschriften, die in einem anonymen Manuscript aus dem Jahre 666 der He-
gira, im Besitze des Professor Salisbury gegeben werden. S. Journal of the
American Oriental Society, Vol. I, pag. 204 — 209.

**) J. G. L. Kosegarten, Alii Ispahanensis liber cantilenarum, p. 76
bis 86.

***) Kiesewetter, Musik der Araber, S. 33.

$C - F$ und die Quinte $F - C$, ferner C, F und B als die festen
und unveränderlichen Töne dieser Leitern betrachtet werden, so ist
es sehr wahrscheinlich, dass F als Tonica betrachtet werden muss.
Dann würde sein:

    1. Uschak gleich F-Dur,
    2. Newa gleich dem Quartengeschlecht von F,
    3. Buselik gleich dem Sextengeschlecht von F;

alle drei aber in Pythagoräischer Stimmung; sie werden auch von
der persischen Schule als zusammengehörig betrachtet.

Die nächste Gruppe besteht aus fünf Tonarten, welche die natürliche Stimmung zeigen, nämlich:

    4. Rast: $C - \underline{D} - E - F - G - \underline{A} - B - c$
    5. Husseini: $C - \underline{D} - Es - F - \underline{G} - As - B - c$
    6. Hidschaf: $C - \underline{D} - Es - F - \underline{G} - A - B - c$
    7. Rahewi: $C - \underline{D} - \underline{E} - F - \underline{G} - As - B - c$
    8. Sengule: $C - D - \underline{E} - F - \underline{G} - A - B - c$

Man kann Rast ansehen als Quartengeschlecht von C, Hidschaf als dasselbe von F, Husseini als dasselbe von B; als solche hätten sie vollkommen richtige natürliche Stimmung. Im Rahewi, wenn man es auf die Tonica F bezieht, ist die Mollterz As
nicht in natürlicher, sondern in Pythagoräischer Stimmung; man
könnte es als Septimengeschlecht der Tonica F betrachten, in welches aber die grosse Septime $\underline{E}$ als Leitton statt der kleinen eingetreten ist, wie in unserem Mollgeschlecht. Die natürliche Stimmung
eines solchen Tongeschlechts lässt sich in der That mit den vorhandenen 17 Tonstufen nicht genau richtig herstellen; man muss entweder Pythagoräische Mollterzen und natürliche Durterzen oder
umgekehrt nehmen. Husseini kann betrachtet werden als dieselbe
Tonart wie Rahewi, mit derselben falschen Mollterz, aber mit kleiner Septime. Endlich Sengule wäre ein F-Dur mit Pythagoräischer Sexte. Die gleiche Auffassung liesse auch Rast zu; beide
unterscheiden sich nur durch den verschiedenen Werth der Secunde
G oder $\underline{G}$.

Die vier letzten Makamat enthalten je acht Tonstufen, indem
noch Schalttöne eingesetzt sind. Zwei davon sind ähnlich den Tonleitern Rast und Sengule, zwischen B und C ist ein Zwischenton c
eingesetzt, nämlich:

    9. Irak: $C - \underline{D} - \underline{E} - F - G - \underline{A} - B - \underline{c} - c,$
   10. Iffahan: $C - D - \underline{E} - F - \underline{G} - \underline{A} - B - \underline{c} - c,$

Diese transponirt um eine Quarte, geben:

11. Büsürg: $C - D - \underline{E} - F - \underline{G} - G - A - \underline{H} - c.$

Die letzte ist die Tonleiter:

12. Zirefkend: $C - \underline{D} - Es - F - \underline{G} - As - \underline{A} - \underline{H} - c,$
welche allerdings, wenn sie richtig überliefert ist, eine wunderliche
Bildung hat. Sie könnte wie eine Molltonleiter mit grosser Septime
erscheinen, in der grosse und kleine Sexte neben einander stehen;
aber die Quinte $\underline{G}$ wäre dann falsch. Betrachtet man dagegen F
als ihre Tonica, so fehlt die Quarte, was freilich beides in der Mixolydischen und Hypolydischen Tonleiter der Griechen seine Analogie findet. In den Angaben über die letztgenannten achtstufigen
Tonreihen herrscht übrigens viel Widerspruch zwischen den verschiedenen von Kiesewetter citirten Quellen.

Als Haupttonarten werden vier von den zwölf Makamat bezeichnet, nämlich:

   1. Uschak   = Pythagoräisch F-Dur,
   2. Rast   = Natürlich C Quartengeschlecht, oder na-
                 türlich F-Dur mit höherer Sexte,
   3. Husseini = Natürlich F Septimengeschlecht,
   4. Hidschaf = Natürlich F Quartengeschlecht.

Wir finden hier also ein entschiedenes Uebergewicht der Tonleitern mit vollkommen richtiger natürlicher Stimmung, und diese
natürliche Stimmung ist durch eine geschickte Benutzung der fortgesetzten Quintenreihe gewonnen. Dadurch wird dieses arabisch-
persische System der Musik für deren Entwickelungsgeschichte sehr
beachtenswerth. Es kommt noch hinzu, dass wir in einigen dieser
Leitern aufsteigende Leittöne vorfinden, welche den griechischen
Tonleitern vollkommen fremd waren. So in Rahewi das $\underline{E}$ als
Leitton zu F, während über F die Mollterz As steht, welcher Ton
in einer griechischen Leiter nicht hätte vorkommen können, ohne
auch das $\underline{E}$ in Es zu verwandeln. Ebenso in Zirefkend das $\underline{H}$ als
Leitton zu C, während über C die Mollterz Es steht.

Endlich entwickelte sich wenig später in Persien ein neues
musikalisches System mit zwölf Halbtonstufen in der Octave, dem
modernen europäischen analog. Kiesewetter macht hier die sehr
unwahrscheinliche Hypothese, dasselbe sei durch christliche Missio-
näre in Persien eingeführt. Indessen ist es klar, dass das bisher
beschriebene siebzehnstufige System im populären Gebrauche, wenn
das Gefühl für die feineren Unterschiede sich abstumpfte, und die

nur um ein Komma verschiedenen Töne gleich gesetzt wurden, in das System der zwölf Halbtonstufen übergehen musste. Dazu war gar kein fremder Einfluss nöthig; ausserdem war 'das griechische Musiksystem den Arabern und Persern längst durch Farabi gelehrt worden; über dieses hinaus war die europäische Musiktheorie des vierzehnten und fünfzehnten Jahrhunderts auch noch nicht wesentlich fortgeschritten, die Studien in der Harmonie abgerechnet, welche aber bei den Orientalen niemals Aufnahme gefunden haben. Die damaligen Europäer konnten also in der That in jener Zeit ausser den unvollkommenen Anfängen der Harmonie den Orientalen nichts lehren, was diese nicht schon besser wussten. Viel eher, glaube ich, kann die Frage aufgeworfen werden, ob nicht erstens die unvollkommenen Brocken des natürlichen Systems, die sich bei den Alexandrinischen Griechen finden, auf persischen Ueberlieferungen beruhen, und zweitens, ob nicht auch die Europäer zur Zeit der Kreuzzüge mancherlei in der Musik von den Orientalen gelernt haben. Dass sie die lautenartigen Instrumente mit Griffbrett und die Streichinstrumente vom Orient empfangen haben, ist sehr wahrscheinlich. Im Bau der Tonarten könnte hier namentlich der Gebrauch des Leittones in Frage kommen, den wir bei den Orientalen gefunden haben, und der nun auch in der abendländischen Musik zu erscheinen beginnt.

In der Anwendung der grossen Septime der Tonart als eines Leittones zur Tonica liegt ein neues Moment, welches zur weiteren Ausbildung des Zusammenhanges der Tonstufen einer Tonleiter benutzt werden konnte, und zwar noch innerhalb des Bereiches der rein homophonen Musik. Der Ton H in der C-Durleiter hat von allen Tönen der Leiter die schwächste Verwandtschaft zur Tonica C, da er als Terz der Dominante G eine schwächere Verwandtschaft zu dieser hat als deren Quinte D. Dies dürfen wir wohl als den Grund dafür ansehen, dass in denjenigen gälischen Liedern, welche noch einen sechsten Ton in die Leiter aufgenommen haben, gewöhnlich die Septime wegbleibt. Andererseits aber tritt für die Septime H eine eigenthümliche Beziehung zur Tonica ein, welche die neuere Musik eben als das Verhältniss des Leittones bezeichnet. Die grosse Septime H ist nämlich von der Octave c der Tonica nur durch das kleinste Intervall der Scala, einen halben Ton, getrennt, und sie ist vermöge dieser Nachbarschaft der Tonica leicht und ziemlich sicher zu treffen, selbst wenn man von Tönen der Scala ausgeht, die zum H gar keine Verwandtschaft haben. Der Sprung $F — H$

zum Beispiel ist misslich auszuführen, weil jede Verwandtschaft zwischen beiden Tönen fehlt. Wenn aber zu singen ist $F - \underline{H} - c$, so denkt sich der Sänger den Schritt $F - c$, den er leicht ausführt, treibt aber die Stimme nicht ganz bis zum c in die Höhe, sondern setzt beim $\underline{H}$ etwas tiefer ein, ehe er sie ganz zum c steigen lässt. Dadurch erscheint das $\underline{H}$ als eine Art von Vorhalt des c; es ist bei einem solchen Schritte auch für den Hörer nur als Vorstufe des c gerechtfertigt; dieser erwartet also nun den Uebergang in c. Deshalb sagt man, dass das $\underline{H}$ nach c hinleite; $\underline{H}$ ist der Leitton für die Tonica c. In diesem Sinne geschieht es denn auch leicht, dass das $\underline{H}$ etwas höher intonirt wird, etwa wie H, um es dem c noch mehr zu nähern, wodurch das Verhältniss noch schärfer bezeichnet wird.

Meinem Gefühle nach tritt das Verhältniss des $\underline{H}$ als Leitton zu c viel mehr hervor, wenn man die Gänge $F - \underline{H} - c$ oder $F - \underline{A} - \underline{H} - c$ macht, in denen $\underline{H}$ den vorausgehenden Tönen nicht verwandt ist, als in dem Gange $G - \underline{H} - c$ zum Beispiel. Doch habe ich in musikalischen Schriften nichts über diesen Punkt angegeben gefunden, weiss also nicht, ob die Musiker dieser Behauptung beizustimmen geneigt sind. Bei der anderen Halbtonstufe der Leiter $\underline{E} - F$ erscheint $\underline{E}$ nicht als Leitton zu F, wenn die Tonalität der Melodie gut eingehalten ist, weil dann das $\underline{E}$ seine selbständige Beziehung zur Tonica C hat, und dadurch für das musikalische Gefühl sicher bestimmt ist. Deshalb wird der Hörer nicht veranlasst, das $\underline{E}$ nur als Vorstufe von F gerechtfertigt zu finden. Ebenso ist es beim Schritte $G - \overline{As}$ der Molltonart. Das G ist durch eine nähere Verwandtschaft zur Tonica C bestimmt, als $\overline{As}$. Dagegen hat Hauptmann nicht Unrecht, wenn er den Schritt $D - \overline{Es}$ der Molltonart, wie schon oben erwähnt ist, als einen solchen betrachtet, der das D als Leitton zu $\overline{Es}$ erscheinen lassen kann, weil D nämlich auch nur durch eine Verwandtschaft zweiten Grades zur Tonica C bestimmt ist, wenn auch durch eine etwas festere als $\underline{H}$.

Vollständig ähnlich dem $\underline{H}$ der Durtonleiter ist aber in dieser Beziehung das $\overline{Des}$ des Sextengeschlechts (des dorischen Geschlechts der Griechen) bei absteigender Bewegung; es bildet in der That eine Art absteigenden Leittones, und da die Griechen in ihrer Blüthezeit absteigende Melodiegänge edler und wohlklingender fanden*), mag die Eigenthümlichkeit des dorischen Tongeschlechts,

---

*) Aristoteles, Problemata XIX, p. 33.

einen solchen absteigenden Leitton zu besitzen, für sie von besonderer Bedeutung gewesen sein, und die Bevorzugung dieses Geschlechts bedingt haben. Ja der Schluss mit dem übermässigen Sextenaccorde

$$\overline{Des} - F - G - \underline{H}$$
$$C - \overline{Es} - G - c$$

ist fast die einzige isolirt und unverstanden in der neueren Musik stehengebliebene Ruine der alten Tongeschlechter. Es ist dies ein dorischer Schluss, in welchem gleichzeitig $\overline{Des}$ und $\underline{H}$ als Leittöne für C auftreten.

Das Verhältniss der Secunde der dorischen Tonleiter (ihrer Parhypate) zum tiefsten Tone (Hypate) derselben Leiter als Leitton scheinen übrigens die Griechen wohl gefühlt zu haben, nach den Bemerkungen, welche Aristoteles im dritten und vierten seiner Probleme über Harmonie darüber macht, und welche ich mir nicht versagen kann, hier anzuführen, weil sie das Verhältniss wieder vortrefflich und fein charakterisiren. Er fragt nämlich, warum man eine stärkere Anstrengung der Stimme fühle, wenn man die Parhypate singe, als bei der Hypate, obgleich beide durch ein so kleines Intervall getrennt seien. Die Hypate werde mit Nachlass der Anstrengung gesungen. Und dann fügt er hinzu, dass neben der Ueberlegung, welche den Willen zur Folge habe, auch noch die Art der Willensanstrengung dem Geiste ganz heimisch und bequem sein müsse, wenn nämlich das Beabsichtigte leicht erreicht werden solle *). Die Anstrengung, welche wir fühlen, wenn wir den Leitton singen, liegt eben nicht im Kehlkopfe, sondern darin, dass es schwer ist, die Stimme durch den Willen auf ihm festzustellen, während uns schon ein anderer Ton im Sinne liegt, auf den wir übergehen wollen, und durch dessen Nähe wir den Leitton gefunden haben. Erst in dem Schlusstone fühlen wir uns heimisch und beruhigt, und singen diesen deshalb ohne Willensanstrengung.

Die nahe Nachbarschaft in der Scala giebt ein neues verknüpfendes Band zwischen zwei Tönen, welches sowohl in dem eben betrachteten Verhältnisse des Leittones sich wirksam erweist, als bei den früher erwähnten Einschaltungen von Tönen zwischen zwei an-

---

*) Durch diese Umschreibung glaube ich den Sinn richtig wiederzugeben von der Stelle: δεῖ γάρ μετὰ συννοίας καὶ καταστάσεως οἰκειοτάτης τῷ ἤθει πρὸς τὴν βούλησιν.

dere im chromatischen und enharmonischen Geschlechte. Es verhält sich hier mit den Entfernungen der Töne nach der Tonhöhe gerade so wie bei der Abmessung räumlicher Entfernungen. Wenn wir Mittel haben einen Punkt (die Tonica) sehr genau und sicher zu bestimmen, so können wir mit dessen Hilfe auch andere Punkte sicher bestimmen, die in bekannter kleiner Entfernung (Intervall des halben Tones) von jenem abstehen, während wir sie direct vielleicht nicht so sicher hätten bestimmen können. So braucht der Astronom seine mit äusserster Genauigkeit abgemessenen Fundamentalsterne, um mit deren Hilfe dann auch andere benachbarte Sterne genau bestimmen zu können.

Ich bemerke hierbei, dass das Intervall eines halben Tones auch als Vorhaltsnote (Apoggiatura) eine besondere Rolle spielt. Wir können als Vorhalt zu einem Tone der Melodie einen in der Leiter nicht enthaltenen Ton wählen, der einen halben Ton von dem Ton, in den wir übergehen wollen, entfernt ist, aber nicht einen solchen, der um einen Ganzton von letzterem entfernt ist. Die Rechtfertigung seiner Wahl findet das Halbtonintervall in diesen Fällen allerdings nur als ein uns wohlbekanntes Intervall der diatonischen Leiter, welches wir sicher intoniren und welches der Zuhörer sicher versteht, auch wenn in der gerade vorliegenden Passage, in der es ausgeführt wird, die Verwandtschaftsverhältnisse, auf denen seine Grösse beruht, nicht deutlich fühlbar sind. Es kann also keineswegs jedes willkürlich gewählte kleine Intervall in gleicher Weise angewendet werden, wenn auch kleine Veränderungen des Leittonintervalls von den praktischen Musikern angebracht werden können, die das Drängen zur Tonica stärker ausdrücken, aber nicht so weit gehen dürfen, dass die Veränderung deutlich erkannt wird.

Die grosse Septime als Leitton zur Tonica gewinnt also ein besonders nahes Verhältniss zu dieser, welches der kleinen Septime nicht zukommt. Es wird dadurch derjenige Ton der Leiter, dessen Verwandtschaft zur Tonica die schwächste ist, zu einer besonderen Bedeutung erhoben. Dieser Umstand hat sich in der modernen Musik, welche überall möglichst deutliche Beziehungen zur Tonica herzustellen sucht, immer mehr geltend gemacht, und hat bewirkt, dass bei aufsteigender Bewegung zur Tonica die grosse Septime in allen Tonarten bevorzugt wurde, auch in denjenigen, denen sie ursprünglich nicht zukam. Diese Umänderung scheint in Europa während der Periode der polyphonen Musik begonnen zu haben, aber nicht nur in mehrstimmigen Gesängen, sondern auch in dem einstimmigen *Cantus firmus* der römischen Kirche. Sie wurde 1322 durch einen Erlass des Papstes Johannes XXII. gerügt. In Folge dessen unterliess man gewöhnlich die Erhöhung des Leittons in den Noten zu bezeichnen, während sie doch von den Sängern ausgeführt wurde, was nach Winterfeld's Ansicht sogar noch im 16. und 17. Jahrhundert bei protestantischen Tonsetzern geschah, da es einmal Sitte geworden war. Eben deshalb ist es unmöglich, den Fortschritt dieser Veränderung der alten Tonarten genau zu ermitteln *).

Noch jetzt übrigens sträuben sich nach A. v. Oettingen's Bericht **) die Esthen, in Chorälen der Molltonart den Leitton zu singen, selbst wenn er ihnen deutlich durch die Orgel angegeben wird.

Unter den alten Tongeschlechtern hatte nur das Lydische der Griechen und das unmelodische Hypolydische (Quintengeschlecht) die grosse Septime als Leitton zur Tonica, ersteres entwickelte sich daher als das Haupttongeschlecht der neueren Musik, als unser Durtongeschlecht. Von ihm war das Jonische (Quartengeschlecht) durch weiter nichts als die kleine Septime unterschieden. Liess man diese in die grosse übergehen, so ging dies Geschlecht ebenfalls in Dur über. Die anderen drei sind, indem man ihnen die grosse Septime gegeben hat, während des 17. Jahrhunderts allmälig in unser Moll zusammengeflossen. Aus dem Phrygischen (Septimengeschlecht) wird, wenn man B in $\underline{H}$ ändert, die

aufsteigende Molltonleiter

$$C - D - \overline{Es} - F - G - \underline{A} - \underline{H} - c,$$

wie wir sie auch vorher schon unter Berücksichtigung der Tonverwandtschaften allein gefunden hatten. Das Hypodorische (Terzengeschlecht), welches unserer absteigenden Molltonleiter entspricht, giebt bei der Aenderung von B in $\underline{H}$ die

instrumentale Molltonleiter

$$C - D - \overline{Es} - F - G - \overline{As} - \underline{H} - c.$$

welche von Sängern wegen des Sprunges $\overline{As} - \underline{H}$ schwer auszufüh-

---

*) Der evangelische Kirchengesang. Leipzig 1843. Bd. I. Einleitung.

**) Das Harmoniesystem in dualer Entwickelung. Dorpat und Leipzig 1866. pag. 113.

ren ist, in der modernen Instrumentalmusik aber sowohl aufsteigend wie absteigend oft vorkommt.

Das Dorische (Sextengeschlecht) ist mit grosser Septime in der vorher erwähnten Schlusscadenz durch den übermässigen Sextenaccord noch zu finden.

Die allgemeine Einführung des Leittones bezeichnet also das immer consequenter sich entwickelnde Gefühl für die Herrschaft einer Tonica in der Tonleiter. Durch diese Aenderung wird nicht nur die Mannigfaltigkeit der alten Tongeschlechter arg beeinträchtigt, und der Reichthum der bisherigen Ausdrucksmittel wesentlich verringert, sondern es wird auch der kettenartige Zusammenhang der Töne der Tonreihe unter einander durchbrochen und zerstört. Wir haben gesehen, wie nach der ältesten Theorie die Tonsysteme Quintenreihen waren, erst von vier, dann von sechs Quintenschritten. Die überwiegende Herrschaft einer Tonica als des einzigen Centrums des Systems war äusserlich wenigstens noch nicht angedeutet, oder zeigte sich höchstens mittelbar dadurch, dass man die Zahl der Quintenschritte beschränkte auf diejenigen Töne, die auch in der natürlichen Leiter vorkommen. Alle griechischen Tongeschlechter lassen sich aus den Tönen der Quintenfolge

$$F - C - G - D - A - E - H$$

bilden. Sobald man aber zur natürlichen Stimmung der Terzen übergeht, stört man die Reihe der Quinten schon durch eine nicht ganz richtige Quinte

$$E - C - G - D - \underline{A} - \underline{E} - \underline{H}$$

In dieser Reihe ist die Quinte $D - \underline{A}$ unrein. Und wenn man endlich den erhöhten Leitton einführt, z. B. *Gis* statt G in $\underline{A}$-Moll, so durchbricht man die Reihe vollkommen.

Bei der allmäligen Ausbildung des diatonischen Systems sind also schrittweise die Rücksichten auf die kettenweise Verwandtschaft aller Töne unter einander geopfert worden den anderen Rücksichten, welche durch die Forderung, alle Töne mit einem einzigen Centrum zu verknüpfen, entstanden. Und in dem Maasse, wie dies geschah, sahen wir auch, dass der Begriff der Tonalität im Bewusstsein der Musiker sich deutlicher entwickelte.

Die weitere Entfaltung des europäischen Tonsystems hängt nun aber von der Ausbildung der Harmonie ab, zu welchem Gegenstande wir im nächsten Abschnitte übergehen wollen.

Ehe wir aber den eben behandelten Gegenstand verlassen, sind noch einige Zweifel zu beseitigen. Ich habe in dem vorliegenden Abschnitte die melodische Verwandtschaft der Töne ebenso von ihren Obertönen abhängig gemacht, wie es sich für die Verhältnisse der Consonanz im zehnten Abschnitte ergeben hatte. Es fällt diese Darstellungsweise in einem gewissen Sinne zusammen mit der beliebten Behauptung, dass Melodie eine aufgelöste Harmonie sei, auf welche musikalische Systeme zu gründen man keinen Anstand nimmt, ohne zu fragen, wie denn Harmonien in Melodien aufgelöst werden konnten in Zeiten und bei Völkern, welche noch gar keine Harmonien gehört hatten, oder noch jetzt sie anzuwenden verschmähen. Unserer Darstellung gemäss würden wenigstens dieselben Eigenthümlichkeiten in der Zusammensetzung der Klänge, welche für die Consonanz im Zusammenklange den Ausschlag geben, auch die melodische Verwandtschaft in der Aufeinanderfolge bestimmen. Die erstere wäre demnach zwar nicht der Grund der letzteren, wie es die oben angeführte Redeweise behauptet, sondern beide hätten einen gemeinsamen Grund in der Zusammensetzung der Klänge.

Nun haben wir aber bei den Consonanzen noch gewisse andere Verhältnisse, nämlich die Combinationstöne wirksam gefunden, die ihren Einfluss namentlich im Zusammenklange einfacher Töne geltend machen, oder in dem von Klängen mit wenigen und schwachen Obertönen. Ich habe oben schon auseinandergesetzt, dass die Combinationstöne nur sehr unvollständig die Wirkungen der Obertöne in dem Zusammenklange zu ersetzen vermöchten, und dass deshalb Accorde von einfachen Tönen gebildet matt und charakterlos erscheinen, weil die Gegensätze der Consonanz und Dissonanz nur sehr unvollkommen entwickelt sind.

In der melodischen Folge können sich aber Combinationstöne gar nicht geltend machen, und es tritt also die Frage auf, inwiefern eine melodische Wirkung durch eine Folge einfacher Töne hervorgebracht werden könne. Dass man Melodien, welche von den gedackten Registern der Orgel ausgeführt, oder mit dem Munde gepfiffen, oder auf der Glasharmonica, auf Holz- oder Stahlstäbchen, in einer Spieldose oder mit einem Glockenspiel gespielt werden, wiedererkennt, ist unzweifelhaft; ebenso unzweifelhaft aber, dass alle diese Instrumente, welche entweder nur einfache Töne, oder schwache, meist weit entfernte und unharmonische Nebentöne liefern, ohne Begleitung eigentlich musikalischer Instrumente keine eindrucksvolle Wirkung der Melodie hervorzubringen im Stande sind. Zur Führung vereinzelter Stimmen in Begleitung der Orgel oder des Orchesters, oder des Claviers können sie oft sehr wirksam sein; aber isolirt für sich geben sie entweder eine sehr ärmliche oder, wenn die unharmonischen Nebentöne stärker hervortreten, sogar eine widerwärtige Musik.

Indessen müssen wir doch auch von der Thatsache Rechenschaft ablegen, wie denn überhaupt etwas, was den Eindruck einer Melodie macht, von solchen Instrumenten gebildet werden kann.

Da ist nun erstens zu bemerken, dass, wie ich am Ende des siebenten Abschnittes auseinandergesetzt habe, schon durch die Construction des Ohres die Entstehung schwacher harmonischer Obertöne im Ohre bei allen starken objectiv einfachen Tönen begünstigt wird, und also höchstens sehr leise einfache Töne auch in der subjectiven Empfindung als vollkommen einfach zu betrachten sind.

Zweitens kommt hierbei eine Wirkung des Gedächtnisses in das Spiel. Sobald ich in allen möglichen Tonhöhen Quintenschritte habe ausführen hören, die sich in der Empfindung meines Ohres als Schritte von sehr enger melodischer Verwandtschaft rechtfertigten, so kenne ich die Grösse eines solchen Schritts für jeden Theil der Scala aus Erfahrung, und behalte diese Kenntniss vermöge meines Sinnengedächtnisses, d. h. vermöge des Gedächtnisses, was wir für sinnliche Eindrücke, auch solche, die nicht in Worte zu fassen sind, haben.

Höre ich nun einen solchen Schritt durch Stimmgabeltöne ausführen, so kann ich ihn wiedererkennen als einen oft gehörten Schritt von wohlbekannter Weite auch in einem Falle, wo die harmonischen Obertöne fehlen oder sehr schwach sind, die ihn sonst als einen bevorzugten Schritt von enger melodischer Verwandtschaft rechtfertigen. Ebenso werde ich andere melodische Schritte oder ganze Melodien als bekannt wiedererkennen können, wenn sie in einfachen Tönen ausgeführt werden, und höre ich eine Melodie zum ersten Male in dieser Weise, mit dem Munde gepfiffen oder von einer Spieluhr, einer Glasharmonica vorgetragen, so kann ich mir durch die Phantasie ergänzen, wie sie klingen würde von einem eigentlich musikalischen Instrumente, einer menschlichen Stimme oder Violine, ausgeführt.

Ein geübterer Musiker kann sich, indem er die Noten liest, eine Vorstellung von einer Melodie machen; geben wir auf einer Glasharmonica die Grundtöne dieser Noten an, so unterstützen wir die Vorstellung noch unmittelbarer, indem wir einen grossen Theil des sinnlichen Eindrucks, den die Melodie, wenn sie gesungen würde, gäbe, wirklich hervorrufen. Dennoch haben wir bei dem Gebrauch einfacher Töne nur ein Schema der Melodie. Es fehlt hier noch alles, was ihren Reiz bedingt. Wir kennen die einzelnen Intervalle, die in einer solchen Melodie erscheinen, aber es fehlt ihnen der unmittelbare sinnliche Eindruck, der die wohlvermittelten von den entfernter verwandten oder von den ganz unvermittelt einsetzenden trennt. Man denke nur an den Unterschied, den es macht, ob eine Melodie mit dem Munde gepfiffen oder von einer Violine vorgetragen, ob sie auf der Glasharmonica oder auf dem Clavier gespielt wird. Es ist ungefähr derselbe Unterschied, wie zwischen einer einzelnen Photographie einer Landschaft und dem stereoskopischen Anblick eines entsprechenden Paars von Photographien. Jene einzelne erlaubt mir mit Hilfe meines Gedächtnisses mir eine Vorstellung von den Tiefendimensionen des gesehenen Objects zu bilden, die unter Umständen recht genügend sein kann. Die stereoskopische Vereinigung dagegen giebt mir den wirklichen sinnlichen Eindruck wieder, den mir das Object in Bezug auf seine Formen gegeben haben würde, und den ich mir bei dem einfachen Bilde aus Erfahrung und Erinnerung ergänzen muss. Daher dem stereoskopischen Bilde eben die grössere Lebendigkeit, welchen der unmittelbare sinnliche Eindruck vor der Erinnerung voraus hat, zukommt.

Aehnlich scheint es mir mit den in einfachen Tönen ausgeführten Melodien zu sein. Man erkennt sie wieder, wenn man sie schon einmal gehört hat; man kann sich allenfalls bei genügender Lebhaftigkeit musikalischer Einbildungskraft denken, wie sie von anderen Instrumenten ausgeführt klingen würden, aber der unmittelbare sinnliche Eindruck des musikalischen Reizes fehlt ihnen entschieden.

Die consonanten Accorde der Tonart.

Die erste Form, in welcher mehrstimmige Musik einen gewissen Grad künstlerischer Vollendung erreichte, war die der Polyphonie. Das eigenthümlich unterscheidende Merkmal dieser Richtung beruht darin, dass mehrere Stimmen neben einander hergehen, deren jede eine selbständige Melodie führt, sei diese nun eine Wiederholung der von den anderen Stimmen vorher ausgeführten Melodien oder ganz verschieden von jenen. Unter diesen Umständen musste nun jede Stimme dem allgemeinen Gesetze aller Melodiebildung, nämlich dem Gesetze der Tonalität, unterworfen sein, und zwar mussten sämmtliche Töne des polyphonen Satzes sich nothwendig auf dieselbe Tonica beziehen. Es musste also jede Stimme an und für sich von der Tonica oder einem ihr nächstverwandten Tone ausgehen, und wieder in die Tonica zurückkehren. In der That liess man anfangs alle Stimmen eines mehrstimmigen Satzes in die Tonica oder eine ihrer Octaven zusammenlaufen. So war für jede Stimme das Gesetz der Tonalität erfüllt, aber man war gezwungen, einen polyphonen Satz unisono zu schliessen.

Der Grund, warum höhere Octaven die Tonica im Schlusse begleiten können, liegt, wie wir im vorigen Abschnitte gesehen haben, darin, dass die höhere Octave nur eine Wiederholung eines Theils ihres Grundtones ist. Wenn wir also im Schlusse zur Tonica eine ihrer höheren Octaven hinzusetzen, so thun wir nichts, als dass wir einen Theil ihres Klanges verstärken; es kommt dadurch kein neuer Klang dazu, der Zusammenklang enthält immer nur die Bestandtheile des Klanges der Tonica.

Dasselbe gilt nun ebenso für andere Partialtöne des Klanges der Tonica. Der nächste Schritt in der Entwickelung des Schlussaccordes war, dass man die Duodecime der Tonica hinzufügte. Der Accord $c - c' - g'$ enthält keine Bestandtheile, welche nicht auch Bestandtheile des Klanges von c allein sind, und insofern wird jener Accord ein Musikstück, dessen Tonica c ist, passend schliessen können, indem der Accord als Vertreter des einfachen Klanges von c gebraucht werden kann.

Ja auch der Accord $c' - g' - c''$ wird in demselben Sinne gebraucht werden können; denn wenn man ihn angiebt, kommt, schwach freilich, aber doch hörbar, der Combinationston c hinzu, und die ganze Klangmasse enthält dann wieder nur Bestandtheile des Klanges c. Freilich würde diese Zusammensetzung schon einer ungewöhnlicheren Klangfarbe mit verhältnissmässig schwachem Grundtone entsprechen.

Dagegen kann als Schluss eines Satzes, dessen Tonica c ist, der Zusammenklang $c - c' - f'$ oder $c' - f' - c''$ nicht gebraucht werden, obgleich diese Accorde eben so gut consonant sind wie die vorher genannten, weil das f nicht Bestandtheil des Klanges c ist, und deshalb im Schlusse neben dem Klange der Tonica etwas Fremdartiges stehen bleiben würde. Wahrscheinlich ist in dieser Thatsache der Grund zu suchen, warum einige Theoretiker des Mittelalters die Quarte zu den Dissonanzen rechnen wollten. Im Schlussaccorde ist aber die Reinheit der Consonanz noch nicht genügend, um ein Intervall anwendbar zu machen. Es kommt noch eine zweite Bedingung hinzu, über welche die Theoretiker sich nicht klar geworden waren, die Töne des Schlussaccordes müssen Bestandtheile des Klanges der Tonica sein; sonst sind sie nicht zu brauchen.

Wie die Quarte ist die Sexte der Tonica im Schlussaccorde nicht anwendbar, wohl aber die grosse Terz, da diese wieder im Klange der Tonica vorkommt, dessen fünften Partialton sie bildet. Da die musikalisch brauchbaren Klangfarben den fünften und sechsten Partialton zwar gewöhnlich noch hören lassen, die höheren aber gar nicht mehr oder wenigstens nur sehr unvollkommen, von den höheren Obertönen ausserdem der nächstfolgende, nämlich der siebente dissonant zum fünften, sechsten und achten ist, und in der Leiter fehlt, so hört mit der Terz die Reihe der brauchbaren Töne des Schlussaccordes auf. So finden wir denn auch in der That in den Schlussaccorden bis zum Anfange des achtzehnten Jahrhunderts hin theils Accorde ohne Terzen, theils Duraccorde mit grossen Terzen gebraucht, letztere auch in solchen Tongeschlechtern, deren Leiter die kleine, nicht die grosse Terz der Tonica enthält. Um der Vollstimmigkeit willen zog man es vor, die Consequenz der Tonleiter zu verletzen, indem man die grosse Terz im Schlussaccorde auftreten liess. Die kleine Terz der Tonica kann niemals als Bestandtheil in dem Klange der letzteren auftreten. Sie war also ursprünglich eben so gut verboten, wie die Quarte und Sexte der Tonica. Es musste erst eine neue Seite des harmonischen Gefühls ausgebildet werden, ehe Mollaccorde als Schluss zulässig erschienen.

Der Schluss in einem Duraccorde erscheint um so genügender, je mehr in der Lage der Töne des Accordes die Anordnung der Partialtöne eines Klanges nachgeahmt ist. Da in der neueren Musik die Oberstimme, als die hervortretendste von allen, die Hauptmelodie zu führen pflegt, muss diese der Regel nach in der Tonica enden. Mit Berücksichtigung dieses Umstandes kann man für den Schluss Accorde wie die folgenden brauchen, deren Combinationstöne in Viertelnoten hinzugefügt sind:

In den Accorden 1 und 2 fallen alle Noten mit Obertönen des tiefen C zusammen; bei diesen ist die Aehnlichkeit des Accordes mit dem Klange C am entschiedensten. Demnächst werden aber dafür auch engere Lagen des Accordes substituirt werden können, wenn sie nur darin den ersten beiden ähnlich bleiben, dass C als Grundton stehen bleibt, wie in 3, 4 und 5. Sie behalten dann noch hinreichende Aehnlichkeit mit dem Klange des tiefen C, dass man sie als Ersatz desselben brauchen kann. Ausserdem kommen die Combinationstöne zu Hilfe, die in Viertelnoten bei 3, 4 und 5 angegeben sind, und welche die tieferen Theile des Klanges C, wenn auch schwach, hörbar machen. Aber die ersteren Lagen werden immer einen befriedigenderen Schluss geben. Das Streben nach einem tiefen Schlusston in der harmonischen Musik ist sehr charakteristisch, und ich glaube in der gegebenen Erklärung den Grund davon zu finden. Es besteht nichts davon in der Bildung homophoner Melodien, sondern ist nur der Bassstimme vielstimmiger Sätze eigen.

Ebenso wie die Tonica als Basston ihres Duraccordes am Schluss diesem Accorde eine Aehnlichkeit mit ihrem eigenen Klange giebt, und dadurch als wesentlichster Ton des Accordes heraustritt, geschieht dies auch mit den übrigen Duraccorden, wenn der tiefste Ton der engsten Lage ihres Dreiklanges Grundton ist. Die anderen in der Durtonleiter liegenden Duraccorde sind die auf der Quarte und Quinte der Tonart, also in C-Dur $F — \underline{A} — C$ und $G — \underline{H}\, D$. Lässt man also die Harmonie des Stückes sich nur in diesen Duraccorden bewegen, den Grundton immer im Bass, so stellt sie bis zu einem gewissen Grade den Klang der Tonica dar, welcher wechselt mit den beiden nächstverwandten Klängen, denen der Quarte und Quinte der Tonica. Dadurch erhält eine solche Harmonisirung eine sehr klare Durchsichtigkeit und Geschlossenheit, wenn sie auch für längere Stücke zu einförmig wird. Dieser Art ist bekanntlich der Bau der modernen populären Tonstücke, der Volkslieder und Tänze. Das Volk und überhaupt Leute von geringer musikalischer Bildung verlangen möglichst einfache und verständliche Verhältnisse von der Musik, die ihnen gefallen soll. Nun giebt sich aber überhaupt in der harmonischen Musik die Verwandtschaft der Töne dem Gefühle viel leichter und entschiedener zu erkennen, als in der homophonen Musik. In der letzteren beruht das Gefühl für Tonverwandtschaft eben nur darin, dass die Tonhöhe zweier Partialtöne in zwei auf einander folgenden Klängen gleich ist. Wenn wir aber den zweiten hören, können wir uns des ersten nur noch erinnern, und mittels der Erinnerung müssen wir die Vergleichung vollziehen. In der Consonanz ist dagegen die Verwandtschaft durch unmittelbare Sinnesempfindung gegeben, da sind wir nicht mehr auf die Erinnerung angewiesen, sondern wir hören Schwebungen, der Zusammenklang wird rauh, so wie die richtigen Verhältnisse nicht eingehalten sind. Und wiederum, wenn zwei Accorde auf einander folgen, welche eine gemeinsame Note haben, so beruht die Anerkennung ihrer Verwandtschaft nicht auf der Vergleichung schwacher Obertöne, sondern auf der Vergleichung zweier selbständig angegebenen Noten, welche dieselbe Tonstärke, wie die übrigen Noten des betreffenden Accordes haben.

Wenn ich also zum Beispiel von C nach seiner Sexte $\underline{A}$ steige, so erkenne ich in einer einstimmigen Melodie die Verwandtschaft beider dadurch, dass der fünfte Oberton von C, der schon ziemlich schwach ist, dem dritten von $\underline{A}$ gleich ist. Wenn ich aber das $\underline{A}$ mit dem Accorde $F - \underline{A} - c$ begleite, so höre ich das frühere c in dem Accorde kräftig fortklingen, und nehme in unmittelbarer Empfindung wahr, dass $\underline{A}$ und C consonant sind, dass beide Bestandtheile desselben F Klanges sind.

Wenn ich von C nach $\underline{H}$ oder D in einstimmigem Gesange melodisch übergehe, muss ich mir eine Art von stummem G dazwischen denken, um ihre Verwandtschaft, welche nur zweiten Grades ist, anzuerkennen. Lasse ich aber neben beiden Noten das G wirklich erklingen, so wird wiederum ihre gemeinsame Verwandtschaft mit G meinem Ohre unmittelbar fühlbar gegeben.

Die Gewöhnung an die sehr deutlich ausgesprochenen Tonverwandtschaften der harmonischen Musik hat einen unverkennbaren Einfluss auf unseren musikalischen Geschmack ausgeübt. Einstimmiger Gesang will uns nicht mehr recht gefallen, er erscheint uns leer und unvollkommen. Wenn auch nur das Klimpern einer Guitarre die Grundaccorde der Tonart hinzufügt, und die harmonischen Verwandtschaften der Töne andeutet, fühlen wir uns dagegen befriedigt. Andererseits lässt sich nicht verkennen, dass eben wegen der deutlicheren Wahrnehmung der Tonverwandtschaften in der harmonischen Musik eine viel grössere Mannigfaltigkeit musikalischer Beziehungen zwischen den Tönen gewonnen worden ist, weil auch ihre schwächeren Verwandtschaften benutzt werden können, und dass ferner der Aufbau grösserer musikalischer Sätze dadurch möglich wurde, weil der grössere Bau auch stärkere Bänder fordert, um ihn zusammenzuhalten.

Die möglichst engste und einfachste Beziehung der Töne wird nun in der Durtonart gewonnen, wenn alle Töne der Melodie als Theile des Klanges theils der Tonica, theils ihrer oberen und unteren Quinte erscheinen. Dadurch werden alle Verwandtschaften der Töne zurückgeführt auf die engsten und nächsten Verwandtschaften, die es im musikalischen Systeme überhaupt giebt, nämlich auf das Verwandtschaftsverhältniss der Quinte.

Die Beziehung des Accordes der Oberquinte G zu dem der Tonica C ist einigermaassen verschieden von dem der Unterquinte

F zum tonischen Accorde. Wenn ich von $C - E - G$ fortschreite zu $G - H - d$, so wende ich mich zu einem Klange hin, welcher schon in dem ersten Accorde mitgehört, und dessen Eintritt daher wohl vorbereitet worden ist, während ich gleichzeitig durch diesen Schritt zu denjenigen Tonstufen der Tonart hingelange, welche von der Tonica am entferntesten sind, und nur eine indirecte Verwandtschaft zu dieser haben. Der genannte Uebergang giebt also eine sehr entschiedene Fortbewegung in der Harmonie, die doch durchaus gesichert und gut motivirt ist. Umgekehrt ist es mit dem Schritte von $C - E - G$ nach $F - A - c$. Der F-Klang ist in dem ersten Accorde nicht vorbereitet, er muss neu gefunden und eingesetzt werden. Als richtig und eng verwandt rechtfertigt sich dieser Schritt eigentlich erst, wenn er gemacht worden ist, dadurch, dass man in dem F-Accorde lauter Töne findet, die der Tonica direct verwandt sind. Es fehlt also im Uebergange zu dem letzteren Accorde das Gefühl entschiedenen und sicheren Fortschritts, welches in dem Uebergange vom C- zum G-Dreiklange liegt. Dagegen kommt ihm eine Art weicherer und ruhigerer Schönheit zu, wohl weil er innerhalb der direct verwandten Töne der Tonica bleibt. Bevorzugt aber wird namentlich in populärer Musik der erstgenannte Schritt nach der Oberquinte, die man deshalb auch die Dominante der Tonart nennt, und es bewegen sich viele einfachere Lieder und Tänze nur in dem Wechsel des tonischen und dominanten Accordes. Daher denn auch die dafür eingerichtete gewöhnliche Harmonica beim Ausziehen des Blasebalges den Accord der Tonica, beim Zusammendrücken den der Dominante zu geben pflegt. Die Unterquinte der Tonica heisst dagegen die Subdominante der Tonart. Ihr Accord pflegt in den gewöhnlichen populären Melodien seltener einzutreten, gewöhnlich vor dem Schlusse einmal, um das Gleichgewicht der Harmonie, welche sich von der Tonica meist nur nach der Seite der Dominante hin bewegt, auch nach der anderen Seite wieder herzustellen.

Wenn ein Absatz eines Tonstückes so endet, dass man von dem Dominantenaccorde zum tonischen übergeht, und dieser den Schluss bildet, so nennen dies die Musiker einen Ganzschluss. Man kehrt hierin von denjenigen Tönen, welche die schwächste Verwandtschaft innerhalb der Tonart zur Tonica haben, und ihr daher am fremdesten sind, zur Tonica zurück. Dies ist also eine entschieden ausgesprochene Bewegung von den entferntesten Theilen in den Mittelpunkt des Systems zurück, wie sie am Schlusse eintreten muss,

Geht man aber von dem Accorde der Subdominante in den tonischen als Schlussaccord über, so nennt man dies einen **Halbschluss** (Plagalschluss). Die Töne des Subdominantdreiklanges sind alle der Tonica direct verwandt. In diesem Dreiklange befinden wir uns der Tonica schon sehr nahe, ehe wir in sie übergehen. Der Halbschluss entspricht einem ruhigeren Auslaufen des Tonsatzes in die Tonica zurück, und hat weniger entschiedene Bewegung.

Im Ganzschlusse hört man nur den Accord der Dominante und Tonica; um das Gleichgewicht auch nach der Seite der Subdominante herzustellen, lässt man ihm noch den Subdominantenaccord vorausgehen, wie in 1 oder 2.

Diese Verbindung giebt erst den **vollständigen Schluss**, in welchem auch sämmtliche Töne der Leiter wieder vorgeführt werden, so dass in ihm noch schliesslich die ganze Tonart vollständig gesammelt und festgestellt ist.

In der Durtonart lassen sich, wie wir gesehen haben, die Forderungen der Tonalität mit denen harmonischer Vollstimmigkeit am leichtesten und vollständigsten vereinigen. Die Töne ihrer Leiter können harmonisch alle verwendet werden als Bestandtheile des Klanges der Tonica, ihrer oberen und ihrer unteren Quinte, weil die genannten drei Haupttöne der Tonart auch zugleich Grundtöne von Duraccorden sind. Das ist nicht in gleichem Maasse der Fall in den übrigen alten Tongeschlechtern.

1. Durgeschlecht:

f — a — c — e — g — h — d

Dur   Dur   Dur.

2. Quartengeschlecht:

f — a — c — e — g — b — d

Dur   Dur   Moll.

3. Septimengeschlecht:

$$f - \underline{a} - c - \overline{es} - g - \overline{b} - d$$

Dur . Moll Moll.

4. Terzengeschlecht (Moll):

$$f - \overline{as} - c - \overline{es} - g - \overline{b} - d$$

Moll Moll Moll.

5. Sextengeschlecht:

$$b - \overline{des} - f - as - c - \overline{es} - g$$

Moll Moll Moll

In den Mollaccorden liegt die Terz ausserhalb des Klanges des Grundtones, sie kann nicht als Bestandtheil dieses Klanges auftreten, und ihre Beziehung zu diesem ist deshalb nicht so unmittelbar verständlich wie die der Durterz, was namentlich im Schlussaccorde hinderlich wird. Daher findet man denn auch die modernen populären Tanzstücke und Lieder so überwiegend in Durtonarten geschrieben, dass solche in Molltonarten fast nur noch seltene Ausnahmen bilden. Das Volk verlangt eben die klarste und einfachste Verständlichkeit in seiner Musik, und diese giebt die Durtonart. In der homophonen Musik existirte ein solches Uebergewicht der Durtonart durchaus nicht. Eben deshalb finden wir die harmonische Begleitung der Choräle, welche in einer Durtonart geschrieben sind, schon im 16. Jahrhundert ziemlich vollständig ausgebildet, so dass viele derselben auch dem modern gebildeten musikalischen Gefühle vollständig entsprechen, während die harmonische Behandlung der Molltonart oder der übrigen Kirchentonarten in derselben Zeit noch sehr schwankend war, und uns jetzt ziemlich fremdartig vorkommt.

In einem Duraccorde $c - \underline{e} - g$ können wir g und $\underline{e}$ als Bestandtheile des c-Klanges ansehen, aber weder c noch g als Bestandtheile des $\underline{e}$-Klanges, und weder c noch $\underline{e}$ als solche des g-Klanges. Der Duraccord $c - \underline{e} - g$ ist also ganz eindeutig, er kann nur mit dem Klange des c verglichen werden, und deshalb ist c der herrschende Ton in dem Accorde, sein Grundton, oder nach Rameau's Bezeichnung sein Fundamentalbass, und keiner der beiden anderen Töne des Accordes hat das geringste Recht, diese Stelle einzunehmen.

Im Mollaccorde $c - \overline{es} - g$ ist g ein Bestandtheil des c-Klanges und des $\overline{es}$-Klanges. Weder es noch c kommt in einem der beiden anderen Klänge vor. Es ist also g jedenfalls ein abhängiger Ton. Dagegen kann man den genannten Mollaccord einmal als einen c-Klang betrachten, dem der fremde Ton $\overline{es}$ hinzugefügt ist, oder als einen $\overline{es}$-Klang, dem der Ton c hinzugefügt ist. Beide Fälle kommen vor. Es ist aber die erstere Deutung die gewöhnliche und vorwiegende. Denn wenn wir den Accord als c-Klang betrachten, so finden wir in ihm das g als dritten Partialton, und nur statt des schwächeren fünften Partialtones $\underline{e}$ den fremden Ton $\overline{es}$. Fassen wir den Accord aber als $\overline{es}$-Klang, so ist zwar der schwache fünfte Partialton durch das g richtig vertreten, statt des stärkeren dritten, welcher $\overline{b}$ sein sollte, finden wir aber den fremden Ton c. In der Regel finden wir deshalb den Mollaccord $c - \overline{es} -\!- g$ in der modernen Musik so gebraucht, dass c als sein Grundton oder Fundamentalbass behandelt ist, und der Accord einen etwas veränderten oder getrübten c-Klang vertritt, aber es kommt der Accord in der Lage $\overline{es} - g - c$ (besser $\overline{es} - g - \overline{c}$) auch in der $\overline{b}$-Durtonart vor, als Vertreter des Accordes der Subdominante $\overline{es}$. Rameau nennt ihn dann den Accord der grossen Sexte, und betrachtet richtiger, als die neueren Theoretiker meist thun, $\overline{es}$ als seinen Fundamentalbass.

In den Fällen nun, wo es darauf ankommt, die eine oder andere dieser Deutungen des Mollaccordes bestimmt festzustellen, kann man dies dadurch erreichen, dass man den Grundton theils durch seine tiefe Lage, theils durch die Zahl der auf ihn vereinigten Stimmen hervorhebt. Die tiefe Lage des Grundtones lässt diejenigen Töne, welche in seinen Klang hineinpassen, direct als Partialtöne desselben erscheinen, während er selbst nicht einem viel höher liegenden anderen Tone als Partialton zugeeignet werden kann. Namentlich in der ersten Hälfte des vorigen Jahrhunderts, wo man zuerst anfing, Mollaccorde am Schlusse zu gebrauchen, suchen die Componisten die Tonica auch durch bedeutende Tonstärke vor ihrer Terz hervorzuheben. So findet man in Händel's Oratorien regelmässig, dass, wo er mit einem Mollaccorde schliesst, die meisten der hervortretenden Gesang- und Instrumentalstimmen auf die Tonica concentrirt werden, während die Moll-Terz entweder nur von einer dieser Stimmen, oder auch wohl nur von dem begleitenden Claviere, beziehlich der Orgel, angegeben wird. Es sind bei ihm in den Molltonarten die Fälle viel seltener, wo nur zwei Stimmen die Tonica im Schlussaccorde nehmen, eine deren Quinte, eine die Terz, als in den Durtonarten, wo diese Vertheilung Regel ist.

Wenn der Mollaccord in seiner zweiten untergeordneten Bedeutung erscheint als $\overline{es} — g — c$ mit dem Grundtone $\overline{es}$, wird das $\overline{es}$ als Grundton theils durch die Lage im Basse, theils durch seine nahe Verwandtschaft zur Tonica $\overline{b}$ hervorgehoben. Noch deutlicher bezeichnet die moderne Musik diese Deutung des Accordes, indem sie auch $\overline{b}$ als Quinte von $\overline{es}$ hinzusetzt, so dass der Accord dissonant wird in der Form $\overline{es} — g — \overline{b} — \overline{c}$.

Das Sträuben der älteren Componisten, mit einem Mollaccorde zu schliessen, lässt sich theils durch die von falschen Combinationstönen herrührende Trübung der Consonanz dieses Accordes erklären, theils aus dem eben besprochenen Umstande, wonach der Mollaccord den Klang der Tonica nicht rein wiedergiebt, sondern mit anderen, diesem Klange fremden Tönen gemischt. Zu der Terz, welche in den Klang der Tonica nicht hineinpasst, kommen noch die Combinationstöne, welche es ebenfalls nicht thun. So lange das Gefühl der Tonalität nur in dem Sinne gefasst wurde, dass ein bestimmter einzelner Ton oder Klang als verbindendes Centrum der Tonart angesehen wurde, konnte man in der That keinen genügenden Schluss bilden, wenn dieser Schluss nicht einfach und rein den Klang der Tonica darstellte, und nichts diesem Klange Fremdes enthielt. Es war erst eine weitere Ausbildung des musikalischen Gefühls für die selbständige Bedeutung der Accorde in der Tonart nöthig, ehe der Mollaccord, trotz seiner dem Klange der Tonica fremden Bestandtheile, als berechtigt im Schlusse erscheinen konnte.

Hauptmann *) giebt eine andere Erklärung für die Vermeidung des Mollaccordes im Schlusse. Er behauptet, ehe man Septimenaccorde gebraucht habe, sei keine Stimme dagewesen, welche passend in die kleine Terz übergehen konnte. Wenn nämlich die Schlusscadenz aus den Accorden $G — \underline{H} — D$ und $C — \overline{Es} — G$ besteht, hätte nur das D des ersten Accordes in das $\overline{Es}$ des zweiten melodiös fortschreiten können, dies hätte aber wie der Fortschritt des Leittones D in der $\overline{Es}$-Durtonart, auf seinen Grundton $\overline{Es}$ geklungen, und das Gefühl von $\overline{Es}$-Dur erweckt. Wenn wir auch zugeben wollen, dass ein solches Leittonverhältniss die Aufmerksamkeit des Hörers auf die betreffenden beiden Töne besonders hinleitet und in gewissem Grade das Gefühl der Tonart stören könnte, so

____

*) Harmonik und Metrik. Leipzig 1853. S. 216.

hätten sich doch wohl auch ohne Septimenaccorde mancherlei Formen der Stimmführung durch Dissonanzen hindurch finden lassen, um zu der kleinen Terz des Schlussaccordes hinzugelangen, wenn diese Bedürfniss gewesen wäre. Namentlich ist in dem sonst so häufig gebrauchten Plagalschlusse

$$c - \overline{es} - g - c$$
$$F - f - \overline{as} - c$$
$$C - \overline{es} - g - c$$

die Ueberleitung der Quarte f zur Mollterz $\overline{es}$ ohne allen Anstoss. Und vollends als man die Septimenaccorde zu gebrauchen anfing, hätte sich doch die Septime F des Accordes $G - \underline{H} - D - F$ nothwendig in die Terz $\underline{Es}$ des Schlussaccordes auflösen sollen. Aber im Gegentheil, wo sie in Sätzen aus dem 15. Jahrhundert vorkommt*), lässt man sie entweder aufsteigen in die Quinte des Schlussaccordes, oder absteigen zur grossen Terz E, wie es bis auf Bach's Zeiten blieb.

Wir haben im dreizehnten Abschnitte die neuere harmonische Musik der mittelalterlichen polyphonen gegenüber dadurch charakterisirt, dass sie das Gefühl für die selbständige Bedeutung der Accorde entwickelt habe. In der That finden wir auch schon bei Palestrina, Gabrieli, noch mehr bei Monteverde und den ersten Operncomponisten die verschiedenen Abstufungen des Wohlklanges der Accorde sorgfältig für die Zwecke des Ausdruckes benutzt. Aber es fehlt bei den genannten Meistern noch fast jede Rücksicht auf die Verwandtschaft der einander folgenden Accorde unter sich. Diese folgen einander oft in ganz unzusammenhängenden Sprüngen, und das einzige Band, welches sie verbindet, ist die Tonart, aus deren Tonstufen sie alle gebildet sind.

Die Umänderung nun, welche vom 16. Jahrhundert bis zum Anfang des 18. vor sich ging, kann man, glaube ich, so definiren, dass sich das Gefühl für die selbständige Verwandtschaft der Accorde unter einander ausbildete, und dass nun auch für die Reihe consonanter Accorde, welche die Tonart zulässt, ein gemeinsam verknüpfendes Centrum in dem tonischen Accorde gesucht und gefunden wurde. Es wiederholte sich hier für die Accorde dasselbe

---

*) Siehe ein Beispiel von Anton Brumel bei Forkel, Geschichte der Musik, Bd. II, S. 647. — Ein anderes mit Plagalschluss von Josquin, ebendaselbst S. 550, wo die Stimmführung ohne Schwierigkeit zur Mollterz gehen könnte.

Streben, welches in der Construction der Tonleitern sich früher geltend gemacht hatte. Auch zwischen den Tonstufen der Leiter hatte man Verwandtschaft gesucht, erst eine kettenweise, dann eine solche, welche auf ein einziges Centrum, die Tonica, zusammenlief.

Direct verwandt nenne ich zwei Accorde, welche einen oder mehrere Töne gemein haben.

Im zweiten Grade verwandt sind Accorde, welche beide mit demselben consonanten Accorde direct verwandt sind.

Also $c - \underline{e} - g$ und $g - \underline{h} - d$ sind direct verwandt, ebenso $c - \underline{e} - g$ und $\underline{a} - c - \underline{e}$; aber $g - \underline{h} - d$ und $\underline{a} - c - e$ sind im zweiten Grade verwandt.

Wenn zwei Töne zweier Accorde identisch sind, ist ihre Verwandtschaft eine engere, als wenn nur ein Ton es ist. Also sind $c - \underline{e} - g$ und $\underline{a} - c - \underline{e}$ enger verwandt, als $c - \underline{e} - g$ und $g - \underline{h} - d$.

Als tonischer Accord innerhalb eines Tongeschlechtes kann natürlich immer nur einer gewählt werden, der mehr oder weniger gut den Klang der Tonica darstellt, also derjenige Dur- oder Mollaccord, dessen Grundton die Tonica ist. Denn ebenso wie die Tonica als verbindendes Centrum der Töne in einer normal gebildeten einstimmigen Melodie auf dem ersten accentuirten Takttheile des Anfanges und am Schlusse gehört werden muss, so dass die Melodie von ihr ausgeht und zu ihr zurückkehrt, so gilt dasselbe auch für den tonischen Accord innerhalb der Accordkette. Wir verlangen an den beiden genannten Stellen des Satzes nicht bloss die Tonica zu hören, diese von einem beliebigen Accorde begleitet, sondern wir lassen an beiden Orten als Begleitung der Tonica durchaus nur den tonischen Accord zu, dessen Grundton die Tonica ist. Noch im 16. Jahrhundert war es anders, wie das oben Seite 391 citirte Beispiel von Palestrina zeigt.

Wenn der tonische Accord ein Duraccord ist, so vereinigt sich die Herrschaft der Tonica über die Töne ohne alle Schwierigkeit mit den Bedingungen der Herrschaft des tonischen Accordes über die Accorde. Denn indem das Stück mit dem tonischen Accorde beginnt und endet, beginnt und endet es zugleich mit dem reinen unvermischten Klange der Tonica. Wenn der tonische Accord dagegen ein Mollaccord ist, so lässt sich nicht so vollständig allen Bedingungen zugleich genügen. Man muss etwas von der Strenge der Tonalität nachlassen, um die Mollterz des tonischen Accordes

im Anfang und Schluss zulassen zu können. Wir finden noch bei
Sebastian Bach im Anfange des 18. Jahrhunderts den Mollaccord
zwar am Ende seiner Präludien, weil diese nur einleitende Stücke
waren, aber nicht am Ende der Fugen, der Choräle und anderer
endgültig schliessender Sätze gebraucht. Bei Händel und selbst in
den kirchlichen Compositionen von Mozart ist der·Schluss mit dem
Mollaccorde abwechselnd gebraucht mit solchen Schlüssen, welche
entweder gar keine Terz oder die Durterz enthalten. Und bei dem
letztgenannten Componisten kann man das auch keineswegs für eine
äusserliche Nachahmung der alten Sitte erklären. Denn es ist
immer wesentlich der Ausdruck des Stückes beachtet. Wenn am
Schlusse eines Satzes, der in einer Molltonart sich bewegt, zuletzt
ein Duraccord eintritt, so klingt dies immer wie eine plötzliche und
unerwartete Aufhellung des trüben Charakters der Molltonart; ein
solcher Schluss erscheint nach der Sorge, dem Kummer, der Un-
ruhe des Mollsatzes erheiternd, aufklärend und versöhnend. Also
wo die Bitte um Frieden für die Entschlafenen in den Worten endet:
„Et lux perpetua luceat eis“, oder das *Confutatis maledictis* mit
der Bitte schliesst:

> Oro supplex et acclinis
> Cor contritum quasi cinis
> Gere curam mei finis,

passt ein Schluss mit dem Duraccorde. Ein solcher hat aber freilich für unser jetziges musikalisches Gefühl immer etwas Ueber-
raschendes, wenn auch sein Einsatz bald eine wunderbare Schönheit
und Feierlichkeit zu verbreiten pflegt, bald wie ein Hoffnungsstrahl
in das Dunkel tiefster Zerknirschung hineinbricht. Bleibt die Un-
ruhe bis zuletzt bestehen, wie in dem *Dies irae* des Requiem von
Mozart, so endet auch passender der Mollaccord, in welchem selbst
noch ein ungelöster Zwiespalt liegt, wenn er als Schlussaccord gebraucht wird. Kirchliche Sätze von unentschiedenerem Charakter
pflegt Mozart mit einem Accord ohne Terz zu enden. Aehnliche
Beispiele findet man in Menge bei Händel. Beiden Meistern also,
obgleich sie ganz auf dem Standpunkte des modernen musikalischen
Gefühls feststanden, und gleichsam die letzte Hand an den Ausbau
des modernen Tonsystems gelegt haben, war das Gefühl nicht ganz
fremd, welches die älteren Musiker verhindert hatte, die Mollterz
der Tonica im Schlussaccorde zu brauchen. Aber sie machten daraus keine feste Regel, sondern richteten sich nach dem Ausdruck

und Charakter des Satzes und nach dem Sinne der Worte, mit denen sie zu schliessen hatten.

Zu einem künstlerisch zusammenhängenden Harmoniegewebe werden diejenigen Tongeschlechter am meisten geeignet sein, welche die grösste Zahl unter sich und mit dem tonischen Accorde verwandter consonanter Accorde liefern können. Da alle consonanten Accorde in engster Lage und einfachster Form Dreiklänge sind, welche aus einer grossen und einer kleinen Terz zusammengesetzt sind, so finden wir sämmtliche consonante Accorde einer Tonart einfach dadurch, dass wir alle ihre Tonstufen nach Terzen ordnen, was in folgender Uebersicht geschehen ist. Die Klammern fassen die einzelnen consonanten Dreiklänge zusammen; der tonische Accord ist durch stärkeren Druck ausgezeichnet.

1) Durgeschlecht:

$$d - f - a - c - e - g - h - d$$

2) Quartengeschlecht:

$$b - d - f - a - c - e - g - \overline{b} - d$$

3) Septimengeschlecht:

$$b - d - f - a - c - \overline{es} - g - \overline{b} - d$$

4) Terzengeschlecht:

$$b - d - f - \overline{as} - c - \overline{es} - g - \overline{b} - d$$

5) Sextengeschlecht:

$$b - \overline{des} - f - \overline{as} - c - \overline{es} - g - \overline{b}$$

In dieser Uebersicht sind die verschiedenen Stimmungen der Secunde und Septime der Tonart berücksichtigt, welche wir in der Construction der Tonleitern für die homophone Musik gefunden haben. Wir bemerken nun aber hier, dass schon die dem tonischen Accorde direct verwandten Accorde jeder Tonart sämmtliche Tonstufen der Leiter enthalten, mit Ausnahme des Sextengeschlechts. Secunde und Septime der Tonica kommen erstens im g-Accorde vor, der dem tonischen direct verwandt ist, und zweitens in Accorden, welche F enthalten, die aber dem tonischen nicht direct verwandt sind. Dadurch erhalten in der harmonischen Musik die der Dominante verwandten Fülltöne der Leiter ein bedeutendes Uebergewicht über die der Subdominante verwandten. Wo directe Verwandtschaften der Accorde zur Bestimmung der Tonstufen genügen, werden wir diese den indirecten vorziehen müssen. Beschränken wir uns also auf diejenigen Accorde, die dem tonischen direct verwandt sind, so erhalten wir folgende Uebersicht der Tongeschlechter:

1) Durgeschlecht:

$$f - \underline{a} - c - \underline{e} - g - \underline{h} - d$$

2) Quartengeschlecht:

$$f - \underline{a} - c - \underline{e} - g - \overline{b} - d$$

3) Septimengeschlecht:

$$f - \underline{a} - c - \overline{es} - g - \overline{b} - d$$

4) Terzengeschlecht:

$$f - \overline{as} - c - \overline{es} - g - \overline{b} - d$$

5) Sextengeschlecht:

$$\overline{des} - f - \overline{as} - c - \overline{es} - g - \overline{b}.$$

Ein Blick auf diese letztere Uebersicht zeigt, dass die vollständigsten und geschlossensten Accordreihen dem Durgeschlecht und dem Terzengeschlecht (Moll) zukommen, so dass für die harmonische Behandlung diese beiden entschieden brauchbarer sind als die übrigen Geschlechter. Dies ist auch der Umstand, auf welchem ihre Bevorzugung in der modernen harmonischen Musik beruht.

Dadurch wird nun auch die Stimmung der Fülltöne der Leiter, wenigstens für die ersten vier Geschlechter, endgiltig festgestellt. Hauptmann betrachtet, wie ich meine, mit Recht als wesentlichen Bestandtheil der C-Dur- und C-Molltonleiter nur den Ton D, welcher mit F eine unreine Terz bildet, so dass der Accord $D - F - \underline{A}$ als dissonant betrachtet werden muss. Dieser Accord, in der genannten Stimmung ausgeführt, ist in der That sehr entschieden dissonant. Dagegen lässt Hauptmann eine nach der Unterdominantseite übergreifende Durtonart zu, welche statt D den Ton $\underline{D}$ enthält. Ich halte diese Art der Darstellung für einen sehr glücklich gewähl-

ten Ausdruck des wahren Sachverhältnisses. Wenn der consonante
Accord $\underline{D} - F - \underline{A}$ in einem Satze auftritt, kann man nicht unmittelbar und ohne Zwischenstufe in den tonischen Accord $C - \underline{E} - G$
zurückkehren. Es würde das immer ein unvermittelter harmonischer
Sprung sein. Es ist also ein richtiger Ausdruck der Sachlage, wenn
dies als eine beginnende Modulation über die Grenzen der C-Dur-
tonart, über die Grenzen der directen Verwandtschaft ihres tonischen Accordes hinaus betrachtet wird. In der Molltonart würde
dem die Modulation in den Accord $\overline{Des} - F - \overline{As}$ entsprechen.
Freilich wird in der modernen temperirten Stimmung der consonante
Accord $\underline{D} - F - \underline{A}'$ von dem dissonanten $D - F - \underline{A}$ nicht unterschieden, und deshalb ist der Sinn für diesen von Hauptmann
gemachten Unterschied auch nicht deutlich ausgebildet.

Was den anderen zweideutigen Füllton $\overline{b}$ betrifft, welcher in
den Accorden $\overline{es} - g - \overline{b}$ und $g - \overline{b} - d'$ vorkommen kann, so
ist schon im vorigen Abschnitte erwähnt, dass selbst in der homo-
phonen Musik an seine Stelle in aufsteigender Bewegung fast immer
$\underline{h}$ einzutreten pflegt. Durch harmonische Rücksichten wird der Gebrauch von $\underline{h}$ unabhängig von der Art der melodischen Bewegung
ebenfalls begünstigt. Es ist schon vorher angeführt worden, dass
die beiden schwach verwandten Töne der Leiter, wenn sie als Bestandtheile des Klanges der Dominante auftreten, in ganz enge Beziehung zur Tonica gesetzt werden. Das kann aber nur mit den
Klängen des Duraccordes $g - \underline{h} - d$, nicht mit denen des Mollaccordes $g - \overline{b} - d$ geschehen. An sich sind die Töne $\overline{b}$ und d
ebenso nahe mit c verwandt als $\underline{h}$ und d. Aber indem wir die letzteren als Theile des Klanges g erscheinen lassen, binden wir sie
durch dieselbe nahe Verwandtschaft an c, welche g hat. Deshalb
pflegt man in der neueren Musik überall, wo der Ton $\overline{b}$ in c-moll
als Bestandtheil des Dominantdreiklanges oder eines ihn vertreten-
den dissonanten Accordes vorkommt, ihn in $\underline{h}$ zu verwandeln, und
je nach dem Gange der Melodie und Harmonie bald $\overline{b}$, bald $\underline{h}$, meistens aber das letztere, zu gebrauchen, wie ich dies schon oben bei
der Construction der Molltonleitern bemerkt habe. Durch diesen
systematischen Gebrauch der grossen Septime $\underline{h}$ der Tonart statt der
kleinen b unterscheidet sich nun die neuere Molltonart von der älteren Hypodorischen oder dem Terzengeschlecht. Es wird also auch
hier wiederum etwas von der Consequenz der Tonleiter geopfert,
um die Harmonie fester zu binden.

Die Verkettung der consonanten Accorde des Terzengeschlechts wird zwar etwas weniger reich, wenn wir durch die Einführung des Tones $\underline{h}$ das Terzengeschlecht in unser Mollgeschlecht umbilden. Statt der Kette

$$f - \overline{as} - c - \overline{es} - g - \overline{b} - d$$

haben wir in Moll folgende:

$$f - \overline{as} - c - \overline{es} - g - \underline{h} - d$$

mit einem Dreiklange weniger. Indessen bleibt der Wechsel zwischen dem Tone $\overline{b}$ und $\underline{h}$ immer noch frei.

Die Einführung des Leittones $\underline{h}$ in die $\dot{c}$-Molltonleiter brachte für den Ganzschluss in dieser Tonart eine neue Schwierigkeit hervor. Wenn die Accorde $g - \underline{h} - d$ und $c - \overline{es} - g$ sich folgen, ist der erstere ein Duraccord von vollem Wohlklange, der letztere ein Mollaccord von gedämpftem Wohlklange, was durch den Contrast mit dem vorhergehenden Duraccorde noch mehr hervorgehoben wird. Gerade im Schlussaccorde aber ist volle Consonanz ein wesentliches Bedürfniss, damit sich das Gefühl des Hörers in dieser vollständig beruhigen kann. Es mussten deshalb erst die Septimenaccorde erfunden sein, durch welche man den Dominantdreiklang in einen dissonanten Accord verwandelt, ehe ein derartiger Tonschluss zulässig schien.

Es geht aus der gegebenen Darstellung hervor, dass, sobald man eine enge Verkettung der der Tonart eigenthümlichen Accorde nach demselben Principe erstrebt, nach welchem die Verkettung der Töne der Tonleiter hergestellt ist, sobald man also verlangt, dass alle consonanten Dreiklänge des Harmoniegewebes in derselben Weise einem unter ihnen, dem tonischen Dreiklange, verwandt sein sollen, wie alle Klänge der Tonleiter der Tonica verwandt sind, dass dann die Vereinigung beider Forderungen auf nur zwei Tongeschlechter führt, welche diese Bedingungen am vollkommensten erfüllen, nämlich das Dur- und das Mollgeschlecht.

Das Durgeschlecht erfüllt die Forderungen der Accordverwandtschaft und der tonalen Verwandtschaft am vollständigsten. Es hat vier dem tonischen Accorde unmittelbar verwandte Dreiklänge:

$$f - \underline{a} - c - \underline{e} - g - \underline{h} - d$$

Man kann seine Harmonisirung so führen, und dies geschieht,

wie gesagt, namentlich in populären Stücken, die leicht verständlich
sein müssen, dass alle Töne erscheinen als Theile der drei Duraccorde,
welche das System enthält, des Duraccords der Tonica, der Dominante und der Subdominante. Solche Duraccorde mit tief liegen-
dem Grundton erscheinen dem Ohre als Verstärkungen des Klanges
der Tonica, der Dominante und der Subdominante, welche drei
Klänge wiederum durch engste Quintenverwandtschaft mit einander
verbunden sind. So kann in diesem Geschlechte alles auf die aller-
engsten und nächsten Verwandtschaften reducirt werden, welche es
in der Musik giebt. Und da nun auch der tonische Accord des
Durgeschlechts unmittelbar und vollständig den Klang der Tonica
repräsentirt, so fallen die beiden Forderungen der durchgehenden
Herrschaft der Tonica und des tonischen Accordes in eine zusammen, ohne einen Widerspruch zuzulassen, und ohne dass Veränderungen der Tonleiter dabei nöthig sind.

Das Durgeschlecht hat also den Charakter vollständigster melodischer und harmonischer Consequenz, grösster Einfachheit und
Klarheit aller Verhältnisse. Dazu kommt nun noch, dass sich die
Duraccorde, die in ihm die herrschenden sind, durch vollen und ungetrübten Wohlklang auszeichnen, wenn man solche Umlagerungen
derselben wählt, in welchen sie keine ungehörigen Combinationstöne
geben.

Die Durtonleiter ist rein diatonisch, und mit dem aufwärts steigenden Leitton der grossen Septime versehen, wodurch auch der
am schwächsten verwandte Ton der Leiter zur Tonica in nahe melodische Beziehung gesetzt wird.

An die herrschenden Duraccorde schliessen sich noch zwei dem
tonischen eng verwandte Mollaccorde innerhalb der Grenzen der
Tonart an, welche man benutzen kann, um in die Reihe der Duraccorde Abwechselung zu bringen.

Das Mollgeschlecht steht in vielen Beziehungen hinter dem
Dur zurück. Die Accordkette seiner modernen Form ist

$$f - \overline{as} - c - \overline{es} - g - \underline{h} - d$$

Die Mollaccorde repräsentiren nicht so rein und einfach den
Klang ihres Grundtons, wie die Duraccorde, vielmehr fällt ihre Terz
aus diesem Klange heraus. Nur der Dominantdreiklang ist ein Duraccord, welcher die beiden Ausfüllungstöne der Leiter enthält. Diese
beiden werden deshalb, wo sie als Bestandtheile des Dominant-

dreiklanges, also als Bestandtheile des Klanges der Dominante erscheinen, durch enge Quintenverwandtschaft an die Tonica gefesselt. Dagegen repräsentiren der Dreiklang der Tonica und der Subdominante nicht einfach die Klänge dieser Noten, sondern sind von ihren Terzen begleitet, welche nicht auf enge Quintenverwandtschaft zur Tonica reducirt werden können. Die Verkettung der Töne mit der Tonica lässt sich also im Mollgeschlecht durch die Harmonisirung nicht auf so enge Verwandtschaften zurückführen wie im Durgeschlechte.

Die Forderung der Tonalität lässt sich mit der Herrschaft des tonischen Accordes nicht so einfach vereinigen wie im Durgeschlechte. Wenn ein Satz mit einem Mollaccorde schliesst, bleibt neben dem Klange der Tonica noch ein zweiter Klang stehen, der nicht ein Theil von jenem ist. Daher die lang dauernde Unsicherheit der Tonsetzer betreffs der Zulässigkeit eines Mollaccordes am Schlusse.

Die vorherrschenden Mollaccorde haben nicht die reine Klarheit und den ungetrübten Wohlklang der Duraccorde, weil sie von Combinationstönen begleitet sind, welche nicht in den Accord hineinpassen.

Die Molltonleiter enthält den für den Sänger schwer auszuführenden Sprung $\overline{as}$ — $\underline{h}$, dessen Weite grösser als die ganzen Töne der diatonischen Leiter ist, und dem Zahlenverhältniss $\frac{75}{64}$ entspricht. Um die Molltonleiter melodisch zu machen, muss sie im Aufsteigen und Absteigen verschiedene Veränderungen erleiden, welche im vorigen Abschnitte schon besprochen sind.

Das Molltonsystem zeigt daher nicht dieselbe einfache, klare und leicht verständliche Consequenz wie das Durgeschlecht; es ist entstanden gleichsam durch ein Compromiss zwischen den verschiedenen Anforderungen, die durch das Gesetz der Tonalität und durch die Verkettung des Harmoniegewebes gestellt waren. Es ist deshalb auch viel veränderlicher, viel mehr zu Modulationen in andere Tongeschlechter geneigt.

Diese Behauptung, dass das Mollsystem weniger vollkommen consequent sei, als das Dursystem, wird bei vielen neueren musikalischen Theoretikern Anstoss erregen, ebenso wie die oben von mir, und vor mir schon von anderen Physikern aufgestellte Behauptung, dass der Wohlklang der Molldreiklänge im Allgemeinen gedämpfter sei, als der der Durdreiklänge. Es finden sich in neueren Büchern über Harmonielehre viele eifrige Versicherungen des Gegentheils.

Aber ich glaube, dass die Geschichte der Musik, die äusserst langsame und vorsichtige Entwickelung des Mollsystems im 16. und 17. Jahrhundert, der vorsichtige Gebrauch des Mollschlusses bei Händel, das theilweise Vermeiden desselben auch noch bei Mozart, dass alle diese Umstände keinen Zweifel darüber lassen, wie das künstlerische Gefühl der grossen Tonsetzer für unsere Schlussfolgerungen sprach. Dazu kommt dann auch das Wechseln mit der grossen und kleinen Septime, grossen und kleinen Sexte der Tonart, die schnell eintretenden, schnell wechselnden Modulationen, endlich sehr entscheidend auch der Gebrauch des Volkes. Zu Volksmelodien können nur solche von klaren, durchsichtigen Verhältnissen werden. Man sehe Sammlungen von Liedern durch, welche gegenwärtig bei denjenigen Classen der abendländischen Völker beliebt sind, die harmonische Musik oft zu hören Gelegenheit haben, also bei Studenten, Soldaten, Handwerkern. Man wird auf hundert Lieder in Dur vielleicht eines oder zwei in Moll finden, und diese sind dann meist alte Volksmelodien, die noch aus der Zeit des überwiegend einstimmigen Gesanges herübergekommen sind. Charakteristisch ist es auch, dass, wie mir ein erfahrener Gesanglehrer versichert, Schüler von mässigem musikalischen Talent viel schwerer die Mollterz treffen lernen, als die Durterz.

Auch glaube ich nicht, dass in diesem Resultate eine Herabsetzung des Mollsystems liege. Das Dursystem ist für alle fertigen, in sich klaren Stimmungen gut geeignet, für kräftig entschlossene, wie sanfte oder süsse, selbst für trauernde, wenn die Trauer in den Zustand schwärmerischer weicher Sehnsucht übergegangen ist. Aber es passt durchaus nicht für unklare, trübe, unfertige Stimmungen, oder für den Ausdruck des Unheimlichen, des Wüsten, Räthselhaften oder Mystischen, des Rohen, der künstlerischen Schönheit Widerstrebenden, und gerade für solche brauchen wir das Mollsystem mit seinen verschleierten Wohlklängen, seiner veränderlichen Tonleiter, seinen leicht ausweichenden Modulationen, und dem weniger deutlich in das Gehör fallenden Princip seines Baues. Das Dursystem würde eine unpassende Form für solchen Ausdruck sein, und deshalb hat das Mollsystem neben ihm seine volle künstlerische Berechtigung.

Die harmonischen Eigenthümlichkeiten der modernen Tonarten treten am besten hervor, wenn wir sie mit der Harmonisirung der übrigen alten Tongeschlechter vergleichen.

Unter den melodischen Tongeschlechtern ist das Lydische der

Griechen (Jonische Kirchentonart) mit unserem Dur übereinstimmend, das einzige, welches in der grossen Septime einen aufsteigenden Leitton hat. Die vier übrigen haben ihrer ursprünglichen Natur
nach kleine Septimen, die man schon in den späteren Zeiten des
Mittelalters anfing in grosse Septimen zu verwandeln, um die der
Tonica schwach verwandte Septime gerade im Schlusse als Leitton
fester an diese zu ketten.

Was zunächst das Quartengeschlecht (Jonisch der Griechen, Mixolydische Kirchentonart) betrifft, so unterscheidet sich
dieses vom Dur nur durch die kleine Septime; verwandelt man diese
in die grosse, so verschwindet jeder Unterschied zwischen beiden.
Wenn die Tonica g ist, kann der tonische Accord, ein Duraccord,
nur g — h — d sein, und die Accordkette der unveränderten Tonart würde folgende sein müssen:

$$c - e - g - h - d - f - a$$

Versucht man einen Ganzschluss in dieser Tonart zu bilden, wie in
den folgenden Beispielen unter 1 und 2, so klingt ein solcher matt,
weil ihm der Leitton fehlt, selbst wenn man den Dominantaccord
zum Septimenaccord erweitert.

Quartengeschlecht.

Das zweite, wo der Leitton in der Oberstimme liegt, klingt noch
matter als das erste, wo er sich mehr versteckt. Das f in diesen
Beispielen ist ein unsicher klingender Ton. Er ist nicht nahe genug verwandt mit der Tonica, nicht Theil des Klanges der Dominante d, nicht nahe genug der Tonica, um Leitton zu sein, und das
Vorwärtsdrängen des Leittones zur Tonica fehlt ihm. Die älteren
Tonsetzer schlossen deshalb Sätze im Quartengeschlecht, wenn sie
es auch im Schlusse vom Durgeschlecht unterschieden halten woll-

ten, mit dem halben oder plagalen Schlusse, wie ich ihn im Beispiel 3 angewendet habe. Diesem fehlt an und für sich schon die entschiedene Bewegung des Ganzschlusses, und der Mangel an Bewegung, den dort der fehlende Leitton bedingte, fällt hier nicht auf.

Im Verlaufe eines Satzes, der diesem Geschlechte angehört, kann bei aufsteigender Bewegung der Leitton allerdings oft angewendet werden, wenn dazwischen bei absteigender Bewegung die kleine Septime hinreichend oft eintritt. Aber gerade im Schlusse ist es misslich, eine wesentliche Eigenschaft der Tonart zu verändern. Sätze im Quartengeschlecht klingen also wie Sätze in einer Durtonart, welche eine ausgesprochene Neigung haben, in die Durtonart der Unterdominante hinüber zu moduliren. Der Uebergang zur Subdominante erscheint aus dem schon früher angegebenen Grunde weniger activ, als der zur Oberdominante. Dann fehlt diesem Tongeschlecht auch in seinen Schlüssen eine bestimmt ausgesprochene Bewegung, während Duraccorde, zu denen auch der tonische gehört, in ihm vorherrschen mit ihrem volleren Wohlklang. Das Quartengeschlecht muss demgemäss weich und wohlklingend sein wie Dur, aber es fehlt ihm an den kräftigeren Bewegungsimpulsen des Durgeschlechts. Damit stimmt auch die von Winterfeld *) gegebene Charakterisirung. Er bezeichnet die Jonische Kirchentonart (Dur) als eine Tonreihe, „die in sich abgeschlossen „auf den hell und heiter hinausstrahlenden harten Dreiklang, eine „durch die Natur selber hinklingende, befriedigende Verschmelzung „verschiedener Töne gegründet, auch das Gepräge heiteren, frohen „Genügens trägt“. Dagegen sei die mixolydische Kirchentonart (Quartengeschlecht) eine Tonreihe, „in der alles wieder hinklingt, „hinstrebt zu dem Ursprunge, aus dem ihr Grundton erwuchs“ (d. i. zur Durtonart der Subdominante), „durch die ein Zug der Sehnsucht „hingeht neben jenem heiteren Genügen, dem christlichen Sehnen „gleich nach geistlicher Wiedergeburt, Erlösung, Rückkehr einer „früheren Unschuld, gemildert aber durch die Seligkeit der Liebe „und des Glaubens“.

Das Septimengeschlecht (Phrygisch der Griechen, Dorische Kirchentonart) hat über der Tonica d einen Mollaccord als tonischen

$$\overbrace{g - \underline{h} - d} - \overbrace{\bar{f} - a} - \overbrace{\bar{c} - e}$$

____

*) Johannes Gabrieli und sein Zeitalter, Bd. I, S. 87.

eben so ursprünglich über der Dominante a, dagegen über der Subdominante g einen Duraccord, durch welchen letzteren es sich vom
Terzengeschlecht (Aeolisch) unterscheidet. Beide genannte Geschlechter können, ohne ihren Charakter zu verwischen, die kleine
Septime zum Leitton erhöhen, und aus beiden ist unsere Molltonart
zusammengeschmolzen. Die aufsteigende Molltonleiter gehört dem
Septimengeschlecht an, dem man den Leitton gegeben hat, die absteigende dem Terzengeschlecht. Giebt man aber dem Septimengeschlecht den Leitton, so wird seine Accordkette reducirt auf die
drei wesentlichen Dreiklänge der Tonart:

$$g - \underline{h} - d - \overline{f} - a - \underline{cis} - e$$

Diese Tonart hat im Ganzen den Charakter der Molltonart, nur dass
der Uebergang auf den Accord der Subdominante mehr aufhellend
wirkt, als in der normalen Molltonart, in welcher dieser Accord selbst
ein Mollaccord ist. Wenn man aber die vollständige Cadenz bildet,
bekommen beide Dominanten der Tonart Duraccorde, dazwischen
bleibt der Accord der Tonica allein als Mollaccord stehen. Aber
im Schlusse gerade macht es eine ungünstige Wirkung, wenn der
Schlussaccord einen gedämpfteren Wohlklang hat als die beiden anderen Hauptaccorde der Tonart. Man muss auf diese scharfe Dissonanzen legen, wenn dadurch nicht ein Missverhältniss entstehen
soll. Bildet man aber nach Art der älteren Tonsetzer auch den
Schlussaccord in Dur, so ist der Charakter der Tonart in der Cadenz ganz in Dur verwandelt. Oder da in dem System der Kirchentonarten das H immer in B verwandelt werden kann, was den Subdominantenaccord des Quartengeschlechts in einen Mollaccord verwandelt, so kann man dadurch das Septimengeschlecht in seiner
Cadenz vor der Verwechselung mit Dur schützen, dann fällt es aber
wiederum ganz mit dem alten Mollschlusse zusammen.

Sebastian Bach bringt in der Cadenz dieses Tongeschlechts
die grosse Sexte der Tonica, die ihm charakteristisch ist, in andere
Accordverbindungen, und vermeidet so den Durdreiklang der Subdominante. Sehr gewöhnlich bringt er die grosse Sexte als Quinte
des Septimenaccords auf der Secunde der Tonart an, wie in den
nachstehenden Beispielen. Nro. 1 ist das Ende des Chorals „Was
mein Gott will, das gescheh' allzeit“ in der Matthäus - Passion.
Nro. 2 ist das Ende des Hymnus *Veni redemptor gentium*, am Schlusse
der Cantate: Schwingt freudig Euch empor zu den erhabenen Ster-
nen. In beiden Tonica h, grosse Sexte *gis*:

Aehnliche Beispiele finden sich noch viele; er geht offenbar einem regelmässigen Schlusse aus dem Wege.

Die neueren Componisten, wenn sie ein zwischen Dur und Moll liegendes Tongeschlecht, wenigstens für einzelne melodische Phrasen oder Cadenzen, brauchen wollen, haben es meist vorgezogen, den einen Mollaccord des Geschlechts nicht der Tonica, sondern der Subdominante zu geben. Hauptmann nennt dieses die Moll-Durtonart; ihre Accordkette ist folgende:

$$f - \overline{as} - c - \underline{e} - g - \underline{h} - d$$

Hier haben wir einen Leitton im Dominantenaccorde, einen voll ausklingenden Schluss im Duraccorde der Tonica, und der Anklang nach Moll hin kann im Subdominantenaccorde ungestört stehen bleiben. Für die Harmonisirung ist dieses Moll-Durgeschlecht jedenfalls viel geschickter als das alte Septimengeschlecht. Aber für den homophonen Gesang passt es wieder nicht, ohne in aufsteigender Leiter $\overline{as}$ in $\underline{a}$ zu verwandeln, weil sonst der complicirte Sprung $\overline{as} - \underline{h}$ zu machen ist. Die alten Geschlechter sind aus dem homophonen Gesange hergeleitet, für welchen das Septimengeschlecht vollkommen gut passt, wie es ja auch jetzt noch unsere aufsteigende Molltonleiter bildet.

Während also das Septimengeschlecht in unbestimmter Weise zwischen Dur und Moll einherschwankt, ohne eine consequente Durchführung zu erlauben, hat das Sextengeschlecht (Dorisch der Griechen, Phrygische Kirchentonart) mittels seiner kleinen Secunde eine viel eigenthümlichere Charakteristik, die es von allen anderen Geschlechtern unterscheidet. Diese kleine Secunde steht in derselben melodischen Beziehung zur Tonica, wie ein Leitton; nur erfordert sie absteigende Bewegung. Für absteigende Bewegung ist dieses Geschlecht melodisch ebenso günstig gebaut, wie das Durgeschlecht für aufsteigende Bewegung. Die kleine Secunde ist die schwächste Verwandte der Tonica. Ihre Verwandtschaft zur Tonica wird vermittelt durch die Subdominante; einen Dominantenaccord kann das Geschlecht gar nicht bilden, ohne über seine Grenzen hinaus zu gehen. Nennen wir die Tonica e, so ist die Accordkette

$$d - \overline{f} - a - \overline{c} - e - \overline{g} - h - \overline{d}$$

hierin sind aber die Accorde $d - \overline{f} - a$ und $\overline{f} - a - \overline{c}$ nicht direct verwandt mit dem tonischen, und der Ton $\overline{f}$ kann in gar keinen consonanten Accord eintreten, der dem tonischen direct verwandt wäre. Da $\overline{f}$ nun gerade die charakteristische kleine Secunde der Tonart ist, so können die genannten Accorde nicht wohl ausbleiben, nicht einmal in der Cadenz. Während also zwischen den auf einander folgenden Gliedern der Accordkette eine enge Verwandtschaft besteht, sind doch unentbehrliche Glieder derselben nur entfernt mit dem Accorde der Tonica verwandt. Ferner wird es im Verlaufe eines Satzes in dieser Tonart immer nöthig werden, den Dominantenaccord $h - \underline{dis} - fis$ zu bilden, wenn derselbe auch zwei der Tonleiter ursprünglich fremde Töne enthält, um nicht den Eindruck herrschend werden zu lassen, dass a die Tonica und $a - \overline{c} - e$ der tonische Accord sei. Es geht daraus hervor, dass das Sextengeschlecht noch inconsequenter in seiner Harmonisirung, noch loser gebunden sein muss als das Mollgeschlecht, während es in melodischer Beziehung grosse Consequenz zulässt. Es enthält drei wesentliche Mollaccorde, nämlich den der Tonica $e - \overline{g} - h$, den der Subdominante $a - \overline{c} - e$ und denjenigen Accord, welcher die beiden schwach verwandten Töne der Tonica enthält, $d - \overline{f} - a$. Es ist das gerade Gegenbild des Durgeschlechts; wie dieses sich nach der Dominantseite aufbaut, thut es jenes nach der Unterdominantseite.

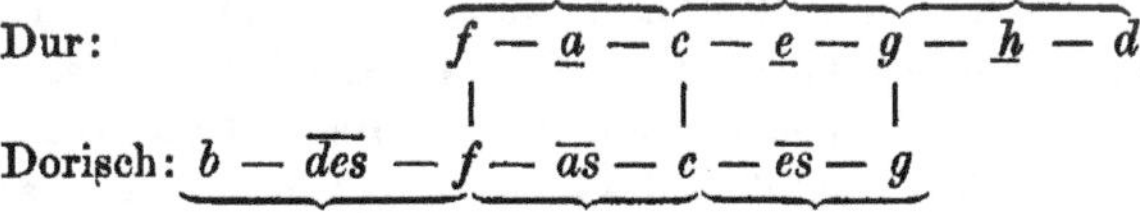

Für die Harmonisirung beruht der Unterschied auf dem Um-

stande, dass die Verwandten, welche die Unterdominante f in die
Tonleiter einführt, nämlich b und $\overline{des}$, nicht zum Klange der Unterdominante gehören, wie es $\underline{h}$ und d, welche die Dominante in die
Tonart einführt, in Beziehung auf diese thun, und dass der tonische
Accord immer auf der Dominantseite der Tonica liegt. Daher sind
in der harmonischen Verbindung die Töne b und $\overline{des}$ nicht so eng,
weder mit der Tonica noch mit dem tonischen Accorde, zu verknüpfen, wie es mit den der Dominante verwandten Ausfüllungs-
tönen der Fall ist. Das Sextengeschlecht bietet deshalb bei harmonischer Bearbeitung den Charakter der Molltonart gleichsam in gesteigertem Maasse. Seine Töne und Accorde sind allerdings
verbunden, aber viel weniger deutlich und erkennbar als die des
Mollsystems. Die Accorde, welche in demselben neben einander zu
stehen kommen können, ohne dass wir die Beziehung zur Tonica e
verlassen, sind d-Moll und $\overline{f}$-Dur einerseits, h-Dur andererseits, Accorde, die im Dursysteme nur durch auffallende modulatorische Wendungen zusammen zu bringen wären. Der ästhetische Charakter des
Sextengeschlechts entspricht dem; es passt wunderbar gut für das
Geheimnissvolle, Mystische, oder für den Ausdruck tiefster Nieder-
gedrücktheit, in welchem keine Sammlung der Gedanken mehr möglich scheint, tiefstes Versinken in Schmerzgefühl. Da es andererseits
durch seinen absteigenden Leitton eine gewisse Energie in seiner
absteigenden Bewegung hat, so kann es auch eine ernste und mächtige Erhabenheit ausdrücken, die durch die fremdartig zusammengestellten Duraccorde, welche das System enthält, sogar eine Art
von eigenthümlicher Pracht und wunderbarem Farbenreichthum annimmt.

Trotzdem das Sextengeschlecht in der gewöhnlichen theoretischen Musiklehre gestrichen ist, haben sich von ihm doch viel deutlichere Spuren in der musikalischen Praxis erhalten, als von den anderen alten Geschlechtern, von denen das Quartengeschlecht mit
der Durtonart, das Septimengeschlecht dagegen mit dem Terzengeschlecht zur Molltonart verschmolzen sind. Freilich passt ein Geschlecht, wie das beschriebene, nicht zu häufiger Anwendung; für
lange Sätze ist es nicht fest genug zusammengeschlossen, aber sein
eigenthümlicher Ausdruck kann, wo er hingehört, durch kein anderes ersetzt werden. Es kündigt sich, wo es vorkommt, meist durch
seine eigenthümliche Schlusscadenz, die von der kleinen Secunde
in den Grundton übergeht, deutlich an. Bei H ä n d e l findet
sich noch die natürliche Cadenz des Systems mit grosser Wirksam-

keit angewendet. So in der grossartigen Fuge im Messias: „And with his stripes we are healed“, welche die Vorzeichnung von *F*₁ Moll trägt, aber durch häufigen Gebrauch der Septimenharmonie auf *G* auf den Grundton *C* hinweist. Die rein dorische Cadenz ist folgende:

Ebenso im Samson, der Chor „Hör Jacob's Gott“, welcher in dorischer Tonart von *E* das Flehen der geängsteten Israeliten im Gegensatze zu den unmittelbar darauf folgenden rauschenden Opfergesängen der Philister in *G*-Dur sehr schön charakterisirt. Auch hier ist die Cadenz rein dorisch:

Der Israeliten Chor, welcher den dritten Theil einleitet: „Im Donner komm o Gott herab“, und hauptsächlich in *A*-Moll sich bewegt, hat ebenfalls einen dorischen Zwischensatz.

Auch Sebastian Bach hat in den von ihm harmonisirten Chorälen, deren Melodie dem Sextengeschlecht angehört, die Harmonisirung in diesem Geschlecht belassen, so oft der Text einen tief schmerzlichen Ausdruck erfordert, z. B. in dem *De profundis* oder „Aus tiefer Noth schrei ich zu Dir“, ferner in dem Liede von Paul Gerhardt: „Wenn ich einmal soll scheiden, so scheide nicht von mir“, während er dieselbe Melodie zu anderen Texten, z. B. „Befiehl Du deine Wege“, „O Haupt voll Blut und Wunden“ etc. in Dur oder

Moll harmonisirt, wo dann die Melodie in der Terz oder Quinte der Tonart endet, statt auf der dorischen Tonica.

Dass Mozart in der Arie der Pamina im zweiten Acte der Zauberflöte dorisches Tongeschlecht angewendet hat, bemerkte schon Fortlage *). Eines der schönsten Beispiele für den Gegensatz dieses Geschlechts und der Durtonart findet sich bei demselben Meister im Sextett im zweiten Acte des Don Giovanni, wo Ottavio und Donna Anna eintreten. Ottavio singt tröstende Worte

Tergi il ciglio, o vita mia
E dà calma al tuo dolore

in D-Dur, welches aber eigenthümlich gefärbt wird, dadurch, dass die Hinwendung zur Subdominante überwiegt, wie im Quartengeschlecht, wenn auch dieses nicht ohne Unterbrechung eintritt. Dann folgt in ganz ähnlichen melodiösen Wendungen und mit ebenso fortgesetzter Begleitung die in Schmerz aufgelöste Anna, deren Gesang nach einer kurzen Modulation durch D-Moll sich im Sextengeschlecht von C feststellt:

Sola morte, o mio tesoro,
Il mio pianto può finir.

Es ist hier der Gegensatz zwischen weicher Rührung und vernichtendem Schmerze hauptsächlich durch den Wechsel des Tongeschlechts in der wunderbarsten Schönheit dargestellt. Auch der sterbende Comthur am Ende der Introduction des Don Giovanni endigt in dorischer Cadenz. Ebenso das *Agnus Dei* des Requiem von Mozart, bei welchem letzteren freilich zweifelhaft bleibt, wie viel er selbst dazu gethan hat.

Unter den Compositionen von Beethoven könnte man den ersten Satz der Claviersonate, Op. 90 in E-Moll, als einen solchen bezeichnen, der durch öfter wiederholte dorische Cadenzen einen eigenthümlich gedrückten Charakter erhält, zu dem als Gegensatz der zweite Theil, ein Dursatz, von desto süsserem Ausdruck erscheint.

Die neueren Componisten bilden eine Cadenz, die dem Sextengeschlecht angehört, oft mit der kleinen Secunde und grossen Septime, in dem sogenannten übermässigen Sextenaccorde: $\overline{f} - a - \underline{dis}$, wo sowohl $\overline{f}$ wie $\underline{dis}$ einen halben Tonschritt zur Tonica e zu ma-

---

*) Beispiele aus den Instrumentalsätzen erwähnt Ekert in seiner Habilitationsschrift „Die Principien der Modulation und musikalischen Idee." Heidelberg 1860. S. 12.

chen haben. Dieser Accord ist aus dem Dur- und Mollgeschlecht nicht abzuleiten, daher auch vielen neueren Theoretikern sehr räthselhaft und unerklärlich erschienen. Er erklärt sich aber leicht als ein Rest des alten Sextengeschlechts, indem man die dem Dominantenaccorde $h - dis - fis$ angehörige grosse Septime dis mit den Tönen $\overline{f} - a$ von der Unterdominantseite vereinigt hat.

•Diese Beispiele mögen hinreichen, um nachzuweisen, dass sich Reste des Sextengeschlechts auch in der neueren Musik erhalten haben. Es werden sich leicht noch viel mehr Beispiele finden lassen, wenn man danach sucht. Die Accordverbindungen dieses Geschlechts sind nicht fest und deutlich genug, um weitläufige Sätze darauf bauen zu können; in kurzen Sätzen aber, Chorälen, oder kürzeren Zwischensätzen und melodischen Perioden grösserer musikalischer Werke ist es von einer so wirksamen Ausdrucksweise, dass man es in der modernen Theorie nicht hätte vergessen sollen, um so mehr, da es von Händel, Bach, Mozart noch an so hervorragenden Punkten ihrer Werke gebraucht worden ist *).

Aehnlich verhält es sich übrigens auch mit dem Quartengeschlecht und Septimengeschlecht, obgleich diese beiden weniger specifisch verschieden sind, jenes von Dur, dieses von Moll. Sie sind doch immer im Stande, gewissen musikalischen Perioden einen eigenthümlichen Ausdruck zu geben, wenn es auch Schwierigkeiten haben würde, ihre Eigenthümlichkeiten in längeren Sätzen consequent fühlen zu lassen. Die harmonischen Wendungen, welche den beiden letztgenannten Geschlechtern zukommen, können allerdings auch innerhalb der Grenzen des gewöhnlichen Dur- und Mollsystems aus-

---

*) Herr A. v. O e t t i n g e n hat in seinem „Harmoniesystem in dualer Entwickelung" (Dorpat und Leipzig 1866) die durchgehende Analogie des Sextengeschlechts mit dem Durgeschlecht, dessen directe Umkehrung jenes ist, in sehr interessanter Weise durchgeführt; namentlich auch gezeigt, wie diese Umkehrung zu einer eigenthümlich charakteristischen Harmonisirung des Sextengeschlechts führt. In dieser Beziehung möchte ich das Buch der Aufmerksamkeit der Musiker dringend empfehlen. Andererseits müsste, wie mir scheint, erst durch die musikalische Praxis gezeigt werden, dass das neue von dem Autor seiner Theorie des Sextengeschlechts, welches er als das theoretisch normale Mollgeschlecht betrachtet, zu Grunde gelegte Princip wirklich zum Aufbau grösserer Musikstücke ausreicht. Derselbe betrachtet nämlich den Molldreiklang $c - \overline{es} - g$ als Repräsentanten des den drei Klängen gemeinsamen Tones g'', und nennt ihn deshalb den „phonischen g Klang", während $c - e - g$ wie bei uns als „tonischer c Klang" betrachtet wird.

geführt werden. Es wäre aber doch vielleicht eine Erleichterung für die theoretische Auffassung gewisser Modulationen, wenn man den Begriff dieser Geschlechter und ihrer Harmonisirung festgehalten hätte.

Der Vorzug der modernen Tonarten besteht also, wie die geschichtliche Entwickelung und die physiologische Theorie übereinstimmend zeigen, nur für die harmonische Musik. Ihre Bildung ist hervorgerufen durch das ästhetische Princip der modernen Musik, dass der tonische Accord in der Reihe der Accorde nach demselben Gesetze der Verwandtschaft herrschen muss, wie die Tonica in der Tonleiter. Zur factischen Herrschaft ist dieses Princip erst seit dem Anfange des vorigen Jahrhunderts gekommen, seit man die Nothwendigkeit fühlte, auch den tonischen Mollaccord der Regel nach in der Schlusscadenz zu bewahren.

Das physiologische Phänomen, welches unter diesem ästhetischen Principe zur Wirksamkeit kam, ist, dass musikalische Klänge an sich schon Accorde von Partialtönen sind, und daher umgekehrt Accorde unter gewissen Umständen auch Klänge vertreten können. Dieses Umstandes wegen spielt in jedem Dreiklange einer seiner Töne eine Hauptrolle, derjenige nämlich, als dessen Klang der Accord angesehen werden kann. Praktisch hatte dies Princip längst Anerkennung erhalten, sobald man anfing, die Schlüsse der Tonsätze aus mehrstimmigen Accorden zu bilden. Man fühlte hierbei sogleich, dass man über dem Schlusstone des Basses eine Octave, eine Quinte, endlich eine grosse Terz hinzufügen durfte, aber man durfte keine Quarte, keine Sexte hinzufügen, und lange genug scheute man auch die kleine Terz. Jene ersten drei Intervalle liegen eben im Klange der im Basse liegenden Tonica, die letzteren nicht.

Ihre theoretische Anerkennung erhielt die verschiedene Geltung der Töne in einem Accorde erst durch Rameau in seiner Lehre vom Fundamentalbasse, obgleich Rameau den von uns nachgewiesenen Grund dieser verschiedenen Geltung noch nicht kannte. Derjenige Ton, dessen Klang der Accord nach unserer Erklärung darstellt, wird sein Fundamentalbass, sein Grundton genannt, zum Unterschiede von dem gewöhnlich so genannten Basstone, d. h. dem Tone seiner tiefsten Stimme. Der Durdreiklang hat in jeder Umlagerung immer denselben Fundamentalbass. In den Accorden $c - e - g$ oder $g - c - \underline{e}$ ist es immer nur c. Der Mollaccord $d - \overline{f} - a$ hat ebenso in seinen verschiedenen Umlagerungen in der Regel nur d als Grundton, aber im grossen Sextenaccorde

$\bar{f}$ — a — d kann er auch $\bar{f}$ als Grundton haben; in diesem Sinne kommt er in der Cadenz von $\bar{c}$-Dur vor. Diesen letzteren Unterschied haben Rameau's Nachfolger zum Theil aufgegeben; es ist aber hierin Rameau's künstlerisches Gefühl der Natur der Sache ganz entsprechend gewesen. Der Mollaccord lässt in der That diese zweifache Deutung zu, wie wir oben gezeigt haben.

Der wesentliche Unterschied der alten und neuen Tonarten liegt darin, dass jene ihre Mollaccorde auf die Seite der Dominante, diese auf die der Subdominante stellen:

	Accord der		
im	Subdominante	Tonica	Dominante
Alt { Terzengeschlecht	Moll	Moll	Moll
Septimengeschlecht	Dur	Moll	Moll
Quartengeschlecht	Dur	Dur	Moll
Durgeschlecht . . . . . · .	Dur	Dur	Dur
Neu { Moll-Durgeschlecht	Moll	Dur	Dur
Mollgeschlecht	Moll	Moll	Dur

Die Gründe dieser Construction sind vorher schon erörtert.

Das System der Tonarten.

Die Höhe der Tonica einer musikalischen Composition ist zunächst durch nichts fixirt. Hat man nun musikalische Instrumente oder Gesangstimmen von bestimmt begrenztem Umfange, von welchen verschiedene Melodien und Musikstücke ausgeführt werden sollen, so wird man die Tonica verschieden hoch wählen müssen, je nachdem die Melodie hoch über die Tonica hinaufgeht, oder tief unter sie hinab. Die Tonica muss ihrer Höhe nach so gelegt werden, dass der Umfang der Töne des Musikstücks in den Umfang der Stimme oder desjenigen Instruments hineinpasst, durch das es ausgeführt werden soll. Diese unausweichbare praktische Rücksicht fordert die Möglichkeit, den Grundton jedes Musikstücks in beliebiger Höhe wählen zu können.

Ferner tritt bei längeren Musikstücken das Bedürfniss ein, die Tonica zeitweise zu verändern, d. h. zu moduliren, um Einförmigkeit zu vermeiden, und um die musikalischen Wirkungen der Veränderung und des Wiederfindens der ursprünglichen Tonart zu benutzen. Wie die Consonanzen durch die Dissonanzen hervorgehoben und wirksamer gemacht werden, so wird das Gefühl der herrschenden Tonalität und die Befriedigung in ihr durch vorausgehende Abweichungen nach nahe gelegenen Tonarten verstärkt. Die durch modulatorische Veränderungen bedingte Mannigfaltigkeit musikalischer Wendungen ist für die neuere Musik um so nothwendiger geworden, als sie das alte Princip der Abänderung des Ausdrucks mittels der verschiedenen Tongeschlechter hat aufgeben oder wenigstens auf ein sehr enges Maass zurückführen müssen. Den Griechen standen sieben verschiedene Tongeschlechter zur Wahl frei, dem Mittelalter fünf oder sechs, uns nur zwei, Dur und Moll. Jene alten Tongeschlechter boten eine Reihe verschiedener Abstufungen des Toncharakters dar, von denen in der harmonischen Musik nur noch zwei brauchbar geblieben sind. Bei dem deutlicheren und festeren Bau eines harmonischen Satzes können sich dagegen die Neueren grössere Freiheit in modulatorischen Abweichungen von der ursprünglichen Tonica erlauben, und dadurch ein neues Gebiet musikalischen Reichthums betreten, welches den Alten jedenfalls nur sehr wenig zugänglich war.

Endlich muss ich noch die viel besprochene Frage erwähnen, ob die verschiedenen Tonarten an sich einen verschiedenen Charakter haben.

Dass innerhalb eines Tonstücks modulatorische Ausweichungen in die verschiedenen mehr oder weniger entfernten Tonarten der Ober- oder Unterdominantseite einen sehr verschiedenen Effect machen, ist klar. Das ist aber nur im Gegensatz gegen die zuerst festgestellte Haupttonart der Fall. Dies wäre nur ein relativer Charakter. Die hier aufzuwerfende Frage wäre, ob ihnen unabhängig von ihrem Verhalten zu einer anderen Tonart ein besonderer absoluter Charakter zukommt.

Es ist dies oft behauptet worden, aber schwer zu entscheiden, wie viel daran wahr sei, und was eigentlich darunter verstanden werde, weil vielleicht vielerlei sehr Verschiedenes unter diesem Namen zusammengefasst wird, und namentlich nicht unterschieden worden ist, wieviel den einzelnen Instrumenten dabei zukommt. Wenn ein Instrument mit festen Tönen durchgängig gleichmässig nach der gleichschwebenden Temperatur gestimmt ist, also alle halben Töne durch die ganze Scala hindurch gleiche Grösse haben, und auch die Klangfarbe aller Töne dieselbe ist, so ist kein Grund einzusehen, warum Stücke in verschiedenen Tonarten verschiedenen Charakter haben sollen, und es wurde mir auch von urtheilsfähigen Musikern zugegeben, dass ein verschiedener Charakter der Tonarten auf der Orgel zum Beispiel nicht zu bemerken sei. Dasselbe, glaube ich, behauptet Hauptmann *) mit Recht vom Gesange mit Orgel-

---

*) Harmonik und Metrik, S. 188.

begleitung oder ohne Begleitung. Höchstens kann eine stärkere Veränderung in der Höhe der Tonica bewirken, dass sämmtliche hohen Töne zu angestrengt, oder sämmtliche tiefe zu matt werden.

Dagegen ist auf den Clavieren und bei den Streichinstrumenten entschieden ein verschiedener Charakter der Tonarten vorhanden. *C*-Dur und das benachbarte *Des*-Dur klingen verschieden. Dass nun dieser Unterschied nicht von der absoluten Tonhöhe abhängt, kann man leicht erkennen, wenn man zwei verschiedene Instrumente von verschiedener Stimmung vergleicht. Es kann das *Des* des tieferen Instruments gleich hoch sein mit dem *C* des höheren, und doch behält auf beiden *C*-Dur seinen kräftigen klaren Charakter und *Des*-Dur seinen weichen wie verschleierten Wohlklang. Man kann hier kaum an etwas anderes denken, als dass der Anschlag der kürzeren und schmalen Obertasten des Claviers eine etwas andere Klangfarbe giebt als der Anschlag der Untertasten, und je nachdem der kräftigere oder weichere Klang sich auf die verschiedenen Stufen der Tonart vertheilt, ein anderer Charakter eintritt. Ob dazu etwa regelmässige Unterschiede der Stimmung derjenigen Quinten, welche die Clavierstimmer zuletzt stimmen, und auf welche sich die Fehler der übrigen Quinten des Quintencirkels zusammendrängen, beitragen, wage ich nicht aus Erfahrung zu entscheiden.

Bei den Streichinstrumenten sind es die leeren Saiten, welche durch ihre kräftigere Klangfarbe hervortreten, und auch vielleicht Unterschiede im Klange der stark verkürzten und wenig verkürzten Saiten, welche den Charakter der Tonarten ändern können, je nachdem sie auf diese oder jene Stufe der Leiter fallen. Diese Annahme wurde mir bestätigt durch Fragen, die ich an Musiker richtete, woran sie in bestimmten Fällen die Tonart erkennen? Dazu kommen auch wohl Ungleichmässigkeiten der Stimmung. Die Quinten der leeren Saiten sind reine Quinten. Daneben können nicht alle anderen Quinten rein sein, wenn wirklich beim Spielen in verschiedenen Tonarten allen Tönen immer derselbe Werth gegeben wird, wie es wenigstens die Absicht beim Unterricht im Violinspiele meist zu sein pflegt. Somit werden sich also die Leitern in den verschiedenen Tonarten auch in der Stimmung unterscheiden können, was natürlich einen noch viel wesentlicheren Einfluss auf den Charakter der Melodie haben würde.

Noch grösser sind die Unterschiede in der Klangfarbe verschiedener Noten bei den meisten Blasinstrumenten.

Wenn diese Ansicht der Sache richtig ist, würde sich der Charakter der Tonarten nach den verschiedenen Instrumenten sehr verschieden verhalten müssen, was, wie ich glaube, auch der Fall ist. Indessen ist dies doch ein Punkt, der nur von einem sehr fein hörenden Musiker entschieden werden kann, wenn er auf die hier sich aufdrängenden Fragen sein Augenmerk richtet.

Es wäre übrigens nicht unmöglich, dass durch eine Eigenthümlichkeit des menschlichen Ohres, die ich schon oben S. 175 berührt habe, auch gewisse gemeinsame Züge in dem Charakter der Tonarten eintreten, die von der Verschiedenheit der Instrumente unabhängig sind, und nur von der absoluten Tonhöhe der Tonica abhängen. Das g'''' ist nämlich ein Eigenton des menschlichen Ohres, und klingt daher dem unbewaffneten Ohre besonders schrill; etwas von dieser Schärfe kommt auch noch dem fis'''' und as'''' zu. In geringerem Maasse zeigen diejenigen Klänge, in denen jenes g'''' als Oberton vorkommt, einen etwas helleren und schärferen Klang als ihre Nachbarn, nämlich das g''', c''' und g''. Es mag nun für Stücke in C-Dur nicht gleichgültig sein, wenn ihre hohe Quinte g'' und Tonica c''' diesen scharfen Klang vor den anderen Tönen zeigen, aber jedenfalls sind diese Unterschiede nur schwach, und ich muss es vorläufig dahin gestellt sein lassen, ob sie in das Gewicht fallen.

Alle oder einige dieser Gründe machten es nun für die Musiker nöthig, frei über die Höhe der zu wählenden Tonica schalten zu können, daher denn auch schon die späteren Griechen ihre Tonleitern auf alle Stufen der chromatischen Scala transponirten. Für die Sänger haben nun solche Transpositionen gar keine Schwierigkeit, sie können eben mit jedem Grundtone anfangen, und finden überall in ihrer Stimme die Tonstufen, die dann folgen. Aber schwieriger war die Sache für die musikalischen Instrumente, namentlich für diejenigen, welche überhaupt nur gewisse feste Tonstufen besitzen. Die Schwierigkeit fällt aber auch selbst für diejenigen Instrumente nicht ganz fort, welche, wie die Streichinstrumente, zwar jede Tonstufe hervorbringen können, bei denen aber der Lernende zunächst auf die mechanische Einübung der Finger angewiesen ist, um die Tonstufen richtig zu treffen, und erst durch eine vollendete Uebung des Spieles die Fähigkeit erlangt, jeden Ton sicher spielen zu können, wie ihn das Ohr fordert.

Indessen auch für die Instrumente war das griechische System noch nicht mit erheblichen Schwierigkeiten verbunden, so lange man keine Ausweichungen in entferntere Tonarten ausführte, und sich mit wenigen Versetzungszeichen begnügte. Bis zum Anfange des

17. Jahrhunderts begnügte man sich mit zwei Erniedrigungszeichen, um die Noten B und Es zu gewinnen, und dem Zeichen $\sharp$ für Fis, Cis, Gis, um die Leittöne für die Tonica G, D und A zu haben. Man vermied aber die enharmonisch ähnlichen Töne Dis, Ais, As, Des, Ges anzuwenden. Mit Hilfe des B statt H konnte man jedes Tongeschlecht nach seiner Subdominante transponiren; andere Transpositionen machte man nicht.

Im Pythagoräischen Systeme, welches bis Zarlino im 16. Jahrhundert seine Herrschaft über die Theorie behielt, stimmte man nur nach Quinten, also von C in Quinten aufwärts gehend:

$$C \quad G \quad D \quad A \quad E \quad H \quad Fis \quad Cis$$
$$Gis \quad Dis \; Ais \; Eis \; His.$$

Wenn wir immer um zwei Quinten aufwärts und um eine Octave zurückgehen, so ist ein solcher Schritt $\frac{3}{2} \cdot \frac{3}{2} \cdot \frac{1}{2} = \frac{9}{8}$ gleich einer grossen Secunde. Das giebt die Noten

$$C \quad D \quad E \quad Fis \quad Gis \quad Ais \quad His$$
$$1 \quad \frac{9}{8} \quad \left(\frac{9}{8}\right)^2 \quad \left(\frac{9}{8}\right)^3 \quad \left(\frac{9}{8}\right)^4 \quad \left(\frac{9}{8}\right)^5 \quad \left(\frac{9}{8}\right)^6.$$

Gehen wir von C aus abwärts in Quinten, so erhalten wir die Tonreihe

$$C \quad F \quad B \quad Es \quad As \quad Des \quad Ges \quad Ces$$
$$Fes \; Bb \; Eses \; Ases \; Deses.$$

Oder wenn wir immer um zwei Quinten abwärts und dann um eine Octave hinaufgehen, erhalten wir die Töne

$$C \quad B \quad As \quad Ges \quad Fes \quad Eses \quad Deses$$
$$1 \quad \frac{8}{9} \quad \left(\frac{8}{9}\right)^2 \quad \left(\frac{8}{9}\right)^3 \quad \left(\frac{8}{9}\right)^4 \quad \left(\frac{8}{9}\right)^5 \quad \left(\frac{8}{9}\right)^6.$$

Nun ist das Intervall $\left(\frac{8}{9}\right)^6 = \frac{262144}{531441} = \frac{1}{2} \cdot \frac{524288}{531441}$ oder abgekürzt:

$$\left(\frac{8}{9}\right)^6 = \frac{1}{2} \cdot \frac{73}{74}$$
$$\left(\frac{9}{8}\right)^6 = 2 \cdot \frac{74}{73}.$$

Es ist also der Ton His um das kleine Intervall $\frac{74}{73}$ höher als die Octave von C, und der Ton $Deses$ ist um eben so viel niedriger als die untere Octave von C. Wenn wir nun von C und $Deses$ in reinen Quinten aufwärts schreiten, findet sich derselbe constante Unterschied zwischen

C	und	*Deses*
G	„	*Ases*
D	„	*Eses*
A	„	*Bb*
E	„	*Fes*
H	„	*Ces*
Fis	„	*Ges*
Cis	„	*Des*
Gis	„	*As*
Dis	„	*Es*
Ais	„	*B*
Eis	„	*F*
His	„	*C*

Die links stehenden Töne sind alle um $\frac{74}{73}$ höher als die rechts stehenden. Unsere Notenschrift, deren Principien sich noch vor der Feststellung des modernen Tonsystems entwickelt haben, hat die Unterschiede der rechts und links stehenden Töne festgehalten. Für die Praxis auf Instrumenten mit festen Tonstufen wurde aber die Unterscheidung so nahe liegender Tonstufen unbequem und man suchte sie zu verschmelzen. Dies führte nach mancherlei unvollkommeneren Versuchen, bei denen man einzelne Intervalle mehr oder weniger veränderte, um die anderen rein zu erhalten, sogenannte ungleichschwebende Temperaturen, endlich zu dem System der gleichschwebenden Temperatur, bei welcher man die Octave in 12 ganz gleich grosse Tonstufen eintheilte. Wir haben gesehen, dass man vom *C* durch 12 reine Quinten zum *His* kommt, welches sich von dem *C* nur um etwa $\frac{1}{5}$ einer halben Tonstufe, nämlich das Intervall $\frac{74}{73}$ unterscheidet. Ebenso gelangt man von *C* durch 12 Quinten abwärtsgehend zum *Deses*, welches um eben so viel tiefer als *C* ist, wie *His* höher ist. Setzt man also $C = His = Deses$, und vertheilt die kleine Abweichung von $\frac{74}{73}$ auf alle 12 Quinten jedes Zirkels gleichmässig, so wird jede Quinte um etwa $\frac{1}{60}$ einer halben Tonstufe unrein, eine Abweichung, die allerdings sehr klein ist. Dadurch ist alle Verschiedenheit der Tonstufen innerhalb einer Octave auf die zwölf Stufen zurückgeführt, wie wir sie in unseren modernen Tastaturinstrumenten haben.

Die Quinte des gleichschwebenden Systemes ist in möglichst kleinen ganzen Zahlen annähernd ausgedrückt gleich $\frac{3}{2} \cdot \frac{885}{886}$. Ihre

Anwendung statt der reinen Quinte wird in der That in den seltensten Fällen einen Anstand erleiden können. Der Grundton mit seiner temperirten Quinte zusammen angeschlagen, giebt eine Schwebung in der Zeit, wo die Quinte $442\frac{1}{2}$ Schwingungen macht. Da das eingestrichene a_1 440 Schwingungen in der Secunde macht, so muss die temperirte Quinte $d_1 - a_1$ ziemlich genau eine Schwebung in der Secunde geben. Das würde bei lang ausgehaltenen Tönen allerdings schon bemerkt werden können, ist aber nicht gerade störend, bei schneller Bewegung haben solche Schwebungen gar nicht Zeit zu Stande zu kommen. Noch weniger stören sie in tieferen Lagen, wo die Schwebungen in dem Verhältniss langsamer werden als die absoluten Schwingungszahlen abnehmen. In den höheren Lagen aber werden sie allerdings auffälliger; $d''' - a'''$ giebt 4 Schwebungen, $a''' - e'''$ 6 Schwebungen in der Secunde; indessen so hohe Accordlagen werden selten in langsamen Noten vorkommen, meist nur in schneller Bewegung. Die Quarten des gleichschwebend temperirten Systems sind $\frac{4}{3} \cdot \frac{886}{885}$. Eine Schwebung geschieht in der Zeit, wo der tiefere Ton der Quarte $221\frac{1}{4}$ Schwingungen macht. Die Quarte $a - d_1$ macht also eine Schwebung in der Secunde, wie die Quarte $d_1 - a_1$. Die reinen Consonanzen also, welche das Pythagoräische System beibehält, werden in der gleichschwebenden Temperatur nicht in einer wesentlich in Betracht kommenden Weise verschlechtert. Und in der melodischen Folge der Töne ist das Intervall $\frac{885}{886}$ nahe an der Grenze der überhaupt unterscheidbaren Unterschiede der Tonhöhe. Nach Weber's Versuchen ist die Grenze bei geübten Violinspielern das Intervall $\frac{1000}{1001}$. Beim Zusammenklingen aber kann man freilich durch die Schwebungen noch feinere Unterschiede erkennen.

Die Terzen und Sexten der gleichschwebenden Temperatur liegen der reinen näher als die Pythagoräischen.

	Rein	Gleichschwebend	Pythagoräisch
Grosse Terz . . .	$\frac{5}{4}$	$\frac{5}{4} \cdot \frac{127}{126}$	$\frac{5}{4} \cdot \frac{81}{80}$
Kleine Sexte . . .	$\frac{8}{5}$	$\frac{8}{5} \cdot \frac{126}{127}$	$\frac{8}{5} \cdot \frac{80}{81}$
Kleine Terz . . .	$\frac{6}{5}$	$\frac{6}{5} \cdot \frac{121}{122}$	$\frac{6}{5} \cdot \frac{80}{81}$
Grosse Sexte . . .	$\frac{5}{3}$	$\frac{5}{3} \cdot \frac{122}{121}$	$\frac{5}{3} \cdot \frac{81}{80}$
Halber Ton . . .	$\frac{16}{15}$	$\frac{18}{17}$ oder $\frac{16}{15} \cdot \frac{147}{148}$	$\frac{21}{20}$ oder $\frac{16}{15} \cdot \frac{80}{81}$

Die durch die Obertöne 'bewirkte Dissonanz fällt deshalb bei den gleichschwebenden Terzen etwas milder aus als bei den Pythagoräischen, aber ihre Combinationstöne sind wohl noch unangenehmer. Für die Pythagoräischen Terzen $c'-e'$ und $e'-g'$ sind die Combinationstöne Cis und H_1, beide um einen halben Ton verschieden von dem Combinationstone C, der bei reiner Stimmung von beiden Terzen hervorgebracht wird. Im Mollaccord $e'-g'-h'$ sind die Combinationstöne der Pythagoräischen Terzen H_1 und Gis; der erste passt gut, sogar besser als der Combinationston C, der bei reiner Stimmung hervortritt. Der zweite Combinationston Gis dagegen gehört nicht dem Mollaccorde von E, sondern dem Duraccorde an. Da aber von den beiden Combinationstönen der reinen Stimmung C und G auch einer falsch ist, so ist in dieser Beziehung die Pythagoräische Stimmung nicht gerade im Nachtheil. Die Combinationstöne der gleichschwebenden Terzen liegen nun zwischen denen der reinen und denen der Pythagoräischen Terzen um weniger als einen halben Ton von denen der reinen Temperatur entfernt; sie entsprechen also keiner möglichen Modulation, keinem Tone der chromatischen Scala, keiner Dissonanz, die durch irgend eine Melodieführung eintreten könnte, sie klingen eben einfach verstimmt und falsch.

Diese schlechten Combinationstöne sind mir immer das Quälendste gewesen in der Harmonie der gleichschwebenden Temperatur; namentlich wenn in hoher Lage nicht zu schnelle Terzengänge gespielt werden, bilden sie eine abscheuliche Art Grundbass dazu, der um so unangenehmer ist, als er dem richtigen Grundbass ziemlich nahe kommt und so klingt, als würde dieser von einem ganz verstimmten Instrumente ausgeführt. Am deutlichsten hört man sie an dem Harmonium und an Violinen. Hier bemerkt sie auch jeder Musiker und jeder geübte musikalische Dilettant sogleich, wenn man ihn darauf aufmerksam macht. Wenn man sich aber erst gewöhnt hat sie zu hören, treten sie auch auf dem Clavier hervor. In der griechischen Stimmung fallen die Combinationstöne mehr so, als wenn jemand absichtlich Dissonanzen dazu spielte. Was von diesen beiden Uebeln das geringere sei, wage ich nicht zu entscheiden. In tieferer Lage, wo man die zu tief liegenden Combinationstöne schwer oder gar nicht hört, verdienen jedenfalls die gleichschwebenden Terzen den Vorzug vor den griechischen, weil sie weniger rauh sind, weniger Schwebungen geben. In hoher Lage dagegen wird ihr Vorzug durch die Combinationstöne vielleicht wieder aufgehoben. Jedenfalls ist aber das gleichschwebende System alles zu leisten im Stande, was das Pythagoräische leistete, und zwar mit weniger Mitteln.

C. E. Naumann *), der neuerlich das Pythagoräische System dem gleichschwebenden gegenüber vertheidigt hat, legt das Hauptgewicht seiner Gründe darauf, dass die halben Töne, welche den aufwärts steigenden Leitton von der Tonica trennen und die absteigende kleine Septime von der Terz des Auflösungsdreiklangs, im Pythagoräischen System kleiner sind, nämlich $\frac{21}{20}$, als im gleichschwebenden, wo sie $\frac{18}{17}$ betragen; am grössten sind sie in der reinen Stimmung, nämlich $\frac{16}{15}$. Während nun in der gleichschwebenden Temperatur zwischen f und g ein einziger Ton liegt, der bald als *fis* Leitton für g, bald als *ges* eine nach f sich auflösende Septime darstellt, so wird in der Pythagoräischen Stimmung *ges* etwas tiefer als *fis*; es nähert sich also der Halbton derjenigen Seite, nach welcher er sich in regelmässiger Fortschreitung aufzulösen hat, und die Tonhöhe würde für die Richtung der Auflösung bezeichnend sein. Aber wenn auch der Leitton eine wichtige Rolle in den Modulationen spielt, so ist es doch wohl klar, dass wir nicht berechtigt sind, bloss um ihn seiner Auflösung näher zu rücken, die betreffende Tonstufe willkürlich zu verändern. Wir würden sonst keine Grenze finden ihn dem Auflösungston immer noch näher und näher zu

----

*) Ueber die verschiedenen Bestimmungen der Tonverhältnisse. Leipzig 1858.

rücken, wie im enharmonischen Geschlechte der Griechen. Wenn man aber wirklich von dem Pythagoräischen halben Ton, der etwa $\frac{4}{5}$ des natürlichen beträgt, auf einen noch kleineren von $\frac{3}{5}$ etwa $\left(\frac{16}{15} \cdot \frac{80}{81} \cdot \frac{80}{81}\right)$ herabgeht, so klingt ein solcher Leitton schon ganz unnatürlich. Wir haben schon früher gesehen, wie der Charakter des Leittons wesentlich davon abhängt, dass es derjenige Ton der Scala ist, der die schwächste Verwandtschaft zur Tonica hat, dessen Stimmung deshalb am unsichersten ist, und am ehesten etwas verändert werden kann. Wir dürfen also gerade von einem solchen Ton am allerwenigsten das Princip für die Einrichtung unserer Tonleiter hernehmen.

Der Hauptfehler unserer gegenwärtigen temperirten Stimmung liegt also nicht in den Quinten; denn deren Unreinheit ist wirklich nicht der Rede werth, und macht sich auch in Accorden kaum bemerklich. Der Fehler liegt vielmehr in den Terzen, und zwar ist er nicht veranlasst dadurch, dass man die Terzen durch eine Folge unreiner Quinten bestimmt hat, sondern es ist der alte Fehler des Pythagoräischen Systems, dass man überhaupt die Terzen mittels einer aufsteigenden Folge von vier Quinten bestimmt. Die reinen Quinten sind hier sogar noch schlimmer als die unreinen. Die natürliche Verwandtschaft der Terz zur Tonica beruht in dem Schwingungsverhältniss $\frac{4}{5}$, sowohl melodisch als harmonisch. Jede andere Terz kann nur ein mehr oder weniger ungenügendes Surrogat für die natürliche Terz sein. Das einzige richtige Tonsystem ist dasjenige, welches in der von Hauptmann vorgeschlagenen Weise die durch Quinten hervorgebrachten Töne von den durch Terzen hervorgebrachten unterscheidet. Da es nun für eine grosse Zahl von theoretischen Fragen von Wichtigkeit ist, Beobachtungen anstellen zu können an Tönen, welche wirklich die theoretisch geforderten natürlichen Intervalle mit einander bilden, um nicht getäuscht zu werden durch die Unvollkommenheiten der gleichschwebenden Temperatur, so habe ich versucht, ein Instrument herstellen zu lassen, welches im Stande ist, durch alle Tonarten in reinen Intervallen moduliren zu können.

Müssten wir wirklich das System der Töne, wie es Hauptmann unterscheidet, in ganzer Vollständigkeit herstellen, um reine Intervalle in allen Tonarten zu haben, so würde es freilich kaum möglich sein, die Schwierigkeit der Aufgabe zu bewältigen. Glücklicher Weise lässt sich eine sehr grosse und wesentliche Vereinfachung darin erzielen mittels des Kunstgriffs, den ursprünglich die arabisch-persischen Musiker erfunden haben, und den wir oben S. 441 schon erwähnten.

Wir haben gesehen, dass die durch Quinten erzeugten und mit ungestrichenen Buchstaben $c - g - d - a$ u. s. w. bezeichneten Töne des Hauptmann'schen Systems um das Intervall $\frac{81}{80}$ oder ein Pythagoräisches Komma höher sind, als die durch Terzen erzeugten gleichnamigen Töne $\underline{c} - \underline{g} - \underline{d} - \underline{a}$. Wir haben ferner gesehen, dass, wenn wir von h durch eine Reihe von 12 Quinten herabgehen bis ces, der letztere Ton, in die richtige Octave verlegt, um das Intervall $\frac{74}{73}$ tiefer ist als h. Es ist also

$$h : \underline{h} \ = 81 : 80$$
$$h : Ces = 74 : 73.$$

Diese beiden Intervalle sind nahchin gleich; $\underline{h}$ ist etwas höher als ces, aber nur im Verhältniss

$$ces : \underline{h} = 5913 : 5920$$

oder angenähert nach der Reduction durch Kettenbrüche:

$$ces : \underline{h} = 845 : 846.$$

Der Unterschied zwischen ces und $\underline{h}$ ist also etwa so gross, wie zwischen der reinen und temperirten Quinte desselben Tons.

Nun ist $\underline{h}$ die reine Terz von g; gehen wir von g durch Quinten rückwärts bis ces

$$g - c - f - b - es - as - des - ces$$

so müssen wir dazu 8 Quintenschritte machen. Machen wir diese Quinten alle etwas zu gross, nämlich um $\frac{1}{8}$ des sehr kleinen Intervalls $\frac{846}{845}$, so wird $ces = \underline{h}$ werden. Da nun das Intervall $\frac{846}{845}$ an der Grenze der wahrnehmbaren Tonunterschiede liegt, so wird der achte Theil dieses Intervalls gar nicht mehr in Betracht kommen, und wir können also folgende Töne des Hauptmann'schen Systems identificiren, indem wir von $ces = h$ in Quinten fortschreiten:

$$fes = \underline{e}$$
$$ces = \underline{h}$$
$$ges = \underline{fis}$$
$$des = \underline{cis}$$
$$as = \underline{gis}$$
$$es = \underline{dis}$$
$$b = \underline{ais}$$

Unter den musikalischen Instrumenten ist das Harmonium wegen seiner gleichmässig anhaltenden Töne, wegen der Schärfe ihrer Klangfarbe, und wegen der ziemlich deutlichen Combinationstöne besonders empfindlich gegen Ungenauigkeiten der Stimmung. Dasselbe lässt aber eine sehr feine und dauerhafte Stimmung seiner Zungen zu, so dass es mir besonders günstig erschien zu den Versuchen über ein reineres Tonsystem. Ich habe deshalb an einem Harmonium der grösseren Art*) mit zwei Manualen ein Register Zungen, welches dem unteren Manuale, und eines, welches dem oberen angehört, in der Weise stimmen lassen, dass ich mit Benutzung der Töne beider Manuale die Duraccorde von *Fes*-Dur bis *Fis*-Dur rein herstellen konnte. Die Vertheilung der Töne ist folgende:

$$fes — as — ces — es — ges — b — des — f — as — c — es — g — b — d — f - a — c$$

Unteres Manual.   Oberes Manual.

$$a - c - e - g - h - d - fis - a - cis - e - gis - h - dis - fis - ais - cis - eis$$

Unteres Manual.   Oberes Manual.

Das Instrument giebt also 15 Duraccorde und ebenso viele Mollaccorde, in denen die grossen Terzen ganz rein, die Quinten aber um $\frac{1}{8}$ desjenigen Intervalls zu hoch sind, um welches sie in der gleichschwebenden Temperatur zu niedrig sind. Man hat im unteren Manuale die ganze Tonleiter *Ces*-Dur und *G*-Dur vollständig, im oberen die ganze Leiter von *Es*-Dur nnd *H*-Dur. Es sind überhaupt alle Durtonarten zwischen *Ces*-Dur und *H*-Dur vollständig vorhanden, und man kann sie alle rein in der natürlichen Tonleiter ausführen; will man aber einerseits über *H*-Dur, andererseits über *Ces*-Dur hinaus moduliren, so muss man eine wirkliche enharmonische Verwechselung zwischen *H* und *Ces* ausführen, wobei sich die Tonhöhe merklich ändert (um ein Komma $\frac{81}{80}$). Von Molltonarten ist auf dem unteren Manual *H*- oder *Ces*-Moll vollständig, auf dem oberen *Dis*- oder *Es*-Moll**).

---

*) Von den Herren J. und P. S c h i e d m a y e r in Stuttgart.

**) Die Einstimmung des Instrumentes hat sich als sehr leicht ergeben. Herr S c h i e d m a y e r kam gleich beim ersten Versuch nach folgender Vorschrift damit zu Stande: Von *a* ausgehend wurden auf dem unteren Manuale die Quinten *d — a*, *g — d*, *c — g* ganz rein gestimmt, wodurch man die

Für die Molltonarten ist die Reihe dieser Töne nicht ganz so genügend, wie für die Durtonarten. Da nämlich die Dominante der Molltonarten Quinte eines Mollaccordes und Grundton eines Duraccordes ist, die Mollaccorde aber der Regel nach zu schreiben sind wie: *a* — *c* — *e*, die Duraccorde wie: *fes* — *as* — *ces*, so muss die betreffende Dominante im ersten Accorde mit einem kleinen, im zweiten mit einem grossen Buchstaben geschrieben werden können, d. h. sie muss einer von den enharmonisch zu verwechselnden Tönen sein, wie in dem gegebenen Beispiele, wo *e* mit *fes* identisch ist. Also haben wir auf dem Instrumente vollständig rein die Molltonarten:

1) *a*- oder *bb*-Moll: *d* — *f* — *a* — *c* — *e*
                                fes — *as* — *ces*;

2) *e*- oder *fes*-Moll;   *a* — *c* — *e* — *g* — *h*
                                ces — *es* — *ges*;

3) *h*- oder *ces*-Moll: *e* — *g* — *h* — *d* — *fis*
                                ges — *b* — *des*;

4) *fis*- oder *ges*-Moll: *h* — *d* — *fis* — *a* — *cis*
                                des — *f* — *as*;

5) *cis*- oder *des*-Moll: *fis* — *a* — *cis* — *e* — *gis*
                                as — *e* — *es*;

6) *gis*- oder *as*-Moll: *cis* — *e* — *gis* — *h* — *dis*
                                es — *g* — *b*;

7) *dis*- oder *es*-Moll: *gis* — *h* — *dis* — *fis* — *ais*
                                b — *d* — *f*;

8) *ais*- oder *b*-Moll: *dis* — *fis* — *ais* — *cis* — *eis*
                                f — *a* — *c*

Töne *c*, *g*, *d* erhielt. Dann die Duraccorde *c* — *e* — *g*, *g* — *h* — *d*, *d* — *fis* — *a*, was die drei Töne *e*, *h*, *fis* ergab, endlich die Quinte *fis* — *cis*, um *cis* zu erhalten. Indem man nun *e* = *fes*, *h* = *ces*, *fis* = *ges*, *cis* = *des* setzt, stimmt man die Duraccorde *fes* — *as* — *ces*, *ces* — *es* — *ges*, *ges* — *b* — *des* mit reinen Terzen, bis man keine Schwebungen mehr hört, endlich die Quinte *b* — *f*. Dann sind alle Töne des unteren Manuals bestimmt. Im oberen stimmt man zunächst *e*, die Quinte des unteren *a*, und die drei Duraccorde *e* — *gis* — *h*, *h* — *dis* — *fis*, *fis* — *ais* — *cis* und die Quinte *ais* — *eis*. Dann indem man *gis* = *as*, *dis* = *es*, *ais* = *b*, *eis* = *f* setzt, noch die Terzen in den Duraccorden: *as* — *c* — *es*, *es* — *g* — *b*, *b* — *d* — *f*, und die Quinte *d* — *a*. Dann sind alle Töne bestimmt. Dies Stimmen ist viel leichter, als wenn man eine Reihe gleich temperirter Töne herstellen soll.

Von diesen sind die sechs letzten Grundtöne *Ces* bis *B* auch gleichzeitig mit der Durtonleiter versehen. Vollständige Molltonleitern finden wir also auf allen Stufen der *h*-Durtonleiter und *e*-Durtonleiter; vollständige Moll- und Durscalen auf allen Stufen der *h*-Durtonleiter, mit Ausnahme von *e*.

Ich hatte bei vorläufigen Versuchen an einem anderen Harmonium, wo mir nur innerhalb einer zwei Registern gemeinsamen Octave die doppelten Töne zu Gebote standen, erwartet, dass man es sehr wenig merken würde, wenn die übrigen Molltonarten entweder mit einer etwas zu hohen pythagoräischen Septime versehen würden, oder vielleicht selbst die an sich schon etwas getrübten Mollaccorde in pythagoräischer Stimmung ausgeführt würden. Wenn man vereinzelte Mollaccorde anschlägt, merkt man den Unterschied auch nur wenig. Aber wenn man sich durch längere Reihen rein gestimmter Accorde bewegt, und das Ohr an deren Klang gewöhnt hat, so wird man gegen einzelne eingemischte unreinere so empfindlich, dass sie eine recht merkliche Störung hervorbringen.

Am wenigsten stört es noch, wenn wir die Septime, den Leitton, in pythagoräischer Stimmung nehmen, da diese, wenigstens in neueren Compositionen, fast nur im Dominantseptimenaccorde oder anderen dissonanten Accorden vorkommt. In einem reinen Duraccorde freilich klingt sie sehr hart. In einem dissonanten Accorde stört sie weniger, namentlich da durch die etwas höhere Lage ihre Natur als Leitton der Tonart mehr hervorgehoben wird. Dagegen habe ich Mollaccorde mit pythagoräischen Terzen entschieden unerträglich gefunden, wenn sie zwischen rein gestimmte Dur- und Mollaccorde eingemischt werden. Lässt man also die hohe Septime im Dominantseptimenaccorde zu, so lassen sich noch folgende Molltonarten bilden:

9) *d*-Moll: *g* — *b.* — *d* — *f* — *a* — *cis* — *e*;
10) *g*-Moll: *c* — *es* — *g* — *b* — *d* — *fis* — *a*;
11) *c*-Moll: *f* — *as* — *c* — *es* — *g* — *h* — *d'*;
12) *f*-Moll: *b* — *es* — *f* — *as* — *c* — *e* — *g*;
13) *h*-Moll: *es* — *ges* — *b* — *des* — *f* — *a* — *c*;
14) *es*-Moll: *as* — *ces* — *es* — *ges* — *b* — *d* — *f*.

In der vorigen Reihe hatten wir schon *h*- und *es*-Moll. So schliesst sich die Reihe der Molltonarten auch wieder zusammen, dass bei enharmonischer Verwechselung ihre Enden in einander übergehen.

In den meisten Fällen lassen sich musikalische Sätze, welche man in diesem Stimmungssystem auszuführen wünscht, so transponiren, dass man nicht gezwungen ist, enharmonische Verwechselungen zu machen, wenn die Breite ihrer Modulationen zwischen verschiedenen Tonarten nicht zu gross ist. Kann man enharmonische Verwechselungen nicht vermeiden, so muss man sie an solche Stellen zu bringen suchen, wo zwei nicht verwandte Accorde auf einander folgen. Am besten sind sie zwischen dissonanten Accorden zu machen. Natürlich muss mindestens eine enharmonische Verwechselung jedes Mal gemacht werden, wo ein Satz durch den ganzen Quintenkreis herumgeht, von *C*-Dur also etwa bis *His*-Dur. Aber Hauptmann hat wohl recht, wenn er einen solchen Kreislauf der Modulation als eine unnatürliche Künstelei betrachtet, die nur durch die Ungenauigkeit unseres Tonsystems mit temperirter Stimmung überhaupt möglich ist. Ein solches Verfahren muss jedenfalls im Hörer das Gefühl für die Einheit der Tonica zerstören; denn wenn auch *His* der Tonhöhe nach dem *C* sehr nahe liegt, oder ihm unrechtmässiger Weise sogar ganz gleich gemacht wird, so kann im Hörer doch das Gefühl für die vorige Tonica nur dadurch wieder hergestellt werden, dass er die Modulationsschritte wieder zurück macht, die er anfangs vorwärts gemacht hatte. Die Erinnerung an die absolute Tonhöhe der ersten Tonica *C* kann er nach längeren Modulationen, wenn er in *His* angekommen ist, unmöglich noch so genau bewahren, dass er beide als gleich anerkennen könnte. Für ein feines künstlerisches Gefühl muss doch *His* immer eine Tonica sein, die fern ab von *C* auf dessen Dominantseite liegt; oder, was wahrscheinlicher ist, es wird bei einer so weiten Modulation gänzliche Verwirrung des Gefühls für die Tonalität eingetreten sein, und es wird nachher ganz gleichgültig sein, in welcher Tonart das Stück endet. Ueberhaupt ist der übermässige Gebrauch frappanter Modulationen ein billiges und leicht zu handhabendes Mittel der neueren Tonsetzer, um ihre Sätze pikant und farbenreich zu machen. Aber von Gewürz kann man nicht leben, und die Folge des unruhigen Modulirens ist fast immer, dass der künstlerische Zusammenhang des Satzes aufgehoben wird. Man darf nicht vergessen, dass die Modulationen nur ein Mittel sein dürfen, um durch den Gegensatz das Beharren in der Tonica und die Rückkehr in diese hervorzuheben, oder um einzelne besondere Ausdruckseffecte zu erreichen.

Da die Instrumente mit zwei Manualen zu jedem Manual zwei besondere Zungenreihen zu haben pflegen, von denen für die bisher beschriebene Stimmung nur je eine in Anspruch genommen war, so habe ich die beiden anderen (ein 8füssiges und ein 16füssiges Register) auf die gewöhnliche Weise in gleichschwebender Temperatur stimmen lassen, wodurch die Vergleichung der Wirkungen dieser Stimmung und der reinen sehr leicht wird, indem man nur die Registerzüge umzustellen hat, um denselben Accord in der einen oder anderen zu hören *).

Was nun die musikalischen Wirkungen der reinen Stimmung betrifft, so ist der Unterschied zwischen dieser und der gleichschwebenden oder der griechischen Stimmung nach reinen Quinten doch sehr bemerklich. Die reinen Accorde, namentlich die Duraccorde in ihren günstigen Lagen, haben trotz der ziemlich scharfen Klangfarbe der Zungentöne einen sehr vollen und gleichsam gesättigten Wohlklang; sie fliessen in vollem Strome ganz ruhig hin, ohne zu zittern und zu schweben. Setzt man gleichschwebende oder pythagoräische Accorde daneben, so erscheinen diese rauh, trübe, zitternd und unruhig. Der Unterschied ist gross genug, dass Jeder, er mag musikalisch gebildet sein oder nicht, ihn gleich bemerkt. Septimenaccorde in reiner Stimmung ausgeführt, haben ungefähr denselben Grad von Rauhigkeit, wie ein gewöhnlicher Duraccord in gleicher Tonhöhe und temperirter Stimmung. Am grössten und unangenehmsten ist die Differenz zwischen natürlichen und temperirten Accorden in den höheren Octaven der Scala, weil hier die falschen Combinationstöne der temperirten Stimmung sich merklicher machen, und weil die Zahl der Schwebungen bei gleicher Tondifferenz grösser wird, und die Rauhigkeit sich viel mehr verstärkt, als in tieferer Lage.

Ein zweiter Umstand von wesentlicher Wichtigkeit ist, dass die Unterschiede des Klanges zwischen Duraccorden und Mollaccorden, zwischen verschiedenen Umlagerungen der Accorde gleicher Art, zwischen Consonanzen und Dissonanzen viel entschiedener und deutlicher hervortreten, als in der gleichschwebenden Stimmung. Die Modulationen werden deshalb viel ausdrucksvoller, als sie es gewöhnlich sind. Manche feine Schattirungen werden fühlbar, die sonst fast verschwinden, namentlich die auf den Umlagerungen der Duraccorde beruhenden, während andererseits die Intensität der

---

*) Vorschläge zu Anordnungen, welche die Tonreihe dieses Stimmungssystems vollständiger machen, und die Spielart wesentlich erleichtern, indem sie nur ein Manual nöthig machen, sind in Beilage Nro. XVII. gegeben.

schärferen Dissonanzen durch den Contrast mit den reinen Accorden viel mehr gesteigert wird. Der verminderte Septimenaccord z. B., der in der neuesten Musik so viel gebraucht wird, streift bei reiner Stimmung der übrigen Accorde fast an die Grenze des Unerträglichen.

Die modernen Musiker, welche mit seltenen Ausnahmen niemals andere Musik gehört haben als solche, die in temperirter Stimmung ausgeführt_ist, gehen meist sehr leicht über die Ungenauigkeiten der temperirten Stimmung hinweg. Die Ungenauigkeiten der Quinten sind sehr klein, das ist ganz richtig, und von den Terzen pflegt mán zu sagen, dass sie eine weniger vollkommene Consonanz sind, als die Quinte, und deshalb weniger empfindlich gegen Verstimmung, als die Quinten. Das Letztere ist wieder richtig, so lange es auf einstimmige Musik beschränkt wird, in welcher die Terzen nur als melodische Intervalle vorkommen, nicht als harmonische. In einem consonirenden Dreiklange aber ist jeder Ton gleich empfindlich gegen Verstimmung, wie Theorie und Erfahrung übereinstimmend zeigen, und der schlechte Klang der temperirten Dreiklänge beruht wesentlich auf den unreinen Terzen.

Darüber kann keine Frage sein, dass das System der temperirten Stimmung durch seine Einfachheit ganz ausserordentliche Vorzüge für die Instrumentalmusik hat, dass jedes andere System einen ausserordentlich viel complicirteren Mechanismus der Instrumente bedingen und ihre Handhabung beträchtlich erschweren würde, und dass daher die hohe Ausbildung der modernen Instrumentalmusik nur unter der Herrschaft des temperirten Stimmungssystems möglich geworden ist. Aber man muss nicht glauben, dass der Unterschied zwischen dem temperirten und dem natürlichen System eine mathematische Spitzfindigkeit sei, die keinen praktischen Werth habe. Dass dieser Unterschied auch für die Ohren selbst wenig musikalischer Leute auffallend genug ist, zeigt die wirkliche Beobachtung an einem passend gestimmten Instrumente augenblicklich. Dass übrigens die älteren Musiker, welche noch an die reinen Intervalle des damals sehr sorgfältig eingeübten Gesanges gewöhnt waren, ebenso fühlten, sieht man sogleich, wenn man einen Blick auf musikalische Schriften aus der zweiten Hälfte des 17. und der ersten des 18. Jahrhunderts wirft, in welcher Zeit über die Einführung der temperirten Stimmungen verschiedener Art hin und her gestritten wurde, wo man Methoden über Methoden ausdachte und wieder verwarf, um der Schwierigkeit zu entgehen, und die künstlichsten Formen für Instrumente ersann, um die enharmonischen Unterschiede der Tonstufen praktisch ausführen zu können. Praetorius *) berichtet von einem Universalclavicymbel, welches er bei Kaiser Rudolph's II. Hoforganisten in Prag sah, und das in 4 Octaven 77 Claves hatte, also 19 in der Octave, indem nicht nur die Obertasten alle verdoppelt waren, sondern auch noch zwischen e und f, sowie zwischen h und c Töne eingeschoben waren. In den älteren Stimmungsvorschriften wurde eine Anzahl Töne gewöhnlich nach Quinten gestimmt, die etwas unter sich schwebten, dazwischen andere als reine grosse Terzen. Die Intervalle, auf welche die Fehler sich zusammenhäuften, hiessen die Wölfe. Praetorius sagt: „es ist zum Besten, dass der Wolf mit seinem widrigen Heulen im Walde bleibe und unsere *harmonicas concordantias* nicht interturbire." Auch Rameau, der später am meisten zur Einführung der gleichschwebenden Temperatur beigetragen hat, vertheidigte im Jahre 1726 **) noch eine andere Art der Stimmung, bei welcher die Terzen der gebräuchlicheren Tonarten auf Kosten der Quinten und auf Kosten der ungebräuchlicheren Tonarten rein gehalten wurden. Man stimmte nämlich von C aus in Quinten aufwärts, die man aber zu klein machte, so dass die vierte Quinte, statt E zu sein, die reine Terz von C, nämlich $\underline{E} = Fes$ wurde. Dann ebenso weiter bis die vierte Quinte statt auf As auf $\underline{As}$, die reine Terz des Fes fiel. Die vier Quinten zwischen diesem $\underline{As}$ und C musste man aber nothwendig zu gross machen, weil nicht $\underline{As}$, sondern As um vier reine Quintenstufen von C entfernt ist. Diese Stimmung giebt rein die Terzen $C — \underline{E}$, $G — \underline{H}$, $D — \underline{Fis}$, $E — \underline{Gis}$, wenn man aber von E nach der Oberdominantseite weiter geht, oder von C nach der Unterdominantseite, findet man Terzen, die immer schlechter und schlechter werden; der Fehler der Quinten ist etwa drei Mal so gross als in der temperirten Stimmung. Dieses System konnte d'Alembert noch 1762 als das gewöhnlich in Frankreich gebrauchte bezeichnen gegenüber dem gleichschwebenden, welches Rameau später vorgeschlagen hatte. Eine lange Reihe anderer Stimmungssysteme findet man bei Marpurg ***) aufgezählt. Da man sich nun einmal beim Gebrauche solcher Instrumente, die nur 12 Töne in der Octave haben, dazu genöthigt sah, eine Reihe falscher Intervalle zu

---

*) Syntagma musicum, II, Cap. XI, p. 63.
**) Nouveau Système de Musique, Chap. XXIV.
***) Versuch über die musikalische Temperatur. Breslau 1776.

ertragen, und sich an diese gewöhnen musste, so war es freilich besser, wenn man sich entschloss, die wenigen reinen Terzen, die man noch in der Scala hatte, ganz aufzugeben, und alle Intervalle gleicher Art gleich unrein zu machen. Natürlich stört es viel mehr, wenn man neben reinen Intervallen sehr verstimmte zu hören bekommt, als wenn alle mittelmässig verstimmt sind, und der Contrast der reinen Intervalle ganz fortfällt. Ueber den Vorzug der gleichschwebenden Temperatur vor den anderen sogenannten ungleichschwebenden Temperaturen kann also kein Zweifel sein, sobald man sich praktisch auf 12 Tonstufen innerhalb der Octave beschränken muss, und so ist diese Stimmungsweise schliesslich auch die allein herrschende geworden. Nur die Streichinstrumente mit ihren vier reinen Quinten $C — G — D — A — E$ weichen noch davon ab.

In Deutschland fing man noch früher als in Frankreich an, die gleichschwebende Temperatur zu gebrauchen. Matheson in dem 1725 erschienenen zweiten Bande seiner *Critica Musica* nennt Neidhard und Werckmeister als die Erfinder dieser Temperatur *). Sebastian Bach hat sie für das Clavier schon angewendet, wie man aus einer von Marpurg berichteten Aeusserung Kirnberger's schliessen muss, welcher sagt, als Schüler vom älteren Bach habe er dessen Clavier stimmen müssen, und habe sämmtliche Terzen etwas zu hoch machen müssen. Sebastian's Sohn Emanuel, der als Clavierspieler berühmt war und 1753 ein seiner Zeit massgebendes Werk „über die wahre Art das Clavier zu spielen" herausgegeben hat, verlangt für dieses Instrument durchaus die gleichschwebende Temperatur.

Die älteren Versuche, mehr als 12 Tonstufen in die Scala einzuführen, haben nichts Brauchbares ergeben, weil sie von keinem richtigen Principe ausgingen. Sie schlossen sich immer an das griechische System des Pythagoras an, und glaubten, es komme nur darauf an, zwischen *cis* und *des*, zwischen *fis* und *ges* u. s. w. einen Unterschied zu machen. Das genügt aber keineswegs und ist auch nicht immer richtig. Nach unserer Bezeichnungsweise lässt sich *cis* dem *des* gleich setzen, aber wir müssen das durch Quinten ge-

---

*) Seite 162 des angeführten Werkes. Ich finde bei Forkel folgende Werke beider Autoren angeführt: Neidhard, Königl. Preussischer Capellmeister, die beste und leichteste Temperatur des Monochordi. Jena 1706. Sectio canonis harmonici. Königsberg 1724. Werckmeister, Organist zu Quedlinburg, geb. 1645. Musikalische Temperatur. Frankfurt und Leipzig 1691.

fundene *cis* von dem durch ein Terzverhältniss gefundenen *cis* unterscheiden. Deshalb haben jene Versuche mit Instrumenten von zusammengesetzteren Tastaturen bisher kein Resultat erzielt, welches der darauf verwendeten Mühe und der Erschwerung des Spieles entsprochen hätte. Das einzige derartige Instrument, welches jetzt noch gebraucht wird, ist die Pedalharfe *à double mouvement*, an der man durch Fusstritte die Stimmung ändern kann.

Ausser der Gewöhnung und dem Mangel eines Vergleiches mit reineren Intervallen kommen dem Gebrauche der gleichschwebenden Temperatur noch einige andere Umstände zu Hilfe.

Zunächst ist nämlich zu bemerken, dass die Störungen in der temperirten Scala, welche von Schwebungen abhängen, desto weniger merklich sind, je schneller die Bewegung und je kürzer die Dauer der einzelnen Noten ist. Wenn die Note so kurz ist, dass nur einige wenige Schwebungen während ihrer Dauer zu Stande kommen können, so hat das Ohr nicht Zeit, deren Anwesenheit zu bemerken. Die Schwebungen, welche ein temperirter Durdreiklang hervorruft, sind folgende:

1. Schwebungen der temperirten Quinte. Setzen wir die Schwingungszahl von $a' = 440$, demgemäss die von $c' = 264$, so giebt die temperirte Quinte $c' - g'$ in der Secunde $1\frac{1}{9}$ Schwebung, theils mittels der Obertöne, theils mittels der Combinationstöne. Diese Schwebungen sind in allen Fällen gut hörbar.

2. Schwebungen der beiden ersten Combinationstöne von $c' - e'$ und $e' - g'$ bei temperirter Stimmung; ihre Anzahl ist $5\frac{2}{3}$ in der Secunde. Diese sind bei allen Klangfarben deutlich hörbar, wenn die Tonstärke nicht zu klein ist.

3. Schwebungen der grossen Terz $c' - e'$ allein $10\frac{1}{2}$ in der Secunde, aber nur bei scharfen Klangfarben mit starken Obertönen deutlich hörbar.

4. Schwebungen der kleinen Terz $e - g$ 17 in der Secunde, die aber meist viel schwächer, als die der grossen Terz, sein werden, ebenfalls nur in scharfen Klangfarben deutlich.

Alle diese Schwebungen werden doppelt so schnell, wenn man den Accord eine Octave höher legt, halb so schnell, wenn man ihn eine Octave tiefer legt.

Von diesen Schwebungen haben die ersten, die der temperirten Quinte, am wenigsten nachtheiligen Einfluss auf den Wohlklang. Sie sind so langsam, dass man sie in den mittleren Theilen der Scala nur bei lang aushallenden Noten überhaupt hören kann; dann bringen sie das langsame Wogen des Accordes hervor, welches unter Umständen sich sehr gut machen kann. Am auffallendsten ist bei den milderen Klangfarben die zweite Art der Schwebungen. Nun kommen im *Allegro* $^4/_4$ Takt etwa 2 Takte auf 3 Secunden. Wird der Dreiklang c' — e' — g' temperirt gestimmt als Viertelnote in diesem Takte angegeben, so kann man von den genannten Schwebungen $2^1/_8$ hören, also wenn der Ton schwach anfängt, wird er schwellen, wieder abnehmen, noch einmal schwellen, abnehmen, und dann zu Ende sein. Das wird in einem schnellen, unruhigen Tempo kaum eine Störung machen. Schlimmer wird es freilich, wenn ein solcher Accord ein oder zwei Octaven höher angegeben wird, und auf dieselbe Dauer der Note nun $4^1/_4$ oder $8^1/_2$ Schwebungen kommen, welche das Ohr dann schon als eine scharfe Rauhigkeit aufzufassen Zeit hat.

Aus demselben Grunde sind nun die Schwebungen dritter und vierter Art, die der Terzen, wo sie in scharfen Klangfarben deutlich hervortreten, auch in mittlerer Lage und in schnellem Tempo ziemlich störend und beeinträchtigen die Ruhe des Wohlklanges sehr wesentlich, da ihre Zahl zweimal und dreimal grösser ist, als die der vorigen. Nur in weichen Klangfarben bemerkt man sie wenig, oder wenn man sie bemerkt, so sind sie überdeckt von viel stärkeren, ruhig fortklingenden Tönen, so dass sie dann nur wenig hervortreten.

Bei schnell wechselnden Noten, weicher Klangfarbe, mässiger Intensität des Tons kommen also allerdings die Uebelstände der temperirten Stimmung wenig zum Vorschein. Nun ist aber fast alle Instrumentalmusik auf schnelle Bewegung berechnet; dass ihr diese möglich ist, darin liegt ihr wesentlicher Werth der Vocalmusik gegenüber. Man könnte freilich auch die Frage aufwerfen, ob die Instrumentalmusik in diese Richtung auf schnelle Bewegung nicht auch einseitig dadurch hineingedrängt ist, dass sie bei ihrer temperirten Stimmung den vollen Wohlklang getragener Accorde nicht in solchem Maasse erreichen kann, wie gut geschulte Sänger, und sie deshalb auf diese Seite der Musik verzichten musste.

Die temperirte Stimmung hat sich zuerst und vorzugsweise an den Clavieren entwickelt, erst von da ist sie allmälig auf die übrigen Instrumente übertragen worden. Am Clavier sind nun in der That die Verhältnisse besonders günstig, um ihre Mängel zu überdecken. Die Claviertöne haben nämlich nur im ersten Augenblicke, unmittelbar nach dem Anschlage, eine grosse Stärke, die aber schnell

sich vermindert. Ich habe schon früher erwähnt, dass deshalb auch
ihre Combinationstöne nur im ersten Augenblicke vorhanden und
sehr schwer zu hören sind. Die Schwebungen, welche von den Combinationstönen abhängen, fallen deshalb ganz weg. Die Schwebungen dagegen, welche von den Obertönen abhängen, hat man auf den
neueren Clavieren gerade in den höheren Octaven, wo sie am leichtesten nachtheilig werden, dadurch beseitigt, dass man die Obertöne
der Saiten durch die Art des Anschlags sehr abgeschwächt, und
die Klangfarbe sehr weich gemacht hat, wie ich das in dem fünften
Abschnitte auseinandergesetzt habe. Daher sind auf dem Claviere
die Mängel der Stimmung viel weniger zu bemerken, als auf irgend
einem anderen Instrumente mit ausgehaltenen Tönen, und doch
fehlen sie nicht. Wenn ich von meinem rein gestimmten Harmonium zu einem Flügel hinübergehe, klingt auf dem letzteren alles
falsch und beunruhigend, namentlich, wenn ich einzelne Accordfolgen anschlage. In schnell bewegten melodischen Figuren und har-
peggirten Accorden ist es weniger unangenehm. Die älteren Musiker empfahlen daher die gleichschwebende Temperatur hauptsächlich nur für das Clavier. Matheson, indem er dies thut, erkennt
für Orgeln die Vorzüge der Silbermann'schen ungleichschwebenden Temperatur an, in welcher die gewöhnlich gebrauchten Tonarten reiner gehalten sind. Emanuel Bach sagt, dass ein richtig
gestimmtes Clavier das reinste unter allen Instrumenten sei,
was in dem angeführten Sinne ganz richtig ist. Durch die grosse
Verbreitung und Bequemlichkeit des Claviers ist es später das Haupt-
instrument für das Studium der Musik geworden, und seine Stimmung das Muster für die übrigen Instrumente.

Dagegen sind bei den scharfen Orgelregistern, namentlich bei
den Mixturen und Zungenwerken, die Mängel der temperirten Stimmung ausserordentlich auffallend. Man hält es gegenwärtig für un-
vermeidlich, dass die Mixturregister, vollstimmig gespielt, einen Höl-
lenlärm machen, und die Orgelspieler haben sich in ihr Schicksal
gefügt. Das ist aber der Hauptsache nach nur durch die gleichschwebende Temperatur bedingt, weil man die Quinten und Terzen
zwischen den Pfeifen, die derselben Taste angehören, nothwendig
rein stimmen muss, sonst giebt jede einzelne Note des Registers
schon Schwebungen. Wenn nun die Quinten und Terzen zwischen
den Noten der verschiedenen Tasten gleichschwebend gestimmt
sind, so kommen in jedem Accord reine Quinten und Terzen mit
gleichschwebenden gleichzeitig vor, wodurch ein ganz unruhiger und

schwirrender Zusammenklang entsteht. Und gerade bei der Orgel
wäre es so sehr leicht, durch wenige Registerzüge das Werk für jede
Tonart einzustimmen, um volle wohlklingende Consonanzen zu erhalten *).

Wer nur einmal den Unterschied zwischen rein gestimmten
und temperirten Accorden gehört hat, wird nicht zweifeln, dass es
für eine grosse Orgel der grösste Gewinn wäre, wenn man die Hälfte
ihrer Register, deren Unterschiede oft genug auf eine Spielerei hin-
auslaufen, striche, und dafür die Zahl der Töne innerhalb der Octave verdoppelte, um mit Hilfe passender Registerzüge in jeder
Tonart rein spielen zu können.

Aehnlich wie auf der Orgel, verhält es sich auf dem Harmonium. Die falschen Combinationstöne der temperirten Stimmung
und die zitternden Accorde sind jedenfalls der Grund, weshalb viele
Musiker diese Instrumente als falsch klingend und nervös aufregend
von der Hand weisen.

Die Orchesterinstrumente können ihre Tonhöhe meist ein wenig
verändern. Die Streichinstrumente sind ganz frei in ihrer Intonation, die Blasinstrumente können durch schärferes oder schwächeres
Blasen den Ton ein wenig in die Höhe treiben oder sinken lassen.
Sie sind zwar alle auf temperirte Stimmung berechnet, aber gute
Spieler haben die Mittel, den Forderungen des Ohres einigermassen
nachzugeben. Daher klingen Terzengänge auf Blasinstrumenten,
von mittelmässigen Musikern ausgeführt, oft genug verzweifelt falsch,
während sie von gut gebildeten Spielern mit feinem Ohr ausgeführt,
vollkommen gut klingen können.

Eine eigenthümliche Sache ist es mit den Streichinstrumenten.
Diese haben seit alter Zeit noch die Stimmung ihrer Saiten nach
reinen Quinten beibehalten. Die Violine allein hat die reinen Quinten $G - D - A - E$. Bratsche und Cello geben noch die Quinte
$C - G$ dazu. Nun hat jede Tonleiter auch ihren besonderen Fingersatz, und es könnte daher wohl jeder Schüler sich so einüben,
dass er jeder Tonart ihre eigene Leiter gäbe, wobei allerdings die
gleichnamigen Töne verschiedener Leitern nicht gleich gegriffen
werden dürften, und auch die Terz der *C-Dur*-leiter, wenn man die
leere *C*-Saite der Bratsche als Grundton nähme, nicht auf der leeren

---

*) Aus Zamminer's Buch ersehe ich, dass in Silliman's American
Journal of Science 1850 die Beschreibung einer Orgel von Poole gegeben
ist, welche durch Registerzüge für alle Tonarten rein gestimmt werden
konnte.

E-Saite der Violine gespielt werden dürfte, weil diese *E* giebt, nicht
E. Indessen gehen die neueren Violinschulen seit S p o h r meist
darauf aus, die Stufen der gleichschwebenden Temperatur hervorzubringen, obgleich dies vollständig schon wegen der reinen Quinten
der leeren Saiten gar nicht möglich ist. Jedenfalls aber ist die bewusste Absicht der meisten gegenwärtig lebenden Violinspieler die,
nur 12 Tonstufen in der Octave zu unterscheiden. Eine einzige
Ausnahme geben sie zu, dass man nämlich bei Doppelgriffen die
Töne häufig etwas anders greifen müsse, als wenn man sie einzeln
angiebt. Aber diese Ausnahme ist entscheidend. Bei Doppelgriffen
fühlt sich der einzelne Spieler verantwortlich für den Wohlklang des
Intervalls, und hat es vollkommen in seiner eigenen Gewalt, die Consonanz gut oder schlecht zu machen. Da zieht er es vor, sie rein zu
machen. Jeder Violinspieler wird sich leicht von folgenden Thatsachen überzeugen können. Nachdem die Saiten einer Violine in
reinen Quinten *G — D — A — E* gestimmt sind, suche er auf der
A-Saite die Stelle, wo der Finger aufgesetzt werden muss, um dasjenige *H* zu erhalten, welches die reine Quartenconsonanz *H — E*
giebt. Nur streiche er bei unverändertem Fingersatz dieses selbe
H mit der *D*-Saite zusammen an. Das Intervall *D — H* wäre nach
gewöhnlicher Betrachtungsweise eine grosse Sexte, aber eine Pythagoräische. Um die consonante Sexte *D — H* zu erhalten, muss der
Spieler mit seinem Finger um eine Strecke von $1^3/_5$ Pariser Linien
zurückgehen, eine Distanz, die man beim Fingersatze sehr wohl berücksichtigen kann, und die die Tonhöhe sowohl als namentlich die
Schönheit der Consonanz sehr merklich verändert.

Es ist aber klar, dass, wenn sich der einzelne Spieler verpflichtet fühlt, die verschiedenen Werthe der Noten in den verschiedenen
Consonanzen zu unterscheiden, gar kein Grund dazu da ist, im Quar-
tettspiel die schlechten Terzen der pythagoräischen Quintenfolge beibehalten zu wollen. Mehrstimmige Accorde von mehreren Spielern
im Quartett ausgeführt, klingen oft recht schlecht, während jeder
einzelne von diesen Spielern Solosachen ganz hübsch und angenehm
vorzutragen im Stande ist; und doch kann man andererseits in den
Quartetts, welche von sehr fein ausgebildeten Spielern vorgetragen
werden, in der Regel nicht behaupten, dass falsche Consonanzen
vorkämen. Ich meine nun, die einzige Erklärung davon ist die, dass
geübte Spieler von feinem musikalischen Sinne auf der Violine diejenigen Töne zu greifen wissen, die sie hören wollen, und dabei
nicht an die Regeln einer unvollkommenen Schule gebunden sind.

Dass solche Spieler ersten Ranges in der That nach natürlichen Intervallen spielen, wird durch die sehr interessanten und genauen Versuche von Delezenne*) direct erwiesen. Dieser bestimmte die Werthe der einzelnen Noten der Durscala, wie sie ausgezeichnete Violinisten und Violoncellisten ausführten, an einer genau eingetheilten Saite, und fand, dass solche Spieler genau in natürlichen Terzen und Sexten, nicht in temperirten oder pythagoräischen spielten. Ich hatte die glückliche Gelegenheit, Versuche gleicher Art an meinem Harmonium mit Herrn Joachim anzustellen; derselbe stimmte die Saiten seiner Violine übereinstimmend mit dem $g - d - a - e$ meines Instruments. Ich bat ihn alsdann die Scala zu spielen, und gab, sobald er die Terz oder Sexte eingesetzt hatte, den entsprechenden Ton auf dem Harmonium an. Mittels der Schwebungen war leicht zu erkennen, dass der genannte ausgezeichnete Musiker $\underline{h}$ und nicht h als Terz zu g brauchte, $\underline{e}$ und nicht e als Sexte**). Wenn aber auch Virtuosen, welche die zu spielenden Stücke, genau kennen, im Stande sind, die Mängel ihrer Schule und des temperirten Systems zu überwinden, so würde es doch Talenten zweiten Ranges ausserordentlich erleichtert werden, zu einem vollendeten Zusammenspiele zu gelangen, wenn man sie von Anfang an gewöhnte, die Tonleitern nach natürlichen Intervallen zu spielen, und die grössere Mühe der ersten Uebungen würde durch die späteren Resultate reichlich gelohnt werden. Uebrigens ist es viel leichter, die Unterschiede in der natürlichen Stimmung gleich benannter Noten aufzufassen, als man gewöhnlich glaubt, sobald man sich einmal an den

---

*) *Recueil des travaux de la Société des Sciences, de l'Agriculture et des Arts de Lille*, 1826 *et premier semestre* 1827. *Mémoire sur les valeurs numériques des notes de la gamme par* M. Delezenne. Beobachtungen über die entsprechenden Verhältnisse beim Gesange siehe unten in Beilage XVIII.

**) Die Herren Cornu und Mercadier haben kürzlich entgegenstehende Beobachtungen veröffentlicht. (Comptes rendus de l'Acad. et Sc. de Paris 8 et 22 Février 1869.) Sie liessen Musiker die Terz eines Duraccordes abstimmen, bald in melodischer Folge, bald in harmonischem Zusammenklang. In letzterem Falle wählte man immer die Terz 4 : 5. Aber wenn die Beobachter in melodischer Folge der Töne stimmten, wählten sie eine etwas höhere Terz. Ich muss dagegen erwiedern, dass in melodischer Folge genommen die Terz überhaupt kein sehr sicher charakterisirtes Intervall ist, und dass alle neueren Musiker durch die Claviere an zu hohe Terzen gewöhnt sind. Ich finde es in der Folge $c - e - g$ allein, isolirt von anderen Theilen der Scala schwer zwischen der natürlichen und pythagoräi-

Klang der reinen Consonanzen gewöhnt hat. Eine Verwechselung von $\underline{a}$ und a auf meinem Harmonium in einem consonanten Accorde fällt mir ebenso schnell und so sicher auf, als auf dem Fortepiano eine Verwechselung von A und As.

Ich kenne allerdings die Technik des Violinspiels zu wenig, als dass ich es wagen könnte, hier Vorschläge zu einer definitiven Regelung des Tonsystems für die Streichinstrumente zu geben. Das muss Meistern dieser Instrumente, die gleichzeitig die Fähigkeiten eines Componisten haben, überlassen bleiben. Solche werden sich auch durch das Zeugniss ihrer Ohren leicht von der Richtigkeit der angegebenen Thatsachen überzeugen können, und einsehen, dass es sich hier nicht um unnütze mathematische Speculationen, sondern um praktisch sehr wichtige Fragen handelt.

Aehnlich verhält es sich mit den jetzigen Sängern. Im Gesange ist die Intonation vollkommen frei, während auf den Streichinstrumenten wenigstens die fünf Töne der leeren Saiten eine unveränderliche Tonhöhe haben. Im Gesange kann die Tonhöhe am allerleichtesten und vollkommensten den Wünschen eines feinen musikalischen Gehörs folgen. Deshalb ist auch alle Musik vom Gesange ausgegangen, und der Gesang wird auch immer die wahre und natürliche Schule aller Musik bleiben müssen. Der Sänger kann nur solche Tonverhältnisse rein und sicher treffen, die das Ohr rein und sicher auffasst, und was der Sänger daher leicht und natürlich singt, wird auch der Hörer leicht und natürlich zu verstehen finden.

Bis zum 17. Jahrhundert wurden die Sänger nach dem Monochorde eingeübt, für welchen Zarlino in der Mitte des 16. Jahrhunderts die richtige natürliche Stimmung wieder einführte. Die Einübung der Sänger geschah in jener Zeit mit einer Sorgfalt, von der wir gegenwärtig freilich keine Idee haben. Auch kann man es noch jetzt der italienischen Kirchenmusik des 15. und 16. Jahrhunderts ansehen, dass sie auf den reinsten Wohlklang der Consonanzen berechnet ist, und dass ihre ganze Wirkung zerstört wird, sobald diese in ungenügender Reinheit ausgeführt werden.

Man kann nun nicht verkennen, dass gegenwärtig selbst von unseren Opernsängern nur wenige im Stande sind, einen kleinen

---

schen Terz mit Bestimmtheit zu wählen. Wenn ich aber eine vollständige Melodie eines mir wohlbekannten Liedes einstimmig auf dem Harmonium spiele, so finde ich, dass pythagoräische Terzen immer angestrengt, natürliche beruhigend und weich klingen. Nur im Leitton ist es vielleicht ausdrucksvoller, die höhere Terz zu nehmen.

mehrstimmigen Satz, der entweder gar keine Begleitung hat oder
nur sparsam durch wenige Accorde begleitet ist, wie z. B. das Mas-
kenterzett in Mozart's Don Giovanni, so zu singen, dass der Hörer
die volle Freude an dem reinen Wohlklange haben könnte. Die
Accorde klingen fast immer ein wenig scharf und unsicher, so dass
sie einen musikalischen Hörer beunruhigen. Wo sollen aber auch
unsere Sänger lernen rein zu singen, und ihr Ohr für den Wohlklang
reiner Accorde empfindlich zu machen. Sie werden von Anfang an
geübt an dem gleichschwebend gestimmten Claviere zu singen.
Wird ihnen als Begleitung ein Duraccord angegeben, so können sie
sich entweder mit dessen Grundton, oder mit dessen Quinte, oder
mit dessen Terz in Consonanz setzen. Es bleibt ihnen dabei ein
Spielraum von fast einem Fünftheil eines Halbtons, innerhalb dessen ihre Stimme herumirren kann, ohne gerade entschieden die
Harmonie zu verlassen, und selbst wenn sie noch ein wenig höher
geht, als die Consonanz mit der zu hohen Terz verlangt, oder ein
wenig tiefer, als die Consonanz mit der zu tiefen Quinte verlangt,
so wird der Wohlklang des Accordes noch nicht gerade viel schlechter werden. Der Sänger, welcher sich an einem temperirten Instrumente einübt, hat gar kein Princip, nach welchem er die Tonhöhe
seiner Stimme sicher und genau abmessen könnte *).

Andererseits hört man oft, dass vier musikalische Dilettanten,
die sich viel mit einander eingeübt haben, vollkommen rein klingende Quartetts singen. Ja ich möchte nach meiner eigenen Erfahrung fast behaupten, dass man Quartetts öfter vollkommen rein
von jungen Männern hört, welche wenig oder gar nichts anderes
singen, als diese ihre vierstimmigen Lieder, sich aber darin oft
und regelmässig üben, als wenn man sie von geschulten Solosängern
hört, welche an die Begleitung des Claviers oder des Orchesters gewöhnt sind. Reinheit des Gesanges ist aber so sehr die allererste
und oberste Bedingung seiner Schönheit, dass ein rein ausgeführter
Gesang selbst von einer schwachen und wenig geläufigen Stimme
immer angenehm klingt, während die klangvollste und geübteste
Stimme den Hörer beleidigt, wenn sie detonirt oder in die Höhe
treibt.

Es verhält sich hier gerade so, wie mit den Streichinstrumenten.
Die Schulung unserer jetzigen Sänger nach der Begleitung temperirter Instrumente ist ungenügend, aber gute musikalische Talente

---

*) Siehe Beilage XVIII.

können sich schliesslich durch Uebung selbst auf die rechte Bahn helfen, und die Fehler der Schule überwinden; ja, es gelingt ihnen dies vielleicht um so eher, je weniger sie in diese Schule gegangen sind, obgleich ich natürlich andererseits nicht läugnen will, dass die Geläufigkeit des Gesanges und die Beseitigung von allerlei natürlichen Unarten nur in der Schule gewonnen werden kann.

Offenbar ist es aber gar nicht nöthig, diejenigen Instrumente, an denen der Sänger seine Uebungen durchmacht, temperirt zu stimmen. Für solche Uebungen genügt eine einzige Tonart, die richtig gestimmt ist. Man braucht nicht auf demselben Claviere, welches für den Gesangunterricht gebraucht wird, auch noch Sonaten spielen zu wollen. Besser wird es freilich sein, den Sänger an einer rein gestimmten Orgel oder Harmonium sich üben zu lassen, wo man dann mit Hilfe zweier Tastaturen auch alle Tonarten benutzen kann. Getragene Töne als Begleitung sind deswegen namentlich vorzuziehen, weil der Sänger selbst, so wie er die richtige Tonhöhe auch nur wenig verändert, sogleich Schwebungen zwischen den Tönen seiner Stimme und denen des Instruments hört. Man mache ihn auf diese Schwebungen aufmerksam, und er wird darin ein Mittel haben, um selbst auf das allerschärfste seine eigene Stimme controliren zu können. Es ist dies an dem rein gestimmten Harmonium, wie ich mich durch den Versuch überzeugt habe, ganz leicht. Nur wenn der Sänger selbst jede kleinste Abweichung von der richtigen Tonhöhe sogleich durch ein auffallendes Phänomen angekündigt hört, wird es ihm möglich sein, die Bewegungen seines Kehlkopfs und die Spannungen seiner Stimmbänder so fein einzuüben, dass er nun auch mit voller Sicherheit den Ton hervorbringt, den sein Ohr verlangt. Wenn man eine feine Einübung von den Muskeln des menschlichen Körpers, hier also von denen des Kehlkopfs, verlangt, muss man eben auch sichere Mittel haben, um wahrzunehmen, ob das Ziel richtig erreicht ist. Und ein solches Mittel geben die Schwebungen für die Stimme ab, wenn man in getragenen reinen Accorden begleitet. Temperirte Accorde aber, die selbst Schwebungen geben, sind dazu gänzlich unbrauchbar.

Endlich ist, wie ich glaube, ein Einfluss der temperirten Stimmung auf die Compositionsweise nicht zu verkennen. Zunächst ist dieser Einfluss günstig gewesen; er hat bewirkt, dass die Componisten wie die Spieler sich mit der grössten Leichtigkeit in den verschiedensten Tonarten bewegen können, dass ein Reichthum der Modulationen möglich wurde, der früher nicht existirt hat. Ande-

rerseits aber ist nicht zu verkennen, dass die veränderte Stimmung
zu einem solchen Reichthume von Modulationen auch zwang. Denn
da der Wohlklang der consonanten Accorde nicht mehr ganz rein
war, die Unterschiede zwischen ihren verschiedenen Umlagerungen
verwischt wurden, musste man durch stärkere Mittel, durch reichli-
chen Gebrauch scharfer Dissonanzen, durch ungewöhnlichere Modulationen zu ersetzen suchen, was die der Tonart selbst angehörigen
Harmonien an charakteristischem Ausdruck verloren hatten. Daher
bilden in manchen neueren Compositionen dissonante Septimenaccorde schon die Mehrzahl der Accorde, und consonante Accorde
die Ausnahme, während Niemand zweifeln wird, dass es umgekehrt
sein sollte, und die fortdauernden kühnen Modulationssprünge dro-
hen das Gefühl für die Tonalität ganz zu zerstören. Es sind dies
missliche Symptome für die weitere Entwickelung der Kunst. Der
Mechanismus der Instrumente und die Rücksicht auf seine Bequemlichkeit droht Herr zu werden über das natürliche Bedürfniss des
Ohres, und droht das Stilprincip der neueren Kunst, die feste Herrschaft der Tonica und des tonischen Accordes wieder zu zerstören.
Unsere letzten grossen Componisten stehen Mozart und Beethoven noch am Anfang derjenigen Periode, wo die Herrschaft der
gleichschwebenden Temperatur beginnt. Mozart hat noch Gelegenheit gehabt, reiche Studien in Gesangscompositionen zu machen.
Er ist Meister des süssesten Wohllauts, wo er ihn haben will, aber
er ist darin auch fast der Letzte. Beethoven hat mit kühner Gewalt Besitz ergriffen von dem Reichthum, den die ausgebildete Instrumentalmusik hervorbringen konnte, seinem gewaltigen Willen
war sie das gefügsame und zu Allem bereite Werkzeug, in welches
er eine Gewalt der Bewegung zu legen wusste, wie vor ihm Keiner.
Die menschliche Stimme aber hat er als dienende Magd behandelt,
und deshalb hat sie ihm auch nicht mehr die höchsten Zauber ihres
Wohlklanges gespendet.

Und bei alle dem weiss ich nicht, ob es denn so nothwendig
gewesen ist, der Bequemlichkeit der Instrumentalmusik die Reinheit
der Stimmung zu opfern. Sobald die Violinisten ihre Tonleitern
nach richtiger Stimmung der jedesmaligen Leiter zu spielen sich ent-
schliessen, was kaum erhebliche Schwierigkeiten machen kann, werden auch die übrigen Orchesterinstrumente so viel nachgeben können,
dass sie sich der richtigeren Stimmung der Violinen anschliessen.
Ueberdies haben unter diesen die Hörner und Trompeten schon
die natürliche Stimmung.

Uebrigens ist hier noch zu bemerken, dass, wenn man bei Modulationen das natürliche System zu Grunde legt, auch schon bei verhältnissmässig einfachen modulatorischen Wendungen enharmonische Verwechselungen eintreten müssen, welche im temperirten System nicht als solche erscheinen.

Es scheint mir nothwendig, dass die neue Tonica, zu der man übergehen will, der Tonica, in welcher man sich befindet, verwandt sein muss; je näher, desto weniger auffallend ist der Uebergang. Ferner wird es nicht rathsam sein, lange in einer Tonart zu verweilen, deren Tonica nicht nahe verwandt ist mit der Haupttonica des Satzes. Damit stimmen auch im Ganzen die gewöhnlich gegebenen Regeln der Modulation überein. Die leichtesten und gewöhnlichsten Uebergänge geschehen bekanntlich in die Tonart der Dominante und Subdominante, welche beide Töne in der That die nächsten Verwandten der ersten Tonica sind. Wenn also C die Haupttonart ist, so kann man unmittelbar in G-*Dur* übergehen, wobei die Töne F und $\underline{A}$ der C-Durleiter in $\underline{Fis}$ und A verwandelt werden. Oder man kann in F-*Dur* übergehen, indem man $\underline{H}$ und D mit B und $\underline{D}$ vertauscht. Nachdem dieser Schritt gemacht ist, wird häufig zu einer Tonart übergegangen, deren Tonica mit C nur im zweiten Grade verwandt ist, also von G nach D, oder von F nach B. Wenn man aber weiter in dieser Weise fortmoduliren wollte, würde man zu Tonarten kommen, A und Es, deren Zusammenhang mit der ursprünglichen Tonica C nur noch sehr undeutlich wäre, und in denen es jedenfalls nicht rathsam sein möchte, lange zu verweilen, wenn man nicht das Gefühl für die Haupttonart zu sehr schwächen will.

Andererseits kann man von der Haupttonica C aus auch zu ihren Terzen und Sexten fortschreiten, nach $\underline{E}$ und $\underline{A}$, oder $\overline{Es}$ und $\overline{As}$. In der temperirten Stimmung erscheinen diese Schritte identisch mit dem Uebergang durch G und D nach A und E, oder durch F und B nach Es und As. Sie unterscheiden sich aber in der Tonhöhe, wie die verschiedenen Tonzeichen A und $\underline{A}$ u. s. w. schon anzeigen. In der temperirten Stimmung erscheint es erlaubt, von c durch einen Sextenschritt nach der Tonart von a zu gehen, dann durch Quinten zurück, nach d, g, endlich c. Aber in Wahrheit kommt man hierbei auf ein anderes c, als von dem man ausgegangen ist. Bei einem solchen Uebergange, der jedenfalls nicht ganz natürlich ist, würde man in reiner Stimmung eine enharmonische Vertauschung vornehmen müssen, am besten, während man in der Tonart von d verweilt, da sowohl d wie $\underline{d}$ mit c im zweiten

Grade verwandt sind. Bei den verwickelteren Modulationen neuerer Componisten würden solche enharmonische Verwechselungen natürlich oft zu machen sein. Wo sie anzubringen sind, wird eben ein gebildeter Geschmack in den einzelnen Fällen entscheiden müssen, doch glaube ich, wird es im Ganzen rathsam sein, die schon erwähnte Regel festzuhalten und die Stimmung der modulatorisch eintretenden neuen Toniken so zu wählen, dass sie möglichst enge Verwandtschaft mit der Haupttonica behalten. Die enharmonischen Verwechselungen werden am wenigsten bemerkt, wenn sie vor oder nach scharf dissonirenden Accorden, z. B. verminderten Septimenaccorden, ausgeführt werden. Solche enharmonische Verrückungen der Tonhöhe werden übrigens jetzt schon von den Violinisten zuweilen deutlich und absichtlich ausgeführt, und wo sie hinpassen, machen sie sogar eine sehr gute Wirkung *).

---

*) Beispiele bei C. E. Naumann, Bestimmungen der Tonverhältnisse. Leipzig 1858. S. 48 ff.

Von den dissonanten Accorden.

Wenn in mehrstimmigen Sätzen mehrere Stimmen neben einander und zugleich melodisch sich bewegen sollen, so wird im Allgemeinen die Regel festgehalten werden müssen, dass dieselben Consonanzen mit einander bilden müssen. Denn nur wenn sie consonant sind, findet eine ungestörte Mischung der ihnen entsprechenden Gehörempfindungen statt; sobald sie dissonant werden, stören sich die einzelnen Klänge gegenseitig und hemmen jeder den ungestörten Abfluss des anderen. Zu diesem mehr ästhetischen Motiv kommt noch das andere rein sinnliche, dass die consonanten Zusammenklänge eine angenehme Art sanfter und gleichmässiger Erregung der Gehörnerven geben, welche durch grössere Mannigfaltigkeit sich von der eines einzelnen Klanges auszeichnet, während die Dissonanzen durch ihre Intermittenzen eine den Gehörnerven quälende und erschöpfende Art der Erregung zu Wege bringen.

Indessen die Regel, dass die verschiedenen Stimmen eines mehrstimmigen Satzes mit einander Consonanzen zu bilden haben, ist nicht ohne Ausnahme. Das ästhetische Motiv für diese Regel kann nicht dagegen sprechen, dass unter gewissen Bedingungen und für kurze Zeit die verschiedenen Stimmen dissonirend werden, wenn nur übrigens durch die Art der Stimmführung dafür gesorgt ist, dass die Führung der neben einander hergehenden Stimmen durchaus klar bleibe. Es kommen also dann zu dem allgemeinen Gesetze der Tonleiter und Tonart, dem die Führung jeder Stimme unter-

worfen ist, noch besondere Gesetze für die Führung der Stimmen
in dissonanten Accorden. Ferner kann auch das sinnliche Motiv
der grösseren Annehmlichkeit der Consonanzen die Dissonanzen
nicht ganz ausschliessen. Denn wenn auch das sinnlich Angenehme
ein wichtiges Unterstützungsmittel der ästhetischen Schönheit ist, so
ist es damit doch nicht identisch. Im Gegentheil brauchen wir in
allen Künsten seinen Gegensatz, das sinnlich Unangenehme, vielfach,
theils um durch den Contrast die Lieblichkeit des ersteren heller
hervorzuheben, theils um einen kräftigeren leidenschaftlichen Ausdruck zu erreichen. In demselben Sinne werden die Dissonanzen
in der Musik gebraucht. Theils sind sie Mittel des Contrastes, um
den Eindruck der Consonanzen hervorzuheben, theils Mittel des
Ausdrucks, und zwar nicht bloss für besondere und einzelne Gemüthsbewegungen, sondern sie dienen ganz allgemein dazu, den Eindruck des Forttreibens und Vorwärtsdrängens in der musikalischen
Bewegung zu verstärken, indem das von Dissonanzen gequälte Ohr
sich nach dem ruhigen Dahinfliessen des Stromes der Töne in reinen Consonanzen zurücksehnt. In diesem letzteren Sinne finden sie
namentlich unmittelbar vor dem Schlusse eine hervortretende Art
der Anwendung, und hier sind sie auch von den alten Meistern der
polyphonen Musik des Mittelalters schon regelmässig gebraucht worden. Aber auch dieser Zweck ihres Gebrauchs fordert, dass die
Stimmbewegung so eingeleitet sei, dass der Hörer von vorn herein
bemerke, wie die Stimmen einem consonanten Schlusse zudrängen,
der zwar verzögert oder auch vereitelt werden kann, dessen Vor-
gefühl aber doch das einzige rechtfertigende Motiv für die Existenz
der Dissonanzen ist.

Die Zahl der möglichen dissonanten Accorde wäre unendlich
gross, weil alle möglichen irrationalen Tonverhältnisse dissonant sind,
und nur die Zahl der Consonanzen beschränkt ist, wenn nicht die
einzelnen Stimmen, welche einen dissonanten Accord zusammensetzen, aus den angeführten Rücksichten dem Gesetze der melodischen Bewegung folgen, d. h. sich innerhalb der Tonleiter bewegen
müssten. Consonanzen haben ein selbständiges Recht zu existiren,
nach ihnen haben sich unsere modernen Tonleitern gebildet. Dissonanzen aber sind nur als Durchgangspunkte für Consonanzen erlaubt. Sie haben kein selbständiges Recht der Existenz, und die
Stimmen in ihnen bleiben deshalb demselben Gesetze des Fortschritts
in den Stufen der Tonleiter unterworfen, welches zu Gunsten der
Consonanzen festgestellt ist.

Indem wir zur Aufzählung der einzelnen dissonanten Intervalle übergehen, bemerke ich, dass man in der theoretischen Musik gewöhnlich diejenige Lage der dissonanten Accorde als die normale betrachtet, in welcher ihre einzelnen Töne eine Reihe von Terzen mit einander bilden. Namentlich ist dies die Regel bei den Septimenaccorden, welche aus dem Grundton, dessen Terz, dessen Quinte und dessen Septime bestehen. Die Quinte bildet mit der Terz, die Septime mit der Quinte wiederum ein Terzintervall. So können wir uns die Quinten aus zwei Terzen, die Septimen aus drei Terzen zusammengesetzt denken. Durch Umkehrung der Terzen erhalten wir die Sexten, durch Umkehrung der Quinten die Quarten, durch Umkehrung der Septimen die Secunden. Wir finden also auf diesem Wege alle in der Tonleiter vorkommenden Intervalle.

Wenn wir die von uns modificirte Hauptmann'sche Bezeichnungsweise der Töne anwenden, ergiebt sich auch leicht, wie die verschiedenen Intervalle gleiches Namens sich in der Grösse unterscheiden. Wir müssen nur beachten, dass $\overline{c}$ um ein Komma höher ist als C, $\underline{C}$ um zwei Kommata tiefer als $\overline{c}$, um eines tiefer als C. Ein Komma aber ist etwa der fünfte Theil eines halben Tons.

Um gleichzeitig eine anschauliche Uebersicht zu geben, theils über die Grösse, theils über die Rauhigkeit der einzelnen dissonanten Intervalle, habe ich die Fig. 61 construirt, in welcher die Curve der Rauhigkeit aus Fig. 60 A copirt ist. Die Grundlinie $X\,Y$ bedeutet das Intervall einer Octave, in welches die einzelnen consonanten und dissonanten Intervalle nach ihrer Breite in der Scala eingetragen sind. Auf der unteren Seite der Grundlinie sind die zwölf gleichen Halbtöne der temperirten Scala abgetheilt, auf der oberen die consonanten und dissonanten Intervalle, welche in den natürlichen Tonleitern vorkommen. Die Breite dieser Intervalle ist immer von dem Punkte X bis zu der betreffenden senkrechten Linie hin zu nehmen. Die Lothe, welche den Consonanzen entsprechen, sind bis zum oberen Rande der Zeichnung verlängert, die der Dissonanzen dagegen kürzer gehalten. Die Höhe dieser Lothe bis zu dem Punkte hin, wo sie die Rauhigkeitscurve schneiden, entspricht der Rauhigkeit, welche der betreffende Zusammenklang, in der Klangfarbe der Violinen ausgeführt, etwa erzeugen würde.

Die verschiedenen Terzen, Quinten und Septimen der Tonart finden wir, wenn wir die Töne der Leiter nach Terzen ordnen.

Fig. 61.

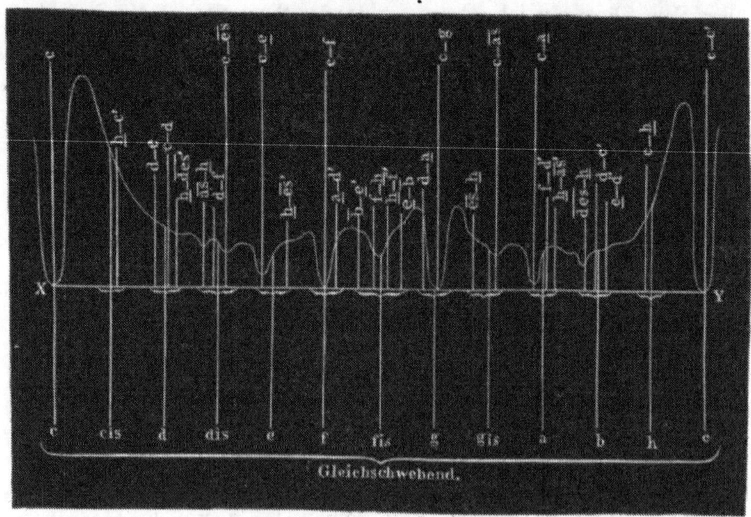

A. Töne der Durleiter:

$$\underline{h} - d \mid f - \underline{a} - c - \underline{e} - g - \underline{h} - d \mid f - \underline{a}$$
$$\tfrac{6}{5} \quad \tfrac{32}{27} \quad \tfrac{5}{4} \quad \tfrac{6}{5} \quad \tfrac{5}{4} \quad \tfrac{6}{5} \quad \tfrac{5}{4} \quad \tfrac{6}{5} \quad \tfrac{32}{27} \quad \tfrac{5}{4}$$

B. Töne der Molltonleiter:

$$\underline{h} - d \mid f - \overline{as} - c - \overline{es} - g - \underline{h} - d \mid f - as$$
$$\tfrac{6}{5} \quad \tfrac{32}{27} \quad \tfrac{6}{5} \quad \tfrac{5}{4} \quad \tfrac{6}{5} \quad \tfrac{5}{4} \quad \tfrac{4}{4} \quad \tfrac{6}{5} \quad \tfrac{32}{27} \quad \tfrac{6}{5}$$

Für die Molltonleiter ist die gewöhnliche Form mit grosser
Septime genommen worden, weil die Leiter mit kleiner Septime
keine anderen Intervalle giebt als die Durtonleiter.

I. Terzen und Sexten.

In der natürlichen Dur- und Molltonleiter kommen, wie man
in der obigen Aufstellung sieht, dreierlei Arten von Terzen vor,
welche umgekehrt eben so viele Arten von Sexten geben, nämlich:

1) Die natürliche grosse Terz $\tfrac{5}{4}$ und ihre Umkehrung die
kleine Sexte $\tfrac{8}{5}$, beide consonant.

2) Die natürliche kleine Terz $\frac{6}{5}$ und ihre Umkehrung die grosse Sexte $\frac{5}{3}$, ebenfalls beide consonant.

3) Die Pythagoräische kleine Terz $\frac{32}{27}$ zwischen den Grenztönen der Tonart d und f. Führte man die Stimmung $\underline{d}$ statt d ein, so würde dasselbe Intervall sich zwischen $\underline{h}$ und $\underline{d}$ zeigen. Vergleicht man diese dissonante Terz $d - f$ mit der consonanten kleinen Terz $\underline{d} - f$ der Grösse nach, so ist erstere um ein Komma enger als letztere, da d um ein Komma höher als $\underline{d}$ ist. Die Pythagoräische kleine Terz steht der natürlichen kleinen Terz an Wohlklang etwas nach, aber ihr Unterschied in dieser Beziehung ist nicht so gross, wie der der entsprechenden beiden grossen Terzen. Der Unterschied beruht einmal darin, dass die grosse Terz eine vollkommenere Consonanz ist als die kleine Terz, und jener Verstimmung daher mehr schadet, als dieser. Dann findet sich aber auch in den Combinationstönen ein Unterschied. Die reine kleine Terz $\underline{d}''' - f'''$ bildet den Combinationston b, ergänzt sich also zum reinen B - Dur - Dreiklange. Die Pythagoräische Terz $d''' - f'''$ giebt den Combinationston $\underline{a}$, ergänzt sich also zu dem Accorde $d - f - \underline{a}$, der kein ganz richtiger Mollaccord ist. Da aber die unrichtige Quinte $\underline{a}$ nur schwach in den tiefen Combinationstönen liegt, merkt man den Unterschied kaum. Ausserdem ist es auch praktisch fast unmöglich, das Intervall so genau zu stimmen, dass der Combinationston $\underline{a}$ und nicht a wird. Bei der Pythagoräischen grossen Terz $c'' - e''$ ist aber der Combinationston cis, was natürlich viel störender ist, als die nicht ganz reine Quinte $\underline{a}$ bei dem Zusammenklange $d - f$.

Die Pythagoräische grosse Terz kommt in den von der harmonischen Musik geforderten Stimmungen der Tonleitern nicht vor. Wenn man in der Molltonleiter die kleine Septime b statt $\overline{b}$ benutzen wollte, würde $b - d$ eine solche Terz sein.

Die Umkehrung der Terz $d - f$ ist die Pythagoräische grosse Sexte $f - d$, $\frac{27}{16}$, um ein Komma grösser als die natürliche grosse Sexte, der sie an Wohlklang sehr bedeutend nachsteht, wie Fig. 61 deutlich zeigt.

II. Quinten und Quarten.

Die Quinten setzen sich einfach aus je 2 Terzen zusammen; je nach der Art der Terzen, welche wir zusammensetzen, erhalten wir die verschiedenen Arten der Quinten.

4) Die reine Quinte $\frac{3}{2}$, bestehend aus einer natürlichen grossen und einer eben solchen kleinen Terz. Ihre Umkehrung ist die reine Quarte $\frac{4}{3}$, beide sind consonant. Beispiele in der Durtonleiter: $f — c, \underline{a} — \underline{e}, c — g, \underline{e} — \underline{h}, g — d$.

5) Die unreine Quinte $d — \underline{a}$, $\frac{40}{27}$, um ein Komma kleiner als die reine Quinte $d — a$, besteht aus der grossen und der Pythagoräischen kleinen Terz. Sie klingt wie eine schlecht gestimmte Quinte, und macht deutlich zu unterscheidende Schläge. In der eingestrichenen Octave ist die Zahl dieser Schläge 11 in der Secunde. Ihre Umkehrung ist die unreine Quarte $\underline{a} — d$, $\frac{27}{20}$, welche ebenfalls entschieden dissonant ist. Die Quarte $\underline{a} — d$ macht eben so viel Schläge wie die Quinte $d — \underline{a}'$, wenn in beiden der Ton d der gleiche ist.

6) Die falsche Quinte $\underline{h} — f$, $\frac{64}{45}$, besteht aus einer natürlichen und einer Pythagoräischen kleinen Terz $\underline{h} — d$ und $d — f$, und ist deshalb, wie die Notenschrift schon andeutet, um etwa einen halben Ton kleiner als die reine Quinte. Sie ist eine ziemlich rauhe Dissonanz, an Rauhigkeit etwa der grossen Secunde gleichstehend. Ihre Umkehrung die falsche Quarte oder der Tritonus, $f — \underline{h}$ (drei Ganztöne umfassend $f — g, g — \underline{a}, \underline{a} — \underline{h}$), $\frac{45}{32}$, ist ihr an Rauhigkeit nahe gleich, und etwa um ein Komma kleiner. Nämlich nahehin ist die falsche Quinte $\underline{h} — f$ gleich $ces — f$, und wenn man dieses Intervall um ein Komma kleiner macht, erhält man $ces — \underline{f}$, welches eine falsche Quarte ist. Genau genommen, da ces nicht vollkommen gleich ist mit $\underline{h}$, ist der Unterschied zwischen beiden Intervallen etwas kleiner als ein Komma, $\frac{81}{80}$, nämlich $\frac{2048}{2025}$ oder abgekürzt $\frac{89}{88}$. Auf den Tasteninstrumenten fallen beide zusammen.

7) Die übermässige Quinte der Molltonart $\overline{es} — \underline{h}$, $\frac{25}{16}$, besteht aus zwei grossen Terzen $\overline{es} — g$ und $g — \underline{h}$. Sie ist nahehin um zwei Kommata kleiner als die kleine Sexte, wie man sieht, wenn

man statt $\underline{h}$ das nahehin gleich hohe *ces* setzt. Es ist $\overline{es} - \underline{h}$ also gleich $\overline{es} - ces$, die consonante kleine Sexte ist aber $\underline{es} - ces$ und $\overline{es}$ ist um zwei Kommata höher als $\underline{es}$. Die übermässige Quinte ist merklich rauher als die natürliche kleine Sexte, mit der sie auf den Tasteninstrumenten zusammenfällt. Das umgekehrte Intervall, die verminderte Quarte $\underline{h} - \overline{es}$, $\frac{32}{25}$, ist dem entsprechend um zwei Kommata höher als die natürliche grosse Terz, und beträchtlich rauher als diese, fällt aber auf den Tasteninstrumenten mit ihr zusammen.

Zwei natürliche kleine Terzen oder zwei Pythagoräische kommen in der natürlichen Terzenfolge der Dur- und Molltonleiter nicht neben einander zu stehen. Im Septimen- und Quartengeschlecht können allerdings die Intervalle $\underline{a} - \overline{es}$ und $\underline{e} - \overline{b}$, $\frac{36}{25}$, sich bilden, aus je zwei natürlichen kleinen Terzen zusammengesetzt; diese sind um ein Komma grösser als die gewöhnlichen falschen Quinten $\underline{h} - f'$ (oder $\underline{a} - es$ in *b*-Dur, $\underline{e} - b$ in *f*-Dur), und sind merklich rauher als diese.

III. Septimen und Secunden.

Je drei Terzen zusammengefasst geben Septimen; von den kleinsten anfangend, erhalten wir folgende verschiedene Grössen derselben:

Die verminderte Septime der Molltonart $\underline{h} - \overline{as}' = (\underline{h} - d')$ $+ (d' - f') + (f' - \overline{as}')$, zwei natürliche und eine Pythagoräische kleine Terz umfassend. Ihr Zahlenverhältniss ist $\frac{128}{75}$, sie ist um etwa zwei Kommata grösser als die grosse Sexte, wie man sieht, wenn man setzt $\underline{h} - \overline{as} = ces - \overline{as}$. Das Intervall $ces - \underline{as}$, welches um zwei Kommata enger ist, würde eine reine grosse Sexte sein. Ihre Dissonanz ist ziemlich scharf und rauh, ähnlich der der Pythagoräischen grossen Sexte, welche um ein Komma kleiner ist. Ihre Umkehrung dagegen, die übermässige Secunde $\overline{as} - \underline{h}$, ist nicht viel rauher als die natürliche kleine Terz. Ihr Zahlenverhältniss $\frac{75}{64}$ ist sehr nahe dem Verhältniss $\frac{7}{6}$ gleich $\left(\frac{75}{64} \doteq \frac{7}{6} \cdot \frac{225}{224}\right)$. Erweitert man diese Secunde zur None $\frac{7}{3}$, so wird sie ziemlich wohlklingend, ungefähr so wie die allerdings recht unvollkommene Consonanz der kleinen Decime $\frac{12}{5}$.

9) **Die engere kleine Septime** $g - f'$, $\underline{h} - \underline{a}'$ oder $d - c$, $\frac{16}{9}$, besteht aus einer grossen, einer natürlichen und einer Pythagoräischen kleinen Terz, $g - f' = (g - \underline{h}) + (\underline{h} - d') + (d' - f')$. Sie ist eine verhältnissmässig milde Dissonanz, milder als die verminderte Septime, was für die Wirkung des Dominantseptimenaccordes, in welchem diese Septime vorkommt, von Wichtigkeit ist. Es ist diese engere kleine Septime von allen Septimenintervallen der natürlichen Septime $\frac{7}{4}$ am nächsten, doch nicht so nahe, wie das später zu erwähnende Intervall der übermässigen Sexte. Dass sich die natürliche Septime im Wohlklang den Consonanzen anschliesst, habe ich schon früher erörtert. Die Umkehrung dieser Septime ist der grosse Ganzton $c - d$, $\underline{a} - \underline{h}$, $f - g$, $\frac{9}{8}$, der eine kräftige Dissonanz bildet.

10) **Die weitere kleine Septime** $\underline{e} - d'$, $\underline{a} - g'$, $\frac{9}{5}$, um ein Komma grösser als die vorige, klingt merklich schärfer, weil sie sich der Octave mehr nähert; sie ist der verminderten Septime an Rauhigkeit fast gleich. Sie besteht aus einer grossen und zwei natürlichen kleinen Terzen; $\underline{e} - d' = (\underline{e} - g) + (g - \underline{h}) + (\underline{h} - d')$. Die vorher genannte engere kleine Septime muss ihren Grundton auf der Oberdominantseite, ihre Septime auf der Unterdominantseite der Tonart haben, weil sie die Pythagoräische Terz $d - f$ in ihre Grenzen einfasst. Die weitere kleine Septime hat umgekehrt ihre Septime auf der Oberdominantseite. Ihre Umkehrung, der kleine Ganzton, $\frac{10}{9}$, $d - \underline{e}$, $g - \underline{a}$, ist etwas schärfer im Zusammenklange, als der grosse Ganzton.

11) **Die grosse Septime** $f - \underline{e}'$, $c - \underline{h}$, $\frac{15}{8}$, besteht aus zwei grossen und einer kleinen natürlichen Terz $c - \underline{h} = (c - \underline{e}) + (\underline{e} - g) + (g - \underline{h})$. Sie ist eine scharfe Dissonanz, etwa eben so scharf, wie der kleinere Ganzton. Ihre Umkehrung, die kleine Secunde oder der Halbton $\frac{16}{15}$ ist von allen Dissonanzen der Tonleiter die schärfste.

Eine etwas abweichende grosse Septime könnte im Quarten- oder Septimengeschlecht entstehen, $\overline{b} - \underline{a}'$, welche um ein Komma kleiner wäre als die gewöhnliche grosse Septime, und deshalb im Klange etwas milder.

Zu erwähnen ist endlich noch ein eigenthümliches Intervall des dorischen Sextengeschlechts, nämlich

12. Die übermässige Sexte $\overline{des}$ — $\underline{h}$, welche durch Verbindung der diesem Geschlechte eigenthümlichen kleinen Secunde $\overline{des}$ mit dem Leittone $\underline{h}$ entsteht. Der Werth des Intervalls ist $\frac{225}{128}$; es ist um etwa ein Komma kleiner als die kleine Septime des Dominantseptimenaccordes, wie man sieht, wenn man setzt $\overline{des}$ — $\underline{h} = \overline{des}$ — ces'; eine engere kleine Septime würde des — ces' sein; $\overline{des}$ ist aber ein Komma höher als des. Man kann die übermässige Sexte zusammengesetzt denken aus zwei grossen Terzen und einem ganzen Ton:

$$(\overline{des} - f) + (f - g) + (g - \underline{h}).$$

Ihr Wohlklang ist dem der kleinen Sexte gleich, weil sie nämlich fast genau dem natürlichen Intervalle $\frac{7}{4}$ entspricht. Es ist nämlich $\frac{225}{128} = \frac{7}{4} \cdot \frac{225}{224}$. Sie kann also allein genommen nicht als Dissonanz betrachtet werden, aber sie lässt keine anderen consonanten Verbindungen zu, und kann also nicht consonante Accorde bilden. Wenn sie umgekehrt wird, in die verminderte Terz $\frac{256}{225}$ oder annähernd $\frac{8}{7}$, so verschlechtert sie sich bedeutend, wie schon früher bemerkt wurde, dagegen verbessert sie sich, wenn der höhere Ton $\underline{h}$ eine Octave höher gelegt wird, wo sie nahehin das Intervall $\frac{7}{2}$ darstellt. Die nahe Uebereinstimmung mit der natürlichen Septime und der verhältnissmässige Wohlklang scheint es zu sein, der dieses sonderbare und unserem jetzigen Tonsystem widersprechende Intervall in den Cadenzen erhalten hat, und charakteristisch ist es hierfür, dass seine Umkehrung in die verminderte Terz, welche den Wohlklang vermindert, verboten ist, wohl aber die Erweiterung in die entsprechende Terzdecime erlaubt ist. Auf den Tastaturinstrumenten fällt dieses Intervall mit der kleinen Septime zusammen.

Ueberhaupt wird ein Blick auf die Fig. 61 lehren, wie ausserordentlich verschiedene Intervalle auf den Tastaturinstrumenten verschmolzen werden. Auf der unteren Seite der Grundlinie $X - Y$ sind die Orte der Töne der gleichschwebenden Temperatur angegeben, und die kleinen Klammern längs der Linie XY umfassen diejenigen Tonstufen, welche durch den entsprechenden Ton der temperirten Scala ausgedrückt zu werden pflegen. Das Intervall $\underline{h} - \overline{as}$ wird auf dem Claviere ebenso gegriffen wie eine grosse Sexte $ces - as$, das Intervall $\overline{des} - \underline{h}$ dagegen wird um einen halben Ton weiter gegriffen, und doch ist das letztere vom ersten kaum mehr unterschieden, als das erste von der grossen Sexte. Und namentlich zeigt die Figur auch sehr gut, welcher grosse Unterschied in dem Wohlklange zwischen dem Intervalle $c - \underline{a}$ und dem $f - d'$ oder $\underline{h} - \overline{as}'$ bestehen sollte, während diese alle durch den ziemlich scharfen Klang des temperirten Intervalls $c - a$ ausgedrückt werden. Das Harmonium mit doppelter Tonreihe erlaubt dagegen, alle diese Intervalle rein zu greifen.

Dissonante Dreiklänge.

Dissonante Dreiklänge mit je einer Dissonanz erhalten wir, wenn wir zu demselben Grundtone je zwei Consonanzen hinzusetzen, die mit einander aber dissonant sind. Also

1) Quinte und Quarte: $c - f - g$.
2) Terz und Quarte: $c - \underline{e} - f$ oder $c - \overline{es} - f$.
3) Quinte und Sexte: $c - g - \underline{a}$ oder $c - g - \overline{as}$.
4) Ungleichartige Terz und Sexte: $c - \overline{es} - \underline{a}$ oder $c - \underline{e} - \overline{as}$.

In allen diesen ist c zu beiden anderen Tönen consonant. Nur der erstgenannte Accord spielt namentlich in der älteren polyphonen Musik als sogenannter Vorhaltsaccord eine wichtige Rolle. Die übrigen werden wir später als Theile von Septimenaccorden wiederfinden.

Wichtiger sind in der neueren Musik die Dreiklänge mit zwei Dissonanzen, welche die Grenztöne der Tonart zusammenfassen.

In dem Accordsystem der Tonart folgen sich wechselnd grosse und kleine Terzen, von denen zwei benachbarte zusammengefasst consonante Dreiklänge geben. Zwischen den Grenztönen aber d und f beträgt das Intervall eine Pythagoräische kleine Terz, und wenn diese mit einer der nächstanschliessenden Terzen zu einem Dreiklange vereinigt wird, wird dieser dissonant:

$$\text{Dur: } c - \underline{e} - g - \underline{h} - d \mid f - \underline{a} - c - \underline{e} - g$$
$$\tfrac{5}{4} \quad \tfrac{6}{5} \quad \tfrac{5}{4} \quad \tfrac{6}{5} \quad \tfrac{32}{27} \quad \tfrac{5}{4} \quad \tfrac{6}{5} \quad \tfrac{5}{4} \quad \tfrac{6}{5}$$

$$\text{Moll: } c - \overline{es} - g - \underline{h} - d \mid f - \overline{as} - c - \overline{es} - g$$
$$\tfrac{6}{5} \quad \tfrac{5}{4} \quad \tfrac{5}{4} \quad \tfrac{6}{5} \quad \tfrac{32}{27} \quad \tfrac{6}{5} \quad \tfrac{5}{4} \quad \tfrac{6}{5} \quad \tfrac{5}{4}$$

Das Dursystem giebt zwei Dreiklänge der Art:

$$\underline{h} - d - f \text{ und } d - f - \underline{a}$$
$$\tfrac{6}{5} \qquad \tfrac{32}{27} \qquad\qquad \tfrac{32}{27} \qquad \tfrac{5}{4},$$

das Mollsystem:

$$\underline{h} - d - f \text{ und } d - f - \overline{as}$$
$$\tfrac{6}{5} \qquad \tfrac{32}{27} \qquad\qquad \tfrac{32}{27} \qquad \tfrac{6}{5}$$

In den beiden Accorden $\underline{h} - d - f$ und $d - f - \overline{as}$, welche die Pythagoräische mit der kleinen Terz vereinigen, entstehen als zweite Dissonanzen auch noch die falschen Quinten $\underline{h} - f$ und $d - \overline{as}$, welche die Accorde stärker dissonant machen, als es die Terz $\tfrac{32}{27}$ thun würde, man nennt sie die verminderten Dreiklänge. Der Accord $d - f - \underline{a}$, obgleich er in Notenschrift wie der Mollaccord $\underline{d} - f - \underline{a}$ aussieht, und deshalb auch der falsche Molldreiklang heissen mag, ist, wie Hauptmann mit Recht erörtert hat, dissonant, und er klingt, auf rein gestimmten Instrumenten ausgeführt, auch ganz entschieden so. Er klingt kaum weniger rauh als der Accord $\underline{h} - d - f$. Macht man in C-Dur, ohne d mit $\underline{d}$ zu verwechseln, die Cadenz 1 oder 2:

so treten die Accorde $\underline{a} - d' - f'$ und $f - \underline{a} - d' - f'$ ganz ebenso als dissonante Accorde auf wie die folgenden $\underline{h} - d' - f'$ und $g - \underline{h} - d' - f'$. In der ungenauen Stimmung unserer musikalischen Instrumente erreicht man dieselbe Wirkung nur, indem man mit der Subdominante in der Cadenz einen umgelegten Septimenaccord $f - \underline{a} - c - d$ verbindet. Hauptmann zweifelt, dass der falsche Molldreiklang von C-Dur in der Anwendung von dem D-Mollaccorde unterschieden werden könne. Ich finde, dass dies auf meinem rein gestimmten Harmonium ganz entschieden und unzweifelhaft geschieht, gebe aber zu, dass es misslich sein würde, von Sängern die richtige Intonation zu erwarten. Sie werden unwillkürlich in einen reinen Mollaccord übergehen, wenn nicht in der Führung der Stimme, welche das D übernimmt, die Verwandtschaft mit der Dominante G stark hervorgehoben ist.

Diese Accorde, und zwar am entschiedensten und deutlichsten der Accord $\underline{h} - d - f$, haben nun noch für die Musik die beson-

dere Wichtigkeit, dass sie die Grenztöne der Tonart, durch welche
diese von den nächstverwandten geschieden ist, zusammenfassen, und
somit sehr bestimmt die Tonart bezeichnen, in welcher sich die
Harmonie zur Zeit bewegt. Schritte sie nach G-Dur oder G-Moll
fort, so würde statt des f ein fis eintreten müssen. Schritte sie nach
F-Dur fort, so würde statt d ein $\underline{d}$ oder in F-Moll ein $\overline{des}$ eintreten.
Ausserdem würde sich in dem $\underline{h}$ enthaltenden Accorde ein b einstel-
len. Also:

$$
\begin{array}{lll}
\text{in } G\text{-Dur:} & \underline{h} - d - fis & d - fis - a \\
\text{in } C\text{-Dur:} & \underline{h} - d - f & d - f - \underline{a} \\
\text{in } F\text{-Dur:} & b - \underline{d} - f & \underline{d} - f - \underline{a} \\
\text{in } G\text{-Moll:} & \overline{b} - d - fis & d - fis - a \\
\text{in } C\text{-Moll:} & \underline{h} - d - f & d - f - \overline{as} \\
\text{in } F\text{-Moll:} & b - \overline{des} - f & \overline{des} - f - \overline{as}
\end{array}
$$

Man sieht, dass diese Accorde in den nächstverwandten Tonarten deutlich unterschieden sind, mit Ausnahme des $d - f - \underline{a}$
und $\underline{d} - f - \underline{a}$, dessen Unterscheidung auf praktische Schwierigkeiten stossen würde. Die beiden anderen sind deutlicher von denen
der nächstbenachbarten Tonarten unterschieden. Dagegen würden
auch

$$
\underbrace{\underline{h} - d}_{\frac{6}{5}} \underbrace{d - f}_{\frac{32}{27}} \text{ und } \underbrace{d - f}_{\frac{32}{27}} \underbrace{f - \overline{as}}_{\frac{6}{5}}
$$

leicht verwechselt werden mit

$$
\underbrace{\underline{h} - \underline{d}}_{\frac{32}{27}} \underbrace{\underline{d} - f}_{\frac{6}{5}} \text{ und } \underbrace{\underline{d} - f}_{\frac{6}{5}} \underbrace{f - \overline{as}}_{\frac{32}{27}}
$$

von denen der erstere zu $\underline{a}$-Moll und der letztere zu $\overline{es}$-Dur oder
$\overline{es}$-Moll gehört. $\underline{a}$-Moll ist die dem c-Dur nächstverwandte Molltonart, $\overline{e}$-Dur die dem c-Moll nächstverwandte Durtonart.

Und endlich, wenn man berücksichtigt, dass die kleine Pytha-
goräische Terz $\frac{32}{27}$ noch weniger von der übermässigen Secunde $\frac{75}{64}$
geschieden ist, als von der normalen kleinen Terz $\left(\frac{32}{27} = \frac{6}{5} \cdot \frac{80}{81}\right.$ und $\frac{32}{27}$
$= \frac{75}{64} \cdot \frac{2048}{2025}$ oder nahehin $\left. \frac{32}{27} = \frac{75}{64} \cdot \frac{89}{88}\right)$, so kann der Dreiklang $\underline{h} - d - f$
durch verhältnissmässig kleine Aenderungen der Intonation über-
gehen in

$$\underline{h} - d - \underline{cis} \ \text{und} \ \overline{ces} - \underline{d} - f$$

$$\underbrace{}_{\frac{6}{5}} \ \underbrace{}_{\frac{75}{64}} \qquad \underbrace{}_{\frac{75}{64}} \ \underbrace{}_{\frac{6}{5}}$$

die zu *fis*-Moll und *es*-Moll gehören. Es kann also der verminderte Dreiklang $\underline{h} - d - f$ bei Aenderungen seiner Intonation um nur $\frac{81}{80}$ zu den Tonarten

C-Dur, *C*-Moll, *A*-Moll, *Fis*-Moll und *Es*-Moll

bezogen werden. Wenn durch Gebrauch des Dreiklangs $\underline{h} - d - f$ auch die nächstverwandten Tonarten von *C* ausgeschlossen sind, so kann doch eine Verwechselung mit entfernteren noch eintreten, und wenn wir den Zweck, durch diese Dreiklänge die Tonart vollständig zu bezeichnen, erreichen wollen, müssen wir noch einen vierten Ton hinzunehmen, also den Accord vierstimmig machen, wodurch wir zu den Septimenaccorden gelangen.

Septimenaccorde.

a. **Gebildet aus zwei consonanten Dreiklängen.**

Consonante vierstimmige Accorde lassen sich nicht bauen, wie früher gezeigt ist, ohne einen der Töne in der Octave zu verdoppeln, aber dissonante Accorde lassen sich vierstimmig bauen. Die am wenigsten dissonante Art dieser Accorde ist diejenige, wo nur ein einziges Intervall dissonant ist, alle übrigen consonant. Man bildet sie am einfachsten, wenn man zwei consonante Dreiklänge vereinigt, die je zwei gemeinsame Töne enthalten. Bei der Vereinigung sind dann die nicht gemeinsamen Töne dissonant, alles übrige ist consonant, so dass die Dissonanz zwischen der Menge der übrigen consonanten Töne sich verhältnissmässig wenig bemerkbar macht. Also die Accorde

$$c - \underline{e} - g$$
$$\underline{e} - g - \underline{h}$$

vereinigt, geben den vierstimmigen Accord

$$c - \underline{e} - g - \underline{h},$$

in welchem nur die grosse Septime $c - \underline{h}$ ein dissonantes Intervall ist, alle übrigen consonant, wie folgende Uebersicht der Intervalle zeigt:

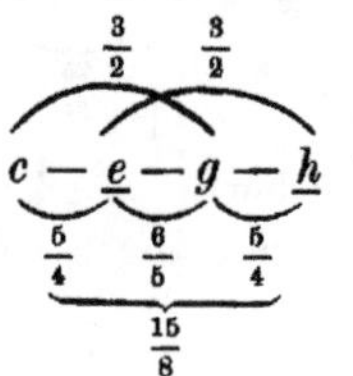

Diese aus der engsten Lage der Dreiklänge abgeleitete Lage des Septimenaccords wird als die fundamentale Lage desselben betrachtet. Die Intervalle zwischen den einzelnen Tönen erscheinen als Terzen, und wenn wir die Septimenaccorde aus den consonanten Dreiklängen der Tonleiter bilden, müssen diese Terzen abwechselnd grosse und kleine sein, weil in den consonanten Dreiklängen immer eine grosse Terz mit einer kleinen vereinigt ist. Hauptmann nennt diese Septimenaccorde, welche in der natürlichen Terzenfolge der Tonart

$$f - \underline{a} - c - \underline{e} - g - \underline{h} - d$$

schon fertig gebildet vorkommen, Accorde des unverwendeten Systems. Ein Unterschied in diesen Dreiklängen entsteht daher nur dadurch, dass entweder eine kleine Terz in der Mitte steht und zwei grosse seitlich, wie in dem eben angeführten Dreiklange $c - \underline{e} - g - \underline{h}$ und dem ähnlichen $f - \underline{a} - c' - \underline{e}'$ aus der C-Durleiter und $\overline{as} - c - \overline{es} - g$ aus C-Moll, oder aber eine grosse Terz in der Mitte mit zwei kleinen an den Seiten vereinigt ist, wie in

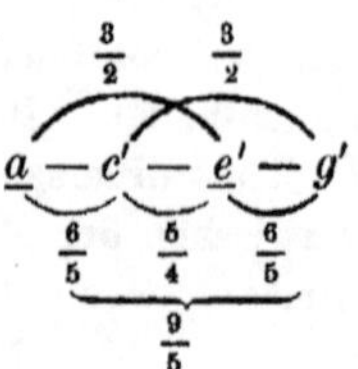

und dem ähnlichen Dreiklange $\underline{e} - g - \underline{h} - d$ aus der C-Durleiter und $f - \overline{as} - c - \overline{es}$ aus C-Moll. Diese letzteren haben als Dissonanz die kleine Septime, welche viel milder ist als die Dissonanz der grossen Septime.

b. Septimenaccorde, gebildet mit dissonanten Dreiklängen.

Weitere Septimenaccorde sind zu bilden aus den dissonanten Grenzdreiklängen der Tonart, vereinigt mit je einem der consonanten Dreiklänge, und aus den beiden dissonanten Dreiklängen selbst. So geben uns die vereinigten Grenzen der Accordkette der Tonart

$$c - \underline{e} - g - \underline{h} - d \mid f - \underline{a} - c$$

und

$$c - \overline{es} - g - \underline{h} - d \mid f - \overline{as} - c$$

folgende Reihe von Septimenaccorden des verwendeten Systems:

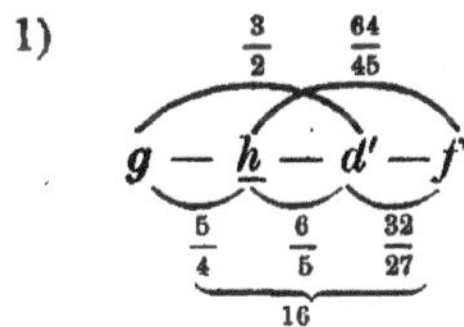

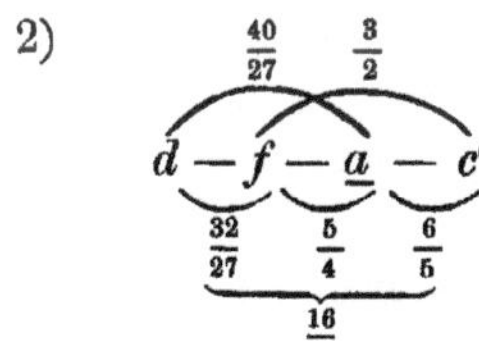

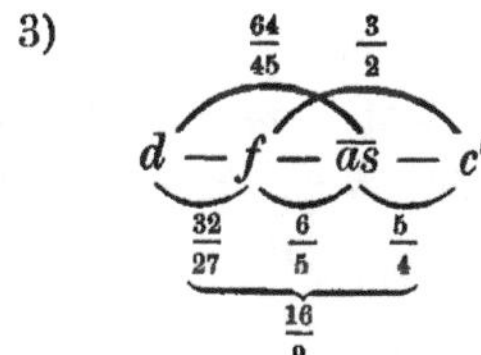

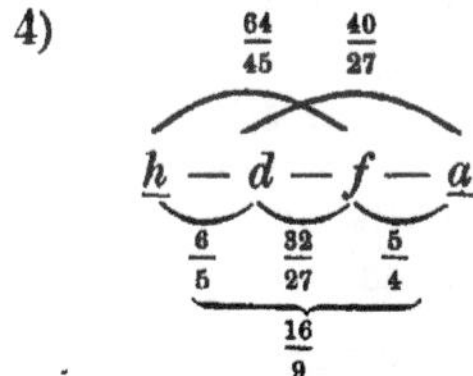

5)
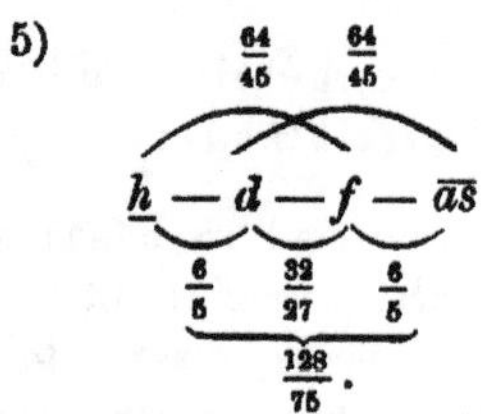

Die Septimen in diesen Accorden, welche alle der natürlichen Septime $\frac{7}{4}$ ziemlich nahe kommen, sind sämmtlich kleiner als die der aus consonanten Accorden zusammengesetzten Septimenaccorde. Die Hauptdissonanzen dieser Accorde sind die falschen und unreinen Quinten $\underline{h} - f$, $d - \underline{a}$ und $d - \overline{as}$, also die Intervalle $\frac{64}{45}$ und $\frac{40}{27}$. Die drei ersten Septimenaccorde $g - \underline{h} - d - f$, $d - f - \underline{a} - c$ und $d - f - \overline{as} - c$, welche nur je eine dieser unreinen Quinten enthalten, sind deshalb milder dissonant als die beiden letzten mit je zwei unreinen Quinten. Unter diesen Accorden stehen die, welche einen Duraccord enthalten, nämlich

$$g - \underline{h} - d - f \text{ und } d - f - \underline{a} - c$$

in der Schärfe der Dissonanz ungefähr gleich den milderen Septimenaccorden des unverwendeten Systems, welche die grössere und rauhere Art der kleinen Septime enthalten, daneben aber lauter reine Quinten:

$$\underline{a} - c - \underline{e} - g \text{ und } \underline{e} - g - \underline{h} - d.$$

Der Dominantseptimenaccord $g - \underline{h} - d' - f'$ kann sogar noch viel milder gemacht werden, wenn man das f zu $\underline{f}$ erniedrigt. Das Intervall $g - f'$ entspricht dem Verhältniss $\frac{1280}{729}$, welches sehr nahe gleich ist dem Verhältniss $\frac{7}{4}$. Es ist nämlich angenähert $\frac{1280}{729} = \frac{7}{4} \cdot \frac{301}{300}$. Der Accord $g - \underline{h} - d - \underline{f}$ steht an der Grenze der consonanten Accorde.

Der Septimenaccord dagegen, welcher eine falsche Quinte und einen Mollaccord enthält,

$$d - f - \overline{as} - c$$

schliesst sich in der Rauhigkeit den Accorden des unverwendeten Systems mit grosser Septime an:

$$f - \underline{a} - c - \underline{e} \text{ und } c - \underline{e} - g - \underline{h}.$$

Dabei ist auffallend, dass dieser letztere Accord genau dieselben

Intervalle, nur in umgekehrter Lage hat wie $g - \underline{h} - d - f$, denn

$$\underbrace{d - f}_{\frac{32}{27}} \underbrace{- \overline{as}}_{\frac{6}{5}} \underbrace{- c'}_{\frac{5}{4}} \qquad \underbrace{g - \underline{h}}_{\frac{5}{4}} \underbrace{- d'}_{\frac{6}{5}} \underbrace{- f'}_{\frac{32}{27}}$$

Dadurch, dass der consonante Theil des ersteren Accordes ein Mollaccord ist, im zweiten dagegen ein Duraccord, fällt der erstere entschieden rauher aus als der letztere.

Auch hier ist der Grund wieder in den Combinationstönen zu suchen, von denen die tief liegenden der engeren Intervalle am deutlichsten sind. Diese sind für

$$\underbrace{g' - \underline{h}'}_{G} \underbrace{- d''}_{G} \underbrace{- f'}_{\underline{A}}$$

und für

$$\underbrace{d'' - f''}_{\underline{A}} \underbrace{- \overline{as}''}_{\overline{des}} \underbrace{- c'''}_{\overline{as}}$$

Der erstere enthält unter den angegebenen Combinationstönen nur einen, der zum Accorde nicht passt, der zweite zwei.

Die rauhesten sind die Septimenaccorde mit je zwei falschen Quinten, $\underline{h} - d - f' - \underline{a}'$ und $\underline{h} - d' - f' - \overline{as}'$, von denen der erstere aber wieder mittels einer kleinen Aenderung seiner Stimmung ziemlich weich gemacht werden kann. Wenn man nämlich angiebt $\underline{h} - d - \underline{f} - a'$, so enthält der Accord lauter Töne des G-Klanges, und diese klingen ziemlich gut zu einander.

Die Accorde des verwendeten Systems spielen nun eine wichtige Rolle in modulatorischen Bewegungen, um die Tonart fortdauernd genau zu bezeichnen. Am entschiedensten wirkt in dieser Beziehung der Septimenaccord auf der Dominante der Tonart, also für die Tonica C der Accord $g - \underline{h} - d - f$. Wir sahen, dass der verminderte Dreiklang $\underline{h} - d - f$ durch kleine Aenderungen der Intonation angepasst werden kann den Tonarten

C-Dur, C-Moll, $\underline{A}$-Moll, $\underline{Fis}$-Moll und Es-Moll.

Von diesen enthalten aber nur die beiden ersten noch den Ton G, so dass der Accord $g - \underline{h} - d - f$ nur der Tonica C angehört.

Der unreine Molldreiklang $d - f - \underline{a}$, welcher bei genauer Intonation nur der C-Durleiter angehört, liess die Verwechselung mit $\underline{d} - f - \underline{a}$ zu, welcher zu $\underline{A}$-Moll, F-Dur und B-Dur gehören kann. Durch die Hinzufügung des Tones C wird diesen Verwechselungen nicht vorgebeugt, so dass der Septimenaccord $d - f - \underline{a} - c$ nur in Abwechselung mit dem Dominantseptimenaccorde in der Cadenz gebraucht zu werden pflegt, wo er dann C-Dur von C-Moll unterscheidet. Wohl aber ist die Hinzufügung des Tones $\underline{h}$ zu dem Dreiklange $d - f - \underline{a}$ charakteristisch, weil dieser höchstens noch die Verwechselung mit dem Accorde $\underline{h} - \underline{d} - f - \underline{a}$, der zu $\underline{A}$-Moll gehört, zulässt. Der Accord $\underline{h} - d - f - \underline{a}$, zwischen Duraccorden gebraucht, klingt aber verhältnissmässig rauh, namentlich in jeder Umlagerung, in der a nicht der oberste Ton bleibt, und findet deshalb nur eine beschränkte Anwendung. Oft wird er mit dem Dominantseptimenaccorde vereinigt, als Nonenaccord $g - \underline{h} - d' - f' - \underline{a}'$, wo aber g und a' seine äussersten Töne bleiben müssen. Darüber unten mehr.

In der C-Molltonart kann der Dreiklang $d - f - \overline{as}$, der in seiner reinen Intonation an sich charakteristisch wäre, auch mit anderen leicht vertauscht werden. Es gehört:

$$d \underset{\frac{32}{27}}{-} f \underset{\frac{6}{5}}{-} \overline{as} \qquad \text{zu } C\text{-Moll}$$

$$\underline{d} \underset{\frac{6}{5}}{-} f \underset{\frac{32}{27}}{-} as \qquad \text{zu } Es\text{-Dur und } Fs\text{-Moll}$$

$$d \underset{\frac{6}{5}}{-} \overline{f} \underset{\frac{75}{64}}{-} \underline{gis} \qquad \text{zu } A\text{-Moll}$$

$$\overline{\overline{d}} \underset{\frac{75}{64}}{-} \underline{eis} \underset{\frac{6}{5}}{-} gis \qquad \text{zu } Fis\text{-Moll}$$

Der Zusatz des Tones C im Septimenaccorde $d - f - \overline{as} - c$ würde nur die Tonart Fis-Moll entschieden ausschliessen, und der Zusatz des Tones $\underline{h}$, der mit h oder ces zu verwechseln wäre, würde zu allen den oben aufgeführten Tonarten passen. Dieser letztere Accord, der sogenannte verminderte Septimenaccord, erscheint auf den Tasteninstrumenten als eine Kette kleiner Terzen. In Wahrheit steht aber zwischen je zwei kleinen Terzen eine Pythagoräische kleine Terz oder eine übermässige Secunde:

$$\underline{h} \underset{\frac{6}{5}}{-} d \underset{\frac{32}{27}}{-} f \underset{\frac{6}{5}}{-} \overline{as} \underset{\frac{75}{64}}{-} \underline{h} \underset{\frac{6}{5}}{-} d \underset{\frac{32}{27}}{-} f \underset{\frac{6}{5}}{-} \overline{as} \underset{\frac{75}{64}}{-} h$$

Da die drei Intervalle $\frac{6}{5}$, $\frac{32}{27}$ und $\frac{75}{64}$ nur sehr wenig verschieden sind, so können sie leicht mit einander verwechselt werden, und wir erhalten folgende Tonreihen, die nahe gleich sind:

$$\underline{h} - d - f - \overline{as} - \underline{h} \qquad \text{in } C\text{-Moll}$$
$$\tfrac{6}{5} \qquad \tfrac{32}{27} \qquad \tfrac{6}{5} \qquad \tfrac{75}{64}$$

$$h - d - \overline{f} - \underline{gis} - h \qquad \text{in } A\text{-Moll}$$
$$\tfrac{32}{27} \qquad \tfrac{6}{5} \qquad \tfrac{75}{64} \qquad \tfrac{6}{5}$$

$$h - \overline{d} - \underline{eis} - gis - h \qquad \text{in } Fis\text{-Moll}$$
$$\tfrac{6}{5} \qquad \tfrac{75}{64} \qquad \tfrac{6}{6} \qquad \tfrac{32}{27}$$

$$\overline{ces} - \underline{d} - f - as - \overline{ces} \qquad \text{in } Es\text{-Moll.}$$
$$\tfrac{75}{64} \qquad \tfrac{6}{5} \qquad \tfrac{32}{27} \qquad \tfrac{6}{5}$$

Diese verminderten Septimenaccorde stechen in der Molltonart nicht so scharf gegen die consonanten Accorde ab, wie der entsprechende Accord in der Durtonart, obgleich sie bei reiner Stimmung immer eine sehr einschneidende Dissonanz geben. Wenn sie gefolgt werden von dem Dreiklange der Tonica, so enthalten diese beiden Accorde zusammen sämmtliche Töne der Tonart, bezeichnen diese also sehr vollständig. Die Hauptverwendung findet übrigens der verminderte Septimenaccord durch seine Veränderlichkeit, um schnell in eine neue entferntere Tonart überzuleiten. Durch blosse Hinzufügung des Molldreiklanges von *Fis-*, *A-*, *C-* oder *Es-*Moll wird dann diese neue Tonart selbst ganz vollständig festgestellt. Man bemerkt leicht, dass die Reihe dieser Tonarten selbst einen verminderten Septimenaccord bildet, dessen Töne um einen halben Ton höher liegen als die des angegebenen Accordes. Dadurch sind die Tonarten, zu denen er gehört, leicht zu merken.

Das Zusammenschliessen der Tonart durch diese Accorde ist besonders wichtig in der Cadenz am Schlusse einer Composition, oder einer Hauptperiode derselben. Dazu müssen wir nun noch feststellen, welche Grundklänge durch die hierher gehörigen Septimenaccorde repräsentirt werden können.

In dieser Beziehung ist aber zu bemerken, dass die Töne eines dissonanten Accordes nie alle, oder dann wenigstens nur unvollkommen, einen einzigen Klang repräsentiren; einige von ihnen kann man aber in der Regel als Bestandtheile eines Klanges auffassen. Dadurch entsteht ein praktisch wichtiger Unterschied zwischen den verschiedenen Tönen eines solchen Accordes. Diejenigen Töne näm-

lich, welche als Bestandtheile eines Klanges zusammengefasst werden
können, bilden mit einander eine in sich geschlossene und zusam-
mengehörige Klangmasse. Ein oder zwei andere Töne des Accordes
dagegen, welche in diese Klangmasse nicht hineingehören, erscheinen als vereinzelte und zufällig nebenher laufende Töne. Diese
letzteren werden von den Musikern die Dissonanzen oder die
dissonanten Noten des Accordes genannt. An und für sich ist in
einem dissonanten Intervall der eine Ton natürlich ebenso gut dissonant gegen den anderen, wie der zweite gegen den ersten, und
wenn keine anderen hinzukommen, hat es keinen Sinn, nur einen
von ihnen allein für die dissonante Note erklären zu wollen. In der
Septime $c — \underline{h}$ z. B. ist c gegen $\underline{h}$ und $\underline{h}$ gegen c dissonant, jedes
nur in Beziehung auf das andere. In dem Accorde $c — \underline{e} — g — \underline{h}$
dagegen bildet $c — \underline{e} — g$ eine einzige Klangmasse, die dem Klange
des C entspricht, und $\underline{h}$ ist ein vereinzelt nebenher gehender Ton.
Die drei Töne $c — \underline{e} — g$ treten deshalb mit selbständiger Sicherheit auf, sich gegenseitig unterstützend und haltend. Die vereinzelte
Septime $\underline{h}$ dagegen muss sich ohne Unterstützung gegen die Ueber-
macht der anderen halten, was sie sowohl in der Ausführung durch
den Sänger, wie im Verständniss des Hörers, nur kann, wenn ihr
melodischer Fortschritt sehr einfach und leicht verständlich gehalten
ist. Deshalb sind für diese eine Note besondere Regeln der Stimmführung zu beobachten, während der Einsatz des c, welches seine
hinreichende Sicherheit in dem Accorde selbst findet, ganz frei und
ungehindert erfolgt. Dieser praktische Unterschied in den Gesetzen
der Stimmführung wird von den Musikern dadurch ausgedrückt,
dass sie in diesem Falle $\underline{h}$ allein als den dissonanten Ton des Accordes bezeichnen. Wenn auch diese Bezeichnung nicht gerade sehr
passend gewählt ist, so können wir sie doch ferner unbedenklich gebrauchen, nachdem wir hier auseinandergesetzt haben, was ihr eigentlicher Sinn ist.

Wir gehen nun dazu über, für die einzelnen von uns gefundenen Septimenaccorde festzustellen, welchen Klang sie vertreten, und
welches ihre dissonanten Töne sind.

1. Der Dominantseptimenaccord $g — \underline{h} — d — f$ enthält
drei Töne, welche dem Klange G angehören, nämlich g, $\underline{h}$ und d,
während die Septime f der dissonante Ton ist. Indessen ist zu bemerken, dass diese kleine Septime $g — f$ dem Verhältniss $4 : 7$,
welches fast genau durch das Intervall $g — \underline{f}$ hergestellt wäre,
schon so nahe liegt, dass der Ton f allenfalls als siebenter Partialton

des Klanges G gelten kann. Genauer wäre dieser Klang darzustellen durch $g - \underline{h} - d - \underline{f}$. Sänger wandeln auch wohl leicht das f des Septimenaccordes in $\underline{f}$ um, theils weil es in der Regel nach unten auf $\underline{e}$ fortschreitet, theils weil sie durch diese Umwandlung einen milder klingenden Accord erzielen. Das wird namentlich leicht geschehen, wenn in dem vorausgegangenen Accorde der Klang des f nicht mittels einer nahen Verwandtschaft festgestellt ist. Also z. B. wenn zu dem schon liegenden consonanten Accorde $g - \underline{h} - d$ später noch ein f hinzutreten soll, wird dieses leicht ein $\underline{f}$ werden, weil f mit keinem der Töne g, $\underline{h}$ oder d nahe verwandt ist. Trotzdem also der Dominantseptimenaccord ein dissonanter Accord ist, so liegt doch selbst sein dissonanter Ton dem entsprechenden Partialton im Klange der Dominante so nahe, dass der ganze Accord sehr wohl als Vertreter des Klanges der Dominante angesehen werden kann. Eben deshalb ist denn auch die Septime dieses Accordes von manchen Beschränkungen der Stimmführung befreit, denen man die dissonanten Septimen sonst unterwirft. Man erlaubt namentlich, dass sie frei und sprungweise einsetzen darf, was in anderen Fällen nicht erlaubt ist.

Der Dominantseptimenaccord spielt in der neueren Musik deshalb nächst dem tonischen Accorde die wichtigste Rolle. Er bezeichnet genau die Tonart, genauer als der einfache Dreiklang der Dominante $g - \underline{h} - d$ und genauer als der verminderte Dreiklang $\underline{h} - d - f$. Als Dissonanzaccord drängt er zur Auflösung in den tonischen Accord, was der einfache Dreiklang der Dominante nicht thut. Dazu kommt endlich noch, dass sein Wohlklang ausserordentlich wenig getrübt ist, so dass er der mildeste aller dissonanten Accorde ist. Wir sind deshalb in der neueren Musik kaum noch im Stande ihn zu entbehren. Erfunden ist er im Anfange des 17. Jahrhunderts durch Monteverde, wie es scheint.

2. Der Septimenaccord auf der Secunde der Durtonart, $d - f - \underline{a} - c$, enthält drei Töne, welche dem Klange F angehören, nämlich f, $\underline{a}$ und c. D ist bei genauer Intonation dissonant zu allen drei Tönen des Accordes, und als die dissonante Note desselben zu betrachten. Die fundamentale Lage dieses Accordes ist also die, welche schon Rameau als solche aufgefasst hat, und worin F als Grundton erscheint: $f - \underline{a} - c - d$, also die Quintsextenlage, oder wie Rameau sie nennt, der Accord der grossen Sexte. In dieser Lage pflegt der Accord auch in der Cadenz der C-Durtonart zu erscheinen. Seine Deutung und Beziehung zur

Tonart ist wiederum sicherer, als die des früher besprochenen falschen Mollaccordes $d - f - \underline{a}$, welcher in der Ausführung durch den Sänger und in der Auffassung des Hörers der Verwechselung mit $\underline{d} - f - \underline{a}$ aus der $\underline{A}$-Molltonart unterworfen ist. Wenn wir $d - f - \underline{a}$ in $\underline{d} - f - \underline{a}$ verwandeln, gelangen wir in einen consonanten Accord, dazu wird die Neigung sehr gross sein, wenn in der melodischen Fortschreitung die Verwandtschaft des d zum G nicht sehr stark hervorgehoben ist. Wenn wir aber auch in dem Accorde $d - f - \underline{a} - c$ das d in $\underline{d}$ verwandeln wollten, so würden wir es dadurch zwar gegen f und $\underline{a}$ consonant machen, aber nicht gegen c, im Gegentheile ist die Dissonanz $\underline{d} - c$ schärfer als $d - c$, und es würde immer nur der Ton $\underline{a}$ in den Klang des $\underline{d}$ eintreten, so dass trotz dieser Aenderung f, welches drei Töne des Accordes in seinen Klang vereinigt, das Uebergewicht als Grundton behalten würde über $\underline{d}$, welches nur zwei vereinigt. Ich finde dem entsprechend, dass auf dem natürlich gestimmten Harmonium der Accord $f - \underline{a} - c - d$, als Subdominantenaccord von C-Dur, eine bessere Wirkung macht, als $f - \underline{a} - c - \underline{d}$.

3. Der entsprechende Septimenaccord auf der Secunde der Molltonart $d - f - \overline{as} - c$ enthält nur den Ton c, welcher als Bestandtheil entweder des Klanges f oder des Klanges $\overline{as}$ betrachtet werden kann. Da aber c der dritte Partialton von f und erst der fünfte von $\overline{as}$ ist, so hat auch hier in der Regel f das Uebergewicht als Grundton, und der Accord ist zu betrachten als Subdominantenaccord $f - \overline{as} - c$ mit Zusatz des dissonanten Tones d. Zur Veränderung des d in $\underline{d}$ ist hier noch weniger Veranlassung als in dem entsprechenden Duraccorde.

4. Der Septimenaccord auf der Septime der Durtonart $\underline{h} - d - f - \underline{a}$ enthält zwei Töne $\underline{h}$ und d, welche dem Klange der Dominante G angehören, und zwei, nämlich f und $\underline{a}$, welche in den Klang F gehören. Der Accord zerfällt also in zwei gleich gewichtige Hälften. Indessen ist zu bemerken, dass die beiden Töne f und $\underline{a}$ den beiden nächsten Partialtönen des G-Klanges ausserordentlich nahe kommen. Die Töne des G-Klanges vom vierten ab können nämlich geschrieben werden:

$$g - \underline{h} - d - \underline{f} - g - a$$
$$4 \quad 5 \quad 6 \quad 7 \quad 8 \quad 9.$$

So kann denn auch in der That der Nonenaccord $g - \underline{h} - d - f - \underline{a}$ den Klang der Dominante G vertreten, vorausgesetzt, dass man die Aehnlichkeit noch durch die Stellung der Töne deutlich erhält; G

muss tiefster Ton und $\underline{a}$ höchster bleiben, auch wird es gut sein, wenn f nicht zu tief liegt. Da das a der neunte Partialton des Klanges G ist, welcher in allen gebräuchlichen Klangfarben sehr schwach ist, oft fehlt, ausserdem sowohl zwischen $\underline{f}$ und f, wie zwischen a und $\underline{a}$ der Unterschied eines Komma's bleibt, muss man eben in solcher Weise die Aehnlichkeit des Nonenaccordes mit dem G-Klange so gross wie möglich machen. Es wird dann die Abweichung zwischen $\underline{f}$ und f, a und $\underline{a}$ nicht sehr auffällig. Es sind in diesem Falle f und $\underline{a}$ als die dissonanten Noten des Nonenaccordes $g - \underline{h} - d - f - \underline{a}$ zu betrachten, weil sie sich zwar nahehin, aber doch nicht genau dem G-Klange einfügen. Die Eintrittsweise des $\underline{a}$ ist aus demselben Grunde wie die des f im Dominantseptimenaccorde $g - \underline{h} - d - f$ unbehindert. Nun kann man endlich einzelne Töne des fünfstimmigen Nonenaccordes weglassen, um ihn vierstimmig zu machen, z. B. seine Quinte oder auch seinen Grundton

$$g - \underline{h} - f - \underline{a} \text{ oder } \underline{h} - d - f - \underline{a}.$$

Vorausgesetzt, dass man die Ordnung der Töne möglichst bewahrt, namentlich $\underline{a}$ als höchsten Ton erhält, wird der Accord immer noch als G-Klang wiedererkannt werden können, und diesen vertreten.

Hierin scheint mir einfach der Grund zu liegen, warum die Musiker es wünschenswerth finden, dass $\underline{a}$ des Accordes $\underline{h} - d - f - \underline{a}$ den obersten Ton bilden zu lassen. Hauptmann stellt dies sogar unbedingt als Regel auf, indem er eine ziemlich künstliche Begründung dieser Regel giebt. Es wird dadurch die Zweiheit dieses Accordes, so weit es möglich ist, aufgehoben, und er bekommt eine deutlich verständliche Beziehung zur Dominante der C-Durtonart, während bei anderen Lagen desselben Accordes die Verwechselung mit dem Subdominantenaccord von $\underline{A}$-Moll nahe liegen wird. Uebrigens klingt nun auch bei reiner Stimmung der aus den Partialtönen des G-Klanges zusammengestellte Accord $g - \underline{h} - d - f - a$ sehr weich und wenig dissonant, der Nonenaccord der C-Durtonart $g - \underline{h} - d' - f' - \underline{a}'$ und der Septimenaccord in der Lage $\underline{h} - d' - f' - \underline{a}'$ klingen etwas rauher, wegen der Pythagoräischen Terz $d' - f'$, und der unreinen Quinte $d' - \underline{a}'$, aber sie sind nicht sehr scharf. Dagegen werden sie sehr rauh, wenn man das $\underline{a}'$ tiefer legt.

Der Septimenaccord $\underline{h} - d - f - \underline{a}$ mit dem darauf folgenden Dreiklange $c - \underline{e} - g$ enthält, wie schon vorher bemerkt ist, sämmtliche Töne der *C*-Durtonleiter, so dass diese Accordverbindung die Tonart sehr kurz und vollständig feststellt.

5. Der verminderte Septimenaccord $\underline{h} - d - f - \overline{as}$ theilt die letztere Eigenschaft mit dem entsprechenden Accorde der Durtonart, er wird deshalb und wegen seiner grossen Veränderlichkeit in der neueren Musik ausserordentlich viel, vielleicht übermässig viel zu Modulationen benutzt. Er enthält keinen Ton, der zu dem Klange irgend einer anderen Note des Accordes gehörte, wohl aber kann man die drei Töne $\underline{h} - d - f$ als dem Klange der Dominante *G* angehörig betrachten, daher er auch als Nonenaccord in der Zusammensetzung

$$g - \underline{h} - d - f - \overline{as}$$

vorkommt. Er vertritt deshalb unvollkommen den Klang der Dominante mit Einfügung des fremden Tones $\overline{as}$, und man kann f und $\overline{as}$ als die dissonanten Töne dieses Accordes ansehen. Der Zusammenhang der drei Töne $\underline{h} - d - f$ im *G*-Klange ist aber nicht so hervortretend, dass die Töne f und $\overline{as}$ in ihrer Bewegung den Tönen h und d entschieden untergeordnet wären. Man lässt sie wenigstens frei einsetzen, und löst den Accord durch Fortgang aller seiner Töne in möglichst kleinen Schritten auf, da er in sich nicht einen so festen Zusammenhang hat, dass er grosse Schritte erlauben würde.

6. Die Septimenaccorde mit grosser Septime im unverwendeten Accordsysteme der Tonart $f - \underline{a} - c - \underline{e}$ und $c - \underline{e} - g - \underline{h}$ in *C*-Dur, $\overline{as} - c - \overline{es} - g$ in *C*-Moll repräsentiren, wie schon früher bemerkt wurde, hauptsächlich einen Duraccord mit der grossen Septime als dissonantem Tone. Die grosse Septime bildet eine ziemlich harte Dissonanz, und steht in sehr entschiedenem Widerspruche mit dem unterliegenden Klange, in welchen sie ganz entschieden nicht hineinpasst.

7. Die Septimenaccorde mit kleiner Septime im unverwendeten Systeme, $\underline{a} - c - \underline{e} - g$ und $\underline{e} - g - \underline{h} - d$, lassen allerdings den Klang ihrer Terz am meisten hervortreten, dem ihr Grundton als beigefügt erscheint. $c - \underline{e} - g - \underline{a}$ ist der *C*-Klang mit zugefügtem $\underline{a}$, $g - \underline{h} - d - \underline{e}$ der *G*-Klang mit zugefügtem $\underline{e}$. Da aber $c - \underline{e} - g$ und $g - \underline{h} - d$ die oft wiederkehrenden Hauptaccorde der Tonart sind, so macht die Anfügung des $\underline{a}$ oder $\underline{e}$ in jenen Septimenaccorden durch den Contrast einen verhältnissmässig stark hervortretenden Eindruck; ausserdem sind die Grundtöne jener Septimenaccorde nicht so isolirt, wie der des

Accordes $d - f - \underline{a} - c$, welcher keine reine Quinte im Accorde hat. Das $\underline{a}$ in $\underline{a} - c - \underline{e} - g$ hat die Quinte $\underline{e}$ und allenfalls auch die Septime g, die seinem Klange angehören; ebenso kann man in $\underline{e} - g - \underline{h} - d$ das $\underline{h}$ und d dem Klange $\underline{e}$ zurechnen. Daher sind die Töne $\underline{a}$ im ersten und $\underline{e}$ im zweiten auch nicht nothwendig den Stimmführungsgesetzen der Dissonanzen unterworfen.

Die Harmoniker pflegen als normale Lage aller dieser Accorde immer die des Septimenaccordes zu betrachten, und dessen Grundton als Hauptton des Accordes. Vielleicht wäre es natürlicher, $c - \underline{e} - g - \underline{a}$ als Hauptlage des Accordes $\underline{a} - c - \underline{e} - g$ zu betrachten, und C als Fundamentalton. Letzterer Accord ist aber ein C-Klang mit Hinneigung zum $\underline{a}$, und in den Modulationen wird gerade diese Einmischung des $\underline{a}$-Klanges benutzt, um nach den Verwandten von $\underline{a}$, die nicht mit dem Accorde $c - \underline{e} - g$ verwandt sind, hinzuschreiten, nämlich nach $\underline{d} - f - \underline{a}$. Ebenso kann man von $g - \underline{h} - d - \underline{e}$ nach $\underline{a} - c - \underline{e}$ schreiten, was von $g - \underline{h} - d$ aus immer ein Sprung wäre. Für die Modulation sind also allerdings $\underline{a}$ und $\underline{e}$ wesentliche Bestandtheile des Accordes, und in dieser praktischen Rücksicht kann man ihnen auch wohl den Namen der Fundamentaltöne der betreffenden Accorde lassen.

8. Der Septimenaccord auf der Tonica der Molltonart $c - \overline{es} - g - \underline{h}$ wird selten gebraucht, weil das h wesentlich der aufwärtsschreitenden Bewegung in der Molltonart angehört, die regelmässig sich auflösende Septime aber sinken muss. So würde es immer besser sein, den Accord $c - \overline{es} - g - \overline{b}$ zu bilden, der dann den unter 7. genannten Accorden ähnlich ist.

Gesetze der Stimmführung.

Wir haben bisher immer nur die Beziehungen der Töne eines Musikstückes mit der Tonica, seiner Accorde mit dem tonischen Accorde betrachtet. Auf diesen Beziehungen beruht die Verbindung der Klangmasse zu einem zusammenhängenden Ganzen. Abgesehen davon besteht aber auch das Bedürfniss, die unmittelbar auf einander folgenden Töne und Accorde durch natürliche Beziehungen mit einander verbunden zu sehen. Dadurch wird die künstlerische Verbindung der Klangmasse eine noch innigere, und im Allgemeinen wird immer eine solche Verbindung erstrebt werden müssen, wenn auch ausnahmsweise für besondere Zwecke des Ausdrucks eine heftigere und weniger verbundene Art der Fortschreitung gewählt werden kann. Wir haben schon bei der Entwickelung der Tonleiter gesehen, dass das Gefühl für die Verbindung des Ganzen durch die Verwandtschaft zur Tonica anfangs gar nicht oder undeutlich entwickelt war, dass vielmehr an Stelle eines solchen Zusammenhanges nur die kettenweise Verbindung einer Quintenreihe bestand, dass wenigstens nur diese so entwickelt war, um sich in den theoretischen Betrachtungen der Pythagoräer über den Bau des Tonsystems bis zur bewussten Anerkennung durchzuarbeiten. Aber auch neben dem stark entwickelten Gefühle für die Tonica, wie es in der neueren harmonischen Musik herrscht, ist das Bedürfniss kettenweiser

Verbindung der einzelnen Töne und Accorde nicht verloren gegangen, wenn auch in die Quintenkette, welche ursprünglich die Töne der Tonart verband, z. B.

$$f - c - g - d - a - e - h$$

durch die Einführung der richtigen Terzen eine Unterbrechung gekommen ist, indem wir jetzt haben

$$f - c - g - d \, | \, \underline{d} - \underline{a} - \underline{e} - \underline{h}.$$

Die musikalische Verbindung zwischen zwei auf einander folgenden Noten kann hergestellt sein:

1. Durch Verwandtschaft der Klänge. Diese ist entweder:

a. Direct, wo zwischen den auf einander folgenden Tönen ein reines consonantes Intervall besteht; dann ist nämlich, wie wir früher gesehen haben, stets einer der deutlich vernehmbaren Partialtöne des ersten Klanges gleich einem solchen des zweiten. Dadurch ist die Tonhöhe des folgenden Klanges für das Gefühl sicher festgestellt. Dies ist die beste und sicherste Art der Verbindung. Die engste Verwandtschaft dieser Art besteht beim Sprung um eine Octave, der aber melodisch nur in der Bassstimme häufiger gebraucht wird, in der Oberstimme selten, weil er eine zu plötzliche Aenderung in der Tonhöhe verlangt. Daran schliesst sich der Sprung in die Quinte und Quarte, welche beide noch sehr bestimmt und klar sind; dann folgen die Schritte um grosse Sexten und Terzen, welche noch leicht und bestimmt getroffen werden, während die Schritte über kleine Sexten und Terzen schon anfangen etwas Unsicheres zu bekommen. Es ist in ästhetischer Beziehung zu bemerken, dass die Fortschritte um grosse Sexten und Terzen, ich möchte sagen, den grössten Grad gesättigter Schönheit unter den genannten melodischen Schritten haben, was vielleicht damit zusammenhängt, dass sie an der Grenze der deutlich verständlichen Schritte liegen. Die Schritte in Quinten und Quarten sind zu klar, sie klingen deshalb gleichsam trocken verständig; die in kleinen Terzen und namentlich in kleinen Sexten fangen an unbestimmt zu klingen. Unter ihnen haben die grossen Terzen und grossen Sexten das richtige Gleichgewicht zwischen Licht und Dunkel. Aehnlich scheint sich auch in der Harmonie die grosse Sexte und Terz den übrigen Consonanzen gegenüber zu verhalten.

b. Oder die Verwandtschaft ist indirect und nur von zweitem Grade. Eine solche findet sich bei allen stufenweisen Fortschritten innerhalb der Scala um halbe oder ganze Töne vor. Also zum Beispiel

$$\underbrace{c - d}_{G} \quad \underbrace{d - \underline{e}}_{G} \quad \underbrace{\underline{e} - f}_{C}$$

Der grosse ganze Ton $c - d$ schreitet von der Quarte zur Quinte des subintendirten Tones G, welchen Rameau als Fundamentalbass zu dem genannten melodischen Fortschritt hinzugefügt dachte. Der kleine ganze Ton $d - \underline{e}$ schreitet von der Quinte zur grossen Sexte des Hilfstones G, der halbe Ton $\underline{e} - f$ von der grossen Terz zur Quarte des Hilfstones C. Wenn der Hilfston dem Sänger und dem Hörer aber leicht zur Hand sein soll, muss er einer der Haupttöne der Tonart sein. So erregt der Schritt $\underline{a} - \underline{h}$ in der C-Durtonleiter den Sängern einen kleinen Anstoss, obgleich es ein Fortschritt um einen grossen ganzen Ton ist, der an dem Hilfston $\underline{e}$ leicht gemacht werden kann. Aber der Klang des $\underline{e}$ liegt nicht so fest und bereit in der Erinnerung, wie der von C und seinen Quinten G und F. Daher brach das Hexachord des Guido von Arezzo, welches während des ganzen Mittelalters die normale Sängerscala war, mit der Sexte ab*). Dies Hexachord wurde von verschiedenen Grundtönen ausgehend gesungen, aber dieselbe Melodie bildend:

	Ut	*Re*	*Mi*	*Fa*	*Sol*	*La*
entweder	*G*	*A*	*H*	*C*	*D*	*E*
oder	*C*	*D*	*E*	*F*	*G*	*A*
oder	*F*	*G*	*A*	*B*	*C*	*D*

Darin bildet das Intervall *Mi — Fa* immer den Halbton.

Eben deshalb zog Rameau es vor, in der Molltonart die Schritte $d - \overline{es}$ und $\overline{es} - f$ lieber am G und C, als Hilfstönen, sich bilden zu lassen, als am B, der Septime der absteigenden Leiter, welche keine genügend starke Verwandtschaft zur Tonica hat, und deshalb als Hilfston nicht fest genug im Sinne des Sängers liegt. Nimmt man für $d - \overline{es}$ das nächst höhere g als Hilfston, so geschieht der Schritt von dessen Unterquarte zur grossen Unterterz, und $\overline{es} - f$ ist der Schritt von der grossen Untersexte zur Unterquinte des nächst höheren c. Dagegen kann der Schritt $\overline{as} - \underline{h}$ in der

---

*) Alembert erklärt aus demselben Grunde die Begrenzung des altgriechischen Heptachords aus zwei verbundenen Tetrachorden:

$$h - c - d - e - f - g - a,$$

in welchem der Schritt $a - h$ vermieden ist. Aber die Erklärung würde nur für eine solche Tonart passen, in welcher c die Tonica bildet, was in der altgriechischen Leiter wohl nicht der Fall war.

Molltonleiter in keiner Weise auf eine Verwandtschaft zweiten Grades zurückführen. Er ist deshalb auch entschieden unmelodisch, und musste in der alten homophonen Musik ganz vermieden werden, ebenso wie die Schritte in falschen Quinten und Quarten, z. B. $\underline{h} - f'$ oder $f' - \underline{h}'$. Daher denn die schon oben besprochenen Aenderungen der aufsteigenden und absteigenden Molltonleiter.

In der neueren harmonischen Musik sind nun viele dieser Schwierigkeiten weggefallen oder weniger fühlbar geworden, weil eine richtig geführte Harmonisirung diejenigen Verbindungen herstellen kann, welche dem melodischen Fortschritte der einzelnen Stimme fehlen. Es ist deshalb auch viel leichter, eine unbekannte Stimme eines mehrstimmigen Satzes aus einem Clavierauszuge, der die Harmonie angiebt, zu singen, als aus einer einzelnen ausgeschriebenen Stimme. Aus jenem erkennt man das Verhältniss des zu singenden Tones zur ganzen Harmonie, aus letzterer nur zu den nächstbenachbarten Tönen der eigenen Stimme.

2. Töne können in musikalische Verbindung treten durch ihre Nachbarschaft in der Tonhöhe. Wir haben dieses Verhältniss schon besprochen in Beziehung auf den Leitton. Es gilt dasselbe auch für die Ausfüllungstöne in chromatischen Gängen; wenn wir z. B. in C-Dur statt $C - D$ singen $C - Cis - D$, so hat das Cis gar keine Verwandtschaft ersten oder zweiten Grades zur Tonica C, es hat auch keine harmonische oder modulatorische Bedeutung; es ist nichts als eine zwischen beide Töne eingeschobene Stufe, welche zur Tonleiter nicht gehört, und nur dazu dient, die stufenweise Bewegung in der Tonleiter der überschleifenden Bewegung des natürlichen Sprechens, Weinens oder Heulens ähnlicher zu machen. Die Griechen haben diese Theilung in ihrem enharmonischen Systeme, wo sie eine Halbtonstufe in zwei Schritte theilten, noch weiter getrieben, als wir es jetzt thun. Ein chromatischer Fortschritt in halben Tönen geschieht eben trotz der Fremdartigkeit des zu erreichenden Tones mit hinreichender Sicherheit, dass er auch in modulatorischen Uebergängen gebraucht werden kann, um ganz fernliegende Tonarten plötzlich zu erreichen.

Es ist besonders die italienische Melodiebildung reich an solchen Vorhalttönen. Untersuchungen über die Gesetze ihres Vorkommens finden sich in zwei Abhandlungen von Herrn A. Basevi*).

---

*) Introduction à un nouveau Système d'Harmonie; traduit par L. Delâtre. Florence 1865. Studj sull' Armonia. Firenze 1865.

Durchgehend ist die Regel befolgt, dass leiterfremde Töne nur eingeführt werden können, wenn sie um einen Halbton abstehen von der Note der Leiter, in welche sie sich auflösen, während leitereigene Töne frei einsetzen können gegen eine disharmonirende Begleitung, auch wenn sie zur Auflösung einen Ganztonschritt machen müssen.

Ebenso können auch Schritte in ganzen Tönen, wenn sie in der diatonischen Leiter gemacht werden, in solcher Weise vorkommen, dass sie nur als Vermittelung zwischen zwei anderen dienen, welche im Accorde liegen. Es sind dies die sogenannten Durchgangstöne. Wenn also zum Beispiel zu dem fortklingenden C-Durdreiklange eine Stimme den Gang

$$c - d - \underline{e} - f - g$$

ausführt, so passen die Töne d und f nicht in den Accord, haben auch gar keine Beziehung zu der Harmonie, sondern sind eben nur durch den melodischen Fortschritt der einzelnen Stimme begründet. Man lässt diese Durchgangstöne der Regel nach auf die nicht accentuirten Takttheile fallen und giebt ihnen eine kurze Dauer. In obigem Beispiele würde man also c, $\underline{e}$ und g auf die guten d. h. accentuirten Takttheile legen. D bildet dann den Durchgangston zwischen c und $\underline{e}$, f den zwischen e und g. Wesentlich aber für ihre Verständlichkeit ist es, dass sie nur in Stufen von halben oder ganzen Tönen eintreten; so geben sie eine leicht und ohne Widerstand fortgleitende melodische Bewegung, in der man die nicht accentuirten dissonanten Töne fast überhört.

Auch in den wesentlich dissonanten Accorden muss der Regel nach für den dissonanten Ton, welcher vereinzelt der Masse der übrigen Töne entgegentritt, ein möglichst leicht verständlicher und leicht zu treffender melodischer Fortschritt eingehalten werden. Und da das Gefühl für die natürlichen Verwandtschaften eines solchen vereinzelten Tones durch die gleichzeitig erklingenden anderen Töne, die sich der Wahrnehmung viel mächtiger aufdrängen, gleichsam übertäubt wird, so bleibt bloss der stufenweise diatonische Fortschritt übrig, um für den Sänger und den Hörer die Tonhöhe und die melodischen Beziehungen eines solchen dissonanten Tones festzustellen. Es wird deshalb der Regel nach verlangt werden müssen, dass ein dissonanter Ton nur stufenweise eintrete, und sich auch nur stufenweise wieder weiterbewege.

Als wesentlich dissonante Accorde sind solche zu betrachten, in denen die dissonanten Noten nicht bloss als durchgehende Noten über einem liegenbleibenden Accorde eintreten, sondern entweder mit einem eigenen Accorde begleitet sind, der von den vorhergehenden und nachfolgenden verschieden ist, oder doch durch ihre Dauer und Accentuation sich so hervordrängen, dass sie der Aufmerksamkeit des Hörers sich nicht entziehen können. Es ist schon oben bemerkt worden, dass diese dissonanten Accorde nicht um ihrer selbst willen, sondern hauptsächlich als Mittel, das Gefühl des Vorwärtsstrebens in dem Satze zu erhöhen, gebraucht werden können. Daraus folgt denn für die Bewegung des dissonanten Tones, dass wenn derselbe in den Accord schrittweise eintritt und wieder aus ihm austritt, er entweder beide Male steigen oder beide Male fallen muss. Liesse man ihn dagegen in dem dissonanten Accorde seine Bewegung umkehren, so würde die Dissonanz unmotivirt erscheinen. Dann wäre es passender gewesen, den betreffenden Ton in seiner consonanten Lage liegen zu lassen, ohne dass er sich bewegte. Eine Bewegung, welche zu ihrem Ausgangspunkte gleich wieder zurückkehrt, und dabei Dissonanz hervorbringt, unterbleibt besser; sie hat kein Ziel.

Zweitens kann man als Regel aufstellen, dass die Bewegung des dissonanten Tones nicht so gerichtet sein darf, dass sie die Dissonanz aufhebt, wenn die übrigen Theile des Accordes liegen blieben. Denn eine Dissonanz, die von selbst sich aufheben würde, wenn man nur wartet, bis ihr nächster Schritt erfolgt ist, bringt eben keinen Antrieb zum Fortschritt der Harmonie hervor. Sie klingt deshalb matt und ungerechtfertigt. Dies ist der Hauptgrund, warum Septimenaccorde, wenn sie sich unter Fortschreitung der Septime auflösen sollen, nur die Fortschreitung der Septime nach unten zulassen. Denn wenn die Septime in der Tonleiter stiege, würde sie zur Octave des Grundtones werden, und die Dissonanz des Accordes aufgehoben sein. Es kommen bei Bach, Mozart und Anderen solche Fortschreitungen im Dominantseptimenaccorde vor; dann klingt die Septime aber eben nur wie ein Durchgangston, und muss wie ein solcher behandelt werden. Dann ist sie für die Fortschreitung der Harmonie gleichgültig.

Am vollständigsten gesichert ist die Tonhöhe eines einzelnen dissonanten Tones einem mehrstimmigen Accorde gegenüber, wenn jener dissonante Ton schon vorher als Consonanz in dem vorausgehenden Accorde vorhanden gewesen war, und einfach festgehalten wird, während der neue Accord einsetzt. Wenn wir also folgen lassen die Accorde

$$G - d - g - \underline{h}$$
$$c - \underline{e} - g - \underline{h}$$

so ist das h im ersten Accorde durch die Consonanz mit G festgestellt; es bleibt einfach liegen, wenn nun die Töne c und $\underline{e}$ einsetzen, und es wird dadurch zur Dissonanz in dem Septimenaccorde $c - \underline{e} - g - \underline{h}$. Eine solche Dissonanz nennt man vorbereitet. Es war dies die einzig erlaubte Art, Dissonanzen einzuführen, bis zum Ende des 16. Jahrhunderts. Die vorbereiteten Dissonanzen machen eine besonders kräftige Wirkung; ein Theil des vorausgehenden Accordes zögert zu weichen, und muss durch den folgenden erst gewaltsam aus seiner Stelle gedrängt werden. Es wird so das Drängen zum Fortschritt trotz entgegenstehenden Widerstandes, der nur zögernd weicht, sehr wirksam ausgedrückt. Eben deshalb muss aber auch der neu einsetzende Accord ($c - \underline{e} - g$ im letzten Beispiele) auf einem kräftig accentuirten Takttheile einsetzen; sonst fehlt ihm der Ausdruck der Kraftanstrengung. Die Lösung der vorbereiteten Dissonanz dagegen fällt natürlich auf einen nicht accentuirten Takttheil. Es klingt überhaupt nichts schlechter, als wenn Dissonanzen zaghaft und unsicher gespielt oder gesungen werden. Dann sind sie einfach missklingend. Gerechtfertigt sind sie in der Regel nur, wenn sie Energie und kräftiges Vorwärtstreiben ausdrücken.

Solche vorbereitete Dissonanzen, sogenannte Vorhalte, können nun in mannigfachen anderen Accorden vorkommen, als in Septimenaccorden, z. B.

$$\text{Vorbereitung:} \quad G - c - \underline{e},$$
$$\text{Vorhaltsaccord:} \quad G - c - d,$$
$$\text{Auflösung:} \quad G - \underline{H} - d.$$

Der Ton c ist die vorbereitete Dissonanz; im zweiten Accorde, welcher auf einen accentuirten Takttheil fallen muss, tritt d die Quinte von G ein, und erzeugt die Dissonanz $c - d$, nun muss c weichen, und zwar von d sich entfernend, nach dem zweiten oben aufgestellten Gesetze, wodurch die Auflösung $G - \underline{H} - d$ entsteht. Man kann auf die Accorde in umgekehrter Ordnung sich folgen lassen, so dass d die vorbereitete Dissonanz ist, die von c aus der Stelle gedrängt wird. Dies ist aber weniger gut, weil dem weichenden Tone meistens die absteigende Bewegung besser ziemt, als die ansteigende. Gesteigerte Tonhöhe macht uns unwillkürlich immer den Eindruck grösserer Anstrengung, da wir unsere Stimme stärker anstrengen müssen, um hohe Töne zu erreichen. Der dissonante Ton, welcher der grösseren Gewalt weichen muss, schreitet besser nach unten, als dass er durch eigene Anstrengung gleichsam sich erhebt. Doch kann auch das Letztere unter Umständen passen, und es kommen Beispiele genug davon vor.

Im anderen Falle, wenn die Dissonanz nicht vorbereitet ist, sondern mit dem Accorde, in welchem sie Dissonanz ist, gleichzeitig einsetzt, ein Fall, der hauptsächlich bei den Septimenaccorden häufig eintritt, ist die Bedeutung der Dissonanz eine andere. Da die frei eintretenden Septimen der Regel nach absteigend eintreten müssen, so kann man sie sich stets als aus der Octave des Grundtones ihres Accordes absteigend denken, indem man sich zwischen den vorausgehenden und dem Septimenaccord einen consonanten Dur- oder Mollaccord vom Grundtone.des letzteren eingeschoben denkt. In diesem Falle kündet also die eintretende Septime nur an, dass dieser consonante Accord gleich wieder im Zerfallen begriffen ist, und dass die Harmonie durch melodische Bewegung einem neuen Ziele zueilt. Dieses Ziel, der Auflösungsaccord, muss betont werden; der Eintritt der Dissonanz fällt deshalb nothwendig auf den vorhergehenden nicht accentuirten Takttheil.

Der Eintritt eines vereinzelten dissonanten Tones kann eben der Regel nach einem mehrstimmigen Accorde gegenüber nicht als Ausdruck einer Kraftanstrengung benutzt werden, wohl aber der Eintritt eines Accordes einem einzelnen Tone gegenüber, vorausgesetzt, dass dem einzelnen dissonanten Tone nicht eine überwiegende Tonstärke gegeben wird. Deshalb liegt es in der Natur der Sache, dass das Erstere auf nicht accentuirten Takttheilen, das Letztere auf accentuirten geschieht.

Von der Befolgung dieser Regeln, welche den Eintritt der Dissonanzen betreffen, kann man vielfältig absehen bei den Septimenaccorden des verwendeten Systems, in denen die Quarte und Secunde der Tonart vorkommen, und Töne der Unterdominantseite mit solchen der Oberdominantseite gemischt sind. Diese Accorde können noch zu einem anderen Zweck eingeführt werden, als um den dynamischen Eindruck der fortschreitenden Harmonie zu steigern. Sie haben nämlich auch die Wirkung, den Umfang der Tonart dem Gefühle des Hörers fortdauernd gegenwärtig zu erhalten, und ihre Existenz ist durch diesen Zweck gerechtfertigt.

Vom Accorde der Tonica C aus können sich einige Stimmen sehr wohl den Tönen der Oberdominantseite $g — \underline{h} — d$ zuwenden, andere denen der Unterdominantseite $f - \underline{a} - c$ oder $f - \overline{as} - c$, und jede Stimme wird die Lage ihres Tones mit vollkommener Sicherheit finden können, auf das Gefühl einer nahen Verwandtschaft gestützt. Wenn dann freilich der dissonante Accord eingetreten ist, werden die dissonanten Töne, bei denen das Gefühl für ihre ferneren natürlichen Verwandtschaften übertäubt wird durch den gleichzeitig dazu erklingenden fremdartigen Accord, nach der Regel der sich auflösenden Dissonanzen fortschreiten müssen. Ein Sänger zum Beispiel, welcher in dem Accorde $g - \underline{h} - d - f$ das f singt, würde vergebens versuchen sich vorzustellen, wie das dem f verwandte $\underline{a}$ klingen muss, um etwa nach diesem herauf- oder herabzuspringen; wohl aber kann er den engen Halbtonschritt nach $\underline{e}$ in den Accord $g - c - \underline{e}$ hinein sicher ausführen. Dagegen kann sehr wohl das g, welches seinen eigenen Klang durch den Septimenaccord annähernd dargestellt findet, nach seinen verwandten Tönen, c zum Beispiel, springend sich fortbewegen, oder $\underline{h}$ nach g.

In den Accorden $\underline{h} - d \,|\, f - \underline{a}$ und $\underline{h} - d \,|\, f - \overline{as}$, in denen weder die Dominantseite noch die Unterdominantseite überwiegt, wird es überhaupt nicht rathsam sein, einen der Töne springend fortschreiten zu lassen.

Auch wird es nicht rathsam sein, aus einem anderen Accorde als dem tonischen her, springend in die Accorde des verwendeten Systems überzugehen, weil nur der tonische Accord die gleichzeitige Verwandtschaft zu dem Dominant- und dem Subdominantaccorde hat.

Bei den Septimenaccorden des unverwendeten Systems ist ein Uebergang von einem, beiden Enden des Septimenaccordes verwandten, anderen Accorde nicht möglich; daher bei diesen die Dissonanz nach den strengen Regeln eintreten muss.

Ueber die Behandlung des Subdominantenaccordes mit zugefügter Sexte $f - \underline{a} - c - d$ in C-Dur sind die Ansichten der Musiker getheilt. Am richtigsten ist wohl die Vorschrift von Rameau, d als den dissonanten Ton anzusehen, welches ansteigend nach $\underline{e}$ die Dissonanz auflösen muss. Auch ist dies entschieden die wohlklingendste Art der Auflösung. Die neueren Theoretiker betrachten diesen Accord dagegen als Septimenaccord von d, und sehen c als Dissonanz an, welche absteigend sich lösen muss, während d, wenn c liegen bleibt, sich ganz frei bewegt, also namentlich auch absteigend fortschreiten könnte.

Accordfolgen: Ebenso wie die ältere homophone Musik kettenweise Verwandtschaft der Töne einer Melodie verlangte, strebt die neuere Musik nach kettenweiser Verbindung der Accorde eines Harmoniegewebes, wogegen sie sich in der melodischen Folge der einzelnen Töne viel grössere Freiheiten erlauben kann, da durch die Harmonie die natürlichen Verwandtschaften der Töne viel entschiedener und eindringlicher bezeichnet werden als in der homophonen Melodie. Das Verlangen nach kettenweiser Verwandtschaft der Accorde war im 16. Jahrhundert noch wenig entwickelt. Bei den grossen italienischen Meistern dieser Zeit folgen sich die der Tonart angehörigen Accorde oft in den auffallendsten Sprüngen, die wir gegenwärtig nur in seltenen Ausnahmen zulassen würden. Während des 17. Jahrhunderts dagegen entwickelte sich das Gefühl auch für diese Eigenthümlichkeit der Harmonie, daher wir denn die hierauf bezüglichen Regeln bei Rameau schon bestimmt ausgesprochen finden im Anfange des 18. Jahrhunderts. Mit Bezug auf den von ihm aufgestellten Begriff des Fundamentalbasses sprach Rameau diese Regel so aus: „Der Fundamentalbass darf der Regel nach nur in reinen Quinten oder Terzen auf- oder abwärtsschreiten." Nach unserer Darstellung ist der Fundamentalbass eines Accordes derjenige Klang, welcher entweder allein oder wenigstens vorzugsweise durch die Töne des Accordes dargestellt wird. In diesem Sinne genommen fällt Rameau's Regel mit der der melodischen Fortschreitung eines einzelnen Tones zu nächstverwandten Tönen zusammen. Wie die Stimme einer Melodie darf auch der Accordklang nur zu nächstverwandten Tönen fortschreiten. Fortschreitung nach einer Verwandtschaft zweiten Grades ist aber bei Accorden viel schwerer zu motiviren, als bei einzelnen Tönen, und ebenso Fortschreitung in kleinen diatonischen Stufen ohne Verwandtschaft. Deshalb ist Rameau's Regel für die Fortschreitung des Fundamentalbasses im Ganzen strenger, als die Regeln für melodische Fortschreitung einer einzelnen Stimme.

Nehmen wir z. B. den Accord $c - \underline{e} - g$, der dem C-Klange entspricht, so können wir von diesem in Quinten zum G-Klange $g - \underline{h} - d$, oder zum F-Klange fortschreiten, $f - \underline{a} - c$. Die beiden letzteren Accorde haben je einen Ton, beziehlich g und c, mit dem Accorde $c - \underline{e} - g$ gemeinsam, sind ihm also direct verwandt.

Wir können aber auch den Klang in Terzen fortschreiten lassen; dann bekommen wir Mollaccorde, wenn wir die Tonart nicht verlassen wollen. Der Uebergang vom Klange C zum Klange $\underline{E}$

wird ausgedrückt durch die Folge der Accorde $c — \underline{e} — g$ und $\underline{e} — g — \underline{h}$, welche durch zwei Töne verwandt sind. Aehnlich ist die Folge $c — \underline{e} — g$ und $\underline{a} — c — \underline{e}$ vom C-Klange zum $\underline{A}$-Klange. Die letztere ist sogar noch natürlicher als die erstere, weil der Accord $\underline{a} — c — \underline{e}$ einen unreinen $\underline{A}$-Klang mit eingemischtem C-Klange darstellt, der vorher bestehende C-Klang also auch mit zwei Tönen im folgenden Accorde erhalten bleibt, während diese Beziehung im ersten Falle nicht besteht.

Wir können aber, wenn wir die Tonart C-Dur verlassen wollen, auch den Schritt zu den reinen Terzenklängen machen, also von $c — \underline{e} — g$ zu $\underline{e} — \underline{gis} — \underline{h}$ oder zu $\underline{a} — \underline{cis} — \underline{e}$, wie dies in modulatorischen Gängen sehr gewöhnlich ist.

Nur in solchen Fällen lässt Rameau bei consonanten Dreiklängen einen einfachen diatonischen Fortschritt des Fundamentalbasses zu, wo man zwischen einem Dur- und Mollaccorde wechselt, z.B. von $g — \underline{h} — d$ nach $\underline{a} — c — \underline{e}$, also vom G zum $\underline{A}$-Klange; nennt dies aber doch eine Licenz. In der That erklärt sich nach unserer Betrachtungsweise dies leicht, wenn wir den Mollaccord $\underline{a} — c — \underline{e}$ als C-Klang mit eingemischtem $\underline{a}$ ansehen. Dann geschieht der Uebergang in enger Verwandtschaft vom G- zum C-Klange, und das a erscheint nur als Dependenz des letzteren. Jeder Mollaccord repräsentirt eben in unvollkommener Weise einen doppelten Klang, und kann deshalb auch in doppeltem Sinne genommen werden. Systematisch formulirt hat Rameau diese doppelte Bedeutung (double emploi) erst für den mit der Septime versehenen Mollaccord, der in der Form $\underline{d} — f — \underline{a} — c$ als $\underline{D}$-Klang, in der Form $f — \underline{a} — c — d$ als F-Klang gelten kann, oder dessen Fundamentalbass nach Rameau's Ausdrucksweise $\underline{D}$ oder F sein kann. In diesem Septimenaccorde tritt die doppelte Bedeutung stärker hervor, weil der F-Klang in ihm vollständiger ist; aber sie kommt ebenso, wenn auch minder deutlich, dem einfachen Mollaccorde zu.

Zu dem Trugschlusse

$$g — \underline{h} — d \ldots \underline{a} — c — \underline{e}$$

gesellt sich der Cadenz in der Molltonart entsprechend der andere

$$g — \underline{h} — d \ldots \overline{as} — c — \overline{es},$$

wo der Accord $\overline{as} — c — \overline{es}$ statt der normalen Lösung $c — \overline{es} — g$ eintritt. Doch wird hier von dem C-Klange nur eine einzige Note erhalten, weshalb dieser Trugschluss viel auffallender ist. Auch dieser wird gemildert, wenn man dem G-Accorde die Septime f beifügt, welche mit $\overline{as}$ verwandt ist.

Wenn zwei Accorde neben einander gestellt werden, welche nur im zweiten Grade verwandt sind, wird dies im Allgemeinen als ein jäher Sprung empfunden werden. Wenn aber der Accord, welcher ihre Verbindung herstellt, ein Hauptaccord der Tonart ist, und daher schon häufig gehört wurde, ist die Wirkung nicht so auffallend. So sieht man in den Schlusscadenzen nicht ganz selten die Dreiklänge $f - \underline{a} - c$ und $g - \underline{h} - d$ aufeinander folgen, welche mittels des tonischen Accordes verwandt sind:

$$\overbrace{f - \underline{a} - c} \qquad \overbrace{g - \underline{h} - d}$$
$$\underbrace{c - \underline{e} - g}$$

Ueberhaupt ist bei allen diesen Regeln über die Fortschreitung festzuhalten, dass sie vielen Ausnahmen unterworfen sind, theils weil der Ausdruck fordern kann, ausnahmsweise stärkere Sprünge in der Fortschreitung zu machen, theils weil die Erinnerung an die kurz zuvor gehörten Accorde eine schwache Verwandtschaft genügend zu unterstützen vermag, um sie deutlich fühlbar zu machen. Offenbar ist es ein falscher Standpunkt, auf den sich die Lehrer der Harmonik gestellt haben, indem sie dies und jenes in der Musik für verboten erklärten. In der That ist nichts in der Musik absolut verboten, und man findet von sämmtlichen Regeln der Stimmführung Ausnahmen gerade in den wirkungsreichsten Sätzen der grössten Componisten. Man hätte vielmehr darauf ausgehen sollen, zu sagen, dass dieser und jener Schritt, den man verbietet, irgend welche auffallende und ungewöhnliche Wirkung auf den Hörer macht, die eben, weil sie ungewöhnlich ist, nur hinpasst, wo Ungewöhnliches auszudrücken ist. Im Allgemeinen gehen die Vorschriften der Theoretiker darauf aus, einen leicht zu fassenden und wohl zusammenhängenden Fluss der Melodie und Harmonie zu erhalten. Verlangt man einen solchen, so thut man gut, ihre Verbote zu beachten. Aber es ist nicht zu läugnen, dass eine zu ängstliche Vermeidung des Ungewöhnlichen eine gewisse Gefahr der Trivialität und Mattherzigkeit herbeiführt, während andererseits zu rücksichtsloses und häufiges Ueberspringen der Regeln die Sätze barock und zusammenhanglos erscheinen lässt.

Wo unzusammenhängende Dreiklänge neben einander treten, ist ihre Umbildung in Septimenaccorde häufig vortheilhaft, um eine bessere Verbindung herzustellen. Statt der zuletzt erwähnten Folge der Dreiklänge von indirecter Verwandtschaft:

$$f - \underline{a} - c \text{ und } g - \underline{h} - d$$

kann man auf einander folgen lassen die Septimenaccorde, welche dieselben Klänge repräsentiren:

$$f - \underline{a} - c - d \text{ und } g - \underline{h} - d - f.$$

Dann bleiben zwei Töne von den vieren unverändert; in dem F-Accorde klingt noch das d der Oberdominantsaite an, in dem G-Accorde das f.

In dieser Weise spielen die Septimenaccorde eine wichtige Rolle in der modernen Musik, um wohlverbundene und doch schnelle Fortschreitungen in den Accorden möglich zu machen, deren forttreibende Kraft durch die Wirkung der Dissonanz noch gesteigert wird. Namentlich die Fortschreitungen nach der Unterdominantsaite lassen sich leicht so ausführen.

So können wir z. B., von dem Dreiklange $g - \underline{h} - d$ ausgehend, nicht bloss zum C-Accorde $c - \underline{e} - g$, sondern, indem wir das g als Septime liegen lassen, gleich zum Septimenaccorde $\underline{a} - c - \underline{e} - g$ übergehen, der die beiden Dreiklänge $c - \underline{e} - g$ und $\underline{a} - c - \underline{e}$ vereinigt, und dann sogleich zu dem Verwandten des letzteren Accordes, zu $\underline{d} - f - \underline{a}$ fortschreiten, so dass wir mit dem zweiten Schritte an die andere äusserste Grenze des übergreifenden C-Dursystems gelangen. Diese Fortschreitung giebt zugleich die beste Art der Bewegung für die Septime, indem die Septime (g des Beispiels) schon dem vorausgehenden Accorde angehört, also vorbereitet eingeführt wird, und absteigend (nach f) sich auflösen kann. Versuchten wir dieselbe Bewegung rückwärts auszuführen, so müssten wir die Septime g aus dem $\underline{a}$ des Accordes $\underline{d} - f - \underline{a}$ eintreten lassen, wären dann aber gezwungen, das c des Septimenaccordes springend einzuführen, weil wir eine verbotene Quintenparallele ($\underline{d} - \underline{a}$ und $c - g$) erhalten würden, wollten wir es aus $\underline{d}$ absteigen lassen. Wir müssen es vielmehr aus dem f springend eintreten lassen, da das $\underline{a}$ des ersten Dreiklanges schon das $\underline{a}$ und das g des Septimenaccordes liefern muss. So erhalten wir also keine leicht fliessende und natürliche Fortschreitung nach der Oberdominantseite hin; die Bewegung ist viel mehr gehindert, als wenn wir nach der Unterdominantseite fortschreiten. Demgemäss ist denn auch die regelmässige und gewöhnliche Fortschreitung der Septimenaccorde die mit fallender Septime nach dem Dreiklange, dessen Quinte gleich dem Grundtone des Septimenaccordes ist. Wir können, wenn wir den Grundton des Septimenaccordes mit I bezeichnen, seine Terz mit III u. s. w., mit absteigender Septime folgende beiden Dreiklänge erreichen:

$$I - III - V - VII \quad \text{und} \quad I - III - V - VII$$
$$I - \quad IV - VI \qquad I - III - \quad VI$$

Von diesen beiden Fortschreitungen ist die erstere in den Dreiklang, dessen Grundton IV ist, die lebhaftere, insofern sie zu einem Accorde mit zwei neuen Tönen führt. Die andere dagegen zum Dreiklange des Grundtones VI führt nur einen neuen Ton ein. Die erstere wird deshalb als die hauptsächlichste Auflösung der Septimenaccorde betrachtet, z. B.

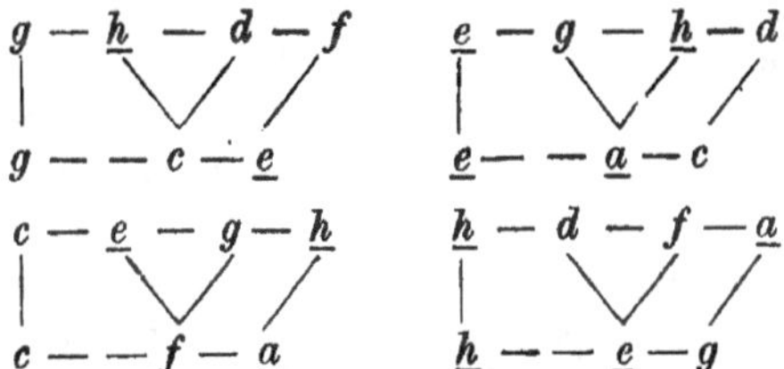

Durch das Absteigen des Tones VII wird der Ton VI eingeführt. Dieser ist im ersteren Falle Terz des neu eintretenden Dreiklanges, im zweiten Falle Grundton. Er kann auch Quinte sein. Das giebt die Fortschreitung:

$$I - III - V - VII$$
$$II - IV - VI,$$

welche aber nur in den beiden Accorden

$$\underline{h} - d - f - \underline{a} \quad \text{und} \quad \underline{h} - d - f - \overline{as}$$
$$c - \underline{e} - g \qquad\qquad c - \overline{es} - g$$

natürlich ist, weil die beiden Septimenaccorde den *G*-Klang vertreten, und der tonische Accord das Band der Verwandtschaft zwischen ihren beiden Hälften herstellt. In den anderen Fällen giebt unser Schema sogenannte Trugfortschreitungen

$$g - \underline{h} - d - f \quad \text{oder} \quad g - \underline{h} - d - f$$
$$\underline{a} - c - \underline{e} \qquad\qquad \overline{as} - c - \overline{es}$$

welche dadurch gerechtfertigt sind, namentlich die erstere als die natürlichere, dass das $c - \underline{e}$ oder $c - \overline{es}$ des Auflösungsaccordes der normalen Auflösung angehören. Rameau bemerkt deshalb richtig, dass diese Art der Auflösung nur erlaubt ist, wenn die IV des zweiten Accordes die normale Quarte der I im Septimenaccorde ist.

Damit sind die Lösungen mit absteigender Septime erschöpft. Die mit liegenbleibender geschehen nach folgenden Schematen:

$$I - III - V - VII \text{ und } I - III - V - VII$$
$$II \quad IV \quad VII \qquad II - V - VII$$

Im ersten wird die Septime Grundton, im zweiten Terz des neuen Accordes. Wenn sie Quinte würde, fiele der neue Accord ganz mit einem Theile des Septimenaccordes zusammen:

$$I - III - V - VII$$
$$VII - III - V - VII$$

In diesen Verbindungen geschieht die Auflösung nach der Oberdominantseite hin. Der Fortschritt ist am entschiedensten in der ersten von ihnen, wo die Septime Grundton wird. Diese Auflösungen sind im Ganzen ungewöhnlicher, weil man leichter und häufiger schon von Accorden der Oberdominantseite her in die Septimenaccorde des unverwendeten Systems einrückt. Bei denen des verwendeten Systems kommen diese Fortschritte häufiger vor, weil deren Septimen auch aufsteigend eintreten können, und daher die Quintenfolgen wegfallen, welche den Uebergang von einem Dreiklange zu einem an seiner Oberdominantseite liegenden Septimenaccorde erschweren.

Was endlich die Uebergänge von einem Septimenaccorde zu einem anderen, oder zu einem dissonanten Dreiklange des verwendeten Systems betrifft, welchen man als einen abgekürzten Septimenaccord betrachten kann, so sind diese Sachen in den Lehrbüchern des Generalbasses genügend entwickelt, und bieten keine principiellen Schwierigkeiten dar, wegen deren wir bei ihnen verweilen müssten.

Dagegen haben wir noch einige Regeln zu besprechen, welche sich auf die Bewegung der einzelnen Stimmen in polyphonen Sätzen beziehen. Ursprünglich waren in solchen polyphonen Sätzen, wie wir oben auseinandergesetzt haben, alle Stimmen von gleicher Berechtigung, hatten auch gewöhnlich nach einander dieselben melodischen Figuren zu wiederholen. Die Harmonie war Nebensache, die melodische Bewegung der vereinzelten Stimmen Hauptsache.

Es musste deshalb dafür gesorgt werden, dass jede Stimme jeder anderen gegenüber selbständig und deutlich von ihr getrennt blieb. Das Verhältniss zwischen der Bedeutung der Harmonie und Melodie ist zwar in der neueren Musik wesentlich verändert worden; erstere hat eine viel höhere selbständige Bedeutung erhalten. Aber die rechte Vollendung erhält sie doch immer erst, wenn sie aus dem Zusammenklang mehrerer Stimmen entsteht, die auch jede für sich ihre schöne und klare melodische Fortschreitung haben, und deren Fortschreitung dem Hörer leicht verständlich bleibt.

Darauf beruht nun das Verbot der sogenannten Octaven- und Quintenparallelen. Ueber den Sinn dieser Verbote ist viel gestritten worden. Der Sinn des Octavenverbots hat sich durch die musikalische Praxis selbst klar gemacht. Man verbietet in polyphoner Musik zwei Stimmen, welche um eine oder zwei Octaven von einander entfernt sind, so fortschreiten zu lassen, dass ihre Distanz beim nächsten Schritt dieselbe ist. Aber ebenso verbietet es sich in einem mehrstimmigen Satze, zwei Stimmen durch einige Noten im Einklang fortgehen zu lassen, dagegen nicht für ganze musikalische Absätze zwei Stimmen, oder auch alle Stimmen in Einklängen und Octaven zu vereinigen, um einen melodischen Gang kräftiger herauszuheben. Offenbar ist der Grund dieser Regel nur darin zu suchen, dass der Reichthum der Stimmenführung durch die Einklänge und Octaven beschränkt wird. Das darf geschehen, wo es mit offener Absicht für eine melodische Phrase ausgeführt wird, aber nicht im Laufe des Stückes für einige wenige Noten, wo es nur den Eindruck machen kann, als ob ein ungeschickter Zufall den Reichthum der Stimmführung beeinträchtigt. Die Begleitung einer unteren Stimme in der höheren Octave verstärkt eben nur einen Theil des Klanges der unteren Stimme, und ist also, wo es auf die Mannigfaltigkeit der Stimmführung ankommt, von dem Einklange nicht wesentlich verschieden.

Nun steht in dieser Beziehung der Octave die Duodecime am nächsten und deren untere Octave die Quinte. An demselben Fehler der Octavenparallelen nehmen daher auch die Duodecimenparallelen und Quintenparallelen Theil. Aber bei ihnen steht es noch schlimmer. Während man nämlich die Begleitung in Octaven, wo sie dem Zwecke entspricht, durch eine ganze Melodie fortführen kann, ohne einen Fehler zu begehen, lässt sich dies für die Quinten und Duodecimen nicht durchführen, ohne die Tonart zu verlassen. Man kann nämlich von der Tonica als Grundton mit Quintenbeglei-

tung keinen einfachen Schritt machen, ohne die Tonart zu verlassen.
In C-Dur würde man von der Quinte $c - g$ nach aufwärts auf $d - a$
kommen; der Tonleiter gehört aber nicht a, sondern das tiefere $\underline{a}$
an. Abwärts folgt $\underline{h} - fis$. Der Ton fis fehlt der Leiter ganz. Die
übrigen Schritte von d aufwärts bis $\underline{a}$ kann man allerdings in reinen
Quinten innerhalb der Tonart ausführen. Es lässt sich also die
klangverstärkende Begleitung in der Duodecime nicht consequent
durchführen. Andererseits aber erscheinen doch beide Intervalle,
namentlich wenn sie um einige gleiche Schritte melodisch fortgehen,
leicht nur als Klangverstärkung des Grundtones. Bei der Duodecime liegt dies darin, dass sie einem der Obertöne des Grundtones
direct entspricht. Bei der Quinte $c - g$ erscheinen c und g als die
beiden ersten Obertöne des Combinationstones C, der die Quinte
begleitet. Die Quintenbegleitung theilt also, wo sie vereinzelt innerhalb eines mehrstimmigen Satzes vorkommt, den Vorwurf der Eintönigkeit, und kann auch nicht consequent als Begleitung gebraucht
werden, ist also in allen Fällen zu vermeiden.

Dass übrigens die Quintenfolgen eben nur den Gesetzen der
künstlerischen Composition widersprechen, und nicht dem natürlichen
Ohre übelklingend sind, geht einfach aus dem Factum hervor, dass
eben alle Töne unserer Stimme und der meisten Instrumente von
Duodecimen begleitet sind, auf welcher Begleitung der ganze Bau
unseres Tonsystems beruht. Sobald also die Quinten als mechanisch
dem Klange zugehörige Bestandtheile erscheinen, haben sie ihre
volle Berechtigung. So in den Mixturen der Orgel. In diesen Registern werden mit den Pfeifen, welche den Grundton des Klanges
geben, auch immer andere angeblasen, welche die harmonischen
Obertöne dieses Grundtones, Octaven, Duodecimen in mehrfacher
Wiederholung, auch wohl hohe Terzen geben. Man setzt, wie schon
früher erwähnt wurde, auf diese Weise künstlich einen schärferen
einschneidenderen Klang zusammen, als ihn die einfachen Orgelpfeifen mit ihren verhältnissmässig schwachen Obertönen geben.
Nur durch dieses Mittel wird der Klang der Orgel ausreichend, den
Gesang einer grösseren Gemeinde zu beherrschen. Fast alle musikalischen Theoretiker haben sich gegen die Begleitung mit Quinten
oder gar Terzen ereifert, aber glücklicher Weise gegen die Praxis
des Orgelbaues nichts ausrichten können. In der That geben die
Mixturen der Orgel keine andere Klangmasse, als Streichinstrumente
oder Posaunen und Trompeten geben würden, wenn sie dieselbe
Musik ausführten. Ganz anders würde es sein, wenn wir selbstän-

dige Stimmen hinstellen wollten, von denen wir dann auch eine selbständige Fortschreitung nach den Gesetzen der melodischen Bewegung, die in der Tonleiter gegeben sind, erwarten müssen. Solche selbständige Stimmen können sich schon nie mit der genauen Präcision eines Mechanismus bewegen, sie werden durch kleine Fehler ihre Selbständigkeit immer bald wieder verrathen, und dann werden wir sie dem Gesetze der Tonleiter unterwerfen müssen, welches eine consequente Quintenbegleitung unmöglich macht.

Das Verbot der Quinten und Octaven erstreckt sich, aber mit minderer Strenge, auch auf die nächstfolgenden consonanten Intervalle, namentlich wenn zwei derselben so zusammengestellt werden, dass sie eine zusammenhängende Gruppe aus den Obertönen eines Klanges bilden. So sind Folgen, wie

$$d - g - \underline{h}$$
$$c - f - \underline{a}$$

nach der Feststellung der musikalischen Theoretiker weniger gut, als

$$\underline{h} - d' - g'$$
$$\underline{a} - c' - f'.$$

Es ist nämlich $d - g - \underline{h}$ der dritte, vierte, fünfte Oberton des Klanges G_{-1}, dagegen können $\underline{h} - d' - g'$ nur als der fünfte, sechste, achte angesehen werden. Es wird also die Eintönigkeit bei der ersten Accordfolge viel entschiedener ausgesprochen sein, als bei der letzteren, welche man oft in langen Gängen fortgehen lässt, wobei sie denn freilich auch in verschiedenen Arten von Terzen und Quarten wechselt.

Das Quintenverbot war vielleicht in der Geschichte der Musik eine Reaction gegen die unvollkommenen ersten Versuche des mehrstimmigen Gesanges, der sich auf eine Begleitung in Quarten oder Quinten beschränkte, dann wurde es, wie jede Reaction, in einer unproductiven mechanischen Zeit übertrieben, und die Reinheit von Quintenparallelen wurde zu einem Hauptkennzeichen einer guten Composition gemacht. Die neueren Harmoniker stimmen darin überein, dass man andere Schönheiten der Stimmführung nicht zerstören solle, weil Quintenparallelen darin vorkommen, wenn es auch räthlich ist, sie zu vermeiden, so weit man nichts Anderes zu opfern braucht.

Das Verbot der Quinten hat übrigens noch eine andere Beziehung, auf welche Hauptmann aufmerksam gemacht hat. Man kommt nämlich nicht leicht in Versuchung, Quintenfolgen zu machen, wenn man von einem consonanten Dreiklange zu einem nah verwandten übergeht, weil sich da näher liegende andere Fortschritte der Stimmen bieten. So zum Beispiel schreitet man vom C-Durdreiklange nach den vier verwandten Dreiklängen folgendermassen, indem der Fundamentalbass um Terzen oder Quinten fortschreitet:

$$c - \underline{e} - g \qquad\qquad c - \underline{e} - g$$
$$c - \underline{e} - \underline{a} \qquad\qquad c - f - \underline{a}$$
$$c - \underline{e} - g \qquad\qquad c - \underline{e} - g$$
$$\underline{H} - \underline{e} - g \qquad\qquad \underline{H} - d - g$$

Wenn man aber den Fundamentalbass in Secunden fortschreiten lässt, also zu einem nicht mehr unmittelbar verwandten Accorde fortgeht, ist allerdings die nächste Lage des neuen Accordes eine solche, die eine Quintenfolge herbeiführt. Zum Beispiel:

$$g - \underline{h} - d' \text{ oder } g - \underline{h} - d'$$
$$\underline{a} - c' - \underline{e}' \text{ oder } f - \underline{a} - c'$$

In diesen Fällen muss man also schon andere Fortschrittsweisen mit grösseren Schritten suchen, wie:

$$g - \underline{h} - d' \text{ oder } g - \underline{h} - d'$$
$$\underline{e} - \underline{a} - c' \text{ oder } \underline{a} - c' - f',$$

wenn man die Quinten vermeiden will.

Bei den durch nahe Verwandtschaft und geringsten Abstand in der Tonleiter eng verbundenen Accorden fallen also die Quintenparallelen von selbst aus, sie sind, wo sie vorkommen, also immer ein Zeichen jäher Accordübergänge, und wenn man wirklich solche macht, ist es besser, die Fortschreitung der Stimmen derjenigen ähnlicher zu machen, welche im Uebergange zu verwandten Accorden von selbst entsteht.

Dieses von Hauptmann hervorgehobene Moment bei den Quintenfolgen erscheint allerdings geeignet, dem Gesetze noch einen weiteren Nachdruck zu leihen. Dass es nicht das einzige Motiv für das Quintenverbot ist, zeigt sich darin, dass die verbotene Folge

$$g - \underline{h} - d' \ldots f - \underline{a} - c'$$

erlaubt wird, wenn sie in der Accordlage

$$\underline{h} - d' - g' \ldots \underline{a} - c' - f'$$

geschieht, wobei der Sprung im Fundamentalbasse derselbe bleibt.

Man hat hieran das Verbot der sogenannten verdeckten Quinten und Octaven wenigstens für die äusseren Stimmen eines mehrstimmigen Satzes geschlossen. Das Verbot sagt aus, dass die unterste und oberste Stimme eines Satzes nicht in gleichgerichteter

Bewegung in die Consonanz einer Octave oder Quinte (Duodecime) übergehen sollen. Sie sollen vielmehr in eine solche Consonanz nur in Gegenbewegung treten, die eine sinkend, die andere steigend. Dasselbe würde im zweistimmigen Satze für den Einklang gelten. Der Sinn dieses Gesetzes ist wohl nur der, dass jedesmal, wo die äusseren Stimmen sich in die Töne eines Klanges zusammenschliessen, sie einen relativen Ruhezustand gegen einander erreichen. Wo dies der Fall ist, erhält die Bewegung allerdings besseres Gleichgewicht, wenn die die ganze Tonmasse umschliessenden Stimmen von entgegengesetzten Seiten ihrem Zusammenschluss sich nähern, als wenn der Schwerpunkt der Tonmasse durch gleichsinnige Bewegung der äusseren Stimmen verrückt wird, und diese, in verschiedener Geschwindigkeit fortschreitend, sich einholen. Wo aber die Bewegung in gleichem Sinne weiter geht, und kein Ruhepunkt beabsichtigt ist, werden auch die verdeckten Quinten nicht vermieden, wie in der gewöhnlichen Formel:

worin das *G D* durch verdeckte Quintengänge erreicht wird.

Eine andere Regel der Stimmführung, betreffend den sogenannten unharmonischen Querstand, ergab sich wohl zunächst aus dem Bedürfniss der Sänger. Was aber für den Sänger schwer zu treffen ist, muss natürlich auch dem Hörer immer als ein ungewöhnlicher und gezwungener Schritt erscheinen. Unter Querstand versteht man den Fall, wo zwei Töne zweier aufeinanderfolgenden Accorde, die verschiedenen Stimmen angehören, falsche Octaven oder Quinten bilden: also wenn im ersten Accorde eine Stimme ein *h* hat, eine andere im zweiten ein *b*, oder die erste ein *c*, die andere ein *cis*. Der Quintenquerstand ist nur für die äusseren Stimmen verboten; er tritt z. B. ein, wenn im ersten Accorde der Bass ein *h*, im zweiten der Sopran ein *f* hat, oder umgekehrt; *h f* ist eine falsche Quinte. Der Sinn der Regel für die falschen Octaven ist wohl der, dass es dem Sänger schwer wird, den neuen Ton zu treffen, der aus der Tonleiter heraustritt, wenn er vorher von einer anderen Stimme den in der Leiter liegenden nächsten Ton ausführen hört. Aehnlich wenn er zur falschen Quinte eines in der gegenwärtigen Harmonie als oberster oder unterster stark heraustretenden Tones übergehen soll. Es liegt also ein gewisser Sinn in der Sache, aber Ausnahmen kommen genug vor, da das Ohr der neueren Musiker, Sänger und Hörer sich an kühnere Combinationen und lebhaftere Bewegung gewöhnt hat. Alle diese Regeln beziehen sich wesentlich auf solche Musik, welche, wie die alte Kirchenmusik, in einem möglichst ruhigen, sanften und überall gut vermittelten, ohne absichtliche Kraftanstrengung im ebenmässigsten Gleichgewicht fortlaufenden Flusse dahingleiten soll. Wo die Musik heftigere Anstrengung und Aufregung ausdrücken soll, verlieren diese Regeln ihren Sinn. Auch findet man sowohl verdeckte Quinten und Octaven, als auch Querstände von falschen Quinten in Menge selbst bei dem als Harmoniker sonst so strengen Sebastian Bach in seinen Chorälen, in denen die Bewegung der Stimmung aber auch freilich viel kräftiger ausgedrückt ist, als in der alten italienischen Kirchenmusik.

Neunzehnter Abschnitt.

Beziehungen zur Aesthetik.

Blicken wir zurück auf die gewonnenen Ergebnisse.

Eine gewisse Klasse von Klängen wird von uns bei aller Musik, melodischer sowohl als harmonischer, bevorzugt, und bei feinerer künstlerischer Ausbildung der Musik sogar so gut wie ausschliesslich angewendet; das sind die Klänge mit harmonischen Obertönen, das heisst, die Klänge, deren höhere Partialtöne Schwingungszahlen haben, welche ganze Multipla sind von der Schwingungszahl des tiefsten Partialtones des Klanges, des Grundtons. Für eine gute musikalische Wirkung verlangen wir eine gewisse mässige Stärke der fünf bis sechs untersten Partialtöne, geringe Stärke der höheren Partialtöne.

Objectiv ausgezeichnet ist diese Klasse von Klängen mit harmonischen Obertönen dadurch, dass zu ihr alle durch einen gleichmässig fortgehenden mechanischen Vorgang erzeugten Schallbewegungen gehören, die demgemäss auch eine gleichmässig fortdauernde Empfindung erregen; unter ihnen stehen in erster Reihe die Klänge der menschlichen Stimme, des der Zeit und der Wichtigkeit nach ersten Musikwerkzeuges des Menschen. Die Klänge aller Blaseinstrumente und Streichinstrumente gehören in dieselbe Klasse.

Unter den Körpern, die durch Anschlag zum Tönen gebracht werden, haben einige, wie die Saiten, ebenfalls harmonische Obertöne, und diese sind zur künstlerischen Musik verwendbar.

Die Mehrzahl der übrigen, Membranen, Stäbe, Platten u. s. w., haben unharmonische Nebentöne, und nur diejenigen von ihnen, welche nicht stark hervortretende Nebentöne dieser Art haben, können vereinzelt und gelegentlich neben eigentlich musikalischen Instrumenten verwendet werden.

Die durch Schlag erregten tönenden Körper können zwar eine Zeit lang fortklingen, aber sie geben nicht einen in gleichmässiger Stärke anhaltenden, sondern einen bald langsamer bald schneller abnehmenden und verlöschenden Ton. Die zum ausdrucksvollen Vortrag nöthige fortdauernde Beherrschung der Tonstärke ist also nur bei den Instrumenten erster Art möglich, welche dauernd erregt werden, und nur harmonische Obertöne geben können. Dagegen haben allerdings die durch Schlag erregten tönenden Körper einen eigenthümlichen Werth durch die schärfere Bezeichnung des Rhythmus.

Ein zweiter Grund für die Bevorzugung der Klänge mit harmonischen Obertönen ist subjectiv und in der Einrichtung unseres Ohres bedingt. In demselben erregt nämlich auch jeder einfache Ton, wenn er stark genug ist, schwächere Empfindungen harmonischer Obertöne, und jede Combination von mehreren einfachen Klängen Combinationstöne, wie ich am Ende des siebenten Abschnitts auseinander gesetzt habe. Sowie nun auch nur einzelne Klänge mit irrationalen Partialtönen hinreichend stark angegeben werden, erhalten wir deshalb Dissonanzen, während einfache Töne im Ohre selbst etwas von der Natur der zusammengesetzten mit harmonischen Obertönen erhalten.

Historisch, dürfen wir wohl annehmen, hat sich alle Musik vom Gesange aus entwickelt; später lernte man die durch den Gesang erreichbaren melodischen Wirkungen auch durch andere Instrumente, welche in ihrer Klangfarbe den Tönen der menschlichen Stimme ähnlich zusammengesetzt waren, hervorbringen. Dass schliesslich, auch bei den grössten Fortschritten der Technik, die Auswahl der Tonwerkzeuge auf die, welche Klänge mit harmonischen Obertönen geben, beschränkt bleiben musste, erklärt sich aus den angegebenen Verhältnissen.

Aber diese durchaus festgehaltene besondere Auswahl der Tonwerkzeuge lässt uns auch sicher erkennen, dass die harmonischen Obertöne von jeher in den musikalischen Bildungen eine wesentliche Rolle gespielt haben, und zwar nicht bloss für die Harmonie, wie

36*

uns die zweite Abtheilung unseres Buches gelehrt hat, sondern auch in der Melodiebildung.

Andererseits können wir uns auch jetzt noch jeden Augenblick von der wesentlichen Bedeutung, welche die Obertöne in der Melodie spielen, überzeugen durch die Ausdruckslosigkeit solcher Melodien, die in objectiv einfachen Tönen, z. B. mit gedackten Orgelpfeifen, vorgetragen werden, bei denen nur subjectiv im Ohre harmonische Obertöne von geringer Intensität mittönen.

Es bestand in aller Musik von jeher das Bedürfniss, in bestimmt abgegrenzten Tonstufen fortzuschreiten; die Wahl dieser Tonstufen selbst hat lange geschwankt. Um engere Tonstufen sicher zu intoniren und zu unterscheiden, gehört eine feinere Ausbildung der Technik und des musikalischen Gehörs, als für grössere Intervalle. Demgemäss finden wir, dass fast alle uncivilisirteren Völker die Halbtöne vermeiden, und nur grössere Intervalle zulassen. Bei einzelnen cultivirteren, Chinesen, Gälen, hat sich eine solche Scala im nationalen Geschmack befestigt.

Es hätte vielleicht scheinen können, als wenn die einfachste Art der Feststellung solcher Stufen die gewesen wäre, dass man sie alle gleich gross, dass heisst gleich gut unterscheidbar in der Empfindung gemacht hätte. Eine solche Art der Abstufung ist in allen unseren Sinnesempfindungen möglich, wie Fechner in seinen Untersuchungen über das psychophysische Gesetz gezeigt hat. Wir finden sie in der Zeittheilung des musikalischen Rhythmus gebraucht, die Astronomen brauchen sie in Bezug auf Lichtintensität bei der Bestimmung der Sterngrössen. Ja auch im Gebiete der Tonhöhen stellt die moderne gleichschwebende chromatische Scala des Claviers eine ähnliche Abstufung dar. Aber obgleich man in gewissen ungebräuchlicheren Scalen der griechischen und in der modernen orientalischen Musik Fälle findet, dass einzelne engere Intervalle nach dem Princip der gleich grossen Stufen getheilt sind, so scheint doch nie und nirgends eine Musik bestanden zu haben, deren Melodien sich fortdauernd in gleich grossen Tonstufen bewegten, sondern immer sind in den Tonleitern grössere und kleinere Intervalle in einer Weise gemischt worden, die, wenn man das Princip der Klangverwandtschaft nicht berücksichtigte, vollkommen willkürlich und unregelmässig erscheinen muss.

Vielmehr hat sich in allen bekannten Musiksystemen von jeher das Intervall der Octave und der Quinte mit entscheidendem Gewichte geltend gemacht. Ihre Differenz ist die Quarte, deren Differenz von der Quinte ist der Pythagoräische Ganzton 8 : 9, durch welchen die Octave zwar mit annähernder Genauigkeit, aber nicht die Quarte und nicht die Quinte getheilt werden kann.

Der einzige Rest, welcher von dem zuweilen in den Scalen der einstimmigen Musik hervortretenden Streben, Stufen nach der Gleichheit der Grösse und nicht nach der Klangverwandtschaft zu bilden, in der neueren Musik geblieben ist, scheint mir in den chromatischen Vorhaltsnoten zu liegen und in dem Leittone der Tonart, wenn er jenen ähnlich gebraucht wird. Aber es ist hier doch immer nur ein aus der Reihe der klangverwandten Töne her wohlbekanntes Intervall, der Halbton, welches seiner Kleinheit wegen leicht nach der Empfindung seiner Unterscheidbarkeit abgemessen werden kann, auch an Stellen, wo seine Klangverwandtschaften im Augenblick nicht fühlbar sind.

Die entscheidende Bedeutung, welche Octave und Quinte von Anfang an in allen musikalischen Scalen gehabt haben, zeigt, dass von Anfang an ein anderes Princip in der Bildung der Tonleiter Einfluss gehabt, bis dasselbe endlich allein die künstlerisch vollendete Form der Leiter bestimmt hat. Wir haben dies Princip als das der Klangverwandtschaft bezeichnet.

Die Verwandtschaft ersten Grades zwischen zwei Klängen beruht darauf, dass sie zwei gleiche Partialtöne haben.

Beim menschlichen Gesange musste die Aehnlichkeit zweier Klänge, die im Verhältniss der Octave oder Quinte zu einander stehen, schon früh auffallen; dadurch ist, wie bemerkt, das Intervall der Quarte mit gegeben, welches übrigens auch noch hinreichend deutlich wahrnehmbare natürliche Verwandtschaft hat, um sich selbst geltend zu machen. Um die Klangähnlichkeit der grossen Terz und grossen Sexte zu finden, war schon feinere Ausbildung des musikalischen Gehörs, vielleicht auch besondere Schönheit der Stimmen nöthig. Auch jetzt noch lassen wir uns durch die etwas zu grossen Terzen der gleichschwebenden Temperatur, an die wir gewöhnt sind, leicht dahin bestimmen, uns mit etwas zu grossen Terzen zufriedengestellt zu finden, wenn wir sie nur in melodischer Folge und nicht im Zusammenklange hören. Andererseits dürfen wir nicht vergessen, dass schon in den Vorschriften des Archytas und des Abdul Kadir, beide nur auf einstimmige Musik bezüglich, die natürliche Terz bevorzugt worden ist, trotzdem beide Musiker durch deren Einführung gezwungen waren, das theoretisch so consequente, einfache und mit der höchsten Autorität bekleidete musikalische System des Pythagoras zu verlassen.

Es hat das Princip der Klangverwandtschaft also nicht zu allen Zeiten die Bildung der Tonleiter ausschliesslich bestimmt, und bestimmt sie auch jetzt noch nicht ausschliesslich bei allen Nationen. Es ist eben dieses Princip als ein bis zu einem gewissen Grade frei gewähltes Stilprincip zu betrachten, wie ich es im dreizehnten Abschnitt schon darzustellen versucht habe. Andererseits aber hat sich die Geschichte der musikalischen Technik Europas aus diesem Princip heraus entfaltet, und darin liegt der Hauptbeweis dafür, dass jenes Princip wirklich die Bedeutung hat, die wir ihm zuschreiben. Indem die diatonische Scala sich als die bevorzugte, zuletzt als die ausschliessliche geltend machte, wurde zuerst in der Tonleiter das genannte Princip rein durchgeführt. Innerhalb der diatonischen Leiter waren nun noch zunächst verschiedene Formen der Durchführung möglich, welche die alten, im einstimmigen Gesange vollkommen gleichberechtigt neben einander stehenden Modi ergaben.

Viel eindringlicher aber, als in seiner melodischen Form, machte sich das Princip der Klangverwandtschaft geltend in seiner harmonischen Form. In der melodischen Folge lässt sich die Gleichheit zweier Partialtöne nur mit Hilfe der Erinnerung erkennen, im Zusammenklange ist es der unmittelbare sinnliche Eindruck der Schwebungen oder der gleichmässig dahin fliessenden Consonanz, der sich dem Hörer aufdrängt. Die Lebhaftigkeit des melodischen und harmonischen Eindrucks ist unterschieden, wie die eines Erinnerungsbildes von dem gegenwärtigen sinnlichen Eindruck seines Originals. Daher rührt denn auch zunächst die viel grössere Empfindlichkeit für die Reinheit der Intervalle, die bei den harmonischen Zusammenklängen sich zeigt, und welche zu den feinsten physikalischen Messungsmethoden ausgebildet werden konnte.

Demnächst kommt namentlich in Betracht, dass die Verwandtschaften zweiten Grades in der harmonischen Musik durch passende Wahl des Grundbasses auf hörbare Verwandtschaften ersten Grades zurückgeführt werden, dass überhaupt entfernte Verwandtschaften leicht deutlich hörbar gemacht werden können und somit bei viel grösserer Mannigfaltigkeit der Fortschreitungen doch ein viel klarerer Zusammenhang aller einzelnen mit dem Ausgangspunkte, der Tonica, festgehalten und dem Hörer sinnlich fühlbar gemacht werden kann. Unverkennbar beruht wesentlich darauf die grosse

Breite und der Reichthum in Schattirungen des Ausdrucks, welche den neueren Compositionen gegeben werden konnten, ohne den künstlerischen Zusammenhang zu verlieren.

Wir haben dann gesehen, wie die Bedürfnisse der harmonischen Musik in eigenthümlicher Weise auf die Bildung der Tonleitern zurückgewirkt haben, wie eigentlich von den alten Tongeschlechtern nur eines, unser Durgeschlecht, unverändert stehen bleiben konnte, und wie die übrigen eigenthümlich verändert in unser Mollgeschlecht zusammenflossen, welches am ähnlichsten dem alten Terzengeschlecht, sich bald dem Sextengeschlecht, bald dem Septimengeschlechte nähern kann, keinem von diesen aber vollständig entspricht.

Dieser Entwickelungsprocess der Elemente des modernen Musiksystems hat sich bis in die Mitte des vorigen Jahrhunderts hingezogen. Erst als man regelmässig Stücke, die in einer Molltonart geschrieben waren, mit dem Mollaccorde zu schliessen wagte, kann man sagen, dass das musikalische Gefühl der europäischen Musiker und Hörer sich in das neue System vollständig und sicher eingewohnt hatte. Der Mollaccord wurde als ein, wenn auch getrübter, Accord seiner Tonica zugelassen.

Ob in dieser Zulassung des Mollaccordes sich etwa das Gefühl für eine andere Art einheitlicher Beziehungen seiner drei Töne ausspricht, wie es A. v. Oettingen*) annimmt, eine Bejahung, welche darauf beruht, dass die drei Töne $c - \overline{es} - g$ den gemeinsamen Oberton g'' haben, wird erst die Zukunft lehren können, wenn es sich zeigen sollte, dass in Oettingen's phonischem Systeme (so nennt er das von ihm theoretisch entwickelte Mollsystem, welches aber von dem historischen Mollsysteme wesentlich verschieden ist) breite und wohlzusammenhängende Compositionen gebildet werden können. Historisch entwickelt hat sich das Mollsystem jedenfalls als ein Compromiss zwischen verschiedenartigen Anforderungen. Namentlich können nur Duraccorde den Klang der Tonica rein wiedergeben; die Mollaccorde halten in ihrer Terz immer ein der Tonica und ihrer Quint nahe verwandtes, aber doch in jene sich nicht vollständig auflösendes Element fest und fügen sich daher im Schlusse nicht so vollständig dem Principe der Tonalität, welches die bisherige Entwickelung der Musik beherrscht hat. Ich habe versucht, es wahrscheinlich zu machen, dass theils davon,

---

*) Das Harmoniesystem in dualer Entwickelung. Dorpat und Leipzig 1866.

theils von den abweichenden Combinationstönen der Mollaccorde der eigenthümliche ästhetische Ausdruck des Moll herrühre.

Ich habe mich bemüht, in der letzten Abtheilung dieses Buches nachzuweisen, dass die Construction der Tonleitern und des Harmoniegewebes ein Product künstlerischer Erfindung, und keineswegs durch den natürlichen Bau oder die natürliche Thätigkeit unseres Ohres unmittelbar gegeben sei, wie man es bisher wohl meist zu behaupten pflegte. Allerdings spielen die natürlichen Gesetze der Thätigkeit unseres Ohres eine grosse und einflussreiche Rolle dabei; sie sind gleichsam die Bausteine, welche der Kunsttrieb des Menschen benutzt hat, um das Gebäude unseres musikalischen Systemes aufzuführen, und dass man die Construction des Gebäudes nur verstehen kann, wenn man die Natur der Stücke, aus denen es aufgeführt ist, genau kennen gelernt hat, zeigt gerade im vorliegenden Falle der Verlauf unserer Untersuchung sehr deutlich. Aber ebenso gut, wie Leute von verschiedener Geschmacksrichtung aus denselben Steinen sehr verschiedenartige Gebäude errichten, ebenso sehen wir auch in der Geschichte der Musik die gleichen Eigenthümlichkeiten des menschlichen Ohres als Grundlage sehr verschiedener musikalischer Systeme dienen. Demgemäss meine ich, können wir nicht zweifeln, dass nicht bloss die Composition vollendeter musikalischer Kunstwerke, sondern auch selbst die Construction unseres Systems der Tonleitern, Tonarten, Accorde, kurz alles dessen, was in der Lehre vom Generalbasse zusammengestellt zu werden pflegt, ein Werk künstlerischer Erfindung sei, und deshalb auch den Gesetzen der künstlerischen Schönheit unterworfen sein müsse. In der That hat die Menschheit seit Terpander und Pythagoras nun zwei ein halb Jahrtausende an dem diatonischen Systeme gearbeitet und geändert, und es lässt sich jetzt noch in vielen Fällen erkennen, dass gerade die ausgezeichneten Componisten es waren, welche theils durch selbstgemachte Erfindungen, theils durch die Sanction, welche sie fremden Erfindungen ertheilten, indem sie sie künstlerisch verwendeten, die fortschreitenden Aenderungen des Tonsystems herbeigeführt haben.

Die ästhetische Zergliederung vollendeter musikalischer Kunstwerke und das Verständniss der Gründe ihrer Schönheit stösst fast überall noch auf scheinbar unüberwindliche Hindernisse. Dagegen in dem besprochenen Gebiete der elementaren musikalischen Technik haben wir nun so viel Einsicht in den Zusammenhang gewonnen, dass wir die Ergebnisse unserer Untersuchung in Beziehung bringen

können zu den Ansichten, welche über den Grund und Charakter
der künstlerischen Schönheit überhaupt aufgestellt und in der neueren Zeit ziemlich allgemein angenommen worden sind. Es ist in
der That nicht schwer, eine enge Beziehung und Uebereinstimmung
zwischen beiden zu entdecken; ja es möchten sich wenig geeigne-
tere Beispiele finden lassen, als die Theorie der Tonleitern und der
Harmonie, um einige der dunkelsten und schwierigsten Punkte der
allgemeinen Aesthetik zu erläutern. Ich glaubte deshalb an diesen
Betrachtungen nicht vorbeigehen zu dürfen, um so mehr, da sie mit
der Lehre von den Sinneswahrnehmungen, und dadurch auch mit
der Physiologie in engem Zusammenhange stehen.

Dass die Schönheit an Gesetze und Regeln gebunden sei, die
von der Natur der menschlichen Vernunft abhängen, wird wohl
nicht mehr bezweifelt. Die Schwierigkeit ist nur, dass diese Gesetze
und Regeln, von deren Erfüllung die Schönheit abhängt und nach
denen sie beurtheilt werden muss, nicht vom bewussten Verstande
gegeben sind, und auch weder dem Künstler, während er das Werk
hervorbringt, noch dem Beschauer oder Hörer, während er es ge-
niest, bewusst sind. Die Kunst handelt absichtsvoll, doch soll das
Kunstwerk als ein absichtsloses erscheinen und so beurtheilt werden.
Sie soll schaffen wie die Einbildungskraft vorstellt, gesetzmässig
ohne bewusstes Gesetz, zweckmässig ohne bewussten Zweck. Ein
Werk, von dem wir wissen und erkennen, dass es durch reine
Verstandesthätigkeit zu Stande gekommen ist, werden wir nie als
ein Kunstwerk anerkennen, so vollkommen zweckentsprechend es
auch sein mag. Wo wir in einem Kunstwerke bemerken, dass bewusste Reflexionen auf die Anordnung des Ganzen eingewirkt haben,
finden wir es arm. „Man fühlt die Absicht, und man wird verstimmt.“
Und doch verlangen wir von jedem Kunstwerk Vernunftmässigkeit,
wie wir dadurch zeigen, dass wir es einer kritischen Betrachtung
unterwerfen, dass wir unseren Genuss und unser Interesse daran zu
erhöhen suchen durch Aufspürung der Zweckmässigkeit, des Zusammenhanges und Gleichgewichts aller seiner einzelnen Theile. Wir
finden es desto reicher, je mehr es uns gelingt, uns die Harmonie
und Schönheit aller Einzelheiten klar zu machen, und wir betrachten es als das Hauptkennzeichen eines grossen Kunstwerkes, dass
wir durch eingehendere Betrachtung immer mehr und mehr Vernunftmässigkeit im Einzelnen finden, je öfter wir es an uns vorübergehen lassen, und je mehr wir darüber nachdenken. Indem wir
durch kritische Betrachtung die Schönheit eines solchen Werkes zu

begreifen streben, was uns bis zu einem gewissen Grade auch gelingt, zeigen wir, dass wir eine Vernunftmässigkeit in dem Kunstwerke voraussetzen, die auch zum bewussten Verständniss erhoben
werden kann, obgleich ein solches Verständniss weder für die Erfindung, noch für das Gefühl des Schönen nöthig ist. Denn in dem
unmittelbaren Urtheil des künstlerisch gebildeten Geschmacks wird
ohne alle kritische Ueberlegung das ästhetisch Schöne als solches
anerkannt; es wird ausgesagt, dass es gefalle oder nicht gefalle,
ohne es mit irgend einem Gesetze und Begriffe zu vergleichen.

Dass wir aber das Wohlgefallen am Schönen nicht als eine
zufällige individuelle Beziehung auffassen, sondern als eine gesetz-
mässige Uebereinstimmung mit der Natur unseres Geistes, zeigt
sich eben darin, dass wir von jedem gesunden anderen menschlichen Geiste dieselbe Anerkennung des Schönen erwarten und verlangen, die wir ihm selbst zollen. Höchstens geben wir zu, dass
die nationalen oder individuellen Abweichungen des Geschmacks
sich dem einen oder anderen künstlerischen Ideale mehr zuneigen,
und von ihm leichter erregt werden, so wie denn auch nicht zu
leugnen ist, dass eine gewisse Erziehung und Uebung in der Anschauung schöner Kunstwerke nöthig sei, um in ihr tieferes Verständniss einzudringen.

Die Hauptschwierigkeit in diesem Gebiete ist nun, zu begreifen, wie Gesetzmässigkeit durch Anschauung wahrgenommen werden kann, ohne dass sie als solche zum wirklichen Bewusstsein
kommt. Auch erscheint diese Bewusstlosigkeit des Gesetzmässigen
nicht als eine Nebensache in der Wirkung des Schönen auf unseren Geist, welche sein kann oder auch nicht sein kann, sondern sie
ist offenbar von ganz wesentlicher und hervorragender Bedeutung.
Denn indem wir überall die Spuren von Gesetzmässigkeit, Zusammenhang und Ordnung wahrnehmen, ohne doch das Gesetz und den
Plan des Ganzen vollständig übersehen zu können, entsteht in uns
das Gefühl einer Vernunftmässigkeit des Kunstwerks, die weit über
das hinausreicht, was wir für den Augenblick begreifen, und an der
wir keine Grenzen und Schranken bemerken. Eingedenk des Dich-
terwortes:

„Du gleichst dem Geist, den Du begreifst",
fühlen wir diejenigen Geisteskräfte, welche in dem Künstler gearbeitet haben, unserem bewussten verständigen Denken bei weitem
überlegen, indem wir zugeben müssen, dass mindestens, wenn es
überhaupt möglich wäre, unübersehbare Zeit, Ueberlegung und

Arbeit dazu gehört haben würde, um durch bewusstes Denken denselben Grad von Ordnung, Zusammenhang und Gleichgewicht aller Theile und aller inneren Beziehungen zu erreichen, welchen der Künstler, allein durch sein Taktgefühl und seinen Geschmack geleitet, hergestellt hat, und welchen wir wiederum mittels unseres eigenen Taktgefühls und Geschmacks zu schätzen und zu fassen wissen, längst ehe wir angefangen haben, das Kunstwerk kritisch zu analysiren.

Es ist klar, dass wesentlich hierauf die Hochschätzung des Künstlers und des Kunstwerkes liegt. Wir verehren in dem ersteren einen Genius, einen Funken göttlicher Schöpferkraft, welcher über die Grenzen unseres verständig und selbstbewusst rechnenden Denkens hinausgeht. Und doch ist der Künstler wieder ein Mensch wie wir, in welchem dieselben Geisteskräfte wirken, wie in uns selbst, nur in ihrer eigenthümlichen Richtung reiner, geklärter, in ungestörterem Gleichgewichte, und indem wir selbst mehr oder weniger schnell und vollkommen die Sprache des Künstlers verstehen, fühlen wir, dass wir selbst Theil haben an diesen Kräften, die so Wunderbares hervorbrachten.

Darin liegt offenbar der Grund der moralischen Erhebung und des Gefühls seliger Befriedigung, welches die Versenkung in echte und hohe Kunstwerke hervorruft. Wir lernen an ihnen fühlen, dass auch in den dunklen Tiefen eines gesund und harmonisch entfalteten menschlichen Geistes, welche der Zergliederung durch das bewusste Denken für jetzt wenigstens noch unzugänglich sind, der Keim zu einer vernünftigen und reicher Entwickelung fähigen Ordnung schlummert, und wir lernen, vorläufig zwar an gleichgültigem Stoffe ausgeführt, in dem Kunstwerk das Bild einer solchen Ordnung der Welt, welche durch Gesetz und Vernunft in allen ihren Theilen beherrscht wird, kennen und bewundern. Es ist wesentlich Vertrauen auf die gesunde Urnatur des menschlichen Geistes, wie sie ihm zukommt, wo er nicht geknickt, verkümmert, getrübt und verfälscht worden ist, was die Anschauung des rechten Kunstwerks in uns erweckt.

In allen diesen Beziehungen aber ist es eine wesentliche Bedingung, dass der ganze Umfang der Gesetzmässigkeit und Zweckmässigkeit eines Kunstwerkes nicht durch bewusstes Verständniss gefasst werden könne. Eben durch den Theil seiner Vernunftmässigkeit, welcher nicht Gegenstand bewussten Verständnisses wird, behält das Kunstwerk für uns das Erhebende und Befriedigende, von ihm hängen die höchsten Wirkungen künstlerischer Schönheit ab, nicht von dem Theile, welchen wir vollständig analysiren können.

Wenden wir nun diese Betrachtungen auf das System der musikalischen Töne und der Harmonie an, so sind dies allerdings Gegenstände, die einem ganz untergeordneten und elementaren Gebiete angehören, aber auch sie sind langsam reif gewordene Erfindungen des künstlerischen Geschmacks der Musiker, und auch sie müssen sich daher den allgemeinen Regeln der künstlerischen Schönheit fügen. Gerade weil wir hier noch in dem niederen Gebiete künstlerischer Technik verweilen, und nicht mit dem Ausdrucke tieferer psychologischer Probleme zu thun haben, stossen wir auf eine verhältnissmässig einfache und durchsichtige Lösung jenes fundamentalen Räthsels der Aesthetik.

Die ganze letzte Abtheilung dieses Buches hat auseinandergesetzt, wie die Musiker allmälig die verwandtschaftlichen Beziehungen zwischen den Tönen und Accorden aufgefunden haben, wie durch die Erfindung der harmonischen Musik diese Beziehungen enger, deutlicher und reicher geworden sind. Wir sind im Stande gewesen, das gesammte System von Regeln, die die Lehre vom Generalbasse bilden, herzuleiten aus dem Bestreben, eine deutlich zu empfindende Verbindung in die Reihe der Töne, welche ein Musikstück bilden, hineinzubringen.

Zuerst entwickelte sich das Gefühl für die melodische Verwandtschaft aufeinanderfolgender Töne, und zwar anfangs für die Octave und Quinte, später für die Terz. Wir haben uns bemüht, nachzuweisen, dass dieses Gefühl der Verwandtschaft begründet war in der Empfindung gleicher Partialtöne der betreffenden Klänge. Nun sind diese Partialtöne allerdings vorhanden in der sinnlichen Empfindung des Gehörnervenapparats, und doch werden sie als für sich bestehende Empfindungen für gewöhnlich nicht Gegenstand der bewussten Wahrnehmung. Die bewusste Wahrnehmung des gewöhnlichen Lebens beschränkt sich darauf, den Klang, dem sie angehören, als Ganzes aufzufassen, etwa wie wir den Geschmack einer zusammengesetzten Speise als Ganzes auffassen, ohne uns klar zu machen, wie viel davon dem Salze, dem Pfeffer oder anderen Gewürzen und Zuthaten angehört. Es gehört erst eine kritische Untersuchung unserer Gehörempfindungen als solcher dazu, damit wir die Existenz der Obertöne herausfinden. Daher ist denn auch der eigentliche Grund der melodischen Verwandtschaft zweier Klänge bis auf mehr oder weniger deutlich ausgesprochene Vermuthungen, wie wir sie z. B. bei Rameau und d'Alembert finden, so lange Zeit nicht entdeckt worden, oder wenigstens nicht bis zu einer ganz klaren und bestimmten Darstellung gekommen. Ich glaube nun im Stande gewesen zu sein, eine solche zu geben, und den ganzen Zusammenhang deutlich dargelegt zu haben. Das ästhetische Problem ist damit zurückgeführt worden auf die gemeinsame Eigenthümlichkeit aller unserer sinnlichen Wahrnehmungen, vermöge der wir zusammengesetzte Aggregate von Empfindungen als die sinnlichen Symbole einfacher äusserer Objecte auffassen, ohne sie zu analysiren. Unsere Aufmerksamkeit ist bei der alltäglichen Beobachtung der Aussenwelt so durchaus an die äusseren Óbjecte gefesselt, dass wir durchaus ungeübt bleiben, diejenigen Eigenthümlichkeiten unserer Sinnesempfindungen als solche zur bewussten Beobachtung zu bringen, welche wir nicht als sinnlichen Ausdruck eines gesonderten äusseren Gegenstandes oder Vorgangs kennen gelernt haben.

Nachdem die Musiker sich lange Zeit mit den melodischen Verwandtschaften der Töne begnügt hatten, fingen sie im Mittelalter an, ihre harmonische Verwandtschaft, die sich in der Consonanz zeigt, zu benutzen. Die Wirkungen der verschiedenen Zusammenklänge beruhen wiederum zum Theil auf der Gleichheit oder Ungleichheit ihrer verschiedenen Partialtöne, zum Theil auf den Combinationstönen. Während aber in der melodischen Verwandtschaft die Gleichheit der Obertöne nur mittels der Erinnerung an den vorausgegangenen Klang empfunden werden kann, wird sie in der Consonanz durch eine Erscheinung der gegenwärtigen sinnlichen Empfindung festgestellt, nämlich durch die Schwebungen. In dem harmonischen Zusammenklange wird also die Verwandtschaft der Töne mit derjenigen grösseren Lebhaftigkeit hervortreten, welche eine gegenwärtige Empfindung vor der dem Gedächtnisse anvertrauten Erinnerung voraus hat. Gleichzeitig wächst der Reichthum der deutlich wahrnehmbaren Beziehungen mit der Zahl der gleichzeitig erklingenden Töne. Die Schwebungen nun sind zwar leicht als solche zu erkennen, wenn sie langsam gehen; die für die Dissonanzen charakteristischen Schwebungen gehören aber fast ohne Ausnahme zu den sehr schnellen und sind zum Theil überdeckt von anderen anhaltenden, nicht schwebenden Tönen, so dass eine sorgfältige Vergleichung langsamerer und schnellerer Schwebungen dazu gehörte, um sich zu überzeugen, dass das Wesen der Dissonanz eben in schnellen Schwebungen begründet sei.

Langsame Schwebungen machen auch nicht den Eindruck der Dissonanz, sondern erst solche, denen das Ohr nicht mehr folgen kann und von denen es verwirrt wird.   Auch hier also fühlt das Ohr den Unterschied zwischen dem ungestörten Zusammenklange zweier consonanten Töne, und dem gestörten, rauhen Zusammenklange einer Dissonanz. Worin aber die Störung im letzteren Falle besteht, bleibt dem Hörer für gewöhnlich durchaus unbekannt.

Die Entwickelung der Harmonie gab Gelegenheit zu einer viel reicheren Entfaltung der musikalischen Kunst, als sie vorher möglich gewesen war, weil bei dem viel deutlicher ausgesprochenen verwandtschaftlichen Zusammenhange der Töne in den Accorden und Accordfolgen auch viel entlegenere Verwandtschaften, namentlich Modulationen in andere Tonarten, benutzt werden konnten, als sonst. Es wuchs dadurch der Reichthum der Ausdrucksmittel ebenso gut, wie die Schnelligkeit der melodischen und harmonischen Uebergänge, die man eintreten lassen konnte, ohne den Zusammenhang zu zerreissen.

Als man im 15. und 16. Jahrhundert die selbständige Bedeutung der Accorde einsehen lernte, entwickelte sich das Gefühl für die Verwandtschaft der Accorde, theils unter einander, theils mit dem tonischen Accorde, ganz nach demselben Gesetze, wie es für die Verwandtschaft der Klänge längst unbewusst ausgebildet war. Die Verwandtschaft der Klänge beruhte auf der Gleichheit eines oder mehrerer Partialtöne, die der Accorde auf Gleichheit einer oder mehrerer ihrer Noten. Für den Musiker freilich ist das Gesetz von der Verwandtschaft der Accorde und der Tonarten viel verständlicher, als das für die Verwandtschaft der Klänge. Er hört die gleichen Töne leicht heraus oder sieht sie in Noten verzeichnet vor sich. Der unbefangene Hörer aber macht sich den Grund des Zusammenhanges einer klar und wohlklingend hinfliessenden Accordreihe eben so wenig klar, als den einer wohlzusammenhängenden Melodie. Er wird aufgeschreckt, wenn ein Trugschluss kommt, er fühlt das Unerwartete desselben, ohne dass er nothwendiger Weise sich des Grundes bewusst wird.

Dann haben wir gesehen, dass der Grund, warum ein Accord in der Musik als Accord eines bestimmten Grundtones auftritt, wiederum auf der Zerlegung der Klänge in Partialtöne beruht, also wiederum auf Elementen der Empfindung, die nicht leicht zu Objecten der bewussten Wahrnehmung werden. Diese Beziehung zwischen Accorden ist aber von einer grossen Bedeutung, sowohl in dem

Verhältniss des tonischen Accordes zur Tonica, als in der Reihenfolge der Accorde.

Die Anerkennung dieser Aehnlichkeiten zwischen den Klängen und Accorden erinnert an andere ganz entsprechende Erfahrungen. Wir müssen oft die Aehnlichkeit der Gesichter zweier naher Verwandten anerkennen, während wir selten genug im Stande sind, anzugeben, worauf diese Aehnlichkeit beruht, namentlich wenn Alter und Geschlecht verschieden sind und die gröberen Umrisse der Gesichtszüge deshalb die auffallendsten Verschiedenheiten darbieten. Und doch kann trotz dieser Unterschiede und trotzdem wir keinen einzigen Theil des Gesichts zu bezeichnen wissen, der in beiden gleich sei, die Aehnlichkeit so ausserordentlich auffallend und überzeugend sein, dass wir keinen Augenblick darüber im Zweifel sind. Ganz ähnlich verhält es sich mit der Anerkennung der Verwandtschaft zweier Klänge.

So sind wir auch oft im Stande, mit voller Bestimmtheit anzugeben, dass ein von uns noch nie gehörter Satz eines Schriftstellers oder Componisten, dessen andere Werke wir kennen, gerade diesem Autor angehören müsse. Zuweilen, aber bei weitem nicht immer, sind es einzelne zur Manier gewordene Redewendungen oder Tonfälle, welche unser Urtheil bestimmen, aber auch hierbei werden wir in den meisten Fällen nicht im Stande sein, anzugeben, worin die Aehnlichkeit mit den anderen bekannten Werken des Autors begründet ist.

Die Analogie zwischen diesen verschiedenen Fällen geht sogar noch weiter. Wenn Vater und Tochter eine auffallende Aehnlichkeit in der gröberen äusseren Form, etwa der Nase oder der Stirn, haben, so bemerken wir dies leicht, es beschäftigt uns aber nicht weiter. Ist aber die Aehnlichkeit so räthselhaft verborgen, dass wir sie nicht zu finden wissen, so fesselt uns dies, wir können nicht aufhören, die betreffenden Gesichter zu vergleichen, und wenn uns ein Maler zwei solche Köpfe darstellt, die etwa noch verschiedenen Charakterausdruck haben, und in denen doch eine schlagende und undefinirbare Aehnlichkeit vorherrscht, so würden wir unzweifelhaft dies als eine der Hauptschönheiten seines Gemäldes preisen. Auch würde diese unsere Bewunderung durchaus nicht bloss seiner technischen Fertigkeit gelten, wir würden in dieser Leistung nicht nur ein Kunststück sehen, sondern ein ungewöhnlich feines Gefühl für die Bedeutung der Gesichtszüge, und darin würde die künstlerische Berechtigung eines solchen Werkes liegen.

Aehnlich verhält es sich nun wiederum bei den musikalischen Intervallen. Die Aehnlichkeit der Octave mit ihrem Grundtone ist so gross und auffallend, dass sie auch dem stumpfesten Gehör auffällt; die Octave erscheint daher fast als eine reine Wiederholung des Grundtones, wie sie ja denn auch in der That einen Theil vom Klange ihres Grundtones wiederholt, ohne etwas Neues hinzuzuthun. Die Octave ist daher in ihrer ästhetischen Wirkung ein vollkommen klares, aber wenig anziehendes Intervall. Die anziehendsten unter den Intervallen, sowohl in melodischer als harmonischer Anwendung, sind offenbar die Terzen und Sexten, und gerade diese stehen an der Grenze der dem Ohre noch verständlichen Intervalle. Die grosse Terz und grosse Sexte erfordern für ihre Verständlichkeit die Hörbarkeit der ersten fünf Partialtöne. Diese sind auch in guten musikalischen Klangfarben vorhanden. Die kleine Terz und kleine Sexte haben meist nur noch als Umkehrungen der vorigen Intervalle ihre Berechtigung. Die complicirteren Intervalle der Tonleiter haben keine directe und leicht verständliche Verwandtschaft mehr. Ihnen kommt auch nicht mehr der Reiz zu, den die Terzen haben.

Es ist übrigens nicht nur eine äusserliche gleichgiltige Gesetzmässigkeit, welche durch die Benutzung der auf Klangverwandtschaft gegründeten diatonischen Leiter in das Tonmaterial der Musik gebracht wird, wie etwa der Rhythmus eine solche äusserliche Ordnung in die Worte der Poesie bringt. Ich habe vielmehr schon im vierzehnten Abschnitte auseinandergesetzt, wie durch diese Construction der Tonleiter ein Maass für die Abstände der Töne in derselben gegeben wird, so dass wir in unmittelbarer Empfindung zwei gleiche Intervalle, die in verschiedenen Abschnitten der Leiter liegen, als gleich anerkennen. Der melodische Fortschritt durch das Intervall der Quinte zum Beispiel ist immer dadurch charakterisirt, dass der zweite Partialton des zweiten Klanges gleich dem dritten des ersten ist. Dadurch wird eine Bestimmtheit und Sicherheit in der Abmessung der Intervalle für die Empfindung hergestellt, wie sie weder im Bereiche des übrigens so ähnlichen Systemes der Farben, noch in der Abmessung der blossen Intensitätsunterschiede der verschiedenen Sinnesempfindungen möglich ist.

Hierauf beruht nun auch die charakteristische Aehnlichkeit zwischen den Verhältnissen der Tonleiter und denen im Raume, welche, wie mir scheint, von allerwesentlichster Bedeutung für die eigenthümlichen Wirkungen der Musik ist. Es ist ein wesentlicher Charakter des Raumes, dass in jeder Stelle desselben die gleichen Körperformen Platz finden, und die gleichen Bewegungen vor sich gehen können. Alles, was in einem Theile des Raumes vor sich gehen kann, kann auch in jedem anderen vor sich gehen, und von uns in derselben Weise wahrgenommen werden. Ebenso ist es in der Tonleiter. Jede melodische Phrase, jeder Accord, die in irgend einer Höhe ausgeführt worden sind, können in jeder anderen Lage wiederum so ausgeführt werden, dass wir die charakteristischen Zeichen ihrer Aehnlichkeit sogleich unmittelbar empfinden. Andererseits können auch verschiedene Stimmen, welche ähnliche oder verschiedene melodische Phrasen ausführen, gleichzeitig in der Breite der Tonleiter, wie zwei Körper im Raume, neben einander bestehen, und ohne gegenseitige Störung wahrgenommen werden, letzteres namentlich wenn sie in den accentuirten Tacttheilen mit einander consonant sind. Dadurch ist in wesentlichen Verhältnissen eine so grosse Aehnlichkeit der Tonleiter mit dem Raume gegeben, dass nun auch die Aenderung der Tonhöhe, die wir ja oft bildlich als Bewegung der Stimme nach der Höhe oder Tiefe bezeichnen, eine leicht erkennbare und hervortretende Aehnlichkeit mit der Bewegung im Raume erhält. Dadurch wird es weiter möglich, dass die musikalische Bewegung auch die für die treibenden Kräfte charakteristischen Eigenthümlichkeiten der Bewegung im Raume nachahmt, und somit auch ein Bild der der Bewegung zu Grunde liegenden Antriebe und Kräfte giebt. Darauf wesentlich beruht, wie mir scheint, ihre Fähigkeit Gemüthsstimmungen auszudrücken.

Ich möchte hierbei nicht ausschliessen, dass die Musik in ihren Anfängen und in ihren einfachsten Formen nicht zuerst künstlerische Nachahmung der instinctiven Modulationen der Stimme, welche den verschiedenen Gemüthszuständen entsprechen, gewesen sei. Aber ich glaube nicht, dass dies der oben gegebenen Erklärung widerspricht; denn ein grosser Theil der natürlichen Ausdrucksmittel der Stimme lässt sich darauf zurückführen, dass ihr Rhythmus und ihre Accentuirung unmittelbarer Ausdruck der Geschwindigkeit und Heftigkeit der entsprechenden psychischen Antriebe ist, dass Anstrengung die Stimme in die Höhe treibt, das Streben einem Andern einen angenehmen Eindruck zu machen, für sie eine weichere, sinnlich angenehmere Klangfarbe wählen macht, u. s. w. Das Streben, die unwillkürlichen Modulationen der Stimme nachzuahmen und deren Recitation reicher und ausdrucksvoller zu machen, mag deshalb sehr wohl unsere Vorfahren auf die Erfindung der ersten musikalischen

Ausdrucksmittel geführt haben, so wie denn Nachahmung einer weinenden, schreienden, schluchzenden Stimme ebenso gut wie andere musikalische Malereien an einzelnen Stellen auch in der ausgebildeten, namentlich dramatischen Musik eine Rolle spielen kann, obgleich die genannten Modificationen solche sind, bei denen nicht nur freie geistige Antriebe, sondern auch wirklich mechanisch und unwillkürlich eintretende Muskelcontractionen eine Rolle spielen. Aber es geht offenbar schon jede vollständig ausgebildete Melodie weit hinaus über die Naturnachahmung, selbst wenn man die Fälle aller reichster leidenschaftlicher Stimmveränderung herbeiziehen wollte. Ja dadurch, dass die Musik den stufenweisen Fortschritt im Rhythmus und in der Tonleiter einführt, macht sie sich eine auch nur angenäherte treue Naturnachahmung geradezu unmöglich, denn die meisten leidenschaftlichen Affectionen der Stimme charakterisiren sich gerade durch schleifende Uebergänge der Tonhöhen. Die Naturnachahmung in der Musik ist dadurch in derselben Weise unvollkommen geworden, wie die Nachahmung eines Gemäldes durch eine Straminstickerei in abgesetzten Quadraten und abgesetzten Farbentönen. Noch mehr entfernte sie sich von der Natur, indem sie den grösseren Umfang, die viel grössere Beweglichkeit, die fremdartigen Klangfarben der Instrumente einführte, durch welche das Feld der erreichbaren musikalischen Effecte so sehr viel reicher geworden ist, als es bei Benutzung der menschlichen Stimmen allein gewesen ist und sein würde.

Wenn es also auch wahrscheinlich richtig ist, dass die Menschheit in ihrer historischen Entwickelung die ersten musikalischen Ausdrucksmittel der menschlichen Stimme abgelernt hat, so wird schwerlich zu leugnen sein, dass diese selben Ausdrucksmittel der melodischen Bewegung in der künstlerisch entwickelten Musik durchaus unabhängig von ihrer Anwendung in den Modulationen der menschlichen Stimme wirken, und eine allgemeinere Bedeutung haben, als die von instinctiven angeborenen Lauten. Dass dies so ist, zeigt vor allen Dingen die moderne Entwickelung der reinen Instrumentalmusik, deren Wirksamkeit und künstlerische Berechtigung wir uns nicht wegleugnen zu lassen brauchen, wenn wir sie auch noch nicht in ihren Einzelheiten erklären können.

Ich schliesse hiermit meine Arbeit. So viel ich übersehe, habe ich sie so weit fortgeführt, als die physiologischen Eigenthümlichkeiten der Gehörempfindung einen directen Einfluss auf die Construction des musikalischen Systems ausüben, so weit als die Arbeit hauptsächlich einem Naturforscher zufallen musste. Denn wenn sich auch naturwissenschaftliche Fragen mit ästhetischen mischten, so waren die letzteren doch von verhältnissmässig einfacher Art, die ersteren jedenfalls viel verwickelter. Dies Verhältniss muss sich nothwendig umkehren, wenn man versuchen wollte, in der Aesthetik der Musik weiter vorzuschreiten, wenn man zur Lehre vom Rhythmus, von den Compositionsformen, von den Mitteln des musikalischen Ausdrucks übergehen wollte. In allen diesen Gebieten werden die Eigenthümlichkeiten der sinnlichen Empfindung noch hin und wieder einen Einfluss haben, aber doch wohl nur in sehr untergeordneter Weise. Die eigentliche Schwierigkeit wird in der Verwickelung der psychischen Motive liegen, die sich hier geltend machen. Freilich beginnt auch hier erst der interessantere Theil der musikalischen Aesthetik — handelt es sich doch darum, schliesslich die Wunder der grossen Kunstwerke zu erklären, die Aeusserungen und Bewegungen der verschiedenen Seelenstimmungen kennen zu lernen. So lockend aber auch das Ziel sein möge, ziehe ich es doch vor, diese Untersuchungen, in denen ich mich zu sehr als Dilettant fühlen würde, Anderen zu überlassen, und selbst auf dem Boden der Naturforschung, an den ich gewöhnt bin, stehen zu bleiben.

Elektromagnetische Treibmaschine für die Sirene.

Zu Seite 23.

Ich habe neuerdings eine kleine elektromagnetische Maschine von constanter Rotationsgeschwindigkeit construirt, welche sich für die Bewegung einer Sirene als sehr vortheilhaft erwies. Ein rotirender Elektromagnet, in welchem die Stromrichtung bei jeder halben Umdrehung gewechselt wird, bewegt sich zwischen zwei festen Magnetpolen. Der Strom in diesem Elektromagneten wird durch die Centrifugalkraft einer an der Umdrehungsaxe desselben befestigten Metallmasse unterbrochen, sobald die Geschwindigkeit den verlangten Grad zu überschreiten anfängt. Zwei Spiralfedern, deren Elasticität der Centrifugalkraft entgegenwirkt, können nach Belieben stärker oder schwächer gespannt werden. Dadurch kann die Geschwindigkeit der Drehung auf jedem beliebigen Grade erhalten werden. Eine Abbildung und Beschreibung dieser Maschine ist durch Herrn S. Exner gegeben in den Sitzungsberichten der Wiener Akademie: Math. Naturw. Cl. LVIII, Bd. II, Abth. 1868. 8. Oct.

Die Sirene wird durch einen dünnen Schnurlauf mit der Maschine verbunden, und braucht dann nicht angeblasen zu werden; ich brachte vielmehr auf der Scheibe eine kleine aus steifem Papier verfertigte Turbine an, welche die Luft durch die Oeffnungen trieb, so oft diese mit denen des Kastens zusammenfielen. Bei dieser Einrichtung erhielt ich ausserordentlich constante Töne von der Sirene, so dass sie mit den besteingerichteten Orgelpfeifen wetteifern konnte.

Maasse und Verfertigung von Resonatoren.

Zu Seite 75.

Am wirksamsten sind die Resonatoren von kugelförmiger Gestalt mit kurzem trichterförmigen Halse, den man in das Ohr einsetzt, wie Fig. 16 *a* S. 73. Der Vorzug dieser Resonatoren beruht theils darauf, dass ihre übrigen eigenen Töne sehr weit entfernt vom Grundton sind, und nur eine geringe Verstärkung empfangen, theils darauf, dass die Kugelform die kräftigste Resonanz giebt. Aber die Wandungen der Kugel müssen fest und glatt sein, um den kräftigen Luftschwingungen im Innern den nöthigen Widerstand leisten zu können, und um die Bewegung der Luft so wenig wie möglich durch Reibung zu stören. Anfangs benutzte ich kugelförmige Glasgefässe, wie ich sie eben vorfand, Retortenvorlagen zum Beispiel, in deren eine Mündung ich ein der Ohröffnung angepasstes Glasrohr einsetzte. Später hat mir Herr R. Koenig (Verfertiger akustischer Instrumente, Paris, 30 Rue Hautefeuille, eine abgestimmte Reihe solcher Glaskugeln verfertigt. Ich gebe hier ein Verzeichniss der Maasse einiger solcher Kugeln.

Tonhöhe	Durchmesser der Kugel in Millimetern	Durchmesser der Oeffnung in Millimetern	Volumen des Hohlraumes in Cubik- centimetern	Bemerkungen
1) g	154	35,5	1773	
2) b	131	28,5	1092	
8) c'	130	30,2	1053	Hals trichterförmig
4) e'	115	30	546	
5) g'	79	18,5	235	
6) b'	76	22	214	
7) c''	70	20,5	162	
8) b'	53,5	8	74	Hals cylindrisch
9) b''	46	15	49	Ebenso; Oeffnung seitlich
10) d'''	43	15	37	Hals cylindrisch

Kleinere Kugeln fand ich nicht mehr gut anwendbar. Neuerdings sind Resonatoren von der Form der Figur 16 a von Herrn Koenig in Paris auch aus Metall gemacht worden. Zwei Glaskugeln, welche zwischen c' und b'' lagen, waren mir zerbrochen. Diese habe ich durch cylindrische Röhren zu ersetzen gesucht, ähnlich wie in Fig. 16 b. Deren Dimensionen waren folgende:

Nro.	Tonhöhe	Länge in Millimetern	Weite in Millimetern	Inhalt in Cubik-centimetern	Bemerkungen
1	d''	133	25	56	halb gedeckt
2	f''	123	21	30	ebenso
3	ges''	114	24	50	ebenso
4	as''	125	20	39	offen

Für die ganz tiefen Töne brauchte ich Röhren von Pappe, deren eines Ende eine kreisförmige Oeffnung hatte, während in das andere geschlossene Ende ein dem Gehörgange angepasstes Glasrohr eingesetzt war. Solche brauchte ich zwei von folgenden Dimensionen:

Nro.	Tonhöhe	Länge der Röhre	Weite der Röhre	Weite der Oeffnung
5	B	690	96	73
6	des	480	60	23

Bei den röhrenförmigen Resonatoren kann aber auch der zweite eigene Ton, der nahehin der Duodecime ihres Grundtones entspricht, merklich zum Vorschein kommen.

Leicht herzustellen und für die meisten Anwendungen sehr brauchbar sind auch conische Röhren aus dünnem Zinkblech, wie sie mir Herr Appun in Hanau geliefert hat. Die letzteren verstärken aber gleichzeitig auch alle harmonischen Obertöne ihres Grundtones.

Die Resonatoren, deren Oeffnung sehr eng ist, geben im Allgemeinen eine viel bedeutendere Verstärkung des Tones, aber es wird auch eine desto genauere Uebereinstimmung der Tonhöhe des zu hörenden Tones mit dem Eigenton des Resonators nothwendig. Es ist wie bei den Mikroskopen; je stärker die Vergrösserung, desto kleiner das Gesichtsfeld. Durch Verengerung der Oeffnung macht man die Resonatoren gleichzeitig tiefer, und es ist dies ein leichtes Mittel, um sie auf die verlangte Tonhöhe zu bringen. Aber aus dem angegebenen Grunde darf man die Oeffnung nicht zu sehr verengern.

Zu erwähnen ist hier noch die von Herrn Koenig erfundene Methode, Luftschwingungen auf Gasflammen zu übertragen und dadurch sichtbar zu machen. Solche Flammen lassen sich sehr gut mit Resonatoren verbinden, am besten mit solchen, deren Form kugelig ist, und die zwei gleich weite Oeffnungen haben. An die eine dieser Oeffnungen wird die kleine Gaskammer angefügt. Diese Kammer ist ein kleiner flacher Hohlraum, etwa so gross, dass zwei Frankenstücke darin auf einander liegen können; sie ist in eine Holzscheibe eingeschnitten, und an der dem Resonator zugekehrten Seite durch eine sehr dünne Kautschukmembran geschlossen, welche zwar die Luft des Resonators von dem Gas der Kammer vollständig trennt, aber doch erlaubt, dass die Erschütterungen der ersteren sich dem letzteren ungehindert mittheilen. Durch die Holzscheibe treten zwei enge Röhren in die Kammer, deren eine das Leuchtgas einführt, die andere ausführt. Letztere endet in eine feine Spitze, an der man das ausströmende Gas anzündet. So wie die Luftmasse im Resonator in Schwingung geräth, zittert auch die Flamme, indem sie abwechselnd klein und gross wird. Diese Oscillationen der Flamme geschehen freilich so schnell und regelmässig, dass unmittelbar betrachtet die Flamme ganz ruhig erscheint. Doch kann man den veränderten Zustand derselben zunächst schon an ihrer veränderten Gestalt und Farbe erkennen. Um zum Beispiel Schwebungen zweier im Resonator widerhallender Töne zu erkennen, genügt schon der unmittelbare Anblick der Flamme, indem diese dabei zwischen ihrer ruhenden und ihrer oscillirenden Form wechselt.

Will man die einzelnen Oscillationen sehen, so muss man die Flamme in einem rotirenden Spiegel betrachten, in welchem die nicht zitternde Flamme zu einem langen gleichmässigen Lichtstreifen ausgezogen erscheint, die zitternde dagegen in eine Reihe einzelner Lichtbildchen getrennt. So kann man es einer grossen Anzahl von Zuhörern gleichzeitig wahrnehmbar machen, ob ein gegebener Ton den Resonator erregt oder nicht.

Beilage III.

Die Bewegung gezupfter Saiten.

Zu Seite 90.

Es sei x die Entfernung eines Punktes einer Saite von ihrem einen Endpunkte, l die Länge der Saite, so dass für ihren einen Endpunkt $x = 0$, für den anderen $x = l$. Es genügt, den Fall zu untersuchen, wo die Saite in einer einzigen durch ihre Gleichgewichtslage gelegten Ebene hin und her schwingt. Es sei y die Entfernung des Punktes x aus der Gleichgewichtslage zur Zeit t; ferner sei μ das Gewicht der Längeneinheit und S die Spannung der Saite, so sind die Bedingungen ihrer Bewegung

$$\mu \frac{d^2 y}{d t^2} = S \frac{d^2 y}{d x^2} \quad \ldots \ldots \ldots \ldots \ldots \ldots (1)$$

und da die Enden der Saite als unbeweglich angenommen werden, muss sein

$$y = 0,$$
wenn $\quad x = 0$ oder $x = l \quad \ldots \ldots \ldots \ldots (1\text{a})$

Das allgemeinste Intregal der Gleichung (1), welches die Bedingungen (1a) erfüllt, und einer periodischen Bewegung der Saite entspricht, ist folgendes:

$$y = A_1 \sin \frac{\pi x}{l} \cos 2\pi n t + A_2 \sin \frac{2\pi x}{l} \cos 4\pi n t$$
$$\left. + A_3 \sin \frac{3\pi x}{l} \cos 6\pi n t + \text{etc.} \right\}$$
$$\left. + B_1 \sin \frac{\pi x}{l} \sin 2\pi n t + B_2 \sin \frac{2\pi x}{l} \sin 4\pi n t \right\} \quad \ldots\ldots(1b)$$
$$\left. + B_3 \sin \frac{3\pi x}{l} \sin 6\pi n t + \text{etc.} \right\}$$

worin
$$n^2 = \frac{S}{4\mu l^2}$$

und A_1, A_2, A_3 sowie B_1, B_2, B_3 etc. beliebige constante Coëfficienten sind. Deren Grösse kann bestimmt werden, wenn für einen bestimmten Werth von t Form und Geschwindigkeit der Saite bekannt sind.

Für den Zeitpunkt $t = 0$ wird die Form der Saite folgende:
$$y = A_1 \sin \frac{\pi x}{l} + A_2 \sin \frac{2\pi x}{l} + A_3 \sin \frac{3\pi x}{l} + \text{etc.} \quad \ldots\ldots(1c)$$

und deren Geschwindigkeit:
$$\frac{dy}{dt} = 2\pi n \left\{ B_1 \sin \frac{\pi x}{l} + 2B_2 \sin \frac{2\pi x}{l} + 3B_3 \sin \frac{3\pi x}{l} + \text{etc.} \right\} \quad .(1d)$$

Denken wir uns nun, die Saite sei mit einem spitzen Stift zur Seite gezogen worden, und zur Zeit $t = 0$ habe man den Stift fortgezogen, so dass in diesem Augenblick die Schwingungen begonnen haben, dann hat die Saite zur Zeit $t = 0$ keine Geschwindigkeit, und für jeden Werth von x ist $\frac{dy}{dt} = 0$; dies kann aber nur der Fall sein, wenn in Gleichung (1d)
$$0 = B_1 = B_2 = B_3 \text{ etc.}$$

Die Coëfficienten A hängen von der Gestalt der Saite zur Zeit $t = 0$ ab. Die Saite musste in dem Augenblick, wo der Stift sie losliess, die auf Seite 93 in Fig. 18 A dargestellte Form zweier gerader Linien haben, die von der Spitze des Stifts nach den beiden Befestigungspunkten der Saite gezogen sind. Nennen wir die Werthe von x und y für den Saitenpunkt, an dem der Stift angriff, beziehlich a und b, so waren zur Zeit $t = 0$ die Werthe von y

wenn
$$a > x > 0$$
$$y = \frac{bx}{a} \quad \ldots\ldots\ldots\ldots\ldots\ldots\ldots(2)$$

wenn
$$l > x > a$$
$$y = b\frac{l - x}{l - a} \quad \ldots\ldots\ldots\ldots\ldots(2a)$$

und es müssen die Werthe von y aus (1c) und (2) oder beziehlich (2a) identisch werden.

Um den Coëfficienten A_m zu finden verfährt man bekanntlich so, dass man beide Seiten der Gleichung (1c) mit $\sin \frac{m\pi x}{l} dx$ multiplicirt, und von $x = 0$ bis $x = l$ integrirt. Dann reducirt sich die Gleichung (1c) auf
$$A_m \int_0^l \sin^2 \frac{m\pi x}{l} dx = \int_0^l y \sin \frac{m\pi x}{l} dx \quad \ldots\ldots(2b)$$

worin für y die Werthe aus (2) und (2a) zu setzen sind. Wenn in (2b) die Integrationen ausgeführt werden, erhält man:

$$A_m = \frac{2\,b\,l^2}{m^2\,\pi^2\,a\,(l-a)}\;sin\;\frac{m\,\pi\,a}{l} \quad\ldots\ldots\ldots\ldots\ldots (3)$$

Es wird also A_m gleich Null werden, und somit der $m$te Ton der Saite wegfallen, wenn

$$sin\;\frac{m\,\pi\,a}{l} = 0$$

d. h. wenn $a = \dfrac{l}{m}$ oder $= \dfrac{2\,l}{m}$ oder $= \dfrac{3\,l}{m}$ etc. Denkt man also die Saite in m gleiche Theile getheilt, und in einem der Theilpunkte angeschlagen, so fällt ihr $m$ter Ton weg, dessen Knotenpunkte auf die genannten Knotenpunkte fallen.

Jeder Knotenpunkt für den $m$ten Ton ist auch Knotenpunkt für den 2 mten, 3 mten, 4 mten u. s. w., es fallen also auch alle die letzteren Töne gleichzeitig fort.

Man kann das Integral der Gleichung (1) bekanntlich auch in folgender Form darstellen:

$$y = \varphi_{(x - at)} + \psi_{(x + at)} \quad\ldots\ldots\ldots\ldots\ldots (4)$$

wo $a^2 = \dfrac{S}{\mu}$, φ und ψ aber willkürliche Functionen sind. Die Function $\varphi_{(x - at)}$ bedeutet eine beliebige Form der Saite, welche mit der Geschwindigkeit a, sonst aber ohne Veränderung, in Richtung der positiven x fortrückt, die andere Function $\psi_{(x + at)}$ eine eben solche, die mit gleicher Geschwindigkeit in Richtung der negativen x fortrückt. Beide Functionen muss man von $x = -\infty$ bis $x = +\infty$ gegeben denken für einen bestimmten Werth der Zeit, dann ist die Bewegung der Saite bestimmt.

Unsere Aufgabe, die Bewegung der gezupften Saite zu bestimmen, wird in dieser zweiten Form gelöst sein, wenn wir die Functionen φ und ψ so bestimmen können, dass

1) für die Werthe $x = 0$ und $x = l$ der Werth von y für jeden Werth von t constant gleich 0 wird. Dies geschieht, wenn für jeden Werth von t

$$\varphi_{(-at)} = -\,\psi_{(+at)} \quad\ldots\ldots\ldots\ldots\ldots (4a)$$
$$\varphi_{(l - at)} = -\,\psi_{(l + at)} \quad\ldots\ldots\ldots\ldots\ldots (4b)$$

Setzen wir in der ersten Gleichung $at = -\,v$, in der zweiten $l + at = -\,v$, so erhalten wir

$$\varphi_v = -\,\psi_{(-v)}$$
$$\varphi_{(2\,l + v)} = -\,\psi_{(-v)}$$

also

$$\varphi_{(2\,l + v)} = \varphi_v \quad\ldots\ldots\ldots\ldots\ldots (5)$$

Die Function φ ist also periodisch; sobald ihr Argument um $2\,l$ wächst, erhält sie wieder denselben Werth. Das Gleiche lässt sich ebenso für ψ finden.

2) Für $t = 0$ muss sein $\dfrac{dy}{dt} = 0$ zwischen den Werthen $x = 0$ bis $x = l$.

Daraus folgt, wenn wir $\dfrac{d\psi_v}{dv}$ mit ψ' bezeichnen, indem wir den Werth von $\dfrac{dy}{dt}$ aus Gleichung (4) gleich Null setzen:

$$\varphi'_{(x)} = \psi'_{(x)}.$$

Wenn wir dies nach x integriren:

$$\varphi_x = \psi_x + C.$$

Und da sich weder y noch $\dfrac{dy}{dt}$ ändert, wenn wir zu φ dieselbe Constante addiren und von ψ abziehen, so ist die Constante C vollkommen willkürlich, und wir können sie gleich Null setzen, also schreiben:

$$\varphi_{(x)} = \psi_{(x)} \dots\dots\dots\dots\dots\dots (5\,\mathrm{a})$$

3) Da endlich zur Zeit $t = 0$ innerhalb $x = 0$ bis $x = l$ die Grösse

$$y = \varphi_{(x)} + \psi_{(x)} = 2\,\varphi_{(x)}$$

den in Fig. 18 A dargestellten Werth haben soll, so geben die Ordinaten dieser Figur auch gleich den Werth von $2\,\varphi_{(x)}$ und von $2\,\psi_{(x)}$ gemäss Gleichung (5):

$$\text{zwischen } x = 0 \quad \text{und } x = \ l$$
$$\text{zwischen } x = 2l \text{ und } x = 3l$$
$$\text{zwischen } x = 4l \text{ und } x = 5l$$
u. s. w.

Da dagegen aus (4a), (4b) und (5) folgt $\varphi_{(-v)} = -\,\varphi_{(v)}$ und $\varphi_{(l-v)} = -\,\varphi_{(l+v)}$, so ist der Werth von $2\,\varphi_{(x)}$ gegeben durch die Curve Fig. 18 G

$$\text{zwischen } x = -\ l \text{ und } x = \quad 0$$
$$\text{zwischen } x = -\ 3l \text{ und } x = -\ 2l$$
$$\text{und ebenso zwischen } x = \quad l \text{ und } x = \quad 2l$$
$$\text{zwischen } x = \quad 3l \text{ und } x = \quad 4l$$
u. s. w.

So sind die Functionen φ und ψ vollständig bestimmt, und indem man die durch beide dargestellten Wellenlinien mit der Geschwindigkeit a nach entgegengesetzten Richtungen fortschreiten lässt, erhält man die Saitenformen, welche in Fig. 18 dargestellt sind, und welche die Veränderungen der Saite nach je ein Zwölftheil ihrer Schwingungsdauer darstellen.

Beilage IV.

Herstellung einfacher Töne durch Resonanz.

Zu Seite 95 und 119.

Die Theorie der Resonanz lufthaltiger Röhren und Hohlräume, so weit sie bisher mathematisch sich ausführen lässt, habe ich gegeben in meinem Aufsatze: **Theorie der Luftschwingungen in Röhren mit offenen**

Enden, in Crelle's Journal für Mathematik Bd. LVII. Eine Vergleichung der Obertöne von Stimmgabeln und dazu gehörigen Resonanzröhren findet sich in meinem Aufsatze: Ueber Combinationstöne in Poggendorff's Annalen Bd. XCIX, S. 509 und 510.

Ich füge hier gleich hinzu die Maasse der S. 95 erwähnten Resonanzröhren, welche für mich von Herrn Fessel in Cöln in Verbindung mit den später zu beschreibenden elektromagnetisch bewegten Stimmgabeln verfertigt waren. Dies waren cylindrische Röhren von Pappe; die Grundflächen des Cylinders waren aus Scheiben von Zinkblech gemacht, die eine ganz verschlossen, die andere mit einer runden Oeffnung versehen. Diese Röhren hatten also überhaupt nur eine Oeffnung, nicht zwei, wie die Resonatoren, welche bestimmt sind an das Ohr gesetzt zu werden. Eine fertige Resonanzröhre solcher Art kann man tiefer machen, wenn man ihre Oeffnung verengert. Um sie, wo es nöthig war, höher zu machen, habe ich etwas Wachs hineingeworfen, und ihre geschlossene Grundfläche auf einen heissen Ofen gestellt, bis das Wachs geschmolzen war und sich über den Boden gleichmässig ausgebreitet hatte. Man lässt es dann in derselben Stellung der Röhre erkalten. Ob eine Röhre etwas zu hoch oder zu tief für ihre Stimmgabel ist, prüft man, indem man ihre Oeffnung ein wenig verdeckt, während die schwingende Stimmgabel vor ihr steht. Wird die Resonanz stärker durch Zudecken, so ist die Röhre zu hoch gestimmt. Fängt dagegen gleich vom Beginn des Zudeckens die Resonanz an sehr entschieden abzunehmen, so ist die Röhre meist etwas zu tief gestimmt. Die Maasse in Millimetern sind folgende:

Nro.	Tonhöhe	Länge der Röhre	Durchmesser der Röhre	Durchmesser der Oeffnung
1	B	425	138	31,5
2	b	210	82	23,5
3	f'	117	65	16
4	b'	88	55	14,3
5	d''	58	55	14
6	f''	53	44	12,5
7	as''	50	39	11,2
8	b''	40	39	11,5
9	d'''	35	30,5	10,3
10	f'''	26	26	8,5

Die Theorie des Mitschwingens der Saiten lässt sich am besten an dem Seite 95 besprochenen Versuche entwickeln. Wir behalten die in Beilage III gewählten Bezeichnungen bei, und nehmen an, dass das Ende der Saite, für welches $x = 0$, mit dem Stiel der Stimmgabel verbunden sei, und dessen Bewegung mitmachen müsse, welche gegeben sei durch die Gleichung

$$y = A\ sin\ m\,t \text{ für } x = 0 \quad\ldots\ldots\ldots (6)$$

Das andere Ende sei auf den Steg gestützt, der auf dem Resonanzboden ruht. Auf den Steg wirken folgende Kräfte:

1) Der Druck der Saite, welcher bald grösser, bald kleiner wird, je nach dem Winkel, unter welchem das Endstück der Saite gegen den Steg gerichtet ist. Die Tangente des Winkels, welcher zwischen der veränderlichen Richtung der Saite und ihrer Gleichgewichtslage eingeschlossen ist, ist $\dfrac{dy}{dx}$, und wir können deshalb den veränderlichen Theil des Druckes setzen gleich

$$- S\,\frac{dy}{dx}$$

für den Werth $x = l$, wenn der Steg auf Seite der negativen y liegt.

2) Die elastische Kraft des Resonanzbodens, welche den Steg in seine Gleichgewichtslage zurückzuführen strebt, können wir setzen gleich $- f^2 y$.

3) Der Resonanzboden, der sich mit dem Stege bewegt, erleidet Widerstand von der Luft, an die er einen Theil seiner Bewegung abgiebt; wir können annähernd den Luftwiderstand der Geschwindigkeit seiner Bewegung proportional setzen, also gleich $- g^2\,\dfrac{dy}{d\,t}$.

Dadurch erhalten wir für die Bewegung des Steges, dessen Masse M sein mag, und für die entsprechende des darauf ruhenden Endes der Saite:

$$M\,\frac{d^2 y}{d\,t^2} = -\,S\,\frac{dy}{dx} - f^2 y - g^2\,\frac{dy}{d\,t} \text{ für } x = l \quad\ldots\ldots (6\,a)$$

Für die Bewegung der übrigen Punkte der Saite haben wir, wie in Beilage III, die Bedingung:

$$\mu\,\frac{d^2 y}{d\,t^2} = S\,\frac{d^2 y}{d\,x^2} \quad\ldots\ldots\ldots\ldots\ldots\ldots\ldots (1)$$

Da jede Bewegung einer solchen Saite fortdauernd theilweise an die Luft im Resonanzkasten abgegeben wird, so muss sie erlöschen, wenn sie nicht durch eine dauernde Ursache dauernd unterhalten wird. Wir können also von dem veränderlichen Anfangszustande der Bewegung absehen, und gleich diejenige periodische Bewegung suchen, welche schliesslich bestehen bleibt unter dem Einflusse der periodischen Erschütterung des einen Endes der Saite durch die Stimmgabel. Dass die Periode der Saitenbewegung der Periode der Schwingungen der Gabel gleich sein muss, ist leicht ersichtlich. Das Integral der Gleichung (1), welches wir suchen, wird also von der Form sein müssen:

$$\begin{aligned} y = {}& D\ cos\ (p\,x)\ sin\ (m\,t) + E\ cos\ (p\,x)\ cos\ (m\,t)\Big\} \\ & + F\ sin\ (p\,x)\ sin\ (m\,t) + G\ sin\ (p\,x)\ cos\ (m\,t)\Big\} \end{aligned} \quad\ldots (7)$$

Um die Gleichung (1) zu erfüllen muss hierin sein:

$$\mu\,m^2 = S\,p^2 \quad\ldots\ldots\ldots\ldots\ldots\ldots\ldots\ldots (7\,a)$$

Aus der Gleichung (7) ergiebt sich für $x = 0$ folgender Werth von y:

$$y = D\ sin\ (m\,t) + E\ cos\ (m\,t),$$

durch Vergleichung mit der Gleichung (6) erhalten wir hieraus

$$D = A \qquad E = 0 \quad\ldots\ldots\ldots\ldots\ldots\ldots\ldots (8)$$

Die beiden anderen Coëfficienten der Gleichung (7), nämlich F und G, müssen vermittels der Gleichung (6a) bestimmt werden. Diese zerfällt bei Substitution der Werthe von y aus (7) in zwei Gleichungen, indem man die Summe der mit $sin\ (mt)$ multiplicirten Glieder für sich gleich Null setzen muss, und ebenso die Summe der mit $cos\ (mt)$ multiplicirten Glieder. Diese beiden Gleichungen sind:

$$\left.\begin{aligned}
&F\left[(f^2 - Mm^2)\ sin\ pl + p\ S\ cos\ pl\right] - G\ m\ g^2\ sin\ pl\\
&\qquad = - A\left[(f^2 - Mm^2)\ cos\ pl - p\ S\ sin\ pl\right]\\
&F\ m\ g^2\ sin\ pl + G\left[(f^2 - Mm^2)\ sin\ pl + p\ S\ cos\ pl\right] = - A\ g^2\ m\ cos\ pl
\end{aligned}\right\} \cdot \text{(8a)}$$

Setzt man zur Abkürzung

$$\left.\begin{aligned}
\frac{p\ S}{f^2 - Mm^2} &= tang\ k\\
(f^2 - Mm^2)^2 + p^2 S^2 &= C^2
\end{aligned}\right\} \quad \ldots \ldots \ldots \ldots \ldots \text{(8b)}$$

so erhält man die Werthe von F und G wie folgt:

$$\left.\begin{aligned}
F &= - \frac{A}{2} \cdot \frac{C^2 sin\ 2\,(pl + k) + g^4\ m^2\ sin\ 2\,(pl)}{C^2 sin^2\ (pl + k) + g^4\ m^2\ sin^2\ (pl)}\\
G &= - A \cdot \frac{C\ m\ g^2\ sin\ k}{C^2 sin^2\ (pl + k) + m^2\ g^4\ sin^2\ (pl)}
\end{aligned}\right\} \quad \ldots \ldots \text{(8c)}$$

Wenn man die Amplitude der Schwingung des Endpunktes der Saite, welcher auf dem Stege liegt, und den Resonanzboden erschüttert, mit I bezeichnet, so ist nach Gleichung (7)

$$I^2 = [F\ sin\ (pl) + A\ cos\ (pl)]^2 + G^2\ sin^2\ (pl),$$

und wenn man die Werthe für F und G aus (8c) hierein setzt, so erhält man

$$I = \frac{A\ C\ sin\ k}{\sqrt{C^2 sin^2(pl + k) + m^2\ g^4\ sin^2\,(pl)}} \Bigg\} \quad \ldots \ldots \ldots \text{(9)}$$

Der Zähler dieses Ausdrucks ist unabhängig von der Länge der Saite. Aendert man diese Länge, so kann sich nur der Nenner verändern. Unter dem Wurzelzeichen steht hier die Summe zweier Quadrate, welche nicht Null werden kann, da die Grössen m, g, p, S und daher auch k nicht Null werden können. Der Coëfficient g des Luftwiderstandes ist jedenfalls als eine verschwindend kleine Grösse zu betrachten. Es erreicht also der Nenner seinen kleinsten und I seinen grössten Werth, wenn

$$sin\ (pl + k) = 0$$

oder wenn

$$pl = a\,\pi - k \quad \ldots \ldots \ldots \ldots \ldots \ldots \ldots \text{(9a)}$$

worin a eine beliebige ganze Zahl bedeutet. Der Werth des Maximums von I ist

$$I_M = \frac{A\ C}{m\ g^2}.$$

Er ist also unter übrigens gleichen Umständen um so grösser, je kleiner g, der Coëfficient des Luftwiderstandes, ist, und je grösser C ist. Um übersehen zu können, von welchen Umständen die Grösse von C abhängt, setzen wir in die zweite der Gleichungen (8b), wo der Werth von C definirt ist, den Werth von p^2 aus (7a), und setzen ausserdem

$$n^2 = \frac{f^2}{M},$$

so ist

$$C^2 = M^2\ (n^2 - m^2)^2 + S\,\mu\,m^2.$$

Die Grösse n ist die Zahl der Schwingungen, welche der Steg in $2\,\pi$

Secunden unter dem Einfluss des elastischen Resonanzbodens allein machen
würde, wenn die Saite und der Luftwiderstand wegfiele; m bedeutet dieselbe Zahl von Schwingungen für die Stimmgabel. So kann man den
Maximalwerth von I nun schreiben:

$$I_M = \frac{A}{g^2} \sqrt{M^2 \left\{1 - \frac{n^2}{m^2}\right\}^2 + S\mu,}$$

worin alles auf die Gewichte M, S, μ und die Grösse des Intervalls
$1 - \frac{n}{m}$ zurückgeführt ist.

Wenn $m > n$, was in der Regel der Fall sein wird, so ist es vortheilhaft, das Gewicht des Steges M ziemlich gross zu machen. Ich habe ihn
deshalb aus Kupferblech verfertigt. Wenn M sehr gross ist, wird k [nach
(8 b)] sehr klein, und die Gleichung (9 a) ergiebt dann, dass die verschiedenen Töne stärkster Resonanz sich denjenigen Werthen desto mehr nähern,
welche der Reihe der einfachen ganzen Zahlen entsprechen. Je schwerer
der Steg, desto besser ist die Saite abgegrenzt.

Die hier gegebenen Regeln über den Einfluss des Steges gelten aber
zunächst nur für die angegebene Art der Erschütterung durch eine Stimmgabel, nicht für andere Arten, die Saite zu erregen.

Beilage V.

Schwingungsform der Claviersaiten.

Zu Seite 128 bis 136.

Wenn eine gespannte Saite mit einem ganz harten, schmalen Metall-
stifte angeschlagen wird, der augenblicklich wieder zurückspringt, so überträgt der Stoss eine gewisse Geschwindigkeit auf die getroffene Stelle der
Saite, während die ganze übrige Saite noch in Ruhe ist. Setzen wir für
den Zeitmoment des Stosses $t = 0$, so können wir die Bewegung der Saite
durch die Bedingung bestimmen, dass im Augenblicke des Anschlages die
Saite sich noch in ihrer Gleichgewichtslage befindet, und nur der getroffene
Punkt eine gewisse Geschwindigkeit hat. Man setze also in den Gleichungen (1 c) und (1 d) Beilage III für $t = 0$ auch $y = 0$ und $\frac{dy}{dt} = 0$, letzteres
mit Ausnahme des geschlagenen Punktes, dessen Coordinate a sei.

Daraus folgt
$$0 = A_1 = A_2 = A_3 \text{ etc.}$$
und die Werthe der B werden durch eine ähnliche Integration gefunden
wie in (2 b):

$$2\pi n m B_m \int_0^l \sin^2 \frac{m\pi x}{l} \, dx = \int_0^l \frac{dy}{dt} \cdot \sin \frac{m\pi x}{l} \, dx$$

$$\pi n m l \, B_m = c \sin \frac{m\pi a}{l},$$

wo c das Product aus der Geschwindigkeit des gestossenen Theils der Saite und seiner verschwindend kleinen Länge bezeichnet. Also wird:

$$y = \frac{c}{\pi n l} \left(\frac{\sin \pi a}{l} \frac{\sin \pi x}{l} \sin 2\pi n t + \frac{1}{2} \frac{\sin 2\pi a}{l} \sin \frac{2\pi x}{l} \sin 4\pi n t \right.$$
$$\left. + \frac{1}{3} \sin \frac{3\pi a}{l} \sin \frac{3\pi x}{l} \sin 6\pi n t \text{ etc.} \right)$$

$$B_m = \frac{c}{\pi n l m} \sin \frac{m \pi a}{l} \ldots \ldots \ldots (10)$$

Der $m$te Oberton der Saite fällt also auch hier fort, so oft in einem Knotenpunkte dieses Tones angeschlagen wird. Uebrigens fallen die Obertöne verhältnissmässig noch stärker gegen den Grundton aus als beim Reissen der Saite, da der Werth von A_m in Gleichung (3) mit m^2, der Werth von B_m aber in Gleichung (10) nur mit m dividirt ist. Das zeigt sich übrigens auch beim Versuche sogleich, wenn man die Saiten mit der scharfen Kante eines metallenen Stäbchens schlägt.

Im Pianoforte wird die Discontinuität der Bewegung der Saite dadurch vermindert, dass die Hämmer mit elastischen Polstern überzogen sind. Dadurch werden die höheren Obertöne merklich geschwächt, weil die Bewegung nun nicht mehr einem einzelnen Punkte, sondern einem breiteren Stück der Saite mitgetheilt wird, und auch diesem nicht in einem untheilbaren Augenblicke, wie es beim Stosse mit einem harten Körper sein würde. Vielmehr giebt das elastische Polster dem ersten Stosse nach, und dehnt sich dann wieder, so dass während der Zeit, wo der Hammer der Saite anliegt, sich die Bewegung schon über eine längere Strecke derselben ausdehnen kann. Eine genaue Analyse der Bewegung der Saite nach dem Anschlage eines Clavierhammers würde ziemlich verwickelt sein. Wenn wir aber beachten, dass die Saiten dabei verhältnissmässig wenig aus der Stelle rücken, während das weiche elastische Polster der Hämmer sehr nachgiebig ist, und bedeutend zusammengepresst werden kann, so können wir uns für die mathematische Theorie die Vereinfachung erlauben, den Druck des Hammers, welchen er gegen die Saite während des Stosses ausübt, so gross zu setzen, als er sein würde, wenn der Hammer gegen einen ganz festen und vollkommen unnachgiebigen Körper schlüge. Demnach setzen wir den Druck des Hammers gleich

$$F = A \sin m t$$

für diejenigen Werthe der Zeit, wo $0 < t < \frac{\pi}{m}$. Die letztere Grösse $\frac{\pi}{m}$ ist die Länge der Zeit, während welcher der Hammer der Saite anliegt. Nachher springt er wieder ab, und lässt die Saite frei schwingen. Die Grösse m muss desto grösser sein, je grösser die elastische Kraft des Hammers und je geringer sein Gewicht ist.

Wir müssen nun zunächst die Bewegung der Saite bestimmen während dieses Zeitabschnittes, wo der Hammer ihr anliegt, von $t = 0$ bis $t = \frac{\pi}{m}$. Die Saite wird während dieser Zeit von dem anliegenden Hammer in zwei Theile getheilt, deren Bewegung einzeln bestimmt werden muss. Der Werth von x für die Anschlagsstelle mag x_0 heissen. Die Werthe von y für diejenigen Theile der Saite, in denen $x < x_0$, bezeichnen wir mit y_1, und wo $x > x_0$ mit y^1. Im geschlagenen Punkte selbst muss der Druck der Saite gegen den Hammer gleich dem Drucke F sein, den dieser ausübt. Der Druck der Saite ist wie in der Gleichung (6 a) Beilage IV zu berechnen, und wir erhalten daher die Gleichung:

$$F = A \sin m\,t = S\left(\frac{d\,y_1}{d\,x} - \frac{d\,y^1}{d\,x}\right) \quad \dots\dots\dots (11)$$

Von der geschlagenen Stelle gehen nach beiden Saiten Wellen aus. Es wird also y_1 die Form haben müssen

$$y_1 = \varphi_{(x - x_0 + a\,t)}$$

für Werthe von t, für welche $0 < t < \dfrac{\pi}{m}$ und $x_0 > x > x_0 - a\,t$, und

$$y^1 = \varphi_{(x_0 - x + a\,t)}$$

für dieselben Werthe von t und Werthe von x, für die $x_0 < x < x_0 + a\,t$. Wenn wir mit φ' den Differenzialquotienten der Function φ bezeichnen, folgt aus Gleichung (11)

$$F = A \sin m\,t = 2\,S\,\varphi'_{(a\,t)} \quad \dots\dots\dots\dots (11\,a)$$

Dies nach t integrirt giebt

$$C - \frac{A}{m}\cos m\,t = \frac{2\,S}{a}\,\varphi_{(a\,t)}$$

und daraus folgt, indem wir die Constante so bestimmen, dass für $x = x_0 \pm a\,t$ y_1 und beziehlich y^1 gleich Null werden:

$$y_1 = \frac{a\,A}{2\,m\,S}\left\{1 - \cos\left[\frac{m}{a}(x - x_0) + m\,t\right]\right\},$$

$$y^1 = \frac{a\,A}{2\,m\,S}\left\{1 - \cos\left[\frac{m}{a}(x_0 - x) + m\,t\right]\right\}.$$

Damit ist die Bewegung der Saite bestimmt für die Zeit, wo $0 < t < \dfrac{\pi}{m}$ und für den Fall, dass die beiden vorschreitenden Wellen nicht gegen eines der Enden der Saite gestossen sind. Wäre letzteres der Fall gewesen, so würden sie dort reflectirt worden sein.

Wenn $a\,t$ grösser als $\dfrac{\pi}{m}$ geworden ist, wird E gleich Null, und es folgt dann aus Gleichung (11 a), dass von da ab

$$\varphi'_{(a\,t)} = 0, \text{ also } \varphi = Const. \text{ für } a\,t > \frac{\pi}{m}.$$

Es bleibt also sowohl y_1 wie y^1 für diejenigen Theile der Saite, über welche die Welle schon fortgeschritten ist, gleich $\dfrac{a\,A}{m\,S}$, bis Theile der Wellen, welche von den Enden reflectirt sind, an die betreffenden Punkte der Saite gelangen.

Um den Einfluss der Enden der Saite in passender Weise in Rechnung zu ziehen, denke man sich die Saite unendlich lang, und in allen Punkten, welche um Multipla von $2\,l$ vom Anschlagspunkte x_0 abstehen, einen eben solchen Anschlag gleichzeitig mit dem von x_0 stattfindend, so dass von allen diesen Punkten eben solche Wellen wie von x_0 auslaufen. Ferner denke man sich in denjenigen Punkten, in welchen $x = -x_0 \pm 2\,a\,l$, gleichzeitig mit dem Anschlag von x_0 einen gleichen Anschlag, aber in entgegengesetzter Richtung, erfolgend, so dass von diesen letzteren Punkten Wellen gleicher Form, aber von negativer Höhe, wie von x_0, auslaufen. Dann werden in den Endpunkten der Saite stets gleiche aber entgegengesetzte Werthe der positiven und negativen Wellen zusammentreffen, diese

Endpunkte also vollkommen in Ruhe bleiben, und für das wirklich existi-
rende Stück der unendlich gedachten Saite zwischen ihren beiden Enden
werden alle Bedingungen erfüllt sein, welche zu erfüllen sind.

Von dem Augenblick an, wo der Hammer die Saite verlässt, kann die
Bewegung der Saite betrachtet werden als ein Ablaufen der beiden vorwärts (d. h. in Richtung der positiven x) und rückwärts (d. h. in Richtung
der negativen x) fortschreitenden Wellensysteme. Von diesen Wellensystemen haben wir aber zunächst nur einzelne abgerissene Stücke gefunden, nämlich die, welche den zunächst den Anschlagspunkten gelegenen
Stücken der Saite entsprechen; wir müssen die Wellen noch passend ergänzen, um ein zusammenhängendes vorwärtsschreitendes, und ein ebensolches
rückwärtsschreitendes System zu erhalten.

Wenn man in Richtung der positiven x auf der Saite fortschreitet, so
ist der Werth von $y = 0$, ehe man an eine positive rückwärtsschreitende
Welle stösst, dann steigt er auf $\dfrac{aA}{mS}$, welchen Werth er in den positiven
Anschlagspunkten hat. Geht man über den Anschlagspunkt hinaus und
über die von dort aus vorwärtsschreitende Welle, so findet man wieder
Werthe von y, die gleich Null sind, und welche bis auf $-\dfrac{aA}{mS}$ sinken, sobald man die erste negative rückwärtsschreitende Welle überschreitet. Den
genannten Werth hat y im ersten negativen Anschlagspunkte. Um nun
die positiven und negativen rückwärtsschreitenden Wellen mit einander zu
verbinden, muss man sich zwischen jedem positiven und dem nächst folgenden negativen Anschlagspunkte die Grösse $+\dfrac{aA}{mS}$ zu den Werthen von
y_1 hinzuaddirt denken, so dass die Wellenhöhe diesen Werth, den sie in
x_0 schon hat, behält bis zu der Stelle hin, wo die entsprechende negative
Welle beginnt. Hier wird also die Wellenhöhe $\dfrac{aA}{2mS} - y_1$ und sinkt bis
Null. Ebenso denke man sich zwischen den negativen Anschlagspunkten
und jedem nächst darauf folgenden positiven Anschlagspunkte $-\dfrac{aA}{mS}$ zur
Wellenhöhe der vorwärtsschreitenden Wellen addirt. Dann sind die rückwärtsschreitenden Wellen überall positiv, die vorwärtsschreitenden überall
negativ, und die Wellen sind gleichzeitig so beschaffen, dass sie bei ihrer
Fortbewegung diejenige Art der Bewegung erzeugen, welche wir für die
Saite gefunden haben, nachdem der Hammer sie verlassen hat.

Wir haben jetzt die Form dieser Wellensysteme als eine Summe einfacher Wellen auszudrücken. Die Wellenlänge ist $2l$, weil sich die gleichartigen Anschlagspunkte in Abständen von $2l$ wiederholen. Nehmen wir
die positiven rückwärtsschreitenden Wellen zur Zeit $t = \dfrac{\pi}{m}$, so ist:

1) von $x = 0$ bis $x = x_0 - \dfrac{a\pi}{m}$,

$\qquad y_1 = 0$;

2) von $x = x_0 - \dfrac{a\pi}{m}$ bis $x = x_0$,

$$y_1 = \frac{aA}{2mS}\left\{1 + cos\left[\frac{m}{a}(x - x_0)\right]\right\};$$

3) von $x = x_0$ bis $x = 2l - x_0 - \dfrac{a\pi}{m}$,

$$y_1 = \frac{aA}{mS};$$

4) von $x = 2l - x_0 - \dfrac{a\pi}{m}$ bis $x = 2l - x_0$,

$$y_1 = \frac{aA}{2mS}\left\{1 - \cos\left[\frac{m}{a}(2l - x_0 - x)\right]\right\};$$

5) von $x = 2l - x_0$ bis $x = 2l$,

$$y_1 = 0.$$

Setzen wir demnach

$$y_1 = A_0 + A_1 \cos\frac{\pi}{l}(x+c) + A_2\cos\frac{2\pi}{l}(x+c) + A_3\cos\frac{3\pi}{l}(x+c) + \text{etc.}$$

$$+ B_1\sin\frac{\pi}{l}(x+c) + B_2\sin\frac{2\pi}{l}(x+c) + A_3\cos\frac{3\pi}{l}(x+c) + \text{etc. (12)}$$

so ist

$$\int_0^{2l} y\cos\frac{n\pi}{l}(x+c)\,dx = A_n l,$$

$$\int_0^{2l} y\sin\frac{n\pi}{l}(x+c)\,dx = B_n l.$$

Wenn man $c = \dfrac{a\pi}{2m}$ macht, so werden alle $B = 0$, weil y für $\dfrac{a\pi}{2m} + \xi$ und $\dfrac{a\pi}{2m} - \xi$ gleiche Werthe hat, und man die Grenzen der Integration beliebig wählen kann, wenn sie nur um $2l$ von einander entfernt sind. Dagegen wird

$$A_n = -\frac{2\,a\,A\,m\,l^2}{S\,n\,\pi\,(n^2\pi^2 a^2 - m^2 l^2)}\sin\left(\frac{n\pi}{l}x_0\right)\cos\left(\frac{n\pi}{l}\cdot\frac{a\pi}{2m}\right) \;\;.\;.\;.\;.\;(12\mathrm{a})$$

Diese Gleichung giebt die Amplitüden A_n der einzelnen Partialtöne des Klanges der geschlagenen Saite. Wenn der Anschlagspunkt ein Knotenpunkt des $n$ten Tones ist, so wird der Factor $\sin\dfrac{n\pi}{l}x_0 = 0$, und es fallen also die Töne aus, in deren einem Knotenpunkt der Anschlag erfolgt ist. Nach dieser Gleichung ist die auf Seite 134 gegebene Tabelle berechnet.

Will man die Bewegung der Saite vollständig bestimmen, so ist in der Gleichung (2) für y_1 noch zu setzen $x + at$ für x. Der entsprechende Ausdruck für y^1 wird dann

$$y^1 = -A_0 - A_1\cos\frac{\pi}{l}(x + at - c) - A_2\cos\frac{2\pi}{l}(x - at - c) + \text{etc.}$$

und schliesslich

$$y = y_1 + y^1 = 2A_1\cos\frac{\pi}{l}x\cos\frac{\pi}{l}(at + c) + 2A_2\cos\frac{2\pi}{l}x$$

$$\cos\frac{2\pi}{l}(at + c) + \text{etc.},$$

womit die Aufgabe gelöst ist.

Wenn man m unendlich gross werden lässt, d. h. den Hammer vollkommen hart, so geht der Ausdruck für A_n der Gleichung (12a) über in den von B_m in Gleichung (10). [Das m in (10) ist identisch mit dem n in (12 a)].

Wenn m nicht unendlich ist, so nehmen bei steigender Grösse von n die Coëfficienten A_n ab wie $\frac{1}{n^3}$, bei unendlichem m wie $\frac{1}{n}$; bei der gerissenen Saite nahmen sie ab wie $\frac{1}{n^2}$. Es entspricht dies den Theoremen, welche Stokes*) über den Einfluss der Discontinuität einer Function, die nach einer Fourier'schen Reihe entwickelt wird, auf die Grösse der Glieder mit hoher Stellenzahl erwiesen hat. Wenn y die Function ist, welche entwickelt werden soll in eine Reihe

$$y = A_0 + A_1 \, sin \, (m \, x + c_1) + A_2 \, sin \, (2 \, m \, x + c_2) \text{ etc.,}$$

so ist nämlich der Coëfficient A_n für sehr grosse Werthe von n:

1) von der Ordnung $\frac{1}{n}$, wenn y selbst einen plötzlichen Sprung macht;

2) von der Ordnung $\frac{1}{n^2}$, wenn der Differentialquotient $\frac{dy}{dx}$ einen Sprung macht;

3) von der Ordnung $\frac{1}{n^3}$, wenn erst $\frac{d^2y}{dx^2}$ discontinuirlich ist;

4) höchstens von der Ordnung e^{-n}, wenn alle Differentialquotienten der Function und diese selbst continuirlich sind.

Daraus folgt denn für die musikalischen Klänge das im Texte mehrfach erwähnte Gesetz, dass sie im Allgemeinen desto stärkere hohe Obertöne haben, je discontinuirlicher die entsprechende Bewegung des tönenden Körpers ist.

Beilage VI.

Analyse der Bewegung von Violinsaiten.

Zu Seite 142.

Wir wollen annehmen, dass die Linse des Vibrationsmikroskops horizontale Schwingungen ausführe, und der beobachtete Punkt verticale, so beobachtet man Schwingungscurven, wie sie in Fig. 23, S. 140, dargestellt sind. Nennen wir die verticalen Ordinaten y, die horizontalen x, so ist y direct proportional den Elongationen des schwingenden Punktes, x denen der schwingenden Linse. Letztere macht eine einfache pendelartige Bewegung; ist die Zahl ihrer Schwingungen also n, und t die Zeit, so ist im Allgemeinen

$$x = A \, sin \, (2 \, \pi \, n \, t + c),$$

wo A und c Constanten sind.

Wenn nun y auch n Schwingungen macht, so sind x und y beide pe-

---

*) Cambridge Transactions VIII, 533 bis 584.

riodisch, und haben dieselbe Dauer der Periode; nach Ablauf jeder einzel‍-
nen solchen Periode haben alsdann x und y wieder die gleichen Werthe,
und der beobachtete Punkt befindet sich alsdann wieder genau an demsel‍-
ben Orte, wo er im Anfang der Periode war. Dies gilt für jeden Punkt
der Curve und für jede neue Wiederholung der schwingenden Bewegung,
so dass die Curve feststehend erscheint.

Denkt man eine Schwingungscurve von der Art, wie sie in den frühe‍-
ren Figuren 5, 6, 7, 8, 9, 10 Seite 33 bis 38 dargestellt sind, und deren ho‍-
rizontale Abscissen der Zeit direct proportional sind, um einen Cylinder ge‍-
wickelt, dessen Umfang gleich der Länge einer Periode jener Curven ist,
so dass nun die Zeit t längs des Cylinderumfanges zu messen ist, und
nennt man x die Entfernungen von einer durch die Axe des Cylinders ge‍-
legten Ebene, so ist auch hier

$$x = A \, sin \, (2 \pi n t + c),$$

worin $A \, sin \, c$ den Werth von x für $t = 0$ bedeutet, und A den Radius des
Cylinders. Wenn also die auf den Cylinder gezeichnete Curve von einem
unendlich entfernten Auge angesehen wird, welches in der Linie $x = 0$, $y = 0$
sich befindet, so erscheint die Curve gerade wie im Vibrationsmikroskop.

Haben x und y nicht genau dieselbe Periode, macht z. B. y n Schwin‍-
gungen, x aber $n + \varDelta n$, wo unter $\varDelta n$ eine sehr kleine Grösse verstanden
ist, so kann man den Ausdruck für x schreiben:

$$x = A \, sin \, [2 \pi n t + (c + 2 \pi t \, \varDelta n)].$$

Die früher constante Grösse C wächst in diesem Falle langsam. Es
bezeichnet aber c den Winkel, welcher zwischen der Ebene $x = 0$ und
dem Punkte der Zeichnung liegt, wo $t = 0$ ist. In diesem Falle dreht sich
also scheinbar der eingebildete Cylinder, auf den die Zeichnung aufgewickelt
ist, um seine Axe.

Da eine Grösse, welche nach der Periode π periodisch ist, auch be‍-
trachtet werden kann als periodisch nach 2π oder 3π oder $a \pi$, wenn a
eine beliebige ganze Zahl ist, so passen diese Betrachtungen auch für den
Fall, wo die Periode von y ein aliquoter Theil der Periode von x ist, oder
umgekehrt, oder beide aliquote Theile derselben dritten Periode, d. h. für
den Fall, wenn die Töne der Stimmgabel und des beobachteten Körpers in
irgend einem consonanten Verhältnisse stehen, nur muss die gemeinsame
Schwingungsperiode nicht so lang sein, dass während derselben der Licht‍-
eindruck im Auge erlöschen könnte.

Aus den beobachteten Curven Fig. 23 B, C und Fig. 24 folgt, dass alle
Saitenpunkte abwechselnd auf- und absteigen in der Weise, dass das
Aufsteigen mit constanter Geschwindigkeit geschieht, und das Absteigen
ebenso mit einer constanten Geschwindigkeit, deren Werth aber von der
Geschwindigkeit des Aufsteigens verschieden sein kann. Wenn der Bogen
in einem Knotenpunkte eines der höheren Obertöne die Saite angreift, so
geht in allen Knotenpunkten desselben Tones die Bewegung ganz rein in

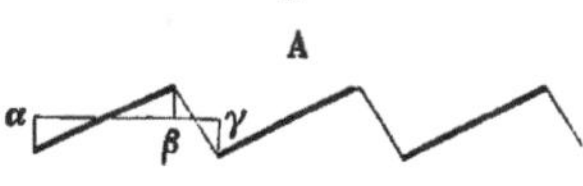

Fig. 62.

der beschriebenen Weise vor sich. In
anderen Punkten der Saite sind noch
kleine Kräuselungen der Schwingungs‍-
figur erkennbar, die aber doch das
Bild der beschriebenen Hauptbewe‍-
gung deutlich erkennen lassen.

Rechnen wir die Zeit in Fig. 62 von der Abscisse des Punktes α ab, so dass für α $t = 0$, setzen wir ferner für den Punkt β $t = \mathfrak{X}$, und für den Punkt γ $t = T$, so dass letzteres die Dauer einer ganzen Periode bezeichnet, dann ist der Werth von y zu setzen:

$$\begin{aligned} \text{von } t = 0 \text{ bis } t = \mathfrak{X} \quad & y = f t + h \\ \text{von } t = \mathfrak{X} \text{ bis } t = T \quad & y = g\,(T - t) + h \end{aligned} \Bigg\} \quad \cdots\cdots (1)$$

wobei für $t = \mathfrak{X}$ sich ergiebt, dass

$$f \mathfrak{X} = g\,(T - \mathfrak{X}).$$

Wenn wir nun y entwickelt denken in eine Fourier'sche Reihe:

$$y = A_1 \sin \frac{2 \pi t}{T} + A_2 \sin \frac{4 \pi t}{T} + A_3 \sin \frac{6 \pi t}{T} \text{ etc.}$$

$$+ B_1 \cos \frac{2 \pi t}{T} + B_2 \cos \frac{4 \pi t}{T} + B_3 \cos \frac{6 \pi t}{T} \text{ etc.},$$

so ergiebt sich durch Integration:

$$A_n \int_0^T \sin^2 \frac{2 n \pi t}{T}\, d = \int_0^T y \sin \frac{2 n \pi t}{T}\, d t$$

$$B_n \int_0^T \cos^2 \frac{2 n \pi t}{T}\, d t = \int_0^T y \cos \frac{2 n \pi t}{T}\, d t$$

und dies giebt folgende Werthe von A_n und B_n:

$$A_n = \frac{(g + f)\,T}{2\,n^2\,\pi^2} \sin \frac{2 n \pi \mathfrak{X}}{T}$$

$$B_n = - \frac{(g + f)\,T}{2\,n^2\,\pi^2} \left\{ 1 - \cos \frac{2 n \pi \mathfrak{X}}{T} \right\}$$

und y bekommt die Form

$$y = \frac{(g + f)\,T}{\pi^2} \sum_{n=1}^{n=\infty} \left\{ \frac{1}{n^2} \sin \frac{\pi n \mathfrak{X}}{T} \sin \frac{2 \pi n}{T} \left(t - \frac{\mathfrak{X}}{2} \right) \right\} \quad \cdots\cdots\cdots (2)$$

In der Gleichung (2) bedeutet y nur die Entfernung eines bestimmten Saitenpunktes von der Gleichgewichtslage. Wenn x die Entfernung dieses Punktes vom Anfang der Saite bezeichnet, und L die Länge der Saite, so ist die allgemeine Form des Werthes von y, wie in Beilage III, Gleichung (1b):

$$y = \sum_{n=1}^{n=\infty} \left\{ C_n \sin \left(\frac{n \pi x}{L} \right) \sin \frac{2 \pi n}{T} \left(t - \frac{\mathfrak{X}}{2} \right) \right\}$$

$$+ \sum \left\{ D_n \sin \left(\frac{n \pi x}{L} \right) \cos \frac{2 \pi n}{T} \left(t - \frac{\mathfrak{X}}{2} \right) \right\} \quad \cdots\cdots\cdots\cdots (3)$$

Die Vergleichung der Gleichungen (2) und (3) zeigt unmittelbar, dass alle

$$D_n = 0 \text{ und}$$

$$C_n \sin \left(\frac{n \pi x}{L} \right) = \frac{g + f}{\pi^2} \cdot \frac{T}{n^2} \sin \frac{n \pi \mathfrak{X}}{T} \quad \cdots\cdots\cdots\cdots (3\,\mathrm{a})$$

Hierin sind $g + f$ und $\mathfrak{T}$ abhängig von x, aber nicht von n. Nimmt man die Gleichungen für $n = 1$ und $n = 2$ und dividirt sie durch einander, so giebt es:

$$\frac{C_2}{C_1}\, \cos \frac{\pi\, x}{L} = \frac{1}{4}\, \cos \frac{\pi\, \mathfrak{T}}{T}.$$

Daraus folgt für $x = \dfrac{L}{2}$, wie auch die Beobachtung lehrt, $\mathfrak{T} = \dfrac{T}{2}$. Wenn aber $x = 0$, so wird nach den Beobachtungen auch $\mathfrak{T} = 0$; es folgt also

$$C_2 = \frac{1}{4}\, C_1$$

$$\frac{x}{L} = \frac{\mathfrak{T}}{T} \quad . \ . \ . \ . \ . \ . \ . \ . \ . \ . \ . \ . \ . \ . \ (3\,\mathrm{b})$$

und daraus, dass $g + f$ unabhängig von x sei. Nennen wir p die Amplitude der Schwingung des Saitenpunktes x, so ist

$$f\,\mathfrak{T} = g\,(T - \mathfrak{T}) = 2\,p$$

$$g + f = \frac{2\,p}{\mathfrak{T}} + \frac{2\,p}{T - \mathfrak{T}} = \frac{2\,p\,T}{\mathfrak{T}\,(T - \mathfrak{T})} = \frac{2\,p\,L^2}{T\,x\,(L - x)}.$$

Und da $g + f$ von x unabhängig ist, muss sein

$$p = 4\,P\, \frac{x\,(L - x)}{L^2},$$

wo P die Amplitude in der Mitte der Saite bezeichnet. Aus der Gleichung (3b) folgt, dass die Abschnitte $\alpha\,\beta$ und $\beta\,\gamma$ der Schwingungsfigur, Fig. 62 A, sich verhalten müssen, wie die entsprechenden Theile der Saite auf beiden Seiten des beobachteten Punktes. Daraus folgt schliesslich, dass

$$y = \frac{8\,P}{\pi^2} \sum_{n=1}^{n=\infty} \left\{ \frac{1}{n^2}\, \sin \frac{n\,\pi\,x}{L}\, \sin \frac{2\,\pi\,n}{T} \left(t - \frac{\mathfrak{T}}{2} \right) \right\} \ . \ . \ . \ . \ . \ . \ (3\,\mathrm{c})$$

als vollständiger Ausdruck für die Bewegung der Saite.

Setzt man $t - \dfrac{\mathfrak{T}}{2} = 0$, so wird y für jeden Werth von x gleich Null, also gehen alle Theile der Saite gleichzeitig durch die Gleichgewichtslage der Saite. Von da ab ist die Geschwindigkeit f des Punktes x

$$f = \frac{2\,p}{\mathfrak{T}} = \frac{8\,P\,(L - x)}{L\,T}.$$

Diese Geschwindigkeit bleibt aber nur während der Zeit $\mathfrak{T}$

$$\mathfrak{T} = T\, \frac{x}{L}$$

bestehen. Nach der Zeit t ist also

$$y = f\,t = \frac{8\,P}{L\,T}\cdot (L - x)\,t \ . \ . \ . \ . \ . \ . \ . \ . \ . \ . \ (4)$$

so lange

$$t < T\, \frac{x}{L}$$

und also

$$y < \frac{8\,P}{L^2}\, x\,(L - x).$$

Von da ab geht y mit der Geschwindigkeit $g = \dfrac{2\,p}{T - \mathfrak{T}} = \dfrac{8\,P\,x}{L\,T}$ zurück. Es ist also y nach der Zeit $t = \mathfrak{T} + t_1$:

$$y = \frac{8\,P}{L^2}\, x\,(L - x) - \frac{8\,P\,x}{L\,T}\, t_1.$$

Und da
$$L - x = \frac{T - \mathfrak{T}}{T}\, L$$

so ist
$$y = \frac{8\,P\,x}{L\,T}\, \left\{ T - (\mathfrak{T} + t_1) \right\}$$

$$= \frac{8\,P\,x}{L\,T}\,(T - t) \dots \dots \dots \dots \dots (4\,\mathrm{a})$$

Auf dem einen Theile der Saite ist also die Ablenkung gegeben durch die Gleichung (4), auf dem anderen durch (4a). Beide Gleichungen geben für die Gestalt der Saite eine gerade Linie, welche entweder (4) durch den Punkt $x = L$, oder (4a) durch den Punkt $x = 0$ geht. Es sind dies die beiden Endpunkte der Saite. Ihr Schneidepunkt ist gegeben durch die Bedingung

$$y = \frac{8\,P}{L\,T}\,(L - x)\, t = \frac{8\,P}{L\,T}\, x\,(T - t).$$

Es muss also sein

$$(L - x)\, t = x\,(T - t),$$
$$L\,t = x\,T.$$

Die Abscisse x des Schnittpunktes wächst also proportional der Zeit. Der Schnittpunkt, welcher zugleich der am meisten aus der Gleichgewichtslage entfernte Punkt der Saite ist, rückt also mit constanter Geschwindigkeit von einem Ende der Saite zum anderen, und während dieser Zeit liegt der Schnittpunkt selbst auf einem parabolischen Bogen, da für ihn

$$y = p = \frac{8\,P}{L^2}\, x\,(L - x).$$

Die Bewegung der Saite lässt sich also kurz so beschreiben, dass in Fig. 63 der Fusspunkt d der Abscisse ihres Gipfels mit constanter Geschwindigkeit auf der Linie $a\,b$ hin- und hereilt, während der Gipfelpunkt selbst die beiden parabolischen Bögen $a\,c_1\,b$ und $b\,c_2\,a$ nach einander durchläuft, und die Saite selbst in den beiden geraden Linien $a\,c_1$ und $b\,c_1$ oder $a\,c_2$ und $b\,c_2$ ausgespannt ist.

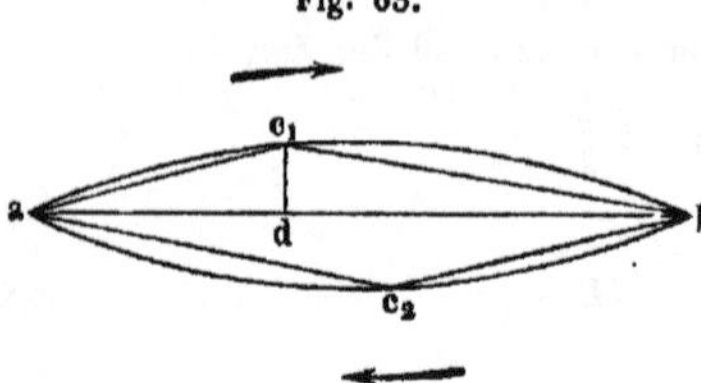

Fig. 63.

Die kleinen Kräuselungen der Schwingungsfiguren, welche so oft beobachtet werden, ergeben sich wohl meist daraus, dass diejenigen Töne, welche an der gestrichenen Stelle oder in deren nächster Nähe Knotenpunkte haben, und deshalb vom Bogen gar nicht oder nur schwach angeregt werden können, gedämpft werden und wegfallen. Wenn der Bogen in einem dem Stege benachbarten Knotenpunkte des $m$ten Obertones streicht, so haben die Schwingungen dieses $m$ten, ferner des $2m$ten, $3m$ten etc. Tones gar keinen Einfluss auf die Bewegung des vom Bogen berührten Punktes der Saite, und sie können deshalb wegfallen, ohne dass die Wirkung des Bogens auf die Saite geändert wird, und in der That erklären sich daraus die beobachteten Kräuselungen der Schwingungsfigur. Was in dem Falle geschieht, wo der Bogen die Saite zwischen je zwei Knotenpunkten angreift, habe ich nicht durch Beobachtung ermitteln können.

Beilage VII.

Einfluss der Resonanz in den Zungenpfeifen.

Zu Seite 160.

Für cylindrische Röhren habe ich die Gesetze der Resonanz in meiner „Theorie der Luftschwingungen in Röhren mit offenen Enden" *) mathematisch entwickelt. Auf die Zungenpfeifen ist namentlich das dort in §. 7 behandelte Beispiel anwendbar, wo die Bewegung im Grunde der Röhre als gegeben vorausgesetzt wird. Es sei $V\,dt$ das Luftvolumen, welches im Zeittheilchen dt in die Zungenpfeife einströmt, so kann diese Grösse, da sie periodisch ist, dargestellt werden durch eine Fourier'sche Reihe:

$$V = C_0 + C_1 \cos (2 \pi n t + T_1) + C_2 \cos (4 \pi n t + T_2) + \text{etc.} \quad . \; . \; (1)$$

Die Resonanz ist für die einzelnen Glieder einzeln zu bestimmen, da die den einzelnen Obertönen entsprechenden Schwingungsbewegungen sich ungestört einander superponiren. Die dort entwickelten Gleichungen (15) und (12b) ergeben nun, wenn wir unter l die Länge der Röhre, unter Q ihren Querschnitt, unter $l + \alpha$ die reducirte Länge der Röhre $\Big($die Differenz α ist bei cylindrischen Röhren gleich dem Radius, multiplicirt mit $\frac{\pi}{4}\Big)$, unter k die Grösse $\frac{2\pi}{\lambda}$ (λ die Wellenlänge) verstehen, und das Potential der Wellen im freien Raume für den Ton von der Schwingungszahl $a\,n$ setzen gleich

$$\frac{M_a}{r} \cos (a k r - 2 \pi a n t + c),$$

wo r die Entfernung vom Mittelpunkt der Mündung bezeichnet, dass

$$M_a = \frac{C_a}{\sqrt{4 \pi^2 \cos^2 a k \,(l + \alpha) + a^4 k^4 Q^2 \sin^2 a k l}}.$$

Da die Grösse $k^2 Q$ immer als sehr klein vorausgesetzt werden muss, wenn unsere Theorie anwendbar sein soll, so wird diese Gleichung für solche Fälle, wo $l + \alpha$ nicht ein ungerades Multiplum einer Viertelwellenlänge ist, nahehin

---

*) Journal für reine und angewandte Mathematik, Bd. LVII.

$$M_a = \frac{C_a}{2\,\pi\,\cos a\,k\,(l+a)}.$$

Die Resonanz ist also am schwächsten, wenn die reducirte Länge der Röhre ein gerades Vielfaches einer Viertelwellenlänge ist, und wird desto stärker, je mehr sie sich einem ungeraden Vielfachen derselben Länge nähert. Wenn sie dieses erreicht, ergiebt die vollständige Formel

$$M_a = \frac{C_a}{a^2\,k^2\,Q}.$$

Das Maximum der Resonanz ist also desto grösser, je grösser die Wellenlänge des betreffenden Tones und je kleiner der Querschnitt ist. Je kleiner der Querschnitt ist, desto enger ist auch die Tonhöhe abgegrenzt, welche starke Resonanz zeigt, während bei grösserem Querschnitt die starke Resonanz sich auf einen breiteren Theil der Scala erstreckt.

Für anders geformte Hohlkörper mit engen Mündungen lassen sich ähnliche Gleichungen mittels der in §. 10 derselben Abhandlung aufgestellten Sätze gewinnen.

Da die Bedingung starker Resonanz ist, dass $\cos a\,k\,(l+a) = 0$ sei, so werden mit dem Grundtone gleichzeitig in cylindrischen Röhren (Clarinette) nur die ungeraden Obertöne verstärkt werden.

Im Innern von kegelförmigen Röhren können wir das Potential der Luftbewegung für den Ton n setzen gleich

$$V = \frac{A}{r}\,\sin\,(k\,r + c)\,\cos\,2\,\pi\,n\,t,$$

wo r die Entfernung von der Spitze des Kegels bezeichnet. Ist eine Zunge in der Entfernung a von der Spitze angebracht, und die Länge der Röhre l, also für das offene Ende $r = l + a$, so können wir als Grenzbedingung für das freie Ende als wenigstens annähernd richtig festsetzen, dass dort der Druck gleich Null sein müsse; dies ist der Fall, wenn

$$\frac{d\,V}{d\,t} = -\,2\,\pi\,n\,\frac{A}{l+a}\,\sin\,[k\,(l+a)+c]\,\sin\,(2\,\pi\,n\,t) = 0,$$

also

$$\sin\,[k\,(l+a)+c] = 0$$

und wir können setzen:

$$c = -\,k\,(l+a)$$

$$V = \frac{A}{r}\,\sin\,k\,(r-l-a)\,\cos\,(2\,\pi\,n\,t).$$

Die stärkste Resonanz findet nun hier, wie bei den cylindrischen Röhren, für diejenigen Töne statt, welche an der Stelle der Zunge das Minimum der Geschwindigkeit haben. Da nämlich bei der Entwickelung der Geschwindigkeit im Mundstück in Gleichung (1) die Coëfficienten C_a einen bestimmten Werth haben, der nur von der Bewegung der Zunge und den davon veranlassten Luftstössen abhängt, so muss der Coëfficient A der letzten Gleichung desto grösser werden, eine je kleinere Geschwindigkeit der entsprechende Wellenzug im Mundstücke des Rohres hervorbringt. Um so grösser wird dann die Geschwindigkeit in den anderen Theilen des Rohres. Die Geschwindigkeit der Lufttheilchen ist aber:

$$\frac{d\,V}{d\,r} = \frac{A}{r^2}\,\cos\,2\,\pi\,n\,t\,\left\{k\,r\,\cos\,k\,(r-l-a) - \sin\,k\,(r-l-a)\right\}.$$

Für das Maximum der Resonanz ist also Bedingung, dass für $r = a$

$$k\,r = tang\ k\ (r - l - a)\ \text{oder}$$
$$k\,a = -\ tang\ (k\,l).$$

Wenn nun die Grösse a, d. h. die Entfernung der Zunge von der Spitze des Kegels, sehr klein ist, so ist $k\,a$, also auch *tang k l*, sehr klein, und es muss $(k\,l - a\,\pi)$ sehr klein sein, wenn a eine gewisse ganze Zahl bedeutet. Dann können wir die Tangente nach Potenzen ihres Bogens entwickeln und erhalten, indem wir uns auf das erste Glied dieser Entwickelung beschränken:

$$k\,a = a\,\pi - k\,l$$
$$k\,(a + l) = a\,\pi$$

oder indem wir $k = \dfrac{2\,\pi}{\lambda}$ setzen:

$$a + l = \frac{a}{2}\,\lambda,$$

woraus sich ergiebt, dass kegelförmige Röhren alle diejenigen Töne verstärken, für welche die ganze Länge des Kegels, bis zu seiner imaginären Spitze gerechnet, ein Vielfaches der halben Wellenlänge ist; vorausgesetzt, dass die Entfernung der Zunge von dieser imaginären Spitze des Kegels gegen die Wellenlänge verschwindet. Wenn also der Grundton des Klanges durch das Rohr verstärkt wird, werden auch alle seine Obertöne, gerade und ungerade, verstärkt werden bis zu einer Höhe hin, wo die Wellenlängen der Obertöne nicht mehr sehr gross gegen die Entfernung a sind.

———

B e i l a g e VIII.

Praktische Anweisungen für die Versuche über Zusammensetzung der Vocale.

Zu Seite 186.

Um starke Schwingungen der Gabeln zu erhalten, ist es nothwendig, dass die Schwingungszahlen mit der grössten Genauigkeit den einfachen arithmetischen Verhältnissen entsprechen. Nachdem die Gabeln zuerst vom Verfertiger nach dem Gehör und einem Claviere so genau gestimmt worden sind, als es auf diesem Wege zu erreichen ist, erreicht man die erforderliche grössere Genauigkeit mittels der elektrischen Ströme selbst. Man verbindet zuerst die Unterbrechungsgabel (Fig 33, S. 185) mit der dem Grundtone entsprechenden, und verschiebt an ersterer die bewegliche Klemme, bis man zwischen beiden genauen Einklang hergestellt hat, wobei die Stärke des Grundtones ein Maximum erreicht, dessen Existenz sich sowohl für das Auge wie für das Ohr leicht zu erkennen giebt. Die Schwingungen dieser tiefsten Gabel sind nämlich so stark, dass ihre Breite am Ende der Zinken unter günstigen Umständen 2 bis 3 Millimeter beträgt. Auch ist zu bemerken, dass, wenn der Einklang nahehin aber nicht vollkommen hergestellt ist, und man die elektrischen Ströme zuerst anfangen lässt auf die Gabel zu wirken, man einige Schwebungen der letzteren hört und sieht, die freilich verschwinden, wenn sie in vollen Gang gekommen ist.

Nachdem zwischen der Unterbrechungsgabel und der des Grundtones Einklang hergestellt ist, schaltet man die übrigen Gabeln mit geöffneten Resonanzröhren nach einander in die Leitung ein, und stimmt sie ab, bis sie unter dem Einfluss der intermittirenden Ströme das Maximum der Tonstärke geben. Das Stimmen geschieht erst durch die Feile. Höher macht man die Gabeln bekanntlich dadurch, dass man von den Enden der Zinken etwas abnimmt, tiefer, indem man die Wurzel der Zinken dünner macht. Beides muss aber an beiden Zinken möglichst gleichmässig geschehen. Um zu ermitteln, ob die Gabel zu hoch oder zu tief ist, klebt man an die Enden der Zinken ein wenig Wachs, wodurch die Gabel tiefer wird, und beobachtet, ob dadurch der Ton schwächer oder stärker wird. Im ersteren Falle ist sie zu tief, im zweiten Falle zu hoch. Da Aenderungen der Temperatur und vielleicht auch andere Umstände einen kleinen Einfluss auf die Stimmung der Gabeln haben, so habe ich vorgezogen, die höheren Gabeln alle durch Feilen ein weniges zu hoch zu machen, und durch kleine Mengen von Wachs, die auf die Enden der Zinken geklebt werden, die richtige Stimmung herzustellen. Die Menge des Wachses kann leicht beliebig geändert werden, und dadurch werden kleine zufällige Veränderungen der Stimmung ausgeglichen.

Für die Resonanzröhren ist eine so genaue Stimmung nicht nöthig; wenn sie angeblasen denselben Ton geben, wie die Gabeln, ist die Stimmung genügend. Sind sie zu tief, so kann man geschmolzenes Wachs hineingiessen, und sie dadurch höher machen. Sind sie zu hoch, so muss man die Oeffnung etwas kleiner machen.

Einige Mühe hat es mir gemacht, das Geräusch des Funkens an der Unterbrechungsstelle zu beseitigen. Zunächst schaltete ich einen grossen Condensator aus Stanniolplatten ein, wie solche bei den grossen elektromagnetischen Inductionsapparaten gebraucht werden. Dadurch wird der Funken aber immer nur bis auf ein gewisses Maass verringert. Vergrösserung des Condensators zeigte sich nicht mehr von Nutzen. Die Platten des Condensators sind durch Blätter von dünnem gefirnissten Papier getrennt, die eine mit der Unterbrechungsgabel verbunden, die andere mit dem Quecksilbernäpfchen, in welches deren Ende eintaucht. Nach manchen vergeblichen Versuchen fand ich endlich, dass Einschaltung eines sehr langen und sehr dünnen Drahtes zwischen den beiden Enden der Leitung an der Unterbrechungsstelle das Geräusch des Funkens fast ganz beseitigt, ohne doch der Wirkung des Stromes auf die Gabeln zu schaden. Der so eingeschaltete Draht muss einen so grossen Widerstand haben, dass er den der Drahtwindungen in sämmtlichen Elektromagneten zusammengenommen bei Weitem übertrifft. Dann geht kein in Betracht kommender Theil des Stromes durch diesen Draht. Erst wenn die Leitung geöffnet wird, und der dünne Draht die einzige Schliessung für den Extracurrent der Elektromagnete bildet, entladet sich dieser durch ihn. Damit nun aber der dünne Draht selbst keinen Extracurrent erzeugt, darf er nicht in Windungen um eine Rolle gelegt sein, sondern muss auf einem Brette hin- und hergehend ausgespannt sein, so dass zwei zunächst benachbarte Strecken des Drahtes von entgegengesetzt gerichteten Strömen durchlaufen werden. Zu dem Ende habe ich an die beiden Enden eines Brettchens (1 Fuss lang) zwei Kämme von harter Kautschukmasse angeschraubt, und einen dünnen versilberten Kupferdraht, wie er zum Ueberspinnen seidener Fäden gebraucht wird, zwischen den Zähnen dieser Kämme hin- und hergezogen (90 Mal). Dadurch bringt man eine lange Strecke (90 Fuss) dieses Drahtes gut isolirt in einen verhältnissmässig engen Raum zusammen, und so, dass er keinen in Betracht kommenden Extracurrent giebt. Wenn in dem Drahte nämlich bei der Unterbrechung des Stromes ein Extracurrent gebildet würde, so würde dieser in- dem aus den Elektromagneten und dem dünnen Drahte gebildeten Kreise die entgegengesetzte Richtung haben, als der Extracurrent in den Elektromagneten, und letzterer würde ganz oder theilweise verhindert werden, sich durch den dünnen Draht zu entladen.

Zur Bewegung der Gabeln brauchte ich zwei bis drei Grove'sche Elemente. Die Elektromagnete waren in zwei Reihen neben einander gestellt. Die ganze Anordnung ist in Fig. 64 schematisch dargestellt. Die Ziffern 1 bis 8 bezeichnen die Resonanzröhren der Stimmgabeln, die gestrichelten Linien, welche nach m_1 bis m_8 hingehen, die Fäden, welche die

Fig. 64.

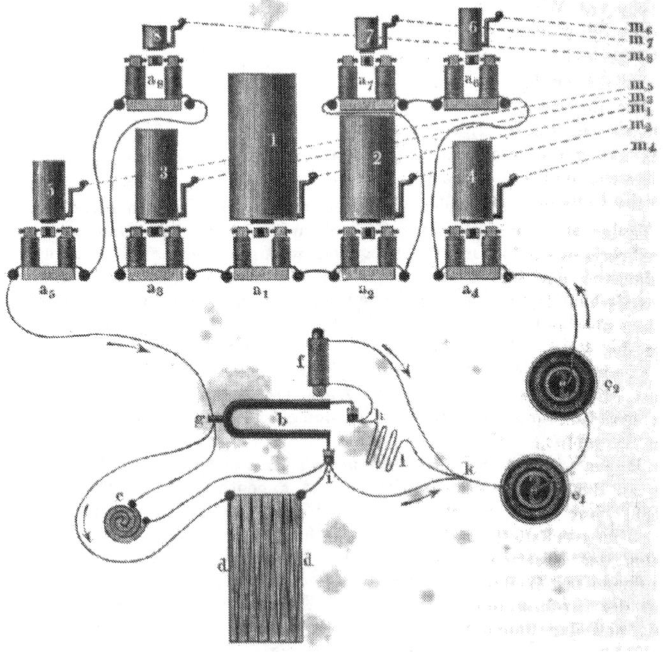

Deckel von der Oeffnung der Resonanzröhren hinwegziehen. a_1 bis a_8 sind die Elektromagnete, welche die zwischen ihren Schenkeln stehenden Stimmgabeln in Bewegung setzen; b ist die Unterbrechungsgabel, f der zugehörige Elektromagnet. Die Lage von beiden ist etwas verändert, um den Zusammenhang der Stromleitungen deutlicher zu machen. Die Elemente der galvanischen Batterie sind mit e_1 und e_2 bezeichnet, der grosse Drahtwiderstand mit $d\,d$, der Condensator, dessen spiralig aufgerollte Platten nur im Querschnitt gesehen werden, ·mit c.

Die Leitung des elektrischen Stromes geht von e_2 der Reihe nach durch sämmtliche Elektromagnete der Stimmgabeln bis zum Stiel der Unterbrechungsgabel g. Zuweilen ist es vortheilhafter diesen Theil der Leitung so anzuordnen, dass er in zwei parallele Zweige getheilt wird, und die drei höheren, schwer zu bewegenden Gabeln in den einen Zweig eingeschaltet werden, die fünf tieferen in den anderen, so dass die drei höheren von einem stärkeren Strom durchflossen werden, als die tieferen.

Der Rest der Leitung von g bis zum zweiten Pole der Batterie in e_1 enthält den Unterbrechungsapparat, welcher hier so angeordnet ist, dass jede Schwingung der Gabel zwei Mal den Strom herstellt, indem ein Mal die obere Zinke in das Quecksilber des Näpfchens h einschlägt, das andere Mal die untere Zinke in das Näpfchen·i. Wird bei h geschlossen, so geht der Strom von g durch die obere Zinke der Gabel nach h, dann durch den Elektromagneten der Gabel f nach k und e_1. Zwischen h und k ist es meist nöthig noch einen Seitenzweig $h\,l\,k$ einzuschalten, von mässigem Widerstande, um den Strom im Elektromagneten f so zu schwächen, dass die Gabel b nicht zu heftige Schwingungen macht. Die Zickzackbiegungen bei l stellen diesen Zweig dar.

Schlagen die Zinken der Gabel auseinander, so wird der Strom bei h geöffnet, und nach kurzer Unterbrechung wieder bei i geschlossen, so dass er nun von g durch die untere Zinke der Gabel nach i, von da über k zur Batterie e_1 gelangt. Im Momente der Unterbrechung des Stromes bei h oder bei i entstehen durch die Induction in den 8 Elektromagneten der Stimmgabel kräftige Extracurrents, welche glänzende und lärmende Funken an den Unterbrechungsstellen geben würden, wenn nicht die herandrängenden Elektricitätsmassen sich zum Theil in den Condensator c für den Moment aufspeichern, zum Theil durch den sehr grossen Widerstand $d\,d$ entladen könnten.

Der letztere stellt, wie man sieht, eine dauernde Verbindung zwischen g und der Batterie her, aber er leitet so schlecht, dass kein namhafter Theil des Stromes durch ihn gehen kann, ausgenommen, wenn im Moment der Stromesöffnung die grosse elektromotorische Kraft der Extracurrents entsteht.

Die hier beschriebene Anordnung ist zu wählen, wenn die Gabel 1 die höhere Octave der Gabel b ist. Macht dagegen erstere nur ebensoviel Schwingungen wie b, so nimmt man den Draht $i\,k$ fort, und leitet die beiden anderen in i endenden Drähte nach h.

Sollen einzelne Gabeln aus der Leitung ausgeschaltet werden, so werden zu dem Ende kurze Nebenschliessungen der Drahtrollen ihrer Elektromagnete geschlossen. In Fig. 32, S. 183, ist die Einrichtung dazu gezeichnet. Die Metallknöpfe $h\,h$ sind leitend mit den Schraubenklemmen g verbunden, in denen der Draht des Elektromagneten endigt. Wird der Hebel i herabbewegt, so schiebt er sich mit einiger Reibung auf den vorderen Knopf h, und stellt so eine gut leitende Nebenschliessung für den Draht des Elektromagneten her, was zur Folge hat, dass der elektrische Strom hauptsächlich über $h\,h$ sich entladet, und nur ein verschwindend kleiner Theil durch den viel längeren Weg um den Elektromagneten herumkreist.

Was die Theorie der Bewegung der Gabeln betrifft, so ist zunächst klar, dass die Stärke des Stromes in den Elektromagneten eine periodische Function der Zeit sein muss. Die Dauer der Periode ist gleich der Periode einer Schwingung der Unterbrechungsgabel b. Die Zahl der Unterbrechungen in der Secunde sei n. Dann wird die Stärke des Stromes in den Elektromagneten, und somit auch die Grösse der Kraft, welche die Elektromagnete auf die Gabeln ausüben, von der Form sein:

$$A_0 + A_1 \cos\left(2\,\pi\,n\,t + c_1\right) + A_2 \cos\left(4\,\pi\,n\,t + c_2\right) + A_3 \cos\left(6\,\pi\,n\,t + c_3\right) + \text{etc.}$$

Das allgemeine Glied dieser Reihe, $A_m \cos\left(2\,\pi\,m\,n\,t + c_m\right)$, wird geeignet sein, die Gabel von $m\,n$ Schwingungen in der Secunde in Bewegung zu setzen, während es auf Gabeln von anderer Stimmung wenig einwirkt.

Beilage IX.

Phasen der durch Resonanz entstandenen Wellen.

Zu Seite 189.

Es sei eine Stimmgabel der Mündung einer Resonanzröhre genähert, und das Ohr des Hörenden befinde sich in einer gegen die Dimensionen der Oeffnung sehr grossen Entfernung von der Röhre. Ich habe bewiesen[*]), dass wenn ein tönender Punkt sich im Punkte B eines theilweis von festen Wänden begrenzten, theilweis unbegrenzten Raumes befindet, die Schallbewegung in einem anderen Punkte A desselben Raumes der Intensität und Phase nach dieselbe ist, als sie in B sein würde, wenn sich der tönende Punkt in A befände. B sei der Ort der Stimmgabel (oder genauer des Endes einer ihrer Zinken), A der des Ohres. Die Bewegung der Luft, welche eintritt, wenn sich die Stimmgabel nahe vor der Oeffnung befindet, lässt sich nicht wohl bestimmen, wohl aber habe ich (S. 47 und 48 der citirten Abhandlung) die Bewegung bestimmt für den Fall, wo die Stimmgabel in grosser Entfernung ist. Denken wir uns also die Gabel an den Ort des Ohres nach A gebracht, so haben wir die Schallbewegung an dem Punkte B nahe der Mündung zu bestimmen. Diese Schallbewegung ist aus zwei Theilen zusammengesetzt, der eine Theil, dessen Potential dort mit Φ bezeichnet ist, entspricht der Bewegung, welche auch bei geschlossener Mündung der Resonanzröhre vorhanden sein würde, und ist in dem vorliegenden Falle zu klein, um wahrgenommen zu werden, der andere Theil, mit Ψ' bezeichnet, hat nach den dort angewendeten Bezeichnungen im freien Raume und in einiger Entfernung von der Oeffnung den Werth [S. 38 Gleichung (12h)]:

$$\Psi' = -\frac{A\,Q}{2\,\pi\,\varrho} \cdot \cos\left(k\,\varrho - 2\,\pi\,n\,t\right) \quad \ldots \ldots \ldots \ldots \ldots \ldots \quad (1)$$

---

[*]) Journal für reine und angewandte Mathematik, Bd. LVII, S. 1 bis 72. Theorie der Luftschwingungen in Röhren mit offenen Enden.

(Q der Querschnitt der Röhre, ϱ die Entfernung vom Mittelpunkt ihrer Oeffnung, n die Schwingungszahl, $\frac{2\pi}{k}$ die Wellenlänge). Die Bewegung in unendlich kleiner Entfernung r vom tönenden Punkte A ist gegeben durch die Gleichung:

$$\Phi = H \cdot \frac{\cos[2\pi n t - c]}{r} \qquad \dots \dots \dots \dots \dots \dots \quad (2)$$

und es ist, wenn wir unter r_1 die Entfernung des imaginären tönenden Punktes A vom Mittelpunkt der Röhrenmündung verstehen, nach (16c) und (13a) der citirten Abhandlung:

$$- tang\,(k\,r_1 + c) = tang\,.\,\tau_2 = - \frac{k^2\,Q\,\sin\,k\,l\,\cos\,k\,\alpha}{2\,\pi\,\cos\,k\,(l + \alpha)} \quad \dots (2a)$$

(l Länge der Röhre, α eine Constante, die von der Form ihrer Mündung abhängt) und endlich ist (16c, 13a) die dort I genannte Grösse:

$$I = K \cdot \frac{2\,k\,\sin\,(k\,l)}{r_1} = \pm A\,Q\,\frac{k^2\,\sin\,(k\,l)}{2\,\pi\,\sin\,\tau_2}, \text{ woraus folgt}$$

$$A = \pm\,H \cdot \frac{4\,\pi\,\sin\,\tau_2}{k\,Q\,r_1} \qquad \dots \dots \dots \dots \dots \dots \quad (3)$$

Das $\pm$ Zeichen werde so bestimmt, dass die Constanten A und H gleiches Zeichen bekommen, dann muss τ_2 zwischen 0 und π liegen.

Hier ist die Stärke der Resonanz A ausgedrückt durch die Intensität des tönenden Punktes H, Querschnitt der Resonanzröhre Q, Entfernung r_1 des tönenden Punktes von deren Mündung und der Grösse τ_2. Der Phasenunterschied zwischen den Punkten A und B ist nach Gleichung (1), (2) und (2a):

$$\pi - k\,\varrho + c = \pi - k\,\varrho - k\,r_1 - \tau_2.$$

Die Grösse $k\,\varrho$ kann aber bei den Entfernungen des Punktes B von der Mitte der Oeffnung, die wir anwenden können, als verschwindend klein betrachtet werden, so dass bei der Schwächung des Tons, die wir durch Entfernung der Stimmgabel von der Mündung der Röhre erreichen, die Phase nicht merklich geändert wird. Wenn wir dagegen die Stimmung der Röhre verändern, so wird in dem Ausdruck für die Phase nur die Grösse τ_2, welche von $k\,l$ nach Gleichung (2a) abhängig ist, geändert, und dem entspricht immer auch eine Aenderung in der Stärke der Resonanz, da in deren Ausdruck in Gleichung (3) $\sin\,\tau_2$ als Factor vorkommt. Die stärkste Resonanz tritt ein, wenn $\sin\,\tau_2 = 1$, also $\tau_2 = \frac{\pi}{4}$. Nennen wir dies Maximum der Resonanz $\mathfrak{A}$, so ist

$$\mathfrak{A} = \frac{4\,\pi\,H}{k\,Q\,r_1},$$

und für andere Abstimmungen der Röhre, falls deren Querschnitt nicht geändert wird,

$$\sin\,\tau_2 = \frac{A}{\mathfrak{A}}.$$

Ob der Winkel τ_2 kleiner oder grösser als ein Rechter zu nehmen ist, bestimmt sich darnach, ob in Gleichung (2a) der Werth von

$$tang\,\tau_2 = - \frac{k^2\,Q\,\sin\,k\,l\,\cos\,k\,\alpha}{2\,\pi\,\cos\,k\,(l + \alpha)}$$

positiv oder negativ ist. Da nun k, Q und $cos\ k\ a$ stets positiv sind, so hängt der Werth von $tang\ \tau_2$ ab von dem Factor $\dfrac{sin\ k\ l}{cos\ k\ (l+\alpha)}$. Wenn $cos\ k\ (l+\alpha) = 0$, findet Maximum der Resonanz statt, wenn $sin\ k\ l = 0$, ein Minimum. Es ist also $\tau_2 < \dfrac{\pi}{2}$, wenn man durch Verlängerung der Röhre sich einem Minimum der Resonanz nähert, dagegen $\tau_2 > \dfrac{\pi}{2}$, wenn man sich einem Maximum nähert. Bei den Anwendungen ist die Röhre immer nahe einem Maximum der Resonanz, und also $\tau_2 < \dfrac{\pi}{2}$, wenn die Röhre zu tief und $\tau_2 > \dfrac{\pi}{2}$, wenn die Röhre zu hoch gestimmt ist.

Macht man durch Verstimmung der Röhre $A^2 = \frac{1}{2}\ \mathfrak{A}^2$, so ist die Veränderung der Schwingungsphase $= \dfrac{\pi}{4}$. So kann man also die eingetretene Veränderung der Phase immer nach der Veränderung in der Stärke der Resonanz wenigstens abschätzen.

Ein ähnliches Gesetz findet statt für die Phasen der schwingenden Stimmgabeln verglichen mit denen des erregenden Stromes. Um die Betrachtung zu vereinfachen, will ich hier nur einen einzelnen schwingenden Massenpunkt betrachten, der durch eine elastische Kraft immer wieder in seine Gleichgewichtslage zurückgeführt wird. Wenn x die Entfernung des Massenpunktes aus seiner Gleichgewichtslage ist, sei $- a^2 x$ die elastische Kraft. Es wirke ferner eine periodische Kraft ein, wie sie in unseren Versuchen durch die elektrischen Ströme hervorgebracht wird, deren Grösse sei $A\ sin\ n\ t$, und eine die Schwingungen dämpfende Kraft, deren Grösse der Geschwindigkeit proportional ist, also gleich $- b^2 \dfrac{d\ x}{d\ t}$. Eine solche entsteht bei unseren Versuchen theils durch die Reibung und den Luftwiderstand, namentlich aber durch die von der bewegten Stimmgabel inducirten Ströme, welche am meisten dazu beitragen die Schwingungen zu dämpfen. Ist m die Masse des schwingenden Punktes, so ist also

$$m\ \frac{d^2 x}{d\ t^2} = - a^2 x - b^2 \frac{d\ x}{d\ t} + A\ sin\ n\ t \ \ldots\ldots\ldots (4)$$

Das vollständige Integral dieser Gleichung ist

$$x = \frac{A\ sin\ \varepsilon}{b^2\ n}\ sin\ (n\ t - \varepsilon) + B e^{-\frac{b^2\ t}{2m}}\ sin\ \left\{\frac{t}{m}\ \sqrt{a^2\ m - \tfrac{1}{4}\ b^4} + c\right\} \ \ldots\ (4\,\text{a})$$

worin

$$tang\ \varepsilon = + \frac{b^2\ n}{a^2 - m\ n^2} \ \ldots\ldots\ldots\ldots\ldots (4\,\text{b})$$

Das mit B multiplicirte Glied in der Gleichung (4 a) ist nur im Anfange der Bewegung von Einfluss; wegen des Factors $e^{-\frac{b^2\ t}{2m}}$ wird es bei wachsender Zeit t immer kleiner und kleiner, so dass es schliesslich verschwindet. Seine Existenz im Anfange der Bewegung ist aber Schuld daran, dass die in Beilage VIII erwähnten vorübergehenden Schwebungen entstehen, wenn die Grösse n wenig verschieden ist von

$$\frac{1}{m} \sqrt{a^2 m - \tfrac{1}{4} b^2}.$$

Das mit A multiplicirte Glied der Gleichung (4a) entspricht dagegen der dauernden Schwingung des Massenpunktes. Die lebendige Kraft i^2 dieser Bewegung ist gleich dem Maximalwerthe von $\frac{1}{2} m \left(\frac{d\,x}{d\,t}\right)^2$, nämlich:

$$i^2 = \frac{m\,A^2 \sin^2 \varepsilon}{2\,b^4} \Big\} \quad \dots \dots \dots \dots \dots \dots \quad (5)$$

Wenn man nun die Tonhöhe des erregenden Tones, d. h. n sich verändern lässt, so erreicht i^2 seinen Maximalwerth, den wir mit I^2 bezeichnen wollen, wenn

$$\sin^2 \varepsilon = 1 \text{ oder } tang\, \varepsilon = \pm \infty,$$

wobei

$$I^2 = \frac{m\,A^2}{2\,b^4}.$$

Wir können deshalb auch schreiben:

$$i^2 = I^2 \sin^2 \varepsilon \quad \dots \dots \dots \dots \dots \dots \quad (5\,a)$$

Dieselbe Grösse ε bestimmt also in Gleichung (4a) den Phasenunterschied zwischen den periodisch wechselnden Elongationen x der Masse und den wechselnden Werthen der Kraft, sowie in Gleichung (5a) die Stärke der Resonanz.

Die Bedingung, dass $tang\, \varepsilon = \pm \infty$ sei, wird nach (4b) erfüllt, wenn

$$a^2 = m\, n^2.$$

Bezeichnen wir also den Werth von n, welcher dem Maximum des Mitschwingens entspricht, mit N, so ist

$$N^2 = \frac{a^2}{m} \Big\} \quad \dots \dots \dots \dots \dots \dots \quad (5\,b)$$

Dieser Ton stärkster Resonanz ist gleich dem Tone, welchen der betreffende Massenpunkt geben würde, wenn er nur unter dem Einfluss der elastischen Kraft ohne Reibung und ohne fremde Erregung in Schwingung gesetzt wäre. Davon ist etwas verschieden der Eigenton des Körpers, den er unter Einfluss der Reibung und des Luftwiderstandes giebt, dessen Tonhöhe ν in dem zweiten Gliede der Gleichung (4a) gegeben ist:

$$\nu = \frac{1}{m} \sqrt{a^2 m - \tfrac{1}{4} b^2}.$$

Erst wenn $b = 0$ gesetzt wird, d. h. Reibung und Luftwiderstand verschwinden, wird

$$\nu^2 = \frac{a^2}{m} = N^2.$$

Nun ist in allen praktischen Fällen, wo wir das Phänomen des Mitschwingens beobachten, b verschwindend klein, so dass der Unterschied zwischen dem Tone stärkster Resonanz und dem Eigentone der schwingenden Körper vernachlässigt werden kann, wie dies auch im Texte geschehen ist. Es wird unter Einführung der Grösse N die Gleichung (4b)

$$tang\, \varepsilon = \frac{b^2\, n}{m\,(N^2 - n^2)} \Big\} \quad \dots \dots \dots \dots \dots \quad (4\,c)$$

Beilage X.

Beziehung zwischen der Stärke des Mitschwingens und der Dauer des Ausschwingens.

Zu Seite 220.

Wir können die in der Beilage IX gebrauchten Bezeichnungen für die Bewegung einer Masse, die durch eine elastische Kraft in ihre Gleichgewichtslage zurückgeführt wird, beibehalten. Wenn eine solche Masse durch eine äussere periodische Kraft erschüttert wird, ist ihre Bewegung in Gleichung (4a) gegeben. Setzen wir die Intensität A dieser Kraft gleich Null, so reducirt sich die Gleichung (4a) auf

$$x = B e^{-\frac{b^2 t}{2 m}} \sin (\nu t + c),$$

worin

$$\nu = \frac{1}{m} \sqrt{a^2 m - \tfrac{1}{4} b^2}.$$

Der Werth für x wird wegen des Factors, welcher t im Exponenten enthält, immer kleiner und kleiner. Messen wir t, wie es im Texte geschehen ist, nach der Zahl der Schwingungen des Tones stärkster Resonanz, und setzen wir zu dem Ende

$$T = \frac{N}{2 \pi} t$$

$$\beta = \frac{\pi b^2}{N m} = \pi \left(\frac{N}{n} - \frac{n}{N} \right) tang\, \varepsilon \;\ldots\ldots\ldots (6)$$

Wenn wir die lebendige Kraft der Schwingungen zur Zeit $t = 0$ mit L bezeichnen, und zur Zeit t mit l, so ist

$$L = B^2 \nu^2$$

$$l = B^2 \nu^2 e^{-2 \beta T}, \text{ also}$$

$$\frac{l}{L} = e^{-2 \beta T} \text{ und}$$

$$T = \frac{1}{2 \beta} log\, nat \left(\frac{L}{l} \right) \;\ldots\ldots\ldots\ldots\ldots (6a)$$

In der Tabelle auf S. 221 ist $L : l = 10 : 1$ gesetzt worden, und daraus der Werth von T berechnet, nachdem vorher vermittels der Gleichung (6) der Werth von β bestimmt war. In Gleichung (6) aber ist $sin^2 \varepsilon = \frac{1}{10}$ gesetzt worden, entsprechend der Bedingung, dass die Tonstärke des mitschwingenden Körpers $\frac{1}{10}$ ihres Maximums betragen solle, und für das Verhältniss $N : n$ sind die Zahlenverhältnisse gesetzt worden, welche den in der ersten Spalte der Tabelle angegebenen Intervallen entsprechen. So ist der Werth von β berechnet worden.

Die Gleichung (4b) der Beilage IX können wir schreiben:

$$tang\, \varepsilon = \frac{b^2}{m N \left(\dfrac{N}{n} - \dfrac{n}{N} \right)} = \frac{\beta}{\pi \left(\dfrac{N}{n} - \dfrac{n}{N} \right)}.$$

In dieser Gleichung können N, welches die Tonhöhe der stärksten Resonanz angiebt, b^2, welches die Stärke der Reibung bestimmt, und die Masse m für verschiedene Corti'sche Fasern verschieden sein. Man muss also bei der Anwendung auf das Ohr b^2 und m als Functionen von N betrachten. Da nun der Grad der Rauhigkeit der engeren dissonirenden Zusammenklänge bei gleichen Intervallen durch die ganze Scala hin ziemlich derselbe ist, so muss die Grösse $tang\ \varepsilon$ für gleiche Werthe von $\dfrac{N}{n}$ nahehin dieselben Werthe annehmen, und daher die Grösse $\dfrac{b^2}{m\,N} = \dfrac{\beta}{n}$ ziemlich unabhängig vom Werthe von N sein; Genaueres lässt sich darüber freilich nicht bestimmen. Es ist deshalb auch in den später folgenden Rechnungen β als unabhängig von N betrachtet worden.

Beilage XI.

Schwingungen der Membrana basilaris der Schnecke.

Zu Seite 228.

Das mechanische Problem, auf dessen Lösung es hier ankommt, ist zu untersuchen, ob eine zusammenhängende Membran von ähnlichen Eigenschaften, wie die Membrana basilaris der Schnecke, so schwingen kann, wie es Herr Hensen für letztere vorausgesetzt hat; so nämlich, dass jedes Faserbündel der Membran auf einen seiner Länge und Spannung entsprechenden Ton mitschwinge, ohne dass die benachbarten Fasern merklich in Bewegung gesetzt würden. Wir können bei dieser Untersuchung abstrahiren von der spiraligen Krümmung der Basilarmembran der Schnecke, und uns dieselbe gerade ausgespannt denken zwischen den Schenkeln eines Winkels, dessen Grösse wir mit $2\,\eta$ bezeichnen. Die Halbirungslinie desselben möge die Axe der x sein, und rechtwinklig dagegen die Axe der y durch den Scheitel des Winkels gelegt sein. Die Spannung der Membran parallel der x Axe möge gleich P, parallel der y Axe gleich Q sein, beide gemessen durch die Kräfte, welche auf die der Längeneinheit gleichen, den x und y beziehlich parallelen Seiten eines Quadrats ausgeübt werden müssen, um der Spannung der Membran das Gleichgewicht zu halten. Die Masse eines solchen Quadrats sei μ, ferner t die Zeit und z die Ausweichung eines Membranpunktes von der Gleichgewichtslage desselben. Ferner sei Z eine äussere Kraft, welche in Richtung der positiven z auf die Membran wirkt, und diese in Schwingung versetzt. Die Bewegungsgleichung der Membran, wie sie aus dem Hamilton'schen Principe nach dem Vorgange von Kirchhoff ohne principielle Schwierigkeit entwickelt werden kann, ist alsdann:

$$Z + P\,\frac{d^2z}{dx^2} + Q\,\frac{d^2z}{dy^2} = \mu\,\frac{d^2z}{dt^2}\Big\}\ \ldots\ldots\ldots\ldots (1)$$

Die Grenzbedingungen sind, 1) dass z gleich Null sei längs der Schenkel des Winkels, also wo

$$y = \pm\ x\ tang\ \eta,$$

2) dass $z = 0$ sei für $x = y = 0$, das heisst im Scheitel des Winkels,

3) dass z endlich sei für unendlich grosse Werthe von x.

In welcher Weise statt dieser beiden letzteren Grenzbedingungen, welche für unseren Zweck genügen, auch gewisse bestimmte Curven als feste Grenzen zwischen den Schenkeln des Winkels $2\,\eta$ eingeführt werden können, wird die weitere Entwickelung lehren.

Die Gleichung (1) kann auf eine bekanntere Form gebracht werden, wenn wir setzen:

$$x = \xi \sqrt{P} \text{ und } y = v \sqrt{Q}.$$

Wir erhalten dann

$$Z + \frac{d^2 z}{d\xi^2} + \frac{d^2 z}{dv^2} = \mu \frac{d^2 z}{dt^2} \Big\} \quad \ldots \ldots \ldots \ldots \ldots \text{(1a)}$$

welches die Bewegungsgleichung für eine nach allen Richtungen gleichmässig gespannte Membran ist, in deren Fläche ξ und v die rechtwinkeligen Coordinaten sind.

Die Grenzbedingungen werden bei dieser Bezeichnung:

1) dass $z = 0$ für

$$v = \pm\, \xi\, \sqrt{\frac{P}{Q}} \cdot tang\ \eta,$$

2) dass $z = 0$ für $\xi = v = 0$,

3) dass z endlich sei für $\xi = \infty$.

Die transformirte Aufgabe unterscheidet sich also von der ursprünglichen nur dadurch, dass die transformirte Membran gleichmässig gespannt, und in einem Winkel von anderer Grösse (die wir mit $2\,\varepsilon$ bezeichnen wollen) ausgespannt ist.

Da bei der von uns beabsichtigten Anwendung P sehr klein gegen Q genommen werden wird, so wird auch dieser Winkel ε, den die transformirte Membran ausfüllt, sehr klein, ein Umstand, in welchem wesentlich die analytischen Schwierigkeiten der Aufgabe begründet sind.

Nach diesen Vorbemerkungen führen wir zur analytischen Behandlung der Gleichungen (1) oder (1a) Polarcoordinate ein, indem wir setzen

$$\begin{aligned} x &= \xi \sqrt{P} = r \sqrt{P} \cdot cos\ \omega \\ y &= v \sqrt{Q} = r \sqrt{Q} \cdot sin\ \omega \end{aligned} \Big\} \quad \ldots \ldots \ldots \ldots \ldots \text{(1b)}$$

Die Gleichungen (1) und (1a) bekommen dadurch folgende Gestalt:

$$\frac{d^2 z}{dr^2} + \frac{1}{r} \cdot \frac{dz}{dr} + \frac{1}{r^2} \cdot \frac{d^2 z}{d\omega^2} = \mu \frac{d^2 z}{dt^2} - Z \quad \ldots \ldots \text{(1c)}$$

Die Grenzbedingungen sind, dass

1). $z = 0$ für $\omega = \pm\, \varepsilon$, wobei

$$tang.\ \varepsilon = \sqrt{\frac{P}{Q}}\ tang.\ \eta,$$

2) $z = 0$ für $r = 0$,

3) z endlich, wenn r unendlich.

Was die Natur der Kraft Z anbetrifft, so nehmen wir an, dass sie einen Theil habe, der von der Reibung herrührt, und den wir gleich $-\,\gamma\, \frac{dz}{dt}$ setzen dürfen, worin γ eine positive reelle Constante bezeichnet.

Zweitens, dass das umgebende Medium einen periodisch veränderlichen Druck auf die Membran ausübe, und zwar gleichmässig über die ganze Fläche der Membran. Somit setzen wir

$$Z = -\gamma \frac{dz}{dt} + A \cos(nt)$$

und erhalten folgende Bewegungsgleichung:

$$\frac{d^2 z}{dr^2} + \frac{1}{r}\frac{dz}{dr} + \frac{1}{r^2}\frac{d^2 z}{d\omega^2} = \mu \frac{d^2 z}{dt^2} + \nu \frac{dz}{dt} - A \cos(nt) \quad . \;.(2)$$

Von den möglichen Bewegungen, welche die Membran unter diesen Umständen ausführen kann, interessiren uns hier nur diejenigen, welche dauernd durch die dauernd wirkende periodische Kraft unterhalten werden, und die selbst derselben Periode folgen müssen. Setzen wir dem entsprechend:

$$z = \zeta\, e^{int} \quad . \quad . \quad . \quad . \quad . \quad . \quad . \quad . \quad . \quad . \quad . \quad . \quad . \quad . \quad . \quad .(2a)$$

wo $\qquad\qquad i = \sqrt{-1},$

und bestimmen ζ durch die Gleichung

$$\frac{d^2 \zeta}{dr^2} + \frac{1}{r}\frac{d\zeta}{dr} + \frac{1}{r^2}\frac{d^2 \zeta}{d\omega^2} + (\mu n^2 - i n \nu)\,\zeta = -A \quad . \; . \; .(2b)$$

so wird der reelle Theil des Werthes von z der Gleichung (2) genügen, und einer gleichmässig andauernden Oscillation der Membran entsprechen.

Nachdem auf diese Weise die Variable t aus der Differentialgleichung beseitigt ist, kann dasselbe auch mit Berücksichtigung der ersten Grenzbedingung für ω geschehen, indem wir ζ sowohl, wie die Constante A, in eine nach Cosinus der ungeraden Vielfachen des Winkels $\frac{\pi \omega}{2\varepsilon} = h\omega$ fortschreitende Reihe verwandeln. Bekanntlich ist innerhalb der Grenzen $h\omega = +\frac{\pi}{2}$ und $-\frac{\pi}{2}$

$$A = \frac{4A}{\pi}\left\{\cos(h\omega) - \frac{1}{3}\cos(3h\omega) + \frac{1}{5}\cos(5h\omega)\ \text{etc.} \quad . \; . \; .(3)\right.$$

Setzen wir dem entsprechend

$$\zeta = s_1 \cos(h\omega) - \frac{1}{3} s_3 \cos(3h\omega) + \frac{1}{5} s_5 \cos(5h\omega)\ \text{etc.}\; . \; . \; . \;.(3a)$$

so muss für jedes dieser s_m sein

$$\frac{d^2 s_m}{dr^2} + \frac{1}{r}\frac{d s_m}{dr} + \left(\mu n^2 - i n \nu - \frac{m^2 h^2}{r^2}\right) s_m = -\frac{4A}{\pi}\right\} . \;\dot{.} \; .(3b)$$

und da die erste unserer Grenzbedingungen durch die Gleichung (3a) erfüllt ist, wenn die Reihe überhaupt convergirt, so bleiben nur die Bedingungen übrig, dass

1) $s_m = 0$ für $r = 0$,
2) s_m endlich für $r = \infty$.

Dass jedes s_m durch diese Bedingungen vollständig bestimmt ist, zeigt sich leicht. Denn gäbe es zwei verschiedene Functionen, welche der Gleichung (3b) und den beiden Grenzbedingungen genügten, so würde ihre Differenz, die wir mit σ bezeichnen wollen, den Bedingungen genügen

$$\frac{d^2 \sigma}{dr^2} + \frac{1}{r}\frac{d\sigma}{dr} + \left(\mu n^2 - i n \nu - \frac{m^2 h^2}{r^2}\right)\sigma = 0 \quad . \; . \; . \; . \; .(3c)$$

also eine Bessel'sche Function sein, und gleichzeitig würde

1) $\sigma = 0$ für $r = 0$,

2) σ endlich sein für $r = \infty$.

Beides zusammen ist nicht möglich für Bessel'sche Functionen, bei denen das ν einen noch so wenig von Null verschiedenen Werth hat. Nur wenn $\nu = 0$ ist, d. h. gar keine Reibung besteht, ist die gegebene Bestimmung ungenügend. Dann können nämlich einmal eingeleitete Oscillationen unendliche Zeit fortbestehen, auch wenn keine Kraft da ist, die ihnen neue Anstösse giebt.

Particuläre Integrale der Gleichung (3 b) lassen sich in Form von Reihen leicht entwickeln, ähnlich wie die Reihen für die verwandten Bessel'schen Functionen, welche der Gleichung (3 c) genügen. Die eine dieser Reihen läuft nach ganzen Potenzen von r fort, und ist immer convergent. Aber wenn der Winkel ε sehr klein ist, wird die Zahl der Glieder dieser Reihe, die zur Bestimmung des Werthes von s nöthig ist, sehr gross, und die Reihe selbst deshalb unbrauchbar zur Discussion des Ganges der Function. — Eine zweite Reihe, die nach negativen Potenzen von r fortläuft, und ein anderes particuläres Integral giebt, ist semiconvergent, und nur wenn h eine gerade ganze Zahl ist, eine algebraische Function. Im letzteren Falle wird dagegen die erstgenannte Reihe in ihren einzelnen Gliedern unendlich.

Für den vorliegenden Zweck ist es daher zweckmässiger, den gesuchten Ausdruck für s in Form von bestimmten Integralen zu bilden.

Man bezeichne mit φ und ψ folgende beiden Integrale

$$\left.\begin{array}{l} \psi = \displaystyle\int_0^{\frac{\pi}{2}} e^{-i \varkappa r \sin t} \, \sin(m h t) \, dt \\[4mm] \varphi = \displaystyle\int_1^{\infty} u^{-m h - 1} \, e^{-\frac{i \varkappa r}{2}\left(u + \frac{1}{u}\right)} \, du \end{array}\right\} \quad \ldots \ldots \ldots (4)$$

worin

$$\varkappa = \sqrt{\mu n^2 - i n \nu} \ldots \ldots \ldots \ldots \ldots (4\,\mathrm{a})$$

und das Vorzeichen der Wurzel so gewählt ist, dass der reelle Theil von $i \varkappa$ positiv wird.

Es ist alsdann

$$s_m = \frac{4 A}{\pi \varkappa^2}\left[m h \cdot \psi + m h \cdot \varphi \cdot \cos\left(\frac{m h \pi}{2}\right) - 1 \right] \quad \ldots \ldots (4\,\mathrm{b})$$

der gesuchte Ausdruck für s_m.

Dass der in (4 b) gegebene Ausdruck die Gleichung (3 b) erfüllt, ergiebt sich, wenn man ersteren in letztere substituirt, und bei der Differentiation unter den Integralzeichen von ψ und φ darauf achtet, durch partielle Integration die unter dem Integralzeichen auftretenden Factoren $\cos t$, beziehlich $\left(u - \frac{1}{u}\right)$ fortzuschaffen.

Für $r = 0$ wird

$$\psi = \int_0^{\frac{\pi}{2}} \sin(m h t) \, dt = \frac{1}{m h}\left\{1 - \cos \frac{m h \pi}{2}\right\}$$

$$\varphi = \int_{1}^{\infty} \frac{d u}{u^{m h + 1}} = \frac{1}{m h},$$

also $s_m = 0$.

Für $r = \infty$ wird $\varphi = \psi = 0$, also

$$s_m = - \frac{4 A}{\pi x^2}.$$

Die Function s_m entspricht also auch den beiden für sie gestellten Grenzbedingungen, von denen oben gezeigt ist, dass sie zu ihrer Bestimmung ausreichen.

Mittels der Gleichung (4 b) können wir nun untersuchen, wie der Werth von s_m ausfällt, wenn P, die Spannung der Membran in Richtung der x, verschwindend klein wird. Es wird dann, wie aus den Gleichungen (1 b) folgt, r unendlich gross; ebenso h, dessen Werth ist

$$h = \frac{\pi \sqrt{Q}}{2 \sqrt{P} \; tang \; \eta}.$$

Setzen wir aber

$$r = h \varrho$$

so wird g eine endliche Grösse, nämlich

$$\varrho = \frac{2 x \cdot tang. \; \eta}{\pi \sqrt{Q}}.$$

Es ist leicht zu sehen, dass unter diesen Umständen $m h \varphi$ gleich Null wird. Wir können es nämlich schreiben

$$m h \varphi = \int_{1}^{\infty} m h . e^{- m h \, log \, u - (l - i \lambda) \cdot \frac{h \varrho}{2} \left(u + \frac{1}{u} \right)} . \frac{d u}{u} \bigg\} \; . \; . \; . \; (5)$$

wo gesetzt ist

$$i x = l - i \lambda$$

und l nach der oben gemachten Voraussetzung positiv ist. Da innerhalb der ganzen Ausdehnung der Integration $u > 1$ und also $log \, u > 0$, so ist überall in der gleichen Ausdehnung der reelle Theil des Exponenten negativ und enthält den unendlich grossen Factor h. Folglich verschwindet jeder Theil des Integrals, und somit auch der ganze Werth $h \varphi$.

In dem Integrale ψ dagegen

$$\psi = \int_{0}^{\frac{\pi}{2}} e^{- (l - i \lambda) \cdot h \varrho \cdot \sin t} \sin (m h t) \cdot d t$$

wird der reelle Theil des Exponenten zwar auch negativ unendlich für alle diejenigen Theile des Integrals, für welche t nicht verschwindend klein ist, und alle diese werden also gleich Null. Das ist aber nicht der Fall mit denjenigen Theilen des Integrals, für welche t verschwindet.

Man kann deshalb für ein unendlich grosses h den obigen Ausdruck für ψ ersetzen durch folgenden:

$$\psi = \int_{0}^{\infty} e^{- (l - i \lambda) \cdot h \varrho t} \cdot \sin (m h t) \, d t.$$

In diesem letzteren lässt sich die Integration ausführen, und ergiebt:

$$\psi = \frac{m}{h\,[(l-i\lambda)^2\,\varrho^2 + m^2]}\Big\} \quad \ldots \ldots \ldots \ldots \ldots (5\,\mathrm{a})$$

und

$$s^m = \frac{4\,A\,\varrho^2}{\pi\,[m^2 - \varrho^2\,x^2]}$$

oder mit Berücksichtigung von (4a)

$$s_m = \frac{4\,A\,\varrho^2}{\pi\,[m^2 - \varrho^2\,\mu\,n^2 + i\,\varrho^2\,n\,\nu]}\Big\} \quad \ldots \ldots \ldots (5\,\mathrm{b})$$

Oder wenn wir, um die Hilfsgrösse ϱ aus diesen Ausdrücken zu entfernen, mit $\frac{\beta}{2}$ den Werth von y an der Grenze der Membran bezeichnen, so ist

$$\frac{\beta}{2} = x\,tang.\,\eta\,,$$

also

$$\varrho = \frac{\beta}{\pi\,\sqrt{Q}}$$

$$S_m = \frac{4\,A\cdot}{\pi\,\sqrt{\left(\dfrac{m^2\,\pi^2\,Q}{\beta^2} - \mu\,n^2\right)^2 + n^2\,\nu^2}}\Big\} \quad \ldots \ldots \ldots (5\,\mathrm{d})$$

Dieser Werth ist ganz unabhängig von der Grösse des Winkels, den die Membran ausfüllt. Statt der Entfernung ϱ oder x vom Scheitel kommt darin nur noch die Breite β der Membran an der betreffenden Stelle vor. Derselbe Ausdruck wird also auch noch gelten, wenn der Winkel gleich Null ist, und die Membran zwischen zwei parallelen Linien wie eine Saite schwingt, und dabei m schwingende Abtheilungen bildet, die durch den Rändern parallele Knotenlinien getrennt sind.

Für eine Saite übrigens ergiebt sich derselbe Ausdruck, wenn man von Anfang an in Gleichung (1) z nur als Function von y in einer Linie betrachtet, und als unabhängig von x ansieht; als Grenzbedingung aber festhält, dass für $y = \pm\,\beta$ die Gleichung $z = 0$ stattfinde. Die Bewegung der Membran ist also dieselbe, als wenn sie aus einer Reihe neben einander liegender unverbundener Saiten bestände.

Der Werth von $\frac{1}{m}\,S_m$ in (5d) giebt uns die Amplitude der betreffenden Schwingungsform mit der Schwingungszahl $\frac{n}{2\,\pi}$ und mit m schwingenden Querabtheilungen der Membran. Das Maximum von S_m wird eintreten, wo

$$m^2\,\pi^2\,Q - \beta^2\,\mu\,n^2 = 0 \quad \ldots \ldots \ldots \ldots \ldots (6)$$

Der Werth dieses Maximums selbst, den wir mit $\mathfrak{S}$ bezeichnen wollen, ist

$$\mathfrak{S} = \frac{4\,A}{\pi\,n\,\nu}\,.$$

Je kleiner der Reibungscoëfficient ν ist, desto grösser wird dies Maximum an der betreffenden Stelle werden.

Wenn wir den Werth von β, welcher die Gleichung (6) erfüllt, mit b bezeichnen, so können wir Gleichung (5d) schreiben

$$S_m = \frac{\mathfrak{S}}{\sqrt{1 + \frac{m^4\,\pi^4\,Q^2}{n^2\,\nu^2}\left[\frac{1}{\beta^2} - \frac{1}{b^2}\right]^2}}.$$

Sobald ν unendlich klein ist, und in Gleichung (6) die Bedingung des Maximums nicht erfüllt ist, wird der Nenner dieses Ausdrucks unendlich gross, also S_m unendlich klein. Nur für diejenigen Werthe von β, welche b so nahe kommen, dass $b - \beta$ von derselben Ordnung ist wie ν, behält $\frac{1}{m}\,S_m$, die Amplitude der Schwingungen, einen endlichen Werth. Unter diesen Umständen werden also alsdann von jedem einfachen Tone nur gewisse, in Richtung der x schmale Streifen der Membran in Schwingung gesetzt, von denen der erste eine, der zweite zwei, der dritte drei etc. schwingende Abtheilungen hat, und in denen die Grösse $\frac{\beta}{m}$, das heisst die Länge der schwingenden Abtheilungen, überall denselben Werth hat.

Je grösser der Reibungscoëfficient ν ist, desto mehr werden sich im Allgemeinen die Schwingungen jedes Tons auf der Membran ausbreiten.

Die hier ausgeführte mathematische Analyse zeigt an, dass jeder zugeleitete Ton auch alle diejenigen Querfaserzüge der Membran erregen muss, auf denen er als Eigenton mit Bildung von Knotenpunkten erscheinen kann. Daraus würde folgen, dass wenn die Membran des Labyrinths von durchaus gleichmässiger Structur wäre, wie die hier vorausgesetzte Membran, jede Erregung eines Querfaserbündels durch den betreffenden Grundton auch begleitet sein müsste von schwächeren Erregungen der ungeraden harmonischen Untertöne, deren Intensität allerdings mit den Factoren $\frac{1}{9}$, $\frac{1}{25}$ allgemein $\frac{1}{m^2}$ multiplicirt sein würde. Davon ist im Ohre nichts zu bemerken. Ich glaube aber, dass man dies nicht nothwendig als einen Einwand gegen die hier durchgeführte Theorie betrachten darf, da wahrscheinlich durch die Anhangsgebilde der Membrana basilaris die Bildung von Tönen mit Knotenlinien sehr erschwert ist.

Man kann die Lösung auch ohne Schwierigkeit ausdehnen auf den Fall, wo die Membran im Felde der ξ, υ durch zwei Kreisbögen begrenzt ist, deren Mittelpunkt im Scheitel des Winkels ε liegt. Dem entsprechen dann in Wirklichkeit, also im Felde der x, y zwei elliptische Begrenzungsbögen, die, wenn P verschwindet, zu geraden Linien werden. Man hat dem Werthe von s_m in (4b) nur noch ein vollständiges Integral der Gleichung (3c) hinzuzufügen, welches durch Bessel'sche Functionen mit zwei willkürlichen Constanten darzustellen ist. Letztere sind so zu bestimmen, dass s_m an den gewählten Grenzcurven gleich Null wird. Wenn ν klein ist, hat diese Aenderung der Grenzen keinen wesentlichen Einfluss auf die Bewegung der Membran, ausser wenn dies Maximum der Schwingung in die Nähe der Grenze selbst fällt.

Beilage XII.

Theorie der Combinationstöne.

Zu Seite 240.

Es ist bekannt, dass das Princip von der ungestörten Superposition oscillirender Bewegungen im Allgemeinen nur so lange gilt, als die Bewegungen klein sind, so klein, dass die Bewegungskräfte, welche durch die Verschiebungen der kleinsten Theile des schwingenden Mittels gegen einander hervorgerufen werden, diesen Verschiebungen selbst merklich proportional sind. Es lässt sich nun zeigen, dass Combinationstöne entstehen müssen, sobald die Schwingungen so gross werden, dass auch noch das Quadrat der Verschiebungen auf die Bewegungen Einfluss erhält. Es möge für jetzt genügen, als einfachstes Beispiel die Bewegung eines einzelnen Massenpunktes unter dem Einfluss eines Wellenzuges zu betrachten, um das Resultat daran zu entwickeln. Nach einer ganz ähnlichen Methode lassen sich auch die Bewegungen der Luft und anderer elastischer Medien behandeln. Ein Punkt von der Masse m soll in Richtung der x Axe oscilliren können. Die Kraft, welche ihn in seine Gleichgewichtslage zurückzuführen strebt, sei

$$k = a x + b x^2.$$

Es mögen auf ihn zwei Schallwellenzüge einwirken mit der Kraft $f \sin (p t)$ und $g \sin (q t + c)$, so ist seine Bewegungsgleichung

$$- m \frac{d^2 x}{d t^2} = a x + b x^2 + f \sin (p t) + g \sin (q t + c).$$

Diese Gleichung kann man durch eine Reihe integriren, indem man darin setzt

$$x = \varepsilon x_1 + \varepsilon^2 x_2 + \varepsilon^3 x_3 + \text{etc.}$$
$$f = \varepsilon f_1$$
$$g = \varepsilon g_1$$

und die mit gleichen Potenzen von ε multiplicirten Glieder einzeln gleich Null setzt, also:

$$1) \quad a x_1 + m \frac{d^2 x_1}{d t^2} = - f_1 \sin (p t) - g_1 \sin (q t + c),$$

$$2) \quad a x_2 + m \frac{d^2 x_2}{d t^2} = - b x_1^2,$$

$$3) \quad a x_3 + m \frac{d^2 x_3}{d t^2} = - 2 b x_1 x_2 \text{ etc.}$$

Aus der ersten Gleichung ergiebt sich

$$x_1 = A \sin \left(t \sqrt{\frac{a}{m}} + b \right) + u \sin (p t) + v \sin (q t + c),$$

wobei $\quad u = \dfrac{f_1}{m\,p^2 - a}$ und $v = \dfrac{g_1}{m\,q^2 - a}$.

Es ist dies das bekannte Resultat für unendlich kleine Schwingungen, wonach der mitschwingende Körper nur seinen eigenen Ton $\sqrt{\dfrac{a}{m}}$ und die ihm mitgetheilten p und q angiebt. Da der Eigenton hierbei schnell verschwindet, können wir $A = 0$ setzen. Dann giebt die Gleichung (2):

$$x_2 = -\frac{b}{2\,a}(u^2 + v^2) - \frac{u^2}{2\,(4\,m\,p^2 - a)}\,cos\,(2\,p\,t)$$
$$- \frac{u^2}{2\,(4\,m\,q^2 - a)}\,cos\,2\,(q\,t + c) + \frac{u\,v}{m\,(p - q)^2 - a}\,cos\,[(p - q)\,t - c]$$
$$- \frac{u\,v}{m\,(p + q)^2 - a}\,cos\,[(p + q)\,t + c].$$

Dieses zweite Glied der Reihe für x enthält, wie man sieht, ausser einer Constanten, die Töne $2\,p$, $2\,q$, $(p - q)$ und $(p + q)$. Ist der Eigenton $\sqrt{\dfrac{a}{m}}$ des mitschwingenden Körpers tiefer als $(p - q)$, wie man es für das mit den Gehörknöchelchen verbundene Trommelfell des Ohres in den meisten Fällen wird voraussetzen dürfen, und sind die Intensitäten u und v nahe gleich, so wird von den einzelnen Gliedern von x_2 der Ton $(p - q)$ die grösste Intensität haben; er entspricht dem bekannten tiefen Combinationstone. Der Ton $(p + q)$ wird viel schwächer sein, und die Töne $2\,p$ und $2\,q$ werden als schwache harmonische Obertöne der primären schwer zu hören sein.

Das dritte Glied der Reihe x_3 enthält die Töne $3\,p$, $3\,q$, $2\,p + q$, $2\,p - q$, $p + 2\,q$, $p - 2\,q$, p und q. Von diesen ist $2\,p - q$ oder $2\,q - p$ ein Combinationston zweiter Ordnung nach Hällstroems Bezeichnung. Ebenso giebt das vierte Glied x_4 Combinationstöne dritter Ordnung etc.

Wenn wir nun annehmen, dass bei den Schwingungen des Paukenfells und seiner Annexa das Quadrat der Elongationen auf die Schwingungen Einfluss gewinnt, so geben die ausgeführten mechanischen Entwickelungen einen vollständigen Aufschluss über die Entstehung der Combinationstöne. Namentlich erklärt die neue Theorie ebenso gut das Entstehen der Töne $(p + q)$, wie der Töne $(p - q)$, und lässt einsehen, warum bei vermehrter Intensität u und v der primären Töne die der Combinationstöne, welche proportional $u\,v$ ist, in einem schnelleren Verhältnisse steigt.

Aus der Voraussetzung über die Grösse der wirkenden Kraft, welche wir oben gemacht haben:

$$k = a\,x + b\,x^2$$

folgt, dass, bei einem Zeichenwechsel von x, k nicht bloss sein Zeichen, sondern auch seinen absoluten Werth ändert. Diese Annahme passt also nur auf einen elastischen Körper, der sich gegen positive und negative Verschiebungen nicht symmetrisch verhält; nur bei einem solchen kann das Quadrat der Elongationen Einfluss auf die Bewegungen haben, und die Combinationstöne erster Ordnung hervorrufen. Unter den im Ohre des Menschen vorhandenen schwingenden Theilen ist nun besonders das Trommelfell durch seine Asymmetrie ausgezeichnet, indem es durch den Stiel des Hammers stark nach innen gezogen ist, und ich glaube deshalb die Vermuthung aufstellen zu dürfen, dass namentlich diese eigenthümliche Form des Trommelfells das Entstehen der Combinationstöne bedinge.

Beilage XIII.

Beschreibung des Mechanismus für die Oeffnung einzelner Löcherreihen in der mehrstimmigen Sirene.

Zu Seite 254.

In Fig. 65 ist ein Querschnitt des oberen Kastens der Doppelsirene dargestellt, um dessen innere Construction zu zeigen. E ist das Windrohr, welches sich in das Innere des Kastens hinein verlängert, und fest eingefügt

Fig. 65.

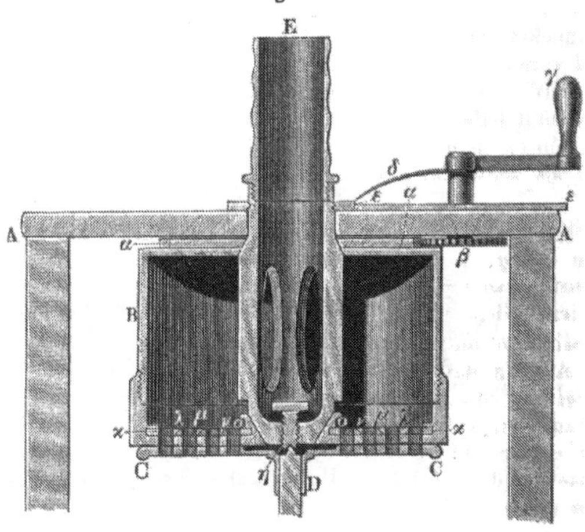

ist in den oberen Querbalken des Gestelles $A\,A$. Die in den Kasten B hineinragende Verlängerung des Windrohres hat am oberen und unteren Ende kegelförmige Flächen, auf denen entsprechende Aushöhlungen im Boden und Deckel des Kastens gleiten, so dass letzterer sich frei um das Windrohr als Axe drehen kann. Bei α sieht man den Querschnitt des Zahnrades, welches am Boden des Kastens festsitzt. Bei β das Getriebe, welches mittels der Kurbel γ gedreht wird; δ ist der Zeiger, der nach der Theilung am Rande der Scheibe $\varepsilon\,\varepsilon$ hin gerichtet ist.

D ist das obere Ende von der Axe der beweglichen Scheiben, von denen man die obere $C\,C$ hier sieht. Die Axe läuft auf feinen Spitzen, in kegelförmigen Pfannen. Die obere Pfanne befindet sich im unteren Ende

der Schraube η, welche durch einen von oben her eingeführten Schrauben-
zieher mehr oder weniger angezogen werden kann, so dass man den wün-
schenswerthen Grad von Leichtigkeit und Sicherheit der Bewegung der Axe
erreicht.

Im Innern des Kastens sieht man die Querschnitte von vier durchlöcher-
ten Ringen $\varkappa\lambda$, $\lambda\mu$, $\mu\nu$ und νo, welche mit schräg geschnittenen Rändern
dachziegelförmig über einander greifen und sich so gegenseitig festhalten.
Jeder dieser Ringe liegt unter einer der Löcherreihen des Deckels, und enthält genau ebenso viel Löcher, wie die entsprechende Reihe des Deckels
und der rotirenden Scheibe. Mittels der Stiftchen $i\,i$, welche man in der
Seite 235 gegebenen Fig. 56 sieht, können die vier genannten Ringe etwas
verschoben werden, so dass entweder die Löcher des Ringes mit den Löchern
des Kastens zusammenfallen, die Luft freien Ausgang erhält und der entsprechende Ton zu Stande kommt. Oder der Ring stellt sich so, dass die
Zwischenräume seiner Löcher die Löcher des Deckels schliessen, dann ist
die entsprechende Löcherreihe gesperrt und ihr Ton bleibt natürlich aus.

Auf diese Weise kann man nach einander oder neben einander die verschiedenen Töne einer solchen Sirene nach Belieben einzeln oder combinirt
angeben.

Beilage XIV.

Schwankung der Tonhöhe bei den Schwebungen einfacher Töne.

Zu Seite 259.

Es sei die Geschwindigkeit v eines unter dem Einflusse zweier Töne
schwingenden Theilchens

$$v = A \sin(m\,t) + B \sin(n\,t + c),$$

worin m sehr wenig von n unterschieden sei und $A > B$. Wir können
dann setzen

$$n\,t + c = m\,t - [(m - n)\,t - c]$$

$$v = \{A + B \cos[(m - n)\,t - c]\}\sin(m\,t) - B \sin[(m - n)\,t - c]\cos(m\,t).$$

Setzen wir

$$A + B \cos[(m - n)\,t - c] = C \cos\varepsilon$$

$$B \sin[(m - n)\,t - c] = C \sin\varepsilon,$$

so ist

$$v = C \sin(m\,t - \varepsilon).$$

worin C und ε langsam sich ändernde Functionen der Zeit t sind, wenn,
wie vorausgesetzt ist, $m - n$ eine im Vergleich mit m kleine Grösse ist.

Die Intensität C dieser Oscillation ist

$$C^2 = A^2 + 2\,A\,B \cos[(m - n)\,t - c] + B^2.$$

Sie wird ein Maximum

$$C^2 = (A + B)^2, \text{ wenn } \cos[(m - n)\,t - c] = +1,$$

dagegen ein Minimum

$$C^2 = (A - B)^2, \text{ wenn } \cos[(m - n)\,t - c] = -1.$$

Die veränderliche Phase ε der Bewegung wird gegeben durch folgende Gleichung:

$$tang\, \varepsilon = \frac{B\ sin\ [(m-n)\,t-c]}{A + B\ cos\ [(m-n)\,t-c]}.$$

Wenn $A > B$, wird diese Tangente niemals unendlich gross, und ε bleibt deshalb jedenfalls zwischen den Grenzen $+\frac{\pi}{2}$ und $-\frac{\pi}{2}$ eingeschlossen, denen es sich abwechselnd nähert. So lange der Werth von ε steigt, wächst $m\,t - \varepsilon$ langsamer als $m\,t$, so lange jener Werth fällt, wächst dieses schneller; dort wird also der Ton tiefer, hier höher werden müssen.

Die mit $2\,\pi$ multiplicirte Schwingungszahl des veränderlichen Tones ist unter diesen Umständen gleich

$$m - \frac{d\,\varepsilon}{d\,t} = \frac{m\,A^2 + (m+n)\,A\,B\,cos\,[(m-n)\,t-c] + n\,B^2}{A^2 + 2\,A\,B\,cos\,[(m-n)\,t-c] + B^2}.$$

Die Grenzwerthe hiervon treten ein, wo $cos\,[(m-n)\,t-c]$ seine Grenzwerthe, $+1$ und -1, erreicht, und also auch die Tonstärke ein Maximum oder Minimum ist.

1) Wenn die Tonstärke in Maximo, ist die Schwingungszahl

$$\frac{m\,A + n\,B}{A + B} = m - \frac{(m-n)\,B}{A+B} = n + \frac{(m-n)\,A}{A+B},$$

2) wenn die Tonstärke in Minimo, ist die Schwingungszahl

$$\frac{m\,A - n\,B}{A - B} = m + \frac{(m-n)\,B}{A-B} = n + \frac{(m-n)\,A}{A-B}.$$

Im ersteren Falle liegt also die Tonhöhe des veränderlichen Tones zwischen denen der beiden einzelnen Töne. Während des Minimums der Tonstärke dagegen ist sie höher als beide Einzeltöne, wenn der stärkere Ton gleichzeitig der höhere ist, dagegen tiefer als beide, wenn der stärkere Ton der tiefere ist.

Mit zwei gedackten Pfeifen hört man diese Unterschiede gut. Auch mit zwei Stimmgabeln, wenn man abwechselnd die höhere oder tiefere der Resonanzröhre näher bringt.

———

B e i l a g e XV.

Berechnung der Intensität der Schwebungen verschiedener Intervalle.

Zu Seite 297 und 303.

Wir benutzen wieder die in der Beilage IX unter (4 a), (4 b), (5) und (5 a) entwickelten Formeln für die Stärke des Mitschwingens. Es sei für den Ton stärkster Resonanz eines Corti'schen Elementarorgans n die Anzahl der Schwingungen in $2\,\pi$ Secunden, n_1 und n_2 seien die entsprechenden Schwingungszahlen für zwei gehörte Töne und $\mathfrak{B}_1$ sowie $\mathfrak{B}_2$ die Geschwin-

digkeitsmaxima der Schwingungen, welche sie in den gleichgestimmten
Corti'schen Organen hervorbringen, so sind die Geschwindigkeitsmaxima B_1
und B_2, welche beide in dem Gebilde von der Schwingungszahl n hervorbringen, nach Gleichung (5a) Beilage IX:

$$B_1 = \mathfrak{B}_1 \; sin \; \varepsilon_1$$
$$B_2 = \mathfrak{B}_2 \; sin \; \varepsilon_2$$

worin:

$$\pi \; tang \; \varepsilon_1 = \frac{\beta}{\frac{n}{n_1} - \frac{n_1}{n}} \quad \text{und} \quad \pi \; tang \; \varepsilon_2 = \frac{\beta}{\frac{n}{n_2} - \frac{n_2}{n}} \cdot$$

Darin ist β eine Grösse, welche wir als unabhängig von n betrachten
können. Die Intensität der Schwingungen des Organs von der Schwingungszahl n schwankt demnach, wenn beide Töne n_1 und n_2 zusammenwirken, zwischen den Werthen:

$$(B_1 + B_2)^2 \text{ und } (B_1 - B_2)^2.$$

Der Unterschied beider Grössen, welcher die Stärke der Schwebungen
misst, ist:

$$4 \, B_1 \, B_2 = 4 \, \mathfrak{B}_1 \, \mathfrak{B}_2 \; sin \; \varepsilon_1 \; sin \; \varepsilon_2 \; \ldots \ldots \ldots \ldots (7)$$

Bei gleichen Unterschieden in der Stimmung ist die Stärke der Schwe-
bungen also abhängig von dem Producte $\mathfrak{B}_1 \mathfrak{B}_2$. Für den $m$ten Oberton
eines Violinklanges können wir $\mathfrak{B}^2 = \frac{\mathfrak{A}^2}{m^2}$ setzen, nach Beilage VI, und wenn
also der $m_1$te und $m_2$te Oberton zweier Violinklänge Schwebungen geben,
setzen wir die Intensität ihrer Schwebungen bei gleichen Intervalldifferen-
zen gleich

$$\frac{\mathfrak{A}^2}{m_1 \, m_2} \cdot$$

Dieser Ausdruck ist der Berechnung der letzten Spalte der Tabelle auf
S. 298 zu Grunde gelegt worden.

Für die auf Seite 303 und 304 besprochene Berechnung der Rauhigkeit
verschiedener Intervalle führen wir noch folgende abkürzende Bezeichnungen ein:

$$n_1 + n_2 = 2 \, N,$$
$$n_1 = N \, (1 + \delta),$$
$$n_2 = N \, (1 - \delta),$$
$$n = N \, (1 + \nu).$$

Dann ist

$$\pi \; tang \; \varepsilon_1 = \frac{\beta}{\frac{1 + \nu}{1 + \delta} - \frac{1 + \delta}{1 + \nu}}, \quad \pi \; tang \; \varepsilon_2 = \frac{\beta}{\frac{1 + \nu}{1 - \delta} - \frac{1 - \delta}{1 + \nu}} \cdot$$

Da kräftiges Mitschwingen nur stattfindet, wenn ν und δ sehr klein
sind, so kann man annähernd setzen:

$$tang \; \varepsilon_1 = \frac{\beta}{2 \, \pi \, (\nu - \delta)}, \quad tang \; \varepsilon_2 = \frac{\beta}{2 \, \pi \, (\nu + \delta)} \cdot$$

Diese Werthe in Gleichung (7) gesetzt ergeben:

$$4 \, B_1 \, B_2 = 4 \, \mathfrak{B}_1 \, \mathfrak{B}_2 \frac{\beta^2}{\sqrt{\beta^2 + 4 \, \pi^2 \, (\nu - \delta)^2} \; \sqrt{\beta^2 + 4 \, \pi^2 \, (\nu + \delta)^2}} \quad \ldots (7\,a)$$

Wenn wir nun ν, d. h. die Tonhöhe des mitschwingenden Corti'schen Organs, als veränderlich betrachten, erreicht der Werth von $4\,B_1\,B_2$ sein Maximum, wenn $\nu = 0$, also $n = N = \frac{1}{2}\,(n_1 + n_2)$ und der Werth dieses Maximum selbst, den wir mit s bezeichnen wollen, ist:

$$s = 4\,\mathfrak{B}_1\,\mathfrak{B}_2 \; \frac{\beta^2}{\beta^2 + 4\,\pi^2\,\delta^2} \;\ldots\ldots\ldots\ldots (7\,\mathrm{b})$$

Ich habe mich bei Berechnung des Grades der Rauhigkeit, welche der Zusammenklang zweier Töne giebt, die um das Intervall $2\,\delta$ von einander entfernt sind, damit begnügt, den hier gefundenen Maximalwerth der Schwebungen zu berücksichtigen, welcher in dem am günstigsten gelegenen Corti'schen Organe stattfindet. Allerdings werden schwächere Schwebungen auch noch in den benachbarten Faserbögen erzeugt, aber in schnell abnehmender Intensität. Es könnte deshalb vielleicht als ein genaueres Verfahren erscheinen, wenn man den Werth von $4\,B_1\,B_2$ in Gleichung (7 a) nach ν integrirte, um die Summe der Schwebungen in allen Corti'schen Organen zu erhalten. Dann müsste man aber noch irgend eine wenigstens annähernde Kenntniss von der Dichtigkeit der Corti'schen Organe für verschiedene Werthe von ν, d. h. für verschiedene Theile der Scala haben, welche uns abgeht. In der Empfindung kommt es jedenfalls mehr auf den stärksten Grad der Rauhigkeit an, als auf die Ausbreitung schwächerer Rauhigkeit über viele empfindende Organe. Ich habe deshalb vorgezogen, nur das in (7 b) gegebene Maximum der Schwebungen zu berücksichtigen.

Schliesslich muss noch beachtet werden, dass sehr langsame Schwebungen keine Rauhigkeit geben, dass diese bei gleicher Intensität der Schwebungen und steigender Zahl ein Maximum erreicht, und dann wieder abnimmt. Um dies auszudrücken, muss der Werth von s noch mit einem Factor multiplicirt werden, welcher gleich Null wird, wenn die Zahl der Schwebungen sehr klein ist, welcher bei etwa 30 Schwebungen sein Maximum erreicht, und dann wieder abnimmt, um für unendlich viel Schwebungen wieder gleich Null zu werden. Wir setzen also die Rauhigkeit r, welche vom $a$ten Oberton herrührt:

$$r_a = \frac{4\,\vartheta^2\,\delta^2\,a^2}{(\vartheta^2 + a^2\,\delta^2)^2}\; s_a.$$

Der Factor von s erreicht den Maximalwerth 1, wenn $a\,\delta = \vartheta$, wird 0, wenn δ, welches den halben Abstand der beiden Töne in der Scala bezeichnet, gleich 0 oder gleich ∞ wird. Da es gleichgültig ist, ob δ positiv oder negativ ist, musste der Ausdruck zu einer geraden Function von δ gemacht werden. Es ist der einfachste Ausdruck, der den gegebenen Bedingungen genügt, er ist aber natürlich bis zu einem gewissen Grade willkürlich.

Für ϑ ist die halbe Breite desjenigen Intervalls zu setzen, welches in der Höhe des tieferen Grundtones 30 Schwebungen in der Secunde giebt.

Da wir c' mit 264 Schwingungen als Grundton genommen haben, ist gesetzt worden $\vartheta = \dfrac{15}{264}$. Es wird also schliesslich:

$$r_a = 16\,\mathfrak{B}_1\,\mathfrak{B}_2 \; \frac{\beta^2\,\vartheta^2\,\delta^2\,a^2}{(\beta^2 + 4\,\pi^2\,\delta^2)\,(\vartheta^2 + a^2\,\delta^2)}.$$

Nach dieser Formel sind nun in den Diagrammen Fig. 60 A und B, Seite 303, die Rauhigkeiten der Intervalle berechnet worden, welche von den einzelnen Obertönen herrühren, und einzeln über einander in die Zeichnung eingetragen.

Wenn auch die Genauigkeit der Theorie noch manches zu wünschen übrig lässt, so leistet dieselbe doch soviel, zu zeigen, dass die von uns aufgestellte theoretische Ansicht eine solche Vertheilung der Dissonanzen und Consonanzen, wie sie in der Natur vorkommt, wirklich erklären kann.

<hr>

Beilage XVI.

Zu Seite 312.

Es seien a, b, c, d, e, f, g, h ganze Zahlen. Die Schwingungszahlen zweier zugleich angegebener Klänge seien $a n$ und $b n + \delta$, wo δ als sehr klein gegen n vorausgesetzt wird, und a und b die kleinsten ganzen Zahlen sind, in denen das Verhältniss $a : b$ ausgedrückt werden kann. Die Schwingungszahlen je zweier Obertöne dieser Klänge werden sein:

$$a c n \text{ und } b d n + d \delta.$$

Diese werden mit einander Schwebungen geben, deren Anzahl $d \delta$ ist, wenn:

$$a c = b d$$
$$\text{oder} \qquad \frac{a}{b} = \frac{d}{c}.$$

Da das Verhältniss $\frac{a}{b}$ in kleinsten Zahlen ausgedrückt sein soll, werden d und c keine kleineren Werthe haben können, als:

$$d = a \qquad c = b,$$

die übrigen Werthe sind:

$$d = h a \qquad c = h b.$$

Nun bedeuten c und d die Ordnungszahlen der Theiltöne, welche Schwebungen mit einander geben; die niedrigsten Theiltöne dieser Art werden also sein der $b$te Ton des Klanges $a n$, und der $a$te Ton des Klanges $(b n + \delta)$. Die Zahl der Schwebungen, welche diese beiden geben, ist $a \delta$.

Ebenso geben der $2 b$te Theilton des ersten und der $2 a$te des zweiten Klanges $2 a \delta$ Schwebungen etc.

Die beiden Obertöne

$$a c n \text{ und } b d n + d \delta$$

geben den Combinationston (ersten Differenzton)

$$\pm [(b d - a c) n + d \delta]$$

wobei das Vorzeichen so zu wählen ist, dass der Werth des ganzen Ausdrucks positiv wird.

Zwei andere Obertöne $(f a n)$ und $(g b n + g \delta)$ geben den Combinationston

$$\pm [(g b - a f) n + g \delta].$$

Beide zusammenklingend werden $(g \mp d)\ \delta$ Schwebungen geben, wenn
$$b\,d - a\,c = \pm\, [g\,b - a\,f]$$
oder
$$\frac{a}{b} = \frac{g \mp d}{f \mp c}.$$

Wie vorher folgt, dass der kleinste Werth von $g \mp d = a$ ist, die übrigen grösseren $= h\,a$, also die kleinste Anzahl der Schwebungen $a\,\delta$.

Um die niedrigsten Werthe der Obertöne zu finden, welche vorhanden sein müssen, um mit Hülfe der ersten Differenztöne Schwebungen zu geben, wählen wir für c und d das untere Zeichen, wir erhalten dann:

$$g = d = \frac{a}{2} \quad \text{oder} \quad g = \frac{a+1}{2} \quad \text{und} \quad d = \frac{a-1}{2}$$

$$f = c = \frac{b}{2} \quad \text{oder} \quad f = \frac{b+1}{2} \quad \text{und} \quad c = \frac{b-1}{2}$$

je nachdem a und b gerade oder ungerade Zahlen sind. Ist b die grössere Zahl, so ist $\frac{b}{2}$ oder $\frac{b+1}{2}$ die Anzahl von Theiltönen, welche jeder Klang haben muss, um die Schwebungen des Intervalls zu geben, während ohne Berücksichtigung der Combinationstöne etwa die doppelte Anzahl, nämlich b, nöthig ist.

Wenn einfache Töne zusammenkommen, rühren die Schwebungen von den Combinationstönen höherer Ordnung her. Der allgemeine Ausdruck für einen Differenzton höherer Ordnung zweier Töne von den Schwingungszahlen n und m ist $\pm\, [a\,n - b\,m]$, und zwar ist dieser Ton dann von der $(a + b - 1)$sten Ordnung. Die Schwingungszahl eines Combinationstones $(c + d - 1)$ter Ordnung der Töne $a\,n$ und $[b\,n + \delta]$ sei:
$$\pm\, [(b\,d - c\,a) \cdot n + d\,\delta]$$
und eines anderen von $(f + g - 1)$ter Ordnung:
$$\pm\, [(g\,b - f\,a) \cdot n + g\,\delta],$$
beide geben $(g \mp d)\ \delta$ Schwebungen, wenn
$$b\,d - a\,c = \pm\, [b\,g - a\,f] \quad \text{oder}$$
$$\frac{a}{b} = \frac{g \mp d}{f \mp c}.$$

Die niedrigste Anzahl der Schwebungen ist also wieder $a\,\delta$, die niedrigsten Werthe von c, d, f, g finden sich wie im vorigen Falle, so dass die Ordnungszahlen der Combinationstöne nicht grösser zu werden brauchen als $\frac{a+b-2}{2}$, wenn a und b ungerade sind, oder $\frac{a+b-1}{2}$, wenn eines von ihnen gerade ist.

Ueber die Entstehungsweise der Combinationstöne will ich hier zu dem im siebenten Abschnitte Bemerkten noch Folgendes hinzufügen:

Combinationstöne müssen erstens überall entstehen, wo die Entfernung der schwingenden Theile aus ihrer Gleichgewichtslage so gross wird, dass die Kraft, welche sie zurückzuführen strebt, nicht mehr einfach jener Entfernung proportional ist. Die mathematische Theorie dieses Falles für einen schwingenden Massenpunkt ist oben in Beilage XII gegeben. Dasselbe ist der Fall für Luftschwingungen von endlicher Grösse; die Grundzüge der Theorie sind angegeben in meinem Aufsatze über Theorie der Luftschwingungen in Röhren mit offenen Enden, Crelle's Journal für Mathematik, Bd. LVII, S. 14. Ich will hier aber noch auf einen dritten Fall aufmerksam machen, wo Combinationstöne auch bei unendlich kleinen Schwingungen entstehen können, was oben S. 245 bis 247 schon erwähnt ist. Es ist das der Fall der Sirenen und des Harmonium. Wir haben hier Oeffnungen, deren Weite periodisch wechselt, und auf der einen Seite Luft unter grösserem Druck als auf der anderen. Da es sich hier immer nur um sehr kleine Druckunterschiede handelt, werden wir annehmen dürfen, dass die Masse q der entweichenden Luft proportional sei der Grösse der Oeffnung ω und dem Druckunterschiede p, also

$$q = c\,\omega\,p,$$

wo c eine Constante. Setzen wir nun für ω die einfachste periodische Function, welche einen wechselnden Schluss und Oeffnung ausdrückt, nämlich:

$$\omega = A\,[1 - \sin 2\pi n\,t]$$

und setzen p als constant, indem wir annehmen, dass ω so klein und der Luftzufluss so reichlich sei, dass der periodische Verlust durch die Oeffnung den Druck nicht wesentlich ändert, so wird q von der Form

$$q = B\,[1 - \sin 2\pi n\,t]$$
$$B = c\,A\,p.$$

Dann wird auch die Geschwindigkeit der Schallbewegung an einer beliebigen Stelle des Luftraumes von ähnlicher Form sein müssen, so dass nur ein Ton von der Schwingungszahl n entsteht. Wenn nun aber eine zweite grössere Oeffnung von wechselnder Weite vorhanden ist, durch welche ein hinreichender Verlust an Luft stattfindet, dass der Druck p selbst nicht mehr constant ist, sondern periodisch wechselt, in dem Maasse als durch die andere Oeffnung Luft ausfliesst, also von der Form ist:

$$p = P\,[1 - \sin 2\pi m\,t],$$

so wird q werden:

$$q = c\,A\,P\,[1 - \sin 2\pi n\,t]\,[1 - \sin 2\pi m\,t]$$
$$= c\,A\,P\,[1 - \sin 2\pi n\,t - \sin 2\pi m\,t - \tfrac{1}{2}\cos 2\pi\,(m+n)\,t$$
$$+ \tfrac{1}{2}\cos 2\pi\,(m-n)\,t];$$

es werden also ausser den primären Tönen n und m auch noch die Töne $m+n$ und $m-n$, d. h. die beiden Combinationstöne erster Ordnung existiren.

In Wirklichkeit werden nun die Gleichungen immer viel complicirter werden, als ich sie hier hingestellt habe, um den Vorgang in seiner einfachsten Gestalt darzustellen. Es wird der Ton n ebenso gut Einfluss auf den Druck p haben wie m, ja sogar die Combinationstöne werden p verändern, endlich wird meistens die Grösse der Oeffnung nicht durch eine so einfache periodische Function, wie wir für ω angenommen haben, ausgedrückt werden können. Dadurch muss denn bewirkt werden, dass ausser den Tönen m, n, $m+n$, $m-n$ auch ihre Obertöne und die Combinationstöne ihrer Obertöne zum Vorschein kommen, wie es bei den Versuchen auch beobachtet werden kann. Die vollständige Theorie eines solchen Falles wird ausserordentlich complicirt, es möge daher die des genannten einfachen Falles genügen, an dem das Wesen des Vorganges wenigstens klar wird.

Einen anderen Versuch, dessen Erklärung ähnlich ist, will ich hier noch erwähnen. Der untere Kasten meiner Doppelsirene klingt stark mit, wenn die Gabel a' vor seine untere Oeffnung gehalten wird, und die Löcher alle gedeckt sind, nicht aber, wenn die Löcher einer Reihe offen sind. Lässt man nun die Sirenenscheibe rotiren, so dass die Löcher abwechselnd offen und gedeckt sind, so erhält man eine Resonanz der Stimmgabel von periodisch wechselnder Stärke. Ist n die Schwingungszahl der Gabel, m die Zahl, welche angiebt, wie oft ein einzelnes Loch des Kastens geöffnet wird, so ist die Stärke der Resonanz eine periodische Function der Zeit, also im einfachsten Falle zu setzen gleich

$$1 - \sin 2\pi m t.$$

Die Schwingungsbewegung der Luft wird also dann von der Form

$$(1 - \sin 2\pi m t) \sin 2\pi n t = \sin 2\pi n t + \tfrac{1}{2} \cos 2\pi (m + n) t$$
$$- \tfrac{1}{2} \cos 2\pi (m + n) t$$

und man hört deshalb ausser dem Tone n auch noch die Töne $m + n$ und $n - m$. Dreht sich die Sirenenscheibe langsam, so ist m sehr klein, und die genannten Töne sind einander sehr nahe, so dass sie Schwebungen geben. Bei rascher Drehung dagegen trennt sie das Ohr.

Beilage XVII.

Plan für rein gestimmte Instrumente mit einem Manual.

Zu Seite 500.

Wenn man eine Orgel oder Harmonium mit 24 Tönen auf die Octave so anordnen will, dass man mit einem Manuale in allen Tonarten rein spielen kann, muss man die Töne des Instruments in vier Paare von Gruppen sondern, etwa in folgender Weise:

1 a)	f	a	cis	1 b)	f	a	cis
2 a)	c	e	as	2 b)	c	e	as
3 a)	g	h	es	3 b)	g	h	es
4 a)	d	fis	b	4 b)	d	fis	$b.$

Jede dieser Gruppen muss einen abgesonderten Windcanal vom Blasbalge aus erhalten, und es müssen Ventile angebracht werden in der Weise, dass je nach ihrer Stellung der Wind entweder der rechten oder linken Gruppe der einzelnen Horizontalreihen zugeleitet wird. An den Orgeln ist dies ohne Schwierigkeit auszuführen; am Harmonium würden aber allerdings die Tasten in einer anderen Reihe stehen müssen als die Zungen, und es würde, wie an der Orgel, eine complicirtere Uebertragung der Bewegung von der Taste auf die Ventile nöthig werden.

Es sind also vier Ventile durch Registerzüge oder Pedale zu stellen, für jede Tonart anders. Folgendes ist die Uebersicht der Stellungen für die vier Horizontalreihen der oben angegebenen Töne:

Durtonarten	Reihe				Molltonarten
	1	2	3	4	
*Ces**	*b*	*a*	*a*	*a*	(*Es*)
*Ges**	*b*	*b*	*a*	*a*	(*B*)
*Des**	*b*	*b*	*b*	*a*	(*F*)
*As**	*b*	*b*	*b*	*b*	(*C*)
*Es**	*a*	*b*	*b*	*b*	(*G*)
*B**	*a*	*a*	*b*	*b*	(*D*)
F	*a*	*a*	*a*	*b*	*A*
C	*a*	*a*	*a*	*a*	*E*
G	*b*	*a*	*a*	*a*	*H** oder *Ces*
D	*b*	*b*	*a*	*a*	*Fis** oder *Ges*
A	*b*	*b*	*b*	*a*	*Cis** oder *Des*
E	*b*	*b*	*b*	*b*	*Gis** oder *As*
H	*a*	*b*	*b*	*b*	*Dis** oder *Es*
	a	*a*	*b*	*b*	*Ais** oder *B*

Die eingeklammerten Molltonarten haben eine richtige kleine Septime, aber einen zu hohen Leitton; für die sechs mit einem Sternchen versehenen Tonarten bleibt die Stellung der Registerzüge in Dur und Moll dieselbe.

Wird verlangt ein voller Umlauf von Toniken, die ganz reine Dur- und Molltonarten gleichzeitig haben, so müssen noch die Töne *as*, *es*, *b*, *f*, *c* und *g* von den übrigen abgesondert werden, so dass durch Ziehung eines fünften besonderen Registerzuges diese vertauscht werden mit den Tönen *gis*, *dis*, *ais*, *eis*, *his* und *fisis*, wobei also 30 Töne auf die Octaven kommen würden. Durch Ziehung dieses einen Zuges erhielten wir dann folgendes System von Tonarten:

Durtonarten	Reihe				Molltonarten
	1	2	3	4	
F	*a*	*a*	*a*	*b*	*F*
C	*a*	*a*	*a*	*a*	*C*
G	*b*	*a*	*a*	*a*	*G*
D	*b*	*b*	*a*	*a*	*D*
A	*b*	*b*	*b*	*a*	*A*
E	*b*	*b*	*b*	*b*	*E*
Ais	*a*	*b*	*b*	*b*	*Dis*
Fis	*a*	*a*	*b*	*b*	*Ais*
Cis	*a*	*a*	*a*	*b*	*Eis*
Gis	*a*	*a*	*a*	*a*	*His*
Dis	*b*	*a*	*a*	*a*	*Fisis*
Ais	*b*	*b*	*a*	*a*	*Cisis*
Eis	*b*	*b*	*b*	*a*	*Gisis*

Wollte man verlangen, dass nur ein vollständiger Umlauf von Molltonarten da sei, so würden nicht 30, sondern nur 28 Töne für die Octave nöthig sein, welche für die 12 Molltonarten von *A*, *E*, *H*, *Fis* oder *Ges*, *Cis* oder *Des*, *Gis* oder *As*, *Dis* oder *Es*, *B*, *F*, *C*, *G* und *D* und für 17 Durtonarten von *Ces*-Dur bis *Gis*-Dur genügen würden.

B e i l a g e XVIII.

Anwendung der reinen Intervalle beim Gesang.

Zu Seite 509.

Seit der ersten Veröffentlichung dieses Buches habe ich auch Gelegenheit gehabt, die vom General Perronet Thompson*) construirte enharmonische Orgel zu sehen, welche durch die Dur- und Molltonarten von 21 verschiedenen, harmonisch verbundenen Toniken in natürlicher Stimmung zu spielen erlaubt. Dieses Instrument ist viel complicirter als mein Harmonium; es enthält 40 verschiedene Pfeifen für die Octave, und drei verschiedene Manuale mit zusammen 65 Tasten für die Octave, wobei dieselben Noten zum Theil in zwei oder auch in allen drei Manualen vorkommen. Das Instrument erlaubt viel ausgedehntere Modulationen auszuführen, als das von mir beschriebene Harmonium, ohne dass enharmonische Verwechselungen nöthig werden. Auch kann man ziemlich schnelle Passagen und Verzierungen darauf ausführen, trotz seiner anscheinend sehr verwickelten Tastatur. Die Orgel ist aufgestellt in Sunday School Chapel, 10 Jewin Street, Aldersgate, London, und gebaut durch Messrs. Robson, 101 St. Martin's Lane, London. Sie enthält nur ein Register gewöhnlicher Principalpfeifen, ist mit Jalousieschwellern und mit einem eigenthümlichen Mechanismus versehen, um den Einfluss der Temperatur auf die Stimmung zu beseitigen.

Herr H. W. Poole**) hat neuerdings seine auf Seite 496 (Anmerkung) erwähnte Orgel so umgeformt, dass die Stimmung durch Registerzüge beseitigt ist, und eine besondere Tastatur construirt ist, welche erlaubt, in allen Tonarten mit demselben Fingersatz zu spielen. Seine Scala enthält nicht nur die reinen Quinten und Terzen aus der Reihe der Duraccorde, sondern auch die natürlichen Septimen für die Töne beider Reihen. Die Zahl der Pfeifen ist 78 für die Octave, wobei die Vertauschung von *Fes* mit *E*, wie bei meinem Harmonium, angewendet ist.

Die Accordfolgen des Instruments sind ausserordentlich wohlklingend, wegen der milderen Klangfarbe vielleicht von noch auffallenderem Wohlklang als die meines Harmoniums. Aus demselben Grunde ist aber auch der Unterschied zwischen falschen und richtig gegriffenen Accorden auf dieser Orgel nicht so einschneidend, wie auf dem Harmonium. Ich hatte Gelegenheit, eine Sängerin, die oft mit Begleitung der enharmonischen Orgel gesungen hatte, zu dem Instrumente zu hören, und kann versichern, dass dieser Gesang ein eigenthümlich befriedigendes Gefühl vollkommener Sicherheit der Intonation gewährte, was bei der Begleitung mit dem Klavier zu fehlen pflegt. Auch ein Violinist war da, der noch nicht oft mit der Orgel

---

*) *Principles and Practice of Just Intonation, illustrated on the Enharmonic Organ.* 7th *Edition.* **London** 1863.
**) American Journal of Science and Arts, Vol. XLIV, July 1867.

zugleich gespielt hatte, und nach dem Gehör bekannte Arien begleitete. Er schmiegte sich der Intonation der Orgel vollkommen an, so lange die Tonart unverändert blieb, und nur in einzelnen schnellen Modulationen wusste er noch nicht ganz genau zu folgen.

In London ist auch Gelegenheit gegeben, die Intonation dieses Instruments mit der natürlichen Intonation solcher Sänger zu vergleichen, die ganz ohne alle Instrumentalbegleitung singen gelernt haben, und nur ihrem Gehöre zu folgen gewöhnt sind. Es ist dies die Gesellschaft der Solfeggisten (*Tonic-Solfa-Associations*), welche sehr zahlreich (1862 schon 150000) über die grösseren Städte Englands ausgebreitet sind, und deren grosse Fortschritte für die Theorie der Musik sehr beachtenswerth sind. Diese Gesellschaften brauchen zur Bezeichnung der Noten der Durscala die Sylben *Do, Re, Mi, Fa, So, La, Ti, Do,* so dass *Do* immer die Tonica bezeichnet. Ihre Gesänge sind nicht in gewöhnlicher Notenschrift aufgeschrieben, sondern mit gewöhnlicher Druckschrift, wobei die Anfangsbuchstaben der genannten Sylben die Tonhöhe bezeichnen.

Wenn durch Modulation die Tonica gewechselt wird, so wird die Bezeichnung ebenfalls so geändert, dass die neue Tonica wieder *Do* heisst, welcher Wechsel in der Notenschrift dadurch angekündigt wird, dass die Note, auf welcher der Wechsel stattfindet, zwei Bezeichnungen erhält, eine für die frühere, die zweite für die neue Tonica. Durch diese Bezeichnungsweise wird also vor allen anderen Dingen die Beziehung jeder Note zur Tonica hervorgehoben, während die absolute Tonhöhe, in der das Stück auszuführen ist, nur im Anfang angegeben wird. Da die Intervalle der natürlichen Durscala auf jede neue Tonart übertragen werden, welche durch Modulation eintritt, so werden alle Tonarten ohne Temperirung der Intervalle ausgeführt. Dass bei einer Modulation von C-Dur nach G-Dur das *Mi* (oder $\underline{h}$) der letzteren Scala genau dem *Ti* der ersteren, und das *Re* (oder a) der zweiten nahehin dem *La* (oder $\underline{a}$) der ersteren entspricht, ist in der Bezeichnungsweise gar nicht angedeutet, und wird erst bei weiterem Fortschritte des Unterrichts gelernt. Es ist also auch gar keine Veranlassung für den Schüler gegeben, das a mit $\underline{a}$ zu verwechseln *).

Es lässt sich nun nicht verkennen, dass diese Bezeichnungsweise für den Gesangunterricht den grossen Vortheil hat, das herauszuheben, was für die Bestimmung des Tons für den Sänger am wichtigsten ist, nämlich das Verhältniss zur Tonica. Es sind nur einzelne ausserordentliche Talente im Stande absolute Tonhöhen festzuhalten und wiederzufinden, namentlich wenn noch andere Töne daneben angegeben werden. Die gewöhnliche Notenschrift giebt aber direct nur die absoluten Tonhöhen an, und diese auch nur für die temperirte Stimmung. Jeder, der öfter vom Blatt gesun-

---

*) Auskunft über die Principien giebt A. Grammar *of Vocal Music founded on the Tonic Solfa Method by* J. C u r w e n. 19*th Edition. London, Ward and Co. —* Das Unterrichtsbuch für Schüler heisst: *The standard Course of lessons on the Tonic Solfa Method by* J. C u r w e n. *London, Tonic Solfa Agency.* 43 *Paternoster Row. —* Das Journal des Vereins ist *The Tonic Sol-Fa Reporter and Magazine of Vocal Music. London, Ward and Co. —* Eine Menge Musikalien in der eigenthümlichen Notenschrift der Solfeggisten, unter andern M e n d e l s s o h n 's Paulus, H ä n d e l 's Messias, Israel in Egypten, Judas Maccabäus, das D e t t i n g e r Te Deum, H a y d n 's Schöpfung, Frühling aus den Jahreszeiten etc. sind ebenfalls veröffentlicht. — In Frankreich wird der Gesang in der Schule *Galin - Paris - Chevé* nach ähnlichen Grundsätzen und mit Hilfe einer ähnlichen Notation gelehrt.

gen hat, wird wissen, wie viel leichter dies nach einem Clavierauszuge zu thun ist, in welchem man die Harmonie übersieht, als nach einer einzelnen Stimme. Im ersteren Falle kann man leicht erkennen, ob die zu singende Note Grundton, Terz, Quinte oder Dissonanz des jedesmaligen Accordes ist, wonach man sich leicht orientirt; im zweiten Falle bleibt nichts übrig, als nach den vorgeschriebenen Intervallen auf und ab zu gehen, so gut es geht, und sich darauf zu verlassen, dass die begleitenden Instrumente und anderen Stimmen die eigene Stimme in die richtige Tonhöhe hineindrängen werden.

Was nun einen mit der musikalischen Theorie vertrauten Sänger der Clavierauszug erkennen lässt, das zeigt die Bezeichnungsweise der Solfeggisten unmittelbar auch dem Ununterrichteten. Ich habe mich selbst überzeugt, dass man bei Benutzung dieser Bezeichnung auch nach einer einzelnen Stimme viel leichter richtig singt, als nach einer solchen in gewöhnlicher Notenschrift, und ich habe Gelegenheit gehabt, mehr als 40 Kinder zwischen 8 und 12 Jahren in einer der Volksschulen Londons Singübungen ausführen zu hören, welche durch die Sicherheit, mit der sie Noten lasen, und durch die Reinheit ihrer Intonation mich in Erstaunen setzten. Alljährlich pflegen die Londoner Schulen der Solfeggisten ein Concert von 2000 bis 3000 Kinderstimmen im Krystallpalaste zu Sydenham zu geben, welches, wie mir von Musikverständigen versichert wurde, durch den Wohlklang und die Genauigkeit der Ausführung den besten Eindruck auf die Hörer macht.

Die Solfeggisten nun singen nach natürlichen, nicht nach temperirten Intervallen. Wenn ihre Chöre von einer temperirten Orgel begleitet werden, so entstehen sehr merkliche Differenzen und Störungen, während sie sich in vollkommenem Einklange mit General P. Thompson's enharmonischer Orgel finden. Manche Aeusserungen sind sehr charakteristisch. Ein junges Mädchen sollte ein Solostück aus *F*-Moll singen, und nahm die Noten mit nach Haus, um am Clavier zu üben. Sie kam wieder mit der Erklärung, dass auf ihrem Clavier das *As* und *Des* nicht richtig wären, die Terz und Sexte der Tonart, bei denen die Abweichung in der temperirten Stimmung in der That am bedeutendsten ist. Eine andere ähnliche Schülerin war so befriedigt durch die enharmonische Orgel, dass sie drei Stunden hinter einander darauf übte, und erklärte, es sei so sehr angenehm, einmal wirkliche Noten zu spielen. Ueberhaupt stellte sich in einer grossen Anzahl von Fällen heraus, dass junge Leute, die nach der Solfa-Methode singen gelernt hatten, sich durch Probiren auf der verwickelten Tastatur der enharmonischen Orgel von selbst und ohne Anweisung zurecht fanden, und stets die theoretisch richtigen Intervalle wählten.

Sänger finden, dass es leichter ist, nach der Begleitung der genannten Orgel zu singen, und auch wohl, dass sie das Instrument während des Singens nicht hören, weil es nämlich in vollkommener Harmonie mit ihrer Stimme ist, und keine Schwebungen macht.

Ich selbst habe übrigens beobachtet, dass auch Sänger, welche an Clavierbegleitung gewöhnt sind, wenn man sie eine einfache Melodie an dem natürlich gestimmten Harmonium singen lässt, natürliche Terzen und Sexten singen, nicht temperirte oder pythagoräische. Ich begleitete den Anfang einer Melodie und pausirte, wenn der Sänger die Terz oder Sexte der Tonart einsetzen sollte. Nachdem er eingesetzt hatte, gab ich auf dem Instru-

mente entweder das natürliche oder das pythagoräische oder das temperirte Intervall an. Das erste war stets im Einklange mit der Singstimme,
die beiden anderen gaben scharfe Schwebungen.

Nach diesen Erfahrungen, glaube ich, kann kein Zweifel darüber bleiben, wenn noch einer da war, dass die theoretisch bestimmten Intervalle, welche ich in dem vorliegenden Buche die natürlichen
genannt habe, wirklich die natürlichen für das unverdorbene
Ohr sind; dass ferner die Abweichungen der temperirten Stimmung dem unverdorbenen Ohre in der That merklich und unangenehm sind; dass drittens trotz der feinen Unterschiede in
einzelnen Intervallen, das richtige Singen nach der natürlichen
Scala viel leichter ist, als nach der temperirten Scala. Die complicirte Intervallenberechnung, welche die natürliche Scala nöthig macht, und
durch welche die Handhabung der Instrumente mit festen Tönen allerdings
erschwert wird, existirt für den Sänger und auch für den Violinisten nicht,
wenn letzterer sich nur von seinem Ohre leiten lässt. Denn im natürlichen
Fortschritte einer richtig modulirten Musik haben sie immer nur nach
Intervallen der natürlichen diatonischen Scala fortzuschreiten. Nur für den
Theoretiker giebt es eine complicirte Rechnung, wenn er schliesslich das
Resultat einer grossen Menge solcher Fortschreitungen mit dem Ausgangspunkte vergleichen will.

Dass das natürliche System für Sänger durchführbar ist, zeigen die
englischen Solfeggisten; dass es auf den Streichinstrumenten durchgeführt
werden kann, und von ausgezeichneten Spielern in der That durchgeführt
wird, bezweifele ich nicht mehr nach den oben erwähnten Untersuchungen
von Delezenne und nach dem, was ich selbst von dem Violinspieler, der
mit der enharmonischen Orgel spielte, gehört habe. Von den übrigen Orchesterinstrumenten haben die Blechinstrumente schon von selbst natürliche
Stimmung und können sich nur mit Zwang dem temperirten System anschliessen. Die Holzblaseinstrumente würden ihre Töne etwas verändern
können, um sich der Stimmung der übrigen anzuschliessen. Ich glaube
also nicht, dass man die Schwierigkeiten des natürlichen Systems für unüberwindlich erklären könne; ja ich glaube, dass manche von unseren besten
Musikaufführungen ihre Schönheit dem unbewussten Einführen des natürlichen Systems verdanken, dass wir aber solchen Genuss öfter haben könnten, wenn dasselbe schulmässig gelehrt und allem Musikunterricht zu Grunde
gelegt würde, statt des temperirten Systems, welches die menschliche Stimme
und die Streichinstrumente verhindern will, ihren vollen Wohlklang zu entfalten, um nicht der Bequemlichkeit des Claviers und der Orgel zu nahe
zu treten.

Etwas abweichend von der in dieser Auflage meines Buches gebrauchten ist die von Herrn A. Ellis*) vorgeschlagene Bezeichnungsweise der
natürlichen Stimmung für die gewöhnliche Notenschrift. Er braucht dabei
nur zwei neue Zeichen, nämlich † für die Erhöhung des Tons um ein
Komma $\frac{81}{80}$, und ‡ für die Erniedrigung durch dasselbe Intervall; dagegen
bedeutet ♯ die Erhöhung um ein Limma $\frac{135}{128}$, und ♭ die Erniedrigung
durch dasselbe Intervall. Die Noten ohne Versetzungszeichen *C, D, E, F,*

---

*) Proceedings Royal Society. 1864. Nro. 90.

G, A, H, haben diejenigen Werthe, welche ihnen in der natürlichen Stimmung von C-Dur zukommen wie auf S. 433.

Dann bekommt G-Dur, ausser dem ♯ vor F, ein † vor A.

D-Dur bekommt dazu ein zweites ♯ vor C und ein zweites † vor E.

A - Dur (oder vielmehr † A - Dur) bekommt ein drittes ♯ vor G und ein drittes † vor H.

Man sieht leicht, wie dies in Quinten fortschreitend, weiter geht.

Umgekehrt bekommt F-Dur, ausser dem ♭ vor H, noch ein ‡ vor D.

B-Dur bekommt ein zweites ♭ vor E, und ein zweites ‡ vor G.

Es - Dur ein drittes ♭ vor E, und ein drittes ‡ vor C, etc.

Die absteigende Molltonleiter von A - Moll unterscheidet sich von der C-Durleiter durch ein ‡ vor D. In der aufsteigenden Molltonleiter ist der Leitton zu A zu bezeichnen mit ‡ ♯ G, denn ♯ G ist der Leitton zu † A, wie sich vorher ergab, und ebenso ist ‡ ♯ F die Terz zu ‡ D zu nehmen. Die entsprechenden Vorzeichnungen sind an den übrigen Molltonleitern zu machen.

Für die Haupttonart werden die betreffenden † und ‡ an den Anfang jeder Zeile gesetzt wie die ♯ und ♭. Wo Modulationen eintreten, müssen sie vor die einzelnen Noten gesetzt werden.

REGISTER.

F.

Fagott 154. 157.
Farabi 442.
Fessel 186. 587.
Fétis 379. 383. 409.
Fleck, der blinde 104.
Flötenpfeifen 147.
Fortepiano 128.
Fortlage 481.
Fourier 55. 358.
Franco von Cöln 301. 308.
Fundamentalbass 461.

G.

Gabrieli, Johannes 390. 464.
Galilei 27.
Geigenprincipal 150. 322.
Gemshorn 151. 322.
Geräusche 14. 116.
Glareanus 308. 387. 425. 430.
Glasstabharmonica 122.
Gleitz 125.
Glocken 124.
Göthe 103.
Goudimel, Claude 390.
Gregor der Grosse 377. 430.
Grove 604.
Grundton 461.
Guadanini 145.
Guido v. Arezzo 543.
Guitarre 128.

H.

Haendel 340. 386. 462. 479.
Halbschluss 460.
Hallstroem 243. 619.
Hammer im Ohre 201.
Hammer-Purgstall 442.
Hanslick, E. 2. 397.
Harfe 128.
Harmonium 152. 156, reingestimmtes 496.
Hasse 226.
Hauptmann 356. 436. 463. 468. 477.
   486. 494. 518. 526. 558.
Heidenhain 214.
Henle 227.
Henrici 112.
Hensen, V. 215. 226. 234. 611.
Holzblasinstrumente 156.
Holzharmonica 122.
Horn 157.
Hucbald 384.
Hypate 380. 381.
Hypodorisch 423. 434.
Hypolydisch 423. 434.
Hypophrygisch 423.

I.

Interferenz 251.
Intervalle, consonante 287.
   „   dissonante 287.

J.

Joachim 407.
Jonische Tonleiter 387. 424. 474.

K.

Kaim und Günther 131.
Kehlkopf 155. 158.
Kepler 359.
Kiesewetter 441. 444.
Kircher, Athanasius 359.
Kirnberger 503.
Klang 14. 39. 97.
Klangfarbe 19. 31. 116. 159. 179.
Klangverwandtschaft 565.
Knotenlinien 69.
Knotenpunkte 77.
Köllicker 230.
König 34. 261. 279.
Konfucius 359.

L.

Labyrinth 208.
Leitton 445 bis 453.
Lichaon 421.
Lichauos 379. 381.
Lippen als Zungeninstrument 155.
Lissajous 136. 160. 192.
Lokrisch 423.
Luther 389.
Lydische Tonleiter 387. 417. 418. 423.
   433. 473.

M.

Mahmud Schirasi 442.
Mariotte 104.
Marpurg 502.
Matheson 503. 506.
Membran 69. 125.
Membrana basilaris 212. 226. 611.
Mese 379. 381.
Meshaka, Michael 419.
Mittönen 60.
Mixolydisch 387. 423. 474.
Mixturregister 98. 152. 323.
Mollaccord 345, seine zweifache Klangbe-
   deutung 463.
Mollgeschlecht 434. 461. 471.
Monochord 26. 128.
Monteverde, Claudio 392. 464. 536.
Mozart 340. 351. 466. 473. 481. 511.
   546.

Verzeichniss von Druckfehlern.

S. 78, Zeile 17 v. u. lies: „γ_1“ statt „γ“.

S. 92, Zeile 5 v. u lies: „B, C, D, E, F“ statt „B, C, D, E“ und dann hier und Zeile 3 v. u. „G“ statt „F“.

S. 95, Zeile 1 v. u. lies: „IV“ statt „II“.

S. 141, Zeile 6 v. o. lies: „23 B“ statt „24 B“.

S. 142, Zeile 1 v. u. lies: „VI“ statt „V“.

S. 160, Zeile 1 v. u. lies: „VII“ statt „VI“.

S. 491, Zeile 20 v. o. lies: „die Quinte $d_1 - a_1$“ statt „die Quarte“.

S. 495, Zeile 18 v. o. lies: „$ces : \underline{h} = 885 : 886$“ statt „845 : 846“.

S. 495, Zeile 12 v. u. zweimal „$\dfrac{886}{885}$“ statt „$\dfrac{846}{845}$“.

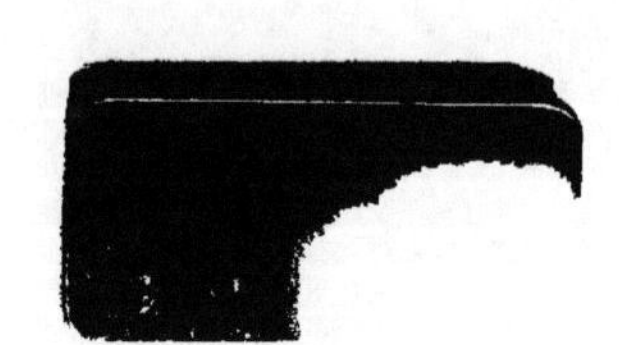

www.ingramcontent.com/pod-product-compliance
Lightning Source LLC
LaVergne TN
LVHW011140210726
843642LV00017B/2935